本書獲
二〇一九年貴州省出版傳媒事業發展專項資金資助
貴州出版集團有限公司出版專項資金資助

播州楊氏土司文獻集成

卷四

周必素　白　彬　主編

貴州出版集團
貴州民族出版社

圖書在版編目(CIP)數據

播州楊氏土司文獻集成. 卷四 / 周必素, 白彬主編
. -- 貴陽 : 貴州民族出版社, 2023.1
ISBN 978-7-5412-2735-6

Ⅰ. ①播… Ⅱ. ①周… ②白… Ⅲ. ①土司制度-文獻-彙編-遵義 Ⅳ. ①D691.4

中國版本圖書館 CIP 數據核字(2022)第 192333 號

播州楊氏土司文獻集成　卷四
周必素　白彬　主編

出版發行:貴州民族出版社
地　　址:貴陽市觀山湖區會展東路貴州出版集團大樓
郵　　編:550081
印　　刷:浙江海虹彩色印務有限公司
開　　本:787mm×1092mm　1/16
版　　次:2023 年 1 月第 1 版
印　　次:2023 年 1 月第 1 次印刷
印　　張:35
書　　號:ISBN 978-7-5412-2735-6
字　　數:700 千字
定　　價:210 圓

凡　例

一、本套書采用繁體字横排。原書没有標點，點校本根據通行的標點符號用法，并結合古籍整理標點的通例，對全書進行統一規範標點。所輯録的文字，除專有名稱的异體字外，其他异體字均改爲正體字，通假字、古今字則不改。

二、本套書輯録經、史、子、集四部文獻中所有與播州楊氏土司有關的文字，傳統考古學中的金石材料、考古出土及博物館（文物管理所）收藏的銘刻材料不收，擬另書整理出版。

三、爲避免重複，前人已校勘整理之《平播全書》《征播奏捷傳》，本套書不再輯録。

四、本套書的編排，首爲正史，編年體、紀事本末體文獻，次爲别史、雜史、雜記、禮記文獻，再次是地區文獻、總志、省志、府州廳志、縣志、鄉鎮志，人物傳記、綜合類和文集殿后。難以歸入上述各類者，歸入其他。

五、方志文獻（省志、府州廳志、縣志、鄉鎮志）數量最多，鑒於本書的主題是播州楊氏土司，故將貴州排列在前，餘則南方的排列在前，北方的排列在後。府州廳志、縣志，以現在所屬行政區劃爲單元排列。同一單元内的方志，則按成書的早晚先後排列。

六、同一地區的方志，不同時代、不同作者多次編修，有時書名完全相同，爲加以區别，在書前標明成書年代，并加括号以示區别。

七、所輯録文字，原書的夾注，則以有别于正文的其他字體加以區别。文末注明出處（書名、卷次、子目），以便查考。同一事件或文字，若同時見於數書，均加以輯録。

八、爲了便于讀者閲讀，所輯録的條目内容，根據原書内容上下文，在開頭或者中間用（ ）寫出具體的時間等。如：“（熙寧六年）五月癸卯朔，播州楊貴遷遣子光震來貢，以光震爲三班奉職。”

九、原文字迹若有模糊不清者，以□代之；原文字有誤者，在其後用〈 〉標出改正後的字；原文中有漏字者，用[ ]補出所漏之字。

十、古籍經多次傳抄翻刻，不同程度存在刻版錯漏、後人羼入、有意篡改等問題，故本書儘量選擇經过校勘整理的版本；若無校勘整理本，則儘量采用成書年代較早、後人改動較少、最能反映原書面貌的古籍善本作爲依據。

十一、所輯録的史料文獻爲封建統治階級文人站在統治政權的立場上所纂寫，内容上普遍存在對少數民族群體的蔑稱，對少數民族群體在歷史事件、文化習俗等方面的表述和記録存在不當之處。但作爲史籍，其記録下當時的一些歷史和文化事項，具有一定的史料價值。請讀者在閱讀時，應當以辯證唯物史觀進行正確的認識。

目　録

府、州（廳）志（二）

四　川

（嘉靖）馬湖府志*

張定。山西代州人。初授鄧州守，以廉幹稱。既内補，以郎中擢守馬湖。嚴簡公恕，政尚平易，而威慑豪奸，民不敢犯。嘗奉檄勘播、藺夷情，憚其剛正，不敢以私下焉。郡有蝗，自責祝天以禳之，蝗遂滅，擢長蘆運使。

——（嘉靖）《馬湖府志》卷六《良牧列傳三》，載《四川歷代方志集成》（第三輯），第23册，第222頁

* （明）余承勛纂修：（嘉靖）《馬湖府志》，載四川省地方志編纂委員會輯：《四川歷代方志集成》（第三輯），國家圖書館出版社，2015年。

（天啓）新修成都府志*

皇明太祖高皇帝洪武四年，播州宣慰使楊鑑助天兵討蜀。

——（天啓）《新修成都府志》卷二《成都纪》，載《中國地方志集成·四川府縣志輯》，第1册，第37頁

* （明）馮任修，張世雍等纂：（天啓）《新修成都府志》，載《中國地方志集成》編委會編：《中國地方志集成·四川府縣志輯》，巴蜀書社，1992年。

(乾隆)雅州府志*

(洪武五年)是年,播州宣慰使來朝,龍州土官薛文勝、天全六番土官高國英以次歸順。詔以國英爲天全六番招討司正招討使,未幾,又改天全六番軍民指揮使司,都司領之。

——(乾隆)《雅州府志》卷十《籌邊》,載《四川歷代方志集成》(第三輯),第 17 册,第 237 頁

劉征東像

將軍原不死,沉鷙肯膚撓。矢折渾河暗,旂翻雲漢高。一抔存碧血,百戰洒丹毫。征播威名在,今猶説大刀。

——(乾隆)《雅州府志》卷十六《藝文》,載《四川歷代方志集成》(第三輯),第 17 册,第 406 頁

* (清)曹掄彬修,曹掄翰纂:(乾隆)《雅州府志》,載四川省地方志編纂委員會輯:《四川歷代方志集成》(第三輯),國家圖書館出版社,2015 年。

（乾隆）直隸瀘州志*

雷應泓，萬曆時，以隨征播逆楊應龍有功，世襲瀘衛正千户。

——（乾隆）《直隸瀘州志》卷六《人物》，載《北京大學圖書館藏稀見方志叢刊》，第304册，第172頁

大觀臺碑記　薛甲

臺之作飾署云："……瀘爲蜀南州，外連夷壤，其大者則有蒙撒、藺、播、芒部、東川諸種，皆置君長，襲冠裳。"

——（乾隆）《直隸瀘州志》卷七《藝文》，載《北京大學圖書館藏稀見方志叢刊》，第304册，381～382頁

* （清）夏詔新纂修：（乾隆）《直隸瀘州志》，載北京大學圖書館編：《北京大學圖書館藏稀見方志叢刊》，國家圖書館出版社，2013年。

（嘉慶）直隸瀘州志*

寶祐六年，韃靼兵犯安南。田應寅乞屯瀘、溆援思、播，乃修築思、播關隘，調兵防播州支徑，差官相度，置黄平屯，趣徐敏子防邕宣。

——（嘉慶）《直隸瀘州志》卷五《武事》，載《四川歷代方志集成》（第二輯），第 1 册，第 178 頁

雷應泓，江安縣人。萬曆中以隨征播逆楊應龍有功，世襲瀘衛正千户。

——（嘉慶）《直隸瀘州志》卷六《職官》，載《四川歷代方志集成》（第二輯），第 1 册，199～200 頁

朱宗望，萬曆三十一年任。按：宗望，舊《志》闕名，查潛江縣《人物志》，載其"征播有功"，且云"崇祀江安名宦"，與此年代相合，今特補之。

——（嘉慶）《直隸瀘州志》卷六《職官》，載《四川歷代方志集成》（第二輯），第 1 册，第 201 頁

朱宗望，字遇甫，號渭瞻。湖北潛江人，性至孝。萬曆庚辰選貢，授江安縣知縣，有惠政，民懷其德。尤加意學校，遷學延儒，文風駸振。奉命采木，干霄之材，蔽江充棟，民忘其勞。會播酋楊應龍叛，破綦江城，距江安僅數舍。是時，承平日久，人不習戰，且大兵未集，聞應龍先聲，無不潰散。賊視江安城猶孤雛腐鼠耳。宗望謀知應龍兵驕無制，乃密調鄉勇，設伏城南谷口，俟酋薄城，伏起夾擊，酋大北，追奔三十里。堅守江安以待大兵之集。會劉綎、吴廣總戎督十八路兵至，宗望輿金輦餉，按期給軍。元逆成擒，督撫郭子章上幕府功，擬公關中轉粟，晉四品服，俸錫以銀觥，鐫太平宴鼎銘。銘曰："播酋攖險，吠堯助桀。三宥罔悛，一路授鉞。計蹙投繯，是絶是忽。讌燕受祉，載歌六月。"後以疾乞

* （清）沈昭興修，余觀和等纂：（嘉慶）《直隸瀘州志》，載四川省地方志編纂委員會輯：《四川歷代方志集成》（第二輯），國家圖書館出版社，2015 年。

休歸，民爲祠祀之。按：見湖北潛江縣《人物志》。按：宗望有平播功，民爲立祠以祀，而江安《職官》《名宦》中俱佚其名，蓋由兵燹之餘，志承零落，遂致疎漏，今特據《縣志》補之。

——（嘉慶）《直隸瀘州志》卷七《政績》，載《四川歷代方志集成》（第二輯），第1册，第241頁

彭萬里，字惟翼，湖北天門縣人，以孝廉授合江令。時播酋甫靖，客師調集，以能輯驕兵補鄉寧回，賊懼不入境。尤善雪疑獄，升漢中同知，卒於任。見《縣志·人物》。按：鄉寧縣，今屬山西蒲州府。

——（嘉慶）《直隸瀘州志》卷七《政績》，載《四川歷代方志集成》（第二輯），第1册，第243頁

李伯山，州人。以蔭生征播賊有功，歷官至貴州安順總兵官。後與闖賊戰於郧陽，陣亡。

——（嘉慶）《直隸瀘州志》卷八《選舉》，載《四川歷代方志集成》（第二輯），第1册，第257頁

雷應泓，萬曆時，由行伍以隨征播逆楊應龍有功，世襲瀘衛正千户。

——（嘉慶）《直隸瀘州志》卷八《選舉》，載《四川歷代方志集成》（第二輯），第1册，第262頁

李伯山，州人。萬曆中以蔭生從總督李化龍征播賊，累積戰功。崇禎三年，授貴州安順總兵官，控制苗彝。七年正月，奉調提督黔兵，援剿闖賊於郧陽，陣亡。經略盧象昇以詩哭之，總督洪承疇挽以聯云："殺身以成仁，怒髮衝冠寒賊胆；臨難毋苟免，戰袍染血報王家。"事聞，詔贈鎮國將軍，謚"武肅"。

——（嘉慶）《直隸瀘州志》卷九《人物》，載《四川歷代方志集成》（第二輯），第1册，第292頁

(同治)資州直隸州志*

龔懋賢,字晉甫。舊《志》:"内江人,隆慶丁卯與兄懋賞同舉於鄉,戊辰成進士,授廬陵令。……會播首發難,起貴州監軍,復爲柄相私人論劾。"

——(同治)《資州直隸州志》卷十五《人物志》,載《上海圖書館藏稀見方志叢刊》,第217册,217~218頁

蕭如松,字鶴侶。舊《志》:"内江人,八歲失母,博學有大志。領萬曆癸酉鄉薦,任貴陽司。李爰書明允,奉委勘播酋事,酋以千金爲賂,正色却之,竟按如法。擢南京陝西道御史,巡視江防。激揚振肅,封數上,如册立東宫、諫止礦税、請兵征播、救釋被逮,俱稱旨,載在留臺奏議。"

——(同治)《資州直隸州志》卷十五《人物志》,載《上海圖書館藏稀見方志叢刊》,第217册,第222頁

* (清)劉炯原本,黄濟等增修,王宗泗等增纂:(同治)《資州直隸州志》,載上海圖書館編:《上海圖書館藏稀見方志叢刊》,國家圖書館出版社,2011年。

（光緒）資州直隸州志*

龔懋賢，字晉甫。舊《志》："内江人，隆慶丁卯與兄懋賞同舉於鄉，戊辰成進士，授廬陵令。……會播首發難，起貴州監軍，復爲柄相私人論劾。"

——（光緒）《資州直隸州志》卷十五《人物志·名宦》，載《中國地方志集成·四川府縣志輯》，第25册，第465頁

蕭如松，字鶴侶。舊《志》："内江人，八歲失母，博學有大志。領萬曆癸酉鄉薦，任貴陽司。李爰書明允，奉委勘播酋事，酋以千金爲賂，正色却之，竟按如法。擢南京陝西道御史，巡視江防。激揚振肅，封數上，如册立東宫、諫止礦税、請兵征播、救釋被逮，俱稱旨，載在留臺奏議。"

——（光緒）《資州直隸州志》卷十五《人物志·名宦》，載《中國地方志集成·四川府縣志輯》，第25册，第466頁

* （清）劉炯原本，羅廷權續修，何衮等續纂：（光緒）《資州直隸州志》，載《中國地方志集成》編委會編：《中國地方志集成·四川府縣志輯》，巴蜀書社，1992年。

（光緒）叙州府志*

王啓焜《烟烽城雜咏》："……日淡風高古夜郎，施家寨口接蠻荒。年年十月來山市，争買青鹽换麝香。西南魑魅昔縱横，千里連營犄角成。當日木瓜群鼠竄，論功應數播州兵。"萬曆十六年正月，撒假由木瓜襲主帥李應祥營，播州楊應龍兵破之。

——（光緒）《叙州府志》卷十四《古迹》，載《中國地方志集成·四川府縣志輯》，第28册，第44頁

龔萬録，《明史》："龔萬録，貴州人。有膽志，膂力過人。從劉綎征楊應龍，先登海龍囤。署守備，戍建武所。"

——（光緒）《叙州府志》卷二十九《官迹》，載《中國地方志集成·四川府縣志輯》，第29册，第37頁

周茂洪，襲父官保職，天順、成化間征松潘、戎縣、播州有功。胞弟茂江亦積功至總鎮。

——（光緒）《叙州府志》卷三十《土官》，載《中國地方志集成·四川府縣志輯》，第29册，第54頁

何維漢，世襲土指揮同知。萬曆年間，奉調征播，陣斬巨寇楊應虎等，尋戰没。

——（光緒）《叙州府志》卷三十五《人士》，載《中國地方志集成·四川府縣志輯》，第29册，第284頁

郭成，宜賓籍珙縣人。據《明史》："成，字寶山，由世職歷官蘇松參將，進副總兵。

---

* （清）王麒祥修，邱晉成等纂：（光緒）《叙州府志》，載《中國地方志集成》編委會編：《中國地方志集成·四川府縣志輯》，巴蜀書社，1992年。

……楊應龍叛,成進討,尋卒於軍。"

——(光緒)《叙州府志》卷三十五《人士》,載《中國地方志集成·四川府縣志輯》,第29册,第287頁

大觀三年,有夷酋羅永順、楊光榮、李世恭等各有地内屬,詔建滋、純、祥三州,後皆廢。石門番部與臨洮土羌接唐、興、播等十二州之地,俗椎髻,披氈佩刀,居必欄棚,不喜耕嫁,多畜牧。其人精悍善戰鬥,自馬湖、南廣諸族皆畏之。

——(光緒)《叙州府志》卷四十二《紀事》,載《中國地方志集成·四川府縣志輯》,第29册,第673頁

萬曆十五年,卬部夷撒假合雷波夷目楊九乍、黄螂夷首安興叛。……都御史徐某調兵征剿。議者謂:"膩乃諸夷爲大,咱之後户,宜謹守以防奔突。"徵兵三千,以都司李獻忠、守備劉繼祖、指揮尹崇壽領之。……三將死焉。聲聞撫院,具疏於朝。命總兵李應祥將兵討之,推副使李用監軍,右副使彭某紀功,贊畫則叙州府唐守欽、同知陳守聽,紀律則成都府同知余紹,運餉則本府同知彭芹、烏蒙府通判楊成,参將郭成、朱文達、都司萬鼇、宣慰司楊應龍、烏蒙土官禄榮各部兵咸聽節制。徵調漢、土官兵共四萬并叙南衛三所軍,兵分爲二路,参將郭成率叙南精鋭兵由大河壩去馬邊三百里。進,参將朱文達、都司萬鼇率高縣弩手、建昌槍手由西寧堡進。……播州兵搶人,亦按法斬以徇。雷波通事即譯者,能通夷、漢兩語。懷异志,唆撥叛夷九乍,亦斬之。軍令肅然。十二月甲子,總兵李應祥自叙戎即叙州府厲練師旅,進馬湖,發兵攻乞黑,親擒其酋脚右、脚阿係二番賊。癸酉,克白乞,天星囤大戰三日,乃克。先是,参將郭成傳監軍李用令,遣土舍文安民諭安興待以不誅。安民機洩興,潛約雷波出西球,突衝我師,西球係出天星囤小路。幸偵逆謀,有備無虞。萬曆十六年正月己丑,撒假糾衆,由大木瓜兩路突襲官兵營,播州兵大呼,總兵李應祥截取其械杖,始退。

——(光緒)《叙州府志》卷四十二《紀事》,載《中國地方志集成·四川府縣志輯》,第29册,687~688頁

(光緒)瀘州直隸州志*

雷應泓,江安縣人。萬曆中,以隨征播逆楊應龍有功,世襲瀘衛正千户。

——(光緒)《瀘州直隸州志》卷六《職官》,載《中國地方志集成·四川府縣志輯》,第32册,513~514頁

朱宗望,萬曆三十一年任。按:宗望,舊《志》闕名,查潛江縣《人物志》,載其"征播有功",且云"崇祀江安名宦",與此年代相合,今特補之。

——(光緒)《直隸瀘州志》卷六《職官》,載《中國地方志集成·四川府縣志輯》,第32册,第515頁

朱宗望,字遇甫,號渭瞻。湖北潛江人,性至孝。萬曆庚辰選貢,授江安縣知縣,有惠政,民懷其德。尤加意學校,遷學延儒,文風駸振。奉命采木,干霄之材,蔽江充棟,民忘其勞。會播酋楊應龍叛,破綦江城,距江安僅數舍。是時,承平日久,人不習戰,且大兵未集,聞應龍先聲,無不潰散。賊視江安城猶孤雛腐鼠耳。宗望諜知應龍兵驕無制,乃密調鄉勇設伏城南谷口,俟酋薄城,伏起夾擊,酋大北,追奔三十里。堅守江安以待大兵之集。會劉綎、吴廣兩總戎督十八路兵至,宗望輿金輦餉,按期給軍。元逆成擒,督撫郭子章上幕府功,擬公關中轉粟,晉四品服,倖錫以銀鯱,鐫太平宴鼎銘。銘曰:"播酋攖險,吠堯助桀。三宥罔悛,一路受鉞。計蹙投繯,是絶是忽。讌燕受祉,載歌六月。"後以疾乞休歸,民爲立祠祀之。見湖北潛江縣《人物志》。按:宗望有平播功,民爲立祠以祀,而江安《職官》《名宦》中俱佚其名,蓋由兵燹之餘,志乘零落,途致疏漏,今特據《縣志》補之。

——(光緒)《瀘州直隸州志》卷七《政績》,載《中國地方志集成·四川府縣志輯》,第32册,第566頁

---

* (清)田秀栗等修,華國清、施澤久纂:(光緒)《瀘州直隸州志》,載《中國地方志集成》編委會編:《中國地方志集成·四川府縣志輯》,巴蜀書社,1992年。

李伯山，州人。以蔭生征播賊有功，歷官至貴州安順總兵官。後與闖賊戰於郾陽，陣亡。

——（光緒）《瀘州直隸州志》卷八《選舉》，載《中國地方志集成·四川府縣志輯》，第 32 册，第 587 頁

李伯山，州人。萬曆中以蔭生從總督李化龍征播賊，累積戰功。崇禎三年，授貴州安順總兵官，控制苗彝。七年正月，奉調提督黔兵，援剿闖賊於郾陽，陣亡。經略盧象昇以詩哭之，總督洪承疇挽以聯云："殺身以成仁，怒髮衝冠寒賊胆；臨難毋苟免，戰袍染血報王家。"事聞，詔贈鎮國將軍，謚"武肅"。

——（光緒）《瀘州直隸州志》卷九《人物》，載《中國地方志集成·四川府縣志輯》，第 32 册，第 626 頁

重　慶

（萬曆）重慶府志*

（宋大觀）二年，播州屬夷楊文貴納土，以其地置遵義軍。

——（萬曆）《重慶府志》卷二《沿革》，載《上海圖書館藏稀見方志叢刊》，第 209 册，第 107 頁

國朝洪武四年歸附，置綦江縣，隸重慶府，編户二里。萬曆二十七年爲播酋楊應龍所破，尋復之。

——（萬曆）《重慶府志》卷二《沿革》，載《上海圖書館藏稀見方志叢刊》，第 209 册，第 117 頁

冉璡、冉璞，播州人。有文武材，隱居蠻中，前後閫帥闢召，堅不肯起。

紐璘，珊竹帶人。勇力絶人，且多謀略。……明年春，朝行在所，還討思、播二州，獲其將一人。宋將吕文焕攻涪浮橋，時新立成都士馬不耐水土，多病死。紐璘憂之，密旨督戰，不得已出師，大敗文焕軍，獲其將二人斬之，遂班師。

——（萬曆）《重慶府志》卷三十八《官迹》，載《上海圖書館藏稀見方志叢刊》，第 210 册，第 62 頁

王士琦，臨海人，進士。萬曆中歷知重慶府。性豁達，有大略，果于任事。播賊楊應龍自白石之役，負固已久。時刑制臺奉命勘剿，士琦受檄單騎直驅賊境，諭之使出，應龍

* （明）張文耀修，鄒廷彦纂：（萬曆）《重慶府志》，載上海圖書館編：《上海圖書館藏稀見方志叢刊》，國家圖書館出版社，2011 年。

果出松坎聽勘，引罪而去。隨擢川東兵巡副使，威信方略，賊不敢犯。未幾，以征倭擢參政去，士民淳送之，爲立去思碑。其後播賊復叛，議者以始事不善詿之，恐非定評云。

傅光宅，聊城人，進士。萬曆中以御史左遷，歷工部郎中，出遷重慶府。性開爽，于學無所不窺，尤邃于理。每遇事，輒身任之不避難，然輒迎刃解。時播賊未平，李制臺駐郡，戎馬軍餉無不賴以督理，日夕畫地爲之運籌。播平，吊忠義，瘞遺骨，軫流亡，撫瘡痍，修學宫，新廟宇，飭二百年來坊表，一一捐俸，率作出于至誠惻怛。

——(萬曆)《重慶府志》卷四十二《官迹》，載《上海圖書館藏稀見方志叢刊》，第210册，182～183頁

高折枝，固始人，進士。萬曆中任重慶府推官。……播賊楊應龍將反，憤然以剿除爲己事。及綦江破，時在省，日夜馳千里至郡，捍衛城。兵復變，不移，譚笑定之。已復監軍攻南川路，諸軍未入，先斬關攻破，賊膽遂寒，走囤。隨同諸軍直抵囤下，運籌决勝，實爲第一。播平，夷漢畏服，軍門李制臺欲題以兵憲彈壓遵義。會以忌中，遂拂衣駕一葉去，急流勇退，古今尤罕及之。

張文耀，沅陵人。進士，萬曆中繹褐知銅梁縣。……後以播事仍爲川東參政，監督有功，歷遷按察布政使。

——(萬曆)《重慶府志》卷四十二《官迹》，載《上海圖書館藏稀見方志叢刊》，第210册，第187頁

葉聯芳，貴州籍，吴縣人，舉人。萬曆中，初知長壽縣。慈和愷悌，視民如傷，厚庠士，置學田，革排保，躬采木。播賊破綦江，聲言東下，芳以老母幼子維繫民心，民得不徙，時青天之譽，竹枝之謡。秩滿，遷成都同知，部使者以巴爲岩邑留之。復改合州知州，知巴縣事。寬厚莅事，平易近民。時戎馬倥偬，邑無廢事，且不一毫操切，入播督餉，加意矜恤。播平，綏撫瘡痍，有休養生息之意，政通人和，民懷士悦。擢户科，員外去之日，兩邑人士相繼遮道送之，皆建有生祠。

——(萬曆)《重慶府志》卷四十二《官迹》，載《上海圖書館藏稀見方志叢刊》，第210册，189～190頁

牟氏，綦江人，陶銘鎬妻。播賊破城，殺其夫，氏伏尸格敕之，亦被害。

——(萬曆)《重慶府志》卷五十二《列女》，載《上海圖書館藏稀見方志叢刊》，第210册，第646頁

劉氏，綦江人，羅尚價妻。歸價五載，價卒，遺子守節。播賊之亂，避害弟劉天富家。

賊至，强逼其行，婦曰："我守節三十餘年，豈肯從汝，有死而已。"罵不絶口。賊怒，連砍數刀而死。

——（萬曆）《重慶府志》卷五十二《列女》，載《上海圖書館藏稀見方志叢刊》，第210册，第647頁

程氏，南川人，周啓實妻。播賊叛亂，兵擄掠執氏。氏罵賊求死，賊遂破其面死之。

范氏，南川人，范思政女，年十四未適人。聞播亂，同父母潛龍洞中。播賊破洞，氏懼污，遂投洞中深水處死。

范氏，南川人，范慰政女，年十七未適人。聞播亂，同父母潛龍洞中。及破洞，與前女同投水死。

——（萬曆）《重慶府志》卷五十二《列女》，載《上海圖書館藏稀見方志叢刊》，第210册，第648頁

自漢開西南夷，而夜郎、牂牁遂入中國。厥後間置爲郡縣，然亦以遠徼夷地取羈縻耳。唐宋至今，服則撫之，叛則殄之，儻其世世效款，雖與國同休可也。自楊應龍叛逆，致勞天討，覆宗滅祀，然則叛服之效不彰明較著哉。夫殷鑒不遠，諸據有土者，可以深長思矣！余故表而志之，而播之始末亦因以附見焉。《志·土司》。

播州，古夜郎、且蘭地。漢郡牂牁郡。唐貞觀中，分牂牁北界置郎州，領六縣，已，改郎州爲播州。乾符中爲南詔所陷，太原人楊鑑〈端〉領兵討之，復其地，授安撫使。蠻人畏服，子孫遂世有其土，歷宋元皆内附。

明興，楊鑑率衆歸附，以其地爲播州宣慰司，授鑑宣慰使，領播州、餘慶、白泥、容山、真州、重安六長官司，草堂、黄平二安撫司。自楊鑑至楊應龍，凡十一世。萬曆二十六年，應龍叛，遣大兵剿平之，族其黨，改爲遵義府，仍屬川東道。

播州長官司，附播州，舊爲播州軍民鎮撫司，隸宣撫司。國朝改爲長官，王姓歲納米五千四百餘石。其地左抵永安驛，右抵海龍囤，間雜楊氏腹裏。楊應龍初叛，長官王積禄甘爲應龍死黨，播州剿平，改爲遵義縣。

餘慶長官司，在播州南百六十里。元至正間，毛呰從宣慰楊加禎征蠻有功。禎薦于朝，授校尉、本部長官。屬播後，改爲餘慶州，俾毛氏世爲土知州。國朝毛如麟從楊鑑歸附，仍改爲長官司。額糧一百七十石納黄平倉，仍出站馬十二匹供鰲溪、岑黄二驛。其地接連播州七牌苗巢，左抵湄潭，右抵甕水，上達烏江，下至岑黄，于播最爲近屬。楊應龍造逆，長官毛守爵奏剿之。播州剿平，改爲平越府餘慶縣，屬貴州。

白泥長官司在播州東南三百里。宋景定中，八播蠻叛，宣慰楊文征之。其將楊萬戰有功，以例上，請授白泥長官，屬播。元改爲白泥州。國朝復改爲長官司，以萬之子孫世

其職。額糧三百四十石協濟貴州與龍倉,馬三匹濟貴州、平越驛。其地上抵草塘,下抵偏橋,鎮遠帶其左,黄平帶其右。楊應龍叛,長官楊以誠與應龍仇隙,播州剿平,改爲縣。

容山長官司,在播州東三百二十里。長官張姓,自宋元隸播。舊爲土知州,國朝改授長官司。其地界湖、貴間,播平,改爲縣。

真州長官司,在播州東北二百里。即唐宋珍州,舊屬中國。元至正改今名,始爲播州所并。明玉珍僭據,真之故城爲玉珍將江中立所據,播將鄭昌孫聚真衆據南山寨以抗之。傅將軍至重慶,鄭昌孫破真城,獲中立以獻。太祖嘉之,命子孫世其土,仍隸播。其地與南川、武隆、彭水接壤。播平,改爲真安州,屬遵義府。

重安長官司,在播州東南四百里。宋元黄平府地。洪武初,楊鑑奉傅將軍令差頭目張佛保招撫苗蠻,有功,授正長官;又有馮鐸者從鑑征麻哈,亦有功,得授副長官。始設長官司,俾張、馮二世子孫世爲正、副長官。額糧八十二石納黄平倉。播平,改爲縣。

草塘安撫司,在播州東二百二十里,介甕水、黄平間。宋咸淳間,有宋雲貴商游雲南,因邊警投宣慰楊邦憲,爲頭目。元世祖時,雲貴孫邦佐有戰功,楊漢英以聞,授都勾軍民知府,始有草塘地。洪武初宋顯威歸附,改授安撫,令每年出站馬六匹、糧六百八十八石濟平越衛,仍隸播。楊應龍叛,宋世忠遂有异志。播平,改爲縣。

黄平安撫司,古播州東南三百里。舊爲黄平府,楊鎮子孫世守其土。元世祖入,立中國,黄平蠻叛,宣慰楊漢英討平,其將羅季明功多,漢英以聞,始以其土授羅氏,改隸播州。國朝洪武初,羅鏞歸附,授黄平安撫司。舊設重慶府通判一員總轄諸司。後又設千户所,軍官統所軍駐劄其城,聽通判用。又設驛遞巡檢司各一員。楊應龍叛,安撫羅承恩首與計奏。播州剿平,改爲黄平州,屬貴州。

甕水安撫司,在播州東一百二十里。宋紹興間開設,舊爲長官司,隸播,長官猶姓。洪武初,猶恭歸附,升授安撫,仍隸播。其地四圍皆播地。楊應龍叛,猶鶴父子罹其害。播平,改爲甕安縣,屬貴州。

——(萬曆)《重慶府志》卷五十三《土司》,載《上海圖書館藏稀見方志叢刊》,第210册,681~689頁

(唐乾符)十三年,南詔僭號,寇陷播州。

初,韋皋在西川開青溪道以通群蠻,使由蜀入貢。又選群蠻子弟聚之成都,教以書數,欲以慰悦羈縻之。業成則去,復以它子弟繼之。如是五十年,子弟殆以千數。軍府頗厭于稟給,蠻使入貢,從人浸多。杜悰節度西川,奏請裁其數,詔從之。于是,南詔豐祐怒,其賀冬使者留表侍嶲州而還,于是遣兵來陷播州。

懿宗咸通元年七月己酉朔日,白虹横亘西方。

十月己亥,安南都護李鄠復取播州。

——(萬曆)《重慶府志》卷五十六《事紀》,載《上海圖書館藏稀見方志叢刊》,第 211 册,116～117 頁

(神宗熙寧六年)五月癸卯朔,播州楊貴遷遣子光震入貢,以光震爲三班奉職。

——(萬曆)《重慶府志》卷五十八《事紀》,載《上海圖書館藏稀見方志叢刊》,第 211 册,第 181 頁

(宋元豐四年)南平蠻楊光震助官軍破乞弟,殺其黨阿訛。

時以環慶副總管林廣代韓存實討瀘夷,光震助官軍殺阿訛。詔林廣與光震同力討賊,乞弟恐,復送款。帝以其前後反覆,無直降意,督廣進師。廣遂破寨攻城至斗蒲村,斬首二千五百級,乞弟納降。廣盛陳兵以受之,乞弟疑有變,引衆遁,廣兵深入。自是瀘夷震慴不復爲患。

——(萬曆)《重慶府志》卷五十八《事紀》,載《上海圖書館藏稀見方志叢刊》,第 211 册,187～188 頁

(宋紹聖四年)三月丁卯,詔南平軍毋擅誘楊光榮獻納播州疆土。

——(萬曆)《重慶府志》卷五十八《事紀》,載《上海圖書館藏稀見方志叢刊》,第 211 册,第 194 頁

(宋紹聖四年)十二月,播州夷楊光榮等内附。

——(萬曆)《重慶府志》卷五十八《事紀》,載《上海圖書館藏稀見方志叢刊》,第 211 册,第 195 頁

(宋大觀元年)十二月,涪夷任應舉、楊文貴内附。

——(萬曆)《重慶府志》卷五十八《事紀》,載《上海圖書館藏稀見方志叢刊》,第 211 册,第 199 頁

(宋大觀三年)二月丙子朔,播州楊文貴納土,以其地置遵義軍。

——(萬曆)《重慶府志》卷五十八《事紀》,載《上海圖書館藏稀見方志叢刊》,第 211 册,第 200 頁

(宋開禧二年)冬十月乙卯,復珍州遵義軍。

——(萬曆)《重慶府志》卷五十九《事紀》,載《上海圖書館藏稀見方志叢刊》,第 211 册,第 221 頁

（宋嘉定五年）九月庚戌，遵義寨夷楊煥來獻馬。

——（萬曆）《重慶府志》卷五十九《事紀》，載《上海圖書館藏稀見方志叢刊》，第211冊，第222頁

（宋淳祐四年）五月丁巳，以都統制楊价世守南邊，調戍播州，捍禦勤瘁，詔轉右武大夫。

——（萬曆）《重慶府志》卷五十九《事紀》，載《上海圖書館藏稀見方志叢刊》，第211冊，第229頁

（宋寶祐二年）秋七月己酉，詔思、播兩州連年捍禦，其守臣田應庚、楊文各官一轉，餘推恩。

——（萬曆）《重慶府志》卷五十九《事紀》，載《上海圖書館藏稀見方志叢刊》，第211冊，234～235頁

（宋寶祐六年）夏四月丁酉，詔田應庚思州副都統往播州，共築關隘防禦。

秋七月乙亥，吕文德入播州，詔京湖給銀萬兩。

——（萬曆）《重慶府志》卷五十九《事紀》，載《上海圖書館藏稀見方志叢刊》，第211冊，第236頁

（宋開慶元年）癸亥，以知播州楊文、知思州田應庚守禦勤勞，詔各官一轉。

——（萬曆）《重慶府志》卷五十九《事紀》，載《上海圖書館藏稀見方志叢刊》，第211冊，第240頁

（宋德祐元年）四月癸亥，加知思州田謹賢、知播州楊邦憲并復州團練使，趣兵入衛。……九月辛未，加田謹賢福州觀察使、楊邦憲利州觀察使，趣入衛。

——（萬曆）《重慶府志》卷五十九《事紀》，載《上海圖書館藏稀見方志叢刊》，第211冊，250～251頁

（元世祖至元十五年三月）先是，重慶既平，遣同知隆州事趙孟烯賫詔招諭。南平軍都掌蠻、羅計蠻等皆降，田、楊二家豕鵝夷民亦各遣使納款。播州楊邦憲表請乞降璽書，從之。至是招降西川，得府二、州六、軍監各一、縣二十、栅四十、蠻夷一。……十二月丙申，從播州安撫楊邦憲請，以鼎山仍隸播州。

——(萬曆)《重慶府志》卷六十《事紀》,載《上海圖書館藏稀見方志叢刊》,第211册,259~261頁

(元世祖至元十六年壬戌)改播州鼎山縣爲播川縣。

——(萬曆)《重慶府志》卷六十《事紀》,載《上海圖書館藏稀見方志叢刊》,第211册,第262頁

(元世祖至元)十八年閏八月,命播州每歲親貢方物。十九年二月壬子,詔播、思、叙三州軍征緬國。

——(萬曆)《重慶府志》卷六十《事紀》,載《上海圖書館藏稀見方志叢刊》,第211册,第263頁

(元世祖至元)二十一年夏四月戊申,敕發思、播田楊二家軍從征緬。閏五月己卯,以思、播二州隸順元路宣撫司。

——(萬曆)《重慶府志》卷六十《事紀》,載《上海圖書館藏稀見方志叢刊》,第211册,第264頁

(元世祖至元二十四年)播州宣撫賽因不花等赴闕,請留順元宣慰使速哥。速哥初除四川南道宣慰,吏真、重慶、黔、涪等州。亦西不薛叛,置順元路等處宣慰司,以速哥爲使經理諸蠻夷。是歲,遷河東陝西路萬户,不花等赴闕留之。降八番、金竹等寨,得户三萬四千,悉置郡縣,至二十九年入朝加官。

——(萬曆)《重慶府志》卷六十《事紀》,載《上海圖書館藏稀見方志叢刊》,第211册,第266頁

(元世祖至元二十六年)十一月丁巳,改播州爲播南路。……二十九年春正月丙辰,以行播州安撫楊漢英爲沿邊宣慰使。時播州洞蠻因籍户懷疑竄匿,降詔招集之。以漢英爲紹慶、南平、珍州等處沿邊宣慰行軍民安撫使、管軍萬户。十月乙巳、十一月庚子,太陰皆犯井。三十年五月,命思、播、黄平、鎮遠拘刷亡宋避役千號軍人以增鎮守。十月辛丑、十一月丁卯、十二月乙未,太陰皆犯井。遣督思、播、黄平、鎮遠發宋舊軍八千人從征安南。

——(萬曆)《重慶府志》卷六十《事紀》,載《上海圖書館藏稀見方志叢刊》,第211册,268~269頁

(元大德元年)十二月己卯,捕獵、平伐等蠻未附,播州宣撫楊漢英請以己力討之。

——(萬曆)《重慶府志》卷六十《事紀》,載《上海圖書館藏稀見方志叢刊》,第211册,第270頁

(元泰定元年)秋七月丙辰,播州蠻黎平愛等集群夷爲寇,詔播州宣撫楊燕里不花招撫之。時湖廣行省請兵討之,不許。十月癸巳,填星退犯井宿。戊午,退犯井宿鉞;播州凱黎苗率寨苗僚爲寇。

——(萬曆)《重慶府志》卷六十《事紀》,載《上海圖書館藏稀見方志叢刊》,第211册,第277頁

(元泰定)三年春正月,播州宣慰楊燕里不花招諭諸蠻酋黎平愛等來降。

……六月癸未,播州蠻黎平愛復叛,合謝烏窮爲寇,楊燕里不花招平愛出降,烏窮不附,命討之。秋七月丁未,紹慶、酉陽寨冉世昌及何惹洞蠻爲寇。十一月辛酉,播州蠻宋王保來降。

——(萬曆)《重慶府志》卷六十《事紀》,載《上海圖書館藏稀見方志叢刊》,第211册,第278頁

(元泰定四年)秋七月甲辰,播州蠻謝烏窮來獻方物。

(元天曆)二年春正月丁丑,四川囊加台攻破播州貓兒埡隘,宣慰楊延里不花開關納之。壬午,播州楊萬户引四川賊兵至烏江峰,官軍敗之。

——(萬曆)《重慶府志》卷六十《事紀》,載《上海圖書館藏稀見方志叢刊》,第211册,第279頁

(元天曆二年)癸丑,遣使招諭播州。諸王月魯、帖木兒等至播州招諭土官之從囊台吉者,楊延里不花及其弟等皆來降。……五月戊子,命有司市馬補思、播諸驛。思、播諸驛因兵興,馬多羸斃,驛户貧乏,命有司市馬補之。

——(萬曆)《重慶府志》卷六十《事紀》,載《上海圖書館藏稀見方志叢刊》,第211册,第280頁

(元至正)二十三年,明玉珍以竇英爲參政鎮播州,商希孟爲宣慰鎮黔南。

——(萬曆)《重慶府志》卷六十《事紀》,載《上海圖書館藏稀見方志叢刊》,第211册,第290頁

（明洪武四年）夏四月，詔播州楊鑑率番兵二萬爲征虜將軍，傅有德先鋒。

——（萬曆）《重慶府志》卷六十一《事紀》，載《上海圖書館藏稀見方志叢刊》，第211册，第297頁

（明洪武）二十一年五月丙辰，平茶長官司土酋楊欽入朝貢方物。庚辰，置重慶及播州宣撫司茶倉。

——（萬曆）《重慶府志》卷六十一《事紀》，載《上海圖書館藏稀見方志叢刊》，第211册，第304頁

（明永樂）六年五月，播州宣慰楊升遣人貢馬，賜賚有差。

——（萬曆）《重慶府志》卷六十一《事紀》，載《上海圖書館藏稀見方志叢刊》，第211册，第308頁

（明永樂九年）四月庚子，播州楊升入朝貢馬及方物，賀萬壽聖節，賜賚有差。……十年正月甲辰，播州楊升遣兄亮貢馬，以白金、文綺賜之。

——（萬曆）《重慶府志》卷六十一《事紀》，載《上海圖書館藏稀見方志叢刊》，第211册，第309頁

（明成化）二十二年九月，命侍郎何喬新勘播州訐奏事情。時播州宣慰楊愛以家財不均爲其兄宣撫楊友訐奏愛奢侈、淫暴、妖言等事，命喬新往勘監候處治。喬新既至，鞫訊得友欲奪愛宣慰，故爲誣罔。具以上請，且慮其兄弟仇殺，遷友他郡，邊境以安。巡撫劉璋安置楊友于保寧府。璋奉旨革罷楊友宣撫并其家屬，發保寧府。璋以爲安寧道路險遠、城堡堅固，友之弟敏及其所親附夭家、仲家土兵素號驍勇；而其親屬又有爲之謀主者，萬一負固結黨以叛，未免爲地方害，乃閟其所奉。詔旨先遣友所親信二人詣安寧慰撫友家，謂："巡撫以宣慰遠出，其弟年少，特遣吾二人護其印信以防外侮。"又遣能幹土官數人各領土兵分截安寧所出入之路；又榜示夭家、仲家，諭以逆順禍福；又揭通衢懸賞以購爲友主謀者。區畫既定，乃宣示詔旨，詣安寧收其家屬印信，發遣之。

——（萬曆）《重慶府志》卷六十一《事紀》，載《上海圖書館藏稀見方志叢刊》，第211册，322～324頁

（明正德）五年三月，播州土官楊友賄劉瑾，復宣撫。巡撫林郡抗論不宜，復不報。初友與楊愛争襲仇殺，已奏革其宣撫，至是乃以萬金賄瑾求復。俊言亂階不可啓，忤瑾意。

——(萬曆)《重慶府志》卷六十二《事紀》，載《上海圖書館藏稀見方志叢刊》，第211册，第332頁

(明正德六年)六月，賊黨方四等復入境，欲至江津復仇。時貴州兵敗賊于思南，播州兵敗賊于三跳諸處，先後擒斬三千餘人。賊遂由貴州入川境，欲至江津復仇。

——(萬曆)《重慶府志》卷六十二《事紀》，載《上海圖書館藏稀見方志叢刊》，第211册，335～336頁

今上萬曆元年春三月，平九絲都蠻，調發重慶府屬兵餉，從之。是時，蜀頗饒富，會九絲爲梗，巡撫曾省吾疏請征之。調土漢兵十四萬，餉夫倍之，府屬州縣各檄發糗糒遠從餉夫以數萬計。土司之從征者，則播州楊應龍、酉陽冉維屏、石砫馬斗斛等各有擊獲，功與諸士并録，而應龍于是始有戒心矣！

——(萬曆)《重慶府志》卷六十二《事紀》，載《上海圖書館藏稀見方志叢刊》，第211册，362～363頁

(明萬曆十三年十一月)播州楊應龍獻大木，賜飛魚服色。舊五司承襲各于播州宣慰司起文。至應龍黠狼多所需索，又招集夷漢狡獪以爲羽翼。會采大木，應龍因以萬餘金付何邦卿等赴京獻木，乃緣先代曾有蟒玉例夤緣，遂有此賜，五司益爲之魚肉矣！

——(萬曆)《重慶府志》卷六十二《事紀》，載《上海圖書館藏稀見方志叢刊》，第211册，369～370頁

(明萬曆十八年)秋七月，逆酋楊應龍撤毁播州鎮守官旗令。五司七姓羅承恩、毛守爵奏訐應龍諸不法事，下川東道勘問。應龍至重慶聽勘，未結回播。會鎮守指揮任選申允貴州撫院在播竪旗守禦，應龍率目把陳漢章等折倒旗令，燒毁撫院安民牌令，逆萌蓋漸長于此。

九月，調楊應龍領土兵赴松藩防禦。時任選申文撫院應龍入據金子囤。會松藩守邊官風聞番虜冦邊，撫按具揭至部，調取應龍領土兵防禦松藩。四川撫按以爲逆節未著，貴州巡撫葉夢熊疏謂疏縱虞禍，于是兩省意見互持。部覆革應龍職，帶罪立功，仍改限會勘之。

十九年五月，銅梁水溢。調楊應龍從征疊茂。應龍時方聽勘，會疊茂番亂，督撫調取領兵征剿。尋叙平番功，部覆復其冠帶，前項事情聽勘定奪。

二十年春，檄楊應龍至重慶聽勘，拘留之。時兵科奏應龍嗜殺惡極罪盈，部覆撫按會勘，委府通判路逵等給出彭水，因諭至府聽勘。參政薛亨等會審，擬應龍斬罪，照貴州土

官安國亨例罰銀二萬兩贖罪，并追陪償殺死家屬，餘黨罪各有差，應龍拘留府候詳。

秋，武隆、大有、銅梁大旱。

冬十月，兵部移咨四川，遣楊應龍選兵征倭。先是部咨撫院，議遣應龍選兵，令其子朝棟領赴陝西從征。應龍計欲脱身，復奏感恩激義，願自帶家兵平倭圖報，部遂允之。復移咨撫院，令應龍領兵征倭。院議拘子朝棟留府聽結，仍差官押應龍入播，選兵五千人，刻期起程。應龍至播，遂叱辱差官，抗拒屢催不出，且無一兵以應出柙之虎，至是不可復招矣！

二十一年春，永川不雨，至四月雨。銅梁大旱。

夏，武隆蝗蟲食麥；秋，霪雨。

二十二年正月，巡撫王繼先遣總兵郭成等討楊應龍，敗于白石口。先是撫臣奉命出京，議及播事，持勘、剿二議，極爲慎重。及至任，行三司會議，奏民何邦卿等遂誑言應龍衆叛親離，皆爲内應，官兵臨境，即生縛應龍出獻。總兵官郭成、丁光宇等亦輕酋易與，欲徼幸成功，皆言應龍可擒。于是撫臣移駐重慶，調集官分四路討之，應龍統率諸苗分路拒討。郭成等至白石口，箚營苗兵亦至白石口，分爲二路十二哨衝營截殺，全軍俱没殺死，成都衛指揮管應、鍾成等僅以身免。撫按具題，革罰有差，仍令郭成戴罪立功。會撫臣以他事被劾解任，于是國威大損，萎薾不振。應龍叛逆負固日甚，借箸者因是多諱言兵。

永川大雪，傷豆麥，歲大荒有殍。

二十三年二月，總督左侍郎刑玠奉敕駐重慶府，會勘播事。白石口之役，應龍逆節已著，猶疏懇息兵。時奏逆者紛紛，部覆給事中楊東明之疏，請以樞臣一員便宜勘剿。于是侍郎刑玠奉敕總督川貴，相機撫剿。玠至重慶，命知府王士琦諭應龍出勘。士琦至綦江，應龍遣其弟楊兆龍等擁導迎至安穩驛，謬謂懼奏民謀害，懇求前臨松坎。比士琦至松坎，應龍故作跪伏狀，備陳世效忠順、不敢叛逆。緣由士琦旋白，督撫亦信應龍願死于朝廷，不願死于奏民語，遂遣贊畫郎中張國璽、劉一相及士琦等往勘安穩。應龍亦囚服跪聽審問，遂以白石口戕殺官兵爲目把苗民混殺，應龍不知，且云："武舉周一龍被擄，當以鞍馬衣服送出，何敢拒敵？"乃抵應龍謀殺人造意斬罪，仍處以夷法，納續四萬兩免死，革職爲民，餘罪有差，姑以其子朝棟爲土舍署印管事。督撫從之，止拘留其子可棟于府，贖完候發。事聞，部覆如議，玠還朝。

……

二十四年春，增設播州安邊廳。初，督撫疏請于安穩設安邊廳，以府同知一員鎮之。于是增立邊廳，即以綦江知縣蒲林升安邊同知，署其事。林至，創修衙門，爲應龍阻未就，惟退守綦江遥制之。應龍遂益輕我，叛逆之謀因是醖釀不可解。

——(萬曆)《重慶府志》卷六十二《事紀》，載《上海圖書館藏稀見方志叢刊》，第 211 册，371～380 頁

（萬曆二十六年）兵巡副使王士琦升參政，督川兵征倭。先是士琦知重慶府，奉督撫檄傳諭應龍。應龍佯爲俯服，勘事遂成，即以士琦爲川東兵備節制播州。時應龍雖掠殺諸司，猶不敢外侮。至是，部遂以播無事，調川兵征倭，升士琦爲參政督往之。士琦行，應龍遂漸犯内境，無復忌憚。

二十七年春，游擊房嘉寵奉檄防守綦江。先是應龍以兵圍合江，索奏民袁子昇。安邊廳蒲林馳至合江，觀變，遂以子昇與之。應龍臠殺子昇，令諸苗共啖之，諸所殺掠，極其慘毒。無幾何，貴州又有飛練之敗。于是，巡按御史王明、趙標相繼會議增兵防守。時嘉寵守備彰臘，檄守綦江。嘉寵至綦，欲殺應龍而寢其皮，然力鋭兵寡，且中有掣肘。應龍反日來挑戰，欲爲先發制我之計。

三月，起兵部侍郎李化龍總督川、湖、貴州軍務，巡撫四川。應龍屢犯邊境，戕殺官兵，川貴巡按御史俱請討之。上以化龍故撫遼東，破虜多奏膚功，允廷臣請，起之于家。化龍遂奉命兼程，以六月初臨成都。

六月，逆酋楊應龍破綦江，游擊房嘉寵、張良賢死之。時督撫方至，省徵兵，議剿應龍。應龍先率兵攻掠綦南諸境，嘉寵守綦江，兵僅三千。總兵劉綎奉命調兵進剿，未至。是月，應龍自統苗兵八萬餘安營攻綦。嘉寵報警益急，督撫出緣事游擊張良賢從之。已又命鎮守總兵萬鏊以兵五百人赴重慶應援。月之二十日，鏊至府。甫一日，兵尚未集，苗兵逼近綦江，嘉寵、良賢領兵出敵，頗有斬獲，苗兵退去。至二十一日，應龍復統兵圍城數匝，遂破其城，于城内大戰。二將一時陣亡，其臨死，俱猶格殺數十人。守備胡汝寧、百户蔣懋賞俱死。時全軍盡没，殺人如麻，府庫、公私盡劫。據其城，復分兵掠境，尸骸山積，赴流者不知其數，蓋其慘云。

七月，重慶大警。綦城既破，賊酋聲言發兵東下，直據重慶，進取全蜀。時郡城雖云天險，然人心洶洶；又城中操兵盡没于綦，其家哭聲震地。賊酋復置木牌下流，肆言有兵數十萬，刻期進攻。郡城一兵未集，于是大警。道府、縉紳各躬率士民增壘城守，間得其奸細斬之。總督紿以招撫，賊始稍復入播，人心少安。

——（萬曆）《重慶府志》卷六十二《事紀》，載《上海圖書館藏稀見方志叢刊》，第211册，381～385頁

（萬曆二十七年）十一月，總兵劉綎帥兵至重慶。初，綦江城破聞，綎奉命進剿，人心日望其速至。綎以是月始至，軍容甚壯，先聲乃震，人心始安。

十二月戊戌，督撫李化龍移駐重慶。督撫在成都調集各路將士防禦播境，戒將官無疎虞玩寇、無輕敵喪師，請兵、請餉。是月，各省兵亦輻輳軍餉漸集，于是移駐重慶，分兵調遣。

二十八年正月，南川兵攻破播州虎跳關及官壩。先是應龍遣目把婁國等領苗兵欲攻南川，時諸兵來集，惟石砫及酉陽兵至府。督撫遣往防禦之，已推官高折枝請往監其軍。月之二日，石砫兵營鄧坎，賊兵前來衝劫，折枝遣督兵奮擊之，破金竹、虎跳等關，多所斬獲。至十三日，酉陽兵偵賊據官壩險囤，枝復遣督兵擊之，四面夾攻，奮勇斬關直上。賊衆潰散跌崖，死者無筭，斬獲三百餘人，獲賊器械倍之，征播之役，此實爲第一捷云。

庚申，督撫李化龍誓師于重慶演武場。時諸路將兵俱集，督撫乃分兵爲八路，各揀將領統之，監紀、運餉諸司道、郡佐井井棋布。四川則綦江、南川、合江、永寧爲四路，湖貴則烏江、沙溪、興隆、白泥爲四路。是日，督撫自制誓盟，告諸上帝，以布文武將吏，奉賜尚方劍登壇而宣暢之，軍聲大震。

二月丙戌，總兵劉綎、吴廣等八路逼遵令進討播賊。時漢土各省南北馬步卒二十餘萬俱奉督撫令，以月之十二日丙戌合進，攻討播賊。是時，鷹揚虎賁，朱鍪玄甲，蕩摩朗耀，將士始各有壯氣。

己丑，綦江路總兵劉綎攻楠木洞，克之。綦江一路自東溪入播，俱是崖嶺茂青，楠木、山羊、簡臺諸洞危爲天險，賊酋令頭目穆炤等盤據之。綎初出師即令都司周敦吉四面仰攻，賊滚木礧石，死拒洞門。綎躬詣洞前相度地形，乃懸重賞，遣衝鋒兵士一面千洞前找厢對敵，仍于洞上伐木運草，堆積洞下，舉火焚燒，銃攻洞門。于是火焰入洞，賊勢不可支，連攻三洞，盡破之，擒斬數百級，焚燒倉廪，俘獲男婦、器具無數。已又乘勝整兵，追北賊子楊朝棟等兵數萬，擒斬甚衆，朝棟鼠竄而退。是時，南川兵攻破赤崖、清溪等處，永寧、湖貴各以捷聞，賊氣稍奪。

二月辛亥，南川路總兵馬孔英等攻桑木關，破之。先是孔英率漢土官兵至清溪攻擊賊寨，頗有斬獲，清溪一帶剿撫已定。推官高折枝傳令兩土司：望草、風坎、封寧、大灘等隘俱係勁敵，須先破諸賊，然後合兵取桑木關。石砫馬千乘率兵先鋒，連戰數陣，頗有斬獲，生擒寨長巴習文。折枝就軍中斬之以徇，因奉督撫原令行賞异之。于是酉陽冉御龍耻石砫獲功，于月之四日遂率兵奮擊，破風坎關，亦有斬獲。于是孔英率參將李經、周國柱等合擊前驅，抵桑木關。已而漢土官兵并力衝鋒，復占封寧，逼近桑木，已又攻破九杵關。至初八日，官兵鏖戰一夜，賊滚木礧石俱盡。明日，官兵奮勇衝突，争擊先登，遂破關以入，驅賊四散，追至金子壩，擒斬、俘獲各無數。是時，永寧路總兵吴廣等攻破穿崖囤，貴州攻破烏江、河渡二關，湖兵亦以捷聞。

壬申，綦路總兵劉綎等攻婁山關，克之。時南川路漢土官兵克破桑木官，後乘勝各領兵攻破銅鼓、鬼崖等囤寨，安營金子壩。賊子楊朝棟及楊珠等統兵數千伏林，衝桑木關營，會我兵起營在賊先，遂衝空營。總兵馬孔英及推官高折枝責令將領官周國柱等發兵迎敵，鏖戰數日，遂破金子囤，斬獲無數。而賊于綦路滴泪、三坡等處聯絡屯營，綎率諸兵將奮擊連戰，遂破重險，直抵頂山、三壩等處。燒焚營壘，烟焰蔽空，賊披靡奔入婁山深箐，官兵乘勝追剿。綎躬率諸將出奇兵從捷徑闖開林箐，息鼓分兵四路，左右前後夾攻賊。矢石如雨，人莫敢近，隨用火炮、鳥銃一齊攻打，搶入連破關門十三重。已又乘勝追至石笋囤，直抵永安莊。是月，破關奪隘、擒斬招降無數。于是，官兵安營掎角，去播州白田、海龍囤僅五六十里，賊膽已寒。時湖貴路俱以捷聞。

四月丁丑，永寧路總兵吴廣等攻崖門關，克之。初，廣督率漢土官兵營馬鞍山，各賊埋伏四起，官兵奮勇，追賊四散，直抵磨鎗埡。賊總管郭通緒敢戰苗關，官兵横槊刺之。至丁丑破崖門關，再力戰于水牛塘，斬獲無數，直抵三圓山。山逼近海龍囤，高數十仞，賊所恃爲左右望者，部苗萬餘，列栅堅守。廣督部將曹希彬等奪之。于是遂據其山，斷賊樵汲。時南川兵擊攻賊，營高坪；綦江兵擊賊，營關子山，與賊抵囤爲壘，聲勢大振。合兵克養馬、養雞諸城，破龍鳳、海門、鐵柱等關，龍爪、海雲等囤，湖貴路兵亦各有捷。賊始合衆退據海龍囤以苟活旦夕。

六月丁丑，總兵劉綎等奉督撫檄輪攻賊于海龍囤，克之，播州平。先是，賊衆退奔歸囤，賊氣已奪，然囤前重崗復嶺、重關險壁，日夜守以梟鷙，藏礧伏弩。會時多淫雨，白日晦冥，諸將又多不合，督撫因復檄按察使張悌糾合諸將，偕監軍張棟、謝詔及高折枝等督諸將兵夾攻之。賊復詐降、詐死以緩我師。報聞，督撫悉不聽，詰責將領受紿者，檄攻益急；已復檄諸路輪日恊攻，此攻其前，彼攻其後。是時，兵將如雲，火炮震天，賊黨紛紛奔下，賊力不支。至丁丑日寅刻，各路驅兵上囤，賊苗奔出大戰，斬獲無筭。時前後大兵會齊囤上，逆賊應龍見官兵大入，縱火燒其居，遂自經死，賊妻子田氏、楊朝棟及諸賊黨悉就擒。

監軍參政張棟卒。棟，安肅人。素負才望，播州事急，特起田間監軍，星馳至軍，恨不滅此朝食。大軍進討，棟先由南川監理軍務。直抵囤下，短衣匹馬以督諸將士。平播之日，竟日不食，憤激指麾，以此侵胃瘴癘。還至蒙渡，去綦二百里而卒。卒之時，語諄諄不休，察之，但云"齊上齊下"，猶攻囤時語。是時，三軍盡哭，知與不知，皆爲流涕。李制臺化龍題請贈官錫蔭、建廟賜額以表其忠，詔從之。

俘賊子楊朝棟等于軍門。時大軍破囤，生獲賊妻田氏、子朝棟及其黨六十九人，總兵吴廣解至俘于軍門。是日，郡人觀諸如堵，懽聲震地，已獻俘都門，各戮于市。

二十九年七月，涪州火延蔓官民居舍。

九月，總督侍郎、四川巡撫王象乾移駐重慶。先是，播州雖平，善後事宜百凡未舉。總督奉上命來移駐重慶，清理疆界，擘畫綏靖，經緯文武，一一詳悉。明年三月，始還鎮成都。

——（萬曆）《重慶府志》卷六十二《事紀》，載《上海圖書館藏稀見方志叢刊》，第211冊，387～399頁播州叛時，贛兵楊炯陣亡，訃至家，其妻柳氏殮其衣帽，自縊者屢皆爲人覺，不死。豪家兒慕其姿色，争委禽焉。柳執不可，姑利厚資潛許之。

——（萬曆）《重慶府志》卷六十四《外紀》，載《上海圖書館藏稀見方志叢刊》，第211册，第490頁

上督府李公平播歌　張文耀

攙搶晝見參井滅，豺虎凌人恣吞齧。城頭白骨高於山，城下清江半流血。明王慎德來諸夷，何物妖氛黯未披。雷霆乍赫九五怒，風雨旋驅百萬師。師中丈人古方叔，薄伐壯猷儲滿腹。遼海雄威舊渡鞭，中朝特簡新推轂。推轂西來入不毛，綸巾羽扇白方袍。夜間刀斗軍聲肅，晝擁牙旗殺氣高。十道貔貅目無虜，赳赳人持巨靈斧。險絶重關破竹開，天驕殘息魚游釜。電掣飈馳信所如，犁庭掃穴莽成墟。旄頭夜落蠻山外，匕首秋懸鏖戰餘。歸來滿路喧笳鼓，士女載歌農父舞。玉壘烟嵐净遠空，銅標勛業酬明主。玉壘銅標億萬年，嶙峋半壁撐南天。請看燕頷封侯相，定向圖麟閣上傳。

——（萬曆）《重慶府志》卷六十八《藝文》，載《上海圖書館藏稀見方志叢刊》，第211册，第704頁

大司馬李公平播凱歌十首　傅光宅

登壇壯歲啓元戎，遼海曾收破虜功。更擁雄兵三十萬，蠻烟迅掃蜀天空。
五月軍聲動海濤，轅門令下鬼神號。錦江浪静眠鷗穩，玉壘雲飛舞鶴高。
三尺龍泉自上方，斗牛寒色照蠻鄉。千年荒服歸王化，文物初開古夜郎。
海龍囤迥插青天，飛虎關高入紫烟。霹靂一聲重險失，流星北去捷書傳。
江開三峽倒天河，銅柱勛名馬伏波。坐展疆場三千里，威靈今日更如何。
千山萬壑遶渝州，吟嘯時登庚亮摟。尊俎間看戎馬散，斜陽秋色滿漁舟。
肝腸五色氣成雲，筆陣長驅十萬軍。慷慨誰知燕趙客，水犀雄武碧雞文。
凱歌樵唱動千山，從此西南不閉關。露布星馳雙闕迥，漢宫清曉識天顔。
一靖邊塵便欲歸，白雲天際望親闈。旌旗萬隊山河轉，多少巴人賦蓑衣。
七擒未了邊疆事，一戰誰知天地心。却向青山泣白骨，願分雨露遍重深。

李公平播凱歌十二首　蹇達

特爲蒼生起謝公，遼陽開府舊稱雄。璽書列鎮方持節，軍令先鋒早破戎。
揮戈一鼓破層關，殺氣軍聲震百蠻。飛虎海龍虚恃險，天兵已度萬重山。
推轂西來自上恩，况兼龍劍下天門。帷中指顧驅飛將，俄殄渠魁答至尊。
一掃蠻烟萬嶺青，威名猶識舊犁庭。親裁露布如椽筆，可道文星是將星。

薄伐當年紀壯圖，似猶玁狁漏天誅。何如聖代歌平播，首惡群凶總獻俘。
獨將萬古巴江水，盡洗頻年戰血腥。沃野遍開秦井邑，屯田那備漢先零。
瘴雨蠻雲愁太陰，邊樓草檄坐更深。檐前一片娟娟月，長照元戎獨苦心。
由來燕趙多奇士，誰似明公獨擅奇。朝遣材官連破敵，夕將詞客數裁詩。
田疇緑野日堪鋤，是處蒸黎喜定居。烽息山溪無虎豹，波澄江漢有樵漁。
東遼西夏日平夷，又是三川奏凱時。轉爲治安先抗疏，只勞明主問瘡痍。
十萬旌旗細柳風，長消氛祲夜即空。試看銅柱燕然後，更勒西南第一功。
已承殊錫錦江濱，却爲瞻雲急過秦。父老未須愁暫去，佇看北闕下蒲輪。

——（萬曆）《重慶府志》卷六十九《藝文》，載《上海圖書館藏稀見方志叢刊》，第 212 册，27～32 頁

勘播紀事序　蹇達

今上聖神文武，威震海隅，南倭北虜，稱臣款塞，亦越蠻夷之長，罔不慴服。乃夜郎酋楊應龍，獨以負罪懼誅，不即輸情候勘，故籌邊者并注意焉。省中楊公以爲言，大較謂事關川、貴兩省，撫臣議未恊一，宜遣才望大臣往勘，下部議。大司馬石公覆議以聞，上特簡南少司馬益都昆田刑公，以北少司馬兼御史中丞持節莅視之，惟勘惟剿，并載璽書。夫蕞爾小醜，討以節制之師，直摧枯拉朽耳。猶然并議勘處，豈不以酋孽由自作，罪止其身，大兵所向，不無玉石俱焚之慘耶？又豈不以川、貴、滇粤之間，諸酋長互爲唇齒，作我藩籬，使酋無終叛之實，遽行誅滅，即酋有餘辜。諸酋長無後言而自撤其藩籬，儻亦非上策耶。聖謨洋洋，意念深矣！

公自留都聞命，謂："酋重關大菁，業已負嵎，重以土苗敢戰，未易擒剿。川貴之兵素稱脆弱，即土兵頗强盛，不無狐兔之悲。必調兵他省示以必剿，乃足以折其奸。"公於是有謹攄一得議兵餉八事之疏，事成於同而僨於异，况軍旅大事乎？中丞譚公、林公，直指王公、薛公，體國匡時、義應共濟，公於是有會計兵情之議。西南征討兼用土兵，而酋比隣交結，宜陰摧其羽翼。公於是有激勵土婦、獎率土官、摘取把目之檄。先是下檄，許酋自縛轅門，待以不死，酋猶遲回瞻顧。

盖酋久羈重慶，備嘗窘辱，邀我偏師，再干衆怒，自知無所逃罪。土民復爲蜚語恫喝，酋疑懼滋深，公已詳諭，酋始以周維新等乞憐。因其控訴，是以有再諭、三諭之檄，故雲中史夷縱横有年。公昔開府其地，計擒史夷，弄之股掌之上，聲震寰區，酋所熟聞而寒心者。而方伯李君、憲副易君及郡守王君深諳夷情，皆廟堂所簡任者，公與譚公咸委信而責成之，以故諸君共殫計畫。公又檄大將軍蜀前後劉君、貴筑李君遥制以虎旅，酋竟不敢違，而綦江安穩驛則部覆所允勘地也。酋囚服俯首於兹，惟贊畫張君、劉君，監司李君、易君及郡守王君所督，責贖金四萬兩，再獻首惡十二人以俟天誅。公於是有播酋兩次投勘、國

威大伸之疏。五司襲替，舊關白於酋長，酋藉手横索，釁所自來，自宜收其事權。又土民妻孥何辜，向爲酋所魚肉者，以兹訐奏，結怨轉甚，亦宜曲爲之所，公於是有善後之疏。其他疏檄凡所以制酋之命而伸我之威者不具論，具在勘定播夷紀事中。公重示人，我蜀縉紳大夫之倫造公，而請曰："如天之福，明公勘結播事以大造，我蜀父老子弟幸甚。"第趙營平有云："兵事，當爲後法，明公獨無意乎？"公始付諸剞劂，不佞達奉以卒，業作而嘆曰："以公文武憲邦之才，不剿而勘酋龍，人知爲公之易，不知惟不剿而勘致酋帖，然聽勘之難也。公勘結播事而無所煩費於川貴，人知爲公之功，而不盡知公所以爲大功、爲大忠也。"夫自白石口抵殺官兵，酋爲戎首，懼而思逃久矣！又以道路之言竊窺究竟，主勘出柙之虎肯復向檻中耶？藉令公實備兵則見以爲損餉，無備則見以爲損威，用威太重酋既懼而不敢出，一切以思酋又玩而不肯出。公斟酌操縱其間，使兵備而不費，威用而不猛，恩加而不褻，獨苦心矣！又先屬其事於郡守王君，君毅然單車往諭，酋囚服叩首於道左，君故倨視之以懲其玩。已復示以不疑，推心置腹，酋始輸情請罪。若是乎，勘之難也。我蜀瘡痍，未起民懼，復罷於轉餉，士卒則惴惴然，懼不免於鋒鏑，即一討而擒酋，而暴骨於夜郎復嶺陡澗之間者，豈盡酋餘黨耶？今使之自縛聽勘、獻首惡、贖罪金外，且削父子之世官，收五司之世土，又自羈其一子外，餘黨服上刑而下者逾五十人，内之以大伸國威，外之以聯屬它酋，軍民無膏斧填壑之虞，而川貴晏如，主上已寬西顧，可不謂大功乎？

然剿與勘并較，則凱奏露布似以爲駭俗矣！公得便宜行事，獨爲勘不爲剿，其竭思殫赤所以培元氣而利賴國家者，蓋甚深遠，不佞固曰："公勘之難，功之大所以爲大忠也！"第不佞於是而益有感於疆事之難焉。自公論未明，流言易起，而疆臣以任事爲諱矣！播事遷延，迄今八載，微獨酋負固，即土民亦幸其負固以甚酋之罪重，以四方亡命及武弁喜事者，飛語流言，轉駭聽聞，封疆之臣惡能無顧忌乎哉！賴公與譚公、王公訏謨大同，而公總帥師之任，獨坐照其情形，以故贊畫監司若郡守得以一意從事，而廟堂之上相公恊心，與大司馬議合，公始得以便宜行事，置兩省於安枕。然非主上明聖，眷任老成，即公欲長慮却顧爲千百年計，其道無繇也。乃知人主所以經理天下，鞭笞四夷者，惟在知人善任哉！惟在知人善任哉！不佞故備言之。今後之考西南疆事者，得以采覽焉。

——（萬曆）《重慶府志》卷八十一《藝文》，載《上海圖書館藏稀見方志叢刊》，第213冊，241～249頁

平播全書序 王象乾

古者明王慎德，四夷罔不率俾學者，類能言之。考于傳記，雖不力與之争，而柔武之節亦未少廢，如大禹之序西戎、文王之討昆夷，豈止荒服？是營岠嶮用兵，固有之矣！爲其臣者，載筆綴文，曲盡揄揚，後世誦而傳之，使其文獻無徵、傳聞寡信，則何以稱焉？漢世班固、王允之流，稱述祖德，每歎息于光藻之易渝，雖大小不侔，即其力專，故實能有推

本,斯亦其次矣!本朝威德甚盛,于夷狄尤慎用兵。然桀驁不馴者,未嘗逋誅,記述類多可考。皇上承迓列祖之休命,神武繹宣,凡有兵事,所向成功。如朔方島夷,始非不哆,然卒爲大僇,談者更以爲美。曾不數年,又有平播之役,僕守北邊,每見廷議播事,爲之太息。迨上决策討賊,起少司馬李公于家,督諸路兵,每有奏記,傳報四方,讀者皆驚,以爲意深密而知機要,賊不足平也,不數月而成功。逾年僕來受事,訪公之遺謀餘事,吏言是書,僕取視之,書凡六種,首奏疏、次咨文、次檄、次書扎、次批詳、次雜文,軍中之事,略具梗概云。吏曰:事初起時,蜀故久不知兵,凡徵發租調,文符如雨下。至魚鹽行葦之微小小事宜,靡不草創行之,麏然爲駭,郡國承風,十不得一。又鮮有佐者,徒操空言,以逞遁心。夫獨割可以持斷,而孤翮不能搏空,使公之謀計,遂行投之,靡不如意于功也,尤易矣。是編也,挂一漏十,微者不能著之書,小者又不能詳然。運一方之宜,馭無窮之變,幾微疑難?而味之于汹汹之中,昭灼以行,非古之哲人惡能若是。曩者漂説,聲聞得之,景嚮今也。據其籍,求其故,人或能言,事猶可識也。世之人藉是書以觀公之大業,猶之求影于燈,取潤于河斯,其不遠矣!故表明聖之光靈,存勛伐之遺烈,睹四夷之明效,搴兵事之機權,章成能之有要,彰彰睹已。

初策播事,唯上一意討賊,又一意惟公計是。用公所請奏議,盈前如石投水,數年以來,君臣相得未有若此之盛者也。即有苗可格矧於逆酋,故光靈益遠。公之用兵,意略多奇,違覆無幾,當權立斷,卒莫有難之者,可操券而責也。故勛伐自隆。南羌部落,唇齒是資,蚌鷸以竢,殷鑒在眄,孰不寒心?是銅標古鼎之文,西南所永戒也。故夷心可戢。觀公所爲文,大如奏白,小而書記,泛若不窮,皆能橐籥,此所謂智勇俱進者也。即兵法數十家可以并行,故機權足辨。

國家用兵四夷,成功之速無播若也。其説略已著之于篇,從而禩之,事操首尾,言尋倫脊,倐如蒼素,倐如笙竽,彼紛紜者孰不齰舌而退焉。是崇此而成,違之而敗,此亦議事之大較,已故能事益顯。僕蚤與公游雅,推其才愧不足以盡公,姑明其略云耳。吏曰:"藉如公言,倘無是書,豈遂泯泯乎!"僕曰:"否!否!"傳有之所見异辭,所聞异辭,所傳聞异辭,倘信而足徵,莫之能易矣!吾論公書,貴其見聞而信也,《書》有《胤徵》《甘誓》,《雅》有《采薇》《車攻》,其事不過征討戍守之。常使在後世,必且湮没無聞,唯作者親見當時用兵之美,曲極物情,欝然比于典則,故不徒託之空言。孔子信之。至如輓近事迹,雖蕃各陳私,臆不以爲時事而以爲一家之言,匿瑕增妍,天下舉而笑之,亦何益之有?故得其實,雖綿遠可以昭盛,典飾其僞,即衍愽衹以起群疑,衡纊在心,耳目難掩,此鴻藻之所承,而雅志所願識也,其孰能廢之?平播爲本朝僅有之事,是書言無不實,故文無不遠,非以之爲有無,而不能不有也,既有諗吏因使論而籍之。

——(萬曆)《重慶府志》卷八十一《藝文》,載《上海圖書館藏稀見方志叢刊》,第213册,251~257頁

平播全書叙 張悌

上之二十有八年，御史大夫兼司馬督府李公帥師平播，已馳露布，獻俘闕下。上嘉悦，令從公次第。諸文武功及區晝善後事咸備，疏俱上，諸大夫以公經略西南，文告檄書與先後諸疏皆足，詔來祀垂不朽也。以屬守南大參王君編次爲卷，凡十五。鍥成，謂不佞悌，久在行間，與觀其盛，不可無言，以弁其端悌也。不類曷足識公之大獨念。是書也，鳴主上中興之盛，録平蠻將吏之功，備矣！出師才百十四日，闢兩肥二千里封疆，奏二百餘年所未得志於西南夷盛事，紀之太常。

自有國家，祚土分茅，彝典孅矣！公也不自功且無樂，人鳴其功亦何庸叙，唯是玄機睿算、石畫淵猶所繇，速于底績，足以泣神鬼而舒宵旰者，有其本之文檄不載也。悌日奉幄籌，不披吐萬一，以彰往鏡來嗣，兹何考焉。夫靈武之師，朔方以靖；元菟之捷，屬國以全。播不聞乎而敢逆顔行，雖其井觀喁負哉，然猾酋也。豈自紿若爾，固有所恃矣。今天下曷易言播也，易曰高宗伐鬼方三年克之，以商道赫焉。中興舉一鬼國，尚淹三年，孔父所謂憊也。史稱楚頃襄王遣莊蹻略巴黔，漢武帝遣唐蒙開夜郎。然蹻即王滇，自爲聲教；蒙入筰關，猶閉昆明。唐之南詔，乍臣乍叛，罷□中國，蓋漢唐之盛已然矣！楊端取播於南詔而世守之，八百年來，未以易也。無論宋元，即我明運方開，皇稜大抗，百蠻君長重足嚮風，日所出入之邦，靡不獻琛納賫。然傳潁川率二十四將軍南下，善闡其所削平，自假明而外無聞焉。鎮黔馬都督燁威讋羅夷，不獲自完首領。正統間，麓川之役，用兵五十萬，三往十閲年，而思禄猶據孟養。嘉靖初，思田之役，始剿終撫，而盧蘇竞逭天誅。令褻威闟爲西南夷觀哂，播賊覘之，所自逆也。白石口而後，震黔楚，危三川，脱復滋蔓，諸蠻生心，滇南數千里非國家有矣！此豈小故也哉。

公弱冠魁，海内振鐸，梁魯稱絶唱，入貳冏政銀臺，旋以中丞節撫遼至，則有鎮武之捷，馘首虜千數，進貳司馬，於是公文武兼才，爲世推轂無兩矣！移養歸來東山之望，勃勃中原，以播之弗靖，西南鼎沸，主上采輿望，特從田間起公。授總督川、湖、貴州節，得便宜行事，賜尚方劍，偏裨以下不用命者誅以徇，文武無大小遠近，惟部署兵馬、錢糧、器械，惟調度。公乃提三尺，擁六傳，建三藩，節制於錦水之陽。賊揣且剿，又欲張威挾撫也。遂屠城戮將，渝州且空城以避，勢甚岌岌。公陽爲詰責緩之，而陰積糧治，程量軍實，選將集兵，課期分路。計定，方移節渝州，登壇誓師，八路徂征。時賊欲銜突乎，固未易矣！悌由洮河來，度棧閣，遵錦江，延見父老，旁及輿皂，言播甚悉罔不人，人難播也。謂婁山諸嶮，五丁莫開，海龍囤高千仞難濟，似以徒費兵力，終歸一撫耳。悌曰：唯唯否否。及抵渝，侍公吉語，日聞捷音。狎至，酋知名渠魁，非獻首轅門，則稽顙戲下，破關克峒如振落發蒙，則何也？公膚敏豁達：急戎機，則倚馬數檄、坐策千里當窾會；披狐兔，則魋結跕躧、羿羅蠻長争前驅；先徵調，則秦、越、滇、廣、齊、魏、燕士奮戎行；治芻餉，則舳艫銜尾、絡繹肩馱效飛輓；犒卒伍，則牛酒魚鹽、薪蒸糗糒充宿飽；拯疾厄，則醫藥湯散、金創疫癘濟緩急；壯軍威，則五帥貳師、八路斬關揚羆虎；聯兵勢，則總一監司、歃血誓盟申要束。而又陷陣摧鋒懸重賞，破關，克室崇世官，大將受餌，褫厥職，貳師觀望，責以死，中軍勒限，取其元。賞信若萬户，及躬，罰必若三尺在頸。至于二帥壁後，閲月未拔，不難移前兵攻後，捐萬金，使貪所繇，連拔二城，盡成俘馘，尚有逸於疏外者。總之太虚無物，空洞有容巖，巖千仞不可攀，泱泱萬頃不可淆，轉圜善任，操縱有神，所以本也。

故自出師訖賊平疏數十，上檄百千，下隔千里，而面譚洞幽微于觀火，軍法穰苴之嚴，綜理武鄉之密，宅心子儀之寬，決策晉公之斷，納降曹彬之仁，而文章肖謫仙，勛業紹衛公，又其家世淵源由來者遠耶！昔淮陰謂漢高曰："臣多多益善。"今播之役兵逾二十萬，分之八路相雄，合之遞攻蓄鋭，繇斯以推曷，難百萬多多益善，奚以尚兹存兹也，夷無横也，是書也，烏可無傳也。竊觀國家威靈，遠軼漢代，漢時丞相多自列侯出塞，大馘唾手，萬户流光，史册不謂濫觴。令甲文階不侯茅土之爵，亦時有之。威寧等封，雖以首虜靖遠世祚，實自征蠻粤。考靖遠誓詞，思禄所服也。未幾輒渡金沙以攻猛密，石爛江枯，問之水濱耳。自公平播，百蠻君長狐兔含悲，鯨鯢不波，唐交綏之外國，宋斧畫之餘邦，無敢越志，詎直拓地二千里哉，傳潁川而後無功矣！成功之後，公欿然若無屏，居苫伏深，自摧剥疆吏上重事。又憑牀裁定之痛嚴懷慈，往往以皋魚之感，發悲愴之調，至令人不可讀。國爲奇勛，家爲死孝，公之謂矣，酬勩有無奚知焉！第西南之人，謳唫肖象，引領國恩，我皇快于志，而託重眷留督府，圖其難爲，封疆不朽，其不遜烈麓川也。明甚，則開國山河，以慰西南半壁，爲公拭目之望也，不筮矣！若曰：師保我公，四世其同。睫前事也，何庸尸祝焉。昔周大夫爲宣王誅玁狁而百蠻從，其詩曰：征伐玁狁，蠻荊來威。公也以之又曰：文武吉甫，萬邦爲憲。以豫齊遼蜀驗之，又曰：吉甫燕喜，既多受祉。有我聖明在。

——（萬曆）《重慶府志》卷八十一《藝文》，載《上海圖書館藏稀見方志叢刊》，第 213 册，259～268 頁

平播全書序　張文耀

播州故牂牁地，介在川貴竹間，扼險盤據舊矣。唐乾符中，楊端者取播地南詔，世官兹土，歷我朝率衆内附，遂以宣慰兹州，領二安撫、六長官如故，大都視爲徼外部曲，取羈縻而已。迨至裔孫應龍憑累世資，驍雄黠武，國家嘗倚之起戰功，乃不勝床笫、杯酒之眤，戮及無辜。諸夷落重足上變告諸不法事，先後勘論有年。

議者引"匈奴雖强，不當漢一大縣"語；否則謂"洞蠻苗僰，蟻聚棋布，我且東西多事，有如以尺檄定之，何用觀兵"。欲假剿以堅撫，而酋不聽；欲乘撫以圖剿，而酋又不聽。是用撫與剿兩無當，酋益桀驁。天子赫然震怒，起御史大夫兼司馬李公田間，總三藩師、假便宜、賜尚方劍從事。公聞命乘傳速驅之。□我兵未集，綦江勢若累卵，遂爲酋所乘，

兩裨帥力戰死。勢張甚，川以東諸郡邑無不人人惴恐。公曰："今日之不利，視白石、飛練百倍。不一大創之，何以釋主上西顧憂?"乃移鎮渝州，部署文武將吏，刻日誓師，分八道破重關以進。酋計無復之，父子相對泣下，退保海龍囤，賊衆各鳥獸散。八道兵圍囤數重，設雲梯仰攻，健兒猱升直擣其穴，酋乃雉經死，俘妻子戚屬若干人以獻，播遂平。夫平播之策，人人能言，即人人不能言。言撫者，嫌于玩寇示弱；而言剿者，苦于枵腹空拳(拳)。中牽外掣，訖無定畫，他姑無論，即大將中尚有欲重以事權、假之數年者。公陽爲文告緩之，而陰治餉調兵，羽檄四布，遠近戒嚴，惟斷乃成，則裴晉公之平淮蔡也。

酋據險設伏，如虎負嵎，假令舟中無敵，則一夫當關，安能得志?公廣布間諜，運以神機，久乃懷疑，空關不守，謀以代戰，則杜元凱之破吴人也。往者數戰失利，酋且謂我易與。公善用静，静於泰山；公善用動，動於流泉。故一傳諭而酋不復窺綦，再誓師而酋不敢拒關，三詰責諸將而酋遂授首，軍中破膽，則韓魏公、范文公之宣威西夏也。渠魁既殲，脅從諸夷苗悉置不問，募民實塞，畫井張官，起瘡痍，存新舊，一切善後，即憂且病直鰓鰓然，爲千百禩建不拔，則諸葛武侯之表出師、班定遠之語任都護也。蓋公天下玄略，如有神授，以故將兵二十餘萬，行師才百十有四日，而諸所指畫省若括轉、若樞易、若摧枯，料敵形如觀火。故有所建請若指掌、若面談。是以朝上夕下，天子不待，三賜問而即報可。公志益發舒，其治軍益明肅，毋論練卒蒐乘，廣儲蓄，稽尺籍，申賞罰，轉怯令强，因形爲勢，即細之醫藥、米鹽、衣被、履屐之間，靡不得其任。以故取事易而征效速也。

嘗考明興將相之業相爲用者，率推靖遠新建，乃忠毅詳而少遜于文，非公比也。至若詳而文，文而鴻爽，足以宣明其意，惟文成爲最，而公其埒之抑。又聞公少喜言兵，已而揚歷中外，振鐸梁魯，薦登八座，即羽書倥傯中雍，雍鎮以儒雅，由斯以談公之所就業，經緯如日星，何論輝映昭代，即吉甫之憲萬邦何讓焉。公以宅憂歸矣！然公之功在勛府，勞在程書，根本之計在内地，訏謨在邊陲，方今縣寓多故，行且召公建鼎鉉之業，以光贊中興之盛治，其利于社稷，寧不弘多。彼靖遠新建有社稷功，其大用由經略蠻夷起。今天子神武，日紹法祖宗，成憲不靳，重典以酬勞臣，以公之鴻伐彪炳，乃爾行當胙茅土盟山河，視靖遠新建而三也，猗歟麻哉。文耀役在行間，經紀轉餉。首功之事，每受莢幕府，禀仰最悉聊摭，耳目所睹，記論述其大都如此。如曰：公之功高，燕然遠甚夫！夫才不孟堅若直爲斯集糠粃耳，則文耀何所逃罪。

——(萬曆)《重慶府志》卷八十一《藝文》，載《上海圖書館藏稀見方志叢刊》，第 213 册，269～275 頁

平播全書序　徐仲佳

萬曆庚子夏，播州平，是役也。天子威靈，實式承之。乃總督經略，則御史大夫兼司馬李公先後勘定，悉出雄裁，用是群策群力、得受指麾以成厥功，貽西南永賴。夫文武惟

憲，滅此朝食，大略也；誓師越月，掃蕩千里，大績也；開疆拓土，百世安壤以紓宸衷，大忠也；略以底績，績以懋忠，忠以不朽，大業也。勒勛銅柱，輝耀史册，良有以哉。

越明年，公上其事，尋以制行守南大參王君謂此不朽者功。公所書記方略載焉，彙而成帙，題曰《平播全書》。不佞仲佳囊在行間，日奉指授，未睹大全，玆讀之，未竟，因嘆公之謀烈遠而運用神也。語曰：非常之原，黎民懼焉！及臻厥成，天下晏如也。公其以之。先是賊酋憑險負固，荐食不軌，識者蒿日，夜郎非黔蜀利。會當事之議與廟堂之策互持衡，决乃至白石、飛練，酋始無撫法。已賴天子宵旰西顧，起公總督三省提兵剿之。爾時力言剿者，僅什之二三，亡論兵馬儲餉，百未備一，即文吏武將誰勘任使。又酋乘我不備，擁苗綦江，陷城殺將，計且東下，甘心重慶噫吁危哉！敗局是虞，顧安所得勝算耶？幸公從會城傳檄賊中，賊果如計退而自守。公乃移節駐渝，議兵議餉，議吏議將，議攻議圍，議諭議諜，議賞議罰，種種不一，大都是計定而後圖，先勝而後戰，真所謂微乎，微乎至于無形神乎，神乎至於無聲者。以此不數月間，材官騎士，八道如雲，器械芻粟，谷量飛輓。蓋正正堂堂有先聲焉，乃以歲之正月誓衆發師。續遣偏裨據扼要害，及各監紀棋布星馳，俄而大將進，俄而監軍進，俄而餉道進，又俄而總監理進，紀律森嚴，進作有法。二月而兵集，三月而進攻，四月而斬關，五月而攻囤，六月之朔而賊平，九月而善後之策次第漸定。三省八路，咸于公受成焉。始也區畫之詳，既也殄除之易，守女脱兔，兵法宜爾。然非公沉幾内朗，神明四達，則不及此矣！

公秉心塞淵，訏謨獨宰，不可窺測。今即《全書》所志，若贊廟謨，若宣威命，若條利害，若析情形，若誓大衆，若傳諸檄，公即倚馬萬言，援筆立就。然古壯猷石畫，往往無以逾之，若乃鼓壯士之忠肝，慰幽魂之義膽，散虮蝪之群，褫梟獍之魄，真有可泣鬼神、驚風雨動、天地馴鱷而格豚者。至其諜賊爪牙，謀賊腹心，即兩陣對開，彼己不知，公坐得于千里外飛令示之，奸回吐舌而賊入我阱，互疑反戈。書生可以先諸將，驕將可以得首功，我之貪詐可使賊之舟中爲敵，鼓舞顛倒，誰知端倪哉。夫尺書而賢十萬之師，指畫而定千年之計，乃知公之用或不盡于書，書之紀或不盡乎公之用，然大較已若此矣！因是而思國家西南之區，若麓川之難，歷十有七年，用兵五十萬，財賦半竭天下，僅立石金沙而思禄竟逸。以方之播孰雄與險，且酋白頭舉事，蠹我復心，什百倍之，公取而平之，若發蒙振落，其所减縣官金錢及留赤子膏血，宜何如此。其功倍王靖遠，又寧什百計耶？昔武侯出師二表，有謂讀之不泣下者，非人。憲宗以裴晉公用兵以來，憂勤悉付使舘。公今《全書》行且録之金匱，則後人之頌而傳者，當與漢唐兩公并爛也。不佞弁言，何足爲公重。

——(萬曆)《重慶府志》卷八十一《藝文》，載《上海圖書館藏稀見方志叢刊》，第213册，277～282頁

討播誓師文告　李化龍

蓋聞春秋之義，人臣無將，漢法所誅，大逆不道。逆賊楊應龍者，本以夷種，世厠漢

官，被我冠裳，守彼爵土，輒敢忘天朝豢養之恩，恣鬼國凶殘之性。初但殃及骨肉，繼乃禍遍蒸黎。嬰兒、孕婦概被誅夷，殺將屠城，以爲常事。虐焰燔乎五司七姓，淫毒漸於九溪三巴，天地不容，神人共憤。皇上痛兆人之失所，杜列辟之效尤，遂伐暴以安民，乃興師而問罪。

化龍等共以職守，咸在戎行，義當戡亂成平勢，須分猷共濟，蓋必叁省之中文武將吏以及四海之中漢土官兵堅除凶雪耻之圖，奮僇力同心之誼，庶幾共獎，王室乃可必得罪人。兹將鞠義旅以徂征，敢用對明神而作誓，且夫惟忠可以報主，惟公可以服人，惟致死不貳可以徇國家之急，惟精白無欺可以樹掀揭之勛。凡在行間，請事斯語，如其無貳，乃心克勤王事，神亦陰爲庇相，俾享成功。若督、府、鎮、道及副、參、游、守、府、縣、衛、廳大小文武等官有懷奸飭詐，岡上行私，乾没軍資，枉殘民命。妒人則以功爲罪，逃刑則以罪爲功。或假公事以報私仇；或因小嫌而妨大事；或以是爲非，以非爲是，任一己之見，而失三軍之心；或以當進不進，當援不援，偷一時之生，而戕萬民之命；或懷忠不盡，退有後言；或臨事避難，轉生枝節；或賞罰功罪之不明；或南北漢土之异視；或持兩端而窺利；或枉三尺以徇情；或造疑似影響之説以傾人；或挾機械變詐之術以利己。有一於斯即爲負國，負國之人，其名爲賊，明神殛之死不旋踵，逮及闔門，永絶其嗣。夫神聰明正直而一者也。有人負國而不知，聰明謂何；有人負國而不誅，正直謂何；有人負國而不知之、誅之，有不偏、有不平一之謂何。夫神護國佑民，以食其報者也。神不明，則士不奮；士不奮，則賊不滅；賊不滅，則民不安；民不安，則凶年。殺禮於神，亦有不利焉。敢盡布之明神，惟明神其圖利之。

——（萬曆）《重慶府志》卷八十四《藝文》，載《上海圖書館藏稀見方志叢刊》，第213册，441～444頁

平播露布　李化龍

伏以辰象，麗天七緯，判井參之紀；方輿略地八紘，嚴夷夏之防。故陰慘陽舒，天綍所以陶庶彙；而文經武緯，喆后所以殿萬邦。道如此乎相成，世賴兹而常治。垂衣而理，爰開弧矢之威；舞干以來，不廢徂征之舉。黄公玄女，策贊玉門；赤熛素靈，符昭金匱。洎乎皇風既降，猶然遠略時聞。漢馘吕喜，聲教訖於嶺表；唐俘蒙儉，威稜憺乎天南。是雖晚近世之作爲，大聖人之家法，匪云得已，允有成功。恭惟皇帝陛下，道契書繩，祥擒載玉。憲紫微而立極，雪踐四神；登翠嬀以握圖，星飛五老。昇平三紀，雲火静其横氛；受胙九宗，風雨漂其濊澤。委任心膂，妙選爪牙。兵以不殺爲威，德用無爲而治。朔方叛黨嬰城，旋就誅夷；海外渠魁越國，甘從縲束。宸居端拱，天步泰寧。日浴月峭之鄉，莫不奉琛而納款；紫舌黄支之侣，咸皆觧辮而稱臣。昆明通太液之波，大宛貢天閑之駟。春秋之義無外，詩書所稱何加。

惟此播州，介於川貴。貞元以往，猶遷客之是居；會昌而還，爲楊端之竊據。本以招討，擅此方州，跨重岡復嶺以疏疆，介絶澗茂箐以設險。丹崖紫澗，常截地而瀠回；翠壁蒼巒，每横天而巀嶭。羊腸鳥道，一夫可以當關；虎嘯猿啼，萬騎總爲却步。加以腥烟冪覆，毒霧縱横，上漏下蒸，坐見飛鳶之墮，前溪後窨，常多有蜮之灾。别是封疆，自爲聲教。冠紳承襲，已歷四朝。子姓蒙安，洊及千載。强弱之形互見，離合之勢靡常。飢則依人，飽則颺去，終非馴擾之儔；失則其鹿，德則其人，薄示羈縻之術。然猶奉琛奉幣，職歲之貢獻無虚；不叛不侵，非時之徵調惟謹。迨至逆賊應龍者，夷運將終，淫凶遂熾。天奪其鑒，既安忍而無親；鬼瞰其家，輒恣行而播虐。殺人如不舉，害衆若弗勝。徇孽妾之言，妻甘屠膾；剪同官之黨，人盡誅夷。敵怨五司，魚肉不留乎遺枿；快心七姓，烹醢冤徹於三泉。懸硺碓湯鑊之刑，置火麻鐵刷之獄。是尚恣睢乎部曲，已而輘轢乎縣官。數肆嫚書，屢馳密諜。謂九重爲遠，聲不憚於吠堯；以千里自封，財無難於使鬼。重慶城計脱犴狴，已遺靈誅；白石口謀動干戈，寧辭越志。從此恣其玩弄，因而極彼譸張。宰割一方，睥睨諸省。收藏亡命，逋逃徧四海之奸；糾結生苗，聲勢致兩川之震。盛氣豈忘躍馬，雄心不憚稱孤。犯乃無將，志不在小。

皇上俯憐愚謬，屢沛鴻慈。征誅尚緩於後夫，撫戢屢申乎邊吏。網開三面，聿弘卵育之恩；擒縱九頭，倍肆鴟張之志。虔劉飛練，鬼哭千家；縻爛綦江，尸横百里。捐嬰兒以填巖谷，刳孕婦以决雄雌。萬靈號地稱冤，四境籲天匄命。樵蘇何計，閭閻動鼙鼓之哀；羽檄交馳，城郭盛妖氛之氣。一時惡少，儘欲效尤；幾種夷酋，半懷觀望。業已驛騷乎西南半壁之天下，行且震驚乎東北一帶之人心。亂形已成，逆圖漸逞。全蜀星河摇曳，重瞳宵旰焦勞。佇望廓清，宜資卓犖。

而臣以章縫末品、樸遬短材，偶詔起於田間，遂謬膺乎軍事。控四蜀兼綜湖貴，柄在專征；奉三錫而濫秉鉞旄，義當滅賊。臣感兹恩遇，願效驅馳。憤同泣劍，甘裹革以從戎；心切枕戈，計除凶而報國。但期平定，敢愛髮膚。顧民力凋瘵而未蘇，又武備廢馳而不振。賊强臣弱，難希擒縱之風；一日數驚，易斷平安之火。於是殫攄朽鈍，獎率權奇。謹會同巡撫貴州兼督理湖北川東等處地方軍務、都察院右副都御史臣子章，巡撫湖廣等處地方兼提督軍務、都察院右僉都御史臣可大，巡撫偏沅等處地方提督軍務兼理糧餉、都察院右僉都御史臣鐸，共懷許國之心，咸篤勤王之誼。謂夫事關三省，必須動協萬全，以固圉安人心，以死綏作士氣。内葺理而外持鎮静，計頗效於謝安；陰不足而陽示有餘，竈頻增於虞詡。徵兵之使四出，環秦庭而乞賊無衣；寄閫之禮三推，憶鉅鹿而重壓拊髀。柄分黄鉞，下天上之將軍；案有丹書，合地中之義旅。命五丁於蜀郡，召三户於楚人。集滇廣樓船下瀨之豪，連韓魏奮擊蒼頭之衆。秦稱孔武，羅孟賁夏育之朋；浙號多才，搜霸越平吴之士。鷹揚侈譚於齊客，喜建功勛；駿聲偏重於燕臺，爲憐慷慨。有嚴有翼，共武服而旗旐央央；如漢如江，啓戎行而威靈濯濯。咸來奏技，莫不從軍。又以古制，師以糧從。

兵貴馬騰士飽，爰開庚廩，共極舟車。籌策徧於槖囊，轉輸酌乎鐘釜。舳艫銜尾，粟盡海陵之倉；組練生光，山積漁陽之甲。兵同時雨，衆悦蒼雷。

臣乃於正月十五日攝衣登壇，歃血矢誓。宣忠義以作士氣，思齒劍者投袂并興；懸賞罰以一人心，懷淬刃者超距競起。衆憤噓而梁益之天成霧，軍聲動而岷峨之水飛波。克日長驅，嚴兵待發。臣又於二月十二日，五申戒衆，八路徂征。在四川以綦江、南川、合江、永寧爲四路，總兵官吴廣、劉綎、馬孔英將之，而監軍以參政張棟、謝詔，督餉紀功以參政張文耀、副使史旌賢、參議熊字奇、僉事徐仲佳。在貴州以烏江、沙溪、平越爲三路，總兵官李應祥將之，而監軍以按察使楊寅秋、參議張存意，督餉紀功以參政郭廷良、副使洪澄源、尤錫類、參議梅國樓。在湖廣以偏橋爲一路，總兵官陳璘將之，而監軍以按察使胡桂芳、參議魏養蒙，督餉紀功以參議詹啓東、副使王應霖、路雲龍、陳與相。集群策於一時，宣天威於九伐。娖隊飭元戎之令，以律而滅；練士雜夷漢之師，在和而克。風鶴咸知助順，草木都化爲兵。賊勢已危，狂氛未戢。力伸螳臂，尚三覆而設奇；若燎鴻毛，輒一鼓而制勝。諸路并斬關而入，一時多解甲而降。婁山岩門，萬夫不守；湄潭河渡，一葦可航。兵遂環於白田，衆已焚其赤社。曲房别館，一炬堪憐；班馬鋒車，闔門咸竄。於是巢穴漸定，羽翼半摧。獸既窮而搏人，鹿方急而走險。賊乃重招逆黨，共保岩限。百仞臨高，築距堙而不及；一偏延敵，攀蘿葛而難躋。自謂天險可乘，兼有積儲足恃。猥云得計，衹自速亡；爰命六師，圍之三匝。蝥弧屢奮於列校，鼉鼓加募乎千金。攻極力殫，莫禦疾雷之勢；計窮詐得，頻貽小月之書。臣乃詗其深謀，特申儆備。復令按察使張悌入營督戰，重戒總兵吴廣毋與賊通。衆志彌堅，賊困猶鬬。連旬積雨，共洗蠻蜓之妖；疊雉霾雲，實壯王師之氣。勢將剪滅，事已垂成，而臣適遘閔凶，遥傳音耗。寸心塗炭，乍懷進退之虞；簡命眷留，更切始終之慮。望雲渺渺，向日炎炎。事難適夫兩全，身惟拼乎一死。勉修軍令，益整兵威；旬月迭攻，晝宵不息。小岩結聚，知蠻滅以非遥；异鳥翱翔，信賊平其有兆。卒徒競奮，雉堞平頹。彼力盡於枝梧，此骨騰而距躍。楚歌四起，騅不逝以驚心；越甲重來，犬長號而入夢。徒揮金而召死士，竟掩袂而别妖妻。縱飛走以無門，悲蟣虱之相吊。天亡已定，矢劍烏江；人力難施，投繯荒谷。快大兵之畢集，遂舉族以就擒。剖腹不滅然臍，駢首同看繫頸。銷人彩女，鮮玉佩而成俘；劍客謀臣，抱兵符而就縶。雷擊星馳三十萬，巢穴倏爾成空；摧枯拉朽指揮間，根株蕭然盡拔。定軍之山頓頳，牂柯之水已丹。飛虎、飛龍，堅城如掃；養雞、養馬，故壘空留。止餘草木之腥，無復萌芽之肄。訊執已成聚落，首功不啻丘陵。築京觀可示來兹，勒銅標謾誇已事。紅旗十里，依依六月班師；翠幰千重，蕩蕩三分底定。前歌後舞，鐃吹半襍於巴渝；繡帽錦衣，勝氣全高乎玉壘。戎翟因而奪氣，流汗走僵；將軍從此開顔，告成飲至。槖及卧鼓，息壯士之呻吟；解劍賣刀，恣農夫之耕耨。百蠻稽顙，萬姓謳吟。重念開創之難，更竭圖維之力。

因地形以爲疆理，招土著而慰氓黎。削滅叢祠，别營茅社。爰分土宇，指西母而開圖;載布冠裳,順東風而受吏。易瘴鄉爲樂國,矜人起鴻雁之歌;黜夷法於漢官,拭目快威儀之睹。化瑟張而勿擾,熙熙乎坐赤子於春臺;太牢享而有餘,栩栩然囿僰人於蝶夢。本因亂而制治,實用夏以變夷。何敢言勞,期不辱命。此蓋神武有赫,厚德用威。遠克鬼方,奉役不淹於三載;同符帝德,成功僅逾於七旬。民未大勞,師無再役。還千秋之疆土,重勒鼎銘;戢四海之窺覦,坐銷金甲。獻俘清廟,更承玄綍之心;上壽明堂,旅受緑圖之福。

——(萬曆)《重慶府志》卷八十四《藝文》,載《上海圖書館藏稀見方志叢刊》,第213册,445~459頁

祭房、張二將文 李化龍

嗚呼!二將軍之死也,經歲於今矣!人亦有言:死有重於泰山,有輕於鴻毛。如二將軍之死輕耶?重耶?夫逆賊應龍,淫怒以逞,荼毒生靈,原野厭人之肉,川谷流人之血,既有年于今矣!人臣無將,將則必誅,封疆之臣,滅此朝食,豈俟問哉。乃數年來未有顯言誅之者,何也?懦者以私,婪者以賄,苟就一時之利,而不顧國家久遠之害,晚近庸臣大抵然耳。蓋顯言誅之自房將軍始,將軍提一旅捍孤城,豈足以當播州之全師,顧義氣所激真,欲捽逆賊而平吞之。恩重身輕,威尊命賤,所從來矣!迨逆賊捲土而來,相與從事於顔行,將軍不沮不懾,擁孤軍以抗强敵,又得謀勇俱足如張將軍其人者,左右其間。一戰東溪,再戰四埡,奮臂一呼,萬夫辟易,斬將搴旗,潰圍陷陣,何其壯也。終以力盡援絶,鼓衰士散,竟至以身殉城,然其英風義烈,猶足吐懦夫之氣,激壯士之肝,亦已奇矣!且自二將軍死而後賊負不可赦之罪,人堅必誅賊之心。九伐方張,四征伊始,此非賊能死二將軍,乃二將軍能滅賊也。假令守綦江者,非有磊磊落落如二將軍,必且與賊通,必且爲賊諱,養其鱗甲,長其羽翼,突而鵲起,席卷川巴,李特、王建前事不遠。即不然殺人者,可以不死;無君者,可以自全。將使人懷問鼎之心,户比齒馬之迹,僭擬成風,綱常掃地,不及十年,人其戎乎!瓦解陸沉,豈足爲喻。蓋二將軍之死,非獨以存蜀,是天下理亂得失之關也。即謂之重於泰山是耶?非耶?嗟呼!人誰無死,以法死,以賄死,以寒疾不可汗五日死,以飲酒御婦人死等死耳,要以生無榮名,死無令聞,縱使百千萬劫只如未生,甚且遺之臭矣,則其死輕也。二將軍死既聞,天子嘉其義烈,贈以極品,賞以延世千秋,廟貌比於睢陽,嗟嗟可不謂重耶!龍既入渝城,誓師剿逆,高二將之義,乃爲文以祭之。二將軍有靈,當且率綦城之厲鬼以殺賊,始信二將軍果能滅賊死,乃益重也。尚饗。

——(萬曆)《重慶府志》卷八十五《藝文》,載《上海圖書館藏稀見方志叢刊》,第213册,553~556頁

（道光）重慶府志*

綦江縣

興文山，縣南六十里，舊名“寨子山”。播酋楊應龍破縣，屯兵於此。蕩平後，楊繼宸更名“興文”。

扶歡山，縣南八十里，唐以名縣。播逆破綦，結寨其上。

白錦堡，縣南八十里。《宋志》：“端平三年，以白錦堡置播州。”《輿地紀勝》：“南平軍有白錦堡，去播州三百里，係納土官楊光榮子孫世襲守之。”

九盤子堡，縣南一百三十里。明劉綎攻楊應龍處。

——（道光）《重慶府志》卷一《輿地志·山川》，載《中國地方志集成·四川府縣志輯》，第5册，第42頁

南川縣

東鄉壩，縣西南七十里。楊應龍據爲界。

——（道光）《重慶府志》卷一《輿地志·山川》，載《中國地方志集成·四川府縣志輯》，第5册，第44頁

綦江縣

文廟，在縣治西南。明萬曆毁於播酋。

——（道光）《重慶府志》卷二《祠祀志·廟壇》，載《中國地方志集成·四川府縣志輯》，第5册，第85頁

* （清）王夢庚修，寇宗纂：（道光）《重慶府志》，載《中國地方志集成》編委會編：《中國地方志集成·四川府縣志輯》，巴蜀書社，1992年。

林俊，《明史》本傳："字待用，莆田人。成化十四年進士。正德四年，巡撫四川。……遂移師擊瀘州賊曹甫，且遣人招諭。甫佯聽，令弟琯劫如故。指揮李蔭斬琯首，賊遂移江津，分七營，將攻重慶。俊發酉陽、播州土兵助蔭，以元日掩，破其四營。賊遁入民家，焚之盡斃，乘勝搗老營。"

——（道光）《重慶府志》卷四《職官志·統紀》，載《中國地方志集成·四川府縣志輯》，第5册，第122頁

李化龍，《明史》本傳："字于田，長垣人，萬曆二年進士。二十七年，總督湖廣、川、貴軍務兼巡撫四川，討播州叛臣楊應龍。應龍之先曰楊鏗，明初內附，授宣慰使。應龍性猜，狠嗜殺，數從征調，恃功驕蹇。知川兵脆弱，陰有據蜀志，間出剽州縣。嬖小妻田雌鳳，讒殺妻張氏，屠其家。用誅罰立威，所屬五司七姓不堪其害，走貴州告變。巡撫夢熊疏請大征，詔不聽，逮擊重慶獄。應龍詭將兵征倭自效，得脱歸，復逮不出。四川巡撫王繼光發兵討，覆于白石。應龍委罪諸苗，朝廷命邢玠總督。值東西用兵，勢未能窮治，因招撫之。應龍益結生苗，奪五司七姓地并湖廣四十八屯以界之，歲出侵掠。是年二月，敗官軍於飛練堡，都司楊國柱、指揮李廷棟等皆死。已復破綦江，殺參將房嘉寵、游擊張賢良，投尸蔽江下。僞軍師孫時泰請直取重慶，搗成都，劫蜀王爲質。而應龍遷延，聲言争地界，冀曲赦如曩時。化龍至成都，徵兵未至，亦謬爲好語縻之。帝聞綦江破，大怒，追褫前四川、貴州巡撫譚希思職，而賜化龍劍，假使宜討賊。賊焚東坡爛橋，梗湖貴路；又焚龍泉，走都司楊惟忠。化龍劾諸大帥不用命者，沈尚文逮治，童元鎮、劉綎皆革職，充爲事官。諸軍大集，化龍先檄水西兵三萬守貴州，斷招苗路，乃移重慶，大誓文武。明年二月，分八道進兵。川師四路：總兵官劉綎由綦江；馬孔英由南川；吴廣由合江；副將曹希彬受廣節制，由永寧。黔師三路：總兵官童元鎮由烏江；參將朱鶴齡受元鎮節制，統宣慰使安疆臣由沙溪；總兵官李應祥由興隆。楚師一路，分兩翼：總兵官陳璘由偏橋；副總兵陳良玭受璘節制，由龍泉。每路兵三萬，官兵三之，土司七之。貴州巡撫郭子章駐貴陽，湖廣巡撫支可大移沅州，化龍自將中軍策應。帝以楚地遼闊，又擢江鐸爲僉都御史，巡撫偏沅。湖廣設偏沅巡撫，自鐸始也。應龍以勁兵二萬屬其子朝棟，曰：'爾破綦江，馳南川，盡焚積聚，彼無能爲也。'比抗諸路兵，皆大敗，應龍頓足歎曰：'吾不用時泰計，今死矣。'或言水西佐賊，化龍詰之。疆臣斬賊使二氏，交遂絶。烏江兵敗績，逮下元鎮於理，諸將益奮。綎先入婁山關，直抵海龍囤，璘、疆臣兵亦至。賊勢急，上囤死守，遣使詐降。化龍檄諸將斬使焚書，以綎與應龍有舊，諭無通賊，綎械其人以自明。八路兵皆會囤下，築屯圍困之，更番迭攻。六月，綎破土、月二城。應龍窘，與二妾俱縊。明晨，官軍入城，七子皆被執。詔磔應龍尸并子朝棟於市。自出師至滅賊，凡百有十四日。播自唐乾符中入楊氏，二十九世、八百餘年，至應龍而絶。以其地置遵義、平越二府，分屬川、貴。化龍初聞父喪，以金革起復，至是乞歸終制。"

劉綎，《明史》本傳："字省吾，都督顯子，勇敢有父風，用蔭爲指揮使。萬曆初，從顯討九絲蠻，以功遷雲南迤西守備。十年冬，征楊應龍。會四川總兵官萬鏊罷，以綎代。時分兵八道，川居其。四川東又分爲二，以綦江道最要，令綎當之，衆數萬。初，綎聞征播，逗留多設難以要朝廷，言官交劾，議調南京右府僉書。總督李化龍以平播非綎不可，力薦於朝，乃復受事。逾夜即舊城，攻克賊於滴泪、三坡、瓦窑坪、石虎諸隘，直抵婁山關。婁山萬峰插天，百險俱備，綎分奇兵爲左右路，間道趨關後，而自督大軍仰攻，奪其關，追至永安莊，兩路軍亦會。綎老將持重，慮賊衝突，聯諸營，一據婁山關爲老營，一據白石口爲腰營，一據永安莊爲前營。尋會馬孔英、吴廣諸軍逼海龍囤下，與諸將共平賊。綎功爲多，進左都督，世蔭指揮使。四十四年，四川建昌倮亂，命綎爲總兵官討之，偕參政王之機分兵八道，督諸將攻而己居中節制。克桐槽、沈渣、阿都、厦卜、越北諸寨，大小五十六戰，斬馘三千三百有奇，諸倮巢穴一空。於諸將中最驍勇，所用冰鐵刀百二十斤，馬上輪轉如飛，天下稱'劉大刀'。天啓初，贈少保，世蔭指揮使僉事。立祠曰'表忠'。"

房嘉寵，舊《通志》："靖虜衛人，任四川守備。萬曆二十五年，楊應龍屢犯綦江，嘉寵職任守禦。時大兵未集，應龍遣沐照攻城。城陷，死之。後事聞，立廟以祀，加贈官秩。"

張良賢，舊《通志》："固原人。萬曆中，以參將守綦江，與房嘉寵竭力守禦，因衆寡不敵，城陷而死。事聞，立廟祀之。"

胡汝寧，《綦江縣志》："漢中人。以章納守備升湖廣都司。便道過渝，知府張議借員，奉委來綦江，與房、張協守。甫到日，而播逆已壓境矣。及臨戰對敵，手殺數十人，死於亂軍，骸骨無收。"

朱燮元，《明史》本傳："字懋和，浙江山陰人，萬曆二十年進士。遷四川副使，謝病歸，起移四川右布政使。天啓元年，就遷左。會永寧奢崇明反，蜀王要燮元治軍。……時詔給事中明時舉、御史李達徵川兵援遼，崇明父子請行，先遣土目樊龍、樊虎以兵詣重慶，巡撫徐可求汰老弱餉，復不繼。龍等遂反，殺可求及參將孫好古、總兵官黄守魁等。時舉、達負傷遁，賊遂據重慶，播州遺孽及諸亡命奸人蠭起應之。"

——（道光）《重慶府志》卷四《職官志·統紀》，載《中國地方志集成·四川府縣志輯》，第 5 册，123～126 頁

張文耀，《巴縣志》："字芝陽，湖廣沅陵人。萬曆丁丑進士。初任銅梁，調巴縣，精神敏捷，滌垢恤隱，賢聲懋著。癸未，擢御史，尋兵備川東。平播之役，制撫軍，駐節渝城，調遣轉輸多賴之。播平，晉秩憲。長量田賦，公私之額，盈縮之制，皆其更定，善後之功多。"

——（道光）《重慶府志》卷四《職官志·題名》，載《中國地方志集成·四川府縣志輯》，第 5 册，第 143 頁

傅良諫,《巴縣志》:“字忠所,江西臨川人,進士。萬曆初,知重慶府,廉能有聲,遷副使。平播之役,與有勞焉。”

王士琦,《明史·王宗沐傳》:“子士琦,進士,歷重慶知府。播州宣慰使楊應龍叛,承總督邢玠檄,至松坎撫定之,遂進兵備副使,治其地。尋擢河南右布政使,坐應龍復叛,降湖廣右參政。”

傅光宅,《巴縣志》:“山東聊城進士。萬曆中,以御史左遷,歷工部郎。知重慶府,時播賊猖獗,總制李化龍駐渝城,宅督理戎馬軍糧有方略。播平,吊忠義,瘞遺骼,輯流亡,撫瘡痍,修學宫,捐俸率作,一本誠懇。遷遵義兵巡道,祀名宦。”

——(道光)《重慶府志》卷四《職官志·題名》,載《中國地方志集成·四川府縣志輯》,第5册,第145頁

周作樂,《綦江縣志》:“浙江永嘉人,由賢科出宰萬縣,升重慶府同知。萬曆二十七年六月,播賊楊應龍破綦江。次年正月,攝縣事,上疏,當事用其言,賊遂平。在任七載,興利除害,建文明書院,每月親詣課士,升任遵義府知府。”

——(道光)《重慶府志》卷四《職官志·題名》,載《中國地方志集成·四川府縣志輯》,第5册,第146頁

高折枝,河南固始進士。萬曆中,任重慶府推官,懲奸除猾,不避權勢。播賊楊應龍反,憤然以剿除爲己任。綦江破,時枝在成都,日夜馳千里至郡,捍衛城池。兵復變,不移,時談笑定之。已復監軍,攻南川路,諸軍未入,先斬關擊賊,與諸將抵囤下,遂克大憝。播平,夷漢畏服,祀名宦。

——(道光)《重慶府志》卷四《職官志·題名》,載《中國地方志集成·四川府縣志輯》,第5册,第147頁

張宗載,《雲南通志》:“字一寧,鶴慶府人。萬曆癸未進士,知江津縣。值采山、運餉諸大役,事集而民不擾。土司楊應龍以兵萬人應調,多虚額冒餉,宗載俟其成列,以實數詰之,應龍驚服。”

唐選,《湖南通志》:“湘潭人,萬曆進士,令江津縣。值諸符下以楊應龍叛,飭令用兵,選力持應龍不反狀,弗聽。已而兵連禍結,逾年始平,人咸服其遠識。”

——(道光)《重慶府志》卷四《職官志·題名》,載《中國地方志集成·四川府縣志輯》,第5册,第150頁

葉聯芳,《長壽縣志》:"吴縣舉人。萬曆中,知長壽縣事,慈和愷悌,視民如子,厚庠士,置學田。播酋破綦江,聲言東下,聯芳喻其民曰:'吾有老母,幼子在此,爾勿恐。'以此維繫民心,得免遷徙,民咸德之。"

——(道光)《重慶府志》卷四《職官志·題名》,載《中國地方志集成·四川府縣志輯》,第5册,第151頁

蒲林,《綦江縣志》:"陝西咸寧舉人。萬曆十八年,知綦江,拯流難,表節孝,置學田,育人才,升安邊同知,攝縣事。播賊掠扶歡壩、羅王村等處,蒲奮身往追,賊遁去。"

周作樂,《綦江縣志》:"雲南舉人。萬曆庚子,攝篆綦邑。時邑殘破,周招集流亡,疏請賑濟,繕修城垣。王師臨渝,更書平酋諸策,當事再三稱善。天子下璽書,加勞黄金、彩幣以酬勛伐。任事七載,升遵義太守。去,邑人立生祠於北門外,尸而視之如臨父母。"

——(道光)《重慶府志》卷四《職官志·題名》,載《中國地方志集成·四川府縣志輯》,第5册,第154頁

楊思謙,《湖南通志》:"字生白,新化人。萬曆進士,知銅梁縣,有平播功。"

——(道光)《重慶府志》卷四《職官志·題名》,載《中國地方志集成·四川府縣志輯》,第5册,第157頁

(元)成宗大德九年,以行播州軍民使楊漢英爲紹慶、彭水南平重慶等處沿邊宣尉司,管軍萬户,佩虎符。

——(道光)《重慶府志》卷六《武備志·兵制》,載《中國地方志集成·四川府縣志輯》,第5册,第202頁

詹貞吉,《貴州通志》:"巴縣人,隆慶戊辰進士。萬曆二十年,以右參議分守新鎮道。值播逆楊應龍將叛,人情汹汹。貞吉特携家至平越以鎮人心,衆於是有固志。貞吉澹泊簡易,與民休息。時初設府,經制籌畫,心力交殫。"

莅黔十餘年,比去,行囊蕭然。

——(道光)《重慶府志》卷八《人物志·人物》,載《中國地方志集成·四川府縣志輯》,第5册,第313頁

卞孔時,《明史·馮應京傳》:"……萬曆己亥,播州酋楊應龍叛。大中丞李化龍總師駐重慶,大將軍劉綎由蜀,大將軍陳璘由楚,以孔時監璘軍,從白泥入,賊勢急。水西酋安疆臣與應龍世戚通賊,孔時知之,計當事夜易陳璘,兵急攻之,遂破賊。應龍自焚死。"

——(道光)《重慶府志》卷八《人物志・人物》,載《中國地方志集成・四川府縣志輯》,第5册,第314頁

魯一冲,《綦江縣志》:"住仙源洞修真。楊應龍播逆,修醮於海龍磴,以利劍鍔逼,令道士手緊握而不斷者,爲有道行,乃不殺。冲聞而往,握之,鋒悉捲,遂延爲法師,尋遁去。"

——(道光)《重慶府志》卷八《人物志・仙釋》,載《中國地方志集成・四川府縣志輯》,第5册,360~361頁

陶鳴鎬妻牟氏,《一統志》:"綦江人。播賊破城,殺其夫,氏伏尸哭之,亦被害。"

羅尚價妻劉氏,《一統志》:"綦江人。播賊亂,尚價已死,賊脅之行,氏曰:'我守節三十餘年,豈肯從汝?'駡不絶口而死。"

張敵中妻羅氏,舊《通志》:"綦江人。夫故,孀居。播賊至,被執,過高灘河,挽二子同溺死。"

庠生歐仕達妻王氏,舊《通志》:"綦江人。播賊至,被執,過高灘,懸崖數十丈,王盡力挽賊同墜,氏死,賊亦死。"

四烈婦,舊《通志》:"失其姓,皆綦江人。萬曆間,播寇肆虐,男女多避飛龍洞中,有四婦被執,鞭之行,四婦義不受辱,結裾投崖死。"

諸生劉熠勛妻羅氏,舊《通志》:"綦江人。播酋破城,夫婦被擄,羅自縊死。"

——(道光)《重慶府志》卷八《人物志・節烈》,載《中國地方志集成・四川府縣志輯》,第5册,第366頁

（道光）江北廳志*

保蜀援黔疏　南京户部侍郎倪斯蕙

……昔播事之初，七姓交攻，有内叛而無外援。

——（道光）《江北廳志》卷七《藝文·疏》，載《中國地方志集成·四川府縣志輯》，第5册，第570頁

* （清）福珠朗阿修，宋煊、黄雲衢纂：（道光）《江北廳志》，載《中國地方志集成》編委會編：《中國地方志集成·四川府縣志輯》，巴蜀書社，1992年。

（道光）補輯石硅廳新志*

（馬）千乘，字肖容，英武有才略。萬曆二十七年，播州楊應龍叛，千乘偕妻秦良玉征播。賊平，不言功。

（秦）良玉，忠州人，秦葵女，字貞素。性穎异，饒膽略。幼通經史，工詞翰，且與兄邦屏、弟民屏同習騎射，究心韜略。長歸千乘，儀度嫻雅而性行嚴明。農隙與千乘訓練土兵，精勁冠諸部，兵器用長矛，後帶鈎環，登山涉水，前後相連，皆白木爲之不裝飾，厥後屢立戰功，石硅白桿兵遂著名海内。千乘奉調征播，良玉别領精兵五百偕往諸營。抵鄧坎，度歲，俟三省奉調兵集進攻。萬曆二十八年正月二日，置酒宴飲，良玉料賊夜襲，語千乘戒備，下令軍中解甲韜戈者斬。夜半，賊果至，諸營驚潰，良玉偕千乘獨領本部三千五百人奮擊，追入賊境，一夜破其金筑等七寨。黎明抵桑木關，衆軍方招呼，陸續集關下。桑木天險，督臣李化龍所遣將馬孔英等叩關門，千乘、良玉暨良玉兄邦屏、弟民屏奮勇，將白桿兵分左右，鈎連上山，出關後破之。已會八路兵將，劉綎等破婁山關，扼賊海龍囤，剿之。是役也，良玉夫婦戰功第一，督臣化龍匿不以聞。

——（道光）《補輯石硅廳新志》卷七《土司志》，載《中國地方志集成·重慶府縣志輯》，第21册，第37頁

九日登西山古詩 馬宗大土司

九日登西山，邀賓出城郭。暫謝簿書忙，去踐林泉約。紆折上翠巔，高與青山若。縱觀天地空，眼底皆邱壑。一水玉帶清，千嶂紫烟著。草衰鳳自棲，鳳凰山。山瘦獅如搏。獅子山。菊花開城市，喬木隐樓閣。遥望石硅峰，渺渺見雲脚。到來尋旗亭，插旗山，即城西山上，舊有亭。歲久風雨削。昔率勤王旅餱，昔率勤王旅。餱糧裹囊橐，征播首立功。

——（道光）《補輯石硅廳新志》卷十二《藝文志下》，載《中國地方志集成·重慶府縣志輯》，第21册，第85頁

* （清）王槐齡纂修：（道光）《補輯石硅廳新志》，載《中國地方志集成》編委會編：《中國地方志集成·重慶府縣志輯》，巴蜀書社，2016年。

明史雜詠　烏城嚴遂成

忠順昔受封，慕華款貢市。功惟不內犯，而無臂指使。石砫白桿兵，勤王萬里行。征播剿奢安，破走張羅横。西南半壁天，孤撑一掌勁。老寡百戰餘，安然考終命。木蘭女兒身，戎裝拖朝紳。繖蓋拜君賜，於鑠馮夫人。

——(道光)《補輯石砫廳新志》卷十二《藝文志下》，載《中國地方志集成·重慶府縣志輯》，第21册，第86頁

樂府遺意云爾　史欽義

木蘭昔從軍，諱藏女子迹。代父成厥功，純孝光竹帛。詎若孝移忠，慷慨冒金鏑。夫本伏波裔，撫司久登陟。播匪肆跳梁，奮呼驚辟易。賊平不受恩，奇禍生肘腋。枉陷貂璫誣，庾死雲陽獄。夫死妻襲封，土官有定職。夫人忠州産，經史羅胸膈。夙擅韜略長，膽饒萬人敵。旗張白桿兵，聞名群喪魄。況有同胞勇，兄邦屏，弟民屏。聯綴結同澤。料敵當歲除，夜襲破七栅。李督妒奇勛，首功暗戕匿。

——(道光)《補輯石砫廳新志》卷十二《藝文志下》，載《中國地方志集成·重慶府縣志輯》，第21册，第90頁

和陳雲楣題秦夫人硯歌　程尚濂舉人

秦夫人真將軍，將軍能武復能文。白桿縱横萬人敵，奇功書作垂天雲。生小學書仍學劍，草檄飛書遺一硯。片石真同玉帶生，血染隃麋泪珠濺。

一出平播州，再出殲奢酋。

——(道光)《補輯石砫廳新志》卷十二《藝文志下》，載《中國地方志集成·重慶府縣志輯》，第21册，第94頁

(道光)夔州府志*

周執羔,《宋史》本傳:"信州弋陽人,以吏部侍郎知夔州,兼夔路安撫使。夔郡地接蠻僚,易以生事,或告溱、播夷叛,其豪帥請遣兵致討。執羔謂曰:'朝廷用爾爲長,今一方繹騷,責將焉往,能盡力則貸,爾一兵不可得也。'豪懼,斬叛者以獻,夷人皆惕息。"

——(道光)《夔州府志》卷二十四《政績》,載《中國地方志集成・重慶府縣志輯》,第27册,第12頁

朱之柱,《通山縣志》:"號石齋,湖北通山縣人,前任四川巡按朱廷立之子。由歲貢任四川東鄉縣知縣,居官清勤,方正不阿,削鋤疆暴,東鄉士民戴之。時播州寇亂,督糧征剿有功,當道交薦。神宗特賜金字匾額,曰:'欽賜殊勛。升夔州府同知,訓民勤耕,讀守本分,俗皆化之。'不久告歸,壽七十五卒。"

——(道光)《夔州府志》卷二十四《政績》,載《中國地方志集成・重慶府縣志輯》,第27册,第18頁

蕭芬,《涇縣志》:"萬曆間,以掾吏任蘄州吏目,量移大寧主簿。播寇楊應龍叛,督師刑玠知芬材,徵至軍前。芬單騎入賊營,諭以利害,遂降之。播平,題巴縣丞。未幾,楊酋復叛,欲取重慶。芬署巴令,任轉運催遣,卓有程憲。寇滅,升南川令,未到任卒。"

——(道光)《夔州府志》卷二十四《政績》,載《中國地方志集成・重慶府縣志輯》,第27册,第37頁

---

* (清)恩成修,劉德銓纂:(道光)《夔州府志》,載《中國地方志集成》編委會編:《中國地方志集成・重慶府縣志輯》,巴蜀書社,2016年。

（同治）增修酉陽直隸州總志*

（宋政和）六年，（田祐恭）幹播州邊，轉武節郎。七年，安定播州，遏絶楊維聰之暴，以功轉武翼大夫，加陳州刺史。

——（同治）《增修酉陽直隸州總志》卷三《地輿志三・塚墓》，載《中國地方志集成・重慶府縣志輯》，第21册，第475頁

銅鼎，《通志》："明萬曆中，總督李化龍平播後，命重慶府將軍前給、軍銅鍋盡數收集，改鑄鼎器，頒發各土司，永爲鑒戒。"

——（同治）《增修酉陽直隸州總志》卷三《地輿志三・金石》，載《中國地方志集成・重慶府縣志輯》，第21册，第478頁

其楊姓者，俗傳以爲即播州之土司楊應龍。案：應龍叛逆陷民，肝腦塗地，觸刑辟以死，其鬼必不靈，安得血食於數百年也。

——（同治）《增修酉陽直隸州總志》卷九《祠廟志三・俗祀》，載《中國地方志集成・重慶府縣志輯》，第21册，第649頁

《元史》："成宗大德七年，以行播州楊漢英爲紹慶、南平等處沿邊宣慰司管軍萬户，佩虎符。"

——（同治）《增修酉陽直隸州總志》卷十《武備志一・兵制》，載《中國地方志集成・重慶府縣志輯》，第21册，第671頁

冉維屏，冉元次子，襲宣撫職。

《明史・劉顯傳》："萬曆元年，山都蠻叛。將軍劉顯督鎮雄、酉陽諸土兵，顯爲大將，

* （清）王鱗飛等修，馮世瀛、冉崇文纂：（同治）《增修酉陽直隸州總志》，載《中國地方志集成》編委會編：《中國地方志集成・重慶府縣志輯》，巴蜀書社，2016年。

佐以郭成、劉綎、冉維屏、奢效忠，遂進破九絲。”

毛西河《蠻絲合志》：“萬曆十四年，楊柳疊溪羌亂。將軍李應祥請并調土官楊應龍、冉維屏、楊光祖統播州、酉陽、平茶、天全諸兵進討。”

《明史·土官傳》：“萬曆十七年，宣撫冉維屏獻大木二十，價逾三千。工部議：‘應加從三品服，以爲土官輸誠之勸。’從之。”

冉御龍，維屏長子，襲宣撫職。

《明史·土官傳》：“萬曆二十三年，楊應龍反播州。石砫宣撫馬千乘應調，與酉陽冉御龍同征。”

《明史·馬孔英傳》：“萬曆二十七年，大征播州。重慶推官高折枝監紀馬孔英，請獨當一面，乃與參將周國柱以石砫宣撫馬千乘兵破賊金筑。復督酉陽宣撫冉御龍敗賊於官壩，孔英至軍平茶，邑梅兵亦集，軍容甚壯。進攻桑木關，令馬千乘與冉御龍出關左右，參將周國柱搗其中，賊復大敗。”

《明史》：“萬曆二十八年，楊應龍叛。酉陽宣撫司冉御龍進攻官壩，斬關直上，擒斬三百有奇。”

《明史紀事本末》：“時總督李化龍分兵八路，總兵官孔英從南川入，以參將周國柱、宣撫冉御龍等隸，僉事徐仲佳監之。時諸軍分道并捷，南川則酉陽、石砫二土司先登。”按：蹇達《西南平播碑》文：“參將周國柱前已大敗賊於官壩，營望草壩，遂乘勝衝桑木關之左右，兼搗其中，以三月初八日破桑木關。適孔英至自關中又破賊於金子壩，蓋南川路視諸將先登入關。”

——（同治）《增修酉陽直隸州總志》卷十四《土官志》，載《中國地方志集成·重慶府縣志輯》，第22册，121～122頁

楊光郁，正魁孫，通運長子，萬曆間襲職。

萬曆二十八年四月，川湖總督李化龍征播，劄調四司揀選精兵、自備行糧隨官兵征討。凱回，復從征黔省三山紅苗。崇禎九年，奏凱，授副總府職。

——（同治）《增修酉陽直隸州總志》卷十五《土官志》，載《中國地方志集成·重慶府縣志輯》，第22册，第131頁

（正德）四年，保寧賊藍廷玉等爲亂。巡撫林俊發酉陽、播州兵助指揮李蔭，以元日掩破其四寨。賊遁入民家，焚之盡斃。《明史》。

（萬曆）十四年，楊柳番合諸羌入寇，徵播州、酉陽、平茶、馬湖諸土兵征之。

……

郭子章《西南三征記》：“時游擊周于德將播州七千人營鑼鍋嶺，游擊邊之垣將酉陽五千人營蕎壩腦，參將郭成將叙馬兵七千人直抵黄沙，參將朱文達將平茶兵四千五百有

奇營茨溝，而一統于李將軍應祥。丙戌二月，誓師鎮平，分道并進，大小數十戰，東西河俱下。殘羌竄岩谷中，依險結寨，遣譯者詣軍門，請罷兵埋奴，受降。”節録。

——(同治)《增修酉陽直隸州總志》卷二十二《武功志》，載《中國地方志集成·重慶府縣志輯》，第 22 册，第 368 頁

《三征記》：“時分兵三道，以冬十月出師。十一月戊申，中路兵先入，賊悉衆保官廖河。庚戌，游擊周于德遣天全兵擊之，而令酉陽兵擊茜雞坪。賊阻河拒敵，守備滕光國兵衝其前，酉陽兵潜亂上流，出賊後撓之，賊潰走泛溪河。李將軍以十二月甲子督馬路進攻乞黑，擒其酋帥脚舌、脚阿。丙寅，中路兵悉抵枯樹坪，留光國守官廖以遏燒歹。己巳，克馬蝗，山山迫阨，賊礧石如壁，我兵仰攻不克。于德遣酉陽兵攻山前牽賊，而自將標兵宵渡火燒崖，遶出山背夾攻之，賊不能支，弃山遁。明年正月己丑，撤假糾衆由大南門、大木瓜兩路突襲馬營。播州帥楊應龍率衆大呼衝之，賊退。壬申，中路兵攻木瓜，斬白禄于陣。禄屢敗恚憤，至是糾賊千餘從大赤口出木瓜，躍馬督戰，甚鋭，酉陽兵伏弩矢中之，禄死，獲其黨巴别、阿尼等，斬獲無算。”

(萬曆)二十一年，紅苗大亂，攻劫邑梅等司。

二十八年，酉陽宣撫冉御龍從征播州。三月攻官壩，克之，擒斬三百有奇。

《明史紀事本末》：“初，楊應龍既下龍泉，復移兵攻婺川。會徵兵大集，各土司亦用命。總督李化龍兵分四路：總兵劉綎從綦江入，以參將麻鎮等隸，參政張文耀監之；總兵馬孔英從南川入，以參將周國柱、宣撫冉御龍等隸，僉事徐仲佳監之；總兵吴廣從合江入，以游擊徐世威等隸，參議劉一相監之；副將曹希彬受吴廣節制，從永寧入，以參將吴世杰、宣撫奢世續等隸，參軍史旌賢監之；而中軍率標下游兵策應。黔兵亦分三路進。部署既定，遂以二月十二日分道并發。十五日，劉綎兵進綦江，連破三硐，賊膽落爲守禦計；南川則酉陽、石砫二司先登，初八日遂克桑木關；烏江則壩場、永順兵先登，十一日遂克烏江關，翌日復克阿陵關。賊自是披靡。”節録。

——(同治)《增修酉陽直隸州總志》卷二十二《武功志》，載《中國地方志集成·重慶府縣志輯》，第 22 册，369～370 頁

（宣統）石砫廳鄉土志*

馬公千乘，字肖容，明宣慰司，沈毅有方略。神宗萬曆二十七年，播州楊應龍反，千盛奉調，偕妻秦良玉往征。一夜破其金筑等七寨，復扼賊海龍囤，剿之。論戰功第一，督臣李化龍匿不以聞。後以礦務忤内監邱乘雲，被逮，死雲陽獄。

——（宣統）《石砫廳鄉土志》第一册《歷史·第三十九課》，載《北京師範大學圖書館藏稀見方志叢刊續編》，第25册，第174頁

秦夫人良玉，字貞素，馬千乘妻。幼習武略，明大體，練白桿兵三千，獨成勁旅。萬曆間，偕千乘征播，功冠諸將。泰昌時，督師東援，以守護渝關功詔加二品章服。藺賊奢崇明反，圍攻成都，夫人往援，連復安岳、新都等縣，解成都圍，旋復重慶。崇明遁回藺州，夫人領兵進剿，克永寧、藺州。又率秦翼明、秦拱明皆良玉兄邦屏子。攻破紅崖墩、觀音寺、青山墩諸大寨，所向克捷，戰功卓著。

——（宣統）《石砫廳鄉土志》第一册《歷史·第四十課》，載《北京師範大學圖書館藏稀見方志叢刊續編》，第25册，第175頁

帥忠堂

土司前堂有"帥忠堂"三字匾額，秦夫人良玉筆迹也。字大尺六寸，筆力遒勁。又有"忠義可嘉"匾額，良玉征播賊有功，天啓二年熹宗賜，今尚存。

——（宣統）《石砫廳鄉土志》第二册《地理·第九課》，載《北京師範大學圖書館藏稀見方志叢刊續編》，第25册，192～193頁

* （清）楊應璣、譚永泰、劉青雲編纂：（宣統）《石砫廳鄉土志》，載李永明主編：《北京師範大學圖書館藏稀見方志叢刊續編》，學苑出版社，2009年。

雲　南

（乾隆）騰越州志*

陳瑄，江南常熟縣人。成化五年，自金騰司調任，傳鑑淵楷奇策國祚。瑄子鑑曾請設司學有功，學校楷始，授僉事國祚。曾降副千户，以征播州功復指揮同知職。

——（乾隆）《騰越州志》卷七《官職》，載《中國地方志集成·云南府縣志輯》，第39册，第79頁

* （清）屠述濂纂修：（乾隆）《騰越州志》，載《中國地方志集成》編委會編：《中國地方志集成·云南府縣志輯》，鳳凰出版社，2009年。

（道光）宣威州志*

神宗萬曆二十八年，命雲南撫鎮協討播州楊應龍。陳用賓駐曲靖，黔國公沐叡駐霑益。

——（道光）《宣威州志》卷二《建置沿革》，載《中國地方志集成·云南府縣志輯》，第12册，第23頁

沐叡，明萬曆間征四川播州揚〈楊〉應龍，兵駐霑益，民間秋毫無擾。

劉綎，江西人，萬曆間駐防尋霑營。善騎射，熟刀法，威鎮四夷，馭野馬如調良，張硬弓於公座，制服群盗，使遠近居民外户不避。

——（道光）《宣威州志》卷三《名宦》，載《中國地方志集成·云南府縣志輯》，第12册，第51頁

* （清）劉沛霖修，朱光鼎纂：（道光）《宣威州志》，載《中國地方志集成》編委會編：《中國地方志集成·云南府縣志輯》，鳳凰出版社，2009年。

（光緒）霑益州志*

萬曆二十八年，命雲南撫鎮協討播酋揚〈楊〉應龍。巡撫陳用賓駐曲靖，黔國公沐叡駐霑益。遣參將謝崇爵等至烏江與賊戰，勝之。俄而，賊兵數萬掩至，遂敗還，橋折，一軍皆没。總督李化龍以賜劍斬崇爵。

——（光緒）《霑益州志》卷三《兵防》，載《中國地方志集成・云南府縣志輯》，第17册，第484頁

* （清）陳燕修，李景賢纂：（光緒）《霑益州志》，載《中國地方志集成》編委會編：《中國地方志集成・云南府縣志輯》，鳳凰出版社，2009年。

（光緒）鎮雄州志*

元成宗六年，芒部、烏蒙及普安諸蠻因蛇節之亂，皆以供億煩勞爲辭，乘釁起兵，攻掠州縣。復詔也速帶而、芒古帶等將兵會劉國杰等討之。賊兵勁利，且多健馬，官軍不利。國杰令人持一盾，布釘其上，俟陣合，弃盾佯走，賊來追，馬遇盾皆撲，國杰鼓譟趣之，賊大敗。既而餘寇復合要戰，國杰不應。數日，度其氣衰，一鼓破走之，追戰數千里。是時，播州安撫使楊賽因不花率師出播境，連與賊遇，破之。前駐蹉泥，賊騎猝至，賽因不花奮擊先進，大軍隨之，賊遂潰，乘勝逐北，殺獲不可勝計。遂降阿苴，下笮龍，望塵送款者相續。

——（光緒）《鎮雄州志》卷三《師旅考附》，載《中國地方志集成·云南府縣志輯》，第8册，第100頁

（萬曆）二十八年，總制李化龍統軍征播州楊應龍，八路進兵，檄鎮雄土官隴澄邀賊歸路。隴澄者，即水西安疆臣弟堯臣也。澄遣部將劉岳、王嘉猷攻苦竹關及半壩嶺，連敗敵守將，移新站。賊伏兵大水田，以五千人來襲，又敗還。嘉猷乃揚聲擣大水田，而潜以一軍拔大夫關，直抵馬坎，斷賊歸路，與兄疆臣合，賊遂遁。化龍令總兵官李應祥合水西、鎮雄諸部直抵海龍囤，攻賊滅之。

——（光緒）《鎮雄州志》卷三《師旅考附》，載《中國地方志集成·云南府縣志輯》，第8册，第103頁

---

* （清）吴光漢修，宋成基纂：（光緒）《鎮雄州志》，載《中國地方志集成》編委會編：《中國地方志集成·云南府縣志輯》，鳳凰出版社，2009年。

廣　西

(乾隆)慶遠府志*

(萬曆)三十三年,調南丹土官莫伋、那地土官羅謙端隨將軍劉綎征四川播州楊應龍,平之。

——(乾隆)《慶遠府志》卷五《征戍附》,載《中國地方志集成·廣西府縣志輯》,第21册,第166頁

南丹土州,古蠻峒地,唐爲羈縻州,宋太祖開寶初土官莫洪齊内附……(莫)伋頂以征播功加參將銜,食游擊,俸敕賜建坊。卒,子自乾襲。

——(乾隆)《慶遠府志》卷六《秩官志》,載《中國地方志集成·廣西府縣志輯》,第21册,第191頁

莫伋,字象賢,襲兄儁南丹土知州職。英敏好學,有謀略。明萬曆時播州楊應龍反,詔劉綎帥師討之。伋統土兵爲先鋒,乘赤馬,持大刀奮勇冲殺,所向披靡。事平,加參將銜,食游擊俸。崇正〈禎〉元年,賜建勛著西南石坊於州治前。

——(乾隆)《慶遠府志》卷八《人物》,載《中國地方志集成·廣西府縣志輯》,第21册,第236頁

羅謙端者,土知州羅忠輔嫡長男。少年承理,忠勇著聞。萬曆年間,平樂府之北陀逆賊李文秀等作亂,謙端隨征,平之。八寨朦朧、三峒瑶復亂,亦應調有功。後奉剿四川播

* (清)李文琰修,何天祥纂:(乾隆)《慶遠府志》,載《中國地方志集成》編委會編:《中國地方志集成·廣西府縣志輯》,鳳凰出版社,2014年。

州楊應龍，又□□山南、北、西三巢瑶蠻，前後賞給冠帶，進加職銜。

——（乾隆）《慶遠府志》卷八《人物》，載《中國地方志集成·廣西府縣志輯》，第 21 册，第 236 頁

湖　南

（康熙）長沙府志*

羅緄，嘉定人。萬曆中知府事，時火旱頻仍，甘霖隨禱而至，合郡有羅公雨之歌。措餉征播，民免加派。賜手書以勸賢良，勤文會以增科第。虚懷友善，絶無邊表，而清苦自甘。升憲副，民立特祠祀之。

——（康熙）《長沙府志》卷十《名宦》，清康熙二十四年刻本

譚希思，字子誠，茶陵人。甲戌進士。初任萬安，改任永豐，皆有惠政。二邑尸祝之，擢南畿御史。抗疏六事，其事皆關戚畹内臣，而援引祖制，抵觸忌諱皆人所不敢言者。疏入，上怒謫外任，尋晉僉都御史巡撫四川。時播州逆節尚在萌芽，廷議主剿，思獨主撫，誠不忍枯萬骨以邀上賞也。懸車後，徜徉山水，與安成諸公以理學相切劘，人稱爲"林下盛事"云。

——（康熙）《長沙府志》卷十一《人物》，清康熙二十四年刻本

黄文焕，號象斗，湘鄉人。中萬曆甲午科武舉。一十七年，從將軍劉綎征播，緣崖貫進，奮勇争先，陣殁。當日奉敕，令有司旌其門。

——（康熙）《長沙府志》卷十二《人物》，清康熙二十四年刻本

* （清）蘇佳嗣修，譚紹琬纂：（康熙）《長沙府志》，清康熙二十四年刻本。

(康熙)岳州府志*

張存意,字覺目。萬曆壬辰進士,由民部遷山東僉事。會播酋内訌,廷議推以監軍。身親行陳,左臂中流矢,元戎劉綎拔之,得痊。受事五閲月旋底定。

——(康熙)《岳州府志》卷二十三《人物》,清康熙二十四年刻本

* (清)李遇時修,楊柱朝纂:(康熙)《岳州府志》,清康熙二十四年刻本。

（康熙）寶慶府志*

陽思謙，字生白，新化人。萬曆乙未，以弱冠成進士。初任銅梁知縣，莅事敏練，勵節清操。以平播功紀録一次，行取户部主事，歷員外郎中。

——（康熙）《寶慶府志》卷二十五《人物傳》，清康熙二十三年刻本

* （清）梁碧海修，劉應祁纂：（康熙）《寶慶府志》，清康熙二十三年刻本。

（乾隆）沅州府志*

督學試院，在城北隅。先是明嘉靖二十七年，以苗患設總督駐沅，建牙於此，四十二年罷。迨萬曆二十七年，以征播復設偏沅巡撫，亦駐節兹署。

——（乾隆）《沅州府志》卷十四《公署》，清乾隆年間刻本

巡撫，《明史·職官志》："萬曆二十七年，以征播暫設巡撫偏沅，贊理軍務，《明史》注：初各巡撫，或名鎮守，復以鎮守侍郎與巡按御史不相統屬，定爲都御史巡撫，兼軍務者加提督，有總兵地方加贊理。尋罷。天啓二年後或置，或罷。崇禎二年定設。"《明史·李化龍傳》：萬曆二十八年，討播州楊應龍，命湖廣巡撫支可大移沅州。帝以楚地遼闊，又擢江鐸爲僉都御史，巡撫偏沅。湖廣偏沅巡撫自鐸始也。按：舊《志》載駐沅督撫未見分晰，又失載偏撫始莅之人。今據《明史》補入江鐸，而偏撫未設之前，湖撫支可大實先移於此，亦未可略，故均列諸首，以備一朝掌故。

——（乾隆）《沅州府志》卷二十五《職官》，清乾隆年間刻本

汪如淵，以征播功升貴州游擊將軍，轉雲南都指揮使司都指揮使。

——（乾隆）《沅州府志》卷三十一《職官》，清乾隆年間刻本

孟良驥，以征播功升指揮使。檢萬曆《州志》補。

——（乾隆）《沅州府志》卷三十一《職官》，清乾隆年間刻本

郭繼曾，字仰白，福建晉江人。萬曆中知沅州，時值征播、征皮兩役，繼興大吏。先後駐沅籌軍事，芻糧日告急，繼曾擘畫綽然。《沅州志》。

——（乾隆）《沅州府志》卷三十六《名宦》，清乾隆年間刻本

支可大，字有功，號鑒亭，南直昆山人。登萬曆甲戌進士，授禮部主事，歷員外郎中。

---

* （清）瑭珠修，朱景英纂：（乾隆）《沅州府志》，清乾隆年間刻本。

時曹務填委戚璫尤多請乞,可大屹然不爲動。出爲廣東提學副使,苦瘴,移疾歸家。居十年,起爲浙江提學,歷江西參政、應天府丞,升湖廣巡撫。征播之役,可大移鎮沅州,降九股、白泥諸寨,又破黄岑、高岩、乾溪、寶兒囤,遂入播。七戰塘保,破板角關,三戰煉坪,克苦菜關。播平,蔭一子告歸。可大生而岸异,持重識大體。歸後小築城隅,與賓朋觴詠者十餘年。卒年七十四。《崑山縣志》。

江鐸,字士振,仁和人。高祖玭,景泰中爲禮科給事中,官至山東參政。曾祖瀾,正德時南京禮部尚書,卒謚"文昭"。祖曉,嘉靖中工部侍郎。父圻,萬曆初廣西提學僉事。曰玭至鐸,五世皆進士。萬曆二十八年,討播州楊應龍,命湖廣巡撫支可大移沅州。帝以楚地遼闊,又擢鐸爲僉都御史,巡撫偏沅、湖廣。偏沅巡撫自鐸始也。以攻楊應龍有功,蔭一子世錦衣指揮。丁母艱,去。奪情命留討皮林諸洞蠻,平之。以勞疾歸,卒贈兵部右侍郎。《明史·李化龍傳》。

——(乾隆)《沅州府志》卷三十六《名宦》,清乾隆年間刻本

楊顯,沅州衛人。官本衛指揮同知,擢廣東瓊崖參將。萬曆二十八年,調征播州楊應龍,進破老君關,奮勇血戰,力竭死之。事聞,贈都督僉事。子應芝、續芝同被難號,一門三烈。《沅州志》。

應芝,顯長子。以征播同父力戰而死。事聞,贈都指揮僉事。《朱志稿》。

續芝,顯季子。從父剿播州,赴烏江老君關,不避矢石,奮勇破關入。播酋拒戰,應援不至,續芝連斬數賊,力竭,身被數十創,遂歿於陣。事聞,贈昭另校尉。《大清一統志》,參《州志》。

——(乾隆)《沅州府志》卷四十一《人物》,清乾隆年間刻本

萬曆二十七年,起李化龍總督湖廣、川、貴軍務,兼巡撫四川,討播州楊應龍。明《資治通鑑綱目》:萬曆二十五年,播州宣慰使楊應龍叛。初應龍數從徵調,恃功驕蹇,知川兵脆弱,間出剽州縣。詔逮,繫匿不出。所部何恩等詣有司告變,四川巡撫王繼先發兵討之,覆於白石。應龍上書自明,乃命南京兵部侍郎邢玠爲總督往勘。東西用兵不能窮治,因招撫之。應龍請執罪人,獻金贖罪,遂縛獻黄元等,輸四萬金,羈其次子可棟於重慶。追贖,可棟尋死。應龍益恨,遂糾諸苗反殘餘慶,掠大阡、都壩及興隆、都勻諸衛,進圍黄平,殺官吏;後復掠洪頭、高坪諸屯,寖及湖廣。命李化龍總督軍務討之,賊乘官軍未至,率衆陷綦江,盡殺城中人,投尸蔽江,楚黔道梗。

明年二月,分八道進兵。川師四路:總兵官劉綎由綦江,馬孔英由南川,吴廣由合江,副將曹希彬由永從〈寧〉。黔師三路:總兵官童元鎮由烏江,參將朱鶴齡統宣慰使安疆臣由沙溪,總兵官李應祥由興隆。楚師一路,分兩翼:總兵官陳璘由偏橋,副總兵陳良玭由龍泉。每路兵三萬,官兵三之,土司七之。貴州巡撫郭子章駐貴陽,湖廣巡撫支可大移沅州,化龍自將中軍策應。帝以楚地遼闊,又擢江鐸爲僉都御史,巡撫偏沅。湖廣設偏沅巡

撫，自鐸始也。八路兵皆會海龍囤下，築長圍困之，更番迭攻。《明史·土司傳》：萬曆二十八年，應龍五道并出，破龍泉司。時總督李化龍已移駐重慶，徵兵大集，遂以二月十二日誓師，分八路進。每路約三萬人，官兵三之，土司七之，旗鼓甲仗森列，苗大驚。總兵劉綎破其前鋒，楊朝棟僅以身免，賊膽落。遂連克桑木、烏江、河渡三關，奪天都、三百落諸囤。賊連敗，乃乘隙突犯烏江，詐稱水西隴澄會哨，誘永順兵，斷橋，淹死將卒無算。尋綎破九盤，入婁山關。關爲賊前門，萬峰插天，中通一線。綎從間道攀藤毀柵入，陷焉。四月朔，師屯白石，應龍率諸苗決死戰。綎親勒騎衝中堅，分兩翼夾擊，敗之。追奔至養馬，騰猿不能逾者。時偏沅師已破青蛇囤，安疆臣亦奪落濛關，至大水田，焚桃溪莊。賊見勢急，父子相抱哭，上囤死守。

六月，城破，應龍窘，與二妾俱縊。自出師至滅賊，凡百有十四日。以其地置遵義、平越二府，分屬川、貴。《明史·李化龍傳》。舊《州志》：萬曆二十八年，征剿播酋，四省官兵百萬屯札沅州，并總督、鎮道各衙門俱駐沅州。民間運糧千里，累死者多。按：三省兵凡八道，楚只一道，兵三萬，安得有四省官兵百萬屯沅之事？是時楚黔道梗，總督李化龍自駐重慶調度，惟湖廣巡撫支可大、偏沅巡撫江鐸駐此，而總兵官陳璘與副總兵陳良玭由此道始分兩翼，其他監軍理餉，自監司、太守司、李牧令以下集此者甚衆，蓋一時之倥偬可想已。

——（乾隆）《沅州府志》卷四十八《記兵》，清乾隆年間刻本

(乾隆)長沙府志*

王演疇,彭澤進士。萬曆中,醴陵知縣,調海陽,在任二載,崇文造士,約已便民。培學宫,龍脉革。傾銷積弊,調停丁餉。首應征播軍需,事平受賞。

——(乾隆)《長沙府志》卷二十一《名宦》,載《中國地方志集成·湖南府縣志輯》,第1册,第475頁

丁南,華亭丞補富順縣,平播有功。

——(乾隆)《長沙府志》卷二十六《選舉》,載《中國地方志集成·湖南府縣志輯》,第1册,第676頁

譚希思,字子誠,茶陵進士。初任萬安,改任永豐,皆有惠政。二邑尸祝之,擢南畿御史。抗疏六事,事關戚畹内臣,而援引祖制抵觸忌諱,皆人所不敢言者。疏入,上怒謫外任,尋晉僉都御史巡撫四川。時播州逆節未露,廷議主勦,希思獨主撫,不忍枯萬骨以邀上賞。懸車後,徜徉山水,與安成諸公以理學相切劘。

——(乾隆)《長沙府志》卷二十八《人物》,載《中國地方志集成·湖南府縣志輯》,第2册,第33頁

黄文焕,號象斗,湘鄉人。萬曆武舉。從將軍劉綎征播,緣崖貫進,奮勇争先,陣歿。敕令有司旌其門。

——(乾隆)《長沙府志》卷二十九《人物》,載《中國地方志集成·湖南府縣志輯》,第2册,第61頁

---

* (清)吕肅高修,張雄圖、王文清纂:(乾隆)《長沙府志》,載《中國地方志集成》編委會編:《中國地方志集成·湖南府縣志輯》,鳳凰出版社,2002年。

（乾隆）岳州府志*

張存意，字覺自，華容人。萬曆壬辰進士，由户部郎遷山東僉事。會播酋内訌，廷議推存意監軍。至則身親行陣，左臂中流矢，拔之弗顧。凡五閲月而事定，口不言功。贈蔭弗及，貴州人建忠勛祠祀之。官至山西參議，致仕。存意生平亢爽，遇事敢爲，居官所至，有宦綳在桑梓，亦常與人分憂患。入《通志》。

——（乾隆）《岳州府志》卷二十二《人物》，載《中國地方志集成·湖南府縣志輯》，第6册，第307頁

* （清）黄凝道修，謝仲坃纂：（乾隆）《岳州府志》，載《中國地方志集成》編委會編：《中國地方志集成·湖南府縣志輯》，鳳凰出版社，2002年。

（乾隆）乾州志*

（萬曆）二十八年，湖廣巡撫支可大移駐沅州，協剿貴苗楊應龍。及劉綎平播州，而紅苗稍斂迹。

——（乾隆）《乾州志》卷四《紅苗風土志》，清乾隆年間刻本

* （清）王瑋纂修：（乾隆）《乾州志》，清乾隆年間刻本。

（乾隆）永順府志*

萬曆間，向承周調征播州，以功加銜。

上、下峒長官司者，本柿溪宣撫司也。元分慈利西境爲柿溪州，後爲蠻酋所據。明洪武五年，征南將軍鄧愈平散毛、柿溪、赤溪、安福等三十九洞，置宣撫司，不詳何年。其《家傳》言："始祖曰，向克武，宋末柿溪苗叛，克武平之，以功授柿溪宣撫司。克武十九傳至仕金，仕金卒，子仲賢、仲貴争襲。明宣德四年，改宣撫司爲長官司而分爲二，仲賢爲上峒長官司，仲貴爲下峒長官司，皆三年一朝覲。仲賢七傳至向秉忠，萬曆三十年調征播州楊應龍，攻九龍寨、板角關，擒其酋楊朝棟、楊維棟，因升宣撫司，賜額曰'欽奬元勛秉忠'。孫國棟亦於崇正〈禎〉間以調赴彝陵剿賊，功加宣撫銜。國棟卒，子九鸞襲舊職，至國朝康熙二年内附，二十一年頒上峒長官司印。仲貴六傳至國用，嘉靖、隆慶間兩調征倭寇有功，國用孫德隆亦以征播州楊應龍功賜額回任。"

——（乾隆）《永順府志》卷九《土司》，清乾隆二十八年刻本

* （清）張天如修，顧奎光纂：（乾隆）《永順府志》，清乾隆二十八年刻本。

（乾隆）辰州府志*

（萬曆）二十九年辛丑，偏沅軍門江鐸乘征播之餘，征剿貴苗皮林等寨，辰郡亦不免騷然煩費。舊《志》。

——（乾隆）《辰州府志》卷十三《壇廟考》，載《中國地方志集成・湖南府縣志輯》，第 59 册，第 258 頁

* （清）席紹葆修，謝鳴謙纂：（乾隆）《辰州府志》，載《中國地方志集成》編委會編：《中國地方志集成・湖南府縣志輯》，鳳凰出版社，2002 年。

（乾隆）直隸澧州志林[*]

李應祥，九溪衛人，以武生從軍，積功至廣西思恩參將。……（萬曆）二十八年大征播州，以總督李化龍薦，代貴州總兵官童元鎮任。與劉綎、吴廣等分兵八道，滅楊應龍。改鎮四川，卒於官。贈左都督，世蔭千户。史臣曰："應祥爲將，謀勇兼資，所至奏績，平蜀三大寇功最多。"

——（乾隆）《直隸澧州志林》卷十七《武功》，清乾隆十五年刻本

（萬曆）二十八年大征播州，貴州總兵官童元鎮逗遛，總督李化龍劾之，薦應祥代。時分兵八道，應祥由興隆入。應祥未授事，副將陳寅等已連克數囤，俘賊首謝朝俸妻子。及應祥受任，益趨諸將急渡，賊失險，降者相繼，應祥悉受之。賊所恃止黄灘一關，壁立，衆死守。會賊徒石勝俸等率萬餘人降，告曰："去黄灘三十里有三關，入播門户也，先襲破之，則黄灘孤難守。"應祥然其計，偕陳寅率精卒抵關下，誘開門，殲其戍卒。寅攻關前，勝俸暗渡攻關後，賊乃大敗。應祥直抵海龍囤，合諸道兵共滅楊應龍。播既平，還鎮銅仁，明年改鎮四川，卒於官。以平播功贈左都督，世蔭千户。應祥爲將，謀勇兼資，所至奏績，平蜀三大寇功最多。本傳。

——（乾隆）《直隸澧州志林》卷二十六《摭史事》，清乾隆十五年刻本

* （清）何璘修，黄宜中纂：（乾隆）《直隸澧州志林》，清乾隆十五年刻本。

（嘉慶）常德府志*

（萬曆）二十八年，播州宣慰楊應龍反，軍餉、夫馬皆加增。《沅江縣志》。

萬曆二十七年，起李化龍總督湖廣、川、貴軍務，調兵討播州楊應龍。

——（嘉慶）《常德府志》卷十七《武備考・紀兵》，載《中國地方志集成・湖南府縣志輯》，第76册，第244頁

（萬曆）二十七年，霪雨自五月至八月，禾稼俱漂。是年征播之役，民苦輓運。

——（嘉慶）《常德府志》卷十七《武備考・紀兵》，載《中國地方志集成・湖南府縣志輯》，第76册，第248頁

* （清）應先烈修，陳楷禮纂：（嘉慶）《常德府志》，載《中國地方志集成》編委會編：《中國地方志集成・湖南府縣志輯》，鳳凰出版社，2002年。

（嘉慶）道州志*

萬曆間有征播之役，羽檄旁午。知州韓子祁調度有方，民不知供億之苦。

——（嘉慶）《道州志》卷六《兵防》，清嘉慶二十五年刻本

* （清）張元惠修，黄如穀纂：（嘉慶）《道州志》，清嘉慶二十五年刻本。

（道光）永州府志*

韓子廉，涇陽舉人。萬曆二十八年任永守。公廉明敏，育士愛民。時當征播之役，僉議抽丁輓運，費既不貲，民患離析，所在驚懼。子廉創議各屬，酌派募夫銀於彼附近召募，民以安聚，合郡頌德焉。

——（道光）《永州府志》卷十三《良吏傳》，載《中國地方志集成·湖南府縣志輯》，第44冊，第178頁

（萬曆二十六年）冬十二月，道州地震。《州志》："萬曆戊戌除夕前一夜，二鼓忽地震，迅速接壤而去，聲若卸瓦，屋舍皆動，合州同時并聞。次年遂有征播用兵之擾。"

二十七年閏四月，遣中官核天下積儲。冬十月加四川、湖廣賦供征播州餉。《道州志》："時有征播之役，羽檄旁午。知州韓子祁調度有方，民不知供億之苦。"

二十九年春正月，以播州平蠲，湖廣加派田租逋賦。零陵黑青復見，三月乃止。《零陵志》誤作"二十八年辛丑"。按："辛丑"乃二十九年也。

——（道光）《永州府志》卷十七《事迹略》，載《中國地方志集成·湖南府縣志輯》，第44冊，第410頁

* （清）隆慶修，宗績辰纂：（道光）《永州府志》，載《中國地方志集成》編委會編：《中國地方志集成·湖南府縣志輯》，鳳凰出版社，2002年。

（道光）寶慶府志*

穎國公楊氏……梁開平四年，命再思爲誠州刺史，加授尚書左僕射。

案：楊氏族姓，至蕃其見於《史》《傳》記載，《方志》《譜牒》約略可指者灼然三族：一曰太原，一曰播州，一曰誠徽溪峒。太原諸楊稱楊氏，世將。誠徽諸楊，稱楊氏，世勛。播州之楊，以一姓相傳，據有土地，人民侈然，如古之邦君，由唐歷五季，涉宋元，以至明嘉靖間。高官峻爵，珪組照映，綿歷七八百年之久，可云盛矣。顧諸家名位、勛爵往往相同，稗官野乘混而一之，致可訕笑。

近松桃廳果勇侯楊芳自叙《年譜》，亦祖再思，與誠徽諸楊同。且言："再思在唐末與李光用同受昭宗絹詔，徵兵衆奉爲誠州刺史，稱令公。"新化鄧顯鶴作書辨之，其言曰："考令公之稱，楊業最著。《宋史·楊業本傳》：并州太原人，在邊防二十年，契丹憚之。六子皆貴顯官，供奉殿直。延昭尤驍勇善戰，昭子文廣爲廣西鈐轄，知宜、邕二州。英宗曰'文廣名將後，且有功，擢成州團練使'，故世稱楊氏世將。《宋史·南蠻傳》：誠徽州，唐溪峒州，宋初楊氏居之，號十峒，首領以其族姓散掌州峒。太平興國四年，首領楊蘊始來内附。八年楊通寶始入貢，命爲誠州刺史。熙寧八年，有楊光實者率其族姓二十二州峒歸附，詔以爲右班殿直。後又有楊光僭者，以誠州刺史致仕，卒因贈之，皆誠徽諸楊也。時稱楊氏世勛，與太原之楊判然兩族，後人因其姓同、其時同、其官同、其所官之地又略同，稗官小説遂混而爲一。又以令公威名甚著，誠州刺史爲楊氏世職，因以加之再思耳，非再思必刺誠州，稱令公也。至云五代時民遭塗炭，獨公奉唐正朔，保障滇黔，民賴以安，此則據《家譜》可以破《宋史》楊承磊族人以地附楚之謬。何以言之，梁之穢惡極矣，天下惡之。唐祚雖絶，當時列鎮猶有用天祐紀年以號召其國者，獨馬殷父子甘心臣附。曾謂楊氏之强，再思公之賢，而肯以其地附，不耻臣梁之馬氏乎？况楊氏入宋後，承平已久，江南諸國相繼入版圖，始率其族人獻土地。則當日據有二十二州之地，力能自固，不汲汲於附楚也。明甚是，則《家譜》之可信者惟《宋史》獻土在太平興國四年，《家譜》作開寶八年，爲不同耳！其言至辨，而宋文獻集《楊氏家傳》則言'唐末南詔叛，陷播州，有楊端者亦太原人，應募往蜀，據險立寨，結土豪臾、蔣、黄三氏出奇兵擊之，大敗蠻衆，尋納款結盟而退。唐祚移於後梁，端感憤，發疾而卒。子孫遂家於播，宋贈太師。太師生牧南，既嗣世，痛父業未成，九溪十峒猶未服，日夜憂憤。三傳至實，實生昭，無子，撫其太原同於之子貴遷爲子，即宋贈太師中書，今業六世孫，自是守播者皆業之子孫也。又數傳至文廣，戰功甚盛，凡先世所不能縻结者，至是討叛服懷，無復携貳，封疆闢而户口日增'。"其言如此，則播州與太原又同爲一族矣。竊以楊氏族姓至繁，記載不一。今楊氏《世勛碑》實在城步之高祖山，核之《楊氏墨譜》

---

* （清）黄宅中修，鄧顯鶴纂：（道光）《寶慶府志》，載《中國地方志集成》編委會編：《中國地方志集成·湖南府縣志輯》，鳳凰出版社，2002年。

與《宋史·誠徽州溪峒傳》甚言宜可信。

——(道光)《寶慶府志》卷三十二《氏族表》,載《中國地方志集成·湖南府縣志輯》,第51册,497~498頁

林璧,字廷美;祖世富,字宗遠;本貫莆田。元至正間進士,……先是松潘土番仇殺,糾結番蠻攻劫地方。茂州疊溪所轄白草壩等寨恃其險阻剽奪,爲蜀民患。巡撫四川張瓚至,用播州致仕宣慰楊輝言,所屬天壩、灣溪諸寨及重安長官司爲生苗竊據,請王師進討。詔瓚諭還侵地,不服則征之。瓚率兵討定,請設安寧宣撫司,即授輝子友爲宣撫以鎮。詔可。

——(道光)《寶慶府志》卷一百一十九《耆舊傳》,載《中國地方志集成·湖南府縣志輯》,第53册,331~332頁

陽思謙,字生白,新化人。祖壽元,萬曆初以歲貢爲吴縣丞;父律封户部主事,世有清望。思謙幼負才名,年十九登,萬曆二十三年進士,授四川銅梁縣知縣。莅事敏練,清操矯然,以與平播功行取户部。先是楊應龍之變上書自白,遣其黨携金入京行間,而執所部原告何恩詣綦江。綦江舊屬播州,洪武中固與銅梁同隸重慶者也。嗣總督邢玠檄重慶知府王世琦詣綦江,趣應龍聽勘。應龍面縛道旁,泣請願執罪人,獻罰金。世琦爲請於玠,許之,以聞於朝,可其奏。應龍獲寬,益怙終不悛,分遣土目,置關據險,厚撫諸苗,苗人咸願出死力,遂遍殘諸司、各衛。又侵湖廣四十八屯,阻塞驛站,索其仇磔之,備極慘酷,時萬曆二十五年也。至二十七年,起李化龍節制川、湖、貴州諸軍事,調東征諸將劉綎、麻貴等南征。應龍乘大兵未集,勒兵犯綦江,陷之,盡殺城中人,投尸於江,水爲之赤。時化龍已駐重慶,徵兵大集,遂以二十八年二月十二日誓師,分八路進,每路約三萬人,官兵三之,土兵七之,旗鼓甲仗森列,苗大驚。總兵劉綎破其前鋒,賊膽落,遂連克諸關。賊所倚天險謂飛鳥騰猿不能逾者,兵至立破。應龍益迫,倉皇自焚。計出師至滅賊百十有四日而播平。當是時,兵興旁午,全蜀響動,銅梁密邇,綦江尤爲緊要。思謙有應變才,檄赴大營,凡軍興以來徵調驛騷皆立辦,事平叙功,行取户部主事,歷本部員外郎中。

——(道光)《寶慶府志》卷一百一十九《耆舊傳》,載《中國地方志集成·湖南府縣志輯》,第53册,第336頁

潘一龍,字水雲,武岡人。兄一桂,有傳見《孝友》。一龍善書翰,精繪事,與都指揮僉事翁源陳璘善。萬曆中朝鮮用兵,起璘爲禦倭總兵官。璘嘉靖朝宿將,與劉綎、麻貴齊名,賓客皆知名士,獨重一龍,軍中嘗與俱。已,又從平播入青蛇、瑪瑙四囤,抵海龍囤。璘前後進呈《神廟征倭陸梁島圖》《征播九龍囤圖》,皆出其手。性跌宕不羈,嗜酒豪吟,

自號“雲山樵子”。

——(道光)《寶慶府志》卷一百二十六《耆舊傳》,載《中國地方志集成·湖南府縣志輯》,第 53 册,第 407 頁

(道光)晃州廳志*

萬曆二十七年,檄遣李化龍進剿播州叛賊楊應龍。時湖廣巡撫支可大移沅州,化龍自將中軍策應。

——(道光)《晃州廳志》卷二十四《武功》,載《中國地方志集成·湖南府縣志輯》,第65冊,第125頁

* (清)張映蛟修,俞克振纂:(道光)《晃州廳志》,載《中國地方志集成》編委會編:《中國地方志集成·湖南府縣志輯》,鳳凰出版社,2002年。

(同治)武岡州志*

林璧,字廷美;祖世富,字宗遠;本貫莆田,元至正間進士……先是松潘土番仇殺,糾結番蠻攻劫地方。茂州疊溪所轄白草壩等寨恃其險阻剽奪,爲蜀民患。巡撫四川張瓚至,用播州致仕宣慰楊輝言,所屬夭壩、灣溪諸寨及重安長官司爲生苗竊據,請王師進討。詔瓚諭還侵地,不服則征之。瓚率兵討定,請設安寧宣撫司,即授輝子友爲宣撫以鎮。詔可。

——(同治)《武岡州志》卷四十《人物志》,載《中國地方志集成·湖南府縣志輯》,第55册,第287頁

潘一龍,字水雲,州人。兄一桂,有傳見《孝友》。一龍善書翰,精繪事,與都指揮僉事翁源陳璘善。萬曆中朝鮮用兵,起璘爲禦倭總兵官。璘嘉靖朝宿將,與劉珽、麻貴齊名,賓客皆知名士,獨重一龍,軍中嘗與俱。已,又從平播,入青蛇、瑪瑙四囤,抵海龍囤。璘前後進呈神廟《征倭陸梁島圖》《征播九龍囤圖》,皆出其手。性跌宕不羈,嗜酒豪吟,自號“雲山樵子”。

——(同治)《武岡州志》卷四十二《人物志》,載《中國地方志集成·湖南府縣志輯》,第55册,第304頁

* (清)黄維瓚修,鄧繹纂:(同治)《武岡州志》,載《中國地方志集成》編委會編:《中國地方志集成·湖南府縣志輯》,鳳凰出版社,2002年。

（同治）永順府志*

萬曆間，向承周調征播州，以功加銜。

上、下峒長官司者，本柿溪宣撫司也。元分慈利西境爲柿溪州，後爲蠻酋所據。明洪武五年，征南將軍鄧愈平散毛、柿溪、赤溪、安福等三十九洞，置宣撫司。其《家傳》言："始祖曰，向克武，宋末柿溪苗叛，克武平之，以功授柿溪宣撫司。克武十九傳至仕金，仕金卒，子仲賢、仲貴爭襲。明宣德四年，改宣撫司爲長官司而分爲二，仲賢爲上峒長官司，仲貴爲下峒長官司，皆三年一朝覲。仲賢七傳至向秉忠，萬曆三十年調征播州楊應龍，攻九龍寨、板角關，擒其酋楊朝棟、楊維棟，因升宣撫司。賜顧曰'欽獎元勛秉忠'。孫國棟亦於崇正〈禎〉間以調赴彝陵剿賊，功加宣撫銜。國棟卒，子九鸞襲舊職，至國朝康熙二年内附，二十一年頒上峒長官司印。仲貴六傳至國用，嘉靖、隆慶間兩調征倭寇有功。國用孫德隆亦以征播州楊應龍功賜額回任。"

——（同治）《永順府志》卷九《土司》，載《中國地方志集成·湖南府縣志輯》，第 68 册，第 344 頁

* （清）張天如纂修，魏式曾增修：（同治）《永順府志》，載《中國地方志集成》編委會編：《中國地方志集成·湖南府縣志輯》，鳳凰出版社，2002 年。

(同治)茶陵州志*

譚希思,號岳南。萬曆甲戌進士,任萬安令,改任永豐,皆有惠政,二邑尸祝之,擢南幾御史。抗疏六事,曰停武清爵,仍守臣敕,止内迁操,復實封鐵牌。綵綸簿之舊,其事皆關戚畹内臣,而援引祖制,抵觸忌諱皆人所不敢言者。疏入,謫外任。明年授主事,入郎中,升尚寶司丞、大理寺丞、順天府丞,以廉能著,晉僉都御史,巡撫四川。時播州逆節初萌,廷議主剿,思獨主撫,謂以全蜀之兵壓一州境固易,但不忍毒數萬生靈以邀上賞也。尋致仕,卒。

——(同治)《茶陵州志》卷十八《宦紀》,載《中國地方志集成·湖南府縣志輯》,第18册,第192頁

* (清)福昌修,譚鍾麟纂:(同治)《茶陵州志》,載《中國地方志集成》編委會編:《中國地方志集成·湖南府縣志輯》,鳳凰出版社,2002年。

(同治)沅州府志[*]

督學試院在城北隅,先是明嘉靖二十七年,以苗患設總督駐沅,建牙於此,四十二年罷。萬曆二十七年,以征播復設偏沅巡撫,亦駐節兹署。

——(同治)《沅州府志》卷十一《公署》,載《中國地方志集成·湖南府縣志輯》,第66册,第149頁

萬曆二十七年,以征播設巡撫偏沅贊理軍務。《明史》注:初名巡撫,或名鎮守,復以鎮守侍郎與巡按御史不相統屬定爲都御史巡撫,兼軍務者加提督,有總兵地方加贊理。尋罷。天啓二年復設,崇正〈禎〉二年定爲專官。《明史·李化龍傳》:萬曆二十八年,討播州楊應龍。命湖廣巡撫支可大移沅州,以楚地遼闊,又擢江鐸爲僉都御史巡撫偏沅。

——(同治)《沅州府志》卷二十三《職官上》,載《中國地方志集成·湖南府縣志輯》,第66册,第266頁

汪如淵,以征播功升貴州游擊將軍,轉雲南都指揮司都指揮使。

孟良驥,以征播功升指揮使。檢萬曆《州志》補。

——(同治)《沅州府志》卷二十四《職官下》,載《中國地方志集成·湖南府縣志輯》,第66册,第288頁

支可大,字有功,號鑒亭,南直昆山人。登萬曆甲戌進士,授禮部主事,歷員外郎中。時曹務填委戚璫尤多請乞,可大屹然不少動。出爲廣東提學副使,苦瘴,移疾歸家。居十年,起爲浙江提學,歷江西參政、應天府丞,升湖廣巡撫。征播之役,可大移鎮沅州,降九股、白泥諸寨,又破黄岑、高岩、乾溪、寶兒囤,遂入播;七戰塘保,破板角關;三戰煉坪,克苦菜關;播平,蔭一子告歸。可大生而岸异,持重識大體。歸後小築城隅,與賓朋觴詠者

---

* (清)張官五纂修,吴嗣仲續修:(同治)《沅州府志》,載《中國地方志集成》編委會編:《中國地方志集成·湖南府縣志輯》,鳳凰出版社,2002年。

十餘年,卒年七十四。《崑山縣志》。

郭繼曾,字仰白,福建晉江人。萬曆中知沅州,時值征播、征皮兩役,繼興大吏先後駐沅籌軍事,芻糧日告急,繼曾擘畫綽然。《沅州志》。

江鐸,字士振,浙江仁和人。其高祖玭、曾祖瀾、祖曉、父圻,至鐸五世,皆進士。萬曆二十八年討播苗楊應龍,命湖廣巡撫支可大移沅州。以楚地遼闊,又擢鐸爲僉都御史,巡撫偏沅。湖廣設偏沅巡撫自鐸始也。以夾攻楊應龍有功,蔭一子世錦衣指揮。丁母艱,去。時皮休苗叛,在湖廣貴州交界内。與九股苗及特峒寨苗掠屯堡七十餘,焚衛陷城,猖獗特甚。帝奪情命留討賊,於是鐸命總兵陳璘及副將陳良玭合兵討之,良玭失利。明年鐸移駐靖州,命璘帥副將李遇文等七道并進,誅斬無算,破特峒,焚之,諸苗悉平。以勞疾歸,卒贈兵部右侍郎。《明史》列傳。

——(同治)《沅州府志》卷二十七《名宦》,載《中國地方志集成·湖南府縣志輯》,第66册,339~340頁

楊顯,官沅州衛指揮同知,擢廣東瓊崖參將。萬曆二十八年,調征播州楊應龍,進破老君關,奮勇血戰,力竭死之。事聞,贈都督僉事。子應芝、續芝同被難號,一門三烈。舊《州志》。

楊應芝,顯長子,以征播同父力戰而死。事聞贈都指揮僉事。《朱志稿》。

楊續芝,顯季子,同父剿播州,赴烏江老君關不避矢石,奮勇破關入。播酋拒戰,應援不至,續芝連斬數賊,力竭身被數十創,遂殁於陣。事聞贈昭勇校尉。《大清一統志》,參《州志》。

——(同治)《沅州府志》卷二十九《人物上》,載《中國地方志集成·湖南府縣志輯》,第66册,第359頁

萬曆二十七年,起李化龍總督湖廣、川、貴軍務,兼巡撫四川,討播州楊應龍。明《資治通鑑綱目》:萬曆二十五年,播州宣慰使楊應龍叛。初應龍數從徵調,恃功驕蹇,知川兵脆弱,間出剽州縣。詔逮,繫匿不出。所部何恩等詣有司告變,四川巡撫王繼先發兵討之,覆於白石。應龍上書自明,乃命南京兵部侍郎邢玠爲總督往勘。東西用兵不能窮治,因招撫之。應龍請執罪人,獻金贖罪,遂縛獻黄元等,輸四萬金,羈其次子可棟於重慶。追贖,可棟尋死。應龍益恨,遂糾諸苗反殘餘慶,掠大阡、都壩及興隆、都勻諸衛,進圍黄平,殺官吏;後復掠洪頭、高坪諸屯,寖及湖廣。命李化龍總督軍務討之,賊乘官軍未至,率衆陷綦江,盡殺城中人,投尸蔽江,楚黔道梗。

明年二月,分八道進兵。川師四路:總兵官劉綎由綦江,馬孔英由南川,吴廣由合江,副將曹希彬由永從〈寧〉。黔師三路:總兵官童元鎮由烏江,參將朱鶴齡統宣慰使安疆臣由沙溪,總兵官李應祥由興隆。楚師一路,分兩翼:總兵官陳璘由偏橋,副總兵陳良玭由龍泉。每路兵三萬,官兵三之,土司七之。貴州巡撫郭子章駐貴陽,湖廣巡撫支可大移沅

州，化龍自將中軍策應。帝以楚地遼闊，又擢江鐸爲僉都御史，巡撫偏沅。湖廣設偏沅巡撫，自鐸始也。八路兵皆會海螺〈龍〉囤下，築長圍困之，更番迭攻。《明史·土司傳》：萬曆二十八年，應龍五道并出，破龍泉司。時總督李化龍已移駐重慶，徵兵大集，遂以二月十二日誓師，分八路進。每路約三萬人，官兵三之，土司七之，旗鼓甲仗森列，苗大驚。總兵劉綎破其前鋒，楊朝棟僅以身免，賊膽落。遂連克桑木、烏江、河渡三關，奪天都、三百落諸囤。賊連敗，乃乘隙突犯烏江，詐稱水西隴澄會哨，誘永順兵，斷橋，淹死將卒無算。尋綎破九盤，入婁山關。關爲賊前門，萬峰插天，中通一線。綎從間道攀藤毀柵入，陷焉。四月朔，師屯白石，應龍率諸苗決死戰。綎親勒騎衝中堅，分兩翼夾擊，敗之。追奔至養馬，騰猿不能逾者。時偏沅師已破青蛇囤，安疆臣亦奪落濛關，至大水田，焚桃溪莊。賊見勢急，父子相抱哭，上囤死守。

六月，城破，應龍窘，與二妾俱縊。自出師至滅賊，凡百有十四日。以其地置遵義、平越二府，分屬川、貴。《明史·李化龍傳》。舊《州志》：萬曆二十八年征剿播酋，四省官兵并總督、鎮道各衙門俱駐沅州，民間運糧千里。是時楚黔道梗，總督李化龍雖駐重慶調度，而湖廣巡撫支可大、偏沅巡撫江鐸皆駐此，總兵官陳璘與副總兵陳良玭亦由此始分兩翼，其他監軍理餉，監司、太守司、李牧令以下集此者甚衆，一時之倥偬可想已。

——（同治）《沅州府志》卷三十二《記兵》，載《中國地方志集成·湖南府縣志輯》，第66册，第494頁

（同治）直隸澧州志*

李應祥，湖廣九溪衛人。以武生從軍，積功至廣西思恩參將。……二十八年，大征播州，貴州總兵官童元鎮逗遛，總督李化龍劾之，薦應祥代。時分兵八道，應祥由興隆入。應祥未授事，副將陳寅等已連克數囤，俘賊首謝朝俸妻子，及應祥受任，益趨諸將急渡。賊失險，降者相繼，應祥悉受之。賊所恃止黄灘一關壁立，聚衆死守。會賊徒石勝俸等率萬餘人降，告曰："去黄灘三十里，有三關入播門户也，先襲破之，則黄灘孤難守。"應祥然其計，令偕陳寅率精卒抵關下，誘開門，殲其戍卒。寅攻關前，勝俸暗渡攻關後，賊乃大敗。應祥直抵海龍囤，合諸道兵共滅楊應龍。播既平，還鎮銅仁，明年改鎮四川，卒於官。以平播功贈左都督，世蔭千户。應祥爲將，謀勇兼資，所至奏績，平蜀三大寇功最多。本傳。

——（同治）《直隸澧州志》卷二十七《摭史事》，載《中國地方志集成·湖南府縣志輯》，第 78 册，604～606 頁

* （清）何玉棻修，魏式曾纂：（同治）《直隸澧州志》，載《中國地方志集成》編委會編：《中國地方志集成·湖南府縣志輯》，鳳凰出版社，2002 年。

（光緒）古丈坪廳志*

（萬曆）二十七年己亥，以征播暫設偏沅巡撫贊理軍務，駐沅州府，尋罷。

——（光緒）《古丈坪廳志》卷十五《藝文》，載《中國地方志集成·湖南府縣志輯》，第70冊，第506頁

* （清）董鴻勛纂修：（光緒）《古丈坪廳志》，載《中國地方志集成》編委會編：《中國地方志集成·湖南府縣志輯》，鳳凰出版社，2002年。

湖　北

（康熙）均州志*

江騰龍，征播有功，升授參將。

——（康熙）《均州志》卷二《秩官》，清康熙十二年刻本

* （清）党居易纂修：（康熙）《均州志》，清康熙十二年刻本。

（康熙）荆州府志*

蕭以裕，字守弘，清江人。田鄉薦，萬曆年莅任宜都三載，政通人和。時朝遣宦官催糧，擅開弘花沈金鑛虐取窮民，詳請撫按疏撤宦官，民始得蘇。刻有《停鑛集》。後復出師征播，糧餉接濟，有功，上優拔之。

——（康熙）《荆州府志》卷二十四《職官》，清康熙二十四年刻本

鄧弘烈，號東昇，施州官籍，由鄉貢初任四川雙流知縣，檄督施兵征播，連破三關，及青山、川崖二屯。楊應龍自焚，復募士冒火取得真尸，事見《通紀》并《平播全書》。歷郡同知，歸，家貧如故，年逾九十卒。

——（康熙）《荆州府志》卷二十六《人物》，清康熙二十四年刻本

荆郡賊變。按：……蓋明時之寇肇於庚午、辛未，而天時人事之變，迭見於萬曆、天啓間。如牛羊化爲人首，日珥氣如人字，蜻蜓聚爲飈輪者，不可殫述。而楊應龍之亂於播、樊龍樊虎之叛於藺、安邦彦之擾於貴、龍華則爲金科、白蓮則爲徐鴻儒、聞香則爲王好賢，或皆時起時撲，而國狗一瘈，善類同傾，封豕徧乎繡錯，鯨鯢匝於横池。挾丸砍吏之夫，竟與亡秦之棘欉并爲禍本。

——（康熙）《荆州府志》卷四十《人物》，清康熙二十四年刻本

* （清）郭茂泰修，胡在恪纂：（康熙）《荆州府志》，清康熙二十四年刻本。

（康熙）湖廣武昌府志*

劉民悦，字時可，江夏人。少爲諸生，以《平播表》得名。年五十，萬曆戊午舉於鄉，己未成進士，令富順。

——（康熙）《湖廣武昌府志》卷七《人物志》，清康熙二十六年刻本

胡應辰，字汝拱，大冶人。父希瑗卒于潼州，應辰年甫十三，哀毁骨立。守吏輓櫬出側門，叱令由中門出。家甚貧，一老僕鬻薪給朝夕。萬曆癸未成進士。授户部主事，榷九江關税。不以筭緡，餘羡自潤。有商艘誤失杙，順流越關下，應辰察非，故令辦税去，無加罰。轉餉蘭州，一日戍兵盡出，寇忽抵城下，應辰不爲動，徐令老弱乘陴，多張旗幟，雜沓往來。敵疑有伏，遽引去。越三日，督臣部光先之援始至。奏聞，賜白金、文綺，旋遷憲副，備兵川東。播賊楊應龍叛，上平蠻七略，監軍討播，進戰遂擒其前鋒李旭，值議撫撤兵，遂罷歸。居鄉，秉正好義，卒年七十二。

——（康熙）《湖廣武昌府志》卷八《人物志》，清康熙二十六年刻本

劉應命，字長俞，蒲圻人。萬曆乙酉舉於鄉，授眉州學正。嘗捐俸賙恤貧士。署青神，篆民有以積逋無償者，應命不忍，追比力請釋免之。遷夾江知縣，值討播之役，奉檄徵解糧械，多方規畫，軍興以濟。爰書中有大辟負枉者獄成矣，辨其冤，竟得湔雪。擢知德慶州、欽州，有警拮据，征繕一如平播時。事粤俗薄葬，應命情諭法懲，曲加佽助，民皆感動知孝。歲饑，設糜勸賑，清徭减榷，民無不戴其德云。

——（康熙）《湖廣武昌府志》卷八《人物志》，清康熙二十六年刻本

周于蕃，字价人，蒲圻人。萬曆乙酉鄉舉。初授竹山諭造，士有聲，秩遵義府司理。遵義舊隸播，播平始建郡于蕃，多方勞來悉反。土司侵地，攝知江津事，民勒碑頌德。轉

---

* （清）裴天錫修，羅人龍纂：（康熙）《湖廣武昌府志》，清康熙二十六年刻本。

留都司，理决疑獄，禁私錢，威惠，并著屢經薦剡，卒於官。著有《寤語集》。

——（康熙）《湖廣武昌府志》卷八《人物志》，清康熙二十六年刻本

朱之柱，字石齋，通山人，廷立第五子。由歲貢授四川東鄉令，清勤飭己，鋤强暴，扶貧弱。時播州寇亂，督糧征剿有功，神宗賜金書"欽賜殊勛"四字以嘉奬之。遷夔州同知，告歸養母，見鄉黨孺子亦改容，接引老年，督僮僕灌園以自適。年七十五卒。

——（康熙）《湖廣武昌府志》卷八《人物志》，清康熙二十六年刻本

（康熙）安陸府志*

譚完，字伯起。領萬曆乙酉鄉薦，官河南許州學正。庚子聘順天分考，遷銅仁司理。公性剛直，清白自矢，有土司欲脱重辟，投以金，諭慰而却之。時播亂初平，公安集流亡甚衆，久之移同知臨洮。清操愈厲，有縣令遺扃鑰一櫝，署曰："某書公受之啓櫝，則粲然鑫壘一其也。"公駭且怒，遣吏送還。又嘗攝鎮遠府半載，新守將至視帑中約千餘金，吏白此耗羡宜歸私橐者。公不纳，後因署篆鞏昌往謁分司，郭公病作，遂卒于坐。僚屬爲具含殮資，其路費櫬乃得歸。

王頤，字士直，號青皁領。萬曆戊子鄉薦，初選巴東諭。庚子分試，中州拔元得名士，轉南溪令。邑徵賦無法，公置忠、孝、廉、節四匭命細民署名投之，官無奇羡，里胥鲜侵隐者。播囚〈酋〉之役，公轉餉於道，有積尸浮江而下，懸賞格瘞之。劇盜嚴正卿嘯聚山谷，公首縛之，平其餘黨。以外艱歸，老稚哭聲震郊，服闋除蒙。自令開水利灌田數千畝，邑人刻石，題曰："主公渠，攝郡者修。"

——（康熙）《安陸府志》卷二十二《秩官》，清康熙八年刻鈔本

* （清）張尊德修，譚篆纂：（康熙）《安陸府志》，清康熙八年刻鈔本。

（乾隆）漢陽府志*

張瓚

字宗器，正統戊辰進士，歷工部郎中，出爲太原知府。……播州土官楊輝奏，稱大壩千苗作乱。瓚請立安寧宣慰司，得允。行拜户部左侍郎，懇辭終養。復爲郡邑請蠲，無藝亦报可。又起總督漕運，巡撫鳳陽，在任三年糧餉不絶。卒，賜祭葬。

——（乾隆）《漢陽府志》卷三十四《人物·仕迹》，清乾隆十二年刻鈔本

* （清）陶士偰修，劉湘煃纂：（乾隆）《漢陽府志》，清乾隆十二年刻鈔本。

（同治）增修施南府志*

（嘉靖）唐一麟，施州人。指揮同知，以平播功升守備。

——（同治）《增修施南府志》卷二十三《选举志》，清同治十年刊本

鄧宏烈，字東升，施州衛官籍。由歲薦仕雙流縣知縣，督施兵征播連破三關，及青山、川寨諸屯。楊應龍自焚死，募士冒火取得其尸，事見《平播全書》。歷遵義、大理、嚴州三府同知，家貧如故。卒年逾九十。《湖廣通志》。

——（同治）《增修施南府志》卷二十四《人物志》，清同治十年刊本

* （清）松林修，何遠鑒纂：（同治）《增修施南府志》，清同治十年刊本。

(同治)宜昌府志*

巴東居萬山之中,深林箐洞,頑民易倚爲奸。又當楚蜀諸土司接壤,大江艘艦建瓴而下,爲荆楚扼吭拊背之計,何可去兵。……萬曆二十七年,播彝倡亂,楚蜀戒嚴,當道建議於邑西二十里西滚委指揮一員,千户、百户官軍各有差,操練屯聚。播平旋撤。

——(同治)《宜昌府志》卷十《兵防上》,清同治年間刊本

樂邑屬長陽等處,時原有營汛以彈壓土司。其在土司時,平日不食糧餉,有事則聽征調。出軍則仗劍以從,裹糧而往,有功亦止加授封賞已耳。如明嘉靖時,各土司隨胡宗憲征倭,張應龍等從征播州。

——(同治)《宜昌府志》卷十《兵防上》,清同治年間刊本

龍萬化,字德傳,號龍城,彝陵守禦所千户龍勝四世孫也。歷任至黎靖衛總鎮。生而岸偉,美髭髯,兼工詩文,有古名將風。安民下士,所在謳思。從征大方,討播酋、守瞕臘,屢立奇勛。子孫蕃盛,年六十九卒於家。

——(同治)《宜昌府志》卷十三《士女上》,清同治年間刊本

張之綱,字中孚,五峰司張應龍子。應龍常隨胡宗憲,於萬曆間征播州土官楊應龍有功,加封武略將軍,復安撫使司職。而雅好詩書,手不釋卷,工四六詞賦。五峰張氏世以文雅相尚,皆其所開也。

——(同治)《宜昌府志》卷十三《士女上》,清同治年間刊本

建樊征旅經巴略 (明)李光前

先是播彝發難,震驚西南半壁之天下。少司馬佩上方劍控制蜀、楚、黔三藩,移檄各

* (清)聶光鑾修,王柏心纂:(同治)《宜昌府志》,清同治年間刊本。

總戎，調集健卒八路會征。而岩巴邊入蜀孔道，維時貔貅虎賁入蜀出楚者，旌旗蔽野，戈戟成林。雖軍旅各有紀律，而以三家之市走八足之蹄，困敝十室大空矣。厥後夜郎平，而巴江殘民數年未起，相語猶涕泣也。邇來建昌倮彝弗靖，乃當事者失馭。養癬瘡以成癰疽，竟弗能殲仍借劉元戎之師以征耳。劉師不滿數千，而傳檄十萬，無非欲褫番彝魄也。巴民悉驚惶逃竄，余曰："劉師水路直需夫數百，陸路直需馬百匹耳。預爲募備，豈能殘虐?"而愚民之驚惶未釋也。會守巡道暨本府移文安民，且申嚴禁諭，以爲建僰么魔與播州大寇不同，而劉師一路與昔八路迥异，且昔有制台控楚，而今則事屬隔省。劉兵止溯流入蜀，足不得走險累楚夾句之外。劉師舟舸數十號，果由水未陸供應，挽舟夫數百，而民恬然衽席焉。邑令李光前曰："巴民乃傷弓之鳥，值水火迭灾之後，畏兵如虎，而劉師之秋毫無犯，緣檄諭森嚴，一見心折耳。古有一言而退百萬師，一行而勝十部，從事道府九鼎之力也。仁人之言，其利溥哉!"

——(同治)《宜昌府志》卷十四《藝文》，清同治年間刊本

題瑞應泉序　(邑宰)喬守中

天生奇人必有瑞應，况山川有神，其應爲最靈乎。易日山下出泉，此事之常無足异者。樂邑多泉，非盡應祥瑞，而時出尤無足异也。以予徵樂典故，得《張氏家譜》而讀之，知其十世祖五峰安撫使司張應龍雲泉。公之生也，一夜風雲雷雨交作，山下泉涌而載誕焉。長而好讀書，手不釋卷，工技藝，尤善詞賦。既而襲父職。先是，洪武初，施州土官向天富叛，各土官降一級，五峰安撫亦降爲長官。至公於萬曆間隨征播州土司楊應龍，以功加封武略將軍，復安撫職。

——(同治)《宜昌府志》卷十四《藝文》，清同治年間刊本

（光緒）德安府志*

張瓚，字宗器，安陸人。正統十三年進士。授工部主事，遷郎中，歷知太原、寧波二府，有善政。陳士元《記》："知寧波府，除苛政，均役法，興學勸工。"成化初，市舶中官福住貪恣。瓚禁戢其下，住誣瓚於朝，瓚遂列住罪，住被責，其黨多抵法。大臣會薦，遷廣東參政，轉浙江左布政使。十年冬以右副都御史，巡撫四川、播州。致仕宣慰楊輝言所屬夭壩干、灣溪諸塞及重安長官司爲生苗竊據，請王師進討。詔瓚諭還侵地，不服則征之。瓚率兵討定，請設安寧宣撫司，即授輝子友爲宣撫以鎮，詔可。

——（光緒）《德安府志》卷十三《人物一·仕迹上》，清光緒十四年刊本

汪淵，字淵泉，安陸人。事繼母，以孝聞。隆慶庚午舉人，除蜀西充令，以廉能聞，遷嘉守，治聲益著。是時播酋弗靖，淵任轉餉，以時給無阻，叙功爲第一。遷柳郡丞，柳濱部落，淵守御節制，無敢伏莽焉，十二邑疑訟不决者，經其手判悉成鐵案，未幾卒於官。舊《志》。

——（光緒）《德安府志》卷十三《人物一·仕迹上》，清光緒十四年刊本

* （清）賡音布修，李春澤纂：（光緒）《德安府志》，清光緒十四年刊本。

(光緒)沔陽州志*

田謹賢、楊邦憲,《方志》:元年加知思州,謹賢知播州,邦憲并復州團練使。按:是時,元已并吞荆、湖,特遥寄耳。

——(光緒)《沔陽州志》卷七《秩官表》,清光緒二十年刻本

* (清)葛振元修,楊鉅纂:(光緒)《沔陽州志》,清光緒二十年刻本。

江　西

（正德）建昌府志*

何文淵，字巨川，廣昌人。舉進士官，至吏部尚書。考察四川吏治，威風凛然，貪暴往往弃官去。時蜀旱，所臨郡邑輒雨，人謂之“御史雨”。經貴州出播州，楊宣慰謁以銀器、文綺，公笑而却之。楊出語人曰：“獨此公不可以利動，真鐵石御史也。”章綸撰《行狀》。

——（正德）《建昌府志》卷十六《人物》，明正德十二年刻本

* （明）夏良勝纂修：（正德）《建昌府志》，明正德十二年刻本。

(萬曆)新修南昌府志[*]

朱概,字尚節,豐城人。由進士令吴縣,改令旌德。升刑部主事,轉員外。疏諫武皇巡游,廷杖,奪俸,遷蜀僉事。番賊阿胡叛,據石城,討平之。轉少參。播州宣慰兄弟爭殺,僉議用兵,公獨往諭以禍福,竟悦服。轉大梁憲副,歷參政。卒于官。

——(萬曆)《新修南昌府志》卷十九《人物傳》,明萬曆十六年刻本

* (明)范淶修,章潢纂:(萬曆)《新修南昌府志》,明萬曆十六年刻本。

(天啓)贛州府志*

謝詔,字彦實,贛縣人。歷刑部員外郎,纍升四川按察使。自疏乞休,以監軍平播功升二級,起雲南、湖廣、四川左、右布政使,俱未上。

——(天啓)《贛州府志》卷十五《選舉志第十》,清順治十七年刻本

* (明)余文龍、謝詔纂修:(天啓)《贛州府志》,清順治十七年刻本。

（崇禎）撫州府志*

舒嘉慶，襲錦衣百户。征播有功，升守備。臨川人。

——（崇禎）《撫州府志》卷十五《人道志·辟举表下》，明崇禎七年刻本

李伯廉，字登之，號清源，金溪人。嘉靖甲子經魁，際郴州知州。歲歉且旱，齊戒步禱，大雨如注，倏有五鶴，從空飛隨，蹁躚竟日，士民歌頌，以爲异績所感。遷四川叙州邊安同知，以撫夷功，特薦稱。五夷搆兵二十年，并無寧日本官悼三寸舌往爲調停，五府貼然。此楚蜀之干城，華夷之良牧也。擢四川馬湖僉事，會播酋蠢動，遂卒于王事。

——（崇禎）《撫州府志》卷十七《人道志·名賢傳下》，明崇禎七年刻本

王瑞，字必獻，東鄉人。天性孝友，詳謹謙退。平生樂聞善言，樂取善行，俚俗之言，未嘗出口；暴慢之色，跛倚之容，未嘗見諸其身也。晚遭播亂，優游陋室，吟嘯若平時。子潯爲諸生，以智謀，聞兵備。胡公欲發濠奸，遣密廉得其實迹，以功入太學。

——（崇禎）《撫州府志》卷十七《人道志·名賢傳下》，明崇禎七年刻本

胡桂芳，字允垂，金溪人，以《春秋》魁江右。萬曆甲戌進士，司理杭州。……監軍於播州。播平，以功升廣東左轄。又轉副都御史，巡撫貴州，分奇正兵而营衛肅，擒泥溝賊而道路清，請税商鹽而黔民未利，凡奏剿撫機宜六事，悉报可。

——（崇禎）《撫州府志》卷十七《人道志·名賢傳下》，明崇禎七年刻本

徐仲佳，字仲謙，臨川人。父道明，任新化、松滋二縣，所至有廉聲，則嘉靖乙卯鄉薦也。仲佳登萬曆壬辰進士。初主比部事，恤讞江北，矜全者二百四十餘人焉。備兵川東，杜馬千乘廢立之釁，平楊應龍背逆之氛，監紀大兵，飛輓不匱。大中丞李公化龍上其功，

---

* （明）蔡邦俊等纂：（崇禎）《撫州府志》，明崇禎七年刻本。

特晋參議，專理善後。顧當日平播，安堵二酋，實與有功，而後之代爲中丞者，邊功自喜，必欲盡勒，還其侵地。公力與争，弗能得，遂以艱歸。甚矣，任事之難也。優游里下者十有餘年。侍父養畢志，臺省交薦，終不應。

——（崇禎）《撫州府志》卷十七《人道志·名賢傳下》，明崇禎七年刻本

（康熙）廣信府志*

李德勝，字元明，河南沈丘人。由進士任信州刺史。貞元六年旱，德勝與宗伯劉太真禱雨于靈山石人峰，胡隱群祠，先後蜕骨于祠，土人因奉爲神，有祈禱輒應。宋紹興中，稱李大將軍。明嘉靖二十一年，大學士夏言疏請賜號"靈山鷹武李將軍之神"，列禮大高玄殿。萬曆間，以助王師平播，有靈爽，晉封"西濟弘道崇興護國真君"。按：《夏文愍集》及《李傳》補入。

——（康熙）《廣信府志》卷七《職官》，載《上海圖書館藏稀見方志叢刊》，第136冊，第65頁

* （清）孫世昌纂修：（康熙）《廣信府志》，載上海圖書館編：《上海圖書館藏稀見方志叢刊》，國家圖書館出版社，2011年。

（康熙）南昌郡乘*

欒繼同，字于埜，新建人。萬曆丙子鄉舉，初授湖廣通城縣教諭，以壁經分房粵東，升四川滎縣知縣。值播酋倡亂，郡邑望風解組，繼同慷慨請纓。卒奏蕩平之效，升岳州府郡丞。時久雨水漲，膏腴淪没，繼同竭誠拜禱，歲以有秋。臺使有交薦，擢本府知府。竟以前征播之役，督餉勞瘁致病，請告歸里。俄卒，督學侯峒曾檄祀鄉賢，滎縣亦祀名宦。

——（康熙）《南昌郡乘》卷三十七《人物志六》，載《北京圖書館古籍珍本叢刊・史部・地理類》，第30册，第556頁

熊宇奇，字正子，新建人，萬曆丙戌進士。……時奇部俸十年，自以婭婣引嫌，力求補外。乃以僉憲督學湖廣，執法如山，藩王、撫按而下，不可語以私，得士最盛。參蜀藩討播，軍興，奇督理糧餉，烈日乘馬。會水溢，馬斃，徒步草鞁，艱苦萬狀。捷奏，晉爵一秩，竟以督楚學時忤一顯者，適當要地，解組歸。

——（康熙）《南昌郡乘》卷三十八《人物志七》，載《北京圖書館古籍珍本叢刊・史部・地理類》，第30册，564～565頁

* （清）葉舟修，陳弘緒纂：（康熙）《南昌郡乘》，載北京圖書館古籍出版編輯組：《北京圖書館古籍珍本叢刊・史部・地理類》，書目文獻出版社，1999年。

(康熙)撫州府志*

陳信,字仰高,東鄉人。巨首環目,促項虬髯。幼與群兒戲,撾挺格門,奮臂一呼,群兒盡仆,一兒中挺幾斃。父惡之,欲置之死,季父馳救,得免。弱冠從戎,隨總帥鄧子龍征關白。一日,營壘未定,參戎傅良橋出哨,遇白驍將於途,窮迫不已,傅瀕危。信望之,躍馬横刀,直取其首,前後殲馘累百計,功授百夫長。尋奉調征播。播故在萬山中,信登高入險,獨以身先。播平,大將軍劉綎薦之,晉千户,世襲饒州所。未幾,復征緬。緬多駕象,馬遇輒蹶。信以利刃中象鼻,象還走,踐踏無筭,賴以成功。陞建昌府把總,再遷康山守備。蠡湖故盜窟聞信至,斂迹。晉游擊將軍,守後禁門。門所出入皆璫貴。信鄙野不爲禮,璫惡之,遂稱病歸。計信功,纍數百,而所録上司馬門者十不得一,官蔭皆不酬勛,公論惜焉!

——(康熙)《撫州府志》卷二十三《武節》,載《南京大學圖書館藏稀見方志叢刊》,第118册,562~563頁

---

* (清)劉玉瓚修,饒昌胤纂:(康熙)《撫州府志》,載南京大學圖書館:《南京大學圖書館藏稀見方志叢刊》,國家圖書館出版社,2014年。

（乾隆）廣信府志*

在上饒西關外一里許，祀唐李德勝。德勝，河南沈邱人，由進士出守信州。值歲旱，捧敕同劉宗伯就禱石人峰下，先後與劉俱立，化鄉人就其地立像祀。之後屢顯靈异。宋、明兩朝，有白旗鷹揚誅臘平播之功，纍錫封爵。

——（乾隆）《廣信府志》卷四《建置·壇廟》，清乾隆四十八年刻本

周執羔，字表卿，信州弋陽人。宣和六年，舉進士，廷試，徽宗擢爲第二。授湖州司士曹事，俄除太學博士。建炎初，乘輿南渡，自京師奔詣揚州不及，遂從隆祐太后於江西，還覲會稽。尋以繼母劉疾，乞歸就養。調撫州宜黄縣丞。時四境俶擾，潰卒相挻爲變。……又六年，起知眉州，徙閬州，又改夔州兼夔路安撫使。夔部接蠻僚，易以生事，或告溱、播夷叛其豪帥，請遣兵致討。執羔謂曰："朝廷用爾爲長，今一方繹騷，責將焉往。能盡力則貰爾，一兵不可得也。"豪懼，斬叛者以獻。夷人自是皆惕息。

——（乾隆）《廣信府志》卷十六《人物·先正》，清乾隆四十八年刻本

祝蕃，字蕃遠，貴溪人。静明先生門人最著者李存而，最先受業，率舒衍等，師事者蕃。明初修《元史》，凡爲陸子之學者，概未立傳。蕃有存所爲《志銘》頗詳。《陸子學譜》。

志曰：公幼而警敏，縣人有陳先生某者，獨得陸文安公本心之學，蕃遠從之游。稍長，頗不羈。他日忽感悔，復求從先生，痛自刻厲，久而有省。……播州宣慰楊公某率酋長請驛以朝，或難其非述職之常。且故事，上下皆有贄，公却不受，曰："非所以懷遠人也。"遂白平章，給驛馬。既而授將仕郎、潯州路總管府經歷。

——（乾隆）《廣信府志》卷十六《人物·先正》，清乾隆四十八年刻本

---

* （清）連柱等纂修：（乾隆）《廣信府志》，清乾隆四十八年刻本。

(乾隆)建昌府志[*]

何喬新,字廷秀,廣昌人,文淵子也。景泰五年登第,授南京禮部主事。丁外内艱,服闋,改刑部主事,歷郎中、錦衣衛。卒犯法,喬新捕治之。都指揮袁彬有所屬,不從。彬怒,使人招摭,無所得,由是名大起。成化四年,遷福建按察副使。……還朝,會播州宣慰使楊愛爲庶兄安寧宣撫使楊友所搆,喬新奉詔往勘,命即囚愛以待。喬新言:"楊氏據有播州已六百餘年,民知楊氏而已,一旦囚禁,恐群衆驚疑,輒生他變。"既而與巡撫劉璋共訊其誣,乃奪友官,遷他州,播人遂安。

——(乾隆)《建昌府志》卷四十一《人物傳五》,清乾隆二十四年刻本

* (清)孟炤修,黄祐纂:(乾隆)《建昌府志》,清乾隆二十四年刻本。

（同治）瑞州府志*

上高曹御史墓表 明朱吾弼

予於曹侍御心言，公長十年，高、上同郡，先後復同庠。予第而公始以郡庠大有聲，公第而予以建言忤權相家食矣。居相去四舍而遥，間惟寄神尺一耳！迨壬子，奉命丞大廷尉，公正應召選，聚首長安，彼此款洽，恬然無求，予竊忻羡。……丙午、丁未聯第賢書，授江津令，銜風赴任，舟於富池，漂流十里，幾覆而免。公仰誓曰："他日還而載非所有者，舟如此日。"江津久苦播亂，兵荒那移，訟獄繁興。應龍弟應虎嘯聚遺孽，將煽惑白蓮教爲亂，邑無固志。公下車，一味撫摩調停，示民安業無恐，卒寢播孽异教之禍，而雉馴雁集，四境皆絃歌矣。嗟嗟！以公之才之志，止於執法南都，豈民之無禄，天夭無椓，未欲平治天下乎？

——（同治）《瑞州府志》卷二十《藝文》，載《中國地方志集成·江西府縣志輯》，第37册，第447頁

* （清）黄廷金修，蕭凌蘭纂：（同治）《瑞州府志》，載《中國地方志集成》編委會編：《中國地方志集成·江西府縣志輯》，鳳凰出版社，2013年。

（同治）廣信府志*

上饒縣靈山，峰巒奇聳，爲一方巨鎮，舊有鷹武將軍廟。考諸志乘，神姓李，名德勝，字元明，河南沈邱人。唐德宗時進士，由吏部員外郎出守信州。貞元六年，禱雨立化，民感其誠，廟祀之。宋宣和間，討方臘，神以巨鷹白旗顯靈，賜額"鷹武廟"。紹興初，官軍攻永豐，賊不克。守令乞靈於神，賊就擒。晉封"助靈將軍"。明嘉靖二十一年，大學士夏言請賜號"靈山鷹武將軍"。萬曆中，平播冦，封"西濟宏道崇興護國真君"。亦越我朝，禱雨祈晴，迭昭靈應。

——（同治）《廣信府志》卷二《建置·壇廟》，載《中國地方志集成·江西府縣志輯》，第20册，第129頁

吴濟民，播州司録。

——（同治）《廣信府志》卷七《選舉·仕籍》，載《中國地方志集成·江西府縣志輯》，第20册，第605頁

周執羔，字表卿，信州弋陽人。宣和六年，舉進士，廷試，徽宗擢爲第二。授湖州司士曹事，俄除太學博士。建炎初，乘輿南渡，自京師奔詣揚州。……又六年，起知眉州，徙閬州，又改夔州兼夔路安撫使。夔部接蠻僚，易以生事，或告溱、播夷叛其豪帥，請遣兵致討，使謂曰："朝廷用爾爲長，今一方繹騷，責將焉往。能盡力則貰爾，一兵不可得也。"豪懼，斬叛者以獻。夷人自是皆惕息。

——（同治）《廣信府志》卷九《人物·名臣》，載《中國地方志集成·江西府縣志輯》，第20册，695～696頁

---

* （清）蔣繼洙纂修：（同治）《廣信府志》，載《中國地方志集成》編委會編：《中國地方志集成·江西府縣志輯》，鳳凰出版社，2013年。

祝蕃，字蕃遠，貴溪人。静明先生門人，最著者李存，而最先受業，率舒衍等，師事者蕃。明初修《元史》，凡爲陸子之學者，不爲立傳，蕃有存所爲墓志銘頗詳。《陸子學譜》，祀鄉賢。

李存《志》：公幼而警敏，縣人有陳先生某者，獨得陸文安公本心之學，蕃遠從之游。稍長，頗不羈。他日，忽感悔，復求從先生。……播州宣慰楊某率酋長請驛以朝，或難其非述職之常。且故事，上下皆有贄，公却不受，曰："非所以懷遠人也。"遂白平章，給驛馬。既而授將仕郎、潯州路總管府經歷。

——(同治)《廣信府志》卷九《人物·儒林》，載《中國地方志集成·江西府縣志輯》，第21册，86～87頁

（同治）贛州府志*

明陳際泰　**謝桓慤公祠記**

此桓慤謝方伯特祠也。公懿行偉閥之在人心、天下者，畢具於李本寧《太史志》中、張鳳篁《大司馬碑》中、周敬松《大冢宰傳》中，而合具於劉鼎梅《大理行狀》中，是固然矣。……公生平功績，莫著於征播。征播之命，乘公平羌之威名而用之也。然有先之者，有後之者。先之者説，在潁川之治反獄與告變，藺州之戢沙卜也。後之者説，在松潘、鎮城之賞番與定嚚卒也。人猝然遇之，驚愕震怖，而不能堪者。公則雍容譚笑，弄之股掌間，上於是倚重公矣。播與淮西不同，以千歲之國，千里之封，地險卒勁。昔魏武善用兵，然漢中之役，自行拔出，語所親云："漢中五百里，石穴也。"故終身於磽險之地，撓而避之，不責群下之力。播之險，甚於此矣。無永寧、合江之師，則播不拔。無公卧護諸將、决策制勝，則永寧、合江之師亦將無功。讀李制府上公功狀，則平播之功有全屬矣。爲國闢地千里，而諸酋之擁地自封者，刳其腹而别内之。公之功視平淮西爲優，然公感奢世續而得其死力，宜受上賞，割其分地爲縣，何也？蓋其意不在世續可知也。夫天下之事有機，有幾窺其幾而見之，而後可以制天下之機。不能制天下之機，而欲自全於功名之際，難矣。昔王濬以龍驤平吴爲王武子父子所抑。在上前争論，或謂曰："子之功則高矣，惜居功未善也。當見上時，宜叩頭曰：'此聖主之德，諸將士之力，臣何功焉？角巾東路，不亦愈乎？'"濬謝曰："吾始懲鍾鄧之禍，不免於争，是吾褊也。"

——（同治）《贛州府志》卷十二《祠廟》，載《中國地方志集成·江西府縣志輯》，第73册，第271頁

謝詔，字彦實，號鳳渚，贛縣人。萬曆二年進士，知潁州。潁俗刁悍多盗，詔至，廉得

* （清）魏瀛修，魯琪光纂：（同治）《贛州府志》，載《中國地方志集成》編委會編：《中國地方志集成·江西府縣志輯》，鳳凰出版社，2013年。

衙蠹、市豪爲民害者，鉗釱之於市，甚者撲殺之，皆屏息，莫敢恣。一日方聽事，忽心動，飭嚴獄禁，果有重囚謀逸者。……以二親歸養，起參政山西，不赴。播酋楊應龍叛，復徵爲監軍，兼程至蜀。時蜀、楚、黔三省進兵，分八道，詔所監永寧、合江二路。

——（同治）《贛州府志》卷五十《仕績》，載《中國地方志集成·江西府縣志輯》，第73冊，173～174頁

萬曆二十八年，楊應龍反播州，贑兵楊炯從征陣亡。有富家兒豔其妻，强委禽焉。及娶，柳堅不從。富家兒自入牽其手，柳罵曰："我手豈爲人污？"遽引刀斷腕，富兒乃驚去。

——（同治）《贛州府志》卷六十一《列女》，載《中國地方志集成·江西府縣志輯》，第73冊，第299頁

（同治）南昌府志*

都督第在進賢門内，都督劉綎故宅。都督與經略楊鎬不協，軍次清風，力戰死華亭。張伺初檄海内文士吊之，後宅廢，今爲豫章書院。《南昌縣志》。國朝樓屋《劉將軍庭宅歌》：播州之役先臣死，子孫今住將軍里。萬里來拜將軍門，可識征播前鋒孫。我聞將軍退居日，頃刻曾供百人食。家人操作無人聲，軍法治家家如軍。將軍袖箭飛隼疾，墨點點扉箭穿入。蟒袍玉帶來從容，刀掣千軍左手空。一匹短垣圍白棘，無人識是將軍宅。化爲廣厦千萬間，角巾文字調歌絃。明有將軍宋忠武，世上老兵安足數。

——（同治）《南昌府志》卷七《地理》，載《中國地方志集成·江西府縣志輯》，第1册，第183頁

劉少保祠堂，在公故里。《南昌縣志》。

閔鑒《拜少保祠堂詩》：將軍父子皆天人，勛名弈世無與倫。將軍狀貌還天神，威震海宇人鬼欽。袖箭在身刀在手，少保何如岳少保。健兒壯士紛如雲，無人能撼將軍軍。輭巾單衣一馬出，陣雲愁慘日無色。馬猶未接氣已吞，活虎生龍當不得。大刀百斤馬上舞，刀光旋轉人何處。白影翻來忽變紅，血肉紛紛落如雨。平緬平倮平羅雄，朝鮮稽首倭播窮。功高百戰誰比隆，不聞帶礪酬殊庸。掉搶中外爭交訌，時平解甲甘歸農。一朝倉猝徵防東，催兵輒戰何匆匆。孤軍深入羆虎叢，長槍大兵圍重重。一劍遂死沙場中，經略不肯愁遺公。公之云亡明命終，低徊往事愴心胸。飄零大樹睠如此，天寒謖謖生悲風。

——（同治）《南昌府志》卷十三《典祀志》，載《中國地方志集成·江西府縣志輯》，第1册，第316頁

余功正，寧州人，以歲貢入太學，授荆門州州同。升叙州府通判，分駐嘉明。嘉明在萬山中，去叙三百里，當播州、永寧之衝，桴鼓數起。功正勸諭酋長，堅明約束，聯什伍以息戎心，緩催科以清逋賦。旋以疾告歸，卒年七十有八。舊《志》。

——（同治）《南昌府志》卷四十《人物》，載《中國地方志集成·江西府縣志輯》，第2册，第447頁

---

* （清）許應鑅修，曾作舟纂：（同治）《南昌府志》，載《中國地方志集成》編委會編：《中國地方志集成·江西府縣志輯》，鳳凰出版社，2013年。

甘元奎，字兩溪，南昌人。嘉靖拔貢，任四川江津主簿。縣接播州，多盜。元奎單騎詣賊巢，言："我，甘主簿也。江津城，吾城也。汝等恣睢邊徼，殺戮元元，動與全蜀爲仇者，恃汝衆耳！蜀不可仇，仇蜀是仇天下，蔑王法也。仇天下不祥，蔑王法不順，亡無日矣。"反覆開諭，賊散去，一邑獲全。祀江津名宦。舊《志》。

——（同治）《南昌府志》卷四十一《人物》，載《中國地方志集成·江西府縣志輯》，第2册，458～459頁

李瓚，豐城人，任寶應知縣。聽訟時，召兩造至前，諭以禮義，令自感悟。嘗躬詣隴畝，勸民耕作，有古循吏風。長子廷觀，嘉靖進士，南京兵部主事，任郎中，出爲温州知府，擢福建運使，終河東運使。清廉自矢，所至皆稱職。次子廷謨，萬曆進士，成都府推官，擢户科給事，轉兵、工二科，侍經筵，外轉河南副使，終湖廣副使，備兵湖北。廷謨官成都時，有永寧宣撫奢效忠死，妻妾以争印相仇殺，委勘，諭以恩威，乃服。爲講官時，典試雲南，復命即疏列黄梅大盗，并治河諸事。後移鎮叙州，值播寇方叛，多方調度，不勝其勞，乞歸。廷觀、廷謨致仕，父瓚尚康强無恙，一門父子兄弟皆致通顯，鄉里傳誦爲美談。舊《志》。

——（同治）《南昌府志》卷四十一《人物》，載《中國地方志集成·江西府縣志輯》，第2册，第464頁

甘一驥，字德夫，南昌人。隆慶進士，南京刑部主事。每讞决，輒中民隱。遷臨安知府。郡雜苗蠻，建建水州學，止度田，封鑛穴，辨疑獄，皆有聲。平定阿迷諸苗，稱爲滇守循良第一。遷山東鹽運使司。前官多貪，逋税日積。一驥素廉潔，二年而宿逋以清。歲大凶，出俸金賑饑民數萬。又出錢數千緡，建五閘，名益著。未幾，忤巡鹽御史，擢貴州按察司，旋以議播州事不合，罷歸。一驥性孝友，親没廬墓。爲諸生時，嘗賫詔瑞州，却金備賑。仕南曹，置腴田爲義塚。卒之日，子孫至鬻居以營葬。舊《志》。

——（同治）《南昌府志》卷四十一《人物》，載《中國地方志集成·江西府縣志輯》，第2册，470～471頁

熊宇奇，字正子，新建人，萬曆進士。官刑部主事，有巨猾邵盤兒倚藉奥援，暴横閭里，捕之。俄頃千牘盈篋，宇奇竟按盤兒論死。丁憂，服闋，補刑部郎。戚畹鄭承恩賂通款誠，宇奇揮其使，以僉事督學湖廣，藩王、撫按而下，不可語以私。升四川參政。討播軍興，督理糧餉，乘馬涉水，馬斃，輒徒步草靸。捷奏，晉一秩，旋以督學時忤顯者，解組歸。未幾，起補浙江副使，升湖廣按察使，遷右布政使。天啟二年，中璫寖用事，遂乞休。魏璫

建祠江西，撫臣楊邦憲斂費議撤周程祠爲之，宇奇力争不得，俄而璫敗，遂止。崇禎己巳，用薦召補浙江布政使，宇奇先殁。《縣志》。

——（同治）《南昌府志》卷四十一《人物》，載《中國地方志集成·江西府縣志輯》，第2册，第475頁

樂繼同，字于埜，新建人。萬曆舉人，初授通城縣教諭，升四川榮縣知縣。值播賊猖亂，郡邑望風解組，繼同慷慨請纓，卒平之。以功升岳州同知。時，久雨水漲，田禾淹没，繼同竭誠拜禱，歲以有秋。擢本府知府，乞歸。舊《志》。

——（同治）《南昌府志》卷四十一《人物》，載《中國地方志集成·江西府縣志輯》，第2册，第479頁

劉綎，字省吾，都督顯子，勇敢有父風，用蔭爲指揮使。萬曆初，從顯討九絲蠻，先登，擒其酋阿大，以功遷雲南迤東守備，改南京小教場坐營。……二十四年三月，火落赤、真相、昆都魯、歹成、他卜囊等掠番寇内地。綎部將周國柱等擊之莽剌川腦，斬首百三十有奇，獲馬、牛雜畜二萬計。帝爲告郊廟宣捷。綎等進秩予蔭有差。明年五月，朝鮮再用師。詔綎充禦倭總兵官，提督漢、土兵赴討。又明年二月，抵朝鮮，則楊鎬、李如梅已敗。經略邢玠乃分軍爲三，中董一元，東麻貴，西則綎，而陳璘專將水兵。綎營水源。倭亦分三路，西行長據順天，壕寨深固。綎欲誘執之，遣使請與期會。使者三反，綎皆單騎俟道中。行長覘知之，乃信，期以八月朔定約。至期，綎部卒泄其謀，行長大驚，逸去。綎進攻失利。監軍參政王士琦怒，縛其中軍。綎懼，力戰破之，賊退不敢出。諸將三道進，綎挑戰破之，驅賊入大城。已，賊聞平秀吉死，將遁。綎夜半攻奪栗林、曳橋，斬獲多。石曼子引舟師救，陳璘邀擊之海中。行長遂弃順天，乘小艘遁。班師，進綎都督同知，世蔭千户。

遂移師征楊應龍。會四川總兵官萬鏊罷，即以綎代之。時兵分八道，川居其四。川東又分爲二，以綦江道最要，令綎當之。應龍熟綎才，頗懼，益兵守要害。二十八年正月，諸將克丁山、銅鼓、嚴村，遂直擣楠木、山羊、簡臺三峒。峒絶險，賊將穆照等衆數萬連營，諸將憚之。綎分兵攻其三面，大戰於李漢壩，生擒其魁，餘賊奔入峒。乘勢克三關，直擣峒前，焚之，賊多死。盡克三峒，擒穆照及賊魁吴尚華。是日，綎督戰，左持金，右挺劍，大呼曰："用命者賞，不用命者齒劍！"鬥者四十人，遂大捷。應龍乃遣子朝棟、惟棟及其黨楊珠統鋭卒數萬，由松坡、魚渡、羅古池三道并進。綎伏萬人羅古，待松坡賊；以萬人伏營外，待魚渡賊；而别以一軍策應。賊果至，伏盡起。綎率部下轉戰，斬首數百，追奔五十里。賊聚守石虎關，綎亦掘塹守。初，綎聞征播命，逗遛，多設難以要朝廷。言官交劾，議調南京右府僉書。綎至是聞之，即辭任。總督李化龍以平播非綎不可，固留之，力薦於朝。綎乃復受事，逾夜郎舊城，攻克賊滴淚、三波、瓦窑坪、石虎諸隘，直抵婁山關。婁山

萬峰插天，叢箐中一徑，纔數尺，賊設木關十三座，排栅置深坑，百險俱備。綎分奇兵爲左、右路，間道趨關後，而自督大軍仰攻，奪其關，追至永安莊，兩路軍亦會。綎老將持重，慮賊衝突，聯諸營，一據婁山關爲老營，一據白石口爲腰營，一據永安莊爲前營。都指揮王芬者，勇而寡謀，每戰輒請爲前鋒，連勝有輕敵心，獨營松門埡之衝，距大營數里。賊方有烏江之勝，謀再奪婁山。適穆照遣使泄芬孤軍狀，賊乃襲殺芬，守備陳大剛、天全招討楊愈亦死，失亡士卒二千人。綎聞，親率騎卒往救，部將周以德、周敦吉分兩翼夾攻，賊始大奔，追至養馬城而還。是日，應龍幾被獲，乃不敢窺婁山。綎懲前失，劄近關堅壁，且請濟師。逾十餘日，克復水囤，營於冠子山。尋會馬孔英、吴廣諸軍，逼海龍囤下，與諸將共平賊，綎功爲多，進左都督，世蔭指揮使。……綎戰死。養子劉招孫者最驍勇，突圍，手格殺數人，亦死。士卒脱者無幾。事聞，帝遣中使祭陣亡將士，恤綎家。綎於諸將中最驍勇，平緬寇，平羅雄，平朝鮮倭，平播酋，平倮，大小數百戰，威名震海内。綎死，舉朝大悚，邊事日難爲矣。綎所用鑌鐵刀百二十斤，馬上輪轉如飛，天下稱“劉大刀”。天啟初，贈少保，世蔭指揮僉事，立祠曰“表忠”。《明史》本傳。

——（同治）《南昌府志》卷四十六《人物》，載《中國地方志集成·江西府縣志輯》，第 4 册，6 ~ 8 頁

(同治)建昌府志*

何喬新,字廷秀,廣昌人,文淵子也。景泰五年登第,授南京禮部主事。丁外内艱,服闋,改刑部主事,歷郎中、錦衣衛。卒犯法,喬新捕治之。都指揮袁彬有所屬,不從,彬怒使人捃摭,無所得,由是名大起。成化四年,遷福建按察副使。……會播州宣慰使楊愛爲庶兄安寧宣撫使楊友所搆,喬新奉詔往勘,命即囚愛以待。喬新言:"楊氏據有播州已六百餘年,民知楊氏而已。一旦囚禁,恐群衆驚疑,輒生他變。"既而與巡撫劉璋共訊其誣,乃奪友官,遷他州,播人遂安。

——(同治)《建昌府志》卷八《人物》,載《中國地方志集成·江西府縣志輯》,第53册,410~412頁

* (清)邵子彝修,魯琪光纂:(同治)《建昌府志》,載《中國地方志集成》編委會編:《中國地方志集成·江西府縣志輯》,鳳凰出版社,2013年。

（光緒）撫州府志*

李伯廉，字登之，號清源，金溪人。嘉靖甲子經魁，授郴州知州。歷歲歉且大旱，枕藉死者無算。伯廉憫之，齋居步禱，忽大雨浹日，五鶴從空飛繞，士民歡呼。升四川叙州府同知。五夷搆兵，廿載不寧。伯廉單騎入其穴，諭以禍福，莫不俯首歸命。尋以軍功擢馬湖僉事。會播寇蠢動，伯廉以營卒於官。

——（光緒）《撫州府志》卷五十《人物·宦業》，載《中國地方志集成·江西府縣志輯》，第46册，200～201頁

徐汝陽，號敬吾，臨川人。父宏，嘉靖癸卯舉人，歷扶溝、懷寧兩縣，有政聲。汝陽隆慶戊辰進士，授武進令。政繁訟健，胥役窟穴最深，陽至，積弊頓除。巡撫海瑞薦擢武選主事，條上兵事十二策，得旨頒行。……起福建副使、廣東參政、湖廣按察使，晉陝西布政。礦税繁興，陝頓增羢袍數萬，陽捐俸織造，儲以餉邊，而復以餘給川省、朔方之貧窶者。播之役，賴以奏捷焉。丁酉，遷南京光禄卿。甫半載，致政歸。子僖，癸卯舉人，授重慶府推官，未至任，卒倜。戊辰，恩貢曾孫元功。汝陽祀鄉賢祠。

——（光緒）《撫州府志》卷五十一《人物·宦業》，載《中國地方志集成·江西府縣志輯》，第46册，203～204頁

胡桂芳，字允垂，號瑞芝，金溪人。萬曆甲戌進士，司李杭州。藩司以舊逋四萬委芳追理，芳封檄堂厨，不奉行。未幾，果詔蠲之。升武庫司主事，歷郎中、參議登萊，遷廣東副使、督學瓊州。已，晉湖廣太參。會有事於播，奉檄偕督師李公化龍治兵轉餉。功成，將軍劉綎、李寅争首功，芳謂李獲印、劉獲級，功賞相等，何用争爲？兩將軍懽然。升廣東左布政。會神廟特有謂“老成持重，莫如胡某”。遂以副都御史撫黔，旋升工部侍郎，總

* （清）許應鑅修，謝煌纂：（光緒）《撫州府志》，載《中國地方志集成》編委會編：《中國地方志集成·江西府縣志輯》，鳳凰出版社，2013年。

督河道，賜一品服俸。卒，謚“忠端”，予祭葬。後三十餘年，追叙平播功，部科諸臣尚謂當日賞不及格，蓋公論也。子兆安任蘇州府丞。

——（光緒）《撫州府志》卷五十一《人物·宦業》，載《中國地方志集成·江西府縣志輯》，第46册，第206頁

徐仲佳，字仲謙，臨川人。父道明，嘉靖乙卯鄉舉，任新化、松滋令，皆有彦聲。仲佳萬曆壬辰進士，初主比部事。恤讞江北，矜全二百四十餘人。備兵東川，杜馬千乘廢立之争，平楊應龍叛逆之氛，監紀大兵，飛輓不匱。大中丞李化龍疏列其功，特晉參議，俾專理善後。當日平播，佳實與有勞績。乃後之代中丞者，邊功自喜，必欲盡還其侵地，佳力争弗得，卒以啓釁，論者惜焉。會有母喪歸，服闋，交薦不應。

——（光緒）《撫州府志》卷五十一《人物·宦業》，載《中國地方志集成·江西府縣志輯》，第46册，第211頁

（光緒）吉安府志*

郭子章，字相奎，泰和人。隆慶五年進士，授建寧府推官。輿過峻嶺，有一猿號宛甚哀，指其處，發掘得尸，按治之，人稱神明。爲潮州知府，驅獨足鬼，著异政。督學四川，文習丕變。歷浙江參政、山西按察使，升任湖廣、福建布政，予告歸。時播酋楊應龍恃功，驕蹇不法，糾苗倡亂，蜀、黔、楚三省望風摧陷。起子章以副都御史，巡撫貴州，兼制楚、蜀，賜上方劍。同總督李化龍舉用劉綎爲提督，屢出奇制勝。是時，餉絀不繼，黔亂，無民可派，借楚、蜀、閩餉數十萬，皆子章經畫。賊東破重安，遂圍興隆。子章發鎮筸及貴陽兵救援，賊始退。後又寇龍泉，子章任楊惟中爲都司，卒得其力，歃血誓師，聲罪致討，人思自奮。某年四月，檄數應龍十大罪，設壇北門，集文武將吏、土漢官兵擊之。應龍率各苗來决死戰。子章會同劉綎，親勒騎衝壑，分兩翼追奔。左監軍楊寅秋同縣人，復興同心一力，期必滅賊，破土、月二城，翼日遂破大城，圍海龍囤，克之。應龍闔室自焚，生獲酋子朝棟、兆龍等百餘人，俘斬無算。於是李化龍上露布，表子章功第一。先是，安酋與楊酋世姻，聲勢依倚，衆皆疑安氏爲助，欲并剿之。子章獨撫慰安氏，使爲朝廷用。廷臣疏子章爲總督，而上仍用爲巡撫，謂必得子章而安酋始無患也。貴陽兵後大饑，疏請湖廣長、衡、郴等府州縣欠協濟貴州餉銀七萬八千餘兩以賑濟，民賴蘇。又播逆餘黨有皮林，及遵義有吴洪、平越有路苗，皆子章蕩平。前後叙功，加太子少保、兵部尚書。没，賜祭葬，子襲錦衣衛。子章水本天授，識卓人，群於書無所不讀，尤精《易》。嘗與王時槐、胡直、鄒元標講學青原、白鷺之間，主於倡明正學。宦迹所至，隨地著書，存燕、閩、晉、粤、蜀、浙、吴、楚諸草，及《平播録》《易解》《蠙衣集》等書行世，又有《豫章大記》一百卷。參《通志》，府、縣《志》。

——（光緒）《吉安府志》卷二十六《人物志·大臣》，1064～1065 頁

朱臨，安福人。成化進士，歷官刑曹，任四川僉事，尚平恕，法行不撓。會歲祲，賑貸

---

* （清）定祥修，劉繹纂，汪泰榮點校：（光緒）《吉安府志》，中華書局，2014 年。

有方。播州楊宣慰兄弟争蔭，臨片語決之，謝以金，弗受。歷任七年，歸。

——（光緒）《吉安府志》卷二十八《人物志·庶官二》，第1128頁

楊寅秋，字羲叔，泰和人。萬曆進士，授東莞知縣，擢御史。奏免南海兵餉，再疏罷冢宰王國光。出爲浙江僉事，遷貴州參議。時苗阿奇等劫掠屯堡，寅秋誘阿奇斬之，撫其餘黨，諸苗悉平。升按察使，再奉詔平播州楊應龍。有《平播録》五卷。以疾告休，卒，贈太僕正卿。《通志》。

劉冠南，字斗墟，廬陵人。萬曆鄉舉，授合州知州，多惠政。會建慈寧宫，采木於蜀，冠南令民擇能者任事，官佐以費，奸商誣訟於直指，逮赴詔獄。合州民千人赴闕擊登聞鼓，白其冤。除松江檢校，遷黄安知縣。歲歉，勸賑有法。丁父憂，起補交河知縣，升南京工部主事，歷員外郎，遷貴陽知府。時播酋初殄，冠南招撫流民。移守平越。時生苗不靖，議剿。冠南監下路軍，走檄示撫，歷苗穴五旬，受撫者四十五寨。事竣，召諸酋長諭曰："汝等劫殺之罪不可無懲，速核火憝數人，則罷兵有名。"酋長悟，即縛五人解軍門，餘盡納款。敕分巡新鎮，兼署播臬各道。未幾，致仕。

——（光緒）《吉安府志》卷二十九《人物志·庶官三》，第1152頁

周鳴，字倪潜，安福人。萬曆鄉舉，授遵義推官。方播州寇平，新設遵義，鳴至，百爲具舉。遷温州府判，時海寇王鍾等擁衆作亂，鳴撫之，盡解散，郡賴以安。升湖州府同知，尋解組歸。年八十一卒。著有《貽謀堂語録》。

——（光緒）《吉安府志》卷二十九《人物志·庶官三》，第1156頁

《黔中止榷記》一卷，《黔中平播始末》三卷，《西南三征記》一卷，三書見《明史·藝文志》。

《聖門人物志》十二卷，見《四庫書存目》。《贈司馬郭雲塘年譜》二卷，《興國四賢傳》一劂，均郭子章撰。

《平播録》五卷，泰和楊寅秋撰，見《明史·藝文志》。

——（光緒）《吉安府志》卷二十九《人物志·庶官三》，第1715頁

廣　東

（崇禎）肇慶府志*

伍趙璧，原籍高要縣人，新興所軍籍。於萬曆二十八年報效，征播有功。萬曆三十三年欽，升試百户。

張其明，繇府學生員。祖垛，雙魚所軍籍。萬曆二十八年，輪該其明補伍報效，從征播州，獲功九顆。萬曆三十二年，欽升今職，世襲。

——（崇禎）《肇慶府志》卷十六《兵防志》，明崇禎六年至十三年刻本

* （明）陳烜奎纂修：（崇禎）《肇慶府志》，明崇禎六年至十三年刻本。

(康熙)韶州府志存*

陳璘,……征播州,奪出楊應龍尸,生擒酋子楊朝棟等。纍官左都督,特進光禄大夫。卒,贈太子太保,諭祭造葬。

——(康熙)《韶州府志存》卷八《人物志》,清康熙十二年刻本

陳大將軍傳 喻政

陳公諱璘,字朝玉,號龍崖,翁源縣人。少倜儻,有大志,不事家人產。膂力絶倫,好任俠,結交多賢豪,相與談劍術,講韜略,盡得其秘。……值播酋不軌,犯重慶、犯黄平,攻陷綦江,西南纍卵。公奉命致討,甫駐節,師期已逼,楚中兵餉、戰具索然。公瘁心晝之,旦暮具備。庚子春,公督兵繇白泥進。酋業褫魄於公先,聲大以金錢餌群夷,令死其險。公首馴服九股以殺厥黨,隨三析其兵,二爲奇,一爲正,分左右翼抄出烏江以躡賊後,攻下龍溪、四牌、七牌諸山,青蛇、長坎諸屯,大、小三渡等關。楊酋失勢,挈妻子奔海龍屯。其屯怪石嶔岈,絶頂拂漢,四壁若削,一道如綫。五尺童子當關而下之石,雖天兵不能飛渡。公周游覽之,見屯後一山差與屯埒,可假之途。乃一鼓奪之,建敵臺其上,於屯右編木爲栅,櫛比至屯後以防夜衝。賊藥其鏃,以勁弩拒我兵。公爲鐵牌百餘格之,寸進尺取,漸逼賊屯,自是我兵得地,賊之長技始屈。時三省合攻而各有期,公届期潛師蓐食,令士卒備竹梯、柴草爲登城計,又先發兵屯前,放炮吶喊以疑賊心,賊果備前忽後。公令衆兵於五鼓銜枚從山後躋攀以進,用竹梯、柴草乘塹先登,手刃門者,入焉。更易小白旗遍立四山,三舉炮驚之。楊酋勢逼,偕愛妾雉經以死。公盡械其屬,斬獲六十餘級,拓地二千餘里。説者咸首公功云。播事甫竣,楚皮林苗猖獗。

——(康熙)《韶州府志存》卷十四《藝文志》,清康熙十二年刻本

---

* (清)馬元纂:(康熙)《韶州府志存》,清康熙十二年刻本。

(康熙)新修廣州府志*

袁應文,字仲奎,東莞人。舉萬曆癸酉鄉薦,授福建沙縣知縣。……晋雲南副使,備兵臨安,值播事孔棘,移備都匀督播餉。

——(康熙)《新修廣州府志》卷三十四《人物志》,清康熙年間鈔本

陳大捷,字肖彭,三水人。萬曆初以武生從都督陳璘擊倭,赦援朝鮮。……尋又從擊播州楊酉及湖廣皮林逆苗,皆獲全勝。

——(康熙)《新修廣州府志》卷四十《人物志》,清康熙年間鈔本

* (清)王永瑞纂:(康熙)《新修廣州府志》,清康熙年間鈔本。

(乾隆)潮州府志[*]

陳璘,字朝爵,廣東翁源人。……萬曆二十三年,朝鮮用兵,以薦充副總兵,會有封貢之議,暫休兵,改璘廣東南澳副總兵。二十五年封事敗,起璘故官,統廣東兵五千由海道援朝鮮。明年二月,擢禦倭總兵官,以功授湖廣總兵官。以平播功加左都督,以平苗功贈太子太保。

——(乾隆)《潮州府志》卷三十三《宦迹》,載《中國地方志集成·廣東府縣志輯》,第24册,第803頁

* (清)周碩勛纂修:(乾隆)《潮州府志》,載《中國地方志集成》編委會編:《中國地方志集成·廣東府縣志輯》,上海書店出版社,2013年。

（同治）韶州府志*

陳璘，字朝爵，廣東翁源人。嘉靖末爲指揮僉事。……會有征播之役，命璘爲湖廣總兵官，由偏橋進，副將陳良玭由龍泉，受璘節制。二十八年二月，軍次白泥，楊應龍子朝棟率衆二萬渡烏江迎戰，璘前禦之，而分兩翼躡其後，賊少挫，追奔至龍溪山，賊合四牌賊共拒。四牌在江外，與江内七牌皆五司遺種，九股惡苗素助賊。璘廣招撫，乃進軍龍溪，偵知賊有伏，令游擊陳策用火器擊之。賊據險，矢石雨下，璘先登，斬小校退者以徇。把總吴應龍等陷陣，賊大潰，退四牌、保兒囤。璘二裨將逼之，中伏。璘募死士，從應龍等奮擊，賊復潰，奔據囤巔，夜由山後遁，黎明追及於袁家渡，復敗之，四牌之賊遂盡。三月望，諸軍爲浮橋渡江，知賊將張佑、謝朝俸、石勝俸等營七牌野猪山。璘即夜發抵苦練坪，前鋒與戰，後軍至夾擊之，賊敗逃深箐，官軍遂入苦菜關。會童元鎮烏江師敗，璘懼，請退師，總督李化龍不可。璘乃進營楠木橋，次湄潭。賊悉聚青蛇、長坎、瑪瑙、保子四囤，地皆絶險，而青蛇尤甚。璘議同日攻，則兵力弱，止攻一囤，則三囤必相助，乃先攻三囤，次及青蛇。良玭師亦來會，令伏囤後，别以一軍守板角關，防賊逸。璘督諸將力攻三日，賊死傷無算，三囤遂下。青蛇四面陡絶，璘圍其三面，購死士從瑪瑙後附葛至山背舉炮，賊惶駭。諸軍進攻，焚其茅屋。賊退入囤内，木石交下，將士冒死上毁大栅二重，前後擊之。賊大敗，斬首一千九百有奇，七牌之賊亦盡。乃分兵六道，攻克大、小三渡關，乘勝抵海龍囤下。諸將俱攻囤前，獨水西安疆臣攻其後，相持四十餘日。其下受賊重賄，多與通，且潛以火藥遺賊，故賊不備其後。璘知之，與監軍者謀令疆臣退一舍。璘移其處，置鐵牌百餘，距囤丈許，賊强弩無所施。又爲箖板於栅前，賊每夜出劫爲釘傷，不敢復出。應龍勢窮，相聚哭。化龍初有命諸將分日攻。六月六日，璘與吴廣當進兵，璘夜四更銜枚上，賊鼾睡，斬其守關者，樹白幟，鳴炮。賊大驚潰散，應龍自焚。廣軍亦至，賊盡平，遂移師討皮林。……征播時，璘投賄李化龍家，會劉綎使，爲化龍父所麾。璘使走，化龍疏於朝，綎

* （清）額哲克修，單興詩纂：（同治）《韶州府志》，載《中國地方志集成》編委會編：《中國地方志集成·廣東府縣志輯》，上海書店出版社，2013 年。

獲罪，璘獨免。後兵部尚書田樂推璘鎮貴州，給事中洪瞻祖遂劾璘，營求帝以璘東西積戰功卒如樂議。……先叙平播功加左都督，世蔭指揮使。既卒，以平苗功贈太子太保，再蔭百户。《明史》本傳。明喻政撰《陳太保傳》：陳公，諱璘，字朝玉，號龍崖，翁源縣人。少倜儻有大志，不事家人産，膂力絶倫，好任俠，結交多賢豪，相與談劍術、講韜略，盡得其秘。……值播酋不軌，犯重慶，犯黄平，攻陷綦江，西南纍卵。公奉命致討，甫駐節，師期已迫，楚中兵餉、戰具索然，公瘁心晝之，旦暮具備。庚子春，公督兵由白泥進。酋業褫魄于先聲，大以金錢餌群彝，令死拒險。公首馴服九股以殺厥黨，隨三析其兵，二爲奇，一爲正，分左右翼抄出烏江以躡賊後，攻下龍溪四牌、七牌諸山，青蛇、長坎、諸屯，大、小三渡等關。楊酋失勢，挈妻子奔海龍屯。其屯怪石峆岈，絶頂拂漢，四壁若削，一道如綫，雖天兵不能飛渡。公周覽之，見屯後一山差與屯埒，可假之途。乃一鼓奪之，建敵臺其上，于屯右編木爲栅，櫛比至屯後，以防夜衝。賊藥其鏃，以勁弩拒我兵。公以鐵牌百餘格之，寸進寸取，漸迫賊屯，自是我兵得地，賊之長技始屈。時三省合攻而各有期，公届期潛師蓐食，令士卒備竹梯、柴草爲登城計。又先發兵屯前放炮吶喊以疑賊心，賊果備前忽後。公令衆兵于五，鼓啣枚從山後躋攀以進，用竹梯、柴草乘勢先登，手刃門者，入焉。更易小白旗徧立四山，三舉炮驚之。楊酋勢迫，偕愛妾雉經以死。公盡械其屬，斬獲六百餘級，拓地二千餘里。説者咸首公功云。播事甫竣。

吴廣，翁源人，輔國之子，以武生從軍，纍著戰功。……萬曆二十五年，以副總兵從劉綎禦倭朝鮮，領水軍與陳璘相掎角，俘斬甚衆。甫班師，大征播州，擢廣總兵官，以一軍出合江。副將曹希彬以一軍出永寧，受廣節制。廣屯二郎壩，大行招徠。賊驍將郭通緒迎戰，將士襲走之。陶洪、安村、羅村三寨土官各出降，他部來歸者數萬，廣擇其壯者從軍。通緒扼穿崖囤，廣督土、漢軍擊破之。劉綎、馬孔英已入播，廣猶屯二郎，總督李化龍趣之。乃議分四哨進攻崖門，别遣永寧女土官奢世續等，督夷兵二千，扼桑木埡諸要害以防餉道。諸將連破數囤，進營母猪塘。楊應龍懼，令通緒盡發關外兵拒敵。廣伏炮手五百于磨槍埡外南岡下，而遣裨將趙應科挑戰。埡夾兩山中，甚隘，通緒横槊衝應科，應科佯北。通緒追出埡，遇伏，急旋馬，中炮墜，方躍上他馬，伏兵攢刺之殪，餘賊大奔。官軍逐北，賊盡降，遂薄崖門，徑小止容一騎，賊衆萬餘出關拒戰。希彬懸賞千金，士卒攀崖競進，追至第四關上，男婦盡哭。賊黨自殺，其魁羅進恩率萬餘人出降。其第一關猶拒不下，廣乘夜疾進，奪其關，關内民争獻牛酒。劉綎、馬孔英已入關，李應祥、陳璘猶在關外。廣合希彬軍連戰紅碗、水土崖、分水關，皆捷，遂進營水牛塘。應龍大懼，知廣軍孤深入，謀欲襲之，乃遣人詐降。廣測其詐，堅壁以待，應龍擁衆三萬直衝大營，諸將殊死戰。會他將來援，賊乃退。廣遂與諸道軍進逼海龍囤。賊詐令婦人乞降，哭囤上，又詐報應龍仰藥死，廣信之。已，知其詐，急燒第二關，奪三山，絶賊樵汲，賊益窘。旋與陳璘從囤後登，應龍急自焚死。獲其子朝棟，出應龍尸烈焰中。廣中毒矢，失聲，絶而復蘇，遂以本官鎮四川，逾年卒。初廣之屯二郎也，有言其受賄養寇者，詔謫充爲事官。後論功贈都督同知，世蔭千户。《明史》本傳。

——（同治）《韶州府志》卷三十四《列傳》，載《中國地方志集成·廣東府縣志輯》，第 8 册，678～683 頁

（光緒）廣州府志*

袁應文，字仲奎，一字聚霞，温塘人。萬曆元年癸酉鄉薦，授福建沙縣知縣。……遷雲南副使，備兵臨安。官軍討楊應龍，移備都勾督播餉。

——（光緒）《廣州府志》卷一百二十四《列傳》，載《中國地方志集成·廣東府縣志輯》，第 3 册，第 186 頁

陳策，字純伯，城内人。舉萬曆十四年武會試，授廣西左衛所。……（萬曆）二十六年二月，從總兵陳璘擊倭朝鮮，分備露梁島。會平秀吉死，倭衆遁歸。璘遣諸將邀擊焚其舟，賊大敗，焚溺死者萬計。倭平，復從陳璘督湖廣兵征播賊，敗賊于白泥，追奔至龍溪山，偵知賊有伏，用火器擊之，賊大潰，楊應龍授首。

——（光緒）《廣州府志》卷一百二十四《列傳》，載《中國地方志集成·廣東府縣志輯》，第 3 册，第 198 頁

陳大捷，字肖彭。萬曆初以武生從都督陳璘擊倭，救援朝鮮，於露石、洋昌、善島、丫山口等處焚毀倭船，多斬獲。又從攻播州楊酋、湖貴皮林逆苗，皆獲全勝。……周茂良以武生隨都督陳璘征戰朝鮮、播、貴等處有功，皆與大捷同事，於萬曆二十三年授南海縣百户，世襲。據《三水志》修。

——（光緒）《廣州府志》卷一百二十七《列傳》，載《中國地方志集成·廣東府縣志輯》，第 3 册，第 249 頁

* （清）戴肇辰修，史澄纂：（光緒）《廣州府志》，載《中國地方志集成》編委會編：《中國地方志集成·廣東府縣志輯》，上海書店出版社，2013 年。

福　建

（嘉靖）汀州府志*

馬馴，字德良，長汀四保里人。……乙未，播州寇作，用兵。公出庫錢、糴米供餉，民免遠輸之勞。寇平，敕書褒奬，升本司左布政使。

——（嘉靖）《汀州府志》卷十四《名臣》，明嘉靖年間刻本

* （明）邵有道纂：（嘉靖）《汀州府志》，明嘉靖年間刻本。

（嘉靖）延平府志*

劉瑋，字廷信，南平人。幼失怙，母翁氏居窮守節以撫教之。稍長，即知奮勵以力於學。舉天順元年進士，拜户部主事。……前播州宣慰楊輝鍾愛其庶長子友，爲請於朝，特設安寧宣撫司，而以友爲宣撫，又築城堡以居之。其後友又謀奪嫡，因誣奏其弟襲宣慰曰愛者，有不軌之謀，而愛亦訐友以不法重事。朝廷遣大臣勘核，得其罪狀。有旨革罷友宣撫，并其家属發保寧府安置。瑋以爲安寧道路險遠，城堡堅固，友之弟敏及其所親附夭家、仲家土兵皆素號驍勇，而其親属又有爲之謀主者，萬一負固不服，而連結其黨與以叛，則不免爲地方之害。乃閟其所奉詔旨，先遣友所親信者二人詣安寧，慰諭友家属謂："巡撫以宣撫遠出，其弟年少，特遣吾二人者護其印信，以防外侮。"又遣能幹土官數人，各領土兵分截安寧所出入之路。又榜示夭家、仲家，諭以逆順禍福。又揭榜通衢，懸重賞，以購爲楊友謀主者。區畫既定，乃宣示詔旨，遣官詣安寧收其家属印信而發遣之。其處事精審如此。

——（嘉靖）《延平府志》卷二《人物志》，明嘉靖年間刻本

* （明）陳能修，鄭慶雲纂：（嘉靖）《延平府志》，明嘉靖年間刻本。

(萬曆)福寧州志*

陳勗,字世勉,寧德人。舉萬曆甲戌進士,拜餘姚縣知縣。……是時,川貴會征播酋楊應龍,勗因簡土司兵數千人往爲應援。捷聞,川貴總督疏其事。

——(萬曆)《福寧州志》卷十一《宦绩》,明萬曆四十四年刻本

* (明)殷之輅、朱梅纂修:(萬曆)《福寧州志》,明萬曆四十四年年間刻本。

(乾隆)汀州府志*

張一仕,把總。征播陣亡,贈百户。

——(乾隆)《汀州府志》卷二十五《選舉》,載《中國地方志集成·福建府縣志輯》,第33冊,第315頁

馬馴,字德良,長汀人。正統乙丑進士,授户部主事。遷郎中,奉敕總督宣府糧芻,悉心區畫,省遠輸費三之一,升四川參政。……乙未,播州用兵剿寇,馴出庫錢糴米供餉。寇平,敕書褒异,升本省左布政使。

——(乾隆)《汀州府志》卷三十《人物》,載《中國地方志集成·福建府縣志輯》,第33冊,第335頁

* (清)曾日瑛修,李紱纂:(乾隆)《汀州府志》,載《中國地方志集成》編委會編:《中國地方志集成·福建府縣志輯》,上海書店出版社,2012年。

（乾隆）福寧府志*

陳勗，字世勉，萬曆甲戌進士，授餘姚知縣。餘姚繁邑，簿書如山，勗頃刻立剖，按法不少。徇，擢廣東參政。將吏以宿習，每獲海上愚民有干法者，輒誣以大盜，株連數百人，以爲功。勗面鞫釋之。再調廣西副使，治兵江左。是時，川貴會征番〈播〉酋楊應龍，勗往援，大破之，晉監軍參政。協剿皮林巒，生擒苗首，撫降萬計。以勞冒瘴卒。賜祭，贈太僕寺卿。所著有《白草議》《征苗録》《冏卿遺集》行於世。祀鄉賢，又祀忠義祠。

——（乾隆）《福寧府志》卷二十二《寧德忠節》，載《中國地方志集成·福建府縣志輯》，第 12 册，410 ~ 411 頁

* （清）朱珪修，李拔纂：（乾隆）《福寧府志》，載《中國地方志集成》編委會編：《中國地方志集成·福建府縣志輯》，上海書店出版社，2012 年。

(乾隆)泉州府志*

林喬相,字廷翰,號錦峰,晉江人。嘉靖辛酉、壬戌聯成進士。年二十二,奉旨畢婚。授户部廣東司主事,督通州倉明智草場。……晉右副都御史,巡撫貴州兼督湖北、川東軍務。當廷推時,石東泉司馬頗致推轂,乃絶無所報謝。會楊應龍煽亂,殘破五司,喬相疏謂:"黔剥,膚應龍法無可貸。既而經略,邢昆田受指司馬,以撫了局。"……其後應龍戕三省,縻縣官金錢數百萬,疆臣出死力自效,世亦無有知喬相者。《閩書》參《雲臺藏稾》。

——(乾隆)《泉州府志》卷四十三《明列傳》,載《中國地方志集成·福建府縣志輯》,第23册,392~393頁

張治具,字明遇,號洞齋,晉江人。嘉靖甲子舉人,隆慶辛未進士。令廣西永淳。……播州民苦楊酋殘暴,避入内地,時議驅出之。治具曰:"播人方離阱而復納之,非情。"爲設法安戢。

——(乾隆)《泉州府志》卷四十三《明列傳》,載《中國地方志集成·福建府縣志輯》,第23册,404~405頁

洪澄源,字子定,號鏡潭,晉江人,參政富孫。萬曆癸酉舉人,丙戌進士。授户部主事,歷郎中,権崇文門税,督通州倉,監江西漕,皆以冰檗自持。……擢貴州按察副使,備兵畢節。畢節爲宣慰安疆臣所轄部,地廣兵强,冠帶而羈縻之爾。澄源外制以法,内推心置之,疆臣以是畏服。播酋楊應龍爲變,朝廷出師征之,命疆臣出兵助戰,中丞郭子章委澄源監疆臣軍。疆臣與應龍實脣齒交,内懷觀望,數張皇撼。澄源不動,疆臣知不可恐喝,遂進兵,大勝播兵於大水田,斬首萬餘級。復燒之於桃溪衛,應龍敗亡入海囤。於是疆臣獻計請鑿山,開後路以進,濘泥險阻,墜馬蹴脅,逾月至其處,盡收右槽山坡地。應龍授首,賜金帛。先是,征應龍時,懸賞格,許平賊即以地償安。既賊平,地未及償,而安氏

* (清)懷蔭布修,黄任纂:(乾隆)《泉州府志》,載《中國地方志集成》編委會編:《中國地方志集成·福建府縣志輯》,上海書店出版社,2012年。

有叛目羅學茂更名安順臣，輸安情於總督，謂其侵播州沙溪、渭河之地。總督責安議正疆界，安執《會典》《通志》《家譜》爲據，謂沙溪、渭河本水西故地，且謂許地未償，并削故部以益播，忿不受命。諸道絡繹親臨，安境莫解倔僵，總督曰："非洪某不可！"星夜馳檄，澄源單騎往諭，令其地屬黔者歸安，屬播者歸蜀，其屬播地而爲安近地要害者輸納糧賦。安遂俯首奉命。……又三載，兵部李化龍叙川、貴功，晉秩京卿。《閩書》參《雲臺藏稾》《景壁集》。

——（乾隆）《泉州府志》卷四十四《明列傳》，載《中國地方志集成·福建府縣志輯》，第23册，425～426頁

蔡守愚，字體言，號發吾，同安浯洲人。萬曆乙酉、丙戌聯第進士。授南儀制司主事。是時，方急殿工，物力告詘，力贊大司空疏借内帑，以郡國贖輸補償之。得報，命升四川副使，分巡上川。土酋肆掠，播州尤甚，以兵備討平之，帝嘉其功，改播爲遵義。

——（乾隆）《泉州府志》卷四十四《明列傳》，載《中國地方志集成·福建府縣志輯》，第23册，434～436頁

林繼喬，字思遷，號前峰，晉江人。隆慶庚午領鄉薦，署新安教諭。……升南京刑部郎，出爲思州知府。播賊煽亂，朝命督諸方面甚急，繼喬亟趨命。至沅州卒，年六十二。海陽祀之名宦。《閩書》參《家傳》。

——（乾隆）《泉州府志》卷四十八《明循積》，載《中國地方志集成·福建府縣志輯》，第23册，第582頁

楊佩訓，字維式，號仰恂，晉江人。隆慶庚午鄉薦第二人，辛未聯捷進士。授户部主事。……播酋楊應龍習亂，有議撫者争之曰："虺不摧而蛇若何？"亟上三策請征，當事委佩訓西路監軍。會北路兵失利，軍中傳檄退兵，佩訓沮之，令堅壁如故，獨與將軍趙在彬殿後以歸。於是言剿者盡如佩訓議。

——（乾隆）《泉州府志》卷四十八《明循積》，載《中國地方志集成·福建府縣志輯》，第23册，584～585頁

李禎，字克輔，號幹宇，安溪人，森元孫。萬曆丙子舉人。授安化知縣。……薦升茶陵州知州，管湘鄉縣事。憑未到，會川中楊應龍作亂，楚税璫復起，瀏陽尹驚逃，委禎以安化带管，徵糧給餉，代挨免積餘，派銀三百兩赴湘鄉任。安静無擾，不惑於毁譽，不輕押牌票，民有筆貴耳勁之謡。

——（乾隆）《泉州府志》卷四十九《明循積》，載《中國地方志集成·福建府縣志輯》，第23册，595～596頁

張宇薦，字道相，南安人。萬曆己卯舉人。初授長樂教諭。……升新寧知縣。會播酋作亂，上方略於兩院，用其策，卒以平播。

蔡用明，本名霽，字用明，以字行更字晦仲，號見南，同安人。萬曆己卯舉人。……又有征播之役，大發民夫饋餉。用明猶精心爲之，部署行伍相補助，戒以緩急相扞，如其初。

——（乾隆）《泉州府志》卷四十九《明循積》，載《中國地方志集成·福建府縣志輯》，第 23 册，第 600 頁

盧居安，字惟深，惠安人。少聰穎嗜學。萬曆己卯舉人。初知霸州。……播酋楊應龍叛，調兵協剿，改建遵義府，清丈官民地，計四十一萬二千二百畝，畫圖紀之。

黄國賢，字士尊，號東溟，晉江人，潤孫。萬曆己卯舉人。司訓漳平。……時有征播之役，軍興，徵發國賢所司，當輸金十萬，往數皆盈。貴撫郭子章勾其額，赢他輸六百餘金，大驚曰："安得郎清若此？"移咨大司農，重褒异之。既卒，堂官令同舍郎檄其出入簿文書，纖毫無染手，嗚咽歎服，捐俸厚賻之。《閩書》。

——（乾隆）《泉州府志》卷四十九《明循積》，載《中國地方志集成·福建府縣志輯》，第 23 册，第 601 頁

(乾隆)馬巷廳志*

蔡守愚,字體言,號發吾,浯洲人。萬曆乙酉丙戌,聯第進士,授南儀制司主事。迎母就養,暇與同舍諸名公證繇古今,所得益深,詩文日進。……升四川副使,分巡上川。土酋肆掠,播州尤甚,以兵備討平之。帝嘉其功,改播爲遵義。

——(乾隆)《馬巷廳志》卷十五《人物》,載《中國地方志集成·福建府縣志輯》,第4册,483~484頁

蔡用明,本名霽,字用明,以字行。更字晦仲,號見南。萬曆己卯舉人,初授大田教諭,旋補長泰斂士、範士,俱有禮法。升欒至知縣,修學課士。……遷淮府審理,未行。又有征播之役,大發民夫饋餉。用明又精心爲之,部署行伍相補助,戒以緩急相扞,如其初。

——(乾隆)《馬巷廳志》卷十五《人物》,載《中國地方志集成·福建府縣志輯》,第4册,496~497頁

* (清)萬有正纂修:(乾隆)《馬巷廳志》,載《中國地方志集成》編委會編:《中國地方志集成·福建府縣志輯》,上海書店出版社,2012年。

江　蘇

（崇禎）太倉州志*

沈志仁，字景範，州學生。父尚友，充松潘總兵官。播酋反，諸軍會援，督府坐尚友逗留，逮下刑部論斬。志仁跣足隨父獄，號泣長安街，遇冠蓋輒叩頭訴，見者憐之。

——（崇禎）《太倉州志》卷十三《孝友傳》，明崇禎十五年刻、清康熙十七年遞修本

* （明）錢肅樂修，張采纂：（崇禎）《太倉州志》，明崇禎十五年刻、清康熙十七年遞修本。

(順治)海州志[*]

王錫印,西海所舍餘子。萬曆二十八年,隨父王鳴鶴征播、征苗有功,叙授昭信校尉,銓註本所百户,世襲。

——(順治)《海州志》卷四《武職》,清康熙九年補刻本

王鳴鶴,字羽鄉,西海所掌印千户……奉命征播酋,攻破海龍囤,擒楊應龍,功升都督僉事,掛征蠻將軍印,鎮守廣西。

——(順治)《海州志》卷七《武勛》,清康熙九年補刻本

* (清)畢秀增修:(順治)《海州志》,清康熙九年補刻本。

（乾隆）直隸通州志*

王嗚鶴，字羽卿，淮安海州人。由諸生第丙戌武進士，官貴州參將。……尋以征播功升廣西挂印總兵，賜一品服。

——（乾隆）《直隸通州志》卷十一《宦績志》，清乾隆二十年刻本

婁可教，字岐山。饒膂力，多智謀。萬曆中，從總兵王鶴鳴應援朝鮮、播州等處，屢樹戰功。

——（乾隆）《直隸通州志》卷十四《人物志上》，清乾隆二十年刻本

* （清）王繼祖修，夏之蓉纂：（乾隆）《直隸通州志》，清乾隆二十年刻本。

（乾隆）淮安府志*

王鳴鶴，字羽卿，其先鹿邑人。居山陽，世襲海州守禦所正千户。初爲海州儒學生，既襲職，遂中萬曆壬午武舉，丙戌武進士。授淮安衛指揮同知。升湖廣鄖襄守備，撫定鄖陽軍變有功，升湖廣行都司僉事。兵部考選天下將材，第一。升陝西游擊，尋升甘肅永昌參將。哱賊勾西人内訌，防守固原，逐賊出塞，升貴州清浪參將。征播州楊應龍，屢獲全勝。

——（乾隆）《淮安府志》卷二十二《人物·將略》，載《中國地方志集成·善本方志輯》（第一編），第 51 册，第 182 頁

* （清）葉長揚、顧棟高等纂修：（乾隆）《淮安府志》，載《中國地方志集成》編委會編：《中國地方志集成·善本方志輯》（第一編），鳳凰出版社，2014 年。

（嘉慶）直隸太倉州志*

王文憲，仁和人，以禦倭功署試百户。後隨劉綎征播有功，升授世襲，一傳革。

——（嘉慶）《直隸太倉州志》卷六《職官》，清嘉慶七年刻本

湯時新，本所總旗。以征播功授試百户，一傳革。

——（嘉慶）《直隸太倉州志》卷六《職官》，清嘉慶七年刻本

張輔之，字爾贊，萬曆十四年進士，授行人……播酋楊應龍介黔、楚、蜀間，擾害尤甚。輔之特請設總督，責成蕩平。

——（嘉慶）《直隸太倉州志》卷二十七《列傳》，清嘉慶七年刻本

沈志仁，字景範，州學生。父尚友，充松潘總兵官。播囚〈酋〉反，諸軍會援。尚友已得旨罷歸，代者失陷。督府坐尚友逗留，逮部論斬。志仁跣足隨父獄，號泣，遇冠者輒叩頭訴。

——（嘉慶）《直隸太倉州志》卷三十二《人物·孝義》，清嘉慶七年刻本

* （清）王昶纂修：（嘉慶）《直隸太倉州志》，清嘉慶七年刻本。

（嘉慶）海州直隸州志*

王錫印，西海所舍餘。萬曆二十八年，隨其父鳴鶴征播、征苗有功，叙授昭信校尉，銓註本所百户，世襲。

——（嘉慶）《海州直隸州志》卷五《職官》，載《中國地方志集成·江蘇府縣志輯》，第 64 册，第 114 頁

王鳴鶴，字羽卿，起家西海所掌印千户……征播酋，與楊應龍戰，屢捷，首攻破海龍囤……鳴鶴身在諸邊三十餘年，征寧、討播、剿苗、攻緬、定交、平黎，大小經數十戰，每戰必勝，未嘗挫失。

——（嘉慶）《海州直隸州志》卷二十三《人物·列傳》，載《中國地方志集成·江蘇府縣志輯》，第 64 册，第 404 頁

＊（清）唐仲冕修，汪梅鼎等纂：（嘉慶）《海州直隸州志》，載《中國地方志集成》編委會編：《中國地方志集成·江蘇府縣志輯》，江蘇古籍出版社，1991 年。

（道光）蘇州府志*

尤錫類，字孝徵，長洲人。萬曆庚辰進士，知真定府。吏進羡餘萬金，却不受。巡撫檄取例金，持不與，被劾。部議直之，調錫類襄陽，而罷巡撫。在襄陽清節益厲，擢貴州副使。楊應龍叛，署監軍，預平播功，晉雲南布政。致仕。《縣志》。

李同芳，字濟美，昆山人。萬曆庚辰進士，授刑部主事，遷禮部員外郎。……征播，調發萬人。雪冤，辟張福祖等七命。升貴州按察使。

——（道光）《蘇州府志》卷八十三《人物·宦績八》，清道光四年刻本

支可大，字有功，崑山人。萬曆甲戌進士。授禮部主事，曆員外郎郎中，出爲廣東提學副使，移疾歸。十年，起爲浙江提學，曆江西參政、應天府丞，升湖廣巡撫。征播之役，可大移鎮沅州，降九服、白泥諸塞，又破黄岑、高岩、乾溪、寶兒囤，遂入播。七戰塘保，破板角關。三戰煉坪，克苦菜關。播平，蔭一子。告歸，卒。《張大復傳》。舊《志》云："按《明史·宦官傳》言，……至征播之功，惟李化龍及劉綎最著，可大亦因人成事而已。"《人物傳》乃謂："可大長驅入播，十戰克捷之。後經略始至，受成事，遂以播功延世賞，而可大特任一子而已。論者爲之扼腕。"此亦虚誇之語。今以舊《府志》已載，姑存征播一節，餘俱删削，特爲證明，且以見《邑志》之難信也。

——（道光）《蘇州府志》卷八十八《人物·武功》，清道光四年刻本

* （清）宋如林修，石韞玉纂：（道光）《蘇州府志》，清道光四年刻本。

(光緒)淮安府志*

王鳴鶴,字羽卿。其先鹿邑人,居山陽,世襲海州守禦所正千户。鳴鶴初爲海州儒學生,既襲職,復中武進士,授淮安衛指揮同知。後嘗撫定鄖陽兵變,扼哱拜,征播州,又征卬水、樂平諸蠻,禽大盗陳忠等,纍著戰績,官至廣西總兵。

——(光緒)《淮安府志》卷二十八《人物》,載《中國地方志集成·江蘇府縣志輯》,第54册,第453頁

* (清)孫雲錦修,吴昆田、高延第纂:(光緒)《淮安府志》,載《中國地方志集成》編委會編:《中國地方志集成·江蘇府縣志輯》,江蘇古籍出版社,1991年。

上 海

（天啓）雲間志略*

陸運長自齋公傳

陸從平，字履素，號目齋，華亭人。……時播酋方蓄异謀，公奏記葉中丞，灑灑數千言，度其變而預圖之，思之民恃以無恐。兩臺誤庇播酋者，輒詆中丞好名啓釁，并詆公。公方解綬，禍竟燎原，而公之言驗矣。

——（天啓）《雲間志略》卷十九《人物》，明天啓三年刻本

* （明）何三長撰：（天啓）《雲間志略》，明天啓三年刻本。

(嘉慶)松江府志*

陸從平,字履素,華亭人。……謫知灤州,移判臨江,尋守思南。播酋方蓄异謀,遂上書中丞,纚纚數千言,度其變必起。已而往勘,嚴爲之備,思民賴以無恐。

——(嘉慶)《松江府志》卷五十四《古今人傳六》,載《中國地方志集成·上海府縣志輯》,第2册,第252頁

陸郯,字承道,上海人,文裕公深嗣孫。補父蔭爲南京都察院照磨,轉都事,遷宗人府經歷,授石阡府知府。石阡古夜郎地,苗僚錯居,徭役龐雜,郯仿吴下條編法,著爲令,稱便。郡僻陋無書籍,郯自家輦經史教之,士始向學。播酋思亂,郯經晝翦其角距,邊境獲安,推苑馬寺少卿,力辭歸。郯事母孝,遇族人有恩紀,家門肅雍,無忝先訓。子堣,字舜封,有令德,世其家。《陸氏家譜》。

——(嘉慶)《松江府志》卷五十五《古今人傳七》,載《中國地方志集成·上海府縣志輯》,第2册,第289頁

* (清)宋如林修,孫星衍、莫晋纂:(嘉慶)《松江府志》,載《中國地方志集成》編委會編:《中國地方志集成·上海府縣志輯》,上海書店出版社,1991年。

浙　江

（成化）處州府志*

重修却金舘記　章綸

廉君子之行，分内之一節也。古人守之爲常事，今人守之爲難能。然則却金之舘，可不表而出之，爲世勸哉。

太子太保、吏部尚書、廣昌何公文淵，宣德中守温郡，時以朝覲之京，道經括蒼馮公嶺，夜宿旅邸。永嘉縣丞于建遣其子間道懷金贈公，公笑而却之，其人慚而退。過客聞之，遂書"却金舘"三字于壁，有司因就其地創造亭舘一區，且以"却金舘"三字立坊揭書于道左。自此往来士夫商旅皆扵此宿，而騷人墨客咸形之聲，詩歌咏以揄揚其美，至今五十餘年，亭舘如舊而坊額漸有朽腐。今温州府知府三山項公澄，於政平訟理之餘乃捐俸金，託處之揮使余公昶復修葺之，既成，而屬綸記爲後人勸，然此特公之一節耳。若公之爲御史、爲郡守、爲司寇、爲冢宰，其政行設施，則又歷歷有實績，爲可徵焉。洪熙改元乙巳，考察四川吏治，貪暴望風解印。時屬大旱，所臨郡邑輙雨，人謂之"御史雨"。巡建昌行都司，入雲南，經貴州出播州，宣慰楊某迎謁，獻銀器、文綺，公亦笑而却之。

——（成化）《處州府志》卷四《紀載》，載《原國立北平圖書舘甲庫善本叢書》，第375册，第49頁

---

* （明）郭忠、劉宣等纂修：（成化）《處州府志》，載中國國家圖書舘編：《原國立北平圖書舘甲庫善本叢書》，國家圖書舘出版社，2014年。

(嘉靖)寧波府志*

王綸,字汝言,慈溪人。由進士除工部主事,改禮部儀制,轉主客司員外。時鴻臚寺辨事通事奏乞納草冠帶,極力沮之,轉儀制司郎中。各王府庶生男咸乞禄米,悉裁之。以祖訓且請修牒,限年以受封,歲省百萬。播州宣慰楊愛恃恩,援乞蟒龍玉帶,乃即其家《忠孝集》以折之。陝西守臣進古璽稱賀,辨其誣。歷升廣東參政、湖廣右布政、廣西左布政,所至平政,均役飭舉綱,維懋著勛伐。

——(嘉靖)《寧波府志》卷二十八《傳四》,載《中國地方志集成·善本方志輯》(第一編),第78册,第578頁

* (明)周希哲、曾鎰修,張時徹等纂:(嘉靖)《寧波府志》,載《中國地方志集成》編委會編:《中國地方志集成·善本方志輯》(第一編),鳳凰出版社,2014年。

（萬曆）杭州府志*

洪鐘，字宣之，錢塘人。成化乙未進士，授刑部主事，至郎中。值江西福建流賊甫定，承命往審處之，歸言："福建之武平、上杭、清流、永定，江西之安遠、龍兩，廣東之程鄉皆流移雜揉，習於鬥争，故易亂難治。宜及其平時多建社學以訓其子弟，盡銷兵器，以詩書禮義馴擾之。"時以爲知本之論。升江西副使，進四川按察使。……時沔陽賊丘仁、楊清出入洞庭，阻水爲險，轉掠城邑，人莫敢嬰其鋒，鐘以計擒之。蜀寇藍五、鄢老人等聚衆煽結，往來川、陝間，遠近騷動。鐘素諳兵機，運奇制變，涉歷險阻，深入賊巢，生擒渠魁二十八人，招降群從十餘萬。播州楊宣慰兄弟仇殺，流劫重慶、保寧諸郡，鐘密授方略，調兵剿平。朝廷七降璽書獎諭，賜白金、麟服以褒寵之，進太子太保，堅辭不獲。引年乞歸，章七上始允。鐘狀貌魁杰，目光朗秀，論議英發，善計天下事。在總師時，纍著勞績，惟征藍、鄢，或有浮議究之，功不可掩也。卒謚"襄惠"。

——（萬曆）《杭州府志》卷八十三《人物十七》，明萬曆年間刻本

* （明）劉伯縉修，陳善纂：（萬曆）《杭州府志》，明萬曆年間刻本。

（天啓）衢州府志*

試百户鄭子龍，本府西安人。以舍人征播酋功升試百户，于萬曆四十年除授本所。

——（天啓）《衢州府志》卷五《兵戎志》，載《原國立北平圖書館甲庫善本叢書》，第373册，第510頁

* （明）林應翔修，葉秉敬纂：（天啓）《衢州府志》，載中國國家圖書館編：《原國立北平圖書館甲庫善本叢書》，國家圖書館出版社，2014年。

（康熙）杭州府志*

江鐸，字士振，高祖參政玭，曾祖尚書瀾，祖侍郎贈尚書曉，父提學僉事圻也。江氏世籍仁和，至鐸爲錢塘諸生。隆慶庚午舉于鄉，萬曆甲戌成進士。丁父艱，服除授刑部主事，累官至山西參政，備兵易水，晉按察司。

當是時，蜀有播人楊應龍之事，滇楚騷動。朝議偏界黔、楚間，思得才能重臣仗鉞鎮之，遂擢都察院僉都御史，開府偏沅，得專征伐。偏沅去易四千里，欽聞，一月履任。時軍府創設，兵食俱無所抵。鐸慷慨疾驅，奮髯攘臂。諸將以師期請，鐸曰："賊倚險阻以老我師，勝則長驅，不勝則伏叢箐中，伺我怠則彼奮，卒難圖也。計惟以速勝之，不盡薙，將益張。"師次黄沙囤，分軍爲兩翼，一軍白泥，一軍龍泉。夾攻板角關，破之。再進，破瑪瑙、長坎、保子等囤，即奪苦竹關，進克趙生囤，遂入三渡關，乘勝及海龍囤。海龍于諸險中爲最，賊負嵎以拒王師。是時暑雨，山谷中多重嵐毒霧，賊竄處無定，而我師又以深入餉不繼爲疑。鐸曰："賊可盡也而憂餉，餉在於我。"乃改長運爲接運，每三十里設一營，置運卒數千爲轉輸法，前運未行，後運已束載而待，乃殉于師。曰："士不苦飢不用命，有國法在，榮親報主，除暴驅殘，係此舉矣！"士皆踴躍聽命，援桴鼓之。以六月六日奪青龍壘，應龍縊死，俘賊親黨二千餘人，斬首六千九百餘級，露布以聞。是役也，師不逾期，食不淹久，剪方張之寇，除意外之憂，天子下璽書慰勞，而以母艱，將告歸。

會皮林入洞諸蠻又起，朝議以爲梗，日久勉留，鐸以勝兵應之。鐸荐梁方伯、胡觀察以自代，不可。不得已，旋軍龍陽，語諸將曰："皮林外有衢，内有險，諸苗營窟甚固，非先以文告解散其黨渠魁，未可旦夕授首也。"于是下令禁妄殺、行招撫、明賞格，遂進沅州，次靖州，命大將陳璘以勁卒衝其中堅，别出奇兵縱火攻之，一鼓破龍岩、賴洞、潘老諸寨，再鼓破特洞、老皇、甘坤諸山。八戰皆克之，皮林蕩平，詔班師。而鐸遂以積勞成疾，卒。

先是，鐸爲刑部主事，椽吏重足，不敢舞文，有以玉帶質戚屬者，戚屬匿之，而以盜告。

---

* （清）馬如龍、楊鼐等纂修，李鐸等增修：（康熙）《杭州府志》，載朱海閔、徐曉軍、沙文婷、張群主編：《浙江圖書館藏稀見方志叢刊》，國家圖書館出版社，2011 年。

鐸探得其情，立而責其僮曰："限汝三日出帶，不出帶，汝死杖下。"已，如期出錦衣帥獲盗，七人當死，鐸察其寃，比輕律。帥者，江陵里人，江陵爲調旨，法司不得异同，鐸曰："如此，安用法司？"遂請歸鐸，所至皆立聲迹。而出鎮甫兩年，平兩大冦爲最。卒，贈兵部右侍郎，蔭一子世卿，世襲錦衣衛指揮僉事。世卿子六人，内元禧子長俱世襲，元禔子靖思蔭任廣東翁源縣令。

——(康熙)《杭州府志》卷二十九《人物一》，載《浙江圖書館藏稀見方志叢刊》，第17册，394～396頁

(康熙)嘉興府志*

馬如麟,字昭父。嘉靖中舉人。令居巢,救荒多策,活飢民萬計,築圩障湖,號馬公圩。以艱歸復,除穀城令,晉鄖郡丞。時蜀有播之役,徵餉於鄖,軍興獨不乏。播平蒙賞,秩滿,會郡守缺,鄖撫特疏以如麟補,而銓曹已别用,改補雲南潯甸守,尋致政歸。所著有《正訛編》《六稽録》《公餘雜著》《巢陽十議》《穀岡八議》諸書。

——(康熙)《嘉興府志》卷十七《人物一》,載《中國地方志集成·善本方志輯》(第一編),第68册,第364頁

* (清)袁國梓等纂修:(康熙)《嘉興府志》,載《中國地方志集成》編委會編:《中國地方志集成·善本方志輯》(第一編),鳳凰出版社,2014年。

(康熙)衢州府志*

鄭子龍,本府西安縣人。以舍人征播西有功升授。

——(康熙)《衢州府志》卷十六《武官》,載《衢州文獻集成·史部》,第 32 册,第 562 頁

徐大鵬,字翔雲,龍游人。少負膂力,嗜酒任氣。聞朝廷令麻貴、劉綎將兵討倭,荷戟從之渡海,屢戰悉捷。明年播酋友,朝令劉綎征蜀,大鵬爲前驅,直入婁山,平其地。尋又從熊文燦征鄭芝龍,芝龍降,以纍功升副總兵。崇禎己巳,皇清兵入關,大鵬守平子門。兵既退,上書斥大司馬張鳳翼誤國,書三上不報。大鵬遂糾首輔温體仁黨庇之奸。上大怒,詔繫獄,將殺之,會張鳳翼得罪去。大鵬上書自理,得末減,遣戍榆林,旋赦歸。壽九十四終於家。

——(康熙)《衢州府志》卷三十六《忠節》,載《衢州文獻集成·史部》,第 34 册,第 274 頁

* (清)楊廷望等纂修:(康熙)《衢州府志》卷三十六《忠節》,載黄靈庚、諸葛慧艷主編:《衢州文獻集成·史部》,國家圖書館出版社,2015 年。

（雍正）寧波府志*

金澤，字德潤，徙金陵，性至孝。工舉子業，由成化二年進士，授刑部主事，改南郎中。讞獄明允，人以不冤。遷四川參議，播州宣慰饋以金帛，毅然麾之。至以庶長奪嫡，竟置之法，革三長官司，撫安七十二寨，苗民騈首歸命。流賊遠近蝟聚焚掠，澤前後設畫，盡殲渠魁。升廣東布政使，百廢具興。值贛寇陸梁，擢巡撫江西，總制閩、襄、南廣，便宜從事，振飭綱紀，嚴明節制，殫力進剿，一時盡皆俘馘，諸蠻靡不聞風向化，至今稱保障焉。歷官南兵部侍郎、右都御史。

——（雍正）《寧波府志》卷二十《鄞縣人物》，載《中國地方志集成·浙江府縣志輯》，第30册，第750頁

董樾，字子亨。萬曆五年進士，值潞王出閣，授編修，充講讀官，閱九載升修撰，侍講讀如故。及王之國遷廣西參議，道中聞父喪歸，服闋，補貴州。時播州宣慰楊應龍不軌，廷議征之。樾承檄監軍，與都司林盛統兵前進，命勇士潛渡烏江關，攀援而上，斬老軍關，戮守者四十餘人，出播難民男婦四萬五千餘口。已兼程逾水西，躬親行陣，與諸苗酋定要束，諸酋皆羅拜，願效死力。應龍憚之，不敢南逆，遂北向，挫蜀支兵，而以重賄啖當路，征師遂停。前諸難民既脱死勢，無所得食，欲復故土，又慮爲應龍所害。樾乃出帑金賑之，隨檄安宣慰給地墾種，流民遂安。頃之改督學政，諸藩臬監司有缺，多命攝之。每旦文符雨集，立爲剖決，一切治辦。時應龍益猖獗，疆吏各持一説，撫剿未定。樾獨慷慨建議，爲折衝禦侮計。會遷四川副使，將赴任，抵赤水行館，忽覺頭眩，遂卒。蓋爲應龍所毒也。

——（雍正）《寧波府志》卷二十《鄞縣人物》，載《中國地方志集成·浙江府縣志輯》，第30册，第763頁

* （清）曹秉仁修，萬經纂：（雍正）《寧波府志》，載《中國地方志集成》編委會編：《中國地方志集成·浙江府縣志輯》，上海書店出版社，1993年。

王綸，字汝言。成化二十年進士。除工部主事，遷禮部員外郎，再遷郎中。藩府支庶日，蕃有假乞養子及女子冒禄米者，綸請查修玉牒，限年受封，歲省以百萬計。播州宣慰楊愛妄言太祖時曾賜蟒玉，乞子孫一體服用，中貴李興爲之左右。綸憶其家《忠孝集》載先朝恩禮甚詳，取閱無有，興語塞。

——（雍正）《寧波府志》卷二十一《慈溪人物》，載《中國地方志集成·浙江府縣志輯》，第30册，第783頁

陳應式，字一甫。祖文譽爲吏廉，没無餘資，至式家徒四壁。舉萬曆十六年鄉試，署肅寧教諭。久之，遷巫山知縣。巫故入蜀孔道，星軺絡繹，夫役供帳甚艱，式一切裁省。有横索者縛其奴置諸法，自是入巫山界輒斂迹。榷税中使議以鐵鎖横江爲網盡計，式以身抗之，議始寢。奉命采巨木，布衣芒屩，窮搜梅子坡、千丈岩諸處，一隸負折脚鐺斗餘，脱粟隨之，如期而辦。播之役，督餉綦江，身先士卒，扳蘿捫葛，夜宿青燐白莽間。餉至，懽騰壁壘，賊遂破。

——（雍正）《寧波府志》卷二十一《慈溪人物》，載《中國地方志集成·浙江府縣志輯》，第30册，第792頁

（雍正）處州府志[*]

王應宣，字葆真，龍泉人。工舉子業，事繼母孝。萬曆乙酉，以春秋領鄉書，署奉化諭，分較粤西，稱得人。司理辰州，征播有功，加服俸，升睢、綿二州守，轉南康同知，三地祠之。乞休歸家，捐資膳鄉，置田賙族，屢薦賓。筵年八旬乃終。

——（雍正）《處州府志》卷十三《人物志・仕迹》，載《中國地方志集成・善本方志輯》（第一編），第55册，第474頁

却金舘記 明章綸永嘉

廣昌何公文淵，宣德中守温，時以朝覲之京，道經栝蒼馮公嶺，夜宿旅邸。永嘉縣丞于建遣其子間道懷金贈公，公笑而却之，其人慚而退。過客聞之，遂書“却金舘”三字于壁，有司因就其地創造亭舘一區，且以“却金舘”三字立坊揭事于道左。自此往來士夫商旅皆于此宿，而騷人墨客咸形之聲，詩歌詠揄揚其美，至今五十餘年，亭舘如舊而坊額漸有朽腐。温州府三山項公澄乃捐俸金，託余揮使彔復修葺之。既成，而屬綸記爲後人勸，然此特公之一節耳。若公之爲御史、爲郡守、爲司寇、爲冢宰，其政行設施，則又歷歷有實迹，爲可徵焉。洪熙改元乙巳，考察四川吏治，貪暴望風解印。時屬大旱，所臨郡邑輒雨，人謂之“御史雨”。巡建昌行都司，經貴州出播州，宣慰楊某迎謁，獻銀器、文綺，公亦笑而却之。

——（雍正）《處州府志》卷十八《藝文志・記》，載《中國地方志集成・善本方志輯》（第一編），第55册，第613頁

＊（清）曹掄彬修，朱肇濟等纂：（雍正）《處州府志》，載《中國地方志集成》編委會編：《中國地方志集成・善本方志輯》（第一編），鳳凰出版社，2014年。

（乾隆）紹興府志*

來三聘，字任卿，蕭山人。萬曆癸未進士。初令黄梅，郊行，大風揭輿，蓋遣伍伯以符捕風，人皆驚訝。俄而風捲其符入萬工池，探得一尸縛凳下，廣集匠，識凳主，得其奸狀，伏法。邑大震駭，以爲神明。將調合肥，父老數千人走闕下乞留，竣履畝事，乃赴合肥。肥俗無麥，爲給種，且令曰："種麥者，良民也。"乙丑，補武選主事，遷職方郎。有武弁被誣，白其冤。歷祠祭郎，外轉參藩江右。明年楊酋叛播州，調守川東。時賊破綦江，猖甚。三聘抵涪州，守兵纔八百人請制府濟師，徵集兵餉，大爲攻具，而佯遣間諜寬言招撫，以懈其備。時直指年少，怒之，劾三聘不諳兵事，改山東副使。尋加參政，備兵兖西，解散劇賊，撫賑流亡，威惠大著，晉按察使。時上方開迦河，三聘董其役，遷江西右布政使。藏中故多羨金，三聘檢核封貯甚謹，一無所私。乞休歸，卒，年七十有三。所著有《西軺漫稿》《薄游吟稿》。《來熙菴傳》。

——（乾隆）《紹興府志》卷四十九《人物志九·鄉賢六》，載《中國地方志集成·浙江府縣志輯》，第 40 册，第 151 頁

王寅，山陰人。徙居錢塘，通韜略，膂力絶人。天啓丁卯武舉。以父大經征播功襲紹所千户。

——（乾隆）《紹興府志》卷五十七《人物志十七·忠節三》，載《中國地方志集成·浙江府縣志輯》，第 40 册，第 350 頁

《平攘録五卷》。《浙江采集遺書録》：明會稽諸葛元聲撰，録隆、萬兩朝平俺答、平都蠻、平寧夏、平日本、平播州之事，各系以贊。商濬謂其事核詞嚴，庶幾實録。

——（乾隆）《紹興府志》卷七十七《經籍志一》，載《中國地方志集成·浙江府縣志輯》，第 40 册，第 857 頁

---

* （清）李亨特修，平恕纂：（乾隆）《紹興府志》，載《中國地方志集成》編委會編：《中國地方志集成·浙江府縣志輯》，上海書店出版社，1993 年。

（乾隆）杭州府志*

陳與相，字卜野，海寧人。萬曆丁丑進士，兩令江右，寬平廉敏。權相命臺使屬，與相偵其私憾及紀所親暱功狀，輒兩拒焉。……出知成都府，不受私謁。蜀有錦江清澹，陳不解擔之謡，嘗繩貴閹藩王謝過，直指改容，擢川西道。因有征播轉餉之調入關，雄峻板角爲最，其輓運自龍泉諸路絡繹相接，諸關以次下，進逼海龍囤。懸崖鳥道，矢石雨下，躬擐甲胄督護，凡數萬石以資士馬，拓地千里。事平，置遵義、平越二府，再任粤西左江道。安南久不來庭露檄，陳大義責之，受琛反賂，遠人益服。遷貴州參政，上疏乞歸。《海寧州志》。

——（乾隆）《杭州府志》卷八十一《名臣二》，清乾隆年間刻本

王寅，錢塘人。膂力絶人，舉武鄉試，以父征播功爲千户。

——（乾隆）《杭州府志》卷八十四《忠臣二》，清乾隆年間刻本

江鐸，字士振，仁和人。萬曆進士，授刑部主事，出守福州，歷升山西參政，晉按察使。會播酋楊應龍反于蜀，朝議擢鐸僉都御史巡撫偏沅。時總督李化龍分八道進兵，川師四路，黔師三路。鐸統楚師次黄沙囤，一路分兩翼，由白泥、龍泉夾攻板角關，破之。再進，破瑪瑙、長坎、保子等囤，奪�木關，進屯青蛇囤，遂入三渡關，乘勝直抵海龍囤。海龍于諸險中爲最，賊負嵎。時暑雨甚褰，箐中多重嵐毒霧，師深入而餉不繼。鐸改長運爲接運，每三十里設營，置運卒數千。前運未行，後運已束載而待，士乃宿飽。破土、月二城，應龍自縊。論功，蔭一子世錦衣指揮。洞蠻皮林在湖、貴交，與九股苗相接。有吴國佐者，洪州司特洞寨苗也。桀黠無賴，通漢語，略知文義。素往來諸苗，洞習其酋，酋咸推服之，遂反。合其黨石纂太攻上黄堡，敗參將黄冲霄，縱掠屯堡七十餘。時方征播，未暇討。

* （清）鄭澐修，邵晉涵纂：（乾隆）《杭州府志》，清乾隆年間刻本。

既平播，鐸移駐靖州，命總兵陳璘率副將李遇文等七道以進。擒苗酋銀貢等，破特洞焚之，國佐逃夭浦，追獲之。

——(乾隆)《杭州府志》卷八十五《武功》，清乾隆年間刻本

（同治）湖州府志*

沈子來，字汝修，號明陽，歸安人，子木弟。萬曆八年進士，知句容縣。會有丈田之令，酌盈劑虚，率減舊額，民受其庇。調廣平縣，連歲旱蝗，煮粥賑濟，全活甚衆。邑故多豪横，詗知其情，置之法，邑稱神。轉部曹，出守梧州，改寶慶郡。廨舊儲茶税，每歲約千餘金，半歸私藏，子來略不染指。無何税璫至，即以茶税應之，不科民間。屬〈蜀〉有征播之役，兵過境，懼擾民。先諭總戎，開譬利害，約束其下，無敢譁者。升楚中副憲，備兵長沙。值宗藩搆變，子來外鎮以静，而申飭要害，陰爲之備，地方正倚以爲重。而直指某按楚反誣輸璫之茶税爲乾没，遂弃官歸。未幾，有備兵都勾之調。是時，苗帥展打倡亂黔中，陷屯堡，殺衛所官，人情汹汹。廉知土同知蒙詔兵尤犀利，思得其死力，陰授方略。詔見子來感奮，三出師破賊巢，前後斬首四百級，獲其酋。積寇蕩平，卒於官。没時，槖中蕭然。所著《邵南政約》《游藝餘録》行於世。子儆烇。《沈明陽子來行略》。

——（同治）《湖州府志》卷七十二《人物傳·政迹二》，載《中國地方志集成·浙江府縣志輯》，第25册，第457頁

張天德，字新吾，號蓮濱，烏程人，永明《列傳》。子。萬曆十一年進士，知曲周縣，以賢能調蕪湖。《江南通志》云："父永明，令蕪湖。天德生於蕪，復爲令，因顏其堂曰'繼美'。父子同祀名宦。"擢福建道御史，疏定藩封之國，疏誅權宦張鯨，疏賑江南灾祲諸大事，皆報可。許孚遠以救李三才逢上怒，天德面折其下石者，孚遠獲全。巡按陝西、福建，并有"真御史"之稱。歷湖廣右參議，備兵湖南。時值征播，天德畫五要上幕府，甚得機宜。舉爲征苗監軍，聞命亟趨沅州，調將士統率以進。製招撫旗數千，擇可解網者分給，以散其黨，而誓師剿怙終者。坡嶺崎嶇，决策先登，露居蓐食七晝夜，凡八戰，皮林悉平。渠魁逃匿山谷，天德密授方略，次第擒俘，拓地三千餘里。未及班師，疽發背，猶輿疾相視山川，撤軍核餉，

* （清）郭式昌、宗源瀚修，陸心源、周學浚纂：（同治）《湖州府志》，載《中國地方志集成》編委會編：《中國地方志集成·浙江府縣志輯》，上海書店出版社，1993年。

籌善後事宜。卒，贈太僕寺少卿，予祭，建特祠。《湖録》。

——（同治）《湖州府志》卷七十二《人物傳·政迹二》，載《中國地方志集成·浙江府縣志輯》，第25册，第458頁

（光緒）嘉興府志*

馬如麟，字昭父。以舉人知巢縣，救荒多策，活飢民萬計。巢素苦潦，築圩障湖，號馬公圩。調穀城，晉鄖陽同知。時蜀有播之役，徵餉于鄖，軍興獨不乏。播平，推知雲南潯甸，致政歸。著有《正訛編》《亦稽録》《巢陽十議》《穀岡八議》諸書。袁《志》。

——（光緒）《嘉興府志》卷五十《列傳一・嘉興》，載《中國地方志集成・浙江府縣志輯》，第13册，第389頁

王慎德，字允明。萬曆庚辰進士，知萬安縣，力鋤豪强，有能聲行。取廣東道御史，出按廣東。復按四川，與討平楊應龍之亂上功。將還，值并封事起，疏請建儲甚力，忤旨，罷。光廟立，追贈光禄寺少卿。

——（光緒）《嘉興府志》卷五十四《列傳五・嘉善》，載《中國地方志集成・浙江府縣志輯》，第13册，第551頁

顧際明，字良甫。曾祖謹有義行，父態見孝義。際明萬曆己丑進士，選庶吉士，爲雲南道御史。請告養母，丁憂，起河南道，上言："播酋應龍必叛，宜早爲之備。"未幾，應龍叛，隨奉命按廣西，事竣歸。上方以言官交争國本，遷怒臺省，遣斥三十餘人，際明與焉。天啓踐阼，求言，升太僕寺少卿。先是，際明在臺，巡視太僕，洞悉馬政之弊，至是益甚，乃刻意節省，減費不貲。以黨禍將起，引疾歸。《嘉禾徵獻録》。

——（光緒）《嘉興府志》卷五十四《列傳五・嘉善》，載《中國地方志集成・浙江府縣志輯》，第13册，第557頁

陸長庚，字元白。以進士知廣德州，核汰田賦浮額，又奏免緞價及煤山采貢，課農桑，

---

* （清）許瑶光修，吴仰賢纂：（光緒）《嘉興府志》，載《中國地方志集成》編委會編：《中國地方志集成・浙江府縣志輯》，上海書店出版社，1993年。

濬渠建倉，繕學宫，置田以給諸生之貧者。升刑部員外郎，勘巨璫邢尚智獄。分巡下湖南道，調廣西桂平道。瑶首韋扶仲出没荔浦，大殺掠。時用兵三萬五千，費餉十三萬，長庚請留兵三千守荔浦城，餘盡撤去。賊懈，長庚密遣副使童元震夜至白馬冲，襲獲其妻女。扶仲出追，佯却，又追，墮伏中，力戰脱去，則荔浦兵已扼其歸路，遂禽之。播酋楊應龍反，遷湖廣按察使，提兵扼水陸。應龍平，遷江西左布政使，請捐南昌府門税，改折京絹，又以大水請弛長河魚禁，蘇民困。值宗禄不給，宗屬千餘人噪於衢，長庚出存積羡金二十五萬補之。升應天府尹，司庫進羡纍萬，却之，移貯藩庫。判還徐鼎彝被奪蘆洲二萬畝，豪强屏息。遷南通政，請禁私鑄，忤時貴，乞還，所至祠祝。卒，賜祭葬。著有《陰符經》《參同契疏》《體仁編》。子啓鏻，字開雍，諸生。孫濬睿，別見。《徵獻録》，參江南、江西《通志》。

——(光緒)《嘉興府志》卷五十八《列傳九・平湖》，載《中國地方志集成・浙江府縣志輯》，第13册，726～727頁

（民國）台州府志*

（王）士琦，字圭叔，《浙江通志》引周頌撰《傳》。號豐興，其父夢韓魏公而生，故名。康熙《志》。由進士授南京工部主事，歷兵部郎中，按治驕兵，不畏强禦，人以邊才許之。周《傳》。萬曆十八年，出守福州，二十年丁外憂，服闋，入都。康熙《志》。會播州宣慰司楊應龍反，以邢玠總督四川，特補士琦重慶知府，至即受檄往綦江，趣應龍至安穩聽勘。應龍觀望不前，士琦徑至安穩。周《傳》。應龍使弟兆龍至安穩，治郵舍儲糒，叩頭郊迎，至餼牽如禮，言："應龍縛渠魁待罪松坎，所不敢至安穩者，恐墮安穩仇民不測禍也。幸請至松坎受事。"《明史·四川土司傳》。松坎者，更入三日程也。《續台考》。人咸謂毋輕蹈不測。士琦曰："彼以我爲怯也。周《傳》。松坎亦曩奏勘地。"即單騎往。《史·傳》。見應龍，責以大義，開陳利害。應龍率苗目膝行，抱士琦足泣，因諭令至安穩，應龍如命，面縛蒲伏。周《傳》。獻黄元等十二人，案驗抵應龍斬，論贖，輸銀四萬金，助採木，以子朝棟代，次子可棟羈府追贖，黄元等斬重慶市。總督以聞，可其奏，於松坎設同知，以士琦爲川東兵備副使彈治之。《史·傳》。賜銀幣。康熙《志》。……朝鮮事平，論功升河南左布政使。周《傳》。以老母乞休，不許。尋以應龍復叛，回里聽勘。五年，部覆鐫一級，補湖廣參政。

——（民國）《台州府志》卷一百〇三《人物傳四》，載《中國地方志集成·浙江府縣志輯》，第45冊，494～495頁

* 喻長霖修，柯華威纂：（民國）《台州府志》，載《中國地方志集成》編委會編：《中國地方志集成·浙江府縣志輯》，上海書店出版社，1993年。

(民國)海寧州志稿*

陈氏,字懿典,長興人。南康知府敏政女,適景泰甲戌進士、副都御史仁和李昂。周氏春曰昂,自仁和遷居海昌。陳懿典遺詩四卷。見《通志》及《寧邑藝文前編》。……《思親記》。見餘聞。譜傳云:"翁令綦江,爲播酋所陷。氏聞,悲惋欲絶,拜禱求以身代,因作此記。弟令典請旌,疏云:'氏手書《十香頌》,一香一祝。手書《思親記》,一字一泪。'行道聞之,無不心惻云。"

——(民國)《海寧州志稿》卷十六《藝文志·典籍十九》,載《中國地方志集成·浙江府縣志輯》,第22册,第470頁

* 朱錫恩續纂,劉蔚仁續修:(民國)《海寧州志稿》,載《中國地方志集成》編委會編:《中國地方志集成·浙江府縣志輯》,上海書店出版社,1993年。

安　徽

(順治)穎州志*

王嵩淮,道增,登萬曆庚辰第,選西安推官。……播州楊應龍反,詔李公化龍統兵平之。時公爲方伯,主兵餉餘丁十萬,時有欲克别頂者,公不肯私,時論重之。

——(順治)《穎州志》卷二十《王嵩淮遺事》,載《復旦大學圖書館藏稀見方志叢刊》,第24册,690~692頁

* (清)王天民修,朱應昇等監修,張文峙等纂:(順治)《穎州志》,載復旦大學圖書館編:《復旦大學圖書館藏稀見方志叢刊》,國家圖書館出版社,2010年。

（康熙）徽州府志*

江東之，字長信，歙江村人。萬曆甲戌進士。由行人擢御史。……會播酋楊應龍反，討之無功，忌者中之，削籍歸所。著有《臺中庭中撫黔奏疏》行世。

——（康熙）《徽州府志》卷十三《風節》，清康熙三十八年刊本

* （清）丁廷楗修，趙吉士纂：（康熙）《徽州府志》，清康熙三十八年刊本。

（康熙）安慶府志*

徐堯莘，號賓岳，萬曆丙戌進士，授户部主事，榷潯陽。……劉大將軍綎征播，調數省騎士，塗出自荆，民争負釜避之。莘爲經紀，信以地皆擴安堵。上嘉其勞，錫以銀爵，内鐫播功欽賞。

——（康熙）《安慶府志》卷十五《事業》，載《中國地方志集成·安徽府縣志輯》，第10册，第388頁

吴用先，字體中，萬曆間北闈鄉試第五，壬辰進士。令臨川。……擢都御史撫蜀，時播酋亂，大將劉綎以義進用，先躬帥師先之，督綎合戰，戮力剿撫，數平。

——（康熙）《安慶府志》卷十六《鄉賢》，載《中國地方志集成·安徽府縣志輯》，第10册，410～411頁

* （清）張楷纂修：（康熙）《安慶府志》，載《中國地方志集成》編委會編：《中國地方志集成·安徽府縣志輯》，鳳凰出版社，2010年。

(康熙)太平府志*

倪伯鯕,字少渠。萬曆舉人。知建始,升忠州知州。平播有功,升廣州府同知。

——(康熙)《太平府志》卷二十七《人物上》,載《北京大學圖書館藏稀見方志叢刊》,第154册,第513頁

* (清)黄桂修,宋驤纂:(康熙)《太平府志》,載北京大學圖書館編:《北京大學圖書館藏稀見方志叢刊》,國家圖書館出版社,2013年。

(乾隆)廣德直隸州志[*]

今蔡氏祠有明人江鐸題額,現存。雍正初,詳請入祠,且書之牌,蓋本請此。但額書"江鐸",銜稱"巡撫偏沅軍務",而云"嘉靖四十四年立",則又非。以是官設於萬曆二十七年征播時也。

——(乾隆)《廣德直隸州志》卷三十三《忠烈》,清乾隆五十九年刊本

* (清)胡文銓修,周應業纂:(乾隆)《廣德直隸州志》,清乾隆五十九年刊本。

（乾隆）潁州府志*

劉廷傳，字惟中，潁州人。少孤，鞠於叔父雲南布政使九光家長。補國子生，善馬槊，尤喜談兵。楊應龍反播州，調諸道兵及潁，潁兵不願，將殺護行尉爲亂。廷傳廉得其謀，乃携酒脯邀于郭外，勉以立功，且爲保任其家室，衆感服泣謝，得不爲亂。

——（乾隆）《潁州府志》卷八《人物志》，載《中國地方志集成·安徽府縣志輯》，第24册，第394頁

* （清）王斂福纂修：（乾隆）《潁州府志》，載《中國地方志集成》編委會編：《中國地方志集成·安徽府縣志輯》，鳳凰出版社，2010年。

(乾隆)太平府志*

倪伯麒,字少渠。萬曆舉人。知建始,升忠州知州。平播有功,升廣州府同知。

——(乾隆)《太平府志》卷二十四《宦紀志》,載《中國地方志集成·安徽府縣志輯》,第37冊,第332頁

* (清)朱肇基修,陸綸纂:(乾隆)《太平府志》,載《中國地方志集成》編委會編:《中國地方志集成·安徽府縣志輯》,鳳凰出版社,2010年。

(乾隆)無爲州志*

盧洋,號龍崖。弱冠魁南闈,萬曆庚辰成進士。性耿介,不畏强禦,司李延平,膺命恤刑,全活甚衆。知廣平府,捐俸築閘濬渠,百姓頌禱之。升四川副使,平播賊有功。先是以滏河之役觸忤權貴,致政歸里,地方利病多方調劑,歷久人思之。

——(乾隆)《無爲州志》卷十五《仕績》,1960 年複制清乾隆年間刻本

* (清)常廷璧修,吴元桂纂:(乾隆)《無爲州志》,1960 年複制清乾隆年間刻本。

（嘉慶）廬州府志*

盧泮，號龍崖，無爲人。弱冠魁南闈，萬曆庚辰成進士。性耿介，不畏强禦，司李延平，多所平反。知廣平府，捐俸築閘濬渠，百姓頌之。升四川副使，平播賊有功。以觸忤權貴，致政歸，地方利病多方調劑，州人德焉。《州志》。

——（嘉慶）《廬州府志》卷三十三《仕宦》，載《中國地方志集成·安徽府縣志輯》，第1册，第475頁

* （清）張祥雲修，孫星衍等纂：（嘉慶）《廬州府志》，載《中國地方志集成》編委會編：《中國地方志集成·安徽府縣志輯》，鳳凰出版社，2010年。

（嘉慶）寧國府志*

李遇文，字克顯，其先河間人，世襲宣州衛指揮。……萬曆二十二年，升湖廣副將，從總兵陳璘征播逆楊應龍，由間道出不意擒之，露布以聞。上喜降旨曰："溽署成功，朕心嘉悦不已。賜金幣。

——（嘉慶）《寧國府志》卷二十七《人物志》，載《中國地方志集成·安徽府縣志輯》，第44册，第227頁

蕭芬，萬曆間以掾吏仕蘄州吏目，有蔡得充聚衆肆掠，芬領兵擒之。……播寇楊應龍叛，督師邢玠知芬材，徵至軍前，芬單騎入賊營諭以利害，遂降之。播平，遷巴縣丞。未幾，楊酋復叛，欲取重慶，令無措，乞歸。芬攝縣事，轉運催遣，卓有程憲。寇滅，題升南川令。未任歸，卒于家。據《明通紀》增。

——（嘉慶）《寧國府志》卷二十七《人物志》，載《中國地方志集成·安徽府縣志輯》，第44册，第240頁

王廷相，號中鉉，監生，授沔陽州判。時播州作逆，督府特疏監紀，汰大帥掠殺平人冒功之罪，全活無算。

——（嘉慶）《寧國府志》卷二十七《人物志》，載《中國地方志集成·安徽府縣志輯》，第44册，第240頁

* （清）魯銓、鐘英修，洪亮吉、施晉纂：（嘉慶）《寧國府志》，載《中國地方志集成》編委會編：《中國地方志集成·安徽府縣志輯》，鳳凰出版社，2010年。

（道光）徽州府志*

汪可進，字惟正，休寧石田人。萬曆己丑進士。知石首縣，河决賑饑，全活萬計，榷使煽虐，引法折之。播賊叛，先事爲備，邑賴以安。未幾，河復决，可進已升南户部主事，爲留塞决河，乃去。及任庾政，禁預借，清改折羡金，悉歸公帑。卒於官。先是，母患日眚，百方扶掖，中夜聞欬吁聲，必披衣就省。兄弟析産故業，盡推與仲季，所得修脯三分之。所著有《四書宗旨》《書經主意》《公餘草就》《上計隨筆》《善惡報應録》《淑艾齋尺牘》等書。康熙《府志》。

——（道光）《徽州府志》卷十二《人物志·宦業》，載《中國地方志集成·安徽府縣志輯》，第49册，第434頁

---

* （清）馬步蟾纂修：（道光）《徽州府志》，載《中國地方志集成》編委會編：《中國地方志集成·安徽府縣志輯》，鳳凰出版社，2010年。

(同治)六安州志*

(明)贈都督王芬墓。征播歿於陣,其家招魂葬衣冠處。

——(同治)《六安州志》卷七《陵墓》,載《中國地方志集成·安徽府縣志輯》,第18册,第101頁

(明)王進賢,以父芬征播有功,蔭廬州千户。

——(同治)《六安州志》卷二十五《蔭襲》,載《中國地方志集成·安徽府縣志輯》,第18册,第395頁

王芬,字子英,國祥子。……萬中丞檄援朝鮮,事平,授都司。復應調征播,敢勇當先如其父,獨破三關隘,深入無援,被流矢歿於陣。朝議嘉其忠勇,蔭一子廬州衛前所千户。

——(同治)《六安州志》卷三十一《忠節》,載《中國地方志集成·安徽府縣志輯》,第18册,第502頁

王芬,國祥子。父死難時方七歲,即撫戟泣。及長,以例入成均,喜談兵,周知天下阨塞。以援朝鮮應中丞萬公檄,事平,授都司。復應調征播,勇敢當先,獨破三關,且逼賊巢,深入無援,中流矢歿。事聞,朝議嘉其忠勇,贈都督,蔭一子,有傳。

——(同治)《六安州志》卷三十四《霍武功》,載《中國地方志集成·安徽府縣志輯》,第18册,第568頁

* (清)李蔚、王峻修,吴康霖纂:(同治)《六安州志》,載《中國地方志集成》編委會編:《中國地方志集成·安徽府縣志輯》,鳳凰出版社,2010年。

河　南

（順治）光州志*

劉繪，字汝素，景泰間舉人。劉進以孝行，擢太僕少卿，公其曾孫也。身長七尺，修髯豊頰，目光炯炯，喜讀左氏書，好擊劍。……轉刑科右給事，遷渝州守。……播州、永寧争地攻殺，遂单車入赤水，上忽兵譟濠中，繪怒按之，乃手人首，却其獻，即草檄撫定。

——（順治）《光州志》卷九《人物》，清順治十六年刊本

* （清）莊泰弘修，孟俊纂：（順治）《光州志》，清順治十六年刊本。

(康熙)續修陳州志*

萬民英,前所百户。膂力過人,尤閑騎射。三署州捕,得民心。中萬曆己卯、甲午武舉,贊畫軍門,加指揮銜。乙未春,南陽飢民爲亂,英從撫院張公往招撫之,遍歷窮谷,隨在安輯。升義院口守備,調嵩縣。時長垣李開府以楊應隆〈龍〉寇播州,取英征之。因破關有功,禩汝寧守備。升山東都指揮,領昌平春班。尋以病歸,卒。

——(康熙)《續修陳州志》卷二《武职》,清康熙三十四年刻本

＊ (清)王清彦、莫爾漼纂修:(康熙)《續修陳州志》,清康熙三十四年刻本。

（乾隆）陳州府志*

萬民英，前所百户。膂力過人，尤閑騎射。三署州捕，得民心。中萬曆己卯、甲午武舉，賛畫軍門，加指揮銜。南陽飢民爲亂，英從撫院張往招撫之，遍歷窮谷，隨在安輯，升義院口守備，調嵩縣。時長垣李開府以楊應龍寇播州，取英征之。破關有功，補汝寧守備。升山東都指揮，領昌平春班。病歸，卒。

——（乾隆）《陳州府志》卷十五《武备》，清乾隆十二年刻本

何出圖，字啓文，岑之子。萬曆丙戌進士。清介絶俗，通古今，抗鄰邑曲防，纂修邑志，鄉里賴之。初授長子知縣，寬賑緩徵，剷剿回寇，民建生祠。充經房考官，得士六人，升職方。平哱、平播，俱受上賞。發倭逆之難，聲振中臺，著《雲藜》諸稿行於世。年八十，卒。

——（乾隆）《陳州府志》卷十八《人物下》，清乾隆十二年刻本

* （清）崔應階修，姚之琅纂：（乾隆）《陳州府志》，清乾隆十二年刻本。

（光緒）光州志*

劉繪，字子秦，一字少賢，光州人，祖進大僕少卿。繪長身修髯，磊落□奇氣，好擊劍，力挽六石弓，舉鄉試第一。……民有兄弟争田者，繪爲對泣，民乃叩首流血，相讓去。播州、永寧兩土官争地相仇，繪單車入赤水檄諭之，即定。

——（光緒）《光州志》卷八《仕贤列传》，清光緒十三年刊本

高折枝，字振梧，固始人，倜儻多智略。三日，中風死，有异僧來，活之。及長，登萬曆乙未進士，授重慶司李。民自以爲無冤。持楊應龍據播州，陷綦江，煽結九種惡苗，寇虐猖獗。朝堂命集諸道剿之。於是，折枝慨然請纓，願率土、漢兵先入，以振國威。未幾播平，總督郭子章露布以聞，疏稱劉綎功冠軍，而折枝以書生請自將土、漢爲南川將士，先入關最早，尤勇於趨事云。論功擢僉事，備兵薊、遼，以盡力疆埸。冒霧露，患痺痿，卒。節舊《志》。

——（光緒）《光州志》卷八《仕贤列传》，清光緒十三年刊本

---

* （清）楊修田修，馬佩玖纂：（光緒）《光州志》，清光緒十三年刊本。

山　西

（萬曆）平陽府志*

思艱紀事録序

……時重慶苦播，舉朝無敢正視閬川者，唐意非公不了此。先施之邸，委重于公，申之爼餞异數稠。至不畏引嫌，唯得人是幸，唯時事是急，非唐不能遇公之厚，非公何以入唐之深哉。守重慶又三數年，時方警急，不敢有所更張爲事。始視前知容城，知滄州，加毖閎焉，加嚴重焉。一意與民休息，俟勢之自定。諸要事如汰冗費，裁馬薪，核吏事，采皇木，架浮橋，率如上，官旨拮据勞苦矣。至紓郵傳聽所自出者，自爲政何要約也。不過聽而妄戮一僧，何刑罰之審也。不媚事上，官左祖其案，掾恣所欲逞，何無辜者之蘇更也。不以直指嚴重阿，徇所好，謬顧語，冀爲解頤囁嚅，不以正對，即一言獲戾乎！義固凛凛也，何病乎，官守矣。唯是播酋未靖，物議譸張，剿無石劃，守無堅城，軍無羸餉。播學舊生既以空言賈禍，五司與酋力不相敵，心不相下，加以例不相使，倘修宿怨，怒以佐鬬，戡定何期？不若廣思集議，繕兵練卒，徐爲之地，毋輕自挫也。乃白石報没，黔中喪師，綦江小利，竟致大敵。輕以韃兵二百餌酋，翻爲酋餌，城陷，房参戎身殞，敵則邀功，輕進自取亡耳。酋是以大横要挾私怨，請曰：何邦卿仇也，願得而甘心焉。不與仇者，不退綦江矣。公固疑有後言，無奈里居鄉衮爲借計餌酋，亟以請曰：“予之仇，直在我。酋復何詞，斯緩兵之勝術也。”中間迎合當事者則又曰：“要仇民面謾耳，要一人予一人，要不已予不已，邪且飭兵，使者謂何媚酋，且自寬大府當是矣。”則臺省兩公實有交讁語兵使，莫公謂公曰：“道府兩失，即兩罷，何濡忍爲。即日解印綬去。”嗟乎！此何足爲公罪案哉？本失策者，房召寇也。計緩一方屠戮者，人各有口，與速鬬寧緩鬬，援兵四集，圖可萬全，綦江其

---

* （明）傅淑訓修，曹樹聲纂：（萬曆）《平陽府志》，明萬曆四十三年刻、清順治二年遞修本。

覆轍也。且失一仇，何如戰千萬人，慘又勝負，卒未可逆。此公所以寧輕去位，無輕用民，觀過斯知仁也哉。

——(萬曆)《平陽府志》卷九《藝文上》，明萬曆四十三年刻、清順治二年遞修本

(康熙)保德州志*

王瑞庭先生暨配盛孺人墓表 明大學士黃道周

……故播州楊酋新薙甫年餘,夷漢雜居,服貳靡常,衆咸患之。公曰:"患無行蠻貊者耳。吾以試吕梁之水。"公至,乃闢荊棘,創學宫,擇民間子可教者授經書,提命之爲因俗更化去太甚。分田均産,嚚訟乃息。

——(康熙)《保德州志》卷十二《墓表》,民國二十一年鉛印本

* (清)王克昌修,殷夢高纂:(康熙)《保德州志》,民國二十一年鉛印本。

（康熙）永寧州志*

（明）武宗諭都察院右副都御史高崇熙敕

……督理播州土官仇殺事情，會同各官處置，務在得宜，不許因而顧此失彼。爾爲風憲大臣，受兹委託，須盡心竭力，展布猷爲，務俾威武振揚，地方寧靖，以紓朕西顧之憂，毋或因循苟且及處置乖方，自貽咎戾。爾惟欽哉，故諭。正德六年二月。

——（康熙）《永寧州志》卷八《藝文上·誥敕》，載《中國地方志集成·山西府縣志輯》，第 25 册，第 132 頁

* （清）謝汝霖纂修：（康熙）《永寧州志》，載《中國地方志集成》編委會編：《中國地方志集成·山西府縣志輯》，鳳凰出版社，2005 年。

(康熙)絳州志[*]

張與行,字淑用,號時菴。嘉靖甲子舉人,初任容城縣知縣,升滄州知州,行取南京户部員外郎,轉本部郎中,升慶陽府知府,再任重慶府知府,所至皆有惠政。會播酋楊應龍叛,行議招撫,播人愛行,願誠心歸附。叙功常第一,爲當道所忌。旋議加兵,播平,以計左閑住。未幾,詔階致仕。歷俸二十三年,紀録報最者數四,然亦未竟所用也。祀鄉賢。

——(康熙)《絳州志》卷二《人物·鄉賢》,載《中國地方志集成·善本方志輯》(第一編),第20册,第260頁

* (清)劉顯第修,陶用曙纂:(康熙)《絳州志》,載《中國地方志集成》編委會編:《中國地方志集成·善本方志輯》(第一編),鳳凰出版社,2014年。

（康熙）平陽府志*

趙標，字準臺，欽湯長子。少英敏，二十聯發，選翰林庶常。改授侍御，首請册立東宫，劾罷寺僚。又言時政四大患，識者韙之。出按畿南，風紀大振。及再入蜀，楊應龍據播猖狂，有司主撫，議諱言兵。乃力陳應龍當勒狀，疏且十七上，卒能馘酋。

——（康熙）《平陽府志》卷二十三《人物下》，清康熙四十七年刻本

張與行，字淑用，舉人。任容城知縣，纍升重慶知府，所至皆有惠政。會播酋楊應隆〈龍〉叛，行議招撫，播人愛行，願誠心歸附，叙功當第一，爲當道所忌。旋議加兵，播平，以計左閑住。歷俸二十三年，未竟所用也。

——（康熙）《平陽府志》卷二十三《人物下》，清康熙四十七年刻本

* （清）劉棨修，孔尚任纂：（康熙）《平陽府志》，清康熙四十七年刻本。

（乾隆）汾州府志*

明武宗敕諭祭文**諭都察院右副都御史高崇熙敕**

……督理播州土官仇殺事情，會同各官處置，務在得宜，不許因而顧此失彼。爾爲風憲大臣，受兹委託，須盡忠竭力，展布猷爲，務俾威武振揚，地方寧靖，以紓朕西顧之憂，毋或因循苟且及處置乖方，自貽咎責。爾惟欽哉，故諭。

——（乾隆）《汾州府志》卷二十七《藝文》，載《中國地方志集成·山西府縣志輯》，第27册，405～406頁

* （清）孫和相修，清戴震纂：（乾隆）《汾州府志》，載《中國地方志集成》編委會編：《中國地方志集成·山西府縣志輯》，鳳凰出版社，2005年。

（光緒）解州志*

趙標，字準臺，欽湯長子。少英敏，年二十登第，選庶常擢侍御。首請册立東宫，劾罷寺僚。又言時政"詔旨不信，上下不交，臣節不振，人情不安"四大患，識者韙之。出按畿南，風紀大振。及再入蜀，奏免蜀人木運之累。楊應龍據播猖獗，當事諱言兵。標力陳當剿狀疏十七上，卒能馘酋成功，賑飢民，減礦税。露章，劾中貴陳增，罪遷璽卿典，河南試稱得人，轉太常卿，以叙播功進級。

——（光緒）《解州志》卷八《人物》，載《中國地方志集成·山西府縣志輯》，第56册，第499頁

* （清）馬丕瑶、魏象乾修，張承熊纂：（光緒）《解州志》，載《中國地方志集成》編委會編：《中國地方志集成·山西府縣志輯》，鳳凰出版社，2005年。

山　東

（萬曆）萊州府志*

（高密縣學）鄧雲，任播州吏目。

——（萬曆）《萊州府志》卷四《歲貢》，載《原國立北平圖書館甲庫善本叢書》，第 334 冊，第 338 頁

* （明）龍文明修，趙耀等纂：（萬曆）《萊州府志》，載中國國家圖書館編：《原國立北平圖書館甲庫善本叢書》，國家圖書館出版社，2013 年。

(康熙)臨清州志*

(明)汪應泰,號和宇。進士,初仕諸暨,計擒渠盜七林九十一。調定海,名宦,歷升鳳翔知府。總督李化龍題授松潘兵備,協討播寇楊應龍,平之,功載《平播全書》。致政歸里,恤孤救荒,鄉人頌德。

——(康熙)《臨清州志》卷三《人物》,載《中國地方志集成·善本方志輯》(第一編),第27册,第669頁

* (清)于睿明修,胡悉寧纂:(康熙)《臨清州志》,載《中國地方志集成·善本方志輯》(第一編),鳳凰出版社,2014年。

（康熙）青州府志*

邢玠，益都人。辛未進士，初知審雲縣，舉卓异行，取浙江道御史，巡按甘肅，兼督學校。歷任藩臬，多著武功。升大同巡撫，再升南京兵部侍郎。属楊應龍横播州，遣威望大臣勘之。廷推公往，應龍震慴，求勘擬。應龍入辟，罰贖金，留質子，割五司，獻作惡首、從七十餘人正法。設兵將於松坎、湄潭、龍泉，拒其項背。

——（康熙）《青州府志》卷十六《事功》，清康熙六十年刻本

* （清）陶錦修，王檉纂：（康熙）《青州府志》，清康熙六十年刻本。

（道光）濟南府志*

（明）李化龍，字于田，北直長垣人。萬曆二年進士，除嵩縣知縣，遷南京工部主事，歷右通政使，以副使督學。山東人倫之鑒，前後無兩，試士五日一案，貧士無羈旅之苦。凡有評品，曲肖其人，經試拔者，皆得第去。召爲工部侍郎，總督河道與淮揚巡撫。李三才奏開泇，河由直河入泇口，達夏鎮二百六十里，避黄河，吕梁洪之險至，今賴之化龍，具文武才。後以平播州功，擢兵部尚書，加少保。卒，贈太師，謚“襄毅”，祀名宦。

——（道光）《濟南府志》卷三十五《官迹三》，載《中國地方志集成·山東府縣志輯》，第2册，第138頁

（明）劉一相，字惟衡，號項陽，長山人。萬曆丁丑進士，授高平知縣，豪子弟恣横里中，前令不能詰，相一切按治以法，縣以大服。兩校鄉試，省元皆出其門。擢南京吏科給事中，力排張居正黨人，封事十數上。左遷陝西按察司僉事，分巡隴西，再謫茂山衛知事，稍遷稷山知縣。多惠政，擢南京兵部車駕司主事，前駕司倪涑，立雇役法，人皆稱便，貂璫、貪弁欲更之，相堅持不可。一時有倪翁劉父之歌。會播酋反，兵部侍郎邢玠，奉詔督師，疏請相隨軍贊畫，相力主勘議，身入賊巢諭以禍福，賊感悟，自擒首惡以獻。播酋平，遷刑部員外郎，轉郎中。久之，復叛，詔相爲四川布政司參議，備兵叙、瀘，捐金募兵百萬，自合江進討，屢著戰功。再叙播功，賜金，改貴陽參議，移守商洛，晉陝西按察司副使，清理軍屯，以母老致仕歸。相爲政勤敏，在隴右時，凡有不便，輒裁去之，秦人賴焉；在稷山，人爲立祠以祀。在駕部理船政，著《船政要覽》一書。惟以剛直不容於時，有《燕喜堂文集》。子鴻訓。

——（道光）《濟南府志》卷五十《人物六》，載《中國地方志集成·山東府縣志輯》，第2册，第558頁

---

* （清）王贈芳修，成瓘纂：（道光）《濟南府志》，載《中國地方志集成》編委會編：《中國地方志集成·山東府縣志輯》，鳳凰出版社，2004年。

（明）樊世寧，字子泰，長山人。萬曆朝，中三科武舉。乙未成進士，除濟南衛鎮撫，改中平衛鎮撫，擢湖廣操捕都司。會播酋楊應龍、苗賊皮林作亂，制府檄定皮林。單騎至賊所，諭以朝廷威福，解衣衣之，賊皆羅拜服罪。皮林平，以功遷都指揮僉事，管本司屯局僉事。甲辰，又以平楚藩功，晉湖廣軍政都指揮使。寧沈凝好學，少習舉子，業雖歷戎職，未嘗一日去書，爲文雄奇，千言立就，有古儒將風焉。

——（道光）《濟南府志》卷五十《人物六》，載《中國地方志集成·山東府縣志輯》，第 2 册，第 560 頁

（明）王象乾，字子廓，號霽宇，之垣子。隆慶五年進士，授聞喜知縣，遷兵部主事，歷員外郎郎中，出爲保定知府。……（萬曆）二十年，擢右僉都御史，巡撫宣府，纍進右副都御史，加兵部右侍郎，兼右僉都御史。在事七年，邊境無事，轉左侍郎，總督四川、湖廣、貴州軍務，兼巡撫四川。播州楊應龍初平，分其地爲遵義、平越二府，設流官，其遺黨吴洪，聚衆沙溪作亂，結水西宣慰使安疆臣爲援，討平之。水西與播接境，自烏江北膏腴地六百餘里，爲楊氏所侵。至是，議清疆界，李化龍謂先屬播地宜歸之朝廷，象乾亦主之。貴州巡撫郭子章以先討應龍時檄疆臣協討，許裂土酬功，不當奪其故地。貴州巡按畢三才，劾兩人褻國體。兵部尚書蕭大亨，請敕兩地按臣勘奏，竟以地畀疆臣。自是安氏益强，竟爲後患。丁父艱，歸。尋總叙宣府，安邊功，命進右都御史兼兵部右侍郎，服闋，起用。三十六年，薊遼總督缺官，詔起象乾任之。檄諸將控要害，遣使諭諸部長，通貢如故，他部小長，亦誓不復叛。

——（道光）《濟南府志》卷五十一《人物七》，載《中國地方志集成·山東府縣志輯》，第 2 册，第 574 頁

（咸豐）青州府志*

邢玠，字式如，益都人。隆慶五年進士，授密雲知縣，擢御史，巡按甘肅。萬曆五年，俺答欲赴青海，玠疏陳利害甚悉，其後撦力克嗣封，果有洮河之患，時謂玠有先見。出爲河南僉事，歷山西右布政使，擢右僉都御史，巡撫大同，多武功，尋升南京兵部右侍郎。播州宣慰使楊應龍叛，敗官軍於白石。二十二年十月，轉玠左侍郎，兼右僉都御史，總督川貴軍務，討之。檄諭應龍，應龍面縛，諉罪於其黨黄元、阿羔，執以獻詔。應龍輸四萬金贖爲民，斬元等重慶市，加玠右都御史。

——（咸豐）《青州府志》卷四十四《人物傳七》，載《中國地方志集成·山東府縣志輯》，第32册，第201頁

* （清）毛永柏修，李圖纂：（咸豐）《青州府志》，載《中國地方志集成·山東府縣志輯》，鳳凰出版社，2004年。

北　京

（光緒）順天府志*

（明）王嘉謨，字伯俞，順天人。……上修省糾，參權璫田義八罪等奏，直聲震一時，升授陝西參議，調四川參政，平播酋之變，以終養告歸。大興張《志》。

——（光緒）《順天府志》九十八《人物志》，載《中國地方志集成·北京府縣志輯》，第3册，59～60頁

*（清）周家楣修，張之洞纂：（光緒）《順天府志》，載《中國地方志集成》編委會編：《中國地方志集成·北京府縣志輯》，上海書店出版社，2002年。

遼寧

（民國）奉天通志*

臣考征播之役，用兵二十餘萬，及圍酋於囤上，猶用十五萬衆。

——（民國）《奉天通志》卷二十三《大事·明神宗五》，民國二十三年鉛印本

高折枝，河南固始人，萬曆乙未進士……播州之功，折枝居多。

——（民國）《奉天通志》卷一百二十九《職官·明文宗下》，民國二十三年鉛印本

* 翟文選修，王樹枬纂：（民國）《奉天通志》，民國二十三年鉛印本。

甘　肅

(嘉靖)徽郡志*

孫巨鯨,字子魚,號兩溪。少有俊才,登進士,授洪洞知縣。……調南川,歲適大歉,請賑待報間,先以俸米作粥,多所全活。未幾,直播賊起,乃飭兵,備明號令,爲戰守計,獲其渠魁數人,地方恃以無恐,以奏最升開州。

——(嘉靖)《徽郡志》卷七《人物志》,載《中國地方志集成·甘肅府縣志輯》,第36册,160~161頁

* (明)郭從道撰:(嘉靖)《徽郡志》,載《中國地方志集成》編委會編:《中國地方志集成·甘肅府縣志輯》,鳳凰出版社,2008年。

（萬曆）臨洮府志*

張棟，字士隆，號還樸，安肅人。由進士，萬曆乙未，以山海關主事升僉事……會沿邊俱搗巢，公曰："不入虎穴，焉得虎子。"遂躬擐甲胄爲士卒先，深入穹窿，親冒矢石，斬首六十餘級，輜重、幞器、牛羊無筭。再入再勝，伏降夷虜一千二百有奇。捷報，晋秩按察司副使，賞賚金錢，尋引疾歸。未幾，復命爲征播參政。

——（萬曆）《臨洮府志》卷十六《宦績傳》，明萬曆三十三年刻本

* （明）唐懋德撰：（萬曆）《臨洮府志》，明萬曆三十三年刻本。

縣、鄉志（一）

貴　州

(康熙)龍泉縣志草*

建置沿革

龍泉,漢唐以前,荒遠難考,宋爲珍州地,元爲太保龍泉長官司,隸思南宣撫司,明改屬思南宣慰司。永樂十一年,改隸石阡屬。萬曆二十九年平播後,郭子章題請改土設流,因號龍泉長官司爲龍泉縣,隸府。皇清因之,編户二里。

——(康熙)《龍泉縣志草》,載《中國地方志集成·貴州府縣志輯》,第38册,第650頁

* (清)張其文纂修:(康熙)《龍泉縣志草》,載《中國地方志集成》編委會編:《中國地方志集成·貴州府縣志輯》,巴蜀書社,2006年。

（康熙）湄潭縣志*

定分星者，當先辨地理。始查播州，古牂牁地。而湄爲播之餘壤，雖皆屬播，有烏江之限焉。惟湄去播咫尺，乃其外三里七牌地非司屬可比。故江内三州縣或可岐之楚與滇，而湄當專爲益，則入參度爲無疑也。

——（康熙）《湄潭縣志》卷一《星野》，載《中國地方志集成·貴州府縣志輯》，第33册，第597頁

湄，播壤也。其始改縣曰湄潭縣，隸平越，自萬曆庚子時也。今仍之，無所謂沿革者。然溯所從來，土官曰楊氏，州曰播，郘曰牂牁，國有王曰夜郎，初生民曰苗蠻。自虞夏以來非無稽也，則沿革不可以不考。

——（康熙）《湄潭縣志》卷一《沿革》，載《中國地方志集成·貴州府縣志輯》，第33册，第597頁

萬曆二十八年庚子，播平建縣，以關外四牌地置湄潭縣。卜治於苦竹壩而城之。明年，參政龍公錫類、副使劉公冠南、通判蔣公本盛奉撫君檄，城湄負玉屏山，環湄而築之。縻金參千九百兩有奇。城高壹丈伍尺，周三百八十八丈，垛口三百八十八個，城門二座，月城二座，樓門二座。今止南北二門，無月城。水洞五處，自南門起，至西北一帶，城垣俱倚水可守，東城垣一帶跨山宜防。

播平，貴州撫臣郭子章、按臣朱興祖合詞疏稱："播州之地，東西相距二千餘里，南北相距四百餘里。雖云憝國，亦係樂土。今議改流，東西可設二府，每府可設二三縣。播境原屬四川，與貴州隣，二省界限，原自分明。至論建置大概，臣意自沙溪至白泥，當以烏江爲界，設一府於白田壩。而真州、婁江、松坎等處可爲三縣。黄平在元已爲府矣，當設一

* （清）楊玉柱纂修：（康熙）《湄潭縣志》，載《中國地方志集成》編委會編：《中國地方志集成·貴州府縣志輯》，巴蜀書社，2006年。

府於黄平或平越。而餘慶、白泥二司可爲一縣。瓮水、重安二司可爲一縣。此沙溪至白泥一帶建置之大概也。自白泥渡江至婺川縣，以三渡、板角、苦竹三關爲界，其中漢、夷田土錯雜，惟湄潭可縣、龍泉可縣。龍泉土官安民志陣亡，其子尚幼，其印已失，土地已爲楊酋踐蹧，合無將龍泉改建一縣，增築城郭，而以安民志之子世爲土縣丞，以爲死義者之勸。其祖職長官，世爲土主簿。此則思、石一帶建置之大較也。第播州之名，其來已久。播之爲字，番之有才者也，以故應龍阻兵，崛强獷戾，竭四方之力，僅乃克之。夫南越破而聞喜建，吕嘉得而獲嘉名。龍州平改爲龍安，九絲夸更名建武，即播州納土於宋，亦改名遵義。計廟堂當有定謨，而播之名似當更易。”疏入部覆，設平越軍民府，轄黄平一州，餘慶、湄潭、甕安三縣，龍泉縣設隸石阡府。

——（康熙）《湄潭縣志》卷一《建置》，載《中國地方志集成·貴州府縣志輯》，第33册，597～598頁

金條山，縣西北二十里。山勢雄偉，中有間道，從葛籐箐徑達播州。

——（康熙）《湄潭縣志》卷一《形勝》，載《中國地方志集成·貴州府縣志輯》，第33册，第604頁

紅花囤，縣東南四十里。深林巨箐，俯視群山。播亂時，土人曾聚兵於此。

——（康熙）《湄潭縣志》卷二《囤洞》，載《中國地方志集成·貴州府縣志輯》，第33册，第615頁

平播州頌有序　胡執恭

萬曆二十有七年戊戌，楊應龍以播州叛。庚子會師進討，川督李公、黔撫郭公莅戎，於是將軍綎破楠木、婁山關，再與應龍父子遇，力戰大殲其軍。將軍廣斬賊大將郭通緒，遂夷崖門渡，破水牛、塘樓而囤。將軍璘盡芟四牌、七牌之苗，躡青蛇巔，斬戮尤衆，進略大小三渡。又别將從他道遮擊者，舉破其軍夏。五月，王師會海龍囤下。六月五日，克其囤平之。越後五十有二年壬辰，追頌前烈而勒諸崖石，使荒裔臣庶讀斯頌者，仰明天子之德威，請將軍之勛伐，以世世讋焉，頌曰：“於戲聖朝，文宣武昭，十葉柄彪。南徼小臣，祚衰德惛，爪牙種民。懲以訊詞，不戒而恣，厲角九岐。邊臣抗章，帝怒震皇，乃受斧斨。總師禡神，群帥趨奔，丁寧鼓錞。封豨巨虺，吐骨爲堆，凴其崔嵬。靁鼓奮鳴，千嗷萬旌，何險不騰。罪人鳥棲，恃囤天齊，窮獸終迷。士勇將恭，百道臨衝，六月奏功。禹征有苗，不焚其巢，示以勸劭。殷宗鬼戎，三祀倔彊，卒堆其亡。有德有威，惟用之宜，匪曰利之。漸漸播山，虎乳於關，今也道刊。湜湜湄流，妖鮻蘁浮，今也泳游。五十二年，聖武在天，嚇嚇嘽嘽。君歸臣庸，臣賴國靈，西南克平。鐵砧高崖，灝清雲桂，鐫銘是佳。金石不渝，慶

澤紛如，永如討誅。

——(康熙)《湄潭縣志》卷二《平播州頌有序》，載《中國地方志集成·貴州府縣志輯》，第33册，第618頁

縣治記　楊玉柱石臣

環湄皆山也，三面水繚繞焉。東方綿亘數百里，左盤右旋至此，而五岳畢集，二龍交會。昔人有二水顛倒流，石馬對石牛之記在焉。明萬曆庚子，播平建縣，有是城，即有是官，斯有是廟宇、衙署、公舘、倉厫，咸背東而面西，皆倚山負之。取其來乙之卯也。

——(康熙)《湄潭縣志》卷二《縣治記》，載《中國地方志集成·貴州府縣志輯》，第33册，第620頁

懸繩堡記　曹椿

湄之北，距城十五里。楊窩村有高山，名懸繩堡。長老言：昔人登此，無級可躡，懸繩而升，故以名焉。……播亂時，土人避居其中，井竈碓臼，遺址尚存余。

——(康熙)《湄潭縣志》卷二《懸繩堡記》，載《中國地方志集成·貴州府縣志輯》，第33册，第625頁

播州初平，建置湄潭縣。按臨其地，相度形勢，口占絶句：

長龍遠遠旋復盤，脱支卸幹落平川。水流玉帶環爲結，苦竹林中第一天。苦竹林，播州舊地名也。

——(康熙)《湄潭縣志》卷三《詩文》，載《中國地方志集成·貴州府縣志輯》，第33册，第650頁

(乾隆)綏陽志*

秦置黔中郡,以遵義府屬,爲夜郎。漢屬牂牁。唐曰播州,隸黔中郡。先曰朗州、播州,乾符間陷於南詔,楊端討復之,世守其地。宋大觀中,楊文貴以其地内附,置遵義軍,東北置義泉、高富二縣,宣和中廢。明洪武間,改爲播州宣慰司。萬曆間,楊應龍叛,庚子討平之,設置遵義府,隸四川布政司,以義泉、高富廢縣地置正安州、綏陽縣,隸遵義府。

國朝因之,是今之遵義即唐之播州。今之綏陽隸遵義,即播州轄義泉也。

——(乾隆)《綏陽志》之《疆域·沿革》,載《中國地方志集成·貴州府縣志輯》,第36冊,第201頁

陳子昂祠堂記 明劉仁臣

昭遠陳君,潼川名士,其先系出射洪,以避仇居播。萬曆庚子征播,余從先大人轉餉。播平落業,與陳君居比鄰,遂定交焉。

——(乾隆)《綏陽志》之《藝文·記》,載《中國地方志集成·貴州府縣志輯》,第36冊,第222頁

* (清)陳世盛修,傅維澍等撰:(乾隆)《綏陽志》,載《中國地方志集成》編委會編:《中國地方志集成·貴州府縣志輯》,巴蜀書社,2006年。

（乾隆）開泰縣志*

議以楚衛屬貴州疏　杜拯

沅、靖二州與平清、偏鎮、銅鼓、五開六衛之去湖廣，酉陽、播州、永寧三土司之去四川，俱二千餘里，遥屬於二省而兼制於貴州。服役者興遠道之嗟，莅事者無畫一之軌，民情政體，甚不便也。革數州縣土司，專畀之貴州，其便有十：齊民賦役，自遠而移之近，勞費損於舊者數倍，一便；郡縣專心志以聽一省之政令，無顧此失彼之慮，二便；軍民力役，彼此相濟，無偏重之累，三便；科貢悉隸本省，禮遇資遣有均平之規，四便；司道政令有所責成，郡縣不敢以他屬爲辭，五便；府衛互制，悍卒豪民禁不敢逞，六便；歲徵緩急，可無失程，盜賊出没，易於詰捕，七便；土酋之桀，各相牽制，不得肆其毒螫，八便；僻遠之區，監司歲至，吏弊民瘼，可以諮詢而更置之，九便；釋兼督之虚名，修專屬之實政，體統相安，事無阻廢，十便。臣愚以爲三司所呈"聯近屬以全經制"，其説可行也。臣等又看得各省會、城、府、縣并置，豈徒備官要以親民事、悉下情，爾乃貴州獨闕焉？軍民之訟牒，徭役之審編，夫馬之派撥，盜賊之追捕，藩臬不能悉理，往皆委之三司首領與兩衛指揮及宣慰司。夫三司首領，類皆异途，操持靡定，政體未諳。指揮則尤甚矣，委牒方承，即懷私計，防緝未效，反貽厲階。宣慰則尤甚矣，逞其恣睢，日事贖罰，破人之家，戕人之命，往往如是。故士民争欲增建府治。而該司議"程番府附省會"，其説可行也。

——（乾隆）《開泰縣志》冬部《疏》，載《故宫博物院藏稀見方志叢刊》，第154册，343～344頁

貴州古稱夜郎。按：夜郎即在四川播州境，疑即楊應龍所據地。今遵義、平越兩府者是。五開地時爲龍標縣，不在夜郎之内。故李白寄王昌齡詩有曰"隨風直到夜郎西"也。

——（乾隆）《開泰縣志》冬部《雜記》，載《故宫博物院藏稀見方志叢刊》，第154册，447～448頁

---

* （清）郝大成修，王師泰等纂：（乾隆）《開泰縣志》，載故宫博物院編：《故宫博物院藏稀見方志叢刊》，故宫出版社，2013年。

（乾隆）玉屏縣志*

馬王

明初，邑西北有"馬王"遺迹，如營寨等類，舊相傳爲馬援。援在漢末有王稱。按《五代史》：楚馬殷，梁太祖時拜侍中兼中書令，封楚王。朗州雷彦恭召吴人攻平江，許德勳擊敗之。殷遣秦彦暉攻朗州，彦恭奔於吴，執其弟彦雄等七人送於梁。於是，澧州向環、辰州宋鄴、溆州昌師益等率溪洞諸蠻皆附於殷。殷請升朗州爲永順軍，依唐太宗故事，開天册府，置官屬。太祖拜殷天册上將軍，末帝時加殷武安、武昌、静江、寧遠等軍節度使，洪鄂四面行營都統。唐明宗時，封殷楚國王，遣尚書右丞李序持節，以竹册封之。殷以潭州爲長沙府，建國承制，自置官屬。殷卒，子希範立，襲殷官爵，封楚王。天福四年，加希範天册上將軍，開府承制，如殷故事。溪州刺史彭士然率錦、今銅仁。獎今鎮遠。諸蠻攻澧州，希範遣劉勍、劉全明等以步卒五千擊之，士然大敗。勍等攻溪州，士然走獎州，遣其子師暠率諸蠻酋降於勍。溪州西接牂牁兩林，南通桂林象郡。希範乃立銅柱爲表，命學士李皋銘之。於是，南寧長酋長莫彦殊率其本部十八州，都雲酋長永懷昌率其昆明等十二部，牂牁張萬濬率其夷、今石阡。播今遵義。等七州皆附於希範。

——（乾隆）《玉屏縣志》卷九《事紀志·雜記》，載《中國地方志集成·貴州府縣志輯》，第 47 册，135～136 頁

請以楚衛屬貴州疏　杜拯

沅、靖二州與平清、偏鎮、銅鼓、五開六衛之去湖廣，酉陽、播州、永寧三土司之去四川，俱二千餘里，遥屬於二省而兼制於貴州。服役興遠道之嗟，莅事者無盡一之軌，民情政體，甚不便也。革數州縣土司，專畀之貴州，其便有十：齊民賦役，自遠而移之近，勞費

---

* （清）趙沁修，田榕纂：（乾隆）《玉屏縣志》，載《中國地方志集成》編委會編：《中國地方志集成·貴州府縣志輯》，巴蜀書社，2006 年。

損於舊者數倍，一便；郡縣專心志以聽一省之政令，無顧此失彼之慮，二便；軍民力役，彼此相濟，無偏重之累，三便；科貢悉隸於本省，禮遇資遣有均平之規，四便；司道政令有所責成，郡縣不敢以他屬爲辭，五便；府衛互制，悍卒豪民禁不敢逞，六便；歲徵緩急，可無失程，盜賊出没，易於詰捕，七便；土酋之桀，各相牽制，不得肆其毒螫，八便；僻遠之區，監司歲至，吏弊民瘼，可以諮詢而更置之，九便；釋兼督之虚名，修專屬之實政，體統相安，事無阻廢，十便。臣愚以爲三司所呈"聯近屬以全經制"，其説可行也。臣等又看得各省會、城、府、縣并置，豈徒備官要以親民事、悉下情，爾乃貴州獨闕焉？軍民之訟牒，徭役之審編，夫馬之派橃，盜賊之追捕，藩臬不能悉理，往皆委之三司首領、兩衛指揮及宣慰司。夫三司首領，類皆异途，操持靡定，政體未諳。指揮則尤甚矣，委牒方承，即懷私計，防緝未效，反貽厲階。宣慰則尤甚矣，逞其恣睢，日事贖罰，破人之家，戕人之命，往往如是。故士民争欲增建府治。而該司議"程番府附省會"，其説可行也。

——(乾隆)《玉屏縣志》卷十《藝文志上·奏疏》，載《中國地方志集成·貴州府縣志輯》，第47冊，146～147頁

（嘉慶）仁懷縣草志*

平播疏　李化龍

楊酋匪茹，與國爲仇，萬姓荼毒，三省震驚，孰不以爲不可以歲月克者。乃自出師以來，甫三月有奇，而元凶授首，黨羽悉擒。千年狼虎盤踞之窟，一旦掃蕩無遺，上足以伸中國之威，下足以洩生靈之憤。其他狡黠土司、獷悍惡苗，無不落魄亡魂，西南半壁天下可永無虞矣。皇上德威遠被，指授方略所致，斷非文武將吏敢貪天功爲己力者。惟是各官兵暴露行間，勞苦萬狀，不可不查叙也。

先是臣奉命入川，賊知罪在不赦，已統兵深入，有擒王剿叛之説，遂破綦江，且逼重慶，地方洶洶，皆謂有長驅之志。於時，目前兵力略無可恃，臣乃以計緩之，一面調兵，一面移文詰責，若未嘗絶之者。賊果信之，即具文求撫，且不西向。臣因得以徵調漢、土諸兵，急爲之備。其時，賊氛甚張，川人畏如虎。臣發成都兵，甫出門，欲投錦江，不復肯東。及聞綦江守城兵見賊來，競譟而走，多投水者，止餘二將與其家丁，遂及於難。臣念漢兵心膽已碎，土兵狐兔有情，自非招客兵不可，因請調陝、浙諸省之兵。又念外兵之費甚侈，往來途次，且生擾害，不可過多，乃於每省、鎮止調一二千，多者三千，共數省實僅僅二萬，其餘乃三省及滇、粵土兵也。然西南人見外兵來，莫測多少，以爲天下之兵皆至矣！自是漢兵之氣壯，而土兵之心亦折，無不樂爲我用者。時賊雖知調兵，然以爲虛聲嚇之，如往日非實事也。臣亦止在成都，積糧治器，若無事者，然不復東，賊亦不疑。北兵俱集，臣移駐重慶，賊始知必剿，頗肆衝突，然我兵漸益未易得志也。臣又念兵以一路進，既道狹不能容，一有前却，不可復振，因分爲八路。又念路分而兵少，賊厚其陣以衝之，敗矣！因命每路皆三萬以上，每一路皆可以當其全師。又念關外賊黨多，不可勝誅，會兵部頒賞格至，首重招降。臣亦推廣之，但投戈者皆赦不誅。臣又念無賞，士不勇往，會兵部賞格首

---

* （清）禹坡纂輯：（嘉慶）《仁懷縣草志》，載《中國地方志集成》編委會編：《中國地方志集成·貴州府縣志輯》，巴蜀書社，2006 年。

言得賊者即以其家資與之，臣亦推廣之，克關、破囤各懸賞，賞各以千萬計。既川兵入關，臣又恐其人自爲心，若九節度之師，然因復委按察使張悌入總監之，殺牲莅盟，務必得賊。臣又恐賊事急詐降，得以遷延，至暑雨漸深，我兵不能久，因令但急攻之，有稱降者斬使焚書，無爲所紿。時湖廣之兵亦至囤下，臣欲入營親監之。會聞先臣之訃，臣恐營中遂懈惰不可用，因不待成服跣而草檄，示以例應俟代照常督兵，有慢令者，尚方具在，令代中軍余德榮等再往監之。臣又念賊囤後易攻、囤前難攻，時諸將壁囤下者，各有分地，因令以勁兵一枝壁其前，其餘并力於後。臣又恐諸軍士争趨賊財物，或至亂行，至有他虞，移文再四申禁。臣又聞營中流言水西目把尚不絶賊，恐漏軍情，因移文令其退劄。水西土官懼撤其兵，退而引嫌曰："吾不欲爲亡播之續也。"時久雨，軍士日在泥淖中。至六月之初四，而天忽晴，初五日遂破其二城，初六日遂登其囤，賊以滅亡。總計八路兵，生擒賊首，賊從一千一百二十四名，斬級二萬二千六百八十七顆，俘獲賊屬五千五百三十九名口，招降播民一十二萬六千二百一十一名口，全活被擄男、婦一千六十四名口，奪獲馬牛七百六十七匹，獲器械四千四百四十四件，是役也。自賊破綦江至剿滅可一年，自進兵至滅賊，百十有四日。當八路對壘，時土、漢兵既參差不齊，諸將領亦彼此觀望，播人劫於賊之積威，人自爲戰，未易即克。我各路又糧運艱難，時有脱巾之呼。臣日夜催督，走使持檄至數百千，即兩有撫臣、各路鎮道亦靡不忘寢忘食，或至頭鬚爲白。總之，諸文武知廟堂之意必欲滅賊，故鼓之即應，勞之不怨，誅罰之亦無敢囁嚅者。倘更一月而賊不滅，署雨久，瘴疫深，我將自潰，無問賊矣！

該臣會同巡撫貴州郭子章、巡撫湖廣支可大、巡撫偏沅江鐸議照。國家方制萬里，日所出入之邦，悉爲郡縣，獨西南諸省不廢土司，蓋亦曰：因俗而治，與之相安云耳。二百年來，此輩犬羊之性，不堪馴擾，亦時有之。然未有如播酋楊應龍之公然叛逆者，則何也。蓋其地險、其兵强、其才力足以使鬼通神，其聲勢足以呼群嘯黨，加以年來，方寓多事，九伐之旌，未遑南指，彼遂時時狂逞，亦遂時時得志，井蛙之見，謂縣官真無奈我何。諸群不逞如楊珠、楊明、何漢良、孫時秦輩，瞷其雄心，或時有以公孫躍、馬尉陀自王之説進者。賊亦自念騎虎勢不能下，將日等死耳，無且舉大名乎。於是恣具狂圖，淫怒以逞，而破城殺將，鴟起西南之勢成矣。夫天下非小弱也，九州四海兵非脆，糧非乏也，向賊逆未著，皇上不忍遽觀之兵，曰：吾且舞干，吾且解網，姑俟其悔過而與之相安無事。乃不謂凶人之性不移也。始天怒赫，然斷在必剿，夫斷而敢行，鬼神避之，況此么麿者乎？蓋自進剿之旨下，上方之劍頒，然後海内熊虎之師如雲而集，陳紅之粟蔽江而上，智士陳謀，勇夫效力。火燎毛，山壓卵，賊即欲不灰飛烟滅，亦曷可得已。

臣等嘗即諸路之功而評叙之。在四川，則楠木三峒，賊黨以爲三窟謂天險不可升者也。婁山關，賊前門，我所必由，賊所必争者也。海龍囤，賊以爲天造地設，人迹所不能到，兵力所不能加者也。三戰而克之，賊力竭矣，不亡何待？夫賊黨自戰，其地猶易與也，惟賊父子親在行間，諸賊人人致死，難與争鋒。該路到處與賊父子對壘，最快者，九盤子之戰，賊悉其精鋭，以付朝棟令之。從綦江進，從南川回，此其目中尚復有官兵乎？劉綎一戰而走之，自是播人爲之破膽。尤快者，諸軍壁海龍囤下，連月不拔。綎至一日而克其二城，賊遂滅亡。至今群口囂囂然，竟無敢没其先登之烈者。兵法無選鋒曰北，綎於諸路，其選鋒乎？則綦江路之功也。臣嘗言，破賊關外宜招降，謂多不可勝誅也；關内宜疾戰，謂師不可老也。安村、羅村、陶洪三寨，生口以數萬計，勝兵以數千計。令貪功者以大兵初入，必且多殺以報捷。勝之則傷仁，不勝則損威矣。而該路坐受其降，兵不血刃。自是一戰而斬郭通緒，再戰而入岩門關，三戰而屢捷於水牛塘，賊計無復之，遂父子相哭而上囤矣。當其入水牛塘，時川兵入關，去囤尚遠，湖、貴兵在關外，絶不相聞。吴廣以孤軍去囤數十里而結營，犯兵法之所忌，而卒以得志。自非其令嚴，而戰力當不及，此後雖有講降誤事，然有激而奮，竟以成功，逆賊父子盡獲其首，終不失爲全捷，則永合路之功也。南川路最險、最遠，去囤可六七百里，賊以官兵必不能從此進，當馬孔英之未至也。高折枝以一書生請自將漢、土兵以往，此固已雄偉不常矣。乃師期一月，之前先搗官壩營以寒賊膽，而撤回龍泉之兵且以解思、石之危，其事甚奇，其功甚大。比進兵從真州入，真人則簞食壺漿以迎，播人則弃甲曳兵而走，居然有三代之氣象。時諸將欲候各路消息，方入關，折枝毅然曰："若是，則誰爲當先入者？"策馬而前，衆隨其後，竟以三月初八日奪桑木關而據之。臣用是以催各路，尚有四月入者，令諸將□折枝，諸路皆南川，滅賊當更速。抵關而馬孔英至，則文武相得如樂之和。自是日日約各路攻圍，有應，有不應，甚或以相誹詈，而折枝不顧也。分攻令下，諸將争走後門，該路獨壁前門。夫後門我易攻，賊前門賊易衝，我亦曰："誰爲當賊衝者，蓋亦先入關之意乎？"破囤之役，後門以二路更攻，前門以一路搏戰，日夜揮戈，人百其勇，坐使賊自盡而逆黨無一逸者。總之，倡諸路之先，作三軍之氣，令黔師不得以賊强我弱借口而竟以奏功，臣於該路文武蓋心折焉。則南川路之功也。在湖廣，則偏橋一路。江外爲四牌，江内爲七牌，皆五司遺種、九股惡苗盤據糾結乎其間。四牌不即，武馬群未易窺三渡也。陳璘獨以一旅之師，先掃四牌，開我進兵之用，是烏江内賊黨寒心。長坎、瑪瑙、青蛇三囤，自昔以爲險絶，官兵所從未易得志者。臣亦慮其難，下令降之。璘以爲除惡務盡，竟以一鼓而升其巔，殺戮數千，臭聞十里，時龍泉哨施南兵亦已先克板角關。至今湄潭、白泥之間，四牌、七牌之苗遂無遺種，非璘之力不及。此該路漢兵少，土兵多，糧運少，遲便成噪呼，璘令嚴而法肅，卒能使之用命而不爲害。迨至克關逼囤，議設木栅、製鐵牌，以防賊逸，其機智有足多者。卒以入虎穴，得虎子，閹人、綉女纍纍在俘，則偏橋路之功也。貴州各路與川、廣不同，其地近，其兵少，其餉乏，其夷性反覆而靡常，其民心摇惑而不定，兹之用兵，又非以一淬勵一鼓舞之爲競者，烏江失律，已見法矣！然能借是以淬厲水西，俾之絶狐兔之情、踐虎狼之窟，母氏囤一戰大足褫逆酋之魄而奪之氣，此則失之武人，得之文吏，蓋運籌者之苦心乎！李應祥以孤危之兵，當鯨鯢之時，能自審於緩急進止之間，以守爲戰，以招撫爲進攻，卒之轉弱爲强，揚旌直指，斬首數百，招降數萬，因破諸囤，斬三渡，抵白田，何其壯也！竟以連合川兵，同心戮力，破重城，俘群醜，振積弱之邦，舒華夏之氣，始如處女，繼如脱兔，兹其審於機而神於用，豈易得哉！則平越、烏江、沙溪諸路之功也。

夫我國家從來用兵，未有大得志於西南夷者。國初，傅友德統二十四將軍，止言防守，未聞戡定。正統間，麓川之役，用兵五十萬，轉餉半天下，升叙萬人，三返而罪人竟逸。嘉靖初，思、田之役以勦始，以撫終，至今爲諸夷借口，兹其大致可睹已。諸帥固庸，衆人臣等三五書生耳，其智略、才力不及古人遠甚！乃兵纔逾二十萬，進兵纔逾百日，費纔二百萬，而幸成功，此非臣等之力，皆由我皇上神武獨斷，委任不疑用，使文武同心，將士效死，爰有成績。臣每誦詔旨，即十行之札，萬里之外往往瞭於指掌而析於毫毛，輒沾沾自得以爲賊平矣！已戰勝於堂上矣！夫淮、蔡之平，直須一斷，何况聖朝廟謨洋洋若此哉！

——（嘉慶）《仁懷縣草志》之《藝文》，載《中國地方志集成·貴州府縣志輯》，第38册，29～34頁

播地善后事宜疏　李化龍

查該州地鄰三省，然楚止偏橋，路通一綫。蜀與黔蓋無所不接壤。夫蜀無藉於播，黔，瘠壤也。若乘此時而割播以附黔，則於蜀無損，於黔有裨。且臣等别疏，又請以楚之四衛并割附之，從此黔省幅圓待與十二省比長絜大，甚爲長便。但盡屬之黔，則地方千里，諸凡締造，勞費尚多，亦黔所不能堪。因議設爲二府，分隸黔、蜀，庶建邦啓土，各自經營，成聚成都，指顧可就。皇上廓清之績，既已盡被於三藩，而帡幪之仁又復再造於黔土矣。除寬脅從、撤兵馬、招流移、厚賑恤、抑兼并、靖横恣等項，凡明旨所叮嚀，而兵部所條議者，俱以陸續舉行，尚有後開款目，謹集衆思，列爲十二事呈覽。

一、復郡縣。播州，南極牂牁，西連僰道，漢唐改爲郡縣，在川、貴之間，亦一都會也。至唐乾符間，陷於南詔，楊端取而據之。今逆酋既平，相應改土復流，以變夷俗。及照播州白田壩沃壤數百里，即播州遵義縣故地，當復府治，設縣附焉。桐梓當綦南之衝，走川、貴道也，舊爲夜郎縣故地，當復一縣。望草南接婺、思，北達真、涪，爲綏陽縣故地，當復一縣。仁懷濱播枕永、襟合帶瀘，爲懷陽縣故地，當復一縣。真州即古珍州，川原平衍，商販周游，應復一州。以上俱隸川省統轄。黄平爲川、貴要區，舊設撫苗通判一員，列銜重慶，駐鎮彼中，其與播勢相控馭，并爲重地，應設一府。湄潭、龍泉，地里廣邈，各應建設一縣。甕水、重安合設一縣。餘慶、白泥合設一縣，并草堂、容山二司，應割隸各縣。以上地方去黔甚邇，相應改隸貴州統轄。總計增府二、州一、縣八。蓋亂流初殄，地闊人稀，姑建數城以爲繫屬，以後地闢民聚，無妨增設其二府治與附郭縣，分正、佐首領，各應照例，全設外州縣正、佐首領，俱應量減。

一、設屯衛。播州，地方千里，山川險惡，夷、漢雜居，又逼鄰二大土司，時有啓疆之志。必須設官軍、建屯衛，以明居重馭輕之勢。因設一衛於白田壩，與府同城，指揮使一員、同知二員、僉事二員、鎮撫一員、經歷一員、知事一員，所屬前、後、中、左、右五所，每所正千户一員、副千户一員、百户四員，所軍各一千，共五千。衛所官於從征有功者酌量升授，不足者於鄰近願入者調取移實之。其邊隅逼鄰土司，地方各設屯田，每軍照祖制二十四畝，再加六畝爲冬衣、布花之費，其三十畝自種自食，不必納糧於官，又復領出，紛紛滋弊。各開屯處，除養屯軍之外，餘田仍照民地起科，上納本折於各州縣，爲衛官俸廪及不時軍興之用。每年孟冬、仲冬、孟春、仲春農隙，各屯官時加操練，又以十月、二月望日齊赴兵備道，大操三日，驗其武藝、較其强弱而明賞罰焉，老弱者汰之。一屯老弱多者，并革其官，軍田即另募壯丁補伍，庶軍得實用，异時即募兵散盡，此五千軍與主兵三千，自有八千可用之兵矣。

一、設兵備。播地三面環夷，干戈甫戢，當此經綸草昧之始，設立有司，可以招撫流亡，或未能長駕遠馭而圖久安。布置將領，可以備禦倉卒，或易於生事徼功而開邊釁。欲以内修戎備，外懾夷心，整肅群僚，畏服衆志。爲地方長久之計，必設分巡兼兵備官一員，於播州白田壩新建府城駐劄，專一整飭。新復郡縣并重慶衛，忠、黔二所，永寧、酉陽、石砫、平邑等土司兵務，兼理有司、錢糧、獄訟。其重慶府巴縣、綦江、南川、涪州、武隆、彭水，切隣地方，悉聽管轄，以便行事。黄平新設一府四縣，雖割屬貴州，但人心初附，田土界連，與貴州水西宣慰司并聽兼制。

一、設將領。播淪於夷，閲八百餘年，風俗獷悍、法令扞格已久。今地雖蕩平，而逋孽潛藏，漢、夷錯雜，招苗樹黨，越界侵田，時所必有。今議播州留兵一萬，黄平留兵三千，粗足防守，然必得一大將鎮之，始可無事。查得先年克平九縣，議留總兵一員，鎮守其地，今建武視播稍緩，即一參游足領之，合無將軍門標下添設練兵游擊一員，改駐建武防守。原設總兵，移鎮播地，應留各兵挑揀家丁三千員、馬三百，内標、下標兵家丁二千七百、馬二百七十，以坐營千把總領之。兵道員下家丁三百、馬三十，以中軍領之，有事俱聽總兵提調，名爲正兵，此外兵七千，酌量分布於白田壩、真安、桐梓等縣播川等邑防守。内以一游擊領三千，以二守備各領二千，各用千把總分領之，有事争戰，無事即爲築城鑿池。建郡縣、修郵驛之用糧銀照依舊例支發。徐俟建置竣工日，除家丁三千、馬三百外，餘軍以次議撤，有願附籍當軍及民當差者，聽千把總，俱於附近衛所官内選用。其黄平留兵三千，仍設一參將領之，總聽防播總兵節制。

一、丈田糧。環播幅員千里，田地無慮數千萬畝。舊時額糧止歲以五千八百石輸貴州，蓋蠻方賦税原輕。至應龍巧立新法，名曰等□，每田一畝，徵銀數錢。初猶斂其財以招苗，後并奪其地以養苗，而賦法蕩然盡矣。今既改流，自當責成道府親率州縣官定疆界，沿坵履畝，逐一丈量，分爲等則，造册呈報，以定賦法，額糧輕重，蜀無定規。查克平九絲丈量田地，分别上、中、下三等，每畝上田四升、中田三升、下田二升。播地山水間雜，不止三等，尚有上上、下下者，宜逐項分析，最上者一畝可當上田幾畝，最下者幾畝可當下田一畝，則待臨時酌定，難以預計。丈完總計田地若干、糧若干、徵本色若干、折色若干。俟二年之外起科，除足一年夏秋二税、銀力二差一切雜費外，餘解布政司充邊餉支用。

一、限田制。播土舊民，自逆酋倡亂，大兵征討之餘，僅存十之一二。遺弃田地多無主人。册籍不存，疆界莫考。復業之民往往冒認影占，原少報多，原瘠報肥，甚至一人占田一二千畝，尚有异省流徒假播籍而希冒占者。今應將播之舊民號楊保子者查果，真的無論原業肥瘠，俱人給田三十畝，上、中、下攙配均給。若一處皆上田、皆下田者，臨時酌給。大率純下田多不得過一百畝，純上田不得少過二十畝。其原非播民，凡不能爲楊保識者，無問曾否寄住，皆不得妄認。遺下無主民田，另行招人承種納糧。當差應龍官庄并楊兆龍、田一鵬、何漢良等諸擒斬過有名頭人，庄田盡數没官，聽三省之民願占籍播州者承糧。其領田之人，查照時值量行上納，以充目下建立城池、衙門、驛傳諸費，亦定爲限制，平人不得過五十畝，指揮千百户不得過百畝，俱於丈量時定糧、定價，令不得那移。州縣官收，過絶産價值，給付印契，登入循環，聽兵備道稽查，轉報撫按查考，官吏乾没從重治罪。

一、設學校。播故有學，宋元之世，俊茂朋興，如冉從周、猶道明、白鎮之流，俱登進士，蜚聲上國。自逆龍禁錮文字，寇仇儒生，坑儒燔書，禍同秦始。今干戈既戢，文教宜先。白田、黄平舊有學宫，補葺亦易，應當於二府原學各補教授一員、訓導二員。至博士、弟子員，無論附郭外縣，但入學使之選者，蜀新四縣隸白田學，黔新四縣隸黄平學。待各縣人文漸盛，物力稍紓，嗣各立學未晚。真安既改爲流，其地方殷富，人物頗華，亦須建一學宫、設一學正以示維新之化。

一、復驛站。播州各驛，自逆酋閉關負固，驛官不敢赴任，過客不敢經行，站户逃徙，舘舍丘墟十數年矣。兹者地方底定，道路大通，驛站之設，勢不容已。查播州舊轄松坎、桐梓、播川、永安、湘川、烏江、昌田、砂溪、仁水、湄潭、鰲溪、岑黄、白泥一十三驛，俱當川、貴孔道所有，各該驛舘應趁時興工，合用匠役，亦於兵夫内查有慣造者，徑撥不足者，於附近州縣取用，工食銀米計算於該邊支剩軍餉内動支。仍責成新設府佐一員往來稽督，不許虚買錢糧，曠廢時日，事完册報。又查各驛夫，馬支應及官吏俸薪舊額土司供辦，今既改土設流，似應與腹裏驛站一體僉派，但流民授田方始難便，買馬行差目前一切站銀，暫令官爲出辦，俟里甲稍定，即行編派。至夫馬額數，應照衝僻爲準。湘川驛附郭爲四路最衝，應設馬四十匹、夫八十名。松坎、桐梓、播川、永安四驛地衝路險，應各設馬三十匹、夫五十名。烏江、仁水、湄潭、岑黄、鰲溪、白泥各驛俱次衝，應設馬各二十匹、夫各三十名。昌田、沙溪止通水西次僻，應設馬各十匹、夫各二十名。各驛官見在者行令赴驛任事，驛吏因屬土司舊未撥發，今應行川、貴兩省布政司照缺查撥。

一、建城垣。播州一府一州四縣，與黄平一府四縣并改築石城，石少者以磚代之，其兵備道、總兵府并府衛州縣衙門公署、倉厫、庫獄、城隍廟、演武場與二府一州儒學文廟、殿廡、齋舍等項，俱當以次備舉。而各官一抵地方，棲身爲急，衙舍之建，尤宜首圖。各府州縣正官選委勤敏佐貳於堪，動銀内行支，克期興工，多方稽督，大約城垣以歲辛丑二月内起工，限年終落成，餘各以次備舉。就中員役有怠惰冒破，工力草率者，俱聽該道詳參，挐究事竣之日，造册報撫按衙門奏繳，庶險要可資，防禦有賴。

一、順夷情。播州皆夷也，大兵之後，爲賊用力者，芟夷蘊崇，已無遺種。今見在者：曰各司土官、曰七姓奏氏、曰投降夷目，皆宜安插得所，顧就中情事不同，亦宜分別，如八司，曰播州、真州、白泥、餘慶、草堂、黄平、重安、容山内安撫二、長官六。又一司甕水原無印信，亦稱長官。又有宣慰司同知羅氏，此皆世有官號、與播并建者。播州長官王積仁，以附播被擒獻俘，與楊氏俱滅。真州附播多年，綦江之破，助兵三百，著在耳目。同知羅氏與江外五司具疏改流，挑怨速禍，至有今日之事，海内震動，流血千里，則諸司者罪之魁也。故説者謂真州宜正其附播之罪，江外諸司宜以起釁絶之第，王道如天，罰宜從輕，賞宜從重。真州當進兵之初，率先歸附，正、副長官各以千人從軍，江外諸司各招兵聚義，充黔楚鄉導。合將真州長官即爲該州土同知，副長官即爲土判官，江外諸司安撫與正長官即爲該縣土縣丞，副長官即爲土主簿，同知羅氏爲新府土知事。此外尚有投降夷目，原非長官，本無冠帶，但賞格曾坐名開諭，輒爾先事歸誠，亦宜少示眷酧，以明恩信。如上赤水里頭目袁年父，遭酷禍，投降最早，宜授以所鎮撫職銜。下赤水里頭目袁鏊仁、懷里頭目王繼先、安羅二村頭目羅國明、羅國顯、安鑾以上五名，念其返誠歸正，量授冠帶總旗，諸人田産止將本身者，照册撥給，應納税糧，通附州縣官處上納。其餘里人俱令附籍、納糧當差，不許仍以家人爲名，恣行霸占，違者治其前罪。至於七姓奏氏，始助楊氏之惡，繼傾楊氏之族，尤爲禍首，今蒙王仁寛宥外，如仍蹈故習，豪横害民，該道徑行拿問發落，地方人民指稱前事告害者亦如之。

二、正疆域。播地東北接連三省，縣衛各有疆界，無容溷淆。西南左接水西，右逼永寧，雖犬牙相攙，未能齊一，然畫野分疆，亦自有相沿界址。惟是夷性互爲雄長，强則侵凌，弱則減削，甚至有一地而甲乙互臨，一人而齊楚兼事。如儒溪、沙溪、水烟、天旺皆播州五十四里之數，見有黄册可考。緝麻山、李博埡、仁懷、石寶、甕平等處亦皆播州世業，衹緣先年楊氏中衰時，曾爲永寧、水西侵占，後應龍當事，治兵相攻，恢復故業，各邊目又已任其糧馬，兩下支持，此在土司可略。今既改土設流，自宜各復其故，乃水西止求清查，永寧輒行瀆擾，且動以瓜分爲言，罔上行私，垂涎占業，應行該道會同鄰近道分及早清查一切。相隣地方原係播者歸播，原係永寧、水西者歸奢安，刻石立碑，永爲遵守，其鄰邊目把如不安分、義安肆争，侵重行究治干礙土官一并參處。此疏從《四川志》中采入，叙播中善後事最爲詳悉，但前書十二條，後止列十一條，且文勢尚未收束，疑有脱簡，别無書可查，姑仍之。《貴州通志》。

——（嘉慶）《仁懷縣草志》，載《中國地方志集成·貴州府縣志輯》，第38册，34～39頁

夜郎考 靖道謨

……隋《地理志》有牂柯郡，復有牂柯縣，而夜郎之郡縣皆無。梁、陳、周書俱不志地理，遂不知廢自何時也。唐以隋牂柯郡之牂柯縣置播州，而縣有三，夜郎之名……長安四年，以龍標所析之夜郎置舞州。天寶元年，更縣名爲峨山。龍標之夜郎當今黎平、鎮遠之間，夷州之夜郎當在今石阡、思南之間，珍州之夜郎則今遵義之正安州桐梓縣矣。巫州、夷州之夜郎或廢或更名，珍州之夜郎置之最後，而自唐迄宋名未嘗改。於是人止知播州之爲夜郎，而亦不復知夜郎之大矣。

——（嘉慶）《仁懷縣草志》，載《中國地方志集成·貴州府縣志輯》，第38册，40～41頁

（嘉慶）桑梓述聞*

唐，朗州改播州。按：太宗貞觀元年以牂柯縣置朗州，析置恭水、高山、貢山、邪施、柯盈、釋蘢六縣。十一年廢。十三年復置，州更名播，縣則改恭水曰羅蒙，高山曰舍月，貢山曰湖江，邪施曰羅爲，柯盈曰帶水，釋蘢曰胡刀。十六年更羅蒙爲遵義，以廢牢州之芙蓉、琊川來屬。顯慶五年，省舍月、湖江、羅爲。開元二十六年，省胡刀、琊川入芙蓉。元和二年，置黔中采訪使。又按：舊地名之存者，惟遵義一縣，先爲恭水，繼爲羅蒙。其胡刀、琊川即今施秉江外偏刀水，則初置之釋蘢，後屬之芙蓉，宜皆施秉地而古亦屬於遵義。其餘古今异名，不可復考，要不離乎播州云。

……

（明洪武）十七年，授甕水爲長官司，改草塘長官司爲安撫司，仍隸播州。（明）神宗二十八年平播，以二司及平越右所乾平堡地設甕安县，隸平越府。

——（嘉慶）《桑梓述聞》卷一《方輿志》，載《中國地方志集成·貴州府縣志輯》，第24冊，第455頁

明

郭子章，字相堂，號青螺，江西泰和人，隆慶辛未進士，神宗二十七年巡撫貴州。歷十年，習知民隱，凡所設施，永垂利澤，尤善獎拔，士類經其品題，卒成名士。著《黔書》若干卷，經濟卓然。先是播州楊應龍拒命，屢征不克，宵旰拊髀，廷臣交薦。子章匹馬入黔，增兵餉，扼要害，立賞格，士氣百倍。韓《志》、《通志》同。與督臣李化龍等共平播州，公遂經理其地，增補爲平越等郡縣，筑城設驛，爲功最深，至今頌其勛庸，比之諸葛武侯云。

——（嘉慶）《桑梓述聞》卷六《官師志》，載《中國地方志集成·貴州府縣志輯》，第24冊，第518頁

---

* （清）傅玉書撰：（嘉慶）《桑梓述聞》，載《中國地方志集成》編委會編：《中國地方志集成·貴州府縣志輯》，巴蜀書社，2006年；（清）傅玉書：（嘉慶）《桑梓述聞》，1963年貴州圖書館據光緒戊戌年（1898年）程番傅氏家藏刻本複制。

草塘司土縣丞宋氏，其先真定人。……又按：貞觀中，改牂牁之且蘭爲播州，未詳地屬誰氏。乾符初，南詔陷播，太原楊端應募，復其城，歷五代、宋、元，世有其地。明初歸附，置播州宣慰使，領安撫司二，曰：草塘口、黄平。而草塘安撫有宋韜、宋淮，并見《明史》，或京陽之裔，支庶分處于此，後以附近屬播亦未可知。……明初同播州歸附，世爲安撫。（明）神宗時，播酋楊應龍逆命，土司宋世孝自拔助順，播平置遵義、平越二府，設甕安縣于平越衛右所之乾平堡，以草塘、甕水二土司地歸焉，乃改授世孝世襲土縣丞。世孝卒，子德遠襲。德遠卒，子時昇襲。順治十五年，王師定黔投誠，仍舊職。時昇卒，子運鴻襲。運鴻卒，子昌前襲。昌前卒，子承烈襲。乾隆初，坐事革黜昌前，弟昌□子承勛襲。承勛卒，子璡襲，以事勒休，子遵仁襲，與知縣董梁構怨，持其短長赴部訐控不得，直坐滋事，遷徙停襲。

甕水司土縣丞猶氏，其先長安人。唐乾符二年，尤崇義以都總管征南，克平，留鎮其地，後調征黄巢，戰死。子朝覲，復以功授播州蠻彝長官司。裔孫道明舉宋熙寧辛丑進士。（明）神宗以尤悔字不佳，命易尤爲猶，屢傳至士原，明洪武中歸附。按：唐僖宗乾符初，南詔陷播，太原楊端應募，復其城，後遂世有其地。崇義征南之功，當即同在此時。而韓《志》并係之朝覲，蓋未詳考其宗《圖册》也。然明初楊氏所領長官司六，曰真州、播州、餘慶、白泥、容山、重安而無甕水之名，豈今者异名耶？考洪武朝所賜猶士，原敕云："特授承直郎播州宣慰使司蠻彝長官。"則猶氏即播州長官，乃韓《志》與《圖册》俱誤以士原爲仕源，豈御敕反不足據耶？其播州名與楊氏同者，如成都府屬成都縣反在華陽之次。其以長官係之宣慰者，如府州係之布政司耳，而猶氏遂直以爲宣慰使，則又誤矣！至甕水之名竟不知所始云。從征苗，以功加授安撫司。（明）神宗二十八年，播酋逆命，大兵會剿，士原裔孫鶴率族衆協濟軍需，播平改授土縣丞，以故地先爲楊氏侵據，遂并草塘司地歸之甕安縣。鶴卒，子國柱襲，（清）順治十五年，本朝平定黔南，投誠，仍舊職。國柱卒，子登第襲。登第卒，子天成襲。天成卒，子賜璠襲，（清）乾隆初，坐事黜，弟賜璵襲。賜璵卒，子純仁襲。純仁卒，子懋賢襲。

——（嘉慶）《桑梓述聞》卷六《官師志》，載《中國地方志集成·貴州府縣志輯》，第24册，523～524頁

明

宋世臣，草塘安撫，世孝從弟，慷慨好義，嘗傾資佐人急。時播酋楊應龍方横，所屬諸土民苗咸被其毒，世臣與黄平何恩、羅承恩謀發其僭逆狀。會應龍妻張氏爲妾讒殺，其叔時照欲爲鳴冤。世臣遂資之入都上變事，雖命勘，而黔蜀异議，撫剿迄無定局。應龍遂反，詷執世臣等于偏橋囚之，播平，乃得釋。然始發逆謀者，世臣力也。事見《明史》。

——（嘉慶）《桑梓述聞》卷八《人士志》，載《中國地方志集成·貴州府縣志輯》，第24册，第533頁

宋

猶道明，字行之，播州人，即長官之子，從父朝京師，遂入太學，肄業數年，學成舉進士。本姓尤，及奏對神宗，謂尤悔字不佳，賜姓猶氏，授校書，後仍襲世職，文采爲播州稱首。

——（嘉慶）《桑梓述聞》卷八《人士志》，載《中國地方志集成・貴州府縣志輯》，第24册，第538頁

猶士原，其先長安人，世爲播州土司。至士原尤善撫民，彝宣慰楊鏗亦敬信之。洪武定鼎，贊鏗奉朝命。（洪武）十七年二月二日，帝賜之敕曰："自古帝王之治天下，遠人慕義則爵賞以榮之，其頑慢不率則兵刑以殄之，所以勸善懲惡，遐邇咸安也。爾猶士原世守夷甸，當朕統一之初，克贊宣慰楊鏗，遵我聲教，撫安民人，已有年矣。今特授承直郎、播州宣慰使司蠻夷長官。嗚呼！惟誠可以事上，惟信可以守土，惟敬可以宣化，惟仁可以撫衆，往慎乃職以稱朕意。欽哉！"旋以征蠻功進秩安撫。

宋韜世爲草塘安撫司，骨鯁有節概。成化中播州宣慰楊輝驕縱，諸長官率唯諾，張淵尤阿順之。輝溺庶子友，欲廢嫡子愛使有〈友〉承襲，韜獨持大義不可，事遂寢。

宋淮，草塘安撫，有才略。以（明）孝宗朝奏凱口爛土苗婚于凱離，草塘諸寨陰相構結，誘山苗爲亂，乞敕宣慰楊斌歲巡邊境。會湖廣鎮巡官撫處，議雖格，然其後諸土司屢相仇殺，人以淮爲先見。盡諷朝廷以邊事責斌不，使其高卧縱亂也。以上見《明史》。

——（嘉慶）《桑梓述聞》卷八《人士志》，載《中國地方志集成・貴州府縣志輯》，第24册，第542頁

宋士孝妻安氏、猶鶴妻□□。夫并爲土縣丞，時值播酋拒命，所屬諸司不從者，率被荼毒。世孝、鶴俱效順中朝。安氏、□氏各歸母家，脱簪釧以佐軍。

——（嘉慶）《桑梓述聞》卷九《烈女志》，載《中國地方志集成・貴州府縣志輯》，第24册，第552頁

開平越新疆疏　郭子章

題爲播地蕩平，經制未定，謹陳善後切要事宜，伏乞聖明采擇，以永莫遐方事。

據貴州布政使司趙健、按察使司署印副使韓光曙呈稱前事，該臣看得播未平之先，急在征討；播既平之後，急在經理。征討者，矢在絃上，不可不發。經理者，鹿在園中，不可不緩。仰誦明旨，一則曰：牽累的都免窮治，流移的招他復業，還與優加賑恤，以安新定地方。一則曰：招撫流移復業，毋令豪强冒奪大哉！皇言明見萬里，恩加入番，所以安集

鴻雁於澤,休息鴛鴦於梁者,靡不周且詳矣。

臣等仰奉綸音,宣導德意,與經理諸臣上自道府,下至丞慰,亦至於、再至於三矣。顧經理之節目甚瑣、甚冗,而其體統在官與民。土官曰:先人歷代遺土,新官曰:朝廷業已改流,柄鑿不相入而互相持。舊民曰:此吾世業而偶失之也,何知新民。新民曰:汝罪人幸而脱及者也,何得復戀。熊虎各相噬而勢相戕,甚至新官與新民依倚,土官與舊民連結,各恃衆怙力,將人人棋峙以觀成敗,此體統之難正也。築城垣於豺虎之穴而獷悍不可使,度田土於荊棘之中而尋文不可核,建學校以化彝而口舌紛紜,徵糧馬以急公而支吾推調,開道路以通商而戎賊奔伏。物力詘而無以應多役,糧餉殫而無以張兵威,捉襟則肘見,調宫則商亂,甚至謂改土徒勞,不如還蜀,此節目之難經理也。

臣與督臣、按臣會議,諭諸經理、司道府官,凡教在初而禮爲始,暫給土官冠帶劄付,引於繩之内,決定與縣令迎送接見儀節,委以職事,稽其勤惰,毋令軼於繩之外,而官志始定。查舊田有憑者,還舊主;查逆田入官者,給新民,俱不令入價而責其納租。土著子弟稍通者,令之入學,青其衿,毋左其袵;新民子弟即平通者,止令寄學,不許觀場,二十年後始令赴試,而民志始定。體統既定,漸議築城垣。首砌龍泉,次砌甕安,又次砌餘慶、湄潭,又次砌平越、水城、黄平州城、銅仁縣城,又次修銅仁、平越府城,新添、龍星衛城,又次築平越行府、銅仁營堡,而城垣舉矣。即不敢謂金湯足恃,而三版安堵,千里聯絡,實空虚之地爲扞蔽之資,脱有虞民亦可倚而宁也。乃漸議度土田,起科糧馬,丈出田地一十九萬四千畝有奇,歲徵銀一萬五千六百有奇,本色米四百有奇,雖比之遵義不及十之一,而在黔中稍稍成聚,即一郡一州四縣官員之俸薪,道路之夫馬,早快之工食,踐更之戍餉,僅侄取給焉。又漸議建學校,則改平越衛學爲府學,以黄平州學附於平越府學,土著、新附之子弟肄業有地,變椎髻爲絃歌,柔靡莫而詩書或者其藉此乎!又漸議開道路,則圍聚哨兵,建立鋪舍,修飭候館,滇楚賓旅亦稍出於途,迴視豺狼當道、荊棘塞路之時,則有間矣。蓋自播平至今已歷四年,各官經理亦逾一載,城市鮮犬吠之驚、叢祠罷狐鳴之盜,是皆我皇上天威,遠暢大惠,廣敷古今。今夜郎、牂柯驚鳥獲安,平江、湄水窮魚復樂,豈臣等區區智力所能辦哉。第二、三營造拮据之臣,其勞亦有不可泯者。謹將各府州縣築完城垣公署、丈完田地糧,則并户口册籍上塵御覽。

請設府州縣疏略 郭子章

播州之地,東西相距二千餘里,南北相距二百餘里。雖云慼國,亦係樂土。今議改流,東西可設二府,每府各設二三縣。播境原屬四川,與貴州鄰,二省界限原自分明。至論建置,大概臣意自沙溪以至白坭,當以烏江爲界,設一府於白田壩,而真州、婁山、松坎等處,可爲三縣。黄平在元已爲府矣,當設一府於黄平或平越。而餘慶、白坭二司,可爲一縣。甕水、重安二司,可爲一縣。此沙溪、白坭一帶之大概也。自白坭渡江至婺川縣,以三渡、板角、苦竹三關爲界,其中漢人、苗彝田土雜錯,惟湄潭可縣,龍泉可縣。龍泉土官安民志陣亡，其子尚幼，其印已失，土地已爲楊賊踐躪，合無將龍泉改建一縣，增置城郭，而以安民志之子世爲土縣丞，以爲死義者勸，其祖職長官世爲土主簿，此則思、石一帶之大較也。第播州之名，其來已久。播之爲字，番之有才者也。以故應龍阻兵，崛强獷戾，竭四方之力，僅乃克之。夫南越破而聞喜建，吕嘉得而獲嘉名。龍州平改爲龍安，九絲夷更名建武，即播州納土於宋，亦改名遵義。計廟堂當有定謨，竊謂播之名，似宜更易也。此疏上下部覆請詔設平越軍民府，黄平州，甕安、餘慶、湄潭、龍泉四縣，而分界稍有出入云。

請設學議 曹昌期

爲詳請設學事，照得卑縣本古西南夷境，於唐曰播州。自楊氏世守以來，佐其啓闢者，既多來自西北，而遠近之人貪其僻遠，土曠人稀，多可墾闢，貨物少至，則貿遷利倍，以故耕者貿者往往由楚、蜀來。而守土者内則朝貢京師，外則撫馭夷衆，奏牘條教不能不延禮文士，故諸苗雖仍獉狉之俗，而占籍者則漸染華風，是以宋時即有舉進士如猶道明者。而前此楊氏少長争襲，安撫宋韜亦能持議侃侃。近自神廟削平僭逆，改土設流，以草塘、甕水二司地設縣，諸苗經兵火之餘，了遺無幾，由是三楚、吴蜀之人來者蓋多，而建城之地爲乾平堡，本平越衛地，其先漸於文教者又百餘年。乃自建置之初，人士應試附於黄平，尚無定額，廩缺只七名。數十年來，人文日起。天啓辛酉，縣人朱應徵、葉應甲并領鄉薦。今上庚午丙子，宋世裕、猶登元、林之平等又相繼獲雋，境内現在家絃户誦，争自濯磨，仍令附於黄平，則師長既不能就近訓課，而額少人多，亦未免有遺佚之歎。竊維憲臺以敷宣德教爲任，陶育士類爲心。若奏請設學，廣其額數，則多士更當鼓舞興起，以副厚意矣。

——(嘉慶)《桑梓述聞》卷十《徵文志》，載《中國地方志集成・貴州府縣志輯》，第24册，555～557頁

代邑令復詳請設學議 商澤深

竊照學校之設，非獨培養士類，爲國家儲才之地，亦所以褒而异之，使爲四民倡，率於治道，所關非小也。故名都大邑，舊稱人文淵藪者，學額必廣固，欲其無遺才矣。而新設之州縣，雖士類尚少，亦必漸次設學，誠欲使人知明理向義而入於學者之可貴也。甕邑雖播州之境，草塘、甕水二司子弟舊知向學，且自楊氏播虐，二司奉守朝命，爲彼所忌。境内苗民漸被蹂躪，十存二三。改土設官以來，楚、蜀、三吴之來家者，十室而九矣。故自前明時，登鄉薦列，成均入仕版者，已不乏人。而前令邢以踐通詳撫按，奏請已有設學建官之議。國變之後，永明□越孫帥專擅，縣境人士舊附黄平州學考試者，十餘年中，久已無人。固緣兵燹頻仍，不暇絃誦，亦以順逆未定，有志者不欲爲之用也。兹王師南征，黔疆底定，而執事首應，簡命文教是宣十餘年，鬱積之士氣踴躍争先，非獨宜設學以章作人之化，亦且宜廣額以快觀光之情者也。

——(嘉慶)《桑梓述聞》卷十《徵文志》，載《中國地方志集成・貴州府縣志輯》，第24册，第560頁

宋將軍傳　蒙珍

宋將軍名民倚，其先爲太尉景陽。宋開寶中爲寧遠軍節度，黔、粵皆其所轄，子孫爲宣慰宋氏。而將軍之祖爲草塘安撫，佐播州宣慰楊氏，不知始自何時。明洪武中效順，仍舊職，曰韜，曰淮，皆著聲中朝，蓋安撫寧遠之支，而將軍又安撫之支也。少讀書，多技能。及長，通兵法，善刀槊，以勞績爲軍官，戰比有功，與士卒同甘苦，得其死力，又能出奇制勝。值黔苗屢叛，將軍積功，屢遷至新添參將，常解黄平之圍，兼衛鄉里、州邑，人皆德之。在軍中，步伐整齊，政令嚴肅，人莫敢犯。然不輕戰，戰必勝，罷則椎牛饗士，與僚屬習射，飲酒賦詩，有雅歌投壺之風。時黄平指揮李朝陽亦能軍，黔中名將并稱宋李。云及中原失馭，孫李之徒由蜀入黔，所至焚掠，民死者相枕藉，武弁望風摧陷，甚者受其鞭策驅役，惜乎二將軍皆前死矣，不然當不至糜爛若斯之甚也。將軍子某某官，孫幾人，詳其家乘，不具論。自平播後，安撫納士，設縣改土縣丞。我朝定鼎，以效順仍世職，而將軍之子孫彬彬多文學之彦，于同年生如嵩其一也。

——(嘉慶)《桑梓述聞》卷十《徵文志》，載《中國地方志集成·貴州府縣志輯》，第24册，568～569頁

甕安縣賦　傅龍光

維甕安之始建，自前明之中葉。既克亂於播酋，爰啓疆於黔服。割三管而餘慶開，以白泥等三土司地爲餘慶縣。合五司而黄平設。以黄平安撫及重安等五土司地設黄平州。遠縣接於湄潭，列郡隸於平越。惟兹縣境，實播之餘慶。甕水長官，來從唐世。甕水司猶氏，長安人，以唐乾符中與楊端同應募復播。草塘安撫，肇自宋初。草塘司宋氏，其先由宋景陽於宋開寶中爲寧遠節度使，後世襲宣慰，與安氏分處水東、西，而草塘乃其支屬分隸播州者。或以長安之豪，共披荊棘；或以寧遠之裔，分莅邊隅。世爲播州之佐，上通王會之圖。及夫楊氏構亂，安忍阻兵，敢方朝命，虐乃邊氓，嘉二司之知義，乃自拔而歸誠。彼草薙而禽獮，此綰綬而簪纓。錫爾世丞，二司皆改授土縣丞。遂納其土，乃築我城。乾平之堡，乃疆乃理。於時廬旅，蓺我黍稷，穀我士女。亦有舊民，華風再睹；亦有新遷，謂此樂土。相友相師，乃庠乃序，載耕載讀，如鼓如舞。毋曰縣鄙，厥封式廓。釐爲六里，首曰附郭。右所之地，久歸疆索。乾平堡本爲平越衛右所。風教所漸，樹之矩矱。花竹九泉，清阬一壑。甘澍所興，豐年是籲。仙橋雁齒，龍池乳酪。旗山雙開，群才振作。草塘之里，其壤寬平，連岡疊翠，曲水流清，岩印龍影，石符雨晴。皆在草里。瀑飛素練，地名飛練。壁峭金城，即萬文山。言鐘其秀，載毓多英。乾溪荊竹，迄於牛場，亦安撫地，接乎衛疆。乾溪、牛場二里，皆在城東南荊竹里，在城西南皆與平越衛舊壤相接。雲霧名山，鬱鬱蒼蒼。在牛場里。犀潭碧水，停蓄汪洋。在乾溪里。藍家古關，都凹名岡。皆在荊竹里，都凹水即牂柯之源。牂柯之源，班史所詳。玉峰吐華，月池舒光。玉華

峰在城西三十里之間。三鄉之秀，半於郡庠。蜚聲馳譽，紹美前良。三里之士以近郡，多入郡庠者。甕水之地，厥名江界。烏江所經，衆流所匯。文筆插霄，懸流下瀨。其聲震天，大觀斯在。人文之興，於今未艾。履我四境，山高水長。厥土之色，赤埴黎黄。多黍多稌，宜稻宜粱。二麥三豆，葱韭芥薑。蔓菁萵苣，葵滑蘇芳。菠芹馬齒，薺蕨鱼蕺。鴟薯赤白，瓜壺矩長。酥麻巨勝，鶯粟芥子。酢取其油，以調甘旨。棉花苧麻，可縷可布。織繭爲紬，禦寒有具。嘉果在園，喬木連岡。碧杉文梓，松柏椿楊。可棺可椁，可柱可梁。櫻朱梅青，橘緑橙黄。枇杷桃李，來禽梨棠。桃胡桃栗負甲，柑柚含漿。槐梔染色，梫桂飄香。桐菜柏漆，膏液之良。或用以飾，或希其光。棕取皮毛，蓑席用張。柞櫟之屬，樵薪是將。芍藥牡丹，百花之冠。龍爪攫拏，雞冠璀璨。玉簪條條，翦羅片片。繡毬紛蕤，寶珠絢爛。秋菊春蘭，君子是玩。楊柳垂絲，緑竹抽箭。維竹之屬，其名孔賾，大者爲輿、爲梘、爲桷，粗者爲笠、爲箕、爲索，精者爲床、爲筐、爲簣，小者爲竿、爲管、爲笛。既以制器，亦用佐食。惟筍之苦，味甘於炙。蜂蜜醲郁，蟻菌滑澤。紅土作繪，黑壤可然。慈烏喜鵲，健隼高鳶。勖我農功，布穀杜鵑。鵂鶹潛宿，鸓鳴倒懸。黄鸝百舌，鸜鵒能言。鵕鸃翡翠，草蟲繽繙，鷗鷺潔白。鸕鶿饕貪及彼，鳭鸛越在河干。竹雞鳧鴿，佐我盤餐。畫眉鵪鶉，以鬥爲歡。鱗屬之大，惟鱧與鯉。若鱖若鯽，雖微而美。又有腴者，名曰桃花。鰍鱓雖夥，等於蝦蛙。獸之健者，赤豹黄羆。狐貉狸獾，以敵冰澌。麞麅羱羊，餚胾之資。元猿升木，有獺游溪。至於犬馬，猫犬豚豕。惟雞伏雛，鵝鶩亦爾。以祭以養，晏賓酌醴。以服以食，以禦奸宄。雖無珍錯，老可食肉。苟不號寒，何必綺縠。所勵在勤，所責在樸。庶幾近乎唐魏之俗，漢晉以前實爲荒服。雖有秀靈，於何鐘毓。唐始建州，尚曰草昧。後陷南詔，入於夷裔。楊氏有土，歷年八百。不舉於鄉，不升於國。然在宋時，已登進士。策名王朝，賜姓天子。曰猶道明，字子行氏。亦越明代，宋氏馳聲。曰韜曰淮，風儀彬彬。建邑以後，世有俊民。元胎吟我，厥惟儀型。處敦修謹，出爲循良。以永終譽，俎豆馨香。噬肯來游，别山開少。忠義文章，自他有耀。明失其馭，亂略繁興。四境之外，兵燹頻仍。民疲其役，士模其稜。惟彼先民，伏處幽陵。如魚潛淵，如鳥避矰。於皇清朝區宇既一，治化旁敷，賢才乃出，始闢斯土，曰郭曰楊。時惟陳牧，明我并疆，乃宣文教，趙公是彰。開學設校，曰田曰張。明師慈父，聲績相望。卧碑上諭，圣謨洋洋。烝我髦士，觀國之光。萬方既寧，上治既成。此邦多士，咸和其聲。鼓吹休明，黼黻昇平。小臣不敏，敢效嚶鳴。

——（嘉慶）《桑梓述聞》卷十《徵文志》，載《中國地方志集成·貴州府縣志輯》，第24 册，584～586 頁

花竹山有九泉，祈雨輒應。相傳播州未平時，泰和郭青螺赴都，於江上遇一舟，類達官者。投刺訪郭，郭視其刺，則龍某也。接見後，同至都。且訂曰："後歲君當撫黔，我家黔中花竹山九泉下，君不忘可相訪也。"後郭果撫黔平播，將設郡縣，躬相度至花竹山，詢

土人，果有九泉，問龍姓官，莫知也。公以爲隱士，入山訪之，半日無所遇。薄暮將歸，從人先行，公盤桓未忍去，忽有童子訝客。方驚訝，竹樹間忽現門第，龍姓達官已迎於門。公因造訪，設飲留宿，甚歡，不復計其從人也。從者遲公久不至，天已暮，秉燭往尋不可得，露宿山半。翼日，主人送客出門，已失所在，廨舍門垣，一無所有，惟竹樹而已，乃悟爲龍神。立廟祀之，此亦可齊諧之志者也。

草里龍馬塘，相傳播未平時，有駿馬嘗行山間，下飲於溪。天旱溪涸，跑沙以聚水。至今其處獨深，其上曰龍馬屯，此或人文之兆歟。

……

播州之平，李化龍爲主帥，諸將劉綎等八路進兵，其功次詳見《明史》，非青螺一人功也。然開設府縣，則自郭公始，故首祀之。其時佐之經理者，副使攝知府事劉公冠南，而吾邑承辦則知州攝縣事陳公廷範，此二公自當陪祀郭公之側。至歷任督撫司道，雖有惠政，然惠在合省，當於省垣祀之。封疆死義之臣，則當祀於忠烈祠，非一邑所宜私也。學使趙公龑始議設學，撫軍田公雯增廣學額，皆德在本邑，所宜祀也。

——（嘉慶）《桑梓述聞》卷十《徵文志》，載《中國地方志集成·貴州府縣志輯》，第24冊，586～587頁

(道光)安平縣志*

黄宇,由隆慶丁卯拔貢,中萬曆丙子科鄉試。好古力行,性芳品潔,一時稱爲“禮門先生”。初任雲南呈貢縣知縣,遷師宗州知州,再升廣南府知府,調廣西潯州府知府。所至培養士氣,移風易俗,政簡刑清。奉差敕封安南國王,賜監軍職銜。及至,先生和氣迎人,安南君臣大悦,敬禮有加。復命,敕建五膺坊以旌之,額曰“大郡名臣”。回籍后,適播州楊應龍反,敕監雲南、廣西兵,討平之,遂致仕。雲南師宗、羅平二州士民申請,從祀名宦,巡撫郭子章題奏,准祀鄉賢。見《盧志稿》及《黄氏家譜》。

——(道光)《安平縣志》卷九《鄉賢》,載《中國地方志集成·貴州府縣志輯》,第44册,第182頁

* (清)劉祖憲修,何思貴等纂:(道光)《安平縣志》,載《中國地方志集成》編委會編:《中國地方志集成·貴州府縣志輯》,巴蜀書社,2006年。

（道光）清平縣志*

河山地界，星辰天界，此言天所以必觀星也。清平，古播州域，史稱“西南夷”，天西南星不越参，井鬼并圖之，以備言天者。

——（道光）《清平縣志》卷一《輿圖》，載《北京大學圖書館藏稀見方志叢刊》，第 314 册，第 48 頁

清平在重山復嶺中，雖地瘠民貧，亦各有其土所宜之物以資食用，如稻、粱、麻、麥、杉、漆桐、茶，下及園蔬、山果，種類亦饒。宰兹土者，策民之力而厚培之，相土之宜而利導之，如播州種植蠶桑利甲，諸郡聲施遠矣！

——（道光）《清平縣志》卷一《物産》，載《北京大學圖書館藏稀見方志叢刊》，第 314 册，第 159 頁

郭子章，字相奎，號青螺，泰和人，隆慶辛未進士。萬曆二十七年，巡撫貴州。歷十年，習知民隱，凡所設施，利澤久大。尤善獎士類，經品題者，率成名宿。著《黔記》六十卷，建孫文恭公祠。先是播酋楊應龍作亂，王師屢征不克，天子拊髀，廷臣交薦。子章匹馬入黔，增兵餉，扼要害，立賞格，士氣百倍。興師百餘日，擒楊應龍，誅之，播州平。始經理播州爲平越等郡縣。未幾，忽有皮林之役，功與播州等。黔人戴恩，建生祠七所。三十五年，《陳情終養疏》九上，始得請。

——（道光）《清平縣志》卷三《人物·名宦》，載《北京大學圖書館藏稀見方志叢刊》，第 314 册，333～334 頁

凱里安撫司，太原楊端裔，歷傳至楊友，友傳洪，傳張明。正德間，撥歸貴州，屬清平

* （清）彭泰楠修，張東纂：（道光）《清平縣志》，載北京大學圖書館編：《北京大學圖書館藏稀見方志叢刊》，國家圖書館出版社，2013 年。

縣。數傳至楊國興,於國朝康熙四十五年因土酋不法案,改土歸流。

——(道光)《清平縣志》卷四《土司》,載《北京大學圖書館藏稀見方志叢刊》,第314冊,第475頁

凱里楊安撫司始末

凱里原爲播州地。播州在秦爲夜郎、且蘭地。漢屬牂牁。唐貞觀中,改播州。乾符初,南詔陷播,太原楊端應募,復其城,爲播所懷服,歷五代子孫,世有其地。宋大觀中,楊文貴納土,置遵義軍。元世祖授楊邦憲宣慰司。明洪武四年,平蜀,遣使諭之。五年正月,播州宣慰使楊鏗、同知羅琛、總管阿嬰、蠻夷總管鄭瑚等相率來歸,朝貢方物。仍置播州宣慰使司,領安撫司二,曰草塘、曰黄平;長官司六,曰真州、曰播州、曰餘慶、曰白泥、曰容山、曰重安。鏗、琛皆仍舊職,改總管爲長官司長官,以嬰等爲長官司長官。八年,鏗遣其弟錡來朝,賜衣帛。自是每三歲入貢,不絶。十五年,改播州宣慰司隸貴州。二十一年,播州宣慰使并所屬宣撫司官各遣子來朝,請入大學,帝敕國子監官善訓導之。永樂四年,免播州之荒田租。宣德三年,宣慰司楊昇賀萬壽,帝賞賜之。正統十四年,宣慰司楊綱老疾,以其子輝代。成化十年,輝有疾,命子愛襲。先是輝奏所屬夭壩干及重安、灣溪等寨屢被苗占據,乞令湖東會兵征之。命如輝言,敕都御史張瓚親至播州,督令輝及諸軍討平之。十二年,瓚議設安寧宣撫司,安寧,即凱里也。懷遠、宣化二長官司,建靖南、龍陽二堡,輝董其役。輝委黄平土司等分甓城垣,請撥播州操土兵八百人徙家屬守安寧,從之。時灣溪既立安寧宣撫,爛土諸蠻惡其逼,遂引播賊齎果等攻陷夭漂、靖南城堡,圍安寧。愛新襲,力弗能支,求援於川、貴二鎮,起輝再統兵剿之。十五年,貴州巡撫陳儼奏討,部議不准。二十二年,刑部侍郎何喬新以愛爲其兄宣撫所訐,奉命往勘,因奏友、愛兄弟相訐,兄禁爲便,從之。二十三年,喬新奏:"輝在日,溺其庶子友,欲令承襲宣慰,長官張淵阿順之,安撫宋韜謂楊氏家法立嗣以嫡,愛宜立。輝不得已,以職授愛,又欲割地以授友,設安寧宣撫司,以友任宣撫。輝立券,以所有金玉、服用、莊田召諸子均分之。輝汲,淵乃與友潛謀刺愛,不果,友遂奏愛僭擬謀不軌事,皆誣。"帝令斬淵與其弟深,以愛信讒薄兄,友擅殺謀嫡皆有罪,愛贖復任,友遷保寧羈管。時宏〈弘〉治、正德間,友既編置保寧,愛益恣厚斂以賄中貴,征取友向所居凱里地者獨苛。同知楊才居安寧,朘剥尤甚,諸苗忿怨。凱里民爲友奏復官,弗得,乃潛入保寧,以友還糾衆作亂,攻播州,焚愛居第,公私、廨宇略盡,遂殺才,多所殘戮。愛屢奏於朝,命調兵征之。會友死,遂緩師。至是鎮巡官上言:"友構亂罪大,然其身已死,其子洪尚幼,今洪稍長,能悔過自新且善馭,苗衆願聽約束,且還所侵奪於官,乞授洪冠帶土舍,協同播州經歷司撫輯諸蠻,其家衆在保寧者,仍歸之,隸播州管轄,并諭斌與洪協和,不得再造釁端。"報可。初,凱里土舍楊洪與重安土舍馬綸等有怨,洪卒,綸等誘苗蠻攻之,更相仇殺,侵軼貴境。貴州巡撫鄒文

盛言狀，逾歲不報，乃遣參議蔡潮入播，督致仕楊斌撫平之。因言宜復安寧宣撫，俾洪子襲之，兵部議不可。洪既死，其弟張求襲父職，不得。時邊盜劫白泥司印信，復與宣慰楊相搆兵。守臣乞改凱里屬貴州，以張爲土知州解釋之。兵部議："張習父兄之惡，幸免於辜，當按其前後諸罪置於理。若張悔過輸情，還所獲印，尚可量授一官，聽調殺賊以自效；倘或怙終，必誅以爲玩法戒。"既許張襲宣撫，而改安寧爲凱里，隸貴州。初，議分貴州，播人以爲非便，守臣异議。命總督會勘，奏："仍以播州歸隸四川，而貴州思石兵備仍兼制播酉、平邑諸土司事。"報可。播州宣慰使傳至楊應龍，雄猜嗜殺，劫掠謀叛，殘陷川之重慶府及各縣，黔之偏橋、重安、思石各地方。萬曆二十八年，總督李化龍、前巡撫郭子章合八路官兵討平之，應龍自焚死。於是分播地爲二，屬蜀者曰遵義府，一州四縣；屬黔者曰平越府，一州三縣。

本朝雍正五年，復以遵義屬黔。凱里自楊張傳至楊國興，於康熙四十五年，因土酋大惡案内，改土歸流，遷徙遼陽安置，田莊入官。

——(道光)《清平縣志》卷四《土司》，載《北京大學圖書館藏稀見方志叢刊》，第314册，477～485頁

前明楊應龍播州之亂，(九股苗)爲之羽翼，播滅而九股未剿。雍正年間，鈎連蠢動，合數省官兵剿平，搜繳刀鎗，建城安營，設汛立堡以駐鎮之。

——(道光)《清平縣志》卷四《苗蠻》，載《北京大學圖書館藏稀見方志叢刊》，第314册，492～493頁

元泰定二年，播州凱里苗率諸寨苗爲亂，播州宣慰楊燕里布花諭降。

——(道光)《清平縣志》卷五《師旅考》，載《北京大學圖書館藏稀見方志叢刊》，第314册，第589頁

（光緒）湄潭縣志*

明萬曆時，平播設流，乃分播爲二，以播州東境三里、四牌地置湄潭縣，隸平越府，即向曰“義泉舊壤”也。

——（光緒）《湄潭縣志》卷二《輿圖》，載《中國地方志集成·貴州府縣志輯》，第 39 册，第 412 頁

貞觀十一年，改智州曰牢州，徙治義泉。十六年，牢州廢，以義泉隸夷州。以後廢置無可考，屬播不知始於何代。至明萬曆二十八年，平播，割東境苦竹壩、三里、四牌地爲湄潭，屬之平越。

——（光緒）《湄潭縣志》卷二《建置》，載《中國地方志集成·貴州府縣志輯》，第 39 册，第 418 頁

萬曆二十八年庚子，播平建縣，以關外四牌地置湄潭縣，卜治於苦竹壩而城之。明年，參政龍錫類、副使劉冠南、通判蔣本盛奉撫君檄，城湄負玉屏山，即迴龍山環湄而築之，縻金三千九百兩有奇。城高一丈五尺，周三百八十八丈，垛口三百八十八個，城門二座，月城二座，樓閣二座，今止南北二門無月城，水洞五處，自南門起至西北門一帶，城垣俱倚水可守，東城垣一帶跨山宜防。録楊《志》。

播平，貴州撫臣郭子章、按臣朱興祖合詞疏稱：“播州之地，東西相距二千餘里，南北相距四百餘里，雖介偏隅，亦云樂土。今議改流，東西可設二府，每府可設二三縣。播境原屬四川，與貴州鄰，二省界限原自分明。至論建置大概，臣意自沙溪至白泥，當以烏江爲界，設一府於白田壩；而真州、蔞江、松坎等處可爲三縣；黄平在元已爲府矣，當設一府於黄平或平越；而餘慶、白泥二司可爲一縣；瓮水、重安二司可爲一縣。此沙溪至白泥一

---

* （清）吴宗周修，歐陽曙纂：（光緒）《湄潭縣志》，載《中國地方志集成》編委會編：《中國地方志集成·貴州府縣志輯》，巴蜀書社，2006 年。

帶建置之大概也。自白泥渡江至婺川，以三渡、板角、苦竹三關爲界，其中漢夷田土錯雜，惟湄潭可縣、龍泉可縣。龍泉土官安民志陣亡，其子尚幼，其印已失，土地爲楊酋踐踏。合無將龍泉改建一縣，增築城郭，而以安民志之子世爲土縣丞，以爲死義者勸，其祖職長官世爲土主簿。此則思、石一帶建置之大概也。第播州之名，其來已久，播之爲字，番之有才者也。以故應龍阻兵，崛强獷戾，竭四方之力，僅乃克之。夫南越破而聞喜建，吕嘉得而獲嘉名。龍州平，改爲龍安，九絲夷更名建武，即播州納土於宋，亦改名遵義。計廟堂當有定謨，而播之名似當更易。"疏入部覆，設平越軍民府，轄黄平一州，餘慶、湄潭、甕安三縣，龍泉縣設隸石阡府。録《通志》。

——(光緒)《湄潭縣志》卷二《建置》，載《中國地方志集成·貴州府縣志輯》，第39册，第419頁

有明以前，遠不可稽。已考《貴州通志》，湄爲播州東境之邊鄙，自明萬曆土酋楊應龍謀不軌，肆擾不休，屢撫屢叛，乃於二十八年庚子命督臣李化龍統八路兵往征之滅。然後已湖廣一路由偏橋即施秉。進師，分兩翼，總兵陳璘由白泥，即餘慶。副總兵陳良玭由龍泉，均取道湄潭，奉督師令戰，勿受降。一時竄殺略盡，婦孺不留，而苗民自此無遺種矣！摘《通志》，增省之。

——(光緒)《湄潭縣志》卷六《武備》，載《中國地方志集成·貴州府縣志輯》，第39册，第496頁

明萬曆二十八年庚子，督臣李化龍統八路師征播州叛酋楊應龍。湖廣路由偏橋進師，總兵陳璘等取道湄潭，竄殺苗蠻略盡。

——(光緒)《湄潭縣志》卷六《武備》，載《中國地方志集成·貴州府縣志輯》，第39册，第505頁

癸亥仲秋條議　楊玉柱

……湄潭設縣，界連川、湖，自萬曆庚子平播之後附入版圖，因風土毒惡，殺掠殆盡，并無土著、土人。迨後招集流民，俱係五方雜處之人，人民雜濟，風俗刁險，有司難治，所以隨田派丁，隨糧當差，載在全書。

——(光緒)《湄潭縣志》卷八《議》，載《中國地方志集成·貴州府縣志輯》，第39册，第572頁

甲子孟春條議 楊玉柱

……自萬曆庚子年平播之後，改縣設流、附入版圖者，八十餘年矣！

——（光緒）《湄潭縣志》卷八《議》，載《中國地方志集成・貴州府縣志輯》，第 39 册，第 575 頁

平播州頌有序 胡執恭

萬曆二十七年戊戌，楊應龍以播州叛。庚子會師進討，川督李公、黔撫郭公莅戎，於是將軍綎破楠木、婁山關，再與楊應龍父子遇，力戰大殲其軍。將軍廣斬賊大將郭通緒，遂夷崖門渡，破水牛、塘樓二囤。將軍璘盡芟四牌、七牌之苗，躡青蛇巔，斬戮尤衆，進略大小三渡。又别將從他道遮擊者，舉破其軍。夏五月，王師會海龍囤下。六月五日，克其囤平之。越後五十有二年壬辰，追頌前烈而勒諸崖石，使荒裔臣庶讀斯頌者，仰明天子之德，威諸將軍之勛，伐以世世讋焉。頌曰：

於戲聖朝，文宣武昭，十葉炳彪。南徼小臣，祚衰德惛，爪牙種民。懲以訊詞，不戒而恣，厲角九岐。邊臣抗章，帝怒震皇，迺授斧斨。總師禡神，群帥趨奔，丁寧鼓錞。封豨巨虺，吐骨爲堆，馮其崔嵬。靁鼓奮鳴，千嗷萬旌，何險不騰。罪人鳥棲，恃囤天齊，窮獸終迷。士勇將恭，百道臨衝，六月奏功。禹征有苗，不焚其巢，示以勸劭。殷宗鬼戎，三祀倔疆，卒堆其亡。有德有威，惟用之宜，匪曰利之。漸漸播山，虎乳於關，今也道刊。湜湜湄流，妖鮫蠆浮，今也泳游。五十二年，聖武在天，嚇嚇嘽嘽。君歸臣庸，臣賴國靈，西南克平。鐵砧高崖，灝清雲排，鎸明是佳。金石不渝，慶澤紛如，永如討誅。録舊《志》。

——（光緒）《湄潭縣志》卷八《頌》，載《中國地方志集成・貴州府縣志輯》，第 39 册，第 584 頁

縣治序 明馮世爵邑人

……明萬曆庚子，播平建縣，草昧初闢，家桂黄公首莅兹土，建治於城之北。

——（光緒）《湄潭縣志》卷八《序》，載《中國地方志集成・貴州府縣志輯》，第 39 册，第 588 頁

遷建縣治記 楊玉柱

環湄皆山也，三面水繚繞焉。東方綿亘數百里，左盤右旋至此，而五岳畢集，二龍交會。昔人有石馬對石牛，二水顛倒流之，記在焉。明萬曆庚子，播平建縣，有是城即有是官，斯有是廟宇、衙署、公舘、倉厫，咸背東而面西，皆倚山負之。取其來乙之卯也。

——（光緒）《湄潭縣志》卷八《記》，載《中國地方志集成・貴州府縣志輯》，第 39 册，第 591 頁

(光緒)餘慶縣志[*]

明。毛德源。洪武三十一年襲。萬曆平播後,改爲土縣丞,長官司印信繳部。

——(光緒)《餘慶縣志》之《職官志》,載《中國地方志集成·貴州府縣志輯》,第33冊,第520頁

明。楊通奎。洪武二十二年襲。萬曆平播後,將白泥司設縣,改授土主簿,將副長官印信繳部。

——(光緒)《餘慶縣志》之《職官志》,載《中國地方志集成·貴州府縣志輯》,第33冊,第521頁

明。楊在亨,字前周。六歲失父,事母至孝。十二歲,值播賊亂,負母入避青林中,采蕨供母。母有疾,焚香祝天,求以身代,割股嘗糞,母疾卒瘳。

——(光緒)《餘慶縣志》之《人物志》,載《中國地方志集成·貴州府縣志輯》,第33冊,第521頁

題設府州縣疏略 巡撫郭子章

播州之地,東西相距二千餘里,南北相距二百餘里。雖云憨國,亦係樂土。今議改流,東西可設二府,每府可設二三縣。播境原屬四川,與貴州隣,貳省界限,原自分明。至論建置大概,臣意自沙溪以至白泥,當以烏江爲界,設一府於白田垻;而真州、婁山、松坎等處可爲三縣;黄平在元已爲府矣,當設一府於黄平或設平越;而餘慶、白泥二司可爲一縣;雍水、重安二司可爲一縣。此沙溪、白泥一帶建置之大概也。自白泥渡江至婺川縣,以三渡、板角、苦竹三關爲界,其中漢苗田土雜錯,惟湄潭可縣、龍泉可縣。龍泉土官安民志陣亡,其子尚幼,其印已失,土地已爲楊賊踐躪,盍將龍泉改置一縣,增置城郭,而以安

* (清)湯鑒盤增補:(光緒)《餘慶縣志》,載《中國地方志集成》編委會編:《中國地方志集成·貴州府縣志輯》,巴蜀書社,2006年。

民志之子世爲土縣丞，以爲死義者勸。其祖職長官，世爲土主簿。此則思、石一帶建置之大較也。第播州之名，其來已久。播之爲字，番之有才者也。以故應龍阻兵，崛强獷戾，竭四方之力，僅乃克之。夫南越破而聞喜建，吕嘉得而獲嘉名。龍舟平，改爲龍安，九絲彝更名建武，即播州納土於宋，亦改名遵義。計廟堂當有定謨，而播之名似當更易。

疏上，下部覆請詔，設平越軍民府及黄平州、餘慶縣、湄潭縣、甕安縣、龍泉縣五州縣。巡撫王燕題爲懇恩，題請添設學校，以宏教化。以廣。

——(光緒)《餘慶縣志》之《藝文志》，載《中國地方志集成·貴州府縣志輯》，第33册，第531頁

題開平越新疆疏 郭子章

題爲：播地蕩平，經制宜定，敬陳善淺事切要事宜，伏乞聖明采擇，以永奠遐方。

事萬曆叁十一年，據貴州布政司趙健、按察使司署印副使韓光曙呈稱：前□該臣看得播未平之先，急在征討。播既平之後，急在經理。征討者，矢在弦上，不得不發。

——(光緒)《餘慶縣志》之《藝文志》，載《中國地方志集成·貴州府縣志輯》，第33册，第532頁

平越府論 巡撫衛既齊山西人

府屬率皆唐播州之地。昔劉禹錫貶播州，而柳宗元以爲播州非人所居，蓋以其地爲苗僚之所錯交，魁梧之所窟宅，其習固异於中夏也。唐乾符初，南詔陷播州，楊端應募，領兵復之，諭以威德，縻以恩信。自是以後，楊氏世襲其職，爲國藩翰。元大德初，平伐等苗未附，播州宣撫司楊漢英請討之。明初楊氏亦嘗有功，仍受世職，歷八百年。至明萬曆間，播酋楊應龍倡叛，陷平越飛練，殺都司楊國柱等，平越遂爲戰征之地。其後用師連年，破□囤及□崗囤、渡構皮□河，皆用平越兵力。而楊氏纍世戰，不祀忽□。於是分播州之地，建立府治，統以土官，而兵草乃息矣。昔洪武初，播州楊鏗納土。明太祖曰："播州，西南蠻之地，自古皆入版圖，供貢賦，但當以静治之，苟或擾之，非其性矣！"斯言誠馭蠻之長算乎。

——(光緒)《餘慶縣志》之《藝文志》，載《中國地方志集成·貴州府縣志輯》，第33册，第534頁

(民國)麻江縣志*

……因讀《元和郡縣志》,敘播州云:"本西南徼外蠻夷夜郎且蘭之地,至漢武帝平西南夷,置牂柯郡。貞觀元年,於牂柯北界即置麟州。十一年,省。十三年,置播州,管縣三:遵義、帶水、芙蓉。"乃知其承誤之由,然繹李氏之意,特以播州爲漢牂柯郡故地,其云:"且蘭夜郎乃謂初郡,以二國地置縣,非謂播州即其縣。"觀下文云:"于牂柯北界置麟州。"不指何縣,可見蓋其時承六朝圖籍散亡之餘,驟未得據,約略爲言,乃其慎也。

——(民國)《麻江縣志》卷二《疆域沿革》,載《中國地方志集成·貴州府縣志輯》,第18册,第333頁

唐高祖武德三年,牂柯首領謝龍羽遣使來朝,復以其地置牂州爲下州,領牂柯、賓化、新興三縣。更牂柯縣名建安,仍爲州治。……《元和郡縣志》:播州東北至牂柯北界巴江鎮七十里,東南至牂柯州二百二十里。

——(民國)《麻江縣志》卷二《疆域沿革》,載《中國地方志集成·貴州府縣志輯》,第18册,第336頁

……《隋志》:"牂柯郡爲開皇初置。"牂州即志首所稱。開皇三年,廢諸郡。煬帝嗣位,省并諸州,尋復改州爲郡者也。唐初,改郡爲州。天寶元年,改州爲郡。乾元元年,復改郡爲州。故《唐志》州郡并稱,如播州、播川郡,黔州、黔中郡等是。牂州與琰、莊、充、應、矩諸蠻州獨不稱郡,則以開元中已降爲羈縻,天寶改郡時不復問矣。然其爲牂柯郡可以《隋志》證之,無疑也。余始讀朱一清《甕安縣志》,謂:"元代播州安撫領有舊州草塘司。"疑舊州之名沿自牂州,其説不詳,余姑存其説備考而已。既而以《華陽國志》所稱"牂柯郡治萬壽縣,去洛五千六百一十里"較之《後漢郡國志》所稱"牂柯郡治且蘭去洛五千七百里"而得萬壽縣治在且蘭東北九十里。則今之甕安猴場在縣東三十里者爲元舊州草塘司,其西南百五十里即爲平越縣治。雖且蘭不必即治今平越城,萬壽亦不必即治今甕安縣猴場,而大較在其左右,有鐵證矣!惟牂柯郡治,晉自且蘭徙萬壽,《宋志》仍之,《南齊志》則首且蘭,次萬壽,是齊回復舊治矣!何得謂唐郡治即晉郡治,曰史志不詳,誠不宜臆

* (民國)拓澤忠、周恭壽修,熊繼飛等纂:(民國)《麻江縣志》,載《中國地方志集成·貴州府縣志輯》,巴蜀書社,2006年。

爲之説。然以《南蠻傳》所載“牂州在充州南百五十里”及《元和郡縣志》稱“播州東南至牂柯州二百二十里”考之充州治,當在今餘慶左近,播州治在今綏陽,其詳别考。則牂州治在草塘司,於兩州方向大勢固甚相合。……蓋《元和志》固稱:“貞觀九年,於牂柯北界置郎州。十二年,改置播州。”依《遵義府志》考定播州治在綏陽縣,而萬壽場緊接綏陽其爲牂柯北界所有,應可無疑。……

麻江仍屬賓化。(唐高祖武德)四年更牂州名柯州,一作“牱州”。旋復故名。開元中,降爲羈縻州。按:《唐書·南蠻傳》稱:“牂州在昆明東九百里、辰州西二千四百里、交州北千五百里。”《元和郡縣志》則稱:“播州東北至牂柯北界巴陵江鎮七十里,東南至牂柯州二百二十里。”《遵義府志》據之謂:“播州治在今綏陽,牂州治當在今甕安、餘慶縣境。”大體可從。……《遵義府志》按:“牂州疆域據《元和志》,播州至到東南至牂柯州二百二十里,東北至牂柯北界巴陵江鎮七十里。唐播州治在今綏陽,牂州在綏陽東南二百二十里,則州治當今甕安、餘慶境内,而其南界必更在餘慶之南。建安即隋牂柯,今遵義即唐播州。”《唐書》明云:“播州以隋牂柯縣置,是建安一縣。”今遵義足以當之其賓化、新興二縣,當盡在烏江南岸也。而同時有兩賓化,又不可不知《唐書》涪州賓化縣注云“本隆化”。……《甕安縣志》按:“《元和志》:‘播州東南至牂州二百二十里。’係就後日已置播州與牂州并立言之也。”《遵義府志》推算地望謂:“唐播州治在今綏陽,牂州在綏陽東南二百二十里,則州治當在今甕安、餘慶境内。”愚以爲專在甕安境。故明時甕安設土司,稱爲舊州草塘司。其時尚無黄平之新州,自無今日之舊州,其謂舊州者,蓋必牂州之舊也。

太宗貞觀四年,置黔州都督府,治彭水縣,即今四川彭水縣。牂州隸焉。武后聖曆元年,罷黔州都督,改隸莊州都督府。……《貴陽府志》《唐書》:“莊州本南壽州。貞觀三年,以南謝首領謝疆地置。四年,更名。十一年,爲都督府。景龍二年,罷都督。”故隋牂柯郡領縣七:石牛、南陽、輕水、多樂、樂安、石城、新安。貞觀中,又領清蘭縣,後省。謹按:隋牂柯郡即唐牂州,唐牂州縣三:建安、賓化、新興。建安本隋牂柯縣,更名新興,與州同置。《元和郡縣志》:“播州東北至牂柯北界巴江鎮七十里,東南至牂柯州二百二十里。”《遵義府志》云:“唐播州治在今綏陽,牂州在綏陽東南二百二十里,則州治當今甕安、餘慶境内,而南界必更在餘甕之南,即隋牂州。其賓化、新興二縣皆當在烏江南岸也。”謹按:餘慶當即唐建安縣,餘慶司之在烏江北者或即巴江鎮。《元和志》“東北在巴江鎮北或南”,字之誤也。

——(民國)《麻江縣志》卷二《疆域沿革》,載《中國地方志集成·貴州府縣志輯》,第18册,第337頁

(唐)中宗景龍二年,罷莊州都督,以播州爲都督府。唐播州治遵義縣,唐遵義縣治在今綏陽縣境内,非即今遵義縣也。元宗先天二年,罷播州都督,復以黔州爲都督府,并改隸焉。天寶元年,改黔州爲黔中郡。乾元元年,復爲黔州。唐末附前蜀,蜀亡,附後唐,孟知祥據蜀,仍附後蜀。《貴陽府志》《宋史·蠻夷傳·西南夷》:“置費、珍、莊、剡、播、郎、牂柯、牂夷等州。唐末王建據西川,由是不通中國。”……晋高祖天福四年,黔南巡内、溪州刺使彭士然引獎、錦州蠻萬餘人寇辰、澧州。遣使乞師於蜀,蜀王不許。明其時尚附蜀,故爲攻伐以悦蜀。楚遣劉勍、劉令明等破士然,士然降於勍。於是南寧州酋長莫彦殊率其本部十八州、都雲酋長尹懷昌率其昆明等十二部、牂柯張萬濬率其夷播等七州皆附於馬氏。見《五代史記·楚世家》天福五年事。是時,牂柯諸羈縻州又屬楚矣,七州蓋謂費、珍、莊、剡、夷、播及牂柯也。

——(民國)《麻江縣志》卷二《疆域沿革》,載《中國地方志集成·貴州府縣志輯》,第 18 册,第 338 頁

……宋景濂《楊氏家傳》云:"大德三年,楊漢英奏改南詔驛道,分定雲以東地隸播,西隸新部。"新部豈即管番總管邪,知定雲府之即在今爛土司者。……

元世祖至元間,於縣地置麻峽縣,領於湖廣等處行中書省之定遠府,蓋兼有今罏山縣地。……宋濂《楊氏家傳》稱:"大德三年,楊漢英奏改南詔驛道,分定雲以東地隸播州,西隸新都。"麻江殆即新析,隸播之地歟。觀明初置麻哈、樂平、平定三司均隸平越衛,亦可考見。蓋平越故播州地,明季平楊應龍,始分其地,置遵義、平越二府。而罏山縣屬之凱里,西距麻江百里者,爲播州楊氏久據之地。《明史》所載尤詳也。……《元史志》例多不依古,其府治不必在首列。州縣,播州安撫之首黄平,思州安撫之首鎮遠,新添葛蠻之首南渭,其顯而易知者也。《貴陽府志》似博辯,然好以聲韻定古地而不尋旁證,亦間有不可從。……

新添葛蠻安撫司所領長官司曰仡佬寨、曰甕包、曰大青山骨記等處,曰恭溪、望成崖嶺等處;播州安撫司所領長官司曰恭溪、杳洞;管番民總管所領長官司曰恭焦溪等處、曰都鎮,皆在今縣境内。……今考《乾隆通志》稱:"舟溪在麻哈州平定司東。又州東三十里馬蹄洞一名大焦洞,爲昔日火斃悍苗之窟穴。"然則管番民總管領下之恭焦溪等處,蓋以恭溪及天蕉洞附近溪水而名。與播州安撫領下之恭溪杳洞同在今麻江東北及罏山縣境内,亦無可疑。……《明一統志》稱"播州總管爲播州軍民都鎮撫司"可證也。

——(民國)《麻江縣志》卷二《疆域沿革》,載《中國地方志集成·貴州府縣志輯》,第 18 册,340~341 頁

《括地志》稱"五尺道在郎州",此舊説當可信。唐郎州旋改播州,五尺道應即今遵義縣大道。

——(民國)《麻江縣志》卷四《山川下》,載《中國地方志集成·貴州府縣志輯》,第 18 册,第 362 頁

(唐)景龍二年,《寰宇記》作"四年"。罷莊州都督府,以播州爲都督府。先天二年,罷播州都督府,復以黔州爲都督府。以上并《元和志》。

——(民國)《麻江縣志》卷十三《年紀》,載《中國地方志集成·貴州府縣志輯》,第 18 册,第 454 頁

(唐)代宗大歷十二年,置黔州經略招討觀察使,領夷、思、費、播、溱、珍等州。《唐書·方鎮表》。按:思州即務州,釋見前。費州治在今思南縣城,播州治在今綏陽縣東旺草場,溱州治在今桐梓縣北三百里、與四川綦江接壤之青羊市,珍州治在今桐梓縣北七十里夜郎壩。

自肅宗至德之後，中原用兵，刺史皆治軍戎，遂有防禦、團練、制置之名，要衝大郡皆有節度之類。寇盜稍息，則易以觀察之號。唐《志》。黔州觀察使治黔州，管涪、治今四川涪陵縣。溪、治今湖南永順縣。思、費、辰、釋并前見。錦、治今湖雨麻陽縣。播、施、珍、釋并前見。夷、治今鳳崗縣西百里。業、即獎州，釋已前見，原誤作"葉"，今改正。溱、釋已前見。南、治今四川綦江縣城。巫即敘州，治今湖南黔陽縣。按：原書作"舞州"，舞州即業州也。不□復出□，是以巫、舞聲近而誤，今改正。等州。《唐書·地理志》。

——（民國）《麻江縣志》卷十三《年紀》，載《中國地方志集成·貴州府縣志輯》，第18冊，第455頁

唐宣宗大中十三年冬十一月，南詔僭號寇陷播州以來，牂柯、昆明各以蠻酋分擾，自署爲州刺史。宋朝化蓋其例也。參《唐書·南蠻傳》及《宋史·諸蠻傳》。

——（民國）《麻江縣志》卷十三《年紀》，載《中國地方志集成·貴州府縣志輯》，第18冊，第456頁

晉高祖天福五年，牂柯張萬濬率其夷、播等七州及都雲酋長尹懷昌等附於楚。唐昭宗乾寧三年，拜馬殷潭州刺史。梁太祖即位，封殷楚王。其後，澧州向環、辰州宋鄴、溆州吕師益等率溪洞諸蠻皆附於殷。唐莊宗滅梁，殷修貢，莊宗嘉之。明宗長興元年，殷卒，子希聲立。希聲卒，弟希範立。晉高祖天福四年，加希範天册上將軍，開府承制，如殷故事。至是溪州刺史彭士然率錦、獎諸蠻攻澧州，希範遣劉勍等擊敗之。勍等攻溪州，士然走獎州，遣其子師暠率諸蠻酋降於勍。於是南寧州在今定番縣境内。酋長莫彦殊率其本部十八州、都雲酋長尹懷昌率其昆明等十二部、牂柯張萬濬率其夷、播等七州皆附於希範。

——（民國）《麻江縣志》卷十四《年紀》，載《中國地方志集成·貴州府縣志輯》，第18冊，第456頁

斡羅思於至元二十一年以監察御史遷雲南行省理問，領雲南王府事。二十六年，置八番羅甸宣慰司，進宣慰使。時諸蠻叛服不常，斡羅思平之，立安撫等司以守焉。至是以招附光蘭及提溪、省溪、錦州、銅仁等洞。九月進中奉大夫，錫虎符。明年至元二十九年，中書省言：亦奚不薛及八番羅甸既各設宣慰司，又復立都元帥府，其地甚狹而官府多，宜合二司帥府爲一。詔從之，且命亦奚不薛與思、播州同隸湖廣省，而羅甸還隸雲南。二十六年七月，以八番羅甸官慰司隸四川省。十月，隸湖廣省。二十八年二月，復隸四川。俱見《元史·本紀》。……

泰定帝二年冬十月癸巳，播州凱黎即今凱里。苗率諸寨苗僚爲寇。《元史本紀》。明年正月丙午朔，播州宣慰使楊燕里不花即楊嘉貞。招諭來降。參《史志》及《遵義府志》。按：凱黎

於麻江爲近，故并紀之。

——（民國）《麻江縣志》卷十三《年紀》，載《中國地方志集成·貴州府縣志輯》，第18册，459～460頁

憲宗成化十四年，詔起播州致仕宣慰楊輝討夭壩干賊齎果。先是十二年冬十一月，四川巡撫張瓚討灣溪夭壩干諸苗，捷回，今重安□□等處。從播州宣慰楊輝之請，於其地設安寧宣撫司，懷遠、宣化二長官司，靖南、龍場二堡，撥兵戍守，以輝庶子友後友死，子宏襲□重安土舍，□愛有怨，仇殺侵境，改爲凱里，隸貴州。任宣撫，爛土諸苗惡其逼已。是年，爛土長官司張鏞請將齎果所侵之大陳、大步寨設一司，隸安寧宣撫，而豐寧長官司楊泰亦奏峰峒陸光翁等聚爛土爲亂。至是，齎果等攻陷夭漂靖南城堡等地，遂圍豐寧。時楊輝已致仕，子愛新襲職，力不能支，求援於川、貴二鎮，各奏聞命，仍起輝會兵討之。《明史·土司傳》，參《遵義府志》。

——（民國）《麻江縣志》卷十四《年紀下》，載《中國地方志集成·貴州府縣志輯》，第18册，462～463頁

（萬曆）二十八年，總督李化龍討播州楊應龍，平之。

播州楊氏自洪武初内附，世授宣慰司，地方千里，西北塹山，東南俯江，稱西南奥區。傳至應龍，恃功驕蹇，有據蜀志。二十四年，焚劫草塘、餘慶，徧及興隆、都勻各衛，又圍黄平，殺重安江長宫，勢大熾。至是化龍督川、湖、貴州三省兵二十萬，分八道剿平之。《貴州通志·師旅考》。

三十四年，巡撫郭子章奏討東西二路苗，平之。

東西二路苗名仲家者，盤據貴龍、平新之間，爲諸苗領袖。自平播後，財力殫竭，有輕漢心，經年剽掠無虚日。三十三年六月，子章命監軍布政使趙健率宣慰土兵萬人，使游擊劉岳等移營督之，攻西路苗，九十餘日而克。乃命總兵陳璘率漢、土兵五千移營新添，進攻東路苗，不一月復克其六箐，斬賊首吴老喬等，諸苗盡平。《貴州通志·師旅考》。

——（民國）《麻江縣志》卷十四《年紀下》，載《中國地方志集成·貴州府縣志輯》，第18册，第466頁

高宗乾隆二年秋八月庚寅，疏清水江。

清水江上通重安、下司以達都勻，下通黔陽以會朗水，舟楫往來，雖較㵲溪爲便。黑苗居之，以上、下九股爲門户，丹江八寨爲藩籬，與施秉舊縣接壤。明時接連播州，楊應龍爲寇，肆焚掠，因遷施秉縣於偏僑以避之。

——(民國)《麻江縣志》卷十四《年紀下》，載《中國地方志集成·貴州府縣志輯》，第18册，第467頁

泰定帝元年，有苗阿里奪印之變，萬鄱戰歿，子居備襲，居備一名賜禄。亦以征播戰歿。《譜》載："居備居播州三十二年，卒，其子三人歸都雲故土。"又稱："乙酉八月征播，被賊圍困。丙戌二月克平叛逆。戊辰三月復征播，被賊殺之。"與三十二年之數不符。惟《譜》載："居備生於宋度宗咸淳壬申年臘月，卒於戊辰三月，春光五十六歲。"核尚無牾，然則征播之始是在父存未襲之年，所舉乙酉丙戌間事，特其較著者耳。至居播三十餘年，當係從軍淹滞，自非尋常莫居。其時，播州楊氏勢力之盛，不下於宋氏，斷不容异姓越居界内，要可知也。

——(民國)《麻江縣志》卷十五《土師傳》，載《中國地方志集成·貴州府縣志輯》，第18册，第478頁

《貴州通志》又以尹公師應世叔，不知世叔應奉字，乃于文學門首列應世叔，云牂柯人，以經術辟司隸校尉，則無稽矣！至遵義府正安州北有毋歛壩，有尹道真宅故址，綏陽縣有唐廣明間，播州司户崔礿所立。

——(民國)《麻江縣志》卷十六《人物傳》，載《中國地方志集成·貴州府縣志輯》，第18册，第483頁

尹懷昌，都雲酋長。晋高祖天福四年，楚馬希範平溪州，立銅柱爲表，命學士李皋銘之。於是，南寧州酋長莫彦殊率其本部十八州，牂柯張濬率其夷、播等七州，懷昌率其昆明十二部皆附焉。據《五代史·楚世家》。

——(民國)《麻江縣志》卷十六《人物傳》，載《中國地方志集成·貴州府縣志輯》，第18册，第486頁

(鄭)珍嘗謂："遵義，漢牂牁也。自郡人尹珍道真從許慎、應奉，受經書圖緯，教授南域，後無有以經術發聞者。"於是以道真自命而取以爲名，故學成而裒然爲西南巨儒焉。《黔詩紀略後编》："先生字子尹，號柴翁，别號五尺道人。遵義人，先世居江西吉水。明萬曆庚子，以劉綎部將從征平播，遂家焉……"

——(民國)《麻江縣志》卷二十一《藝文外篇上》，載《中國地方志集成·貴州府縣志輯》，第18册，541～542頁

（民國）黄平縣志*

又播州境。增。

……宣宗以後陷於南詔。懿宗咸通元年。安南都護李鄠殺蠻酋杜守澄而服之，未幾仍陷。至僖宗乾符初年，太原人楊端起兵復之，遂世爲州刺史，縣地當在陷中也。增。

五代、晉，楚地。增。

晉天福五年春二月，楚馬殷子希範襲殷官爵，封天王，遣劉勍、劉全明以步卒擊彭士然。士然遣其子師暠率諸蠻降。西接牂牁兩林，南通桂林象郡。希範乃立銅柱，命學士李皋銘之。牂牁張萬濬率其夷、播等七州附於希範。增。

宋，高州屬。增。

……

又帶水縣。增。

大觀二年，南平夷人楊文貴等獻其地，建爲州，領播川、琊川、帶水三縣。增。

按：《宋朝事實》謂楊光榮，而《宋史・志》又謂爲文貴，且一言立樂源縣，一言領帶水，未知孰是，惟兩存之。增。

又樂源縣。增

宣和三年，播州廢爲城，隸南平軍。廢遵義縣，以遵義寨爲名，隸珍州，以綏陽縣隸。珍州縣二：樂源、綏陽。增。

……

又鎮遠州。增。

理宗寶祐四年五月，羅施鬼國遣報思、播言："元兵屯大理國，取道西南，將大入邊。"守者以聞。六年春正月甲戌，詔樞密院編修官吕逢年詣蜀閫，趣辦關隘屯栅糧，相度黄平、思、播諸處險要緩急事宜，具工役以聞。黄平之名，此見於史。……

……

---

* 陳紹令等修，李承棟纂：（民國）《黄平縣志》，載《中國地方志集成》編委會編：《中國地方志集成・貴州府縣志輯》，巴蜀書社，2006年。

元，黄平府。

元憲宗討平溪洞，置貴州等處長官司，貴州之名於是始。置黄平元帥府，并置重安長官司，隸播州，黄平、重安之名亦自此始。

按：《元史》："至元二十八年六月辛巳，洞蠻、鎮遠立黄平府。"至元爲世祖年號，史只言"黄平府"而無"元帥"，字意者，"李德輝之所屯兵"抑"楊漢英爲宣撫使，佩虎符"之所謂耶？又黄平之始已紀前條，舊志云云，恐或有誤。增。

又至元十四年，播州安撫使楊邦憲言："本族世守此土將五百年，昨奉旨許令仍舊。"乞降，璽書從之，仍授安撫使，領黄平，隸順元宣慰使。二十八年，改播州爲軍民宣撫司，直隸四川行省，尋置平月長官司，隸管番民總管，後俱改隸湖廣行省。增。

又至元十五年十二月，邦憲請歸宋舊借鎮遠、黄平二城，仍撤戍卒，不許。請降詔禁戍卒，毋擾思、播之民，從之。又十八年三月己亥，敕黄平隸安西行省，鎮遠隸潭州行省，各遣兵戍守。又二十九年五月，命思、播、黄平等處拘刷亡宋避役手號軍人以增鎮子。又十二月乙未，遣使督思、播二州及鎮遠、黄平，發宋舊軍八千人從征安南。均黄平事也，附志之。增。

又至元十七年三月甲辰，思、播州軍侵鎮遠、黄平界，命李德輝往視之。德輝還至黄平，卒。舊《志》載"德輝星霣，事於名宦"，即此事也。增。

按：《元史·地理志》："至元二十八年，播州洞蠻因户籍懷疑竄匿，楊漢英乞降詔招集之。以漢英爲沿邊溪洞宣慰司，行播州軍民安撫使，隸於四川行省。"安撫司屬載有黄平府，有平溪、上塘、羅馳家等處，又有寨勞、寨勇、上塘、水車、烏江、舊州、草塘等處，今袁家渡爲烏江下流，其餘均縣地名也。故補録之。增。

又英宗至治三年癸酉，罷播州黄平府長官所一，徙其民隸黄平，似此則長官所之不久又罷也。增。

明，黄平安撫司重安長官司。增。

太祖洪武六年，升播州宣慰司爲宣慰使司，領草塘、黄平安撫司二，播州、餘慶、白泥、容山、真州、重安長官司六。增。

又黄平宣撫司、黄平衛、黄平千户所、舊州草塘長官司。增。

洪武七年九月，置黄平宣撫司。十五年，改播州宣慰司隸貴州，改黄平衛爲千户所。十七年，改舊州草塘等處長官司爲草塘安撫司。增。

據此三則，則黄平之設衛必在七年以後，第改千户所後不知如何變更。又甕安朱志謂"舊州"者，特昔之牂州。對於後之播州之謂，在昔無黄平之新州，自無舊州之謂，又謂舊州草塘。《遵義志》謂在甕安、餘慶，愚謂專在甕安，其言頗是。蓋餘慶、白泥兩司已明爲餘慶矣，豈於二司之外又尚有他司耶。但樂源爲大觀時之珍州，牂牁縣爲貞觀時之郎州，舊州之謂亦可以黄平兩城當之，及今施秉有草塘一地，又未知爲昔日地否。增。

又黄平州興隆衛。

洪武初，改黄平府、重安司俱爲安撫司，置黄平所，仍隸播州。傳穎公征狼洞苗設興隆衛,隸貴州都司。萬曆二十八年,平播州,設平越軍民府,改安撫司爲黄平州,與黄平所興隆衛俱隸府,領長官司二、土吏目一、土州同一、土州判二。

按:土州同羅袍即安撫司,平播後改。土州同、土州判一名楊位,一名楊開運,俱因附叛賊藍二伏誅,袍以失守停襲。

按:《明史·地理志》:"萬曆二十九年四月,置平越軍民府於衛城,以播州地益之,屬貴州布政司,領衛二:清平、興隆,州一:黄平,縣三:餘慶、甕安、湄潭,長官司二:凱里、楊義。舊《志》所載其在萬曆以後乎至載楊位等事,當時必有見聞,故一一仍之。增。

又舊《志·官署》内記舊州舊署有吏目、州司、州判署等均在州署之内,在昔州同、州判均同一署也。增。

又《遵義志》載:"宣宗宣德十二年冬十一月,四川巡撫張瓚討灣溪蠻,破之。"細注灣溪爲黄平州重安廢司地,至孝宗弘治元年又增設重安守禦千户所,命播州歲調土兵一千助戍守,是重安之沿革變更亦多。增。

又《平越州志》據徐《志》載:"洪武十九年六月,麻哈苗亂,征南將軍傅友德討平之。二十二年五月,黄平狼洞苗叛,傅友德討平之。"下繫置興隆衛并細注"黄平州志"四字,未知所據。增。

兹查李化龍平播後《十二條疏》中,其復郡縣條中有云"黄平爲川貴要區,舊設撫苗通判一員,列銜重慶,駐鎮彼中,其與播勢相控馭,并爲重地,應設一府。湄潭、龍泉地里廣邈,各應設一縣。甕水、重安合設一縣。餘慶、白泥合設一縣,并草塘、容山二司,應割隸分縣"等語,似此則前此已有通判之設置,後此設府之事未見,當是未准其議也。增。

——(民國)《黄平縣志》卷二《沿革》,載《中國地方志集成·貴州府縣志輯》,第21冊,50~53頁

平龍橋,以明郭子章平應龍名。乾隆丁未重修,於大石中得條石如龍者四,大小不一,鱗甲宛然。然不見其首,好事者取一石約長尺許嵌於橋側,未久龍爲人攫去,鱗甲之痕尚存。

——(民國)《黄平縣志》卷三《古迹》,載《中國地方志集成·貴州府縣志輯》,第21冊,第89頁

郭大司馬子章

江表先賢郭相奎,撫軍民績到今垂。紀黔自闢千秋業,滅播纔湏百日師。

懷德祠傳金筑永,陳情疏上玉關遲。大名已許同諸葛,後死繼當紹德徽。

——(民國)《黄平縣志》卷二十五《藝文》,載《中國地方志集成·貴州府縣志輯》,第22冊,第31頁

(民國)岑鞏縣志*

(貞觀)十年,以思州之高富康熙《通志》云:"高富廢縣在今播州。"屬黔州。《舊唐書》。

——(民國)《岑鞏縣志》卷一《前事志》,載《中國地方志集成·貴州府縣志輯》,第16冊,第271頁

(貞觀十一年)是年,黔州督思、辰、施、牢、費、夷、巫、應、播、民國《通志》按語云:"播州係貞觀十三年置。"此時尚無播州,應是追述之誤。充、莊、牂、琰、池、矩十五州。《舊唐書》。

……

肅宗乾元元年,公元七五八年。復以黔中郡爲黔州都督府,復寧、夷等郡仍爲州。外有天寶元年夷、播等八州改爲義、泉、播、川各郡,亦復爲州。新、舊唐書。

代宗大曆十二年,公元七七七年。置黔州經略招討觀察使,領黔、施、夷、辰、費、叙、播、南、泰、疑溱之誤。珍、錦十二州,治黔州。《方鎮表》。

……

德宗建中四年公元七八三年。十二月壬戌,貶白志貞爲思州司馬,趙贇爲播州司馬。民國《通志》引舊《唐紀》。

按:民國《通志》引《通鑑》謂"詔李懷光直引兵屯便橋,與李建徽、李晟及神策兵馬使楊惠元刻期共取長安。懷光頓兵不進,數上表暴揚盧杞等罪惡,衆論諠騰,亦咎杞等。上不得已,十二月壬戌貶杞爲新州司馬,白志貞爲恩州司馬,趙贇爲播州司馬"云云。考袁了凡《綱鑑》載:"十二月貶杞爲新州司馬,白志貞爲恩州司馬,趙贇爲播州司馬。"原註并載:"新州、恩州,唐所置也,今均屬廣東肇慶府,播州、唐州名,今改爲宣慰使司,屬四川道。"《資治通鑑》同。據此,白志貞係貶廣東之恩州,而非黔之思州。民國《通志》以播州今屬黔,故録此條,惟將恩州誤爲思州也,特附辨之。

憲宗元和二年,公元八〇七年。廢珍州,屬溱州。《新唐書》。

元和二年,廢珍州,入溱州,思、夷、費、播、溱、錦、叙、獎八州皆隸黔中,按:原文有采訪

---

* 蔡仁輝纂修:(民國)《岑鞏縣志》,載《中國地方志集成》編委會編:《中國地方志集成·貴州府縣志輯》,巴蜀書社,2006年。

使三字，此時采訪使已廢，故刪去。牂、盤則羈縻州也，隸戎州及黔州。乾隆《通志·建置》。

——（民國）《岑鞏縣志》卷一《前事志》，載《中國地方志集成·貴州府縣志輯》，第16册，272～273頁

（宋）理宗寶祐二年，公元一二五四年。詔思、播兩州連年捍禦，其守臣田應庚、楊文各官一轉。《續通鑑》。

時舍人牟子才言："全蜀盛時，官軍七八萬人，通忠義爲十四萬。今官軍不過五萬而已。宜招新軍三萬，并撫慰田、楊二家使歲以兵來助。如此則蜀猶可保，否則不出三年，蜀必亡矣。"《宋史》。

民國《通志》按語稱："子才此文《通鑑》不載，然其本傳叙在恥與蕭泰來爲伍。"事後考《通鑑》子才論奏，泰來在寶祐元年八月，與《史紀》所書田、楊事，適近疑本紀之詔源於子才，此言故彙録之。

（宋理宗寶祐）四年公元一二五六年。五月甲辰，羅氏鬼國遣報，思、播言：元兵屯大理國，取道西南，將大入寇邊。詔以銀萬兩，使思、播約結羅鬼爲援。《宋史》。

五月，帝諭輔臣曰："秋防不遠，宜事事爲之備。"董槐曰："羅鬼國報，思、播謂北兵留大理，招養蠻人爲鄉導，此甚可憂。"帝曰："彼不能支，駸駸及我矣！"乙巳，董槐言："瀘、敘之上，鹽井設險以待敵兵，此事不可吝費。"程元鳳曰："宜令播州以兵助羅鬼，制司以兵助播州。"詔以銀萬兩，使思、播約結羅鬼爲援。《通鑑》。

北兵由烏蒙渡馬湖，入宣化，四川宣撫使李曾伯來播徵師，楊文遣弟大聲行大小九戰，轉文右武大夫。《遵義通志》。

秋七月戊申，帝問輔臣曰："吴淵乞萬兵以備瀘、敘、思、播，何以應之？"程元鳳曰："欲令淵且選兵至夔門。瀘、敘有急，則援瀘、敘；思、播有急，則援思、播。東可以捍興、洋；南可以庇歸、峽。却從沿江調兵五千以補京湖之數。"八月己酉，帝諭輔臣曰："近有言羅鬼不足恃者。"程元鳳等曰："置吕文德於沅、靖，置向士璧於歸、峽。城築之費、甲兵之需，無不應之，正所以爲此備也。"又聞黄平可通播州，已令荊閫嚴作防捍。《通鑑》。

民國《通志》按語稱：《遵義府志·土司》此文原作"寶祐三年"，據《通鑑》，則四年事也，改從《續通鑑》。

（宋理宗寶祐）五年公元一二五七年。二月壬戌，築思州三隘。《通鑑》。蔣《志》作紹定二年誤。

民國《通志》按語稱，"此事《黔史》書作：'夏四月，元兵攻苦竹隘，守將張立、楊實戰死。閏月己酉，詔築思州三隘。'"註云："在鎮遠、偏橋地禦元兵也。"舊《省志》亦有"元兵攻苦竹隘，詔京湖調兵援應"一條。本《通鑑》原文。考《通鑑輯覽》及《方輿紀要》，元所攻苦竹隘在劍州，蓋元兵時分二路，耨埒雖已將前軍由遂寧入城都，進軍至涪，而元主則始由漢中渡嘉陵江濟泉，進次劍門，招苦竹隘，不降，故使史樞急攻之也。攻苦竹隘者，元主，非

耨埒。則苦竹隘實在劍州，非在遵義。益明元京湖係指京西湖廣，史見至夥張、楊之死，《輯覽》《通鑑》均載，見下年二書，此條舛誤殊甚不取。

閏四月，思州田應庚乞屯瀘、溆以援思、播，《弘簡録》。播州邊境告警。九月甲戌，帝曰："播州乞兵，想事勢頗急，當令夾擊。"程元鳳曰："已令朱禩孫襲其後，吕文德遏其前，即聖訓所謂夾擊也。"時朝廷徒託空言，幸蒙古兵未入境耳。《通鑑》。

（寶祐）六年公元一二五八年。春正月甲戌，詔相度黄平、思、播險隘。民國《通志》。

甲戌，宋詔樞密院編修官吕逢年詣蜀閫，趣辦關隘栅、糧餉，相度黄平、思、播諸處險要，緩急事宜，具工役以聞。《通鑑》。

元將紐璘舊《元史》作"耨埒"。犯思、播二州，獲其將一人。《遵義府志》。

是年，指（寶祐）七年，上文係征交趾事。憲宗大舉伐宋。八年侵宋播州，士卒遇炎瘴多病，兀良合台舊《元史》作"烏蘭哈達"。還軍趨長沙。新《合台傳》。烏蘭哈達即兀良合台。征交趾還，戊午即憲宗八年，引兵入宋境，其地炎瘴，軍士皆病，遇敵少却亡軍士四人，阿珠即阿术。還戰，擒其卒十二人，其援復至，阿珠以三千騎、阿穆爾圖繼以五千騎擊走之。時烏蘭哈達病將旋師，憲宗遣使諭旨，約明年會軍長沙。舊《哈達傳》。紐璘即耨埒。既下成都，進軍至涪，駐軍橋南，北以禦宋援兵。聞大軍多瘧癘，遣人進牛、犬、豕各萬頭。明年七年之明年。春朝，行在還討思、播，獲其將一人。新《紐璘傳》。

民國《通志》按語稱，《遵義府志》原按云據《元史》本傳云"戊午之明年春"云云。叙在中統前，考中統前己未當理宗開慶元年。《遵志》書此在"開慶元年之末"。案：此事據耨埒本傳、洵如《遵義府志》所言第，《新史・紐璘傳》則云"七年之明年"，又《新史・兀良合台傳》顯書八年……舊烏蘭哈達本一人，而二史文相异，至鉅未知《哈達傳》之所謂侵入宋境是否即《合台傳》之侵宋播州也。

夏四月甲申，《黔史》作"丁酉"，蔣《志》作"紹定三年四月"。并誤。宋詔田應已，特差思州駐劄御前忠勝軍副都統往播州，共築關隘備禦。《通鑑》《遵義府志》。

民國《通志》引《遵義府志》原按云："舊孫《志》作'六年夏，詔應庚，以思明都統往播州，築關隘，防禦邊圉'與史不合。"

開慶元年公元一二五九年。春正月，北兵寇思、播師，尋退。民國《通志》。正月己酉，大元兵攻忠、涪，漸薄夔境，詔蒲擇之、馬光祖戰守調遣，便宜行事。

二月辛丑，涪州報大元兵退。三月庚申，馬光祖奏大元兵自烏還北。《通鑑》作："時蒙古軍大疫，議班師。庚申，馬光祖奏蒙古自烏江還北。"《宋紀》。

秋七月，思、播土官楊文、田應庚各進一秩。民國《通志》。

秋七月辛亥，以知播州楊文、知思州田應庚守禦勤勞，詔各官一轉。《通鑑》。

寶祐六年，拜播州楊文親衛大夫，以解漁城圍破烏江寇功加忠州團練使。《遵義通志》。

民國《通志》按語稱"解圍破寇"，即指《紀鑑》所書蒙古攻合州，因疫自烏江北還事，加團練即轉官。《紐璘傳》殘不知是役元兵之曾及思、播也。

恭帝德祐元年公元一二七五年。春正月，加知播州楊邦憲、知思州田景賢并團練使，尋加觀察使，趣兵入衛。《黔史》。

瀛國公德祐元年四月癸亥，加知思州田景賢、知播州楊邦憲并復州團練使，趣兵入衛。九月辛未，加田景賢福州觀察使、楊邦憲利州觀察使。《遵義府志》。

元宣武將軍宋國寶攻宋鎮遠。民國《通志》。

時指元至元十二年。宋諸郡邑多堅守不下，國寶傳檄招諭，逾月悉平，惟辰、沅、鎮遠未下。宋將李信、李發結武崗洞蠻分據阨塞，國寶擊敗之，其衆退保飛山之新城。思、播蠻來援，國寶復與戰，破之，擒張星、沈舉等三百餘人。進攻新城，獲信、發等，獻俘金陵，行省奏功，賜金虎符。二史《國寶本傳》《通鑑》同。

——(民國)《岑鞏縣志》卷一《前事志》，載《中國地方志集成·貴州府縣志輯》，第16册，278~280頁

(恭帝德祐元年)秋七月，張起岩復靖州。民國《通志》。高達以江陵降，荊湖北路相繼皆下，張起岩提兵保飛山。七月壬午，路鈐、劉用調兵入靖州，知州康玉劫之，通判張起岩入，殺玉，復靖州。八月壬寅，加起岩大府寺丞，知靖州劉用以下立功，人各轉官有差。九月庚寅，免靖州今年田租。《宋紀》。

民國《通志》按語稱，《通鑑》、二史《希憲傳》并云："八月，元廉、希憲既安輯荊南之民，嘆曰：'教不可緩也。'遂大興學校，選教官，置經籍，仍親詣講舍以厲諸生。由是思、播田、楊二氏及西南溪洞皆越境請降。元主聞之曰：'先朝非用兵不能得地，今希憲能令數千百里外越境納土，其治化可見也。'云云。"據《史紀》，是年十二月方有請降詔招諭思、播事。又新《紀》書，田、楊請降事在十四年三月。此時安有越境請降事？是當有誤，或十二年當爲十三年，附辨於此。

冬十二月己亥，元僉書四川行樞密院事昝順請降詔，招諭思、播。民國《通志》。昝順言："紹慶府、施州、南平及諸蠻呂告、馬蒙、阿永等有向化之心，又播州安撫使楊邦憲、思州安撫田景賢未知順逆乞降，詔使之自新，并許世紹封爵。"從之。舊《紀》、《遵義府志》。

民國《通志》按語稱"上條與此牴牾殊甚，上言越境納土，此云未知順逆殆請降在荊南，四川未及知，故二文互异如此。"

元

世祖至元十四年公元一二七七年。春三月庚戌，播州蠻酋楊邦憲、思州蠻酋田景賢皆降。新《史紀》。

十四年降旨付西川諸蠻夷部、宣慰使，昝順使招思州田景賢、瀘州可南番王阿永、叙州筠連、膽串、豕蛾、昔霞等處諸族蠻夷。新《四川溪洞傳》。三月庚戌，東西川行樞密院事昝順言："比遣同知隆州事趙孟烯齎詔，招諭南平軍都掌蠻、羅計蠻及鳳凰、中壠、羅章、

高崖等四寨皆降，田、楊二家、豕鵝夷民亦遣使納款。"五月乙卯，詔諭思州安撫使田景賢來降附。舊《元史·本紀》。

——（民國）《岑鞏縣志》卷一《前事志》，載《中國地方志集成·貴州府縣志輯》，第16冊，第281頁

（世祖至元）十四年春，宋人大去其國，思州長田景賢、播州長楊邦憲相繼送款，俱授安撫司，置鎮遠沿邊溪洞招討使。《職官志》：招討司，秩正五品，達魯花赤一員，招討使一員，經歷一名，凡十二府，沿邊溪洞其一。尋置總管府，以田氏爲總管，聽順元宣慰司節制。《黔史》。

至元十二年，思州田氏降。嘉靖《圖經》、嘉靖《通志》、蔣《志》同。

民國《通志》按語稱"思、播入元在至元十四年，嘉靖《圖經》、嘉靖《通志》并誤爲十二年。"又按：蔣《志》沿革亦誤書思州田氏降事在至元十二年，兹從《史紀》改。

十五年公元一二七八年。春正月，安西王相李德輝悉平思、播，未附山栅。民國《通志》。

十五年德輝再圍重慶，逾月拔之，紹慶、南平、夔、施、思、播諸山壁水栅皆下。二史《德輝傳》。知合州王立既降，即平重慶事。吕域開倉賑民，禁戢揉掠，而瀘、溆、重慶、思、播、夔、萬等郡聞之，相繼送款，巴、黔民感域與德輝，并祠祀之。二史《域本傳》。……

冬十二月庚辰，思、播請撤戍卒，不允。民國《通志》。

十二月庚辰，思州安撫田景賢、播州安撫楊邦憲請歸宋舊借鎮遠、黄平二城，仍撤戍卒，不允。景賢請降詔戍卒毋擾思、播之民。舊《史·紀》。

——（民國）《岑鞏縣志》卷一《前事志》，載《中國地方志集成·貴州府縣志輯》，第16冊，第282頁

（至元十六年）二月甲辰，命田、楊二家子充質子入侍。《遵義府志》。

二月甲辰，命嘉定以西及新附州郡及田、楊二家諸貴官子俱充質子入侍。舊《史紀》。

十七年公元一二八〇年。春三月甲辰，思、播軍侵鎮遠、黄平，命李德輝往視之。舊《元史·本紀》《黔史》。……十二月己卯，羅氏鬼國土寇爲患思、播，道路不通，發兵千人與洞蠻開道，戊子以征。也可不薛軍千五百復還塔海，戍八番羅甸。舊《元史·本紀》。

十八年公元一二八一年。秋閏八月丁巳，改思州宣撫司爲宣慰司兼管内安撫使。舊《元史·本紀》、新《紀》。

十九年公元一二八二年。春二月壬子，詔僉亦奚不薛及播、思、叙三州軍征緬國。亦奚不薛酋阿峻疑"里"字之誤。不從命。新《紀》。

——（民國）《岑鞏縣志》卷一《前事志》，載《中國地方志集成·貴州府縣志輯》，第16冊，第283頁

(至元二十年)初思、播以南,施、黔、鼎、澧、辰、沅之界,九溪十八洞蠻僚叛服不常,四川行省討之。參政奇爾濟蘇、宣慰使李呼哩雅濟舊《元史》作李"呼喇濟",《新元史》作"李忽蘭吉"。等鑿山開道,分兵并進。諸蠻伏險以拒,然衆寡,多就擒戮,其酋長内附赴闕。辛亥,詔分其地爲州縣,聽順元宣慰司節制。《通鑑輯覽》。

……

二十一年公元一二八四年。春三月辛亥,敕思、播管軍民官自今勿還。舊《元史·本紀》。

夏四月戊申,敕發田、楊二州蠻軍舊《紀》作"田、楊二家軍兩千"。從征緬。舊《元史·本紀》《新紀》。

四月,元征緬,忽都鐵木兒《通鑑》作"呼圖特穆爾"。之師爲賊衝潰,詔發思、播田、楊二家軍助之。《紀事本末》。增給各處鋪馬劄子,順元路宣慰司三道,思州、播州兩宣慰司各三道。舊《元史·食貨志》。

閏五月己卯,以思、播二州隸順元路宣撫司。舊《元史·本紀》。

是年,省思州宣慰司,以思、播二州隸順元路宣慰司,後復置。《新元史·地理志》。

……

(至元)二十一年省宣慰司,以思、播二州隸順元路宣慰司,後復置。二十九年改思州安撫司爲宣撫司。《地志》按:"後復置"當指安撫司,惟年分無考。

——(民國)《岑鞏縣志》卷一《前事志》,載《中國地方志集成·貴州府縣志輯》,第16 册,284~285 頁

(至元)三十年公元一二九三年。夏五月癸亥,括思、播等處亡宋涅手軍。舊《元史·本紀》《黔史》。

五月,命思、播等處拘刷亡宋避役手號軍人以增鎮守。乾隆《通志》。

冬十二月乙未,遣使督思、播二州及鎮遠、黄平,發宋舊軍八千人從征安南。舊《元史·本紀》。

……

(成宗)大德七年公元一三〇三年。十二月丁未,以轉運勞免思、播二州糧税一年。《新元史·紀》。

丁未,以轉勞免思、播二州及辰、沅等路税糧一年。舊《紀》、《新元史·食貨志》。

武宗至大三年公元一三一〇年。正月辛丑,乖西帶蠻阿馬等入寇,遣萬户移剌四奴,舊作"伊喇薩納"。調思、播土兵討之。《圖書集成》。

辛丑,樞密臣言:"湖廣、乖西帶蠻阿馬等萬人入寇,已遣萬户伊喇薩納調軍千人及調思、播土兵討捕。臣等議事勢緩急、地理要害,薩納備知,乞聽其便宜調用。"制可。舊《元史·本紀》。

……

（仁宗延祐）四年，公元一三一七年。黄平賊南蠻盧犇叛，新部黎魯亦嘯劫聚亂，詔楊漢英宣撫之。二賊降，置戍而還。《潛溪集》《遵義府志》。

延祐四年，黄平蠻盧奔及新部黎魯等相繼叛，詔漢英撫定之，置戍而還。五年盧崩蠻内侵，漢英與思州宣慰使田茂忠討之。以疾卒於軍，子嘉貞嗣。《新漢英傳》。

《民國通志》附録謂《遵義府志》盧犇事註云《元史本傳》云："至大四年，加勛上護軍，詔許世襲。播南盧崩蠻内侵，詔賽因不花暨思州宣慰使田茂忠帥兵討之。以疾卒於軍，年四十。"按：漢英卒年四十，以世祖至元二十五年年十二計之，當在仁宗延祐五年，則盧犇事即當在延祐時。《家傳》爲得惟失書卒年耳，史以爲至大四年誤當在五年，而《家傳》云四年，疑史所載"再入覲，年十二"爲"年十三"之誤。《續弘簡本傳》又云："八年，播南盧犇蠻内侵，詔率兵討之，以疾卒於軍。"此八年承大德，殊爲失考，惟卒軍同《元史》與《家傳》"降戍而還"异，未知孰是。

五年公元一三一八年。冬十月己丑，播州南寧蠻酋洛麼叛，思州守臣换住哥舊作"和濟格爾"。招諭之。洛麼來獻方物。新、舊《元史·紀》。

先是，播州、南寧長官洛麼作亂，思州守臣招諭之。

冬十月己丑，洛麼遣人以方物入貢。《通鑑》。

……

（英宗至治）三年公元一三二三年。十二月丁亥，免八番、思、播差發一年。民國《通志》。

丁亥，下詔改元，以明年爲泰定元年，免八番、思、播、兩廣洞寨差税一年，賑恤雲南、廣海、八番等處戍軍。節《即位詔》。

——（民國）《岑鞏縣志》卷一《前事志》，載《中國地方志集成·貴州府縣志輯》，第16册，286～287頁

文宗天曆二年公元一三二七年。六月壬子，令有司補驛馬。《貴陽府志》。

壬子，順元思、播諸驛，因兵興馬多羸斃，驛户貪乏，令有司市馬補之。舊《元史·紀》、《遵義府志》。

……

順帝至正七年，公元一三四七年。詔思、播軍討廣西瑶賊。民國《通志》。

七年，歸暘遷右司都事，廣西瑶賊入寇，詔朵兒只丹將思、播楊元帥軍以討之。暘曰："易軍而將不諳，教令恐不能决勝。若命楊就統其衆，彼悦於恩命，必能自效，所謂以夷狄攻夷狄，中國之利也。"帝不從，後竟無功。《新元史·本傳》。

——（民國）《岑鞏縣志》卷一《前事志》，載《中國地方志集成·貴州府縣志輯》，第16册，第288頁

（明洪武）九年公元一三七六年。秋八月，播州、思南宣慰使楊鏗、田仁智入朝。康熙《通志》。

——(民國)《岑鞏縣志》卷二《前事志》,載《中國地方志集成·貴州府縣志輯》,第16冊,第292頁

(明洪武)二十七年,公元一三九四年。建貴州宣慰司。民國《通志》。

貴陽明初未置府,無府學,但有貴州宣慰司學,洪武二十七年建。《府學校略》。

高皇帝得國之初,即詔天下建學立師,以興起文教。貴州雖遠在西南,而宣慰司學已建於洪武甲戌。費宏《重修司學記》。

貴州之建學也,當置布政司時,唯貴州、播州兩宣慰舊有學,思南因宣慰司爲府學,餘皆未建。《黔詩紀略》。《建學記》

《民國通志》按語稱"明初貴州始建司學"一事,《明史》《明紀》《通鑑輯覽》《紀事本末》等書均不載。考各史,洪武三年冬,即詔天下府州縣皆立學,八年詔天下立社學,十七年并建都司學及衛學。見《續通考》。三年,原作二"年"。貴州未置府縣,《貴陽志》謂無府學固也。八年,改設伊始,叛服未定,則社學亦當無之。然自十七年後各都司衛學遍天下,諸土司學亦遍天下,説本《續通考》。貴州固已有都司及各衛矣。故其時入學或由帝詔,如十五年太祖之於者;額或由土司自請,如二十年播州之宣慰。二十三年,烏撒之土知府等類皆莘莘萌動,寧以太祖所最重視之貴州而反無之意?爾時詔學、請學,貴州必异於普定、烏播,即貴州建學之機。都司、衛有學即貴州創建之導,史無明文者,或闕遺如置貴州衛類,不必謂司學必出於二十八年詔後也。二十八年詔見後。《貴陽志》之説根柢費記,費氏去明初未遠,考據必確。莫氏雖未著始建年月,而謂舊有於設布政司前,則説亦略同兹,故節摘二氏此文補入。

二十八年公元一三九五年。六月壬申,詔諸土司皆立儒學。《明紀》。

民國《通志》按語稱:"是時貴州宣慰雖已有學,其他恐未建,前此播州所見者,指洪武二十三年建播州長官司學。亦止長官司學,至播州宣慰、思州宣慰學,則無考。此或其原始與。"

——(民國)《岑鞏縣志》卷二《前事志》,載《中國地方志集成·貴州府縣志輯》,第16冊,293~294頁

穆宗隆慶元年,公元一五六七年。巡撫杜拯疏請以楚平清六衛,川西、播、永三司改隸貴州,不從。民國《通志》。

拯撫貴州,會同御史王時舉疏請將湖廣、沅靖二州及六衛、四川三土司并黔,條奏其便有十,皆碩畫也。當時泥不果行。節乾隆《通志》。

——(民國)《岑鞏縣志》卷二《前事志》,載《中國地方志集成·貴州府縣志輯》,第16冊,第304頁

軍民安撫司,《新元史》:“思州軍民安撫司,原轄樂墩洞、上黎平、永從、潭溪、八舟、洪州、曹滴、古州、新化、湖耳、亮寨、歐陽十二長官司。至元十八年,改安撫司爲宣慰司,兼管内安撫使。二十一年,省宣慰司,以思、播二州隸順元路宣慰司,後復置。二十九年,改思州安撫司爲軍民宣撫司,其後改安撫年分闕。”

民國《通志》於思州軍民安撫司下按語稱:“思州安撫,元初以新軍萬户府改置。説見婺川縣下。”又《明一統志》稱:“思州安撫通作宣撫,殆以宣撫之,稱爲最久歟。初隸順元路,復隸湖廣行省。”

《黔史》:“至元十四年春,宋人大去其國,思州長田景賢、播州長楊邦憲相繼送款,俱授安撫司,置鎮遠沿邊溪洞招討使,尋置總管府,以田氏爲總管,聽順元宣慰司節制。”

——(民國)《岑鞏縣志》卷六《地理志》,載《中國地方志集成·貴州府縣志輯》,第16册,第310頁

(明萬曆)四十四年公元一六一六年。春三月,益黔餉。同上。

貴州自楊應龍平後,銷兵太多,苗仲所在爲寇。巡撫張鶴鳴言:“仲賊乃粵西瑶僮,流入黔中,自貴陽抵滇,人以三萬計,寨千四百七十計,分即爲民,合即爲盗。又有紅苗環銅仁、石阡、思州、思南四郡,數幾十萬。而鎮遠、清平間,大江、小江、九股諸種,皆應龍遺孽,衆萬餘。臣部卒止三千,何以禦賊?因列上增兵、增餉九議。”從之。《明史·本紀》《明史》《貴陽府志》。

——(民國)《岑鞏縣志》卷二《前事志》,載《中國地方志集成·貴州府縣志輯》,第16册,第311頁

初隸江南道,後改隸黔中道。

按:民國《通志·前事志五》引《通鑑》及《遵義志》云:“貞觀元年二月,分天下爲十五道,黔、夷、思領於江南道。”而《通鑑》止載十道,即關内、河南、河東、河北、山南、隴右、淮男、江南、劍南、嶺南等,是稱十五道,必刊誤也。《舊唐書》稱:“貞觀十一年,黔州督思、辰、施、牢、費、巫、應、充、莊、牂、琰、池、矩十五州。”是此時思州隸於黔州都督府。《寰宇記》稱:“聖曆元年,罷黔州都督府,以莊州爲都督府。”《元和志》稱:“景龍二年廢,以播州爲都督府。先天二年廢,復以黔州爲都督府,復黔州。”新、舊《唐書》及《寰宇記》同。民國《通志·前事志五》引《通鑑》及《乾志》云:“開元二十五年,分天下爲十五道,設黔中道,置黔中采訪使,治黔州。”乾隆《通志》於“思州府建置”稱:“唐爲廢思州之丹陽及廢夷州之丹川二縣地,隸黔中采訪使。”當指此時事也。《銅仁府志》按語亦引《唐書·地理志》云:“開元二十一年,分天下爲十五道,設黔中采訪使。是年,以思、夷、播、費、溱、錦、溆、獎八州隸黔中采訪使。”民國《通志》按語則謂:“此時珍未省改,尚有珍州、巫業二州,未改敘、獎。”《銅仁志》誤。然此時思州實隸黔中采訪使也。《舊唐書》稱:“天寶元年,改黔州爲黔中郡,依舊督施、夷、播、思、費、珍、溱、商九州。乾元元年,復以黔中郡爲黔州都督府。”《新唐書》同。民國《通志·前事志五》引《唐書·方鎮表》稱:“大曆十二年,置黔州經略招討觀察使,領黔、施、夷、辰、費、敘、播、南、

秦(原注疑溱之誤)、珍、錦十二州,治黔州。"其按語云:"《唐地志》當時尚有思、獎、溪三州,此不載入。"考乾隆《通志·建置》稱:"元和二年,廢珍州,入溱州,思、夷、費、播、溱、錦、叙、獎八州皆隸黔中。"(民國《通志》註云原文有采訪使三字,此時采訪使已廢,故刪去。)據各書,唐之思州原隸江南道,後隸黔中道,《方鎮表》必漏無疑,而《乾隆志》及《銅仁志》稱隸黔中采訪使者爲時較暫,兹不從。

……曰高富,貞觀十年,以高富隸黔州。出《舊唐書》,見前《康熙通志》云:"高富廢縣,在今播州。"

——(民國)《岑鞏縣志》卷六《地理志》,載《中國地方志集成·貴州府縣志輯》,第16 册,424～425 頁

以上增領縣一。

改爲寧夷郡,《唐書》:"天寶元年,改夷州爲義泉郡,播州爲播川郡,思州爲寧夷郡,費州爲涪州郡,溱州爲溱溪郡,珍州爲夜郎郡,錦州爲盧陽郡,巫州爲潭陽郡,業州爲龍溪郡。"《舊唐書》及康熙《通志》同。

復改爲思州。乾元元年,復爲思州。出《舊唐書》,見前《新唐書》及康熙《通志》同。按:義泉、播川、涪川、溱溪、夜郎、盧陽、潭陽、龍溪等郡同時復州也。

……唐季没於蠻,歷五代迄宋初。按:民國《通志·前事志五》引乾隆《通志》:"乾寧三年夏四月,黔南觀察使王肇以其地降於王建。牂牁諸州不通中國,蠻酋分據其地,自置爲刺史。"條其附録引《前蜀世家》云:"乾寧三年五月,昭宗遣宦者袁易簡詔建罷兵。(原註:考史,建欲并川,顧彦暉、王宗滌攻之,故昭宗詔使罷。)建收兵,還成都,黔南節度使王肇以其地降于建。"按語云:"黔地附蜀。"嘉靖二《志》及康《志》均書在大順二年。考史,大順二年乃建始得成都之日,非肇畏侵附蜀之時。肇爲武泰節度使,則武泰領土之入蜀與否,自當以肇之已否降附爲斷。况世家文明言以其地降時,肇黔州見奪於趙武,所以者非思、播等九州及五十羈縻而何。(原註:考《寰宇記》云:"天寶九年,改黔州爲黔中郡,依舊督施、夷、思、播、費、溱、珍、南九州,又領充、明、勞、義、福、建、邦、琰、清、莊、峨、蠻、牂、鼓、儒、琳、鸞、令、郡、暉、郝、總、敦、侯、晃、柯、樊、稜、添、普寧、功、亮、茂、龍、延、訓、卿、整、懸、撫水、矩、思、源、逸、殷、南平、勛、姜、襲等五十州,本州考异作五十三州,皆羈縻,寄治山谷。乾元元年,復以黔中郡爲黔州都督府。自大順元年改爲武泰軍節度。天復三年後,僞蜀割據,移黔南,就涪州爲行府,以道路僻遠就便近也,望朝因之。至太平興國三年,因廷火燒蔡公署,五年却歸黔州,置理所仍轄黔内思、南、費、溱、夷、播六州,只從黔州□衙前□知云云。")據此,是武泰節度所領與黔中都督全同,至宋初猶然不特,五代特如此也。是肇既以其地附蜀,思州當屬蜀矣!《職方典》稱:"鎮遠府,唐置婺川,貞觀八年,改思州。天寶中改寧夷郡,後陷於番。大觀元年,番部長田祐恭内附,仍置思州。"所後附楚無疑。

——(民國)《岑鞏縣志》卷六《地理志》,載《中國地方志集成·貴州府縣志輯》,第16 册,426～427 頁

元初爲新軍萬户府,尋改思州軍民安撫司。

新軍萬户府,詳後婺川縣下。

軍民安撫司，《新元史》："思州軍民安撫司原轄樂墩洞、上黎平、永從、潭溪、八舟、洪州、曹滴、古州、新化、湖耳、亮寨、歐陽十二長官司。至元十八年，改安撫司爲宣慰司兼管内安撫使。二十一年，省宣慰司，以思、播二州隸順元路宣慰司，後復置。二十九年，改思州安撫司爲軍民宣撫司，其後改安撫，年分闕。"民國《通志》於思州軍民安撫司下按語稱："思州安撫元初以新軍爲萬户府。"改置説見婺川縣下。又《明一統志》稱："思州安撫通作宣撫，殆以宣撫之，稱爲最久歟。"

初隸順元路，後隸湖廣行省。《黔史》："至元十四年春，宋人大去其國，思州長田景賢、播州長楊邦憲相繼送款，俱授安撫司，置鎮遠沿邊溪洞招討使，尋置總管府，以田氏爲總管，聽順元宣慰司節制。"

……領府州縣及長官司六十八，列舉如左。

婺川縣，民國《通志》於婺川縣下按語稱："謂《元史・地理志》於'思州軍民安撫司'下小注'婺川縣'三字，似婺川即爲思州安撫司治所。然《方輿紀要》安化縣下云："唐置思州，治務川縣，後没於蠻。宋大觀初，蕃部長田祐恭歸附，仍置思州，後廢置不一。元初置新軍萬户府，尋改爲思州軍民安撫司，徙治龍泉坪，今石阡府龍泉縣。是後毁於火，移治清江。至元十七年，仍還舊治。"《思州府》下引《通志》云："至元十二年，思州田氏降，置沿江安撫司，隸思州宣撫司，尋自龍泉坪移宣撫司治清江。"即此地也，是元代思州宣慰、宣撫及安撫先後治所不出今龍泉及思州府兩地，未嘗在婺川縣。至元初所置沿江安撫司疑是兼領思、播二州沿邊溪洞宣慰使司。元初舊名説詳播州安撫下，紀要疑即沿河等處長官司，似不可從。又於播州安撫下按語引《新史》云："宋蠻酋田二鳳以功授沿邊溪洞軍民宣撫司，子孫世襲其職，元初改宣慰司。"竊謂《新史》所稱宋授田二鳳沿邊溪洞宣撫必有所本。《方輿紀要》稱："至元十二年，思州田氏降，置沿江安撫司，隸思州宣撫司。"沿江或即沿邊之訛，其後乃由安撫升宣慰耳。

——（民國）《岑鞏縣志》卷六《地理志》，載《中國地方志集成・貴州府縣志輯》，第16册，430～431頁

《續通考》按語載："思州軍民安撫司所領府州縣及長官司止六十七，有張家洞、德勝寨、偏橋、四甲合爲一司，史以張家洞别爲一司，故有六十八。而各司名亦有與史略异者，如洪安作洪汝，麻勇洞作麻景洞，思勒洞作思勤洞，茆蘿作茆雞，上里坪作上黑坪等。是兹從史考思州屬地，以元代爲最大，有今之玉屏、三穗、榕江、黎平、荔波、施秉、鎮遠、石阡、思南、沿河、婺川、德江、鳳崗、印江、松桃、銅仁、江口等十七縣之一部或全部，且有飛地在廣西邊徼，誠盛極一時。以今貴州境内言當時之安撫，除新添葛蠻安撫司領州縣及長官百三十二外，而順元等路軍民安撫司止領長官司二十五，播州軍民安撫司領府州等處長官司亦止三十三，其聲勢皆無出思州田氏之右者，田氏乃以此矜驕。明初故削其權，

永樂十一年旋弄兵坐廢，實有由也。”

——（民國）《岑鞏縣志》卷六《地理志》，載《中國地方志集成·貴州府縣志輯》，第16册，第441頁

(民國)思縣志稿*

(宋)理宗開慶元年秋七月丁亥,知播州楊文、知思州田應庚各遷官一級。

元

世祖至元十二年冬十二月己亥,四川行樞密昝順請降詔貸播州安撫楊邦憲、思州安撫田景賢并許世封,從之。

十四年夏五月乙卯,詔諭思州安撫使田景賢,使其來附。

……(至元十五年)冬十二月庚辰,思、播安撫使田景賢、楊邦憲請歸宋舊借鎮遠、黄平二城,仍撤戍卒,不允。田景賢等請降詔禁戍卒,毋擾思、播民,從之。

十六年春正月丙子,賜思州田景賢部軍衣服及鈔有差。

十七年春三月甲辰,思、播軍侵鎮遠、黄平界,命李德輝等往視之。

……

十九年春二月壬子,詔僉亦溪不薛及播、思、叙三州軍征緬國。

二十一年夏四月戊申,敕發思、播二家軍二千從征緬。夏閏五月己卯,思、播二州隸順元路宣撫司。

二十八年秋八月己卯,詔諭思州提省溪洞官楊都要招安叛蠻,來歸者免罪。

二十九年夏五月丁未,改思州安撫司爲軍民宣撫司,隸湖廣省。

三十年夏五月癸亥,括思、播等處亡宋涅手軍。

冬十二月乙未,遣使督思、播二州及鎮遠、黄平,發宋舊軍八千人從征安南。

……

(仁宗延祐)五年冬十月己丑,播州南寧長官洛麽叛,思州守臣换住哥招諭之,洛麽遣人以方物來覲。

* 楊焜修,涂芳藩纂:(民國)《思縣志稿》,載《中國地方志集成》編委會編:《中國地方志集成·貴州府縣志輯》,巴蜀書社,2006年。

英宗至治三年冬十二月丁亥，免八番、思、播差税一年。

——（民國）《思縣志稿》卷一《前事志》，載《中國地方志集成·貴州府縣志輯》，第16册，483～484頁

(民國)劍河縣志*

萬曆庚子,狼生入於東井,占者以爲滅播之象,既而果驗,此非占在參井之一證耶?

——(民國)《劍河縣志》卷一《天文志·分野》,載《中國地方志集成·貴州府縣志輯》,第22册,第513頁

* 阮略纂修:(民國)《劍河縣志》,載《中國地方志集成》編委會編:《中國地方志集成·貴州府縣志輯》,巴蜀書社,2006年。

（民國）都匀縣志稿*

（唐）中宗景龍二年，罷莊州都督，以播州播州爲都督府。治遵義縣。元宗先天二年，罷播州都督府，復以黔州爲都督府，并改建焉。天寶元年，改黔州爲黔中郡。……唐末，（黔）附前蜀。蜀亡，附後唐。孟知祥據蜀，仍附後蜀。《貴陽府志》。《宋史·蠻夷傳·西南夷》：唐置費、珍、莊、刻、播、郎、牂柯、牂夷等州。……

五代晉高祖天福五年，都雲〈匀〉酋長尹懷昌率其昆明等十二部附於楚王馬希範。……（天福四年）溪州刺史彭士然率錦、獎諸蠻攻澧州。希範遣劉勍、劉全〈令〉明等以步卒五千擊之，士然大敗。勍等攻溪州，士然走獎州，遣其子師暠率諸蠻酋降於勍。溪州西接牂柯、兩林，南通桂林、象郡。希範乃立銅柱爲表，命學士李皋銘之。於是，南寧州酋長莫彦殊率其本部十八州，都匀酋長尹懷昌率其昆明等十二部，牂柯張萬濬率其夷、播等七州皆附於希範。

——（民國）《都匀縣志稿》卷三《地理志·建置》，載《中國地方志集成·貴州府縣志輯》，第23册，第29頁

宋亡之年元至元十二年。十二月，播州安撫楊邦憲應元世祖詔内附。（元至元）十五年八月朔，詔襲守如故，領長官三十二，有六洞、柔遠等處、當即管番民總管府所領之六洞、柔遠等處。小姑單張、今縣西五里有小孤山，八里有班莊，當即其地。林種密秀。當即新添、葛蠻所領之仡佬寨。按：樂平司爲新添、葛蠻安撫所屬之仡佬寨，見王鴻緒《明史稿》。《方輿紀要》又載："司地爲林猪（猪）寨，豈林猪、仡佬以字形近似而展轉訛誤□？"《遵義志》以林猪寨爲林種密秀，亦不過以字形近似而疑之，不能斷以爲是，亦未能遽□爲非蓋一地數屬。元代土司之慣例不足爲异。今依舊附著而系《遵義志》考説於□，亦考見一班云耳。《遵義府志·土官篇》按，《元史·地理志》"八番順元蠻夷官□有管番民總管，其屬諸等處。"注云："各設蠻夷軍民長官。"播州軍民安撫司所屬當亦然。史□府一等處、十九不稱等處者十二，大率皆有土官，今其地且半不可考矣。曰黄平府，即明黄平安□，在今黄平舊州。曰平溪、大塘□、駱家等處，今思州府玉□□，即明平溪衛似之，而史于管番民總管下載有平溪等處，則屬彼爲是。曰水車等處，未詳。曰石紛、羅家、永安等處，遵義縣北六十里舊爲永安驛縣，西北三十里又有羅家河，是其地。曰六洞、柔遠等處，史

---

* 竇全曾修，陳矩纂：（民國）《都匀縣志稿》，載《中國地方志集成》編委會編：《中國地方志集成·貴州府縣志輯》，巴蜀書社，2006年。

于管番民總管下亦有此，與上下都雲〈匀〉并列，當一地二屬。《明統志》："三江一在容山長官司東五里，源出貴州新添衛。"都匀六洞則今都匀西南境之廢平州六洞長官地與貴定縣界者是，史於四川行省懷德府所領有柔遠州與酉陽州并列，未必然。曰錫樂平等處，今湄潭縣東四十里有錫洛關，關下有錫洛坪是也。曰白泥等處，即明之白泥長官司，今餘慶縣地。曰南平、綦江等處，即今四川之綦江、南川兩縣，改設自明初矣。曰珍州、思寧等處，即明真州長官司，今正安州，州尚有思寧里也。曰水烟等處，遵義縣西六十里之鴨溪塘西五里有宋氏諸碑，謂即在彼。曰溱洞、涪洞等處，桐梓縣郭外有溱溪、有方家洞，水暗達涪州，即其地。曰洞天觀等處，未詳。曰葛浪洞等處，今黄平州北二十里有葛浪洞。《明統志》所謂"白泥江源出黄平葛浪洞"者也。曰寨堧、埡黎、焦溪等處，《明統志》："小烏江在餘慶司南六十五里，源出椒溪。"疑即其地。曰小姑單張，《明史·都匀土司傳》："萬曆六年，天漂請内附，往聞狀而阻于者亞，乃遠從丹彰間道通天漂。"《通志》載："都匀縣城西三里有小孤山。"則地當在都匀。曰倒柞等處，遵義縣北二十里有倒坐巖，恐未必然。曰烏江等處，遵義縣城南百里，明置烏江驛者也。曰舊州、草堂等處，即明草塘安撫司，今甕安縣地。曰恭溪、杏洞，史于管番民總管下又有恭焦溪等處，未詳。曰水囤等處，未詳。曰平伐、月石等處，當在今貴定縣、平越州之間，史於管番民總管下有平月、新添葛蠻安撫司，下有平伐等處。《通志》以平月即平越，今貴定縣尚有大小平伐司，或當時統轄不常，史未之詳也。曰下坦，曰寨章，曰横坡，曰平地寨，曰寨勞，曰寨勇，并未詳。曰上塘，《明統志》："兩岔江在黄平安撫司西南十五里，其源一出于上塘。"疑即其地。曰寨坦，曰哆奔，曰平莫，并未詳。曰林種密秀，《方輿紀要》載："都匀、樂平長官，舊爲林猪寨。"疑即此。曰沿河、祐溪等處，《方輿紀要》："思南府北二百十里有沿河、祐溪長官司。"今思南仍有此司，有正副長官張、冉二氏，皆自元承襲，史于思州軍民安撫司下亦有沿河，又有祐溪，疑一地也。又考《元史·地理志》所不載者尚有南寧長官洛麽，屬播州，見《成宗紀》。元湖廣行省有南寧路，近左右江，播屬未必及此。泰定紀有蠻酋黎平愛，又有蠻夷官謝烏窮、土官宋王保，在前所載諸氏之外，餘不可知矣。

立定雲府之年十一月，新添葛蠻宋安撫降，立葛蠻軍民安撫司，領長官二百三十有三，有都匀洞、即明都匀長官司。獨山州、在今獨山縣南二十里。都谷郎寨、木洞、瓢洞、窖洞……

——(民國)《都匀縣志稿》卷三《地理志·建置》，載《中國地方志集成·貴州府縣志輯》，第 23 册，第 31 頁

仡佬寨、即今麻哈縣西北七十里樂平司。《新元史》云："《明一統志》有木佬寨，亦元置，與仡佬寨并隸平越指揮司。平珠、《新元史》作"平硃"，注云："大德元年，平硃六洞蠻及十部洞蠻皆來降。二年，立平硃石洞三蠻夷長官司，設土官二十四員。"按：平珠當即平州之訛，以與六洞近，而州、硃雙聲又音近也，應在今平舟縣界内。大青山骨記等處、骨記，《新元史》作"骨計"，今縣西三十里，毗接貴定縣有青山、谷屺二寨，當即其地。楊坪楊安等處、當即管番民總管之楊安等處。密秀丹張。按：《遵義志》既定播州安撫所領林種密秀爲麻哈之樂平司，小姑單張爲匀城西地，此當復出而微异者，如楊安六洞之類是也。惟他處復見所領之總管安撫，究异今密秀如爲。樂平司距縣城西數里之單張，殆七十里而遥雖不可遽謂甚遠，但何解於同領之仡佬寨，亦既定爲樂平司地耶？仡佬寨之爲樂平，見《明史》，蘽當時史館甄録必有徵信處，固非《遵義府志》意測之比。或曰今鑪山凱里分縣西十餘里有密昔山，其麓有密昔寨，寨距杏鑪山僅十餘里，介鑪山、麻哈、丹江三縣之交，山箐阻深，苗僚雜處，夙爲匪巢，至今仍多伏莽，距丹江縣城僅四十餘里耳。清初置縣，

固以城麓丹江得名，豈密昔密秀、丹江丹張皆聲近之訛歟，是亦清代府境，姑并識焉。

……

正德間，改四川播州之安寧安撫司爲凱里安撫司，屬清平。

——（民國）《都勻縣志稿》卷三《地理志·建置》，載《中國地方志集成·貴州府縣志輯》，第23册，第32頁

（晉高祖天福四年）都雲〈勻〉酋長尹懷昌率其昆明等十二部，牂柯張萬濬率其夷、播等七州皆附於希範。《五代史·楚世家》。

——（民國）《都勻縣志稿》卷七《大事志·年紀》，載《中國地方志集成·貴州府縣志輯》，第23册，第81頁

（元世祖至元二十九年）時中書省言："亦奚不薛及八番羅甸既各設宣慰司，又復立都元帥府，其地甚狹而官府多，宜合二司、帥府爲一。"詔從之，且命亦奚不薛與思、播州同隸湖廣行省，羅甸還隸雲南，以八番羅甸宣慰使烏魯斯原作"斡羅思"。等并爲八番順元等處宣慰使、都元帥，佩虎符。

……

（至元）三十年夏四月己亥，省八番，重設州縣官。庚寅，烏魯斯請以八番見户，合思、播之民兼管，徙宣慰司，治辰、沅、靖州，常賦外，歲輸鈔三千錠。不允。

……

（大德）十一年五月甲申，詔免八番差發一年。按：《貴陽府志》衍"順元"二字。時武宗即位，詔雲南八番、田、楊地面免差發一年。其積年逋欠者，蠲之；逃移復業者，免三年。被灾之處，山場、湖泊課程權且停罷，聽貧民采取。《元史·本紀》。

——（民國）《都勻縣志稿》卷七《大事志·年紀》，載《中國地方志集成·貴州府縣志輯》，第23册，第82頁

（英宗至治三年）十二月丁亥，詔免八番、思、播差發一年，振恤八番等處戍軍。

……

成祖永樂四年，鎮遠侯穎成招諭合江州十五寨來歸。《明史·土司傳》。成再鎮貴州，屢平播州、都勻諸叛蠻，威震南中，土人立生祠祀焉。《明史·成傳》

——（民國）《都勻縣志稿》卷七《大事志·年紀》，載《中國地方志集成·貴州府縣志輯》，第23册，第83頁

（明）憲宗成化十四年，夭壩干賊首齊果、峰峒陸光翁等聚衆爲亂，詔起楊輝會兵討

之。時陳蒙爛土長官司張鏞奏“天壩干賊首齊果侵掠”，請於所侵大陳、大步等寨設一司，隸安寧宣撫。而豐寧長官司楊泰亦奏“峰峒陸光翁等聚爛土爲亂”。先是宣慰楊輝平天壩干後，即灣溪立安寧宣撫司，爛土諸苗惡其逼，已至是果等既攻陷夭漂，遂圍豐寧。時輝已致仕，子愛承襲，力弗支，求援於川、貴。二鎮各奏，聞命，仍起輝會兵討之。《明史·土司傳》。

……

（成化）二十年，爛土苗賊龍洛道等攻劫舟溪等處，僭號稱王，且欲犯都匀、清平諸衛。而豐寧長官楊泰與土目楊和有隙，誘廣西泗城州農民九千於銕坑等一百餘寨殺掠，於是苗患愈盛。《貴州通志》《明史·土司傳》。

孝宗弘治二年，爛土苗賊七千人攻圍楊安堡，都指揮劉英統兵覘之，爲所困。命鎮巡官往援出之。《明史·土司傳》。

——（民國）《都匀縣志稿》卷七《大事志·年紀》，載《中國地方志集成·貴州府縣志輯》，第23册，第84頁

世宗嘉靖元年，改安寧爲凱里，隸貴州，以楊張襲宣撫。舊制土官有功，祇賜予衣帶及旌賞部下人員，無升職加銜者。播州宣慰使楊斌以平普安蠻功，於正德初加四川按察使銜，賜蟒衣、玉帶。安寧宣撫楊宏忌之，遂相仇殺。宏既死，其弟張求襲職不得，時盜邊劫白泥司印信，復與相搆兵。守臣乞改凱里屬貴州，以張爲土知州解釋之。兵部議：張習父兄之惡幸免於辜，敢肆然執印信以要挾，當命川貴守臣按其前後爭產、殺人諸罪置於理，若張悔過輸情，還所獲印信，尚可量授一官，聽調殺賊以自效，倘或怙終，必誅以爲玩法戒。既用胡世寧議謂：張黨已成，若不因而撫之，恐流禍無已。乃許張襲宣撫，而改安寧爲凱里，隸貴州。據《蠻司合志》《遵義府志》。

——（民國）《都匀縣志稿》卷七《大事志·年紀》，載《中國地方志集成·貴州府縣志輯》，第23册，84～85頁

《圖書集成·職方典》引《都匀衛志》云：“都匀東距播州，西連隆里，北通平越，南抵南丹。衆山環繞，一水縈流，而本衛居其中焉。”明洪武二十七年，平羌將軍何福建，《方輿紀要》云：“洪武二十三年，苗叛，平羌將軍何福討平之，築城於中都雲竹林蠻寨。奏‘改安撫司爲衛，都雲爲都匀’。從之。宏〈弘〉治中，改爲府城，有門五，周八里有奇，又有内城，周不及二里。”後指揮黄鏞甃以石。周一千零七十二丈，計五里九分五釐五毫有奇，高二丈，寬一丈，門五，東西北各□南□。宏〈弘〉治七年，置府，并爲府城。正德間，副使李麟釃高基河水爲便河，自城北鵠峙岩繚城而西，而南合東來山渠，放之龍潭，爲郡峻塹。便河歲久湮塞，明清兩季屢議修復，未就，遺址尚存。陳尚象《便河詩并序》云：“雲故有便河，實始於正德間。兵憲李公麟鑒往事，防來患，以貽千百年之安者也。歲久，迹湮，居民鞠爲蔬圃。年來，内侵之患，往往而有頃。播賊猖獗，大中丞郭公頒有城書，維時所司僉議及此。會徵兵運

餉，力不暇及識者殊以爲憂。今憲使袁公甫下車，既平播、平黎，内安外攘，威德懋著，一時野有寧宇，頌聲翕然交作。

——（民國）《都勻縣志稿》卷八《營建志·城池》，載《中國地方志集成·貴州府縣志輯》，第23册，第97頁

《通志》按：……則元初籍户所載，八番、爛土、播州、桑洲，皆兼勻地，而言特如今域之數，則不可考矣。

——（民國）《都勻縣志稿》卷十二《食貨志·賦税》，載《中國地方志集成·貴州府縣志輯》，第23册，第114頁

尹懷昌，都雲酋長。晉高祖天福四年，楚馬希範平溪州，立銅柱爲表，命學士李皋銘之。於是，南寧州酋長莫彦殊率其本部十八州，牂柯張萬濬率其夷、播等七州，懷昌率其昆明十二部皆附焉。

——（民國）《都勻縣志稿》卷十七《人物志·列傳》，載《中國地方志集成·貴州府縣志輯》，第23册，第185頁

（民國）獨山縣志*

（萬曆）二十九年春正月壬子，以播州平詔天下：蠲四川、貴州、湖廣、雲南加派田租、逋賦，除官民詿誤罪。

——（民國）《獨山縣志》卷十七《蠲恤》，載《中國地方志集成·貴州府縣志輯》，第23册，第382頁

（成化）十四年，豐寧峰峒陸光翁等聚爛土爲亂，長官司楊泰以入奏。爛土司夭壩干賊首齋果侵掠大陳、大步等寨，宣慰楊輝平之。瀾土長官司張鏞奏，准即彎溪立安寧宣撫司，以大陳、大步等寨隸瀾土。諸苗惡其逼，至是果等既攻陷夭漂，遂圍豐寧。時輝已致仕，子承襲，力弗支，求援於川、貴二鎮，各奏聞命，仍起輝會兵討之。《明史》。

——（民國）《獨山縣志》卷二十《兵防》，載《中國地方志集成·貴州府縣志輯》，第23册，第473頁

貴州置省以來建學記　莫與儔

學校之興，人材所繫。貴州自明永樂十一年二月始割隸四川之貴州宣慰司，置貴州布政使司治之。廢湖廣布政所隸思南、思州兩宣慰司，置思南、鎮遠、銅仁、烏羅、思州、石阡、黎平、新化八府，又以次割舊隸四川布政之普安、安順、鎮寧、永寧等州來隸，以一安撫、數十長官分隸焉。而洪武十五年舊設之貴州都指揮使司是後以次領貴州，貴州前龍里、新添、平越、都勻、清平、興隆、威清、普安、平壩、安莊、安南、烏撒、赤水、畢節、永寧十七衛并割自四川，普安一衛，割自雲南，以千户所、長官司分隸焉。而湖廣都司所隸在貴州境内者，又有偏橋、鎮遠、清浪、平溪、五開五衛及千户所。而貴州之永寧、烏撒、赤水等衛，又寄四川永寧宣撫、烏撒軍民府境，貴州布政司與行都司地羸縮相錯，不能整劃也。

---

* 王華裔修，何幹群等續修：（民國）《獨山縣志》，載《中國地方志集成》編委會編：《中國地方志集成·貴州府縣志輯》，巴蜀書社，2006年。

而隸四川布政之播州宣慰司，後亦來隸。旋黔旋蜀，其建學也，當置布政時。唯貴州、播州兩宣慰，舊有學，思州因舊宣慰司學爲府學，餘皆未建。其年，建黎平。明年，建思南。明年，建石阡、銅仁、鎮遠。《省志》謂："思南，十三年建；石阡，十年建；鎮遠，洪武間建。"此依《明統志》。十四年，建普安州。《省志》云"十五年"。洪熙元年，建安莊。宣德七年，建清平。八年，建平越、都匀、安南、普定、威清、平壩。九年，建興隆。正統三年，建畢節。五年，建赤水。八年，建烏撒。九年，建龍里、新添。《省志》云"平壩、普定、威清并洪武間建；安莊、清平、龍里、新添，并正統八年建"，此依《明統志》載"正統八年建烏撒衛學"。又云："舊有烏撒府學。永樂十四年省，今止存衛學，則府亦寄衛學也。"其新化、烏羅二府，以宣德九年、正統三年先後省入黎平、銅仁，并未建學。安順、鎮寧、永寧三州附普定、安莊、安南三衛學。貴州、貴前二衛附貴州宣慰司學。永寧衛附永寧宣撫司學。普安衛附普安州學。而隸湖廣都司諸衛，至嘉靖四十年，俱准寄學貴州。五開寄黎平。平溪、清浪寄思州。偏橋、鎮遠寄鎮遠，又尋設偏橋、五開、平溪三衛學。當布政初置時，尚未有貴陽、平越、都匀諸府，而新置諸府皆無屬縣，唯思南尋置婺川縣。宏〈弘〉治六年，又置印江縣，屬之學并附府。嘉靖中，乃建婺川學。萬曆三十年，建印江學，又置安化縣，倚府郭學，附府焉。貴州宣慰司至成化十二年七月置程番府於其屬程番司，并置程番府學。《省志》云"十年"，依《明史》。隆慶二年六月，移治宣慰司，尋改府名爲貴陽，學爲貴陽府學。萬曆十四年，置定番、廣順、開三州，新貴一縣屬之，建定番學，廣順附定番，開附府。三十一年，建新貴學。……。都匀衛至宏〈弘〉治七年於其地置都匀府，別置獨山、麻哈二州，清平一縣屬之，改都匀衛學爲府學，州縣學并未置，二州附府學，縣附清平衛學。鎮遠府正統九年置施秉縣，宏〈弘〉治十一年置鎮遠縣隸之，施秉學附偏橋，鎮遠附府。黎平府正統六年置永從縣隸之。銅仁府萬曆二十六年置銅仁縣隸之，學并附府。萬曆二十九年，播州平，增置平越、遵義二府，分隸貴州、四川，改平越衛、播州宣慰司兩學爲兩府學。置真安一州，遵義、桐梓、綏陽、仁懷四縣，隸遵義府。置黄平一州，湄潭、甕安、餘慶三縣，隸平越府。又置龍泉縣，隸石阡府。唯真安、黄平建學，甕安、湄潭、餘慶附黄平，龍泉及遵義四縣各附府。遵義地又置威遠衛，未建學。三十六年，置貴定縣，隸平越府，學附新添。四十八年，建湄潭學。安順州萬曆三十年升爲軍民府，尋改普定衛，學爲安順府學，衛附府。

——(民國)《獨山縣志》卷二十八《藝文》，載《中國地方志集成·貴州府縣志輯》，第23冊，541～542頁

（民國）八寨縣志稿*

元至正十三年，夭霸干賊首齎果反，宣慰使楊輝平之。置安寧宣撫司，遂爲司地，屬於楊氏。未幾，仍爲苗酋盤據。時八寨爲都勻、定雲即今濫土。間地。

——（民國）《八寨縣志稿》卷二《沿革》，載《中國地方志集成·貴州府縣志輯》，第19册，第128頁

自《元和志》以播州爲且蘭，後人因以遵義地當之，皆沿吉甫之誤。

——（民國）《八寨縣志稿》卷二《沿革》，載《中國地方志集成·貴州府縣志輯》，第19册，第128頁

昔孟子策滕，首重經界。商君强秦，先嚴保甲。若使山川莫考，疆域無稽，則政教將何所恃而設施也？八寨在唐宋時代或爲且蘭邊地，或爲毋斂粵區，地屬苗夷，時亦悠久。羈縻改革，文獻無徵。非惟其詳不可知，其略亦不得聞也。及胡元至正間，宣慰使楊輝略定南夷，安設夭壩土司，有明肇造，沿而不改。上、下都勻盡歸管轄，巴浪等處皆聽命令。乃不思膺圖受籙，提紀振綱，載之方策，傳之萬世，致數百年間人才之賢否？風俗之美杴？均無可考，豈不惜哉！至滿清雍正之際，設廳建城。然以地屬彈丸，亦若無關緊要，土宇版章幾於莫辨矣。今民國現制，詳著疆里，因以市集、交通、村寨、保甲悉著於篇，俾施政教者，閱掌故而得所因革耳。

——（民國）《八寨縣志稿》卷九《區保村寨》，載《中國地方志集成·貴州府縣志輯》，第19册，第153頁

九股苗。《通志》：在興隆衛凱里司與偏橋之間，性剽悍。武侯南征，戮之殆盡，僅道九人，散爲九股，

---

* 郭輔相修，王世鑫等纂：（民國）《八寨縣志稿》，載《中國地方志集成》編委會編：《中國地方志集成·貴州府縣志輯》，巴蜀書社，2006年。

分處蔓延,地廣而族夥。其衣服、禮節、婚姻、喪祭與黑苗同。女甚强,身披重鎧,越山過嶺,奔走如飛。左執木牌,右持標桿,口含利刃。所用牛尾,槍幾如子母炮着,處無不洞穿。挽强弩名曰偏架,長六七尺,一人持之,二人共張矢,無不貫。前明播州之亂,常爲楊應龍羽翼,發具數十萬。誅滅應龍,而九股猶未服,嘯聚爲亂。雍正十年,合楚、粤三省剿撫之,搜繳兵甲,建城設汛,乃稍安静。

——(民國)《八寨縣志稿》卷二十一《风俗》,載《中國地方志集成·貴州府縣志輯》,第19册,第216頁

元至正十三年,天壩干賊首齎果反,宣慰使楊輝平之。置宣撫司,以天阿路爲天壔長官司,管理上、中、下都勻等處地方,苗蠻土務屬於司地。未幾,復爲生苗盤踞。

——(民國)《八寨縣志稿》卷二十三《年紀》,載《中國地方志集成·貴州府縣志輯》,第19册,第222頁

（民國）三合縣志略*

附《萬大章唐牂、莊二州領地及應州諸縣考》

……唐沿隋舊，竇化改隸牂州，而莊州重其地不忍舍，又不肯□牂州稱之竇化，則仍稱且蘭，亦足以見其倔强。且清特一聲之轉，唐人不察，遂訛爲清蘭云爾。且蘭、清蘭、賓化其聲讀皆與《元史·地理志》之平月爲近。明代平播，此地尚爲交通要道，因設府治，而改平月爲平越，其故尚約略可□。

——（民國）《三合縣志略》卷六《年紀》，載《中國地方志集成·貴州府縣志輯》，第20冊，467～468頁

五代

晉高祖天福四年己亥，民紀元前九七二年。都雲酋長尹懷昌率昆明十二部附楚王馬希範。

《五代史記》："晋高祖天福四年，楚王馬希範平溪州，立銅柱爲表，命學士李皋爲之銘。於是，南寧州酋長莫彦殊率其本部十八州，牂牁張萬濬率其夷、播等七州，都雲酋長尹懷昌率其昆明十二部，皆附楚王馬希範。"

——（民国）《三合縣志略》卷六《年紀》，載《中國地方志集成·貴州府縣志輯》，第20冊，第469頁

附《麻江縣志》

……宋濂《楊氏家傳》稱。大德三年，楊漢英奏改故南詔驛道，分定雲以東地隸播州，西隸新都。"麻江殆即新析隸播之地歟。觀明初置麻哈、樂平、平定三司，均隸平越

---

* 胡翯修纂：（民國）《三合縣志略》，載《中國地方志集成》編委會編：《中國地方志集成·貴州府縣志輯》，巴蜀書社，2006年。

衛,亦可考見。蓋平越故播州地,明季平楊應龍,治分其地,置遵義、平越二府。而□山縣屬之凱里,西距麻江百里,昔爲播州楊氏久據之地,《明史》所載尤詳也。

——(民国)《三合縣志略》卷六《年紀》,載《中國地方志集成·貴州府縣志輯》,第20册,470~471頁

成宗大德三年己亥,民紀元前六〇五年。楊漢英奏改定雲以東隸播,西隸新部。從之。

附播州《楊氏家傳》

大德三年,楊漢英奏改南詔驛道,分定雲以東地隸播,西隸新部。□按:《成宗本紀》:"大德元年十二月,平伐□未附,播宣撫使楊漢英請以己力討平之。"其家傳所云必於平平伐□後奏改之,欲據版圖,否則定雲與播州如風馬牛不相及,烏用其偕,□宮越俎代課哉!

——(民国)《三合縣志略》卷六《年紀》,載《中國地方志集成·貴州府縣志輯》,第20册,第471頁

(明成化)十四年戊戌,民紀元前三九九年。陳蒙爛土長官司張鏞奏夭壩干賊首齊果侵掠,請於所侵大陳、大步等寨設一司,隸安寧宣撫司。而豐寧長官司楊泰亦奏峰峒陸光翁等聚爛土爲亂。先是宣慰楊輝平夭壩干後,即灣溪立安寧宣撫司,爛土苗惡其逼己。至是果等既攻陷夭漂,遂圍安寧。時輝已致仕,子愛承襲,力弗支,求援於川、貴二鎮,各奏聞命,仍起輝兵討之。《明史·土司傳》。

附節田汝成《炎徼紀聞》

楊輝者,播川宣慰使也。始祖鏗元時爲安撫使,洪武初納款,授宣慰使,三傳而輝襲之。輝二子,友、愛,友長而庶,輝以妾故特嬖之,屢欲奪嫡。而安撫宋韜、長官毛釗等不從,曰:"楊氏家法,立嗣以嫡不以長,主公奈何紊耶,以啓亂階。"輝不得已,乃嗣愛而嬖友之心終不解。倖客張淵日慫恿之,因説輝曰:"主公欲貴孟主而戚戚與仲主爲仇,即使奪彼以與此,不過轉移故物耳,且貽口實於後人。何不别爲孟主地雙,貴而朋立?是使孟主創業而傳世也。"輝曰:"爲之奈何?"淵曰:"夭壩諸苗,主公部境也。山箐險遠,憨而易凌。誣之曰賊而請兵討之,歸功孟主,因請立官分治,則事爲有名矣。"輝大喜,乃召容山長官韓宣、重安長官張通計之,將以疏請。宣曰:"夭壩諸苗方耕服役,皆順民也。奈何以賊誣之?"輝大怒,立杖殺宣,通惶恐股栗,叩頭曰:"諸苗誠賊也。"乃從輝署名,疏言苗亂,請兵討之。部議報可,及命都御史張瓚將兵討之,諸賊被戮者千餘人。輝、通賂於瓚,瓚乃盛陳有〈友〉功,且曰:"友誠有勇冠軍,手刃七馘。誠設安撫司於安寧,以友爲安撫使,則諸苗不復反矣。"時友年纔十三耳。部議信之,乃立司授官,一如所請。既而爛土諸苗齎果等忿夭壩以無辜受戮也,時時攻安寧。瓚又疏請築城衛之,費粮數十萬。十九年,輝死,愛修怨於淵。淵謀殺愛,不克。二十一年,丹章諸苗寇安寧。後友、愛皆論死,贖免之,友削官竄保寧。無何友黨篡友以歸,與愛仇殺不已,而友子弘、愛孫相尤酷毒。

嘉靖七年，兵部尚書胡世寧議謂張黨與已成，若不因而撫之，恐遂流禍，請立安撫司於凱里，屬治貴州，以張爲安撫使而相宣慰，屬治四川如故。然其仇固自若也。諺云："骨肉𩡖醢，參商播凱。"

按：田汝成，字叔禾，錢塘人。嘉靖丙戌進士，官西南□□先□□事，撰《炎徼紀聞》。

附《遵義府志·年紀》

憲宗成化十年十一月，以播州賊齎果爨歲爲患，命宣慰楊輝子愛襲父職。先是，輝所屬夭霸干地方五十三寨及重安所轄灣溪等寨屢被蠻苗佔據，乞令湖、貴會兵征之。命如輝言。部議以愛年幼，請仍起輝暫理軍事。又以輝難獨任，宜敕御史張瓚親至播州督理，属輝等振揚威武，以備征調，其機宜悉聽瓚裁處。《明史稿》。以宣慰楊輝奏夭壩苗叛，敕都御史張瓚討之，駐軍黄平。輝初欲奪嫡子愛爵與庶子友，計無所出，因思爲友樹功，遂誣奏苗叛，得旨征之，復誣奏友功，得授安撫使，因種播凱之隙。孫《志》。十二年冬十一月四川巡撫張瓚討灣溪蠻，破之。《通鑑輯覽》。先是播州致仕宣慰楊輝言所屬夭壩（□按：即今八寨縣之夭壩司□自元即有其地。《播志》原注爲□寨名，地在今遵義府播州廢司境，非也）地及重安長官司轄灣溪等寨屢被生苗竊據，請王師進討。詔張瓚至播州，諭還侵地，不服即征之。事在十年。至是，瓚督兵攻敗諸苗，奏設安寧宣撫司，即以輝子友爲之。詔從其請。《通鑑輯覽》。設安寧宣撫司，撥兵戍守。瓚督諸軍及輝攻灣溪、夭壩干諸苗，凡破山十六，斬首四百級，撫男女九千餘口。事下兵部，以苗來撫者多，宜量爲處。瓚議設安寧宣撫并懷遠、宣化二長官司，建靖南、龍場二堡，命輝董其役。輝調軍民五千餘，設立治所，委所屬黄平土司等分甓城垣。將竣，輝以聞□謂："工竣軍還，□保無□，宜用臣子愛□之而聽臣致仕。"詔從之。十五年，貴州巡撫陳儼奏苗賊齎果轉横，乞調川、湖官軍聽命節制。不許。灣溪既立安寧宣撫司，［爛］土諸蠻惡其逼，遂引齎果等攻陷夭漂、靖南城堡，圍安寧。愛新襲，力弗能支，求援於貴、川二鎮。於是兵部奏再起輝剿之，又敕川、貴兵爲助。至是貴州巡撫陳儼奏苗賊齎果轉横，乞調川湖等五萬五千克期會貴，聽巡撫節制。兵部言："賊作四川，而貴守臣自欲節制諸軍，恐有邀功之人主之。且興師五萬，以半年計，須軍儲十三萬五千石，山路險峻，輸運之夫須二十萬衆。况天將暑，瘴癘可虞。"帝然其奏。《明史稿》。正德二年，宋淮請敕今播州宣慰楊斌每年巡視邊境。不許。初，友既編置保寧，愛益恣厚斂以賄中貴，徵取友向居凱里地者獨苛。同知楊才居安寧，乘之，朘剥尤甚，諸苗憤怨。凱里民爲奏復官，弗得，乃潛入保寧，以友還糾衆作亂，攻播州。未幾，播州安撫使宋淮奏貴州凱口、爛土苗婚於凱里、草塘諸寨，因相構結，誘山苗爲亂。乞賜敕楊斌出巡邊境，會湖廣鎮巡官撫處。部議土司向無領敕出巡者，諭斌宜撫綏土衆。《明史稿》。

——（民国）《三合縣志略》卷七《年紀》，載《中國地方志集成·貴州府縣志輯》，第20冊，第472頁

……宋景濂《楊氏家傳》云："大德三年，楊漢英奏改南詔驛道，分定雲以東地隸播，西隸新部。"新部豈即管番總管耶。知定雲府之即在今爛土司者，定雲以爛土洞置，爛土以沃屯田中土屢填屢消得名。其司治又數百年未移也。

——（民国）《三合縣志略》卷十三《古迹》，載《中國地方志集成·貴州府縣志輯》，第20冊，第505頁

……宋景濂《楊氏家傳》云:"大德三年,楊漢英奏改南詔驛道,分定雲以東隸播,西隸新部。"可證趙宋時,定雲東屬播地。德禄所言新附蠻洞,當有今三合地在内,明矣。

——(民国)《三合縣志略》卷十八《宦績》,載《中國地方志集成·貴州府縣志輯》,第20册,第510頁

附《土司傳》

……成化十五年,鏞奏夭壩賊首齎果侵略大陳、大步等寨,峰洞蠻陸光翁復乘時聚合爛土爲亂,攻陷夭漂,遂圍豐寧,豐寧長官司力不支,請旨調川、貴二鎮協勦,再請於大陳、大步、灣溪等處設立安寧宣撫司。聞,從之。仍起播州宣慰使楊輝會同鏞合兵勦。成化十六年,鏞復奏:"齎果糾合九姓、豐寧并荔波賊人攻剽愈亟。自天順四年以來,丹溪等處不靖至今,臣力幾竭。"奏上,帝責諸守臣玩寇,乃命鎮守太監張成總兵,吴經同鏞相機撫勦。先是播州宣慰使楊輝溺庶子友,其謀主張淵説之,取夭壩干地立安寧宣撫司於灣溪。爛土諸苗惡其逼,且憤夭壩以無辜受戮,遂引齎果陷夭漂,園豐寧司,境亦騷然不靖。事平,鏞遂取夭霸轄境普囤、的刁、甲那諸地,開地五十餘里。

——(民国)《三合縣志略》卷二十《土司》,載《中國地方志集成·貴州府縣志輯》,第20册,515~516頁

（民國）甕安縣志*

唐

高宗武德三年，牂柯首領謝龍羽遣史來朝，以其地爲牂州，拜龍羽刺史，封夜郎郡公。據《唐［書］·南蠻傳》。

《唐書·地理志·南蠻傳》："仍領牂柯、賓化二縣，更牂柯名建安，别置新興一縣，凡領建安、賓化、新興三縣。"

《遵義府志》按：牂州疆域據《元和志》："播州至到，東南至牂柯州二百二十里，東北至牂柯北界巴陵江鎮七十里。唐播州治在今綏陽，牂州在綏東南二百二十里。"則州治當在今甕安、餘慶境内，而其南界必更在餘、甕之南。建安即隋牂柯縣，今遵義即唐播州。《唐書》明云："播州以隋牂柯縣置，是建安一縣，今遵義足以當之，其賓化、新興兩縣當盡在烏江南岸也。"

按：《元和志》："播州至到，東南至牂州二百二十里。"係就後日已置播州與牂州并立言之也。《遵義府志》推算地望，謂："唐播州治在今綏陽，牂州在綏陽東南二百二十里，則州治當在今甕安、餘慶境内。"愚以爲專在甕安境，故明時甕安設土司稱爲舊州草塘司，其時尚無黄平之新州，自無今日之舊州，其所謂舊州者蓋必牂州之舊也。

四年，改牂州曰柯州，後復名牂州。

太宗貞觀元年二月，分天下爲十道，夷州領於江南道。

按：牂州亦當歸江南道。

九年，以隋牂柯郡之牂柯縣置郎州。恭水縣，貞觀元年以牂柯地置，并置高山、貢山、柯盈、邪施、釋燕五縣。并《唐書》。

《桑梓述聞》："太宗貞觀元年，以牂柯縣置朗州，析置恭水、高山、貢山、邪施、柯盈、釋燕六縣，十一年廢，十三年復置，更名播縣，則改恭水曰羅蒙，高山曰舍月，貢山曰湖江，

---

* 李退谷修，朱勛纂：（民國）《甕安縣志》，載《中國地方志集成》編委會編：《中國地方志集成·貴州府縣志輯》，巴蜀書社，2006年。

邪施曰羅爲，柯盈曰帶水，釋燕曰胡刀。十六年更羅蒙爲遵義，以廢牢州之芙蓉、琊川來屬。顯慶五年省舍月、湖江、羅爲。開元二十六年，省胡刀、琊川入芙蓉。元和二年，置黔中采訪使。"

又按：舊地名之存者惟遵義一縣，先爲恭水，繼爲羅蒙。其胡刀、琊川即今施秉江外偏刀水，則初置之。釋燕後屬芙蓉，宜皆施秉地而古亦屬於遵義。其餘古今异名，不可復考，要不離乎播州云。

按：朗州爲郎州之誤，更改各縣名，據《唐書》在十四、十六兩年詳下。

十一年，廢郎州，并省所隸縣。

十三年，復置郎州，改名播州爲播川郡，并復置恭水等六縣。

十四年更恭水曰羅蒙，高山曰舍月，貢山曰湖江，柯盈曰帶水，邪施曰羅爲，釋鷰曰胡刀。十六年更羅蒙曰遵義。《唐書》。

按：播州至是年始定置，與牂州分而爲二。播州專屬遵義，牂州專屬甕平。故《元和郡縣志·八到》稱播州，東南至牂柯州二百二十里，東北至牂柯北界巴陵江鎮七十里。而《遵義府志》於"貞觀九年置郎州"文下引之以爲至此牂州地界無復有，在烏江北岸者即指巴陵江爲烏江，謂此鎮必在烏江岸上，爲牂柯北界所極，其七十里或一百七十里之脱訛。其時播州治綏陽，由今綏陽治東北至烏江岸，蓋百二十里而遥，故知有脱字云云。而陳培庚氏《序平越州志》謂平越在唐係牂州地者，亦本於此，今特根據《遵義府志》考求《元和郡縣志》而得牂州治所，爲圖説明於後。

《遵義府志》《鄭志》，播州治綏陽未確指治所，止能渾合言之。《鄭志》載："由遵義縣東南至合口隘交開州界一百二十里。"考合口隘即合口河，確交開州界；由遵義來，確東南行一百二十里，就此立準。若照陳《序》以牂州屬平越，則由合口向正南行歷中坪、難場始折，而東由牛場至平越約百八九十里，與《元和志》東南至牂柯州二百二十里之説不合。若照《鄭志》稱牂州治當在今甕安、餘慶境内。見前。則由合口仍東南行至甕安之草塘司約合百里，與《元和志》所稱里數方向均無不合。地望既明是牂州，治所當在甕安之草塘司確鑿無疑，即此推之草塘後日之設司始有所因，且元代創始設司之時，於草塘上繫以舊州二字亦有所本矣。

中宗景龍元年，以播州爲者督府。

按：甕邑既係牂州，其於播州似無關繫。然所居之地與播州僅隔一水，當時播設都督府，牂州是否受其治理，且以後牂事史不多見，甕之仍爲牂州，與改屬播州究難明晰，故兩記之。

元宗先天二年，罷播州都督府，復以黔中爲都督府。《元和志》。

二十一年，分天下爲十五道，設黔中道，置黔中采訪使治黔州。據《通志》。

《唐書·南蠻傳》："開元中，牂柯以趙氏爲酋長，其裔趙國珍天寶中有戰功。閣羅鳳叛，宰相楊國忠兼劍南節度使，以國珍有方略授黔中都督，屢敗南詔，護五溪十餘年。天下方亂，其部獨寧，終工部尚書。”

天寶五載春正月，貶皇甫惟明爲播州太守。《通鑑輯覽》。

《遵義府志》、孫《志》：“是年，改播州縣爲播川郡。”《明統志》亦云：“天寶中，播州改播川郡，乾元初復爲播州。”

六年春正月，殺皇甫惟明。

憲宗元和二年，廢珍州，入溱州，思、夷、費、播、溱、錦、敘、獎八州皆隸黔中采訪使。古州隸嶺南采訪使。盤牂爲羈縻州，隸戎州及黔州都督府。據《通志》。

憲宗大中十三年冬十一月，南詔僭號，寇陷播。初，韋皋開清溪道以通群蠻，入貢，又選群蠻子弟聚之成都，教以書數以羈縻之。既而軍府厭于廩給，又蠻使入貢利於賜與，所從傔人浸多。杜悰奏減其數，南詔豐祐怒，入貢不時，頗擾邊境。豐祐死，子酋龍立，朝廷以名近元宗諱，遂不行册禮。酋龍乃自稱皇帝，改國號大禮，遣兵陷播州。《通鑑綱目》。

懿宗咸通元年十月，安南都護李鄠克播州。《唐書·紀》。尋復爲南詔所陷。《通志》。播州屬黔中道，大中十三年爲雲南所陷，此非安南道也。李鄠越境收復，欲以爲功，而不知蠻兵乘虚已陷安南也。《通鑑》注。

——（民國）《甕安縣志》卷三《纪年上》，載《中國地方志集成·貴州府縣志輯》，第25册，29～32頁

僖宗乾符七年，太原人楊端應募復播州，克之，世爲州刺史。《通志》《遵義府志》稱授安撫使。

《遵義府志》：僖宗乾符初，太原人楊端應募，率其鄉人令孤、成、趙、猶、婁、梁、韋、謝八族復之，據《心齋隨筆》。因據其地，自後播爲楊氏世有。又按：楊端復播，唐宋史皆未書而見元明兩史，端授安撫使及世州刺史未詳所據。考《宋史·諸蠻傳》云：“唐季之亂，蠻酋分據其地，自置爲刺史。”《明統志》云：“播州唐末没於蠻，疑州刺史者得之。”

按：當時與楊端同來者爲猶崇義。據《猶氏世譜》載：“崇義仕唐，爲都總管。乾符二年，詔以宣慰使征滇、蜀苗夷，崇義父子六人以朝覲襲宣慰使，撫播居蜀。廣明六年，崇義從征黄巢，陣歿，贈播甕萬户，世襲。”考《遵義志》載，端既平播授安撫使，一志稱世爲州刺史。宣慰大於安撫，是崇義權位反在端上，義殊未協？惟《明統志》或以征苗功授四川播州宣慰使、甕水長官司，其於系屬方不訾亂，而播與甕之關係亦於此生矣。

昭宗乾寧三年，黔南觀察使王肇以其地降於王建，牂柯諸州不通中國，蠻酋分據其地，自置爲刺史。《通志》。

按：《古今紀要》：僖宗宰相蕭遘貶播州司馬，似此時尚有流官，大率朝廷威力不及，視同化外，姑作爲流貶罪人之所而已。

五代

後唐

明宗天成二年，牂柯清州刺史宋化朝等一百五十八人來朝。《通志》。

後晉

高祖天福五年，牂柯張萬濬率其夷、播七州皆附於馬希範。《通志》。……溪州西接牂柯兩林，南通桂林象郡，希範乃立銅柱爲表，命學士李皋銘之。於是南寧州酋長莫彦殊率其本部十八州、都雲酋長尹懷昌率其昆明等十二部、牂柯張萬濬率其夷播等七州皆附於希範。《五代史·楚世家》。

宋

神宗熙寧六年五月癸卯朔，播州楊貴遷遣子光震來貢，以光震爲三班奉職。《遵義府志》。

元豐四年，南平酋長楊光震助官軍破瀘夷乞弟，殺其黨阿訛。《遵義府志》。

哲宗紹聖四年三月丁卯，詔瀘南安撫司、南平軍毋擅誘楊光榮獻播州疆土。《宋史·紀》。是歲楊光榮等内附。《遵義府志》。

徽宗大觀二年，播州楊文貴獻地，置播州樂源郡。《通志》。

按：先是乾德後，諸蠻相率來貢時，或更易州名，頒給印信，皆示羈縻而已。崇寧以後始務開拓疆土，置州、郡，比於内地，是年遂置播州樂源郡。據《通志》。領播川、琅川、帶水三縣，隸夔州路。據《遵義府志》。

又按：是時播州治桐梓縣。蕃帥楊文貴獻地，東西百二十里，南北六百一十二里，以其地置遵義軍（《宋朝事實》）及遵義縣（《宋史·志》）。

按：《遵義府志》載《宋朝事實·遵義軍下》云："唐貞觀十六年，羅蒙更名遵義，後自播州徙州治。唐衰，播州爲楊氏兩族分據，一居播州，一居遵義，以江水爲界。其後居播州者曰光榮，得唐所給州銅牌；居遵義者曰文貴，得州銅印。大觀二年兩族各獻地，皆自以爲播州。"議者以光榮爲族帥，重違其意，乃以播州立州，遵義立軍。《宋史·本紀》及《地理志》皆與事實相合云云。是播州州治既在桐梓縣地，文貴獻地東西僅一百二十里，南北長至六百一十二里，稽其疆索當合平越、甕安兩屬皆在其内。爾時軍、州分治，文貴既係立軍，又在遵義一方，是甕安與播州中爲遵義間隔而於遵義軍實有密切關係。然遵義軍不久即無記載，其如何與播州合并史志，均無明文，兹仍兩志之。

徽宗宣和三年，廢播州爲城，隸南平軍，《宋史·志》。并廢播川、琅川、帶水三縣，時城蓋置桐梓縣地。《遵義府志》。廢遵義軍及遵義縣，以遵義寨爲名，隸珍州。按：珍州即今正安。六年，以播州城爲播川縣，仍隸南平軍。遵義、孫《志》。

寧宗開禧三年，復珍州、遵義軍。據《宋史·本紀》。

理宗嘉熙三年，復設播充安撫使，《宋史·志》。即播川縣爲州治。

《遵義府志》按云:“播州自此至明萬曆中始廢,楊氏權職之大從是始矣。”

高宗紹興中,開設甕水寨,爲黄平府地。

《方輿紀要》志云:“宋紹興中開設甕水寨,爲黄平府地,土酋猶氏世守。明朝洪武十七年,猶恭以地歸附,授甕水安撫司,屬播州宣慰司。”

按:甕水司,《宋史》不載,《紀要》所稱《志》云不知何志。然事實不謬,且云土酋猶氏世守,則知猶氏之先早已據有此地,其與楊端偕來更無疑義。其爲黄平府地者,是時黄平設府,立上下三曲二長官司,隸於叙州、甕水,或以與播阻隔烏江,撥屬黄平,并將黄平撥屬叙州以就形便。據元世祖至元十五年,楊邦憲請歸宋舊借鎮遠、黄平二城,如指掌矣。

理宗寶祐六年春正月甲戌,詔樞密院編修官吕逢年詣蜀閫,趣關隘、屯栅糧,相度黄平、思播諸處險要緩急事宜,具工役以聞。遵義、孫《志》。

……

元世祖至元十五年十二月庚辰,思州安撫使田景賢、播州安撫使楊邦憲請歸宋舊借鎮遠、黄平二城,仍撤戍卒,不允。先是十四年,邦憲言:“本族自唐至宋世守此土將五百年。”昨奉旨許令仍舊乞降,璽書從之。《元史·紀》。

十七年三月甲辰,思、播州軍侵鎮遼、黄平界,命李德輝往視之。

十八年三月己亥,敕黄平隸安西行省,鎮遠隸潭州行省,各遣兵戍守。并《元史紀》。

二十八年六月辛巳,洞蠻、鎮遠立黄平府,以播州等處管軍萬户楊漢英爲紹慶、珍州、南平等處沿邊宣慰使,行播州軍民宣撫使、播州等處管軍萬户,仍虎符。時黄平府及平溪、上塘、羅、駱家等處,水車等處,石粉、羅家、永安等處,六洞、柔遠等處,錫、樂平等處,南平、綦江等處,珍州、思寧等處,水烟等處,溱溪、涪洞等處,洞天觀等處,葛娘洞等處,寨垻、埡黎、焦溪等處,小孤戰、張倒柞等處,舊州、草塘等處,烏江等處,恭溪、杳洞、水囤等處,平伐、月石等處,下垻、賽章、横坡、平地寨、寨勞寨、上塘寨、坦㖡、奔平、莫林、種密、秀沿河、祐溪等處諸長官并屬焉。《遵義府志》。

《方輿紀要》:“元置舊州、草塘等處長官司,隸播州軍民安撫使,土酋宋氏世有其地。明洪武十七年,宋顯威以地歸附,授草塘安撫司,仍隸播州宣慰司。”《通志》:“唐貞觀二年,宋景陽以功世授湖廣節度使,至宋世授都總管。至元天曆元年,改授都匀土知府。至明洪武二十五年,以宋邦佐征黔功,世授草塘安撫司。”

按:《宋氏譜》與此小有异同,别於《土司傳内》詳之。

二十九年,改播州隸湖廣等處行中書省。《元史·志》。時播州改爲播川沿邊安撫司,黄平等十一長官司屬之。《遵義縣志》。

三十年夏五月,命思、播、黄平等處拘刷亡宋避役手,號軍人以增鎮守。《遵義縣志》。十二月乙未,遣使督思、播二州及鎮遠、黄平發宋舊兵千人從征安南。《元史·紀》。

成宗大德七年二月丁未，以平宋隆濟功免思、播二州糧一年。《元史·紀》。

明

太祖洪武五年正月，播州宣慰楊鏗、同知羅琛、總管何嬰、蠻夷總管鄭瑚等相率來歸，朝貢方物，納元所授金牌、銀印、銅章。詔敕賜鏗衣幣，仍置播州宣慰使司，鏗、琛皆仍舊職，改總管爲長官司，以嬰等爲長官司長官。王鴻緒《明史稿·播州志》。

六年，升播州宣慰司爲宣慰使司，領草塘、黄平安撫司二，播州、餘慶、白泥、容山、真州、重安長官司六。遵義縣、陳《志》。

按：甕水司距遵義較草塘尤近，是時當亦同隸播州，而《史志》不載或有闕略耳。

十四年，置平越衛軍民指揮使司，屬四川布政司，尋改屬貴州都指揮司。平越、徐《志》。

《桑梓述聞》：洪武十四年，設平越衛軍民指揮使司，管五所、三站、七十二屯。今甕安之附郭及牛場、乾溪、三里皆右所乾平堡地，而草塘、荆竹二里爲草塘司，甕水里爲甕水司，皆以從討苗蠻於十七年授甕水爲長官司，改草塘長官司爲草塘安撫使司，仍隸播州。……

又按：元世祖至元二十八年，改播州安撫司爲宣撫司，直隸四川行省。二十九年，改播州隸湖廣等處行中書省。至是平定、平越、甕安一方仍屬播州，令播州屬四川布政使司。明年設貴州都指揮使司，始改播州宣慰司隸貴州。

十七年改舊州、草塘等處長官司爲草塘安撫司。《明統志》。

按：讀史《方輿紀要》載，甕水、草塘二長官司均於是年改授安撫司，而《明統志》有草塘而無甕水，并長官亦不載。及考《猶氏世譜》，猶世源以洪武十五年奉調征雲貴蠻夷，護衛鎮遠、偏橋、黄平、興隆，功最著。十七年七月陛見，賜敕印授承直郎、播州宣慰使司、甕水蠻夷長。言之鑿鑿，乃長官司非安撫司，《紀要》及《明統志》各有漏誤。

二十一年，播州宣慰使司并所屬宣慰司。《遵義府志》三字當作安撫長。官各遣其子來朝，請入太學，帝爲敕國子監官訓導之。《明史稿》。

成祖永樂七年，宣慰使楊升招諭草塘、黄平及重安所轄當科、葛雍等十二寨蠻人來歸。《通志》："是年楊升請剿南科諸寨，不許。"

宣宗宣德三年，草塘所屬穀撒等四十一寨蠻長官常徒等作亂，聚衆二千餘人將攻牛場、乾溪等堡。事聞，敕總兵陳振剿之。未幾，招之復業。《明史稿》。《遵義府志》按：《蠻司合志》："草塘、穀撒等寨蠻長作亂，攻牛場、乾溪等堡。敕撫之，不從，遂剿平之。"與《史稿》小异。

——（民國）《甕安縣志》卷三《紀年中》，載《中國地方志集成·貴州府縣志輯》，第25册，32～36頁

（明）景泰三年，播州宣慰使楊輝奏湖貴所轄臻剖、五岔等苗賊糾合草塘、江渡，按：疑

即江界河。諸苗黄龍、韋保等殺掠人民，屢撫屢叛，乞調剿，以靖民患。命總督王來、總兵梁瑶等會同四川巡撫剿之。《明史稿》。

按：上年，命保定伯梁瑶、右都御史王來督，参將都督方英、陳友等征湖廣、貴州叛苗（《通志》）。自韋同烈就擒、林夭仲戰死後，清平一方之苗患已息，而黄平、舊州暨石阡、餘慶一帶之苗尚未平定，故仍糾合草塘、江流之黄隆、韋保等侵入遵義界内，殺掠人民。始有是命黄隆、韋保爲首禍之人，數年之久，尚令稽誅跳梁當年之辦賊，誠不可謂能矣。

——（民國）《甕安縣志》卷三《纪年中》，載《中國地方志集成・貴州府縣志輯》，第25册，第38頁

（明）憲宗成化二十二年，遣刑部侍郎何喬新聽訟播州。播州宣慰使楊輝欲立庶子友爲嗣，長官張淵阿順之，安撫宋韜按：即草塘安撫司。等諫乃止。輝致仕，嫡子愛嗣。輝與淵謀割地授友，巡撫張瓚受輝賂爲奏設安寧宣撫司，以友爲之。至是輝死，友誣愛謀逆，聞於朝，遣喬新往勘，將行，請曰："楊氏主播州五百餘年，蠻夷服從久矣，歷代寬以文法，蓋治之以不治也，今但宜二人面質真僞，無令驚。"喬新至，盡得其始末，白愛誣，奪友官，安置他府，斬張淵，播州遂安。《通鑑綱目三編》《通鑑輯覽》同。

武宗正德二年，播州安撫宋淮按：即草塘安撫司。奏貴州凱口爛土苗婚於凱離、草塘諸寨，陰相搆結爲亂，乞賜宣慰楊斌敕巡邊，會湖廣鎮巡官撫處部議不行。據《明史稿》。

穆宗隆慶五年，播州宣慰使楊烈死，子應龍請襲，命姑予職。

世宗嘉靖三十三年，復以播州隸四川，仍制於貴州思石兵備道。

神宗萬曆元年，給貴州新襲宣慰使楊應龍敕書。

十四年應龍獻木，賜飛魚服，授都指揮使銜。應龍獻大木七十，材美，賜飛魚服。又復引其祖斌賜蟒例，部議以斌有軍功且出特恩，未可爲比。帝命以都指揮使銜授應龍。以上并《明史稿》。

按：《遵義縣志》載："十三年，調播州兵征松番。是年正月，松番諸番作亂，四川巡撫徐元泰决計大征，命游擊周于德將播州兵爲前鋒，六月班師。十五年七月，李應祥平越雋諸衛，師旋。徐元泰并徵播州、酉陽諸土兵合五萬人，令應祥、邊之垣、朱文達及周于德三道入討邛部屬夷，以其地置屏山縣。"《明史・李應祥傳》。

十八年，播州屬五司七姓上變，告楊應龍反。播州自洪武初楊鏗内附，世授宣慰司，地方千里，西北塹山，東南俯江，稱西南奥區。傳至應龍，性猜，狠嗜殺，數從征調，恃功驕蹇，知川兵脆弱，陰有據蜀志，間出剽州縣。嬖小妻田雌鳳讒殺妻張氏，屠其家，用誅罰立威，所屬五司七姓不堪其虐，十八年走貴州告變。巡撫葉夢熊疏請大征，不聽。《通志》。

按：五司，草塘、甕水兩司均在。貴州巡撫葉夢熊疏論應龍凶惡諸事，巡按陳效歷數應龍二十四大罪。時方防禦松潘，調宣慰土官兵協守。四川巡按李化龍疏請暫免勘問，

俾應龍帶罪圖功。由是川貴撫按疏辯，在蜀者謂應龍無可勘之罪，在黔者謂蜀有私暱應龍之心。於是給事中張希皋等以事屬重大，兩省利害豈漫不相關者，乞從公會勘，無執成心。十九年貴撫葉熊主議播州所轄五司改土歸流，悉屬重慶，與化龍意復相反，化龍遂引嫌求斥。蓋應龍本雄猜，阻兵嗜殺，所轄五司七姓悉叛離。嬖妾田，屠妻張氏并及其母，於是妻叔張時照與所部何恩、宋世臣等上變，告應龍反，葉熊請發兵剿之。而蜀中士大夫率謂蜀三面鄰播，屬裔以什百數皆其彈壓，且兵驍勇，數征調有功，剪除未爲長策，以故蜀撫按并主撫。朝議命勘，應龍願赴蜀不赴黔。并《明史稿》。

按：何恩，黄平人，尚有羅承恩亦黄平人，此漏載。

二十年，檄楊應龍至重慶府聽勘，拘留之。俄而兵部復趣應龍選兵征倭。《遵義府志》。應龍詣重慶，簿繫論法當斬，請以二萬金贖。御史張鶴鳴方駁議會倭大入朝鮮，徵天下兵。應龍因奏辯，且願將五千兵征倭自贖。詔釋之，兵已啓行，尋報罷。巡撫王繼光至嚴提勘結，遂抗不出，張時照等復詣奏闕下，繼光用兵之議遂決。《明史稿》。

二十二年，巡撫王繼光遣總兵劉承嗣、參將郭成征楊應龍，於白石口不利。《遵義府志》。二十一年，繼光至重慶，與總兵劉承嗣分兵三道進婁山關，屯白石口。應龍佯約降，而統苗兵據關衝擊。承嗣兵敗，殺傷大半，會繼光論罷，即撤兵，委弃輜重略盡，黔師協剿亦無功。四川新撫譚希恩與貴州鎮撫再議剿，御史薛繼茂主撫。應龍上書自白，遣其黨携金入京，執原奏何恩詣綦江縣。《明史稿》。

二十三年，飭總督侍郎邢玠勘播事。《遵義縣志》。二十二年，以兵部侍郎邢玠總督貴州。二十三年，玠至蜀，察永寧、西陽皆應龍姻婣，而黄平、白泥久爲仇讎，宜剪其枝黨，乃檄應龍，謂當待以不死。會水西宣慰安疆臣請父國亨卹典，兵部尚書石星手札示疆臣趣應龍就吏得貫。疆臣奉札至播，招應龍。當是時，七姓惟恐應龍出得除罪，而四方亡命，竄匿其間。又幸應龍反，因以爲利。驛傳文移，輒從中阻。四月玠檄重慶知府王士琦詣綦江，趣應龍就安穩聽剿。應龍使弟兆龍至安穩，治郵舍儲糧，叩頭郊迎，致餼牽如禮，言應龍縛渠魁，待罪松坎，所不敢至安穩者，恐墮安穩仇民不測之禍也，幸請至松坎受事。士琦曰："松坎亦曩奏勘地也。"即單騎往應龍，果面縛道旁，泣請死罪，請治公舘，執罪人及罰金獻廷中，得自比安國亨。國亨者，曩亦被訐，懼罪不出界，故應龍引之。士琦爲請於玠，許之。應龍乃縛獻黄元、阿羔、阿苗等按驗，抵應龍斬。以其族得論贖，輸四萬金作采木，仍革職，以子朝棟代受職，次子可棟羈府追贖，黄元等斬重慶市。總督以聞，時倭氛未靖，本兵欲緩應龍事東方，朝廷亦以應龍向有積勞，可其奏。於松坎設同知治焉，而以士琦爲川東兵備副使彈治之。應龍獲寬，益怙終不悛。尋可棟死於重慶，益痛恨。促喪歸不得，復檄完贖，大言曰："吾子活，銀即至矣。"擁兵驅千僧招魂去，分遣土目置關據險，厚撫諸苗，名其健者爲"硬手"。州人稍殷厚者，没入其資以養苗，苗人遂願出死力。《明史稿》。

二十四年，應龍殘餘慶，掠大阡、都壩，焚劫草塘、餘慶二司，遍及興隆、都匀各衛。又遣北〈兆〉龍圍黄平，戮重安長官家，勢復大熾。

二十五年七月，播州宣慰使楊應龍反。據《通鑑輯覽》。應龍流劫江津及南川，臨合江，索其仇袁子昇，縋城下磔之。

二十六年冬，應龍同弟兆龍統苗兵大劫偏橋、黄平、重安、草塘、洪頭、飛練、乾溪等處。據《宋氏譜》。草塘安撫司宋鷩弟鸞及何承恩殉節於偏橋衛，據《心齋隨筆》引《宋氏譜》。弟鶱戰死洪頭堡，副使鶩戰死乾溪堡。時兵備王士琦調征倭，應龍并統苗兵大掠貴州洪頭、高坪、新村諸屯，已又侵湖南四十八屯，阻塞驛站。詗原奏仇民宋世臣、羅承恩等，絜家匿偏橋衛，襲破之，大索城中，戮其父母，淫其子女，備極慘酷。《明史稿》。

按：洪頭即今甕安縣之紅燈堡，高坪即平越縣之高坪司，飛練、乾溪亦甕安地，鸞即宋世臣父。據《宋氏譜》，萬曆十七年，鸞子世臣偕何承恩、張時照詣川湖，告楊應龍罪惡。今《明史稿》作“何恩”，《遵義府志》引之亦作“何恩”，此又作羅承恩。《桑梓述聞》作“何恩、羅承恩”，實係兩人。《史稿》與《遵義志》及《宋氏譜》均誤。是時草塘諸司殺戮之慘，無以復加。《桑梓述聞》稱草塘諸苗於楊應龍之變亦已殺盡，可想而知矣。

二十七年春，罷貴州巡撫江東之，以郭子章爲貴州巡撫，以李化龍爲總督川貴湖廣軍務，討楊應龍。先是貴州巡撫江東之令都司楊國柱、指揮李廷棟率兵三千剿應龍，應龍遣子朝棟、弟兆龍等迎敵於飛練堡。我師奪三百落。按：三百落即今甕安猴場三百務地，務讀勞去聲，在飛練東。賊佯敗走天邦囤，誘我師，伏發，國柱、廷棟皆死。東之罷之，郭子章代而起，李化龍節制川湖貴州三省軍事，調東征諸將劉綎、麻貴、陳璘、董一元等南征。六月應龍乘大師未集，遂勒兵犯綦江，時城中新募不滿三千，賊兵八萬奄至，圍綦江城數匝。參將房嘉、游擊張良賢率師巷戰，俱死之。應龍因劫縣，令焚掠出綦江庫犒師，盡殺城中人，投尸蔽江，江水爲赤，尋退屯三溪，益結九股生苗、黑脚苗爲助。應龍僞軍師孫時泰請應龍直取重慶，搗成都，劫蜀王爲質。而應龍遷延不進，止言争界，給葬以冀曲赦。化龍初至成都，以徵兵未至亦謬爲好語縻之。帝聞綦江破，賜化龍劍，便宜討賊。十月，化龍移駐重慶。已而應龍屯官壩，聲言窺蜀，又焚東坡、爛橋，楚、黔路梗，黄平、龍泉所在告急。賊復據偏橋，出掠興隆、鎮遠。化龍議置勁兵萬餘據守要害，通黔楚道，益調諸路兵以俟大舉。《通鑑輯覽》。

二十八年夏六月，李化龍率師討播州，平之。楊應龍勒兵五道并出，破龍泉司。化龍徵兵大集，大會文武於重慶，登壇誓師，分八路進兵。川兵四路：總兵官劉綎由綦江入；總兵官馬孔英由南川入；總兵官吴廣由合江入；副將曹希彬受廣節制，由永寧入。黔師三路：總兵官童元鎮由烏江入；參將朱鶴齡受元鎮節制，統宣慰使安疆臣，由沙溪入；總兵官李應祥由興隆入。楚師一路，分兩翼：總兵官陳璘由偏橋入；總兵官陳良玭受璘節制，由龍泉入。每路兵三萬，官兵三之，土司七之。巡撫郭子章駐貴陽，湖廣巡撫支可大移沅州，化龍自將中軍策應。部署既定，劉綎遂從綦江進兵，破其前鋒，楊朝棟僅以身免，賊皆膽落,連克桑木、烏江、河渡三關,奪天邦諸囤,乘勝入婁山關,屯白石。應龍率諸苗决死戰,綎親勒騎衝中堅,分兩翼夾擊,敗之,追奔至海龍囤。時陳璘已破青蛇囤,安疆臣亦奪落蒙關,吴廣從崖門關入,營水牛塘,與賊力戰三日,却之,遂攻燒二關,奪賊樵汲路。賊見勢急,父子相抱哭,上囤死守,遣使詐降。化龍檄諸將,斬使焚書。已而八路兵大集海龍囤下,遂築長圍,更番迭攻,賊大困。會化龍聞父喪,詔以墨縗視師。化龍念賊囤前險,不能越,令馬孔英勒兵攻其後。天久雨,將士馳泥淖中苦戰,綎先士卒,克土城。應龍益迫散金募死士拒戰,諸蠻苗皆駭散,無應者起。提刀巡壘,見四面火光燭天,大兵已登囤入,應龍倉皇同愛妾二闔室自縊,生擒朝棟、兆龍等百十餘人。計出師至滅賊百有四日,化龍露布以聞,詔磔應龍尸,戮朝棟、兆龍等於市,以其地置遵義、平越二府,分屬川貴。《通鑑輯覽》。

二月癸未,播賊襲執宣慰宋承恩去。承恩,應龍婿也。時總督李化龍已移駐重慶,征兵大集,遂以十二月丙戌誓師。分八路,路約三萬人,官兵三之,土司七之。川師四路:總兵劉綎從綦江入,以參將麻鎮等隸,參政張文耀監之;總兵馬孔英從南川入,以參將周國柱,宣撫冉馭龍等隸,僉事徐仲佳監之;總兵吴廣從合江入,以參將徐世威等隸,參議劉一相監之;副將曹希彬受廣節制,從永寧入,以參將吴文杰、永寧女土官奢世續等隸,參議史旌賢監之。黔師分三路:總兵童元鎮統鎮雄土知府隴澄、泗城土知府岑紹勛等,由烏江;參將朱鶴齡受元鎮節制,統宣慰安疆臣等,由沙溪;總兵李應祥統宣慰彭元瑶等由興隆,參議張存意、按察司楊寅秋監之。湖廣一路由偏橋,分兩翼:總兵陳璘統宣慰彭養正等由白泥;副總兵陳良玭受璘節制,統宣撫覃宜等由龍泉,副使胡桂芳、參議魏養蒙監之。巡撫郭子章駐貴陽,湖廣巡撫支可大移沅州。總督李化龍自將中軍策應,諭諸將以抵婁山等關爲期,且曰:“關外且戰且招降,多不可勝誅也;關内疾戰,勿受降師不可久,老賊詐不可信也。”綦江道最要,綎當之,應龍熟綎才,頗懼,益兵守要害。十五日,諸將克丁山、銅鼓、崖村,遂直搗楠木山、羊簡臺、三峒。峒絶險,賊將穆照等衆數萬連營,諸將憚之。綎分兵攻其三面,大戰於李漢壩,生擒其魁,餘賊奔入峒,乘勢直搗峒前,焚之,賊多死,盡克三峒,擒穆照及賊魁吴尚華。

是日,綎督戰,左持金,右挺劍,大呼曰:“用命者賞,不用命者齒劍。”鬥死者四十人,遂大捷。三月,應龍乃遣子朝棟、惟棟及其黨楊珠統鋭卒數萬由松坎、漁渡、羅古池三道并進。綎伏萬人羅古待松坎賊,以萬人伏營外待漁渡賊,而别以一軍策應。賊果至,伏盡起,綎率部下轉戰,斬首數百,追奔五十里。朝棟潰圍走,幾爲我師獲。應龍憚綎威名,意首挫其鋒,屬朝棟悉勁兵間道相角曰:“爾破綦江,馳南川,盡焚積聚,餘無能爲也。”及朝棟敗,益膽落,聚守石虎關,綎亦掘塹守。初,綎聞征播命,逗遛多設難要朝廷。言官交劾綎,議調南京右府僉書。綎至是聞之,即辭任。李化龍以平播非綎不可,固留之,力薦於朝,綎乃復受事。遂進克石虎關,拔賊滴淚、三坡、瓦窑坪諸隘,直抵婁山關。婁山萬峰插天，叢箐中一徑纔數尺，賊設木關十三座，排栅置深坑，百險俱備。綎分奇兵爲左右路，間道趨關後，而自督大軍仰攻，奪其關，追至永安莊，兩路軍亦會，時三月二十九日也。綎老將持重，慮賊衝突，聯諸營：一據婁山關爲老營，一據白石口爲腰營，一據永安爲前營。都指揮王芬者，勇而寡謀，每戰輒請爲前鋒，連勝有輕敵心，獨營松門埡之衝，距大營數里。賊方有烏江之勝，謀再奪取婁山，適穆照遣人洩芬孤軍狀。四月朔，賊乃襲殺芬，守備陳大綱、天全招討楊愈亦死，失亡士卒二千人。綎聞，急往救，部將周以德、周敦吉夾攻，賊始大奔，追至養馬城而還。

是日，應龍幾被獲，乃不敢窺婁山。綎懲前失劄，近關堅壁，且請濟师。逾十餘日，克後水，囤營於冠子山，尋會馬孔英壁海龍囤下。孔英道南川，獨險遠，去應龍海龍囤六七百里。未至重慶，時推官高折枝監紀軍事，請獨當一面，乃與參將周國柱先以石柱宣撫馬千乘兵破賊金筑，復督酉陽宣撫冉馭龍敗賊於官壩。時賊既破龍泉，方移師攻婺川，聞敗乃遁。及孔英至軍，平茶、邑梅兵亦集，軍容甚壯。先師期一日入真州，用土官鄭葵、駱麟爲鄉導，别遣邊兵千扼明月關。諸軍鼓行前，進破四寨，攻赤崖，抵清水坪、封寧關，悉破賊營十數，逼桑木關。關内民降者日千計，折枝結三大寨處之，禁殺掠，降者日衆，賊益孤。關爲賊要害，山險箐深，賊憑高據守。

三月初八日，乃令千乘、馭龍出關左右，國柱擣其中。賊用標槍藥矢，鋭甚，官軍殊死戰，奪其關。逐北至風坎關，賊復大敗，連破九杵、黑水諸關，苦竹、羊崖、銅鼓諸寨。國柱攻金子壩，無一人，疑有伏，焚空寨十九，嚴兵以待，賊果突出，擊敗之。孔英乃留王之翰兵守白玉臺，衛餉道，平茶、邑梅兵守桑木關，而親提大軍進營金子壩。應龍聞桑木關破，大懼，遣弟世龍及楊珠以鋭卒劫之翰營。之翰走，殺餉兵無算。平茶兵來援，賊始退。孔英還擊世龍，復不勝，步卒發火箭，裨將劉勝復奮擊，賊乃奔。官軍進朗山口，由朗山進蒙子橋，深箐蓊翳，賊處處設伏，悉剿平之。應龍遣其黨詐降，謀爲内應，折枝盡斬之，伏以待。賊果夜劫營，伏發，賊驚潰，追奔至高坪。已奪賊養馬城，直抵海龍第二關下，賊守兵益多。孔英軍已深入，而諸道未有至者。酉陽、延綏兵皆退，賊躡殺官兵六十人。居數日，劉綎兵至，乃合兵，連克龍爪、海雲諸囤，壓海龍囤而壘。初，總督李化龍刻師期，諸將莫利先入。孔英所將邊卒及諸土兵皆獷悍，監紀折枝勇而有謀，故師獨先。八道至囤前，吴廣出合江屯二郎壩，大行招徠。賊驍將郭通緒者迎戰，將士襲走之。陶洪、安村、羅村三寨土官各出降，他部來歸者數萬，廣擇其壯者從軍。通緒扼穿崖囤，廣督土漢軍擊破之。劉綎、馬孔英已入播，廣猶頓二郎，總督李化龍趣之。乃議分四哨進攻崖門，别遣奢世續等督夷兵二千扼桑木埡諸要害，以防餉道。諸將連破數囤，進營母猪塘。應龍令通緒盡發關外兵拒敵。廣伏炮手百於磨槍埡外南岡下，而遣裨將趙應科挑戰。埡兩山相夾，中甚隘，通緒横槊衝應科，科佯北。通緒追出埡，遇伏，急旋馬，中炮墮，方躍上他馬，伏兵攢刺之，殪。餘賊大奔，官軍逐北，賊盡降，遂薄崖門。徑小止容一騎，賊聚萬餘出關拒戰。曹希彬懸賞千金,士攀崖競進,追至第四關,關上男女盡哭。於是賊黨自殺,其魁羅進恩率千餘人出降。其第一關猶拒不下,廣乘夜疾進,奪其關,關内民争獻牛酒。時李應祥、陳璘猶在關外。廣合希彬軍連戰一碗、水土崖、分水關,皆捷,遂進營水牛塘。應龍知廣軍孤深入,謀欲襲之,乃遣人詐降。廣測其詐,堅壁以待,應龍擁衆三萬直衝大營,諸將殊死戰。會他將來援,師乃退,廣遂進壁海龍囤。童元鎮督永順、泗城、鎮雄諸土軍由烏江。初元鎮先駐銅仁,憚應龍,久不進,屢趣乃行。時劉綎、吴廣諸軍已進,群賊議分兵守,其參謀孫時泰曰:"分兵則力薄,乘官兵未集,先破其弱者,餘自退矣。"應龍善之。聞元鎮將抵烏江,應龍曰:"此易與耳。"縱之渡江,密以計取。監軍楊寅秋言烏江去播不遠,宜俟諸道深入,協力齊驅,元鎮不從。於是永順兵先奪烏江,賊遣千餘人沿江叫駡以誘之,諸軍既濟,復奪老軍關。前哨參將謝崇爵乘勢督泗城,及水西兵再拔河渡關。

三月望,賊以步騎數千先衝水西軍,軍中驅象出戰,賊多傷。俄駕象者斃,象反走,擲火器者又誤擊己營,陣亂。泗城兵先走,崇爵亦走,争浮橋,橋斷,殺溺死者數千人。河渡既敗,烏江軍相去六十里,猶未知。明日,參將楊顯發永順兵三百出哨,道遇賊數萬,咸爲水西裝。永順兵不疑,與盟誓,賊掩殺三百人,亦襲其裝,直趨烏江。烏江軍信爲水西、永順兵,不設備,遂爲賊所破,争先渡江,賊先斷浮橋,數千人皆溺死,顯及二子與焉。元鎮所部三萬人,不存什一,將校止崇爵等三人,江水爲不流。貴陽聞警,居民盡避入城,遠近震動。化龍用上方劍斬崇爵,益徵兵,檄鎮雄土官隴澄邀賊歸路。隴澄者,即安堯臣,水西安疆臣弟也。軍不與元鎮合,獨全當事,頗疑其通賊。寅秋以鎮雄去播止二日,令搗巢立效,澄許之。河渡未敗時,澄已遣步將劉岳、王嘉猷攻拔苦竹關及半壩嶺。既敗,二將移新站。賊伏兵大水田,别以五千人來襲,敗還。嘉猷乃揚聲搗大水田,而潛以一軍拔大夫關,直抵馬坎,斷賊歸路,與疆臣合,賊遂遁。會都指揮徐成將兵至,合岑紹勛兵,再克河渡關。賊將張守欽、袁五受據長箐萬丈林,永順兵擊破之,生擒守欽,攻清潭洞,复擒五受。會朝議責元鎮敗狀,逮下獄。令李應祥并將其軍。應祥由興隆入,受事於二月下旬,副將陳寅等已連克數囤,拒賊四牌高囤下,别遣兵從間道直搗龍水囤。他將蔡兆吉又自乾坪抵箐岡,過四牌。賊首謝朝俸營其地,四面峭壁深箐,賊從高鼓譟,官軍殊死戰,俘朝俸妻子,乘勢抵河畔。會烏江敗書聞,斂兵不進者旬日。應祥已受任,趣諸將急渡。寅等乃取他道渡河,而潛爲浮橋以濟師。諸軍既渡,賊失險,乞降者相繼,應祥悉受之。賊所恃黄灘一關,壁立,衆死守。會賊徒石勝俸等率萬餘人降,告曰:"去黄灘三十里有三關,入播門户也,先襲破之,則黄灘孤難守。"應祥然其計,令偕陳寅率精卒四千夜抵關下。勝俸以數千騎誘開前門,盡殲其戍卒。黄灘賊懼,益增兵固守。寅督諸將渡河攻關前,勝俸由墳林暗渡襲關後,賊乃大敗,應祥遂直抵海龍囤。陳璘由偏橋進軍次白泥,應龍子朝棟率賊二萬渡烏江迎戰,璘前禦之而分兩翼躡其後,賊少挫,追奔至龍溪山,賊合四牌賊共拒璘。四牌在江内,與江外七牌皆五司遺種、九股惡苗,素助賊。璘廣招撫,乃進軍龍溪。諜報有伏，令游擊陳策以火器擊之，賊據險，矢石雨下。璘先登，斬小校退者以徇，把總吴應龍等陷陣，賊大潰，退拒四牌保兒囤。璘遣二裨將逼之，中伏，璘募死士從應龍等奮擊，賊復潰，奔據囤巔，夜由後遁。黎明，追及袁家渡，賊復敗，悉渡江遁，四牌之賊遂盡。

三月望，諸軍爲浮橋渡江。知賊將張佑、謝朝俸等營七牌野猪山，璘即夜發抵苦練坪。前鋒與戰，後軍至，夾擊之，賊敗逃深箐，官軍遂入苦菜關。會童元鎮烏江師敗，璘大懼，請退師，李化龍不可。璘乃進營楠木橋，次湄潭，賊悉聚青蛇、長坎、瑪瑙、保子四囤，地皆險絶，而青蛇尤甚。璘議同日攻則兵力弱，止攻一囤，則三囤相助，乃先攻三囤，次及青蛇。良玭師亦來會，令伏囤後，别以一軍守板角關，防賊逸。璘督諸將力攻三日，賊死傷無算，三囤遂下。青蛇四面陡絶，璘圍其三面，購死士從瑪瑙附葛至山背舉炮，賊惶駭，諸軍進攻，焚其茅屋。賊退入囤内，木石交下，將士冒死上，毁大棚二重，前後擊之，賊大敗，七牌之賊亦盡，時四月十三日也。乃分兵六道，攻克大小三渡關，乘勝抵海龍囤。海龍囤者，賊所倚天險，飛鳥騰猿不能逾者。及諸路兵俱集囤下，賊見勢急，父子相抱哭，上囤死守，每路投降文緩我師。化龍檄賊詭降，即斬使焚書，無爲所紿虞。綎與應龍舊，檄無通賊，綎械其人自明。賊詭令婦人於囤上拜表痛哭，云田氏且降，詐爲應龍仰藥死。報吴廣，廣輕信，按兵不動。已覘知田氏詐降緩攻，而所云應龍死，乃川兵攻囤，以火炮擊死所謂楊珠也。珠驍勇善戰，既死，賊痛如失左右手。廣覺詐，益列兵協攻，燒二關，奪三山，絶賊樵汲。五月十八日，始築長圍，化龍令諸將分日迭攻。安疆臣攻囤後，受賊重賄，多與通，且潛以火藥貽賊，故賊不備。其後陳璘知之，與監軍者謀，令疆臣退一舍，璘移其處，置鐵牌百餘，距囤丈許，賊强弩無所施。又爲篐板於栅前，賊每夜出劫，爲釘傷，不敢復出。會化龍聞父喪，詔以墨絰視事，化龍跣而草檄，益治軍。時天苦雨，將士馳淖中苦戰。

六月四日，天忽開朗。五日，劉綎身先士卒，進克土、月二城，應龍益迫，夜散數千金募死士拒戰，諸苗皆駭散無應者。起提刀自巡壘，見四面火光燭天，徬徨長嘆，泣語妻子曰："吾不能復顧若矣。"六日，陳璘與吴廣當進兵，璘夜四鼓銜枚上，賊鼾睡，斬其守關者，樹白幟，鳴炮，賊大驚潰散，廣兵亦至。應龍倉皇同愛妾二闔室縊，且自焚。廣獲其子朝棟及妾田雌鳳，急覓尸出焰中，廣中火毒失聲，幾絶頃而蘇。自出師至滅賊，百十有四日，總督李化龍露布以聞。十二月庚辰，督撫李化龍、郭子章、江鐸俘楊朝棟等獻於闕下，丙寅上御樓受之，群臣稱賀，命磔楊朝棟等於西市，釋宋承恩。《貴州通志》。

附：李化龍《平播疏》

楊酋匪茹，與國爲仇，萬姓荼毒，三省震驚。孰不以爲不可以歲月克者，乃自出師以來，甫三月有奇而元凶授首，黨羽悉擒。千年狼虎盤據之窟，一旦掃蕩無遺，上足以伸中國之威，下足以洩生靈之憤。其他狡黠土司、獷悍惡苗，無不落魄亡魂，西南半壁天下可永無虞矣。皇上德威遠被，指授方略所致，斷非文武將吏敢貪天功爲己力者。惟是各官兵暴露行間，勞告萬狀，不可不查叙也。

先是臣奉命入川，賊知罪在不赦，已統兵深入，有擒王剿叛之説，遂破綦江，且逼重慶，地方洶洶，皆謂有長驅之志。於時，目前兵力略無可恃，臣乃以計緩之，一面調兵，一面移文詰责，若未嘗絶之者。賊果信之，即具文求撫，且不西向，臣因得以徵調漢、土諸兵急爲之備。其時，賊氣張甚，川人畏之如虎，臣發成都兵，甫出門，欲投錦江，不復肯東。及聞綦江守城兵見賊來，競譟而走，多投水者，止餘二將與其家丁，遂及於難。臣念漢兵心膽已碎，土兵狐兔有情，自非招客兵不可，因調陝、浙諸省之兵。又念外兵之費甚侈，往來途次且生擾害，不可過多，乃於每省鎮止調一二千，多者三千，共數省實僅僅二萬，其餘仍三省及滇、粤土兵也。然西南人見外兵來，莫測多少，以爲天下之兵皆至矣。自是漢兵之氣壯而土兵之心亦折，無不樂爲我用者。時賊雖知調兵，然以爲虚聲嚇之如往日，非實事也。臣亦止在成都積糧治器，若無事者，然不復東，賊亦不疑。北兵俱集，臣移駐重慶，賊始知必剿，頗肆衝突，然我兵漸益，未易得志也。

臣又念兵以一路進，既道狹不能容，一有前却不可復振，因分爲八路。又念路分而兵少，賊厚其陣以衝之，敗矣！因命每路皆三萬以上，每一路皆可以當其全師。又念關外賊黨多不可勝誅，會兵部頒賞格至，首重招降，臣亦推廣之，但投戈者皆赦不誅。臣又念無賞士不勇往，會兵部賞格首言，得賊者即以其家資與之，臣亦推廣之，克關破囤各懸賞，賞各以千萬計。既川兵入關，臣又恐其人自爲心，若九節度之師然，因復委按察使張悌入總監之，殺牲莅盟，務必得賊。臣又恐賊事急詐降，得以遷延，至暑雨漸深，我兵不能久困，令但急攻之，有稱降者，斬使焚書，無爲所紿。時湖廣之兵亦至囤下，臣欲入營親監之，會聞先臣之訃，臣恐營中遂懈，惰不可用，因不待成服跣而草檄，亦以例應候代，照常督兵，有慢令者，尚方具在，令代中軍余德榮等再往監之。臣又念賊囤後易攻，囤前難攻，時諸將壁囤下者各有分地，因令以勁兵一枝壁其前，其餘并力於後。臣又恐諸軍士争趨賊財物，或至亂行至有他虞，移文再四申禁。臣又聞營中流言"水西目把尚不絶賊"，恐漏軍情，因移文令其退劄。水西土官懼，撤其兵退而引嫌曰："吾不欲爲亡播之續也。"時久雨，軍士日在泥淖中，至六月之初四而天忽晴，初五日遂破其二城，初六日遂登其囤，賊以滅亡。總計八路兵，生擒賊首、賊從一千一百二十四名，斬級二萬二千六百八十七顆，俘獲賊屬五千五百三十九名口，招降播民一十二萬六千二百一十一名口，全活被擄男、婦一千六十四名口，奪獲馬、牛七百六十七匹隻，器械四千四百四十四件。

是役也，自賊破綦江至剿滅可一年。自進兵至滅賊，百十有四日。當八路對壘時，土、漢兵既參差不齊，諸將領亦彼此觀望，播人劫於賊之積威，人自爲戰，未易即克。我各路又糧運艱難，時有脱巾之呼。臣日夜催督，走使持檄至數百千，及兩省撫臣、各路鎮道，亦靡不忘寢忘食，或至頭鬚爲白。總之，諸文武知廟堂之意必欲滅賊，故鼓之即應，勞之不怨，誅罰之亦無敢囁嚅者。倘更一月而賊不滅，暑雨久，瘴疫深，我將自潰，無問賊矣。該臣會同巡撫貴州郭子章、巡撫湖廣支可大、巡撫偏沅江鐸議照得，國家方制萬里，日所出入之邦，悉爲郡縣，獨西南諸省不廢土司，蓋亦曰“因俗而治，與之相安”云耳。二百年來，此輩犬羊之性不堪馴，擾亦時有之，然未有如播酋楊應龍之公然叛逆者，則何也？蓋其地險，其兵强，其才力足以使鬼通神，其聲勢足以呼群嘯黨，加以年來方寓多事，九伐之旌未遑南指，彼遂時時狂逞，亦遂時時得志，井蛙之見，謂縣官真無奈我何。諸群不逞，如楊珠、楊明、何漢良、孫時泰輩，瞷其雄心。或時有以公孫躍、馬尉陀自王之説進者，賊亦自念騎虎勢不能下，將曰：“等死耳，無且舉大名乎！”於是恣具狂圖，淫怒以逞，而破城殺將、鵲起西南之勢成矣。夫天下非小弱也，九州四海兵非脆，糧非乏也。向賊逆未著，皇上不忍遽觀之兵，曰：“吾且舞干，吾且解網，姑俟其悔過而與之相安無事。”乃不謂凶人之性不移也。始天怒赫然，斷在必剿。夫斷而後行，鬼神避之，况此么麽者乎？蓋自進剿之旨下，上方之劍頒，然後海内熊虎之師如雲而集，陳紅之粟蔽江而上，智士陳謀，武夫效力，火燎毛，山壓卵，賊即欲不灰飛烟滅，亦曷可得已？臣等嘗即諸路之功而評叙之。在四川，則楠木、三洞，賊黨以爲三窟，謂天險不可升者也。婁山關，賊前門，我所必由、賊所必争者也。海龍囤，以爲天造地設，人迹所不能到、兵力所不能加者也。三戰而克之，賊力竭矣，不亡何待？夫賊黨自戰，其地猶易與也。惟賊父子親在行間，諸賊人人致死，難與争鋒。該路到處與賊父子對壘，最快者，九盤子之戰，賊悉其精鋭以付朝棟，令之從綦江進，從南川回，此其目中尚復有官兵乎？劉綎一戰而走之，自是播人爲之破膽。尤快者，諸軍壁海龍囤下，連月不拔。綎至，一日而克其二城，賊遂滅亡。至今群口嚚嚚然，竟無敢没其先登之烈者。兵法無選鋒曰北，綎於諸路其選鋒乎？則綦江路之功也。

臣嘗言，破賊關外宜招降，謂多不可勝誅也。關内宜疾戰，謂師不可老也。安村、羅村、陶洪三寨，生口以數萬計，勝兵以數千計，令貪功者以大兵初入，必且多殺以報捷。勝之則傷仁，不勝則損威矣。而該路坐受其降，兵不血刃，自是一戰而斬郭通緒，再戰而入岩門關，三戰而屢捷於水牛塘，賊計無復之，遂父子相哭而上囤矣。當其入水牛塘，時川兵入關去囤尚遠，湖、貴兵在關外，絶不相聞，吴廣以孤軍去囤數十里而結營，犯兵法之所忌，而卒以得志，自非其令嚴而戰力當不及。此後雖有講降誤事，然有激而奮，竟以成功，逆賊父子盡獲其首，終不失爲全捷，則永合路之功也。

南川路最險、最遠，去囤可六七百里，賊以官兵必不能從此進，當馬孔英之未至也。高折枝以一書生請自將漢、土兵以往，此固已雄偉不常矣。乃師期一月，之前先搗官壩營以寒賊膽，而撤回龍泉之兵且以解思石之危。其事甚奇，其功甚大。比進兵從真州入，真人則簞食壺漿以迎，播人則弃甲曳兵而走，居然有三代之氣象。時諸將欲候各路消息方入關，折枝毅然曰：“若是，則誰爲當先入者？”策馬而前，衆隨其後，竟以三月初八日奪桑木關而據之。臣用是以催各路，尚有四月入者，令諸將皆折枝，諸路皆南川，滅賊當更速。

抵關而馬孔英至，則文武相得，如樂之和。自是日日約各路攻圍，有應，有不應，甚或以相誹詈，而折枝不顧也。分攻令下，諸將争走後門，該路獨壁前門。夫後門我易攻賊，前門賊易衝我，亦曰："誰爲當賊衝者，蓋亦先入關之意乎?"破囤之役，後門以二路更攻，前門以一路搏戰，日夜揮戈，人百其勇，坐使賊自盡而逆黨無一逸者。總之，倡諸路之先，作三軍之氣，令黔師不得以賊强我弱借口而竟以奏功，臣於該路文武蓋心折焉，則南川路之功也。

在湖廣則偏橋一路，江外爲四牌，江内爲七牌，皆五司遺種、九股惡苗，盤據糾結乎其間。四牌不掃，即武騎千群未易窺三渡也。陳璘獨以一旅之師先掃四牌，開我進兵之路，用是烏江内賊黨寒心。長坎、瑪瑙、青蛇三囤，自昔以爲險絶，官兵所從未易得志者，臣亦慮其難下，令降之。璘以爲除惡務盡，竟以一鼓而升其巔，殺戮數千，臭聞十里。時龍泉哨施南兵亦已先克板角關，至今湄潭、白泥之間，四牌、七牌之苗遂無遺種，非璘之力不及此。該路漢兵少，土兵多，糧運少遲便成噪呼。璘令嚴而法肅，卒能使之用命而不爲害。迨至克關逼囤，議設木栅、製鐵牌以防賊逸，其機智有足多者。卒以入虎穴，得虎子，閹人、綉女纍纍在俘，則偏橋路之功也。

貴州各路與川廣不同，其地近，其兵少，其餉乏，其夷性反覆而靡常，其民心摇惑而不定。兹之用兵，又非一淬厲、一鼓舞之爲競者，烏江失律已見法矣。然能借是以激厲水西，俾之絶狐兔之情，踐虎狼之窟。母氏囤一戰，大足褫逆酋之魄而奪之氣，此則失之武人，得之文吏，蓋運籌者之苦心乎！李應祥以孤危之兵，當鯱𩡧之時，能自審於緩急進止之間，以守爲戰，以招撫爲進攻，卒之轉弱爲强，揚旌直指，斬首數百，招降數萬，因破諸囤，斬三渡，抵白田，何其壯也。竟以連合川兵，同心戮力，破重城，俘群醜，振積弱之邦，舒華夏之氣，始如處女，繼如脱兔，兹其審於機而神於用，豈易得哉！則平越、烏江、沙溪諸路之功也。

夫我國家從來用兵，未有大得志於西南夷者。國初，傅友德統二十四將軍，止言防守，未聞戡定。正統間，麓川之役，用兵五十萬，轉餉半天下，升叙萬人，三返而罪人竟逸。嘉靖間，思田之役，以剿始，以撫終，至今爲諸夷借口。兹其大致可睹已。諸帥固庸，衆人臣等三五書生耳，其智略、才力不及古人遠矣。乃兵纔逾二十萬、進兵纔逾百日、費纔二百萬而幸成功，此非臣等之力，皆由我皇上神武獨斷，委任不疑用，使文武同心，將士效死，爰有成績。臣每誦詔旨，即十行之札、萬里之外，往往瞭於指掌而析於毫毛，輒沾沾自得以爲賊平矣，已戰勝於堂上矣！夫淮、蔡之平，直須一斷，何况聖朝廟謨洋洋若此哉！

二十九年正月壬子朔，頒《平播詔》於天下。以其地設遵義、平越二府；以甕水、草塘二司設甕安縣，隸平越府。既平播州，就平越設平越軍民府，以黄平安撫司置黄平州，以草塘、雍水二司置甕安縣，以餘慶、白泥二司置餘慶縣，以苦竹壩、三里、七牌置湄潭縣，皆宣慰司地。又於平伐司置貴定縣，俱隸府，府領州一、縣四，兼領黄平所楊義長官司。《通志》。

附：李化龍《播地善後事宜疏》

查該州地隣三省，然楚止偏橋路通一線，蜀與黔蓋無所不接壤。夫蜀無藉於播、黔瘠壤也，若乘此時而割播地以附黔，則於蜀無損，於黔有禆。且臣等别疏又請以楚之四衛并割附之，從此黔省幅員得與十二省比長絜大，甚爲長便。但盡屬之黔，則地方千里，諸凡締造，勞費尚多，亦黔所不能堪。因議設爲二府，分隸黔、蜀，庶建邦啓土，各自經營，成聚成都，指顧可就。皇上廓清之績既已盡被於三藩，而帡幪之仁又復再造於黔土矣！除寬脅從、撤兵馬、招流移、厚賑恤、抑兼并、靖横恣等項，凡明旨所叮嚀而兵部所條議者，俱已陸續舉行。尚有後開款目，謹集衆思，列爲十二事呈覽。

一復郡縣。播州南極牂柯，西連僰道，漢唐改爲郡縣，在川貴之間，亦一都會也。至唐乾符間陷於南詔，楊端取而據之。今逆酋既平，相應改土復流，以變夷俗。及照播州白田壩沃壤數百里，即播州遵義縣故地，當復府治，設縣附焉。桐梓當綦南之衝，走川貴道也，舊爲夜郎縣故地，當復一縣。望草南接婺、思，北達真、涪，爲綏陽縣故地，當復一縣。仁懷濱播枕永，襟合帶瀘，爲懷陽縣故地，當復一縣。真州即古珍州，川原平衍，商販周游，應復一州。以上俱隸川省統轄。黄平爲川、貴要區，舊設撫苗通判一員，列銜重慶，駐鎮彼中，其與播勢相控馭，并爲重地，應設一府。湄潭、龍泉地里廣邈，各應建設一縣。甕水、重安合設一縣。餘慶、白泥合設一縣。并草堂、容山二司，應割隸各縣。以上地方去黔甚邇，相應改隸貴州統轄。總計增府二、州一、縣八。蓋亂流初殄，地闊人稀，姑建數城以爲繫屬，以後地闢民聚，無妨增設。其二府治與附郭縣，分正、佐首領，各應照例全設，外州縣正、佐首領俱應量減。

一設屯衛。播州地方千里，山川險惡，夷漢雜居，又逼鄰二大土司，時有啓疆之志，必須設官軍、建屯衛以明居重馭輕之勢。因設一衛於白田壩，與府同城，指揮使一員、同知二員、僉事二員、鎮撫一員、經歷一員、知事一員，所屬前、後、中、左、右五所，每所正千户一員、副千户一員、百户四員，所軍各一千，共五千。衛所官於從征有功者酌量升授，不足者於鄰近願入者調取移實之。其邊隅逼鄰土司地方各設屯田，每軍照祖制二十四畝，再加六畝爲冬衣、布花之費，共三十畝。自種自食，不必納糧於官，又復領出，紛紛滋弊。各開屯處除養屯軍之外，餘田仍照民地起科，上納本折於各州、縣，爲衛官俸廪及不時軍興之用。每年孟冬、仲冬、孟春、仲春農隙，各屯官時加操練，又以十月、二月望日齊赴兵備道，大操三日，驗其武藝，較其强弱而明賞罰焉，老弱者汰之。一屯老弱多者，并革其官、軍田，即另募壯丁補伍，庶軍得實用，异時即募兵散盡，此五千軍與主兵三千，自有八千可用之兵矣。

一設兵備。播地三面環夷，干戈甫戢。當此經綸草昧之始，設立有司，可以招撫流亡，或未能長駕遠馭而圖久安；布置將領，可以備禦倉卒，或易於生事徼功而開邊釁。欲以内修戎備、外懾夷心、整肅群僚、畏服衆志爲地方長久之計，必設分巡兼兵備官一員於播州白田壩，新建府城駐劄，專一整飭新復郡縣并重慶衛、忠黔二所、永寧、酉陽、石砫、平邑等土司兵務，兼理有司錢糧、獄訟。其重慶府巴縣、綦江、南川、涪州、武隆、彭水切隣地方，悉聽管轄，以便行事。黄平新設一府四縣，雖割屬貴州，但人心初附，田土界連，與貴州水西宣慰司并聽兼制。

一設將領。播淪於夷閲八百餘年，風俗獷悍、法令扞格已久。今地雖蕩平，而逋孽潛藏，漢、夷錯雜，招苗樹黨，越界侵田，時所必有。今議播州留兵一萬，黄平留兵三千，粗足防守，然必得一大將鎮之始可無事。查得先年克平九絲，議留總兵一員鎮守其地。今建武視播稍緩，即一參游足領之。合無將軍門標下添設練兵游擊一員，改駐建武防守，原設總兵移鎮播地。應留各兵挑揀家丁三千、買馬三百，内標、下標兵家丁二千七百、馬二百七十，以坐營千把總領之；兵道員下家丁三百、馬三十，以中軍領之。有事俱聽總兵提調，名爲正兵。此外兵七千，酌量分布於白田壩、真安、桐梓等縣，播川等邑防守。内以一游擊領三千，以二守備各領二千，各用千把總分領之，有事征戰，無事即爲築城鑿池、建郡縣、修郵驛之用，糧銀照依舊例支發。徐俟建置竣工日，除家丁三千、馬三百外，餘軍以次議撤，有願附籍當軍及民當差者聽千把總，俱於附近衛所官内選用。其黄平留兵三千，仍設一參將領之，總聽防播總兵節制。

一丈田糧。環播幅員千里，田地無慮，數千萬畝。舊時額糧止歲以五千八百石輸貴州，蓋蠻方賦税原輕。至應龍巧立新法，名曰"等賓"，每田一畝徵銀數錢，初猶斂其財以招苗，後并奪其地以養苗，而賦法蕩然盡矣。今既改流，自當責成道府親率州縣官定疆界，沿坵履畝，逐一丈量，分爲等則，造册呈報以定賦法。額糧輕重，蜀無定規，查克平九絲丈量田地，分别上、中、下三等，每畝上田四升、中田三升、下田二升。播地山水間雜，不止三等，尚有上上、下下者，宜逐項分析，最上者一畝可當上田幾畝，最下者幾畝可當下田一畝，則待臨時酌定，難以預計。丈完總計田地若干、糧若干、徵本色若干、折色若干，俟二年之外起科，除足一年夏秋二税、銀力二差、一切雜費外，餘解布政司充邊餉支用。

一限田制。播土舊民自逆酋倡亂、大兵征討之餘，僅存十之一二。遺弃田地多無主人，册籍不存，疆界莫考。復業之民往往冒認影占，原少報多，原瘠報肥，甚至一人占田一二千畝，尚有异省流徒假播籍而希冒占者。今應將播之舊民號楊保子者查果，真的無論原業肥瘠，俱人給田三十畝，上、中、下攙配均給。若一處皆上田、皆下田者，臨時酌給。大率純下田多不得過一百畝，純上田不得少過二十畝。其原非播民，凡不能爲楊保語者，無問曾否寄住，皆不得妄認。遺下無主民田，另行招人承種、納糧、當差。應龍官庄，并楊兆龍、田一鵬、何漢良等諸擒斬過有名頭人庄田，盡數没官，聽三省之民願占籍播州者承糧。其領田之人，查照時值，量行上納，以充目下建立城池、衙門、驛傳諸費。亦定爲限制，平人不得過五十畝，指揮、千百户不得過百畝，俱於丈量時定糧、定價，令不得那移。州縣官收過絶産，價值給付，印契登入循環，聽兵備道稽查，轉報撫按查考，官吏乾没，從重治罪。

一設學校。播故有學，宋元之世，俊茂朋興，如冉從周、猶道明、白鎮之流，俱登進士，蜚聲上國。自逆龍禁錮文字，寇仇儒生，坑儒燔書，禍同秦始。今干戈既戢，文教宜先。白田、黄平舊有學宫，補葺亦易，應當於二府原學各補教授一員、訓導二員至博士、弟子員，無論附郭、外縣，但入學使之選者。蜀新四縣隸白田學，黔新四縣隸黄平學。待各縣人文漸盛，物力稍紓，嗣各立學未晚。真安既改爲流，其地方殷富，人物頗華，亦須建一學宫、設學正以示維新之化。

一復驛站。播州各驛自逆酋閉關負固，驛官不敢赴任，過客不敢經行，站户逃徙，館舍丘墟，十數年矣。兹者地方底定，道路大通，驛站之設勢不容已。查播州舊轄松坎、桐梓、播州、永安、湘川、烏江、昌田、砂溪、仁水、湄潭、鰲溪、岑黄、白泥一十三驛，俱當川貴孔道。所有各該驛館，應趁時興工，合用匠役，亦於兵夫内查有慣造者、徑撥不足者於附近州縣取用，工食銀米計算於該邊支剩軍餉内動支。仍責成新設府佐一員往來稽督，不許虚冒錢糧，曠廢時日，事完册報。又查各驛夫馬支應及官吏俸薪舊額，土司供辦。今既改土設流，似應與腹裏驛站一體僉派。但流民授田方始，難便買馬行差。目前一切站銀暫令官爲出辦，俟里甲稍定，即行編派。至夫馬額數，應照衝僻爲準。湘川驛附郭爲四路最衝，應設馬四十匹、夫八十名。松坎、桐梓、播州、永安四驛地衝路險，應各設馬三十匹、夫五十名。烏江、仁水、湄潭、岑黄、鰲溪、白泥各驛俱次衝，應設馬各二十匹、夫各三十名。昌田、沙溪、止通、水西次僻，應設馬各十匹、夫各二十名。各驛官見在者行令赴驛任事，驛吏因屬土司舊未撥發，今應行川、貴兩省布政司照缺查撥。

一建城垣。播州一府、一州、四縣與黄平一府、四縣并改築石城，少者以磚代之。其兵備道總兵府并府衛州縣衙門、公署、倉厫、庫獄、城隍廟、演武場與二府一州儒學文廟、殿廡、齋舍等項，俱當以次修舉。而各官一抵地方，棲身爲急，衙舍之建，尤宜首圖。各府、州、縣正官選委勤敏佐貳，於堪動銀内行支，克期興工，多方稽督，大約城垣以歲辛丑二月内起工，限年終落成。餘各以次修舉，就中員役有怠惰冒破、工力草率者，俱聽該道詳參拿究。事竣之日，造册報撫按衙門奏繳。庶險要可資，防禦有賴。

一順夷情。播州皆夷也，大兵之後爲賊用力者芟夷藴崇，已無遺種。今見在者曰各司土官、曰七姓秦氏、曰投降夷目，皆宜安插得所。顧就中情事不同，亦宜分别。如八司曰播州、真州、白泥、餘慶、草堂、黄平、重安、容山内安撫二、長官六，又一司甕水原無印信，亦稱長官，又有宣慰司同知羅氏，此皆世有官號，與播并建者。播州長官王積仁以附播被擒獻俘，與楊氏俱滅。真州附播多年，綦江之破，助兵三百，著在耳目。同知羅氏與江外五司具疏改流，挑怨速禍，至有今日之事，海内震動，流血千里，則諸司者罪之魁也。故説者謂真州宜正其附播之罪，江外諸司宜以起釁絶之第。王道如天，罰宜從輕，賞宜從重。真州當進兵之初率先歸附，正、副長官各以千人從軍，江外諸司各招兵聚義，充黔楚鄉導。合將真州長官即爲該州土同知,副長官即爲土判官。江外諸司安撫與正長官即爲該縣土縣丞,副長官即爲土主簿;同知羅氏爲新府土知事。此外尚有投降夷目,原非長官,本無冠帶,但賞格曾坐名開,諭輒爾先事歸誠,亦宜少示眷酬以明恩信。如上赤水里頭目袁年父遭酷禍,投降最早,宜授以所鎮撫職銜。下赤水里頭目袁鏊仁,懷里頭目王繼先,安羅二村頭目羅國明、羅國顯,安鑾,以上五名,念其返邪歸正,量授冠帶總旗。諸人田産,止將本身者照册撥給。應納税糧,通附州縣官處上納。其餘里人俱令附籍納糧當差,不許仍以家人爲名恣行霸占,違者治其前罪。至於七姓秦氏,始助楊氏之惡,繼傾楊氏之族,尤爲禍首。今蒙王仁寬宥外,如仍蹈故習,豪横害民,該道徑行拿問發落。地方人民指稱前事告害者亦如之。

一正疆域。播地東北接連三省,縣衛各有疆界,無容溷淆。西南左接水西,右逼永寧。雖犬牙相攙,未能齊一,然晝野分疆,亦自有相沿界址。惟是夷性互爲雄長,强則侵凌,弱則減削,甚至有一地而甲乙互臨,一人而齊、楚兼事。如儒溪、沙溪、水烟、天旺皆播州五十四里之數,見有黄册可考。緝麻山、李博埡、仁懷、石寶、甕平等處亦皆播州世業,祗緣先年楊氏中衰時曾爲永寧、水西侵占,後應龍當事,治兵相攻,恢復故業。各邊目又已任其糧馬,兩下支持,在土司可略。今既改土設流,自宜各復其故。乃水西正求清查,永寧輒行瀆擾,且動以瓜分爲言,罔上行私,垂涎占業,應行該道會同隣近道分及早清查一切。相隣地方原係播者歸播,原係永寧、水西者歸奢安,刻石立碑,永爲遵守。其隣邊目把如不安分,義妄肆争侵,重行究治,干礙土官一并参處。

郭子章《題設府州縣疏略》

播州之地,東西相距二千餘里,南北相距四百餘里,雖云憝國,亦係樂土。今議改流,東西可設二府,每府各設二三縣。播境原屬四川,與貴州鄰,二省界限原自分明。至論建置大概,臣意自沙溪以至白泥當以烏江爲界,設一府於白泥壩。而真州、蔞山、松坎等處,可爲三縣;黄平在元已爲府矣,當設一府於黄平或平越;而餘慶、白泥二司可爲一縣;甕水、重安二司可爲一縣。此沙溪、白泥一帶建置之大概也。自白泥渡江至婺川縣以三渡、板角、苦竹三關爲界,其中漢、苗田土雜錯,惟湄潭可縣,龍泉可縣。龍泉土官安民志陣亡,其子尚幼,其印已失,土地已爲楊賊踐躪。合無將龍泉改建一縣,增置城郭,而以安民志之子世爲土縣丞,以爲死義者之勸,其祖職長官世爲土主簿,此則思石一帶之大較也。第播州之名,其來已久。播之爲字,番之有才者也。以故應龍阻兵,崛强獷戾,竭四方之力,僅乃克之。夫越南破而聞喜建,吕嘉得而獲嘉名。龍州平改爲龍安,九絲夷更名建武,即播州納土於宋,亦改名遵義。計廟堂當有定謨,而播之名似當更易。

附**郭子章《開平越新疆疏》**

題爲播地蕩平,經制宜定,敬陳善後切要事宜,伏乞聖明采擇,以永奠遐方事。

萬曆三十一年,據貴州布政使司經理、分守新鎮道等呈前事,該臣看得播未平之先,急在征討；既平之後，急在經理。征討者，矢在弦上，不可不發；經理者，鹿在囿中，不可不緩。仰誦明旨，一則曰：牽累的都免窮治，流移的招他復業，還與優加賑恤，以安新定地方；一則曰：招撫流移復業，毋令豪强冒奪大哉。皇言明見萬里，恩加八番，所以安集鴻雁於澤，休息鴛鴦於梁者，靡不周且詳矣。

臣等奉行綸音，宣導德意，與經理諸臣上自府道，下至丞尉，亦至於再、至於四矣。顧經理之節目甚瑣、甚冗，而其體統在官與民。土官曰先人歷代遺土，新官曰朝廷業已改流，枘鑿不相入而互相持。舊民曰："此吾世業而偶失之也，何知新民？"新民曰："汝罪人幸而脱刃者也，何得復戀？"熊虎各相噬而勢相戕，甚至新官與新民依倚，土官與舊民連結，各恃衆怙力，將人人棋峙以觀成敗，此體統之難正也。築城垣於豺虎之穴而獷悍不可使，度田土於荊棘之中而尋文不可核，建學校以化夷而口舌紛紜，徵糧馬以給公而支吾推諉，開道路以通商而戎賊莽伏。物力詘而無以應多役，糧餉殫而無以張兵威。捉襟則肘見，調宫則商亂。甚至謂改土徒勞，不如還舊，此節目之難經理也。

臣與督臣、按臣會議，諭諸經理、司道府官，凡教在初而禮爲始，暫給土官冠帶劄付，引於繩之内，次定與縣令迎送、接見儀節，委以職事，稽其勤惰，毋令逸於繩之外，而官制始定。查舊田有憑者，還舊主；查逆田入官者，給新民，俱不令入價而責其納租。土著子弟稍通者，令之入學，青其衿，勿左其衽；新民子弟即平通者，止令寄學，不許觀場，二十年後始令赴試，而民志始定。體統既定，漸議築城垣。首砌龍泉；次砌甕安；又次砌餘慶、湄潭；又次砌平越、水城、黄平州城、銅仁縣城；又次修銅仁、平越府城，新添龍里衛城；又次築平越行府，銅仁營堡，而城垣舉矣。即不敢謂金湯足恃，而三板安堵，千里聯絡，實空虚之地爲扞蔽之資，脱有不虞，民亦可倚而守也。乃漸議度土田，起科糧馬，丈出田地一十九萬四千有奇，歲徵銀一萬五千六百有奇，本色米四百有奇，雖比之遵義不及十之一，而黔中稍稍成聚，即一郡一州四縣官員之俸薪、道路之夫馬、皂快之工食、踐更之戍餉，僅僅取給焉。又漸議建學校，則改平越衛學爲府學，以黄平州學附於平越府學，而土著、新附之子弟肄業有地，變椎髻爲絃歌，柔靡莫而詩書，或者其藉此乎。又漸議開道路，則團聚哨兵，建立鋪户，修飾候館，滇楚賓旅亦稍出途迴視，豺狼當道、荊棘塞路之時，則有間矣。蓋自播平至今已歷四年，各官經理亦逾一載，城市鮮犬吠之驚，叢祠罷狐鳴之盜，是皆皇上威遠、暢惠廣被。故今夜郎、牂柯驚鳥獲安，平江、湄水窮魚復樂，豈臣等區區智力所能辦哉？第二、三營造拮据之臣，其勞亦有不可泯者。謹將各府州縣築完城垣公署，丈完田地糧，則并户口册籍上呈御覽。

按：李化龍《疏》稱："黄平爲川、貴要區，舊設撫苗通判一員，列銜重慶，駐鎮彼中，其與播勢相控馭，并爲重地，應設一府。甕水、重安合設一縣。餘慶、白泥合設一縣，并草塘、容山二司應割隸各縣。"郭子章《疏》稱："黄平在元已爲府矣，當設一府於黄平或平越。而餘慶、白泥二司可爲一縣。甕水、重安二司可爲一縣。"李《疏》設府業定黄平，郭

《疏》設府尚屬游移，惟甕安則兩疏均稱以甕水、重安二司合設一縣，并其命名亦似各采一字以成之者，乃據傅玉書《桑梓述聞》載："洪武十四年設平越衛軍民指揮使司，管五所、三站、七十二屯。今甕安之附郭及牛場、乾溪、三里皆右所乾平堡地，而草塘、荆竹二里爲草塘司，甕水里爲甕水司，皆以從討苗蠻。於十七年授甕水爲長官司，改草塘爲安撫司，仍隸播州。神宗二十八年平播，以二司及平越右所乾平堡地設甕安縣，隸平越府甕安縣。"韓《志》修於滿清雍正初，去設縣時未久，當能識其詳細。傅氏猶及見之并未叙及，可知當時已無重安司地在内。今考《輿圖》，縣境亦與重安相去甚遠，萬無兩司可合一縣之理，而甕邑土司除草塘、雍水外，更無他司或號重安者。即有重安司地，亦不過把目所領插花，爲地無多，是必郭、李建議經部改正，將府城設於平越，以草塘、甕水二司及乾平堡設縣，其甕安之名或於改播爲遵。《疏》中已由内定，不再更易，特此間必有部覆公文以成完案，《通志》未載，今無可考耳。

——(民國)《甕安縣志》卷三《紀年中》，載《中國地方志集成·貴州府縣志輯》，第25册，40~58頁

明

萬曆三十年創修甕安縣城。甕安縣城本平越衛乾平堡地，舊隸貴州都司，而草塘、甕水二司隸播州。明神宗二十八年播州平，巡撫郭子章奏設府縣，置平越軍民府，以乾平堡及二土司地置。甕安縣與黄平、湄潭、餘慶俱隸之。署知府事副使劉冠南相度城址，東倚山石，北臨平原，西跨三山之頂，南遵戎伫之塘。四周石砌共六百九十丈零計三里八分。東、南、西、北凡四門，門有樓。按《通志》："三十年成。"

——(民國)《甕安縣志》卷四《城池》，載《中國地方志集成·貴州府縣志輯》，第25册，第90頁

甕水長官司

猶崇義，太原人，其先姬姓。文王幼子郇季食采於沈，以國得姓，後遷閩，閩人諱沈，去水爲尤，遷無錫，復自無錫如陕藉太原。崇義仕唐爲都總管，會南詔叛，陷播州，久弗能平。僖宗乾符三年，《桑梓述聞》作"二年"誤。下詔募驍勇士將兵討之。太原楊端應募，率其鄉人令狐、成、趙、猶、按：此時猶氏尚爲尤，後人紀事止知其近姓耳。婁、梁、韋、謝八族復之，《心齋隨筆》。崇義其一也。既平播，授端播州安撫使，遵義、孫、陳《志》或云自署爲州刺史。自此以至宋理宗嘉熙三年復設播州，以楊軫充安撫使。楊官職始復見，仍爲安撫使。迨元泰定帝二年，因播州蠻黎平愛等爲亂，詔播州宣撫使楊燕里不花招諭之，則安撫改而爲宣撫。三年正月，則書播州宣慰使楊燕里不花招諭黎平愛等來降，始見宣慰使之名，然不言改稱之由。及明太祖洪武元年，播州宣慰楊鏗率番兵二萬爲征虜將軍，傅友德先鋒，猶史家沿襲之文。至洪武四年，遣諭楊鏗尋改播州沿邊宣撫司爲宣慰司，五年又升爲宣慰使司，而播州宣慰使司之名於是始正確矣。崇義亦留鎮其地。按：崇義授甕水長官司當同在此時，但史乘

皆無明文。猶氏子孫直謂授崇義播州宣慰使，不特無以處，楊端是時亦無宣慰使之名，《桑梓述聞》駁之猶未詳考也。設司江界河隸屬播。《猶氏譜》。廣明元年，黄巢入長安，僖宗走興元，鳳翔節度使鄭畋合鄰道兵討賊。《通鑑》。崇義應調往，戰死，天子賜祭葬，晉秩萬户。《猶氏譜》。按：萬户，官名。《元史》以管軍多少分别品秩，自正三品起至正六品止。唐制雖無考，元人當日或沿襲之并非爵也，猶氏子孫直以爲萬户侯，謬矣。子朝靚襲。卒，守職年月未詳。景福昭宗年號。初子鉉襲。卒，子如椿襲。從征馬湖賊，戰歿，宋乾德二年子泰襲。卒，子時杰襲。卒，子堂襲。卒，子道明襲。道明少勤學，舉神宗熙寧元年進士，乙酉科殿試，神宗以尤悔字不佳，賜姓易尤爲猶，仍承襲守職四十年。卒，子世德襲。靖康二年調征銅江路苗陣亡，子廷輝襲。卒，子智襲。卒，子鳳翔襲。卒，子旻襲。卒，元世祖至元元年子甘霖襲。卒，三十一年子嵩襲。卒，子正言襲。卒，子洪襲，甫一年卒，子宗漢襲。是時當元明鼎革之際，子仕源因仍舊職，迄洪武十四年大將軍傅友德奉命南征，仕源《桑梓述聞》作士原，今依《猶氏譜》仍作仕源。歸附，奉調從征雲貴蠻夷，護衛鎮遠、偏橋、黄平、興隆，功最著。十七年七月陛見，賜敕印、授承直郎、播州宣慰使司甕水蠻夷長官。按：猶氏長官司名至此始見明文，但長官司十，九無印，有印者宣慰及安撫司耳。《通志》載無印而以爲安撫司猶氏稱長官，而以爲有印均失之也。制曰：自古帝王之治天下，遠人慕義，則爵賞以榮之；其頑慢不率，則兵刑以殄之。所以勸善懲惡，遐邇咸安也。爾猶仕源世守夷甸，當朕一統之初，遵我聲教，撫我人民已有年矣，今特授爲承直郎、播州宣慰使司甕水蠻苗長官。於戲惟誠可以事上，惟信可以守土，惟教可以宣化，惟仁可以撫衆。往慎乃職以稱朕意，欽哉！仕源襲。三十八年卒，子恭襲。至正統十三年苗叛，圍平溪、鎮遠，奉調應援多所斬獲，尋中流矢死，子秉政襲。卒，子爵襲。卒，子紹廉襲。卒，子鶴襲。萬曆二十八年平播，以甕水、草塘二司及乾平堡地方設甕安縣，鶴以大兵會剿應龍，時率族衆協濟軍需，功留職，改土縣丞。守職二十九年，卒。子國柱襲。卒，子登第襲。清康熙十九年，吴三桂將軍馬寶踞遵義，調登第督鄉勇守遵義沿江要隘，無所失，准襲如故。卒，子天成襲。卒，子賜璠襲。乾隆初因事坐黜，弟賜璵襲。卒，璵子純仁襲。卒，璵孫懋賢襲。卒，璠曾孫以楫襲。卒，璠玄孫培國襲。咸同之變，避亂在外十餘年，回藉卒，弟培錦襲。是時土司徒擁空名，無所事事，遂無襲者。方明末與猶氏同改土縣丞者，有草塘安撫司宋氏。

宋邦佐，其先正定人，本微子後。微子封宋都商邱，以國爲氏。齊滅宋，子孫散處，邦佐一支遂籍正定，遠祖景陽仕宋，爲節度使。《宋氏譜》。按：《桑梓述聞》：景陽平蠻後乃授爲寧遠節度使，非先爲節度而後征蠻，且湖廣亦無節度云云。而不言景陽征蠻時爲何官，故仍從《宋氏譜》。開寶八年，廣右諸蠻亂，詔景陽率師討定之，遂進兵都雲等處，西南悉平。敕建總管府於大萬谷樂，授景陽寧遠軍節度使鎮之，子孫世其爵，居貴陽。後爲宣慰使裔孫永高，又貴陽别支，據《宋氏譜》。於宋寧宗嘉泰元年征服麥新等寨，内附號黎、峨里等寨，《通志》。令其子宋勝守之，官右武大夫、沿邊溪洞經略使。三傳至朝美，元授新添葛蠻安撫司、都勻土知府，并平越衛指揮使。《宋氏譜》。邦佐，朝美子也。明太祖洪武十四年，南征大將軍潁國公傅友德由辰沅趨貴州，邦佐迎款，從征滇黔，還略定飛練、舊州等處。按《元史·志》："世祖至元二十八年，以楊漢英爲紹慶、珍州、南平等處沿邊宣慰使，以黄平府及舊州草塘等處長官屬焉。"《明史稿》："洪武五年，播州宣慰使楊鏗歸附，其黄平府、舊州、草塘等長官司并隸播州如故。"《明統志》："洪武十七年，改舊州、草塘等長官司爲草塘安撫司。"紀載歷歷皆在。黄平未設州治，興隆未并衛，所以前且與黄平府并稱，是縣境先有一舊州草塘司，至洪武十七年始升長官司爲安撫司，并去"舊州"兩字以授宋邦佐。此舊州必爲唐初所設之牂州，或在飛練、猴場一帶。徒以爲時未久，此州遂廢，無遺既可考、文獻可徵耳。傅氏以爲明初無從得舊州而斥之，誤矣。十七年，以功授草塘安撫司，去"舊州"二字，仍隸播州宣慰使。邦佐以江、羅、蔡、陸四姓酋長四姓仲苗或原日長官司所轄。爲土千總，充當游兵。傳思義、忠成、按《心齋隨筆》："邦佐傳思義、顯威、忠成。"知不〈不知〉、顯威即淮，爲忠成曾孫。讀史，《方輿紀要》又以授職者爲顯威，皆不悉宋氏世次，今據其家譜正之。景春，均襲安撫司。景春傳長子韜。時播州宣慰使楊輝欲廢嫡子愛，立庶子友。長官張淵阿順之，韜謂楊氏家法立嗣以嫡，友不應立，輝不得已立愛。而友誣愛謀逆，聞於朝，命刑部侍郎何喬新聽訟播州。訪諸韜，得其始末，白愛誣，友奪官安置，播賴以安。傳子淮，淮奏貴州凱口爛土苗是時播州隸川，故奏中聲明貴州。婚於凱離、草塘諸寨，陰相結構，乞賜敕令每年巡視，會湖廣鎮巡官撫處，部議不行。正德十二年，奏宣慰使楊斌有父喪，欲援文臣例守制，但邊防爲重，乞仍令掌印理事，詔從之。父子皆侃侃持大節。傳長子廷章，先是安撫設副使，其先襲者無考。景春殁後，以次子堅襲，堅生洗，洗生廷瀕，廷瀕生鷙，皆襲勿替。鷙死，更以淮次子廷文襲。廷文三子：長鸑，次鸞，次鷟。鸑安撫司，鸞副使。是時播州宣慰司楊應龍阻兵嗜殺，所轄五司七姓悉受其害，嬖妾田雌鳳，屠妻張氏并及其母。鸞子世臣與應龍妻叔張時照、何恩上變告應龍反。（萬曆）二十四年，應龍殘餘慶、大阡、都壩，劫草塘等處及興隆、都勻各衛，戮重安長官，勢大熾。二十五年，按：《心齋隨筆》作"二十六年"。流劫江津、合江，大掠洪頭、高坪、新村諸屯，又侵湖廣四十八屯，阻塞驛站。詷原奏仇民宋世臣、羅承恩，絜家匿偏橋衛，襲破之，鸞與承恩均死焉。世臣脱走後，以征應龍功授都督同知、明威將軍。二十八年，應龍敗滅，改土設流，以草塘、甕水兩司地歸顯治，罷安撫司爲土縣丞，嘉鸞子世孝方亂時自拔助順，俾之襲。世孝卒，子德遠襲。德遠卒，子時昇襲。順治十五年，清兵定黔，仍舊職。時昇卒，子連鴻襲。連鴻卒，子昌前襲。昌前卒，子承烈襲，乾隆初坐事黜，弟昌子承勛襲。承勛卒，子璉襲，以事勒休，子道仁襲，與知縣董梁構怨，赴部揭控不得，直坐滋事，遷徙停襲。宋氏初治飛練，應龍之亂，鷟戰死洪頭堡，鷙戰死乾溪堡。鸞不得已，避居猴場，治下司，故至今下司猶有土縣丞廢署遺址焉。

——（民國）《甕安縣志》卷十七《土官》，載《中國地方志集成·貴州府縣志輯》，第25册，219～221頁

明

郭子章，字相堂，號青螺，江西泰和人，隆慶辛未進士。神宗二十七年巡撫貴州，歷十

年，習知民隱，凡所設施，永垂利澤，尤善獎拔士類，經其品題，卒成名士。著《黔書》若干卷，經濟卓然。先是播州楊應龍拒命，屢征不克，宵旰拊髀，廷臣交荐。子章匹馬入黔，增兵餉，扼要害，立賞格，士氣百倍。韓《志》《通志》同。與督臣李化龍等共平播州。子章遂經理其地增補。爲平越等郡縣，築城設驛之功最深，至今頌其勛庸，比之諸葛武侯。《桑梓述聞》。

按：子章於建設郡縣時親履各處，不辭勞瘁。其在縣，特至仙橋山摩岩大書"播南首景"四字於上。

劉冠南，廬陵人，以副使攝平越府事，佐巡撫郭子章經理本郡一州四縣，相度詳明，政刑寬簡，郡人咸稱頌之。

陳廷範，以知州管縣事，新設一切修築營造、田糧賦役皆所經理，邑人甚賴之。

曹昌期，廣西柳城人，貢生來任縣事。愛民重士，創議設學校，呈奏報允。事雖未行，而至今髦士蒸蒸，實自是開之。

——(民國)《甕安縣志》卷十九《列傳》，載《中國地方志集成·貴州府縣志輯》，第25冊，第223頁

(民國)貴定縣志稿*

平伐長官司庭氏管平伐、工固諸寨,其先本姓滕氏,灌縣人。五代末仕蜀孟氏,征南有功,授賓化令,世守其土,號曰滕番。因居蠻日久,滕訛爲庭,賓化訛爲平伐。元世祖至元二十九年丙午,始從葛蠻安撫使宋子賢之請招諭平伐。成宗大德元年五月庚寅,平伐酋領内附,乞隸亦奚不薛,從之。六月戊戌,平伐九寨來降,立長官司。十二月,平伐等蠻尚多未附,播州宣撫使楊漢英請以己力討之。

——(民國)《貴定縣志稿》,載《中國地方志集成·貴州府縣志輯》,第27冊,第43頁

* 貴定縣采訪處纂:(民國)《貴定縣志稿》,載《中國地方志集成·貴州府縣志輯》,巴蜀書社,2006年。

（民國）興仁縣補志*

（唐）宣宗大中十三年冬十一月，南詔僭號，寇陷播州。《通鑑綱目》。初，韋皋開清溪道以通群蠻，使入貢，又選群蠻子弟聚之成都，教以書數以羈縻之。既而軍府厭於廩給，又蠻使入貢利於賜與所從傔人浸多，杜悰奏減其數。南詔豐祐怒，入貢不時，頗擾邊境。豐祐死，子酋龍立，朝廷以名近玄宗諱，遂不行册禮。酋龍乃自稱皇帝，改國號大禮，遣兵陷播州。同上。僖宗乾符初，太原人楊端乃應募，領兵復之，世爲明州刺史。《明史》。

——（民國）《興仁縣補志》卷二《年紀二》，載《中國地方志集成·貴州府縣志輯》，第31册，第342頁

* 葛天乙修，霍録勤等纂：（民國）《興仁縣補志》，載《中國地方志集成·貴州府縣志輯》，巴蜀書社，2006年。

（民國）綏陽縣志*

（唐）僖宗乾符三年，太原楊端應募，取播州，歷五代均世守其地。

後梁開平元年，蜀王建有其地。

後唐閔帝應順元年，蜀孟知祥據成都三十六州。

宋大觀三年，蕨平帥任漢宗獻地，改爲承州。領綏陽、洋川等縣。

宣和三年，廢承州，隸珍州。

開熙三年，屬遵義軍。

咸淳末，與樂源并屬播州。領播州、樂源、綏陽，隸夔州。

元世祖至元十五年，播州土知楊邦獻〈憲〉内附，爲播州郎，授邦獻〈憲〉宣慰使，賜其子漢英名賽[因]不花，封播國公，仍隸播州。

明萬曆二十五年，播州宣慰使楊應龍叛。二十八年，川湖總督李化龍帥師討之，以播州等地改名遵義軍民府，遵義、正安、仁懷、桐梓、綏陽屬播州。

——（民國）《綏陽縣志》卷一《地理上》，載《中國地方志集成·貴州府縣志輯》，第36册，246～247頁

楊應龍墓，在城西二十里，曹姓屋後。墓木高拱，碑記長存。其子楊烜於天順甲申年六月竪。

——（民國）《綏陽縣志》卷一《地理下》，載《中國地方志集成·貴州府縣志輯》，第36册，第262頁

明萬曆平播後，改土歸流，廷議建綏陽縣治，詹淑以資陽縣令改攝綏篆。

——（民國）《綏陽縣志》卷二《營建上》，載《中國地方志集成·貴州府縣志輯》，第36册，第271頁

---

* 胡仁修，李培枝纂：（民國）《綏陽縣志》，載《中國地方志集成·貴州府縣志輯》，巴蜀書社，2006年。

綏自萬曆平播，知縣詹淑始議擇縣之中街右地置學。

附：明詹淑《創建文廟記》。播故有學，遭酋逆而廢，聖天子不忍播胥淪溺，赫然遣六師平之。

——(民國)《綏陽縣志》卷二《營建下》，載《中國地方志集成·貴州府縣志輯》，第36册，第292頁

明

詹淑，字槐埜，一字士善，麻城孝廉。萬曆平播後，廷議建設綏陽縣治，以資陽令改授來邑。

——(民國)《綏陽縣志》卷三《秩官》，載《中國地方志集成·貴州府縣志輯》，第36册，第314頁

兵事

古之征伐，以討不庭。其有事西南如高宗之伐鬼方，秦昭之略黔郡，漢武之擊且蘭。紀而不詳者無論，已即晋唐而下以迄元明，或爲夜郎，或稱播州、溱州，事既叛服不常，地亦沿革不一，雖舊有綏陽、洋川等名，殊非今縣故地。即所稱義泉、高富廢縣，亦難確指方隅，而《府志》所載兵事類皆統於遵義，其是否屬在綏陽者，皆無所考。惟平播一節既爲綏陽共沐文化之一大關鍵，而南川一路之兵道經桑木關、金子壩、苦竹、羊岩、朗山關、清水坪等處，戰功既歷有可紀，又爲縣地所在，故於兵事一端特先列入俾都人士，識所由來云。

楊應龍之亂。録《平播始末記》，起首略爲纂易。

明萬曆二十八年六月，總督李化龍率師討播州宣慰司楊應龍，平之。

楊應龍，太原楊端之裔。唐末南詔叛，陷播州，久不能平。僖宗乾符三年，端應募，將兵討平之，復播州，遂使領焉，世守兹土，歷五代。元、明封安撫使、宣撫使、宣慰司，傳二十九世，八百餘年。而至應龍，萬曆間屢抗朝命。嬖小妻田雌鳳讒殺妻張氏，屠其家，用誅伐立威，所屬五司七姓不堪其虐。

十八年，走貴州告變，巡撫葉夢熊疏請大征，詔不聽。二十年，逮繫重慶獄，應龍詭請征倭兵自效，得脱歸，復逮不出。

二十一年，四川巡撫王繼光請於朝討之。繼光至重慶，與總兵劉承嗣分兵三道進婁山關，屯白石口，應龍佯約降，而統苗兵據關衝擊，承嗣兵敗，殺傷大半。會繼光論罷，即撤兵，委弃輜重略盡，黔師會勦亦無功。

二十三年，邢玠總督貴州，檄重慶知府王士琦諭應龍至松坎聽勘，論斬得贖，輸四萬

金助采木，以次子可棟羈府質追。未幾，可棟死於重慶，促喪歸不得，復檄完贖。應龍大恨，擁兵驅千餘僧招魂去，分遣土目置關據險，厚撫諸苗，名其健者曰"硬手"，州人稍殷實者没入其資以養苗，苗遂願爲出死力。

二十四年，應龍掠大千諸壩，焚劫草塘、餘慶二司，遍及興隆、都匀各衛，又圍黄平，殺重安江長官，勢大熾。

二十五年，流劫江津及南川，臨合江，索其仇袁子升，縋城下磔之。時兵備王士琦調征倭，應龍益統苗兵大掠貴州洪頭、高坪、新村諸屯，詗原奏仇民宋世臣、羅承恩等携眷匿偏橋衛，襲破之，大索城中，戮其父母、子女，備極慘毒。

二十七年春，巡撫江東之、都司楊國柱領兵三千剿應龍，應龍遣子朝棟、弟兆龍、何良漢等迎敵於飛練堡。我師奪三百落，賊佯敗誘我師，伏發，國柱及指揮李廷棟等死之。東之罷，以郭子章代而起，李化龍節制川、湖、貴州諸軍事，調東征諸將劉綎、陳璘等南征。

六月，應龍乘大軍未集，勒兵犯綦江。時城中新募兵不滿三千，而應龍以兵八萬掩至，參將房嘉寵、游擊張良貴戰死，綦江陷。應龍盡殺城中人，投尸蔽江，江水爲赤，退屯三溪，以綦江之三溪五渡、南川之東鄉壩立石爲播界，號宣慰官庄，聲言合江、江津皆播故土。初賊本意竟反，徒以安忍猖狂，既覆我師，飛練則騎虎勢不得下，於是益結九股生苗及黑脚苗爲助。

十一月，應龍屯兵官壩，聲言窺蜀，已而焚東坡爛橋，楚黔路梗。本年正月，應龍五道并出，破龍泉司，守備楊惟忠擁兵二千，以勢不敵避去，土官安民志率步卒五百拒守死之。二月，播賊襲，執宣慰宋承恩去。承恩，應龍婿也。時總督李化龍已移駐重慶，徵兵大集，遂以十二日丙戌誓師，分八路，路約三萬人，官兵三之、土司七之。川師四路，總兵劉綎從綦江入，以參將麻鎮等隸，參政張文耀監之。總兵馬孔英從南川入，以參將周國柱、宣撫冉駇龍等隸，僉事徐仲佳監之。總兵吴廣從合江入，以參將徐世威等隸，參議劉一相監之。副將曹希彬受廣節制，以參將吴文杰、永寧女土官奢世續等隸，參議史旌賢監之。黔歸分三路，總兵童元鎮統鎮雄土隴澄、泗城土知府岑紹勛等由烏江。參將朱鶴齡受元鎮節制，統宣慰安疆臣等由沙溪。總兵李應祥統寧慰彭元瑶等由興隆，參議張存意、按察司楊宣秋監之。湖廣一路出偏橋，分兩翼，總兵陳璘統、宣慰彭養正等由白泥；副總兵陳良玭受璘節制，統宣撫覃宜等由龍泉，副使胡桂芒、參議魏養蒙監之。巡撫郭子章駐貴陽，湖廣巡撫支大可移沅州，總督李化龍自將中軍策應。諭諸將以抵婁山等關爲期，且曰關内且戰且招降，賊多不可勝誅也，關外急戰勿受降，師不可久，老賊詐不可信也。綦江道最要，綎當之，應龍熟綎才，頗懼，益兵守要害。十五日，諸將克丁山、銅鼓山、岩村，遂直搗楠木山、羊簡台、三峒。峒絶險，賊將穆照等衆數萬連營，諸將憚之。綎分兵攻其三面，大戰於李漢壩，生擒其魁，餘賊奔入峒，乘勢直搗硐前，焚之，賊多死盡，克三峒，擒穆照及賊魁吴尚華。是日，綎督戰，左持金、右挺劍，大呼曰："用命者賞，不用命者齒！"劍門死者四十人，遂大捷。

三月，乃遣子朝棟、惟棟及其黨楊珠統鋭卒數萬，由松坎、漁渡、羅古池三道并進。綎伏萬人羅古待松坎賊，以萬人伏營外待漁渡賊，而别以一軍策應。賊果至，伏盡起，綎率部下轉戰，斬首數百，追奔五十里，朝棟潰圍走，幾爲我師獲。應龍憚綎威名，意首挫其鋒，屬朝棟悉勁卒間道相角曰："爾破綦江，馳南川，盡焚積聚，餘無能爲也。"朝棟益胆落，聚守石虎關，綎亦掘塹守。初綎聞征播命，逗遛多設難要，朝廷言官交劾綎，議調南京右府僉書，綎至是聞之即辭任。李化龍以平播非綎不可，固留之，力薦於朝，綎乃復受事。遂進克石虎關，拔賊滴泪、三坡、瓦窑坪諸隘，直抵婁山關。婁山萬峰插天，叢箐中一徑纔數尺，賊設木關十三座，排栅置深坑，百險俱備。綎分奇兵爲左右路，間道趨關後，而自督大軍仰攻，奪其關，追至永安庄，兩路軍亦會，時三月二十九日也。綎老將持重，慮賊衝突，聯諸營，一據婁山關爲老營，一據白石口爲腰營，一據永安庄爲前營。都指揮王芬者，勇而寡謀，每戰輒請爲先鋒，連勝有輕敵心，獨營松門埡之衝，距大營數里。賊有烏江之險，謀再奪婁山關，適穆照遣人洩芬孤軍狀。

四月朔，賊乃襲，殺芬、守備陳天綱、天全，招討楊愈亦死，失亡士卒二千人。綎聞急往救，部將周以德、周敦吉夾攻，賊始大奔，追至養馬城而還。是日，應龍幾被獲，乃不敢窺婁山。綎懲前失，劄近關堅壁，且請濟師。逾十餘日克後水，囤營於冠子，尋會馬孔英逼海龍囤下。孔英道南川，獨險遠，去應龍海龍囤六七百里。未至重慶，時推官高折枝監紀軍事，請獨當一面，乃與參將周國柱先以石柱宣慰馬千乘兵破賊金筑，復督酉陽冉馭龍攻賊於官壩。時賊既破龍泉，方移師攻婺川，聞敗乃遁。及孔英至，軍平茶邑，梅兵亦集，軍容甚壯。先師期一日入真州，用土官鄭葵、路璘爲鄉導，别遣邊兵數千扼明月關，諸軍鼓行前進，破四寨，攻赤岩，抵清水坪封寧關，悉破賊營十數，逼桑木關，關内民降者日以千計。折枝結三大寨處之，禁殺掠，降者日衆，賊益孤。關爲賊要害，山險箐深，賊憑高據守。

三月初八日，乃令千乘、馭龍出關左右，國柱搗其中，賊用標槍藥矢鋭甚，官軍殊死戰，奪其關，逐北至風坎關，賊復大敗，連破九杵、黑水諸關，苦竹、羊岩、銅鼓諸寨。國柱攻金子壩，無一人，疑有伏，焚空寨十九，嚴兵以待，賊果突出，擊敗之。孔英乃留王之翰兵守白玉台衛，平茶邑梅兵守桑木關，而親提大軍進營金子壩。應龍聞桑木關破，大懼，遣弟世龍及楊珠以鋭卒劫之翰營，之翰走，殺餉兵無算。平茶兵來援，賊始退，孔英還，世龍復不勝，步卒發火箭，裨將劉勝復奪擊，賊乃奔。官軍進朗山口，由朗山進蒙子橋，深箐蓊翳，賊處處設伏，悉剿平之。應龍遣其黨詐降，謀爲内應，折枝盡斬之，伏以待，賊果夜劫，伏發驚潰，追奔至高坪，已，奪賊養馬城，直抵海龍第二關下。賊守兵益多，孔英軍已深入，而諸道未有至者，酉陽、延綏兵皆退，賊躡殺官兵六十人。居數日，劉綎兵至，乃合兵，連克海雲、龍爪諸屯，壓海龍囤而壘。初總督李化龍克師期，諸將莫敢先入，孔英所將邊卒、諸土兵皆獷悍，監紀折枝勇而有謀，故師獨先入道至囤前。吴廣合江囤、二朗壩大行招徠，賊驍將郭通緒迎戰，將士襲走之，陶洪、安村、羅村三寨土官各出降，他部來歸者數萬，廣擇其壯者從軍。通緒扼穿岩囤，廣督土漢軍擊破之。劉綎、馬孔英已入播，廣猶屯二郎。總督李化龍趣之，乃議分四哨進攻岩門，別遣奢世續督夷兵二千阨桑木埡諸要害，以防餉道，諸將連破數囤，進營母豬塘。應龍令通緒盡發關外兵拒敵，廣伏炮手五百於磨槍埡外南岡下，而遣裨將趙應科挑戰。埡兩山相夾，中甚隘，通緒橫槊衝應科，應科佯北，通緒追出埡遇伏，急旋馬，中炮墜，方躍上他馬，伏兵攢刺之，殪。餘賊大奔，官軍逐北，賊盡降，遂薄岩門。徑小止容一騎，賊衆萬餘出關拒戰，曹希彬懸賞千金，軍士攀岩競進，追至第四關。關上男女盡哭，於是賊黨自殺，其魁羅進恩率萬餘人出降，其第一關猶拒不下。廣乘夜疾進，奪其關，關内民争獻牛酒。時李應祥、陳璘猶在關外，廣合希彬軍連戰一碗水、土岩、分水關，皆捷，遂進營水牛塘。應龍知廣孤軍深入，謀欲襲之，乃遣人詐降，廣測其詐，堅壁以待。應龍擁衆三萬直衝大營，諸軍殊死戰，會他將來援，師乃退，廣遂進壁海龍囤。童元鎮督永順、酉城、鎮雄諸土軍由烏江，初元鎮先駐銅仁，憚應龍，久不進，屢趣乃行。時，劉綎、吴廣諸軍已進，群賊議分兵守，其參謀孫時泰曰："分兵則力薄，乘官軍未集，先破其弱者，餘自退矣！"應龍善之，聞元鎮將抵烏江，應龍曰："此易與耳，縱之渡江，密以計取。"監軍楊寅秋曰："烏江去播不遠，宜俟諸道深入，協力齊驅。"元鎮不從。於是永順兵先奪烏江，賊遣千餘人沿江叫罵以誘之。諸軍既濟，復奪老君關前哨，參謀謝崇爵乘勢督酉城及水西兵再拔河渡關。

三月望，賊以步騎數千先衝水西軍，軍中驅象出戰，賊多傷。俄駕象者斃，象反走，擲火器者又誤擊己營，陣亂。酉城兵先走，崇爵亦走，争浮橋，橋斷，殺溺死者數千人。河渡既敗，烏江軍相去六十里，猶未知。明日，參將楊顯發以永順兵三百出哨道，遇賊數萬，咸爲水西裝，永順兵不疑，與盟誓，賊掩殺三百人，亦襲其裝，直趨烏江。烏江軍信爲水西、永順兵，不設備，遂爲賊所破，争先渡江，賊先斷浮橋，數千人皆溺死，顯及二子與焉。元鎮所部三萬人不存什一，將校止餘崇爵等三人，江水爲不流。貴陽聞警，居民盡避入城，遠近震動，化龍用上方劍斬崇爵，益徵兵，檄鎮雄土官隴澄邀賊歸路。隴澄者即安堯臣，水西安疆臣弟也。軍不與元鎮合，獨全當事，頗疑其通賊。寅秋以鎮雄去播僅二日，令搗巢立效，澄許之。河渡未敗，時澄已遣步將劉岳、王嘉猷攻苦竹關及半壩嶺，拔之既敗，二將移新站。賊伏兵大水田，别以五千人來襲，敗還。嘉猷乃揚聲搗大水田，而潛以一軍拔大夫關，直抵馬坎，斷賊歸路，與疆臣合，賊遂遁。會都指揮徐成將兵至，合岑紹勛兵再克河渡關。賊將張守欽、袁五受據長箐萬丈林，永順兵擊破之，生擒守欽，攻清潭洞，復擒五受。會朝議責元鎮敗狀，逮下獄，令李應祥并將其軍。應祥由興隆入，受事於二月下旬，副將陳寅等已連克數囤，拒賊四牌高囤下，别遣兵從間道直搗龍水囤。他將蔡兆吉又自乾坪抵箐岡，過四牌，賊首謝朝俸營其地，四面峭壁深箐。賊從高鼓譟，我軍殊死戰，俘朝俸妻子，乘勢抵河畔。會烏江敗，書聞斂兵不進，旬日應祥已受任，趣諸將急渡。寅等乃取他道渡河，而潛爲浮橋以濟師。諸軍既渡，賊失險，乞降者相繼，應祥悉受之。賊所恃黄灘，一關壁立，衆死守。會賊徒石勝俸等率千餘人降，告曰："去黄灘三十里有三關，入播門户也。先襲破之，則黄灘孤難守。"應祥然其計，令偕陳寅率精卒四千夜抵關下，勝俸以數十騎誘開前門，盡殲其戍卒，賊懼，益增兵固守。督諸將渡河攻關前，勝俸由墳林暗渡襲關後，賊乃大敗，應祥直抵海龍囤。陳璘由偏橋進兵，次白泥。應朝〈龍〉子朝棟率賊二萬渡烏江迎戰，璘前禦之，而分兩翼躡其後，賊少挫，追奔至龍溪山，賊合四牌賊共拒璘。四牌在江外與江内七牌皆五司遺種、九股惡苗，素助賊。璘廣招撫，乃進軍龍溪，諜報有伏，令游擊陳策以火炮擊之。賊據險，石如雨下，璘先登，斬小校退者以殉，把總吴應龍等陷陣，賊大潰，退據四牌保兒囤。璘遣二裨將逼之中伏，璘募死士從應龍等奮擊，賊復潰奔，據囤巔夜由後遁。黎明追及於袁家渡，賊復敗，悉渡江遁，四牌之賊遂盡。

三月望，諸軍爲浮橋渡江，知賊將張佑謝、朝俸等營七牌、野猪山。璘即夜發抵苦竹坪，前鋒與戰，後軍至，夾擊之，賊敗逃深箐，官軍逐入苦菜關。會童元鎮烏江師敗，璘大懼，請退師，李化龍不可，璘乃進營楠木橋，次湄潭。賊悉聚青蛇、長坎、瑪瑙、保子四囤，地皆絶險，而青蛇尤甚。璘議同日攻則兵力弱，止攻一囤則三囤相助，乃先攻三囤，次及青蛇。良玭師亦來會，令伏囤後，别以一軍守板角關防賊逸，璘督諸將力攻三日，賊死傷無算，三囤遂下，青蛇四面陡絶，圍其三面，購死士從瑪瑙附葛至山背舉炮。賊惶駭，諸軍進攻，焚其茅屋，賊退入囤内，木石交下，將士冒死上毁大栅二重，前後擊之，賊大敗。七牌之賊亦盡，時四月十三日也。乃分兵六道，攻克大小三渡關，乘勝抵海龍囤。海龍囤者，賊所倚爲天險，飛鳥、騰猿不能逾者。及諸路兵俱集囤下，賊見勢急，父子相抱哭，上囤死守，每路投降文緩我師。化龍檄賊詭降，即斬使焚書，無爲氏所紿虞。綎與應龍有舊，檄勿通賊，綎械其人自明。賊詭令婦人於囤上，拜表痛哭云且降，詐爲應龍仰藥死。報吴廣，廣輕信按兵不動，已覘知田氏詐降緩攻，而所云應龍死，乃川兵攻囤以火炮擊死所謂楊珠也。珠驍勇善戰，既死，賊痛如失左右手。廣覺詐，益列兵協攻，燒二關，奪三山，絶賊樵汲。

五月十八日，始築長圍，化龍令諸將分日迭攻。安疆臣攻囤後，受賊重賄多與通，且潛以火藥貽賊，故賊不備其後。陳璘知之，與監軍者謀，令疆臣退一舍，璘移其處置鐵牌百餘，距囤丈許，賊强弩無所施，又爲箛板於棚前，賊每夜出动爲釘傷，不敢復出。會化龍聞父喪，詔以黑絰視事，化龍跣而草檄并治軍。時天苦雨，將士馳淖中苦戰。

六月四日，天忽開朗。五日，劉綎身先士卒進克土、月二城，應龍益迫，夜散數千金募死士拒戰，諸苗皆駭，散無應者起。提刀自巡壘，見四面火光燭天，徬徨長歎，泣與妻子曰："吾不能復顧若矣！"六日，陳璘與吴廣當進兵，璘夜鼓銜枚上，賊鼾睡，斬其守關者，樹白幢鳴炮，賊大驚潰散。廣兵亦至，應龍倉皇同愛妾二闔室縊且自焚，廣獲其朝棟及妾田雌鳳，急覓尸出焰中。廣中火毒，失聲，幾絶頃而蘇。自出師至滅賊，百十有四日，總督李化龍露布以聞。

按：《遵義府志》："綏邑自明萬曆二十八年討平楊應龍後，所有兵事俱統稱遵義，其注明綏陽者。"

——(民國)《綏陽縣志》卷七《武備上》，載《中國地方志集成·貴州府縣志輯》，第36冊，391~394頁

平播全書序　王象乾

古者明王慎德，四夷罔不率俾。學者類能言之，考於傳記，雖不力與之争而柔武之節亦未少廢，如大禹之序西戎、文王之討昆夷，豈止荒服是營，岠嶮用兵固有之矣！爲其臣者，載筆綴文，曲盡揄揚，後世誦而傳之。使其文獻無徵，傳聞寡信，則何以稱焉。漢世班固、王充之流，稱述祖德，每嘆息于光藻之易渝，雖大小不侔即其力專故實能有推本，斯亦其次矣！

本朝威德甚盛於夷狄，尤慎用兵。然桀驁不馴者，未嘗逋誅，記述類多可考。皇上承迓列祖之休命，神武繹宣，凡有兵事，所向成功，如朔方島夷始非不哆然卒爲大僇談者，更以爲美。曾不數年又有平播之役，僕守北邊，每見廷議播事，爲之太息。迨上决策討賊，起少司馬李公於家，督諸路兵，每有奏記傳報四方，讀者皆驚，以爲意深密而知幾要，賊不足平也。不數月而成功，逾年僕來受事，訪公之遺謀餘事，吏言是書，僕取視之，書凡六種：首奏疏、次咨文、次檄、次書扎、次批詳、次雜文軍中之事。略具梗概云，吏曰：事初起時，蜀故久不知兵，凡徵發租調文，符如雨下，至魚鹽行，葦之微小。小事宜靡，不草創行之，癵然爲駭，郡國承風，十不得一。又鮮有佐者，徒操空言，以逞遁心。

夫獨割可以持斷而孤翮不能搏空，使公之謀計遂行投之，靡不如意於功也尤易矣，是編也！挂一漏十微者，不能著之。書小者，又不能詳。然運一方之宜，馭無窮之變，幾微疑難蝌，而味之於洶洶之中，昭炯以行，非古之哲人惡能若是，曩者漂説，聲聞得之，景嚮今也。據其籍，求其故，人或能言，事猶可識也，世之人藉是書以觀公之大業，猶之求影於燈、取潤於河，斯其不遠矣！故表明聖之光靈，存勛伐之遺烈，睹四夷之明效，搴兵事之機權，章成能之有要，彰彰睹已初策播事，唯上一意討賊，又一意惟公計是。用公所請奏議盈前如石投水，數年以來，君臣相得，未有若此之盛者也。即有苗，可格矧於逆酋，故光靈益遠。公之用兵，意略多奇，違覆無幾，當機立斷，卒莫有難之者，可操券而責也。故勛伐自隆，南羌部落唇齒是資，蚌鷸以嗾，殷鑒在眄，孰不寒心。是銅標古鼎之文，西南所永戒也，故夷心可戢。觀公所爲文，大如奏白，小而書記，汜若不窮，皆能槖籥，此所謂智勇俱進者也。即兵法數十家可以并行，故機權定變，國家用兵四夷成功之速，無播若也。其説略已著之於篇，從而繹之事操首尾言尋倫春倏，如蒼素倏，如笙竽，彼紛紜者孰不齰舌而退焉。是崇此而成違之，而敗此亦議事之大較已故能事益顯，僕蚤與公游雅，推其才愧

不足以盡公。姑明其略云耳，吏曰：藉如公言，儻無是書，豈遂泯泯乎！僕曰：否否！傳有之所見异辭，所聞异辭，所傳聞异辭，儻信而足徵莫之能易矣！吾論公書，貴其見聞而信也，書有胤征甘誓，雅有采薇車攻，其事不過征討戍守之常，使在後世，必且湮没無聞，唯作此者，親見當時用兵之美曲極物情鬱，然比於典則，故不徒託之空言孔子信之。至如晚近事迹，雖蕃各陳私臆，不以爲一家之言，匿瑕增妍，天下舉而笑之，亦何益之有？故得其實，雖綿遠可以昭盛，典飾其僞，即淵博袛起群疑衡纊在心，耳目難掩此鴻藻之所承，而雅志所願識也，其孰能廢之。平播爲本朝僅有之事，是書言無不實，故文無不遠，非以之爲有無而不能不有也，既有諗吏因使論而藉之。

——(民國)《綏陽縣志》卷八《藝文上》，載《中國地方志集成·貴州府縣志輯》，第36册，第424頁

陳子昴祠堂記　劉仁臣

昭遠陳君，潼川名士，其先系出射洪，以避仇居播。萬曆庚子征播，余從先大人轉餉，播平落業，與陳君居比鄰，遂訂交焉。……

——(民國)《綏陽縣志》卷八《藝文上》，載《中國地方志集成·貴州府縣志輯》，第36册，第425頁

討播誓師文　李化龍

蓋聞春秋之義，人臣無將，漢法所誅，大逆不道。逆賊楊應龍者，本以夷種，世厠漢官，被我冠裳，守彼爵土，輙敢忘天朝豢養之恩，次鬼國凶殘之性。初但殃入骨肉，繼乃禍遍蒸黎，嬰兒、孕婦概被誅夷，殺將屠城，以爲常事，虐焰燔乎。五司七姓淫毒漸於九溪、三巴，天地不容，神人共憤。皇上痛兆人之所失，杜列辟之效尤，遂伐暴以安民，乃興師而問罪。化龍等共以職守，咸在戎行，義當戡亂成平，勢須分猷共濟，蓋必三省之内文武將吏以及四海之中漢土官兵堅除凶雪耻之圖，奮戮力同心之誼，庶幾共獎王室，乃可必得罪人。兹將鞠義旅以徂征，敢用對明神而作誓，且夫惟忠可以報主，惟公可以服人，惟至死不貳可以徇國家之急，惟精白無欺可以樹掀揭之勛。凡在行間請事斯語，如其無二，乃心克勤王事，神亦陰爲庇相，俾享成功。若督府、鎮道及副参、游守、府縣衛廳大小文武等官有懷奸飾詐，罔上行私，乾没軍資，枉殘民命，妒人則以功爲罪，逃刑則以罪爲功。或假公事以報私仇，或因小嫌而妨大事，或以是爲非、以非爲是，任一己之見，而失三軍之心。或以當進不進，當援不援，偷一時之生，而戕萬民之命。或懷忠不盡，退有後言。或臨事避難，轉生枝節。或賞罰功罪之不明，或南北漢土之异視，或持兩端而窺利，或枉三尺以徇情，或造疑似影響之説以傾人，或挾機械變詐之術以利己，有一於斯，即爲負國負人之人。其名爲賊，明神殛之，死不旋踵，逮及闔門，永絶其嗣。夫神聰明正直，不偏而平一者

也。有人負國而不知，聰明謂何？有人負國而不誅，正直謂何？有人負國而知之、誅之，有不偏有不平之謂何？夫神護國佑民，以食其報者也。神不明，則士不奮，則賊不滅。賊不滅，則民不安。民不安，則凶年殺禮於神，亦有不利焉。敢盡布之明神，惟明神其圖利之。

——（民國）《綏陽縣志》卷八《藝文下》，載《中國地方志集成·貴州府縣志輯》，第36冊，第429頁

（民國）桐梓縣志*

順帝至元五年，八番順元等處皆饑。二十二年，播州田鼠食禾幾盡，總管祠而祝之，鼠悉赴水死。孫《志》。

明太祖洪武十一年八月，播州蝗大行。孫《志》。

英宗正統九年夏六月，苗民饑，發粟賑之。《黔史》。

世宗嘉靖十五年正月，地震有聲。孫《志》。

神宗萬曆二十七年正月，日下復有一日，空中相蕩，數日方止。四月彗尾見於西方，其芒如帚，又有一星四圍皆若芒刺。民間謡曰：有飯無人吃，有路無人行，老者死大半，幼者死七分。六月，楊應龍率苗兵屠綦江，守將張齊賢、房嘉寵死之。《綦江志》、明《志》。

明紀萬曆二十八年庚子，狼星入於東井，占者以爲滅播之象。是年，平楊應龍，郡縣其地。《通志》《明紀》。

——（民國）《桐梓縣志》卷一《天文志》，載《中國地方志集成·貴州府縣志輯》，第37册，23～24頁

職方所載，沿革不同，縣治無常，變遷恒异。桐梓，平播改流，始設爲縣。

——（民國）《桐梓縣志》卷二《輿地志上》，載《中國地方志集成·貴州府縣志輯》，第37册，第35頁

……《史記·正義》引《括地志》："五尺道在郎州。"按：郎州即播州舊名，魏泰王著志時圖經尚有可考，據此桐在秦時地近巴、蜀，兩郡分領其地，固未可知。

——（民國）《桐梓縣志》卷二《輿地志上》，載《中國地方志集成·貴州府縣志輯》，第37册，第35頁

* 李世祚修，猶海龍等纂：（民國）《桐梓縣志》，載《中國地方志集成》編委會編：《中國地方志集成·貴州府縣志輯》，巴蜀書社，2006年。

唐播州在今綏陽。牂州在綏陽東南二百二十里，當今甕餘境内，而其南界又在甕餘之南。建安即隋牂柯縣。今遵義即唐播州。《唐書》云："播州以唐牂柯縣置。"是建安一縣，遵義足以當之。

——(民國)《桐梓縣志》卷二《輿地志上》，載《中國地方志集成·貴州府縣志輯》，第37册，第39頁

(唐)中宗景龍元年，以播州爲都督府。

元宗先天二年，罷播州都督府，復以黔中爲都督府。并《元和志》。

開元二十六年，黔中置采訪處置使，夷、珍、溱等州管之。

憲宗元和二年，廢珍州，以所領榮懿、扶歡、夜郎、麗皋、樂源五縣屬溱州，并隸江南道黔中采訪使。并《唐書·地理志》。

按：黄《志》："各州圖説準，今之綏陽、遵義爲播州。自正安西境至桐梓，從夜郎垻而南抵婁山關，又西盡仁懷南境抵叙永、畢節爲珍州。自桐梓夜郎垻而北抵綦江，東盡正安抵南川，西盡仁懷抵合江，爲溱州地。"據此，則今之桐梓上四區屬珍州，下三區又屬溱州地也。

——(民國)《桐梓縣志》卷二《輿地志上》，載《中國地方志集成·貴州府縣志輯》，第37册，第40頁

是年(元豐元年)，涪州夷蕨平帥任獻崇、渝州夷木攀、首領趙泰、蕃帥楊文貴、播州夷族楊光榮以其地内屬。

按：《宋史·志》：以任獻崇所獻地東西三百五十九里、南北六百六十五里建承州，領綏陽、都上、洋川、寧夷等縣；趙泰所獻地别建溱州，領溱溪、夜郎兩縣；楊文貴所獻地東西百二十里、南北六百一十二里，建遵義軍，領遵義縣；楊光榮所獻地建播州，領播川、琅川、帶水三縣。時播川縣治在白綿堡，附州郭。據《宋史》，内附之涪夷是任應舉。黄《志》以爲既曰"獻崇"，又曰"應舉"，亦猶珍州之駱有世華、文貴，同一事也。

宣和二年，廢溱州及縣，以溱溪寨爲名，隸南平軍。三年，廢播州爲城，隸南平軍。孫《志》。時城蓋置在桐梓縣地，并廢播川、琅川、帶水三縣。廢遵義縣，隸珍州。廢承州及都上等縣，以綏陽縣隸珍州。并《宋史》。《宋史》於播州廢置，多有不詳。孫《志》添出廢州爲城一條，必是廢州爲城一時，以城爲縣又一時。

孝宗淳熙三年，遷播川縣於穆家川，即今府城。孫《志》。

按：播州之名始於唐。《太平御覽》引《十道志》：貞觀十七年，置播川鎮，後以鎮爲珍州，此一播川也。大觀元年，建播州，其所領之播川縣即州治，此又一播川也。宣和六年，改廢播州城爲播川縣，此又一播川也。三播川非一地。唐播州治在今綏陽，想播川鎮亦

在綏陽，以川中有降珍山，因以鎮爲珍州。降珍山在今桐梓，度其鎮亦必在桐梓地。其大觀所建爲州治者在白綿堡，潛溪所稱舊堡即此地，當是今之懶板橙。宣和所改之播川在桐梓附近三里，至今人稱舊城，後改遷鼎山者是已。大觀元年後，州縣并在舊堡，至宣和六年改縣治，已移向他處。孫《志》未加分别，猶稱遷播川縣。其實此時縣并未遷，衹是楊軫遷居耳！考《楊氏家傳》楊端入播時云："詣瀘州合江，逕入白绵，軍高遥山。"在今遵義城西三十里，楊軫所遷之穆家川在堡北二十里，互相證合，定白錦堡在今遵義城南二十里。《四川通志》乃謂白錦堡在綦江縣南八十里詎知堡，距南平軍正三百里。或王象之采聽未詳，遂致顛倒成説耳！且《家傳》叙楊昭之弟二人，曰先，曰蟻，内室操戈。先據白錦東遵義，號下州；蟻據白錦南近邑，號楊州，稱南衙將軍。舉兵攻先，外結閩兵爲助，昭大發兵設二伏於高遥山要，其歸擊之，閩大潰，赴水死者數千，蟻亡入閩，所稱閩或是羅閩即今大定屬地，所謂水西者是已。白錦與閩爲鄰，故端孫部射，曾孫三公，世與閩仇殺，據此可爲遷縣之一證。參黄《志》及《楊氏家傳》。

寧宗開禧三年冬十一月乙卯，復珍州遵義軍。十一年，復遵義軍爲寨。《宋史》注。

理宗端平三年，復以白錦堡爲播川縣，琅川、帶水二縣仍廢。《宋史·志》。

嘉禧三年，復設播州，充安撫使。《宋史》。即播川縣爲州治。

寶祐六年，復以宣和中所治播川縣地爲鼎山，縣隸南平軍。何《志》引賈《志》。

按：賈《志》："鼎山縣城在城西十五里，元置，後廢，城門尚存石榜鐫'寶祐戊午'四字。"考寶祐爲宋理宗年號，戊午爲寶祐六年，據此則鼎山固宋置，非元置也。《元史·世祖紀》："十五年十二月，從楊邦憲請，以鼎山仍隸播州。"以前并無改名鼎山之文。孫《志》獨云："世祖十五年春改爲鼎山縣，冬從楊邦彦請，以鼎山仍隸播州。"憑空撰出"改爲鼎山"一語，故補出賈《志》一條以證明之。節黄《志》。

又按：《萃奇堂詩》注：播川廢縣即鼎山廢縣，在縣南十里鼎山上，今城門猶有"寶祐戊午"四字。舊《蜀志》兩列之若謂播川在縣南三里，誤也。考：乾符三年楊端復播，治白錦堡，即今訛稱之懶极橙也。七傳至文貴，與其叔光榮分據州地，光榮得唐所給州銅牌，居播州；文貴得州銅印，居遵義。是時遵義在今綏陽界内。以江水爲界，所謂江，今洪江也。江以西地光榮所據，宋大觀二年内屬，詔建播州，領播川、琅川、帶水三縣，時州治白錦，播川縣附郭。宣和二年，廢播州爲城，并廢播川三縣，時播州城蓋置在桐梓。六年，以播州城爲播川縣，蓋治在今舊城。端平三年，復以白錦堡爲播川縣。嘉熙二年，復設播州，即播川縣爲州治。寶祐六年，復以宣和所置播川縣地爲鼎山縣，是年戊午興石榜□。距舊城十里許。元至元十六年，改鼎山爲播川縣，名雖改而治未遷也，至明玉珍猶治此。明初，播地悉歸楊氏，未設流官，故兹亦并廢歟。且《志》稱唐貞觀十六年置播川鎮，後以鎮爲珍州，則在今夜郎。埧因播有三處，《宋史》及諸地《志》又殊舛略，《播雅》亦未别白，故詳訂焉。參《耆舊詩》註。

度宗咸淳末，以珍州并所隸樂源、綏陽兩縣來屬播州。自此，播州領播川、樂源、綏陽三縣，隸夔州路桐梓地，屬南平軍。《宋史》。

按：《宋史・地理志》播州下云："咸淳末，以珍州來隸，縣一：樂源。是播州衹有一樂源縣。"而其"珍州下"云："宣和三年，承州廢，以綏陽縣來隸，縣二：綏陽、樂源。"綏陽於隸珍州，後未言省廢，則珍州并入播州時，必兩縣并領於播州。可知史有闕文，今補之。

按：《元史》："至元十六年，改鼎山爲播川。"知至元以前播川縣必經廢去，樂源、綏陽可推也。蓋楊氏至宋末浸大，朝廷所置之縣在其境内者，大都即遣其豪酋長之，縣置亦徒有虚名，縣廢亦然。酋長、土舍、把目隨其所便，一切處置，并不關白國家，固無從而知也。《元史》所列諸等處，當即始於宋、元之間，既分立等處諸名，則舊時所謂縣者，雖未經朝廷詔廢，自無需此名。色如元所改之播川縣，何時而廢，史傳并無明文，非亦在革代之際去之乎？

元

世祖至元十四年三月，詔諭南平軍降田、楊二家。十五年十二月丙申，從楊邦憲請，以鼎山仍隸播州。十六年春正月，改播州鼎山縣爲播川縣，治仍鼎山。是年，縣名雖改，治仍鼎山。其後僞蜀王明玉珍取珍州，命將索取其縣，播川又歸蜀管轄也。《元史》。二十九年春正月，以行播州軍民安撫使楊漢英爲紹慶珍州南平等處沿邊宣慰使、行播州軍民宣撫使、播州等處管軍萬户，仍佩虎符。孫《志》。是時南平、珍州、溱、溪、涪、洞等處諸長官并爲所屬。《元史》。三月己酉，命思、播等州同亦奚不薛并隸湖廣省。《元史》。

按：《元史》："羅施鬼國别部亦乞不薛亦曰亦希不薛，至元十五年置宣慰司，即今大定府地。"

明帝至正二十三年，僞夏明玉珍罷珍州、思、寧等處長官司，改珍州爲真州，并南平、綦江兩長官司地爲綦江縣。孫《志》。

按：《元史本紀》："明玉珍於至正二十二年五月據成都，自稱蜀王。二十三年春正月朔，僭稱帝，國號大夏，紀元天統。"自此至明洪武四年，播地并屬明氏。先是，元至元間改播州爲播州沿邊安撫司，隸湖南行省，既爲玉珍僭據，可知桐梓土地亦爲明氏所有也。

明

太祖洪武四年，征虜將軍傅友德討明昇，破僞夏，真州鄭珊以兵從，尋改播州沿邊宣撫司爲宣慰司。孫《志》。

按：楊璟諭明昇檄有云："足下疆場南不過播州。"自是縣地皆屬於明。

五年，仍置播州宣慰使司，改附郭播州軍民都鎮撫司爲播州長官司，隸四川行省。《明史・地理志》。播州宣慰使楊鏗、同知羅琛、總管何嬰、蠻夷總管鄭珊等相率内附，故復改置。

六年，以縣地析置播川、桐梓、松坎三驛，趙氏《草志》引邱《志》。是爲桐梓得名之始。

十五年，改播州宣慰司隸貴州。《明史·土司傳》。十七年，改真州、思寧等處長官司爲真州長官司。《明統志》。二十一年，置播州宣慰司茶倉。

英宗正統四年，革播州茶倉。并孫《志》。

穆宗隆慶二年，播州照舊專屬四川管轄，仍聽貴州節制調遣。《明典》。

神宗萬曆二十三年，設安邊同知於松坎，旋廢。《明·土司傳》及《綦江志》。

按：《綦志》："因二十二年參將郭成、總兵劉成嗣征楊應龍，至白石口敗績，朝議設安邊同知於松坎，以綦江知縣蒲林升任，旋應龍復擾扶歡、埧羅、王村等處，林奮身往追，應龍即捲甲引去。"

二十九年正月壬子朔，頒平播詔於天下。《通志》。

按：《通鑑輯覽》："萬曆二十五年秋七月，楊應龍叛。"又《通志》："二十八年夏六月，李化龍帥師平播州。十二月庚辰，獻俘闕下。化龍自出師至平播，共一百十有四日，詳軍務。"

四月，詔郡縣播地，建縣城於桐梓驛，改驛置縣，旋以地隘上遷播川驛。孫《志》。

按：平播後，以播地分設遵義、平越二府，析置二州八縣。遵義、桐梓、綏陽、仁懷四縣，正安一州，屬遵義府，隸四川；餘慶、甕安、湄潭三縣，黄平一州，屬平越府，龍泉一縣屬石阡府，隸貴州。因白田、黄平舊學宫，立二府學，增立正安一州學，遵義、桐梓、綏陽、仁懷四縣學。城池、公署以次修舉，置威遠衛及官屬，限其屯田。置分巡兼兵備一員、總兵官一員，駐遵義府。（黄《志·善平播據後疏》）建社學二十二所。

又按：《黔南識略》：桐梓縣在漢爲夜郎地，屬牂柯郡。晉仍屬牂柯郡，永嘉五年，寧州刺史王遜分置夜郎，郡治夜郎。隋并入牂柯縣。唐貞觀十六年，開山洞置夜郎縣，於舊播州城兼置珍州。天寶元年，改爲夜郎郡。乾元二年，復爲珍州。元和三年，州廢，以夜郎屬溱州，復置珍州。宋乾德四年，改曰高州，後人於蠻。大觀二年，復置夜郎縣，屬溱州。宣和二年廢。元置珍州、思寧等處長官司。明洪武六年，以其地析置播川、松坎、桐梓三驛。萬曆二十九年平定播亂，以舊夜郎縣地置桐梓，取驛爲名，屬遵義。

——（民國）《桐梓縣志》卷二《輿地志上》，載《中國地方志集成·貴州府縣志輯》，第37册，41～44頁

桐梓縣疆域，後世多本珍州，或以縣在溱溪之旁，又本溱州。

《唐書·天文志》：唐憲宗元和二年，廢珍州，以所領縣屬溱州。自此，播州領遵義、芙蓉、帶水三縣，溱州領榮懿、扶歡、夜郎、麗皋、樂源五縣，并隸江南道黔中采訪使。《通志》乃謂遵義於唐爲播州遵義縣，正安爲珍州，桐梓爲溱州，其説惟桐梓不謬，餘多齟齬。故黄《志》即《通典》《元和志》所載本州及鄰州四至八到道里以證明之。

《元和郡縣志·八到》

珍州東南至播州二百里，南接夷僚界，《楊氏家傳》所稱謝巡檢率夷僚納三公處，即今□□沙溪里□仁懷李傳安羅二里。北至溱州二百四十里，夜郎縣、郭下麗皋縣、樂源縣三縣并在州側。近隨所畬種田處，移轉不常厥所。溱州東與賓州今之□安。接界，山險不通，無路里數，西接合江縣，東北至南州即綦江縣。二百七十里，東北取珍、播、夷、路至黔即今思南。一千三百里，正南微東至珍二百四十里。四十里據聚珍本增。榮懿縣、郭下扶歡縣東北至州五十里。

播州東南至牂柯州二百二十里，東北至牂柯北界巴陵聚字本珍。江鎮七十里，東北至費州四百里，東北至黔州八百里。遵義縣、郭下帶水縣東至州七十里，芙蓉縣東至州六十里。

夷州即今綏屬。東至費州三百里，東北至涪州四百里，西南至播州二百四十里，北至黔州五百八十里。綏陽縣郭下都上西北至州五十二里，義泉縣東北至州一百里，洋川縣東至州一百里，寧夷縣西北至州一百九里。

南州東至契丹土六百里，西至没丁山即丁山壩。八十里，南至溱州二百七十里，北至渝州江津縣二百三十里。

《通典·南州八到》

南州東至南平郡界一百里，南至溱溪郡界五十里，西至南平郡三百六十里，北至南平郡二百六十里，東南到溱溪界三百五十里，西南到溱溪界七十里，西北到南平郡二百六十里，東北到南平郡五十七里。

按：黄《志》準以上至到里數，斷定今之綏陽、遵義爲播州地；自正安西境至桐梓，從夜郎垻而南抵婁山，又西盡仁懷南境抵叙永、畢節，爲珍州地；自桐梓、夜郎垻而北抵綦江，東盡正安抵南川，西盡仁懷抵合江，爲溱州地。《通志》謂正安專有珍州。《正安州志》亦以珍州爲獨有之地。黄《志》乃説桐梓南境爲珍州地，且引《元和志》以證明之。則是桐梓疆域東西北三面雖溱州所屬，而南境實珍州所分也。桐梓仍桐梓驛之舊縣，以驛名，舊在新站對門，因地狹欲改三元垻，未果，旋遷今地，即唐之榮德舊治。（《桐筌》：明時舊田契稱縣治，後山爲榮德山）萬曆庚子平播設縣，編里凡七。

——（民國）《桐梓縣志》卷二《輿地志上》，載《中國地方志集成·貴州府縣志輯》，第37册，47～48頁

附　李晉《桐梓疆界説》

康熙甲申秋，兒子詩自渝歲試歸，問云："往經綦邑太公舖，見路旁巨石刻'溱州界至此'五字。由綦邑過母渡見有'桐梓界至此'石碣，問其居民，乃綦民綦地也。間里許問之，則桐民桐地也，行數武又爲綦民綦地，如是者至扶歡垻皆然此，何故？"予曰："爾欲聞

綦桐錯壤之故耶?”按:唐建夜郎縣在今桐梓驛,屬播州。乾符初陷於南詔,楊端恢復之,自長者五十餘年。宋乾德平蜀,俾楊氏世長其地,而改播州爲遵義軍,建溱州於元田壩。何《志》注:仁宗時,溱州蹭榮懿、扶歡二縣。徽宗時,别建溱州及溱溪、夜郎兩縣。均無有建州治於元田壩。明文審其地,亦不可城。未久,改設扶歡縣,在今扶歡壩中。逮明封楊氏爲播州宣慰司,統數長官司,而各州縣之民咸泯。萬曆中改土設流,仍溱州扶歡所轄之地。欲設縣於三元壩,不果,乃創城於魁崖站之右。緣桐梓驛廢而爲桐梓,今邑是也。揣前人意建縣於桐梓驛與三元壩者,宅中之勢也;置州於元田埧者,就田牧也;設縣於扶歡埧者,壯形勢固邊圉。如珍州域隔江即武隆彭水地,仁懷城隔江即合江地也。創今邑者,惑於風水之説也。蓋桐梓界至若細腰,然南起婁山關,北至母渡河約三百餘里。今縣治抵婁山廿五里,東抵綏陽界三當作五十里,西抵仁懷或七八十里或百餘里不等,北行三元埧足百餘里。而三元埧東抵正安界近三十里,西抵仁懷界不及三十里,下至婁夜二里,東抵正安、南川地,西抵綦江地則不下二百餘里,四圍俱山脊爲封,溪水作限,悉有摩崖碑記。故由界牌而下至趕水路,東爲桐梓,西爲綦。由母渡東折而觀音橋,而青羊屯、藻水漕,以至南川縣,莫不有自然不易之山水勒碣存焉。此非近世爲,然當日楊氏擅制於梁唐擾攘之秋已規定劃一者也。藉非然者,播州荒服子男何敢與天朝貢賦之地八百年犬牙相入哉!觀劉綎征播,營趕水數月,必先力戰取扶歡埧以防鈔襲,而後大兵敢進九盤子,是由毋渡折流以東至界牌之爲桐地也。明甚地之邇南川者,亦稱是焉。若桐地之失,因明季蜀遭巨劫,半死於病,半殲於兵,室存人亡者數年。是時,惟遵無恙。本朝定鼎,廣行招徠,乃獨遵差徭十倍於正賦,而桐民避重就輕,因相率遷播於川西等處,東盧溱三里去其十之七,夜婁二里去其十之九。是以康熙三年,除荒清熟現糧,衹一千有奇。繼後婁、夜二里荒地有墾耕者,具領承糧。又避遠就近,近綦者赴綦,近南者赴南。且在桐係頂荒而賦重,在綦在南則報新墾而例輕。誰樂爲桐民哉?可知今之號綦地綦民者,已荒而復墾者也。桐地桐民土著,而未嘗遷徙者也。慨吾邑官吏以鞭長不及與争,向使縣治仍建於扶歡或三元埧,當不至坐視而失之也。詩曰:“今當如何曰王者,有分地無分民。雖各郡也,猶然同省也。在綦在南猶在桐也。”語竟。憶!甲子膺修志之命中多簡略,悔其時聞見之弗廣也。顧詩志之,俟來者有考焉。

按:《明史紀事本末》:“楊應龍既破綦江,以三溪、母渡、南川之東鄉立石爲播界,號宣慰官莊。”則母渡非播原界明也,至太公舖乃在九盤之下。固是播界“溱州”石刻當爲唐宋舊字。自明玉珍剖南平、綦江長官司爲綦江縣,則扶歡、青羊已非播有,豈執夜郎之争而可定爲桐界乎?若謂擅制之初,綦江原在境内,誠有如應龍所謂江津、合江皆播故土,又不僅母渡之爲播界也。至劉綎之營趕水,因楊逆有扶歡之營,必先破其左之楠木硐而右臂自孤,右臂去則從中以進九盤。楊朝棟雖率衆至,已失其險。大概明初楊氏之界當由九盤山脊越藻渡而交青羊爲合。當改流時,桐、綦皆屬坵墟,丈量亦未詳核,歸桐、歸綦實無大别。以致鼎革之際,任其或桐或綦而爲民耳!何《志》。

——(民國)《桐梓縣志》卷二《輿地志上》,載《中國地方志集成·貴州府縣志輯》,第37册,48~49頁

附　侯樹濤《疆域形勝考》

考桐梓古梁州南徼外地,秦漢時屬鱉,一云夜郎境屬竹王轄地。唐貞觀十六年置珍州,宋大觀二年詔建溱州,至明季李化龍平播後,萬曆二十九年始更。東連綏陽、正安,南接遵義,西鄰仁懷,北界綦江、南川,約袤四百餘里,肖獨脚佛形。雖處貴州極邊,然以疆域形勝考之未始,非黔北之重鎮也。以南而言,其最險者惟婁山關。《明史》所謂"萬峰插天,中通一線"。萬曆時楊酋謀逆,命將劉綎徂征不憚,攀藤毁栅,由間道進兵,真有"一夫當關,萬夫莫開"之勢。論其北則有石壺關,兩山環拱如兩虎對蹲。昔楊應龍拒劉省吾,吴三桂拒李固山,皆以此爲扼要,經幾番血戰,始破關而入。以言東則羅武山,而外尚有天保山。周圍削壁,獨西面有僻徑可尋。時楊逆餘黨未靖,綏邑邊防頗形騷擾,故王錫禄恃爲隘要,於兹設行營,獨當一方。面至於西,莫如九壩,萬山業雜,岡嶺蜿蜒。……

——(民國)《桐梓縣志》卷二《輿地志上》,載《中國地方志集成·貴州府縣志輯》,第37册,51~52頁

附　猶海龍《北防形勢論》

……昔者軍南平而縣扶歡,亦以形勢所關最爲扼要耳!太原楊氏平南詔而有播地,其後立石至川邊之東鄉壩、三溪等處,以爲播界。又營於扶歡山,以左右之夜婁。邊境仍循播舊,亦形勢之不得不然耳!王節愍祥守遵時,以張獻忠之强且不能乘巴綦破竹之勢而上窺遵義,亦以九盤子以下如余家營、王家營、石門隘等處均皆扼而守之。雖突騎四出,其能越雷池一步哉?明平播後,遵義屬川,至雍正時仍以形勢不便改組隸黔。……

——(民國)《桐梓縣志》卷二《輿地志上》,載《中國地方志集成·貴州府縣志輯》,第37册,第52頁

唐宋以來所稱爲夜郎、榮德、播川者,均有縣無城,惟鼎山一城尚存遺迹,然亦祇門上匾額有"寶祐戊午"四字而已。明萬曆二十九年正月朔,頒平播詔于天下,改土爲流,始就桐梓驛即今新站對門之桐梓坡。創設縣治,猶未修城垣也。旋因狹隘欲改三元壩。或曰桑園壩非是。李晉又謂因堪輿之説後於虎峰山下冬青坪據《金氏族譜》。卜得吉地,復遷今治,即唐之榮德舊治也。《桐箋》云:"曾見明時舊契紙後山即榮德山。"按:《元史》有溱洞長官司。今城外有溱水,疑即治此。

明萬曆二十九年四月,詔郡縣播地,知縣何珩規度形勢,枕山帶水,以爲之城。周圍

三里，厚五尺，是爲桐梓有城之始。其後署縣事段文郁見溱溪之水漲及城下，縮小範圍以避水患，比較起初城坦而已，僅存其半矣。

——（民國）《桐梓縣志》卷三《輿地志中》，載《中國地方志集成·貴州府縣志輯》，第37册，第54頁

賈《志》編纂員李晉云："立縣于桐梓驛、三元垻者，宅中之勢也；立縣於今治城者，惑于風水之説也。"余以爲當日遷城之義尚有未盡焉。蓋平播改流，桐屬、遵義分隸四川。

——（民國）《桐梓縣志》卷三《輿地志中》，載《中國地方志集成·貴州府縣志輯》，第37册，第54頁

明萬曆二十八年，平播設桐梓縣。二十九年，知縣王桂於縣治左建先師廟。

——（民國）《桐梓縣志》卷三《輿地志中》，載《中國地方志集成·貴州府縣志輯37》，第37册，第59頁

楚米坡，平播時楚人輓米至此，以濟軍糧。由南溪口到此五十里平坦可車。黄《志》。

降珍山，即孫《志》之降珍箐，又名長岡，俗呼悶頭箐。《十道志》："貞觀十七年，置播川鎮，後因川中有降珍山，因以鎮爲珍州。"

——（民國）《桐梓縣志》卷四《輿地志下》，載《中國地方志集成·貴州府縣志輯37》，第37册，第75頁

插旗山，在劉羅坪南，距扶歡場十里，上有龍泉，劉綎平播於此插旗。

——（民國）《桐梓縣志》卷四《輿地志下》，載《中國地方志集成·貴州府縣志輯》，第37册，第77頁

……葛溪至松坎，一水發源於夜郎箐、夜郎垻之上，劉綎征播凱旋曾有夜郎溪題壁詩。

——（民國）《桐梓縣志》卷四《輿地志下》，載《中國地方志集成·貴州府縣志輯》，第37册，83～84頁

婁山關，在縣南二十五里。節婁應星《婁山關辯》："癸酉春，星負笈湘川吉堂蕭山長觀書，蓄疑一日，以婁山關問曰：'斯山何適與爾姓合也?'起對曰：'閱家譜，敝族始遷，祖名殿邦於乾符初隨楊端平播，分土世襲。二世祖名珊與梁姓祖名關同守斯地，因此得名。'"

——(民國)《桐梓縣志》卷四《輿地志下》,載《中國地方志集成·貴州府縣志輯》,第37册,第88頁

小崖門隘,在縣西一百三十里,與仁懷之天門距河爲界。明將吴廣平播時,由此取八木囤。

——(民國)《桐梓縣志》卷四《輿地志下》,載《中國地方志集成·貴州府縣志輯》,第37册,第89頁

附　猶鏡涵《劉羅坪記》

劉羅坪跨綦桐界,三面距河,惟二磴崖方面可通道路。其上則縱横四十里,田疇萬頃,高中顯平;其下則巉崖峭壁,襟帶僰溪。守之不需多人,而圍之亦不易也。明萬曆時二十八年正月總兵劉綎由綦討播,分兵駐此,扶歡山敵兵望風披靡。……先是,賊猛撲大砦門、小千口,兩路正危急間,恍有執大刀者驅之於前,民兵乘之,賊始潰退。人咸謂當年播人呼劉省吾爲劉大刀,知爲神助,頂祝不忘,因立將軍廟焉。

——(民國)《桐梓縣志》卷五《輿地志下》,載《中國地方志集成·貴州府縣志輯》,第37册,第102頁

牂柯廢郡。據《華陽國志》:"牂柯自犍爲分蹩來隸。"《唐書》明云:"唐之播州以隋牂柯縣置。"時牂柯縣本於建安縣,唐既以牂柯置播州,其州治當在今綏陽。

——(民國)《桐梓縣志》卷五《輿地志下》,載《中國地方志集成·貴州府縣志輯》,第37册,第107頁

五尺道。《史記·西南夷傳》:"秦時常頞略通五尺道,置史主之。"《史記·正義》引《括地志》:"五尺道在郎州。"按:郎州即未改播州舊名,魏王泰著志時最舊圖經尚可考見,謂五尺道在郎州必非空談。然則遵義在秦時其分屬於巴、蜀兩郡歟!何《志》引黄《志》。又《漢書》顔氏注:"其處險阸,故道纔廣五尺。"

廢珍州。《元和志》:"珍州所領夜郎縣在郭下,則州治即夜郎。"《丹鉛録》謂夜郎在桐梓驛西二十里,有夜郎城碑尚在。據楊氏所言,其碑必是唐末廢縣時所立。是今之夜郎壩即唐珍州治所也。且以《元和志·珍州八到》考之:東南至播州二百里,北至溱州二百四十里。方向、道里,古今均合,則夜郎壩之爲珍州也無疑若。《明統志》謂:"於唐貞觀中以播川鎮爲珍州,旋改舞州,又改鶴州。"《丹鉛録》又謂:"珍州在施州歌羅寨。"穿插誤會,則均失其真矣。

廢溱州。《四川舊志》:"在宣慰司北二十五里。"《明統志》同。《通志》:"在府城北二

十五里。”是《通志》沿《蜀志》之舊,《蜀志》又沿《明統志》之舊,均於道里不相符合。按《元和志》:“溱州以南有溱溪水,屬黔州都督府,治榮懿縣,又領扶歡縣。東北至州五十里。”又舊《唐志》:“天寶初改曰溱溪郡,乾元初復曰溱州,又領樂來。咸亨元年廢,宋初州没於蠻。”《九域志》:“南平軍有榮懿寨、溱溪堡。”《宋志》:“軍領溱溪寨,本羈縻溱州。熙寧二年,招納置榮懿等寨。大觀二年,别置溱州及溱溪縣。宣和二年,州縣皆廢。以溱溪寨屬南平軍。”今據《綦江縣志》,扶歡場外即古溱溪、遵義。《黄志》亦是其説。更即《元和志·溱州八到》度之東南至黔中取珍、播夷路,是其路過珍州,始達播州,則於今遵義中隔一珍州矣。安得在司北二十五里乎?故《黄志》以爲古之溱州在今綦之永里、接桐之青羊市等處,宜《紀要》斥舊志之誤也。

廢播州。據《唐書》,唐時播州在今綏陽縣左右。《宋書·地理志》,宋時播州以白綿堡置。黄《志》以爲在遵義懶板橙,其後徙治穆家川,即今府城。

——(民國)《桐梓縣志》卷五《輿地志下》,載《中國地方志集成·貴州府縣志輯》,第37册,108~109頁

播川廢縣。《四川舊志》:“在桐梓縣南三里。”《通志》同。宋置,後廢。

……

黄《志》:“唐貞觀時,又有麗皋廢縣,在真安州西三十里許。”《方輿紀要》。樂源廢縣在真州長官司西七十里。貞觀中置,屬溱州。宋末屬播州。《明統志》。《元和志》云:“夜郎、麗皋、樂源并在州側,隨所畬種田處,轉多不常厥所。”

樂來廢縣。在真安州東,唐貞觀中置,屬溱州。咸亨初改入榮懿。《方輿紀要》。帶水廢縣在宣尉司北三十里,唐貞觀間置。宋宣和初廢爲城,屬南平軍。《明統志》《四川舊志》《通志》同。

琊川廢縣。在仁懷縣東南,唐貞觀初置,隸牢州。十六年改屬播州。開元二十六年省入芙蓉縣。宋大觀中更置播州,兼領琅川縣。宣和三年降爲琅川城,隸南平軍,尋廢。《方輿紀要》。

都上廢縣。在正安州西南二十五里,唐武德元年置,隸黔州。貞觀四年以縣置夷州。《通志》。時夷州治綏陽,綏陽在今龍泉縣左右。黄《志》謂都上當有綏陽接湄潭之間。

綏陽廢縣。在真州長官司東南二百五十里,隋置,屬思州。唐之夷州治此。宋大觀初置承州,割隸珍州,後廢。

正安舊州城。在今之州東南七十里,地名滴水園。明萬曆平播後,置城垣,尚存。《通志》。以上各縣地界交錯連類,及之以備參考。

白綿堡。《宋史》:“端平三年,以白綿堡置播州。”《輿地紀勝》:“南平軍在白綿堡,去播州三百里。”《明統志》:“白綿堡去播州三百里。”《四川志》:“在綦江縣南八十里。”

附：鄭珍《白綿考》

自王氏説白綿去播三百里，後皆沿之，堡遂在綦江境内矣。今考《潛溪集》《楊氏家傳》云："光榮籍播州二縣地往獻於朝，詔即其地建白綿堡。"此堡名所由始也，後又云："軫病舊堡隘陋，樂堡北二十里穆家川山水之佳，徙治之。"是爲湘江，此即今之府治。云在"堡北二十里"，則堡在今府治南二十里無疑。若堡在綦江境上，去穆家川三百里而遥，楊氏無故舍其世守遠徙如此，已大非情事。且由綦江往今府治地，越溱、珍二州。楊軫，宋詔宗時人，其時溱、珍境内皆有土酋據守，安得任其自由？且楊氏自唐末以來，世守祇是播州，若至是始遷穆家川，則前此皆治在南平軍矣，不與史志大舛乎？然則《家傳》得共實矣。又按：《家傳》叙端入播云："端詣瀘州、合江，逕入白綿堡，軍高遥山，據險立寨，結土豪，爲久駐計。"又叙楊實弟先、蟻擁兵事云："先據白綿東遵義軍，號下州。蟻據白綿南近邑，號揚州，稱南衙將軍，舉兵攻先，且外結閫兵爲助。楊貴遷大發兵設二伏於高遥山，要其歸而擊之。閫大潰，赴水死者數千。蟻亡入閫。"觀傳文可知白綿爲楊端前舊名，至光榮獻地建堡，乃得堡稱。所稱高遥山在今府城西三十里山麓，即松邱寺。所稱閫，或稱羅閫，即指今水西。所稱赴死之水，即今樂閫河。樂閫蓋羅閫之訛，當時河西即近閫地。觀傳叙三公歸閫事云"阿永蠻發兵納三公界上，會濟江夷僚引舟岸北"云云，江即是此水，岸北即是界十。則閫播以樂閫水爲界，甚明白。所稱遵義軍乃宋於唐之遵義縣置者，地爲今之綏陽，此史家據後追稱，時尚未置軍也。統家傳前後文澤之，知楊端入播，其路由合江出仁懷，逕至高遥山立寨，以備攻守。白綿必在山之附近，定播之後，遂世居之。想其時唐之州治在今綏陽者，遣子弟分守而已。故宋即堡置播州，而以唐州治置軍。今綏陽正在府治之東，於治南二十里之白綿亦在其東。宋文獻據譜立傳，故能事事實合，可以裁度。諸史"堡去播三百里"之説，祇見其誣矣。今府城南四十里有市曰懶板橙，西距高遥山十里，市名極無意義，疑其地即古之白綿。自楊軫北徙穆家川，人以其地在南，遂稱爲南白綿。南懶白板雙聲，綿橙疊韵，歷久音訛，遂成今稱。或曰如此，則與二十里不合，曰白綿之地廣矣。藉此相沿舊稱，知故堡要在其近，豈方數十丈之外，遂不可以白綿之名稱之乎？按：白錦一作白棉，錦橙疊□，方合以錦作棉，殆□鈔之□，特補註之。

——（民國）《桐梓縣志》卷五《輿地志下》，載《中國地方志集成·貴州府縣志輯》，第37册，110～111頁

安邊同知廢署。《明史·四川土司傳》："總督邪玠檄楊應龍至安穩聽勘，應龍縛渠魁，待罪松坎，案驗論贖，遂於松坎設安邊同知。"廢署在今沙灣。《黔南紀略》。

桐梓四驛。播川驛在城南魁山下，即馬王廟故址。夜郎驛在城北四十里，即今夜郎站，亦稱民朝聚廟。桐梓驛在城北七十里，即今新站桐梓坡。松坎驛在城北一百三十里，即今松坎汎。按：《元史兵志》："至元中增各省及宣慰司舖馬，又給四川行省所轄思州、

播州兩宣慰司劄子二道。”大概四驛皆此時所置。

——(民國)《桐梓縣志》卷五《輿地志下》,載《中國地方志集成·貴州府縣志輯》,第37册,第116頁

楚米坡,時萬曆平播,糧米由楚轉運到此,故名。“雜記”另有考據。

滴淚三坡。《明史·劉綎傳》:“逾夜郎舊城,克滴淚三坡、瓦窑坪、石虎諸隘,直抵婁山關。”按:滴淚三坡距新站十里許,謂坡有三層,愈上愈陡,行旅途窮,幾於哭泣,然後上瓦窑坪,入石虎關。平播之役,應龍遣子朝棟、惟棟統鋭數萬由松坎、魚渡、即□魚洞。羅古池即今之羅鼓三。三道并進。綎伏以待賊至,伏起,追奔五十里。賊退守石壺關。蓋石壺即石虎也,在縣北三十里。

土司城,在新站大屋,爲明時土司衙門。頹垣石磉,尚有遺迹。

七陣溪。相傳劉綎征楊酋,連戰七陣,賊始敗退,故名。

貓兒埡。《通志》:“在城北一百三十里,一名嶢巃山。天啓時二年正月,四川囊加臺攻破播州猫兒埡。”即是此處。

按:《明史》:“楊應龍勒兵犯綦江,屯趕水猫兒岡。”又邱《志》:“虹岡雙猫競立,抵綦江界。”即此隘也。與嶢巃東西遥對,相隔二十里。《通志》誤以二山爲一山,《黔南識略》又沿其誤,殊失山之真面目也。

糊米土,在六區興文山上。播酋積糧於此,倉廩雖焚,後人將地作土,有挖土見糊米出現,或者有見穀米精氣團結未散歟!

磨刀溪,與插旗山接近。黄《志》謂劉綎征播時,磨刀插旗於此。

——(民國)《桐梓縣志》卷五《輿地志下》,載《中國地方志集成·貴州府縣志輯》,第37册,第117頁

成展墓,在城北二十里澗塤村。展蓋同楊端入播八大姓之一。黄《志》。

——(民國)《桐梓縣志》卷五《輿地志下》,載《中國地方志集成·貴州府縣志輯》,第37册,第121頁

楊价墓,在城西南十里葫蘆塤。參黄《志》。石槨高大,前三後五,碑碣無存。

張燭墓,在松坎沙灣官安撫司。征楊酋死難。黄《志》。以上皆張姓録其家譜,今核其譜,實無此事。又謂燭爲松坎安撫司,承襲自嘉靖元年,證之他書,無一相合。考沙灣水漚是元時張長官開,石刻有誤。元時松坎原有長官,而譜乃謂來於明時,豈諱其真而飾其僞乎?燭既籍松坎,當爲楊酋所屬,何得與之戰於三溪?且征播時北路楊朝棟統兵,焉肯滅其家族?當時死事之王芬、陳大綱、楊愈皆紀之,胡獨於燭兄弟而遺之耶?《桐筌》。

——(民國)《桐梓縣志》卷五《輿地志下》,載《中國地方志集成·貴州府縣志輯》,第37册,121~122頁

趙泰、楊光榮墓,在夜郎壩鳳凰閣,下有石棺二,内刻絶句五百,時代難考。惟今之夜郎垻屬宋溱州地,溱、播二州建於大觀二年,《宋史》。爲木攀首領趙泰、播州夷族楊光榮内屬之地,其詩有曰:"納土自歸是其先。"據此知爲趙、楊之墓。又曰:"天族於斯安宅兆,金枝玉葉是家傳。"似於趙氏尤宜。参《桐筌》。

——(民國)《桐梓縣志》卷五《輿地志下》,載《中國地方志集成·貴州府縣志輯》,第37册,第122頁

播川郡太守　播州刺史

《唐書》:"上州刺史從三品,中州、下州正四品。"《元和志》:"播、珍、溱、夷皆下州。"《職官志》:"武德改郡爲州,置刺史。天寶改州爲郡,置太守。乾元改郡爲州,置刺史。"總之,州郡史、守名异實同。《通典》。

——(民國)《桐梓縣志》卷六《秩官志·職官》,載《中國地方志集成·貴州府縣志輯》,第37册,第123頁

知南平軍

《宋史》:"自熙寧七年,以銅佛壩地置南平軍,後以恭州、榮懿等寨隷之。宣和間,復以廢溱、播二州來隸。"可知遵義地方皆歸所轄,兹録本軍官屬之可考者如左。《元豐九域志》:"南平軍同下州。"黄《志》。

——(民國)《桐梓縣志》卷六《秩官志·職官》,載《中國地方志集成·貴州府縣志輯》,第37册,第124頁

播州安、宣撫司　宣撫、慰使

《楊賽因不花傳》:"至元二十八年改安撫爲宣撫司,其後楊漢英乞歸四川,以漢英爲紹慶珍州南平等處沿邊宣慰使、行播州軍民宣撫使、播州等處管軍萬户。"以後宣慰遂成本銜,越及明朝均未改易。

楊邦憲。《明統志》:"楊粲嘉泰初授安撫使,粲生价,价生文,文生邦憲,邦憲以安撫内附,仍授原職。"

何彦清。《元史·李德輝傳》:"至元十七年,德輝卒於黄平,播州安撫使何彦清率民爲德輝立祠。"

楊漢英,邦憲子。此後傳及楊應龍共十餘世,猶襲宣慰使職。至萬曆時,王師平播,

始設流官。

——(民國)《桐梓縣志》卷六《秩官志・職官》,載《中國地方志集成・貴州府縣志輯》,第37册,第125頁

楊端。《宋史》:"太原人。乾符三年應募復播,爲州刺史,代有達人,播人懷之。傳至明萬曆二十八年,始改土歸流。"

——(民國)《桐梓縣志》卷六《秩官志・名宦》,載《中國地方志集成・貴州府縣志輯》,第37册,第142頁

李德輝,字仲實,通州潞縣人。少貧輟讀,監酒豐州,嘆曰:"志士顧安此耶!"至元九年,爲皇子西王相。明年,詔以王相撫蜀。其年,重慶猶城守東、西川,各開樞府,德輝至成都而府争遣使接治。德輝恒以危語動東川,欲令解體來降。殊中使不喻詐計,竟以不奉明詔反命果於十三年秋,重慶圍潰,退守瀘州。明年大軍既發,德輝留成都供億。十五年重慶之圍再合,逾月即下紹興、南平、夔、施、思、播,諸山壁水栅隨之皆下,而東樞府猶故將也。德輝又縱囚歸語合州守將張珏,曉以利害。又獲訓事李興等十二人縱歸合州,以喻張珏之言喻其將王立,立即遣李興等至成都覆命。德輝即單舸濟江薄城下,呼立出降,安集其民,而罷置其吏。立德之,輿金玉飾少艾爲謝,德輝不受,令其轉饋東府。由是合人自立而下皆繪像祀之。十七年西南夷羅氏鬼國叛,朝議合川、湖、雲南兵討之。德輝止其兵而飛檄諭之,夷酋問曰:"是活合李公耶!其人明信可恃。"即日受命至播州降。節《牧巷集・李忠宣行狀》。

李嗣宗,《明統志》:"至元末播州千户守禦,勇敢善撫兵,衆人咸德之。"

何彦清,《明統志》:"播州安撫使,有政績。以安西行省左丞李德輝有功於播,率其民立廟祀之。"

楊漢英,《明史・土官傳》:"即邦憲子,世襲宣慰使。頗有勛德於播。"

——(民國)《桐梓縣志》卷六《秩官志・名宦》,載《中國地方志集成・貴州府縣志輯》,第37册,第143頁

潘貞,《江南通志》:"字累徵。天順進士,纍官四川布政司。貴州苗亂,徵兵糧於蜀,開府罔知所措,請以苗攻苗,發播州之卒應之。"

譚希恩,《湖南通志》:"字子誠。茶陵進士,巡撫四川時播州逆迹未露,廷議主剿,希恩獨主撫,云不忍枯萬骨以邀上賞。"

艾穆,《明史》本傳:"字和父,平江人。以鄉舉累官四川巡撫。有告播州楊應龍叛者,貴州巡撫葉夢熊請征之,穆不欲加兵,與夢熊异。朝命兩撫臣會勘,應龍不願赴貴州,

乃逮至重慶，對簿論斬，輸贖放之還後應龍復叛，追咎穆，奪其職。"

沈瑞臨，舊《浙江通志》："字夢齡。萬曆丁丑進士，升四川按察司僉事，備兵川東。時楊應龍煽動瑞臨練兵訓武，以計拊循之。終瑞臨任，應龍不敢叛。"

王士琦，《明史・王宗沐傳》："臨海進士，官重慶知府。楊應龍叛，承總督邢玠檄至松坎撫定之，進兵備副使。坐應龍復叛，降湖廣右參政。"

蒲林，舊《綦江縣志》："萬曆二十二年甲午，參將郭成、總兵劉成嗣征楊應龍，至白石口敗績。事聞，命制府剿撫。屢遣官諭以禍福，酋負固不出。再命綦江知縣蒲林往，酋讋服林，見單騎至，倒戈以迎，隨面宣德，意約其降，待以不死。應龍俯首聽命，制府尋委監司同林往松坎就勘。皆款服竟從寬典，乃議於安穩設安邊同知，即以林升任。應龍旋又擾扶歡填等處，林奮身往追，即捲甲去。明年，秦民袁子昇爲賊大仇，適繫合江縣獄，賊發兵圍之，指索子昇。當事遣林往，林説合江出子昇，弃一秦囚保全衆。僉讒忌者即騰謗，詔下本省逮勘，以此去任，而賊益無忌矣。"《綦江縣志》："林字小山。陝西咸陽舉人，知綦江凡七載。廷議松坎添設安邊廳，即以林升，授林在安邊同知甫一載。《孫紹禹蒲公去思碑》：丙申，升安邊同知。丁酉，以讒忌去任。"

李化龍，《明史》本傳：字于田，長垣人，萬曆三年進士。二十三年，總督湖廣川貴軍務兼巡撫四川，討播州叛臣楊應龍。

應龍之先曰楊鏗，明初内附，授宣慰使。應龍性猜狠，嗜殺。數從徵調，恃功驕蹇。知州兵脆弱，陰有據蜀志，間出剽川縣。嬖小妻田雌鳳，讒殺妻張氏，屠其家。用誅罰立威，所屬五司七姓不堪其害，走貴州告變。巡撫葉夢熊疏請大征，詔不聽。逮繫重慶獄，應龍詭將兵征倭自效，得脱歸。復叛，逮不出。四川巡撫王繼光發兵討，覆於白石。應龍委罪諸苗。朝廷命邢玠總督，值東西用兵，勢未能窮治，因招撫之。應龍益結生苗，奪五司七姓地并湖貴四十八屯以畀之，歲出侵掠。是年二月，敗官軍於飛練堡，都司楊國柱、指揮李廷棟等皆死。已復破綦江，殺參將房嘉寵、游擊張良賢，投尸蔽江下。僞軍師孫時泰請直取重慶，搗成都，劫蜀王爲質，而應龍遷延，聲言争地界，冀曲赦如曩。時化龍至成都，征兵未至，亦謬爲好語縻之。

帝聞綦江破，大怒，追褫前四川貴州巡撫譚希恩、江東之職，而賜化龍劍，假便宜討賊。賊焚東坡爛橋，梗湖、貴路，又焚龍泉，走都司楊惟忠。化龍劾諸大帥不用命者，沈尚文逮治，童元鎮、劉綎皆革職，充爲事官。諸軍大集，化龍先檄水西兵三萬守貴州，斷招苗路，乃移重慶，大誓文武。明年二月，分八道進兵。川師四路：總兵官劉綎由綦江，總兵官馬孔英由南川，總兵官吴廣由合江，副將曹希彬受廣節制，由永寧。黔師三路：總兵官童元鎮由烏江；參將朱鶴齡受元鎮節制，統宣慰使安疆臣由沙溪；總兵官李應祥由興隆。楚師一路分兩翼：總兵官陳璘由偏橋；副總兵陳良玭受璘節制，由龍泉。每路兵三萬，官兵三之，土司七之。貴州巡撫郭子章駐貴陽，湖廣巡撫支可大移沅州，化龍自將軍策應。帝以楚地遼闊，又擢江鐸爲僉都御史，巡撫偏沅。湖廣設偏沅巡撫，自鐸始也。推官高折枝先以南川兵進，據桑木鎮。綎復自綦江入，應龍以勁兵二萬屬其子朝棟，曰："爾破綦江，馳南川，盡焚積聚，彼無能爲也。"比抗諸路兵，皆大敗。應龍頓足嘆曰："吾不用時泰計，今死矣。"或言水西佐賊，化龍詰之疆臣，斬賊使二，氏交遂絶。烏江兵敗績，逮下元鎮于理，諸將益奮。綎先入婁山，直抵海龍囤，璘、疆臣兵亦至，賊勢急，上囤死守，遣使詐降。化龍檄諸將斬使焚書，以綎與應龍有舊，諭無通賊，綎械其人以自明。八路兵皆會囤下，築長圍困之，更番迭攻。

六月破土、月二城，應龍窘，與二妾俱縊。明晨，官軍入城，七子皆被執，詔磔應龍尸并子朝棟于市。自出師至滅賊凡百有十四日。楊端自唐乾符中入播，二十九世、八百餘年，至應龍而絶。以其地置遵義、平越二府，分屬川、貴。化龍初聞父喪，以金革起復，至是乞歸終制。起工部右待郎，總理河道。再以憂去，未代。叙前平播功，晉兵部尚書，加少保，蔭一子世襲錦衣指揮使。三十五年，起戎政尚書，一品秩滿，加國柱、少傅兼太子太保。卒於官，年七十，謚"襄毅"，贈少師，加贈太師。化龍具文武才，播州之役，以劉綎驕蹇，先摧挫之而薦其才，故綎爲盡力。

劉綎，《明史》本傳：字省吾，都督顯子，勇敢有父風。萬曆二十八年，分兵八道征播，以綦地最要，令綎當之。應龍熟綎才，頗懼，益兵守要害。

二十八年正月，諸將克丁山、銅鼓、岩村，遂直搗楠木山、羊簡臺、三洞，洞絶險，賊將穆照等率衆數萬連營，諸將憚之。綎分兵攻其三面，大戰於李漢壩，生擒其魁，餘賊奔入洞。乘勢克三關，直搗洞前，焚之，賊多死。盡克三洞，擒穆照及賊魁吴尚華。是日，綎督戰，左持金，右挺劍，大呼曰："用命者賞，不用命者齒！"劍門死者四十人，遂大捷。應龍乃遣子朝棟、維棟及其黨楊珠統鋭卒數萬，由松坎、魚渡、羅古池三道并進。綎伏萬人羅古池待松坎賊，以萬人伏營外待魚渡賊，而别以一軍策應。賊果至，伏盡起。綎率部下轉戰，斬首數百，追奔五十里。賊聚守石虎關，綎亦掘塹守。

初，綎聞征播命，逗遛多設難以要朝廷。言官交劾，議調南京右府僉書。綎至是聞之，即辭任。總督李化龍以平播非綎不可，固留之，力薦於朝。綎乃復受事，逾夜郎舊城，攻克賊於滴淚、三坡、瓦窑坪、石虎諸隘，直抵婁山關。婁山萬峰插天，叢箐中一徑纔數尺。賊設木關十三座，排栅置深坑，百險俱備。綎分奇兵爲左、右路，間道趨關後，而自督大軍仰攻，奪其關，追至永安莊，兩路軍亦會。綎老將持重，慮賊衝突，聯諸營：一據婁山關爲老營，一據白石口爲腰營，一據永安莊爲前營。都指揮王芬者，勇而寡謀，每戰輒請爲前鋒，屢勝有輕敵心，獨營松門埡之衝，距大營數里。賊方有烏江之勝，謀再奪婁山。適穆照遣使洩芬孤軍狀，賊乃襲，殺芬，守備陳大剛、天全招討楊愈亦死，失亡士卒二千人。綎聞，親率騎卒往救，部將周以德、周敦吉分兩翼夾攻，賊始大奔，追至養馬城而還。是日，應龍幾被獲，乃不敢窺婁山。綎懲前失劄，近關堅壁，且請濟師。逾十日，克後水囤，營於冠子山。尋會馬孔英、吴廣諸軍，逼海龍囤下，與諸將共平賊，綎功爲多。

初，李化龍薦綎，言官謂綎嘗納應龍賄，使使齎玉帶一、黄金百、白金千投化龍家，爲化龍父所叱。投巡按御史崔景榮家，亦如之。化龍、景榮并奏其事，詔革綎職，永不收録，没其物於官。已録平播功，進左都督，世蔭指揮使。綎於諸將中最驍勇，所用冰鐵刀百二十斤，馬上輪轉如飛，天下稱"劉大刀"。天啓初，贈少保，世蔭指揮僉事，立祠曰"表忠"。《殉節諸臣録》"左軍都督府"："左軍都督府僉書府事總兵官劉綎，南昌人，於諸將中最驍勇，歷平九絲蠻、緬甸、羅雄、朝鮮、倭、播州、建昌諸寇，大小數百戰，威名甚著。萬曆四十六年，四路出師，由寬佃道進，與清兵戰於阿布達哩岡，兵潰戰死。有養子招孫突圍，出手格殺數人，力竭死之。乾隆四十一年，賜謚'忠壯'。"

馬孔英、高折枝。《明史·馬孔英傳》：初本宣府寨外降丁，積戰功累擢都督僉事。會大兵征播州，孔英道出南川，去海龍囤六七百里。未至重慶，推官高折枝監紀軍事，請獨當一面，乃與參將周國柱先以石柱宣撫馬千乘兵破賊于金筑，復督酉陽宣撫冉御龍敗賊於官壩。孔英至軍，平茶、邑梅兵亦集，軍容甚壯。先師期一日入真州，用土官鄭葵、路麟爲鄉導，别遣邊兵千扼明月關。諸軍鼓行前，連破四寨，次赤岩，抵清水坪、封寧關，破賊營十數，逼桑木關，關内民降者日千計。折枝結三大寨處之，禁殺掠。降者日衆，賊益孤。關爲賊要害，山險箐深，賊憑高拒，乃令千乘、馭龍出關左右，國柱搗其中。賊用標槍藥矢，鋭甚。官軍殊死戰，奪其關，逐北至風坎關，賊復大敗。連破九杵、黑水諸關，苦竹、羊岩、銅鼓諸寨。國柱攻金子壩，無一人，疑有伏，焚空寨十九，嚴兵以待。賊果突出，擊敗之。孔英乃留王之翰兵守白玉臺，衛餉道，平茶、邑梅兵守桑木關，而親帥大軍進營金子壩。應龍聞桑木關破，大懼，遣弟世龍及楊珠以鋭卒劫之翰營。之翰走，殺餉卒無算。平茶兵來援，賊始退。孔英還擊世龍，復却，裨將劉勝奮擊，賊乃奔。官軍進朗山，進蒙子橋。深箐蓊翳，賊處處設伏，悉剿平之。應龍益懼，遣其黨詐降，謀爲内應。折枝盡斬之，伏以待。珠果夜劫營，伏發，賊驚潰，追奔至高坪。已奪賊養馬城，直抵海龍第二門下，賊守兵益多。孔英軍已深入，而諸道未有至者。酉陽、延綏兵皆退，賊躡殺官軍六十人。居數日，劉綎兵至，乃合兵連克海岩、海門諸關。賊走保囤上，竟覆滅。録功進都督同知，世蔭千户。

吴廣，廣東人。廣以總兵官征播，出合江路；副將曹希彬出永寧，受廣節制。時劉綎、馬孔英已入播，廣猶屯二郎壩，總督李化龍促之。乃分四哨進攻岩門，别遣永寧女土司奢世續扼桑木關，以防餉道。諸將連破數屯，進營母猪塘。楊應龍懼，令通緒盡發關外兵拒敵。廣設炮手於磨槍埡外，而遣裨將趙應科挑戰，通緒中炮墜馬，官兵逐北，盡降其衆，遂薄岩門。賊衆萬餘，出關拒戰。希彬懸賞，追擊至第四關，賊中男婦盡哭，殺其魁羅進思以降。其第一關猶不下，廣乘勝夜奪之。時劉綎、馬孔英已入關，李應祥、陳璘猶在關外。廣合希彬軍連戰紅碗水、土崖、分水關，皆捷。進營水牛塘，應龍以廣軍深入，謀欲襲之，乃遣人詐降，自擁衆三萬直衝大營。會他將來援，賊乃退。廣與諸道軍遂逼海龍囤，急焚第二關，奪三山，絶其樵汲。與陳璘從囤後登，應龍自焚。初，廣中毒矢，絶而復蘇。後論功贈都督同知，世廕千户。節《明史》本傳。

陳璘，字朝爵，廣東翁源人，纍官都督同知。征播之役由偏橋進；副將陳良玭由龍泉，受璘節制。軍次白泥，楊朝棟率衆二萬渡烏江迎戰，璘分兩翼迎敵，追奔至龍溪山，賊合江外四牌賊抵抗。四牌固五司遺種，又有九股苗助之。璘廣招撫，乃進兵龍溪。賊營矢石雨下，把總吴應龍等陷陣。賊退四牌保兒囤，夜由囤後遁去，追及於袁家渡，四牌之賊遂盡。三月望，爲浮橋渡江。知賊將營七牌野猪山，璘即夜抵苦楝坪，前後夾攻之，官軍遂入苦菜關。會童元鎮烏江師敗，璘請暫退。李化龍促，進楠木橋，次湄潭。賊聚青蛇、長坎、瑪瑙、保子四囤，璘遂與良玭軍會，次第克平四囤，斬首一千九百有奇。乃分遣六道，攻克三渡關，乘勝抵海龍囤下。璘乘夜，銜枚上囤，斬其守關者，應龍自焚。叙平播功加左都督，世廕指揮使。節《明史》本傳。

李應祥，湖廣九溪衛人。以武生從軍，纍官都督。征播之役童元鎮逗遛被劾，以應祥代其軍。時分兵八道，貴州分烏江、興隆二道。詔元鎮充爲事官，由烏江入；應祥由興隆入。未受事，副將陳寅等已連克數囤，拒賊四牌，别遣兵間道搗龍水囤。他將蔡兆吉又過四牌，近逼謝朝俸營，官兵死戰，俘朝俸妻子，乘勢抵河畔。會聞烏江敗書，斂兵不進者旬日。及應祥受任，趣急渡江，於是間道濟師，降者日衆。賊所恃衹黄灘一關，降將石勝俸由墳林暗渡，襲關後，黄灘之賊遂敗。應祥直抵海龍囤下，合諸道兵，共攻應龍，播遂平。以功封左都督，世廕千户。節《明史》本傳。

江鐸，字士振，仁和人。登第在萬曆二年，纍官偏沅巡撫。夾攻楊應龍有功，與郭子章皆世廕錦衣指揮。節《明史·李化龍傳》。

王鳴鶴，字羽卿，淮陰人。按：林桐《題羽卿詩後碑節略》云："當時與數大將軍進討圍囤時，鳴鶴獨當山右一路，爲圍師所急之處，攻之急，賊備之，益力周旋山溪，日日熟籌之。至六月五日午夜，起將士萬餘上囤，方略誓師，以破賊而後朝食。自横架先登，漏下五鼓，直透山巔，挺身大呼，將校奮勇齊至，喊殺之聲振撼山谷。賊衆披靡，一時俱盡。乃羽卿遂屏樹以俟諸大將軍，搜元凶尸并逆子女、妻妾以獻。"據此，當日平播之功，鳴鶴不在綎下。《明史》不登，故黄《志》特先紀之。

楊寅秋，《通志》："字義叔。討播之役，寅秋監黔蜀軍，與中丞郭子章計用安氏，以剪其羽翼。乃檄安疆臣率所部從沙溪入，戰於大水田，四方兵始合。子章爲請恤，立忠勛祠以祀之。"

卞孔時，字汝行。江鐸請於朝，以孔時監陳璘軍，從白泥入播，卒成大功。其後大璫陳寧以礦税來楚，以阻撓税法劾孔時，被遠十三年。君子惜之，《江津縣志》。祀鄉賢。

王象乾，陳《志》："山東新城人。文武家傳，最嫻方略，以總督撫蜀善後播事。凡播中分設郡縣，更置牧守，則壤田賦。一切選賢任能，使之辦理，駐節渝中以監臨之。至於殫心，以復故疆，不啻任若家事。尋以外艱去，播人祠祀之。”

——（民國）《桐梓縣志》卷六《秩官志·名宦》，載《中國地方志集成·貴州府縣志輯》，第37册，144～147頁

孫敏政，湖廣興國人。以重慶府同知承檄入播，凡善後事多藉理焉。監督丈量，親臨阡陌；經理財賦，悉心計籌。務求妥便不苟且塞責，尤爲百世利賴。尋升遵義知府。《通志》：“敏政爲府，絶苞苴，禁饋獻，嚴搆訟，鋤豪猾，拯疾苦，恤灾祲。”黄《志》據陳《志》。

——（民國）《桐梓縣志》卷六《秩官志·名宦》，載《中國地方志集成·貴州府縣志輯》，第37册，第148頁

土官一職，考之《府志》，自唐蒙約夜郎侯置吏，使子孫爲令，即開西南土官之先。其後珍州改稱高州。之田氏景遷、彦伊父子，及播州之羅、政卿、仁智。楊、端。王、震孫。何大本。各家至渝州。則李、光吉。梁、秀。王、才進。趙、奈。支分派别，族姓固不一矣。然而當日桐梓仍舊夜郎，時隸播，時隸珍，時隸渝之南平軍。播有宣慰、宣撫、安撫各土官，黄《志》論之詳矣。惟桐梓由州而縣，由縣而驛，上而長官，下而土舍、把目，未必不如真州之鄭氏、曷孫、後裔。駱氏，世華、文貴。仁懷之袁鍪、袁□。可以確定其地、確指其人者，特以年湮代遠，方策無存，僅據父老之傳，聞及鄉里之遺迹，土官原委祇得大概，而已志土官。

播川驛土官。《趙氏家譜》：“明弘化時，一世祖伯善住播川驛，在張長官司衙内任教讀，其子清生隨父讀書。張土官見其聰穎，以女妻之，稱婚媾焉。”據此，則播川土官多係名族，惜代遠而名無考，難詳顛末。去播川驛四里有地名官家灣，宋設流官以前，惟土官可稱官家。想亦當時土官别院云。按：《元史》：“至元間，以南平、珍州、溱、溪、涪、洞等處諸長官司，并爲紹慶、珍州、南平等處沿邊宣慰使楊漢英所屬。”除南平後并爲綦江縣外，所有珍州、溱、溪、涪、洞等處官署及長官姓名，今皆不可考矣。

——（民國）《桐梓縣志》卷六《秩官志·土官》，載《中國地方志集成·貴州府縣志輯》，第37册，第155頁

松坎沙灣土官。桐筌考沙灣水堰爲元時張長官所開，而《張氏家譜》乃謂松坎安撫司張燭來於明時，豈諱其土官而飾爲宣撫乎？况燭既籍松坎，即爲楊酋所屬，《家譜》又謂死於征播之難，豈元時長官一人，明時安撫又一人耶？蓋松坎當入川驛路，當未設安邊同知之先官，斯地者大率皆土人而已。

——（民國）《桐梓縣志》卷六《秩官志·土官》，載《中國地方志集成·貴州府縣志輯》，第37册，第156頁

《元史·地理志》:"八番順元蠻夷官,後有管番民總管其屬諸等處。"注云:"各設蠻夷軍民長官,播州軍民安撫司所屬當亦然,史載府一等處十九,不稱等處者十二,大率皆有土官,今其地且半不可考矣。惟稱溱、溪、涪、洞等處縣城郭外有溱溪,有方家洞,其水暗通涪州,或即其地。"黄《志》所引。據此,則桐梓之有土官固不殊於各等處矣。

又按《心齋隨筆》載:"唐時入播七姓。楊端,太子少師;羅榮,後軍鎮武總戎;鄭畋之子開龍,原官淮南節度使,入播未詳其事;安增將軍廣平,清河人;令狐滈,太原人,中軍左護衛將軍;成展,交城人,中軍右護衛將軍;楊威,清河人,前軍副元戎。"三人之後,當亦世爲土官,今無考矣。縣中令狐成姓最蕃,即其後裔。《采册》:"唐僖宗乾符三年,南詔陷播,黄巢并起,帝奔蜀都,成展敕封中軍右護衛將軍,總領鎮戎。俟平播,奏凱旋師。其後裔成昌在元時敕封平播參軍,追封奉議大夫,賜劄安居。子成俊襲職,籍管提調重慶、播州等處地方。三世成嗣宗襲職管軍,升授同知、都匀軍民府司馬大夫,又授雲騎尉,升奉議大夫。"其墓俱在澗壩村。子孫世居,其官稱不可曉。黄《志》。

——(民國)《桐梓縣志》卷六《秩官志·土官》,載《中國地方志集成·貴州府縣志輯》,第37册,第157頁

唐

中宗景龍元年,以播州爲都督府。《元和志》。元宗始置劍南節度使,領軍事遥治之。憲宗元和元年,劍南節度管兵三萬四千八百人、馬三千四。六年,辰、溆蠻寇播,黔中經略使崔能請調荆、湖、桂管軍爲援。朝議壓以大兵,卒招降之。文宗時,李德裕爲西州節度使,作籌邊樓,訓練士卒以備邊。宣宗大中十三年,南詔陷播州。至僖宗二年,太原楊端應募,率其鄉人平之,詔楊端鎮守其地。均《唐書》。

後唐

明宗天成元年,蜀騎兵三千、步兵二萬四千。王建在梁唐時有官馬八千、私馬四千。及後晉孟知胖時更增兵至六千人。

按:川、貴兩通志謂王建、孟知祥相繼據其地,即在降黔南,取渝、瀘。及統押近界諸蠻中事,意自唐末以來,珍、播、溱、夷悉爲蠻酋所據,朝廷以其邊遠不復問。及前後蜀以大國稱帝,受其統制,理所必然,特未能復疆理而州縣之,則其兵防之疏亦可概見。

——(民國)《桐梓縣志》卷七《軍務志·兵防》,載《中國地方志集成·貴州府縣志輯》,第37册,第159頁

世祖元年,置元帥府。萬户之下置總管萬户,佩金虎符;千户之下置把總千户,佩金符;百户之下置彈壓百户,佩銀符。立樞密院以總之。平蜀後,立萬户府及千户所,所以

統軍士也。遇地方有警，則置行省樞密院以總之。事已則廢，而移都鎮撫司屬行省。至元七年，命成都府括民三萬一千七十五户爲簽義軍士，曰："成都等路萬户府，叙、瀘等處萬户府，重慶五路守鎮萬户府，保寧、嘉定、順慶等處莫不有萬户府，而播州以邊遠不與焉。"蓋以軍籍關軍機重務，雖樞密近臣職專軍旅者，惟長官一二人知之。故有國百年，而内外兵數之多寡，漢人莫有知之者。十二年二月，詔以東川新得城寨，發鞏昌軍三千人戍之。二十九年，以行播州軍民使楊漢英爲紹慶、南平等處沿邊宣慰司，管軍萬户，佩虎符。《元史》。三十年癸亥，命拘制亡宋避役涅手軍，以增鎮守。

按：播州自楊光震助官軍破羅乞弟後，屢效朝廷，諭禦之。命价以雄威軍都統制捍防，著績文亦守禦勤勞。邦憲復舉兵入衛。是播兵在宋亦健軍也。惜史失其制，惟軍名有所謂涅手號者。考《宋史·兵志》："慶曆二年秋，世衡奏募番兵五千，涅右手虎口爲'忠勇'字。"此亦一明證也。（黄《志》）

又按：《元史·兵志》："至元三十年五月，命思、播、黄平、鎮遠拘制亡宋避役手號軍人，以增鎮守。"《元世祖紀》又於是年十二月載："遣使督思、播二州及鎮遠、黄平，發宋舊軍八千人從征安南。"

——（民國）《桐梓縣志》卷七《軍務志·兵防》，載《中國地方志集成·貴州府縣志輯》，第37册，第160頁

……洪武十五年，城播州、沙溪，以官兵一千人、土兵二千人戍之。均《明史·兵志》。萬曆二十八年，平播改流，置府及縣，設分巡兵備道一員，并移建武總兵鎮播地，其屯田設威遠衛，與府同城。詳《播地善後疏》。

……

按：李化龍平播後設威遠衛，與府同城，其所設十屯今難詳考。

——（民國）《桐梓縣志》卷七《軍務志·兵防》，載《中國地方志集成·貴州府縣志輯》，第37册，第160頁

至元二十年，增各省及宣慰司鋪馬聖旨。二十一年，增給各處鋪馬劄子，四川行省所轄思州、播州兩處宣慰司各三道。《元史·兵志》。

按：《元史·兵志》："站赤云：'凡站陸則以馬以牛，或以驢或以車；而水則以舟。'其給驛傳璽書，謂之'鋪馬聖旨'。遇軍務之急，則又金字圓符爲信，銀字者次之。"播州站處馬牛數未詳。（黄《志》）

……

播州宣慰舊轄十三驛，桐梓縣界祇設四驛，曰播川、附郭。曰夜郎、即今夜郎棧。曰桐梓、即今新站。曰桧坎，在沙湖。惟夜郎設巡檢一員，其餘三驛各設驛丞一員，所應開支夫

馬銀數如左。

——(民國)《桐梓縣志》卷七《軍務志·驛遞附》,載《中國地方志集成·貴州府縣志輯》,第 37 册,第 162 頁

憲宗元和六年閏月辛卯,辰、敘州首領張伯靖反,寇播、費二州。

…………

元和中,辰、溆蠻酋張伯靖嫉本道督斂苛刻,聚衆叛,侵播、費二州。黔中經略使崔能、湖南觀察柳公綽討之。三歲,不能定。伯靖上表請隸荆南,乃降。崔能内恨之,更請調荆南、湖南桂管軍爲援,約西原十洞兵皆出,可以成功。公卿議者皆以爲便。宰相李吉甫曰:“伯靖挾怨而叛,壓以大兵而招之,可不戰自定。”乃令能兵無出,獨詔嚴綬招,伯靖率家屬詣江陵,降。《□□南蠻傳》。《通志》書“辰、叙蠻寇播、費在天寶六年”,誤。

宣宗大中十三年冬十一月,南詔僭號,寇陷播州。初,韋皋開清溪道以通群蠻,使入貢。又選群蠻子弟聚成都,教書、數以羈縻之。既而軍府厭於廩給,又蠻使入貢,利於賜與,所從傔人浸多。杜悰奏減其數,南詔豐祐怒,入貢不時,頗擾邊境。豐祐死,子酋龍立。朝廷以名近元宗諱,不行册禮。酋龍乃自稱皇帝,改國號大禮,遣兵陷播州。《通鑑綱目》。

按:楊升菴《南詔野史》云:“大中己卯,南詔豐祐陷播州。咸通庚辰,南詔世隆(《唐書》作“酋龍”)絶朝貢,寇播州。”與史不應,豈别有據歟?黄《志》。懿宗咸通元年十月,安南都護李鄠克播州。《唐書·紀》。播州屬黔中道,大中十三年爲雲南所陷,此非安南道屬也。李鄠越境收復,殺蠻酋杜守澄,欲以爲功,而不知蠻兵乘虚已陷安南也。(《通鑑》注)

僖宗乾符三年,太原楊端應募取播州,克之。黄《志》引孫、陳《志》。南詔陷播,李鄠復之,尋仍爲所陷。乾符初,太原人楊端應募,領兵復之,世爲州刺史。《通志》。

——(民國)《桐梓縣志》卷七《軍務志·軍事上》,載《中國地方志集成·貴州府縣志輯》,第 37 册,170 ~ 171 頁

唐室末造,珍、播、溱、夷悉爲蠻酋所據,朝廷以其邊遠,不復問。王建於天復三年封蜀王,旋即皇帝位。知祥於明宗四年册封蜀王。明年,即皇帝位。前、後蜀均以大國稱帝,志所謂相繼據其也。當即在降黔南,取渝、瀘,及統押近界諸蠻前後。節黄《志》。

晉天福五年春二月,楚平群蠻。《通鑑輯覽》。楚馬殷子希範襲爵封王,天福四年加天册大將軍。溪州刺史彭士然率錦獎諸蠻攻澧州,希範遣劉勍、劉全明等,以步卒五千擊之,士然大敗,率諸蠻酋降於勍。於是,南寧州酋長莫彦殊率其本部十八州,都雲酋長尹懷昌率其昆明等十二部,牂柯張萬濬率其夷、播等七州,皆附於希範。《五代史·楚世家》,

《宏簡籙》略同。楚亡於周廣順元年。

——(民國)《桐梓縣志》卷七《軍務志·軍事上》,載《中國地方志集成·貴州府縣志輯》,第37册,第171頁

元豐四年,南平酋長楊光震助官軍破瀘夷羅乞弟,殺其黨阿訛。孫《志》。

理宗寶祐四年五月,羅氏鬼國遣報思、播,言元兵屯大理國,取道西南,將大入邊。詔思、播結約羅鬼爲援。五年四月,元兵攻苦竹隘,詔京湖調兵援應。十一月,詔三邊郡縣官毋擅離職守,諸制帥臣共嚴糾察。并同上。

端宗景炎元年春,元軍入重慶府。播、思等州皆降於元。孫《志》。

——(民國)《桐梓縣志》卷七《軍務志·軍事上》,載《中國地方志集成·貴州府縣志輯》,第37册,第172頁

世祖至元十四年,招諭南平軍,降田、楊二家及豕鵝夷民,亦各遣使納款。《元史》。十六年夏四月,敕發思、播田、楊二家軍二千從征緬。孫《志》。二十九年春正月丙辰,播州洞蠻藉户懷疑竄匿,降詔招集之。

按:招集洞民詔云:"爰自前宋歸附,十有餘年。閱實户數,乃有司當知之。事諸播皆然,非獨爾播。自今以往,咸奠厥居,流移失所者招諭復業,有司常加存恤,毋致煩擾重困吾民。"《元史·地理志》

初,楊漢英行播州軍民安撫使,至是爲紹慶、珍州、南平等處沿邊宣慰使,行播州軍民宣撫使、播州等處管軍萬户,仍佩虎符。孫《志》。

五月,命思、播等處拘刷亡宋避役手號軍人,以增鎮守。同上。十二月乙未,遣使督思、播二州及鎮遠、黄平宋舊軍八千人從征安南。《元史》。

成宗大德元年閏十二月,乙卯,播州宣撫使楊漢英請以己力討平伐等未附蠻夷。《元史》。五年,右丞劉深征八百媳婦,師出播州境。孫《志》。六年九月,都督劉二霸師出播州境。《元史傳》。……五年五月,雲南土官宋降濟叛,水西土官之妻蛇節應之。十一月,遣劉國杰及也光忽都魯將兵征隆濟。六年十一月,國杰裨將宋光大敗蛇節。七年四月,國杰師出播州境,大敗蛇節於墨特川。庚辰,蛇節降。丁亥,誅蛇節。八年正月,雲南順元同知宣撫事宋阿重生擒其叔隆濟來獻。《通志》上同。

武宗至大三年正月,乖西蠻入寇,調思、播土兵討捕。《通志》。

仁宗延祐五年冬十一月乙丑,播州南寧長官洛麽作亂,朝命思州守臣换住章招諭之。

今考何《志》載李正開挂靖洛將軍印,惟稱正開乃明天啓時李長榮次子。長榮以從征奢崇明功,官至參將。次子正開崇禎時由都司升總兵,永歷時總理川、湖、貴州軍務,挂靖洛將軍印。以爲靖洛封號始於延祐間,其時代遠隔三百餘年。以爲始於永歷間,其時

又無征洛之役，特并附載以備考核。

泰定帝二年秋七月丙辰，播州蠻黎平愛等集群夷爲寇。湖廣行省請兵討之，不許，詔播州宣撫使楊也里不花即楊嘉貞。招諭之。《元史紀》及《通志》，下同。三年春正月，楊燕里不花招諭蠻酋黎平愛等來降。六月，播州蠻黎平愛復叛，合謝烏窮爲寇。楊燕里不花招平愛出降，烏窮不附，命湖廣行省討之。

文宗天歷二年，四川囊加台攻播州猫兒埡，宣慰使楊延里不花開關迎之。因遣諸王月魯、帖木兒等至播招諭，楊延里不花降。孫《志》。

按：猫兒埡在今松坎西十里，或即今之酒店埡。

順帝至正二十三年，僞夏明玉珍據成都，稱王僭號，以竇英爲參政，鎮播州。孫《志》。

按：《元史本紀》："明玉珍初爲紅巾賊黨倪文俊僞元帥，據守川蜀，改珍州、思寧等處長官司，珍州爲真州。楊璟諭明昇檄曰：'足下疆場南不過播州。'"自是至明洪武四年，播并屬明氏。

……

太祖洪武元年，詔播州宣慰楊鑑率蕃兵二萬爲征虜將軍，傅友德先鋒。四年，將軍傅友德討明昇，破之。真州鄭瑚以兵從。孫《志》上同。

憲宗成化十二年冬十一月，四川巡撫張瓚討灣溪蠻，破之。《通鑑輯覽》。先是，播州致仕宣慰楊輝言所屬夭壩干蠻寨名，在今遵義府播州廢司境。地及重安司所轄灣溪等寨屢被生苗竊據，請王師進討。詔瓚親至播州，諭還侵地，不服即征之。自是攻敗諸苗，奏設安寧宣撫司，以輝子官爲之。詔從其請。同上。

孝宗宏〈弘〉治十四年，調播州兵五千，征貴州賊婦米魯等。《明史稿》。

武宗正德五年，重慶人曹弼糾播州，寇川南。

正德中，吴景官四川僉事，守江津。重慶人曹弼亡命播州，糾衆寇南川，謀與大盜藍廷瑞合。六年正月，逼江津。吴景迎擊，城陷，不屈，死。《明史·忠義傳》。

世宗嘉靖三十三年，調水西兵聲討楊烈助逆罪，遂擒真州亂苗盧阿項。

《明史稿》：真州亂苗盧阿項稱亂，四川總督馮岳調總兵石邦憲以兵七千擊敗之。有言賊求援於播者，邦憲曰："吾方調水西兵聲討楊烈助逆罪，烈暇救人乎？"已擒阿項父子，斬獲四百餘人。岳乃奏三省接壤民苗之衝，若四川、餘慶之走馬坪，播州之三度關，貴州之龍泉司，各立哨堡；於重慶偏橋等衛，委指揮三人，督兵防守之。

神宗萬曆十四年，調播州兵征松番。

《明會典》：穆宗隆慶二年，仍以播州專隸四川。至是松番諸番作亂，巡撫徐元泰決計大征，命游擊周于德將播州兵爲前鋒，六月班師。

《明史》：十五年七月，李應祥平越嶲諸衛，師旋。徐元泰益徵播州、酉陽諸土兵，合五萬人，令應祥督邊之垣。朱文達及周于德三道入討卭部屬夷，以其地置屏山縣。何《志》。

二十二年春，四川巡撫王繼光遣參將郭成、總兵劉承嗣統兵征楊應龍，全軍覆於白石口，成僅以身免。《綦江志》。

按：孫《志》：萬曆十八年，貴州巡撫葉夢熊疏論應龍凶惡狀，巡撫陳效歷數應龍二十四大罪。時方防禦松潘，調宣慰土官兵協守。四川巡撫李化龍疏請暫免勘問，俾應龍戴罪圖功。由是，川貴撫按疏辨。在蜀者，謂應龍無可勘之罪；在黔者，謂蜀有私暱應龍之心。於是，給事中張希皋等以事屬重大，兩省利害，豈漫不相關者，乞從公會勘，無執成心。十九年，夢熊主議播州所轄五司改土爲流，悉屬重慶，與化龍意復相左，化龍遂引嫌求斥。蓋應龍本雄猜，阻兵嗜殺，所轄五司七姓悉叛離。嬖妾田雌鳳，屠妻張氏并及其母。於是，妻叔張時照與所部何恩、宋世臣等上變，告應龍反。夢熊請發兵剿之，而蜀中士大夫率謂蜀三面鄰播，屬裔以什百數，皆其彈壓，且兵驍勇，數征調有功，剪除未爲長策。以故蜀撫按并主撫，朝議命勘應龍，願赴蜀不赴黔。二十年，檄楊應龍至重慶聽勘，拘留之。會倭大入朝鮮，徵天下兵。應龍因奏辨，願將五千兵征倭自贖，詔釋之。兵已啓行，尋報罷。巡撫王繼光至嚴提勘結，應龍遂抗不出。張時照等復詣奏闕下，繼光用兵之議遂決。至是，繼光至重慶，與參將郭成、總兵劉承嗣，分兵三道進婁山關，屯白石口。應龍佯約降，而統苗兵據關衝，擊承嗣，兵敗殺傷大半，委弃輜重略盡。會繼光論罷撤兵，黔師協剿亦無功。應龍上書自白，遣其黨携金入京，執原奏何恩詣綦江縣。

二十五年秋七月，播州宣慰使楊應龍叛。黄《志》引《通鑑輯覽》。

《綦江志》：白石口敗績後，事聞上，命總督議剿撫，屢遣官諭以禍福，酋負固不出。二十三年，敕總督侍郎邢玠勘播事。玠至蜀，察永寧、酉陽皆應龍姻媾，而黄平、白泥久爲仇讎，宜剪其支黨。乃檄應龍謂“黨待以不死”。會水西宣慰安疆臣請父國亨恤典，兵部尚書石星手札示疆臣，趣應龍就吏得貰。疆臣亦奉札至播，招應龍黨。是時七姓惟恐龍出得除罪，而四方亡命竄匿。其間又幸龍反，因以爲利，驛傳文移輒從中阻。四月，玠檄重慶知府王士琦詣綦江，趣應龍就安穩聽勘。應龍使弟兆龍至安穩，治郵舍儲糧，叩頭郊迎，致餼牽如禮，言：“應龍縛渠魁待罪松坎，所不敢至安穩者，恐墮安穩仇民不測之禍也。幸請至松坎受事。”士琦曰：“松坎亦曩奏勘地也。”即單騎往。應龍果面縛道旁，泣請死罪，請治公館，執罪人及獻罰金獻庭中，得自比安國亨。國亨者，曩亦被訐，懼罪不出界，故應龍引之。士琦爲請於玠，許之。應龍乃縛獻黄元、阿羔、阿苗等按驗，抵應龍斬，以其族得論贖，輸四萬金助采木，仍革職。以子朝棟代受職，次子可棟羈府追贖，黄元等斬重慶市，總督以聞。時倭氣未靖，兵部欲緩應龍事，東方朝廷亦以應龍向有積勞，可其奏，而設安邊同知於松坎，以綦江知縣蒲林升任之。林爲應龍素讋服，見林單騎至，倒戈以迎，隨面宣德。意賊泥首降，請旨班師。犬羊性不常，旋又擾扶歡壩、羅王村等處。報日急，林奮身往追，賊即捲甲引去。未幾，可棟死於重慶，按：楊可棟之喪後，仍歸播，埋於泗渡棧里許杉林灣，碑題“明故貞忠楊公子之墓”。益痛恨，促喪歸不得，復檄完贖，大言曰：“吾子活，銀即至矣。”擁兵驅千餘僧招魂去。分遣土目，置關據險，厚撫諸苗，名其健者爲“硬手”。二十四年，應龍殘餘慶，掠大阡、都垻，焚劫草堂、餘慶二司，及興隆、都匀各衛。又遣兆龍圍黄平，戮重安長官。二十五年，流劫江津及南川，臨合江，索其仇袁子昇，縋城下磔之。《綦江志》：綦民袁子昇爲□大仇，繫合江獄。賊發兵圍之，指索子昇。當事著蒲林往，林説：“合江縣出子昇，棄一綦囚保全衆。”但讒忌者即□謗，詔下，本省逮勘，卒以去任，林去而賊益無忌矣。時兵備王士琦調征倭，應龍益統苗兵，大掠貴州高坪、新村諸屯。已，又侵湖廣四十八屯，阻塞驛站。詗原奏仇民宋世臣、羅承恩等挈家匿偏橋衛，襲破之，大索城中，戮其父母，淫其子女，備極慘酷。并《明史稿》。自是叛狀顯然，難逃天討矣。

二十七年春三月，以李化龍總督川湖貴州軍務，討楊應龍。

《通鑑輯覽》：先是，貴州巡撫江東之令都司楊國柱、指揮李廷棟率部兵三千剿應龍。應龍遣子朝棟、弟兆龍等迎敵於飛練堡。賊佯走天邦囤，誘官兵，盡殲之。國柱等皆死，東之罷之，郭子章代。而命化龍節制川、湖、貴三省軍事，調東征諸將劉綎、麻貴、陳璘、董元南征。六月，應龍乘大兵未集，遂勒兵犯綦江。城中新募兵不滿三千，賊兵八萬奄至，圍綦江城數匝。參軍房嘉寵、游擊張良賢率師巷戰，俱死之。應龍因劫令，縱囚掠庫犒師，盡殺城中人，投尸蔽江。尋退，屯三溪，益結九股生苗及黑脚苗爲助。帝聞綦破，賜化龍劍，假便宜討賊。十月，化龍移駐重慶。已而應龍屯官垻，聲言窺蜀，又焚東坡爛橋，楚、黔路梗，黄平、龍泉所在告急。賊復據偏橋，出掠興隆、鎮遠。化龍議置勁兵萬餘，據守要害，通黔、楚道，益調諸路兵，以俟大舉。黄《志》。

二十八年夏六月，李化龍率師平播州。

《通鑑輯覽》：楊應龍勒兵數萬，五道并出。時化龍徵兵大集，大會文武於重慶，登壇誓師，分八路進兵。川師四路：總兵官劉綎由綦江入；總兵官馬孔英由南川入；總兵官吴廣由合江入；副將曹希彬受廣節制，由永寧入。黔師三路：總兵官童元鎮由烏江入；參將朱鶴齡受元鎮節制，統宣慰使安疆臣由沙溪入；總兵官李應祥由興隆入。楚師一路分兩翼：總兵官陳璘由偏橋入；總兵官陳良玭受璘節制，由龍泉入。每路兵三萬，官兵三之，土司七之。巡撫郭子章駐貴陽，湖廣巡撫支可大移沅州，化龍自將中軍策應。部署既定，劉綎遂從綦江進兵，破其前鋒，楊朝棟僅以身免。别將克桑木、烏江、河渡三關，奪天邦諸囤，乘勝入婁山關，屯白石口。應龍率諸夷决死戰，綎親勒騎衝中堅，分兩翼夾擊，敗之，追至海龍囤。時陳璘已破青蛇囤，安疆臣亦奪落蒙關，吴廣從崖門關入，營水牛塘，與賊力戰三日，劫之，遂攻燒二關，奪賊樵汲路。賊見勢急，父子相抱哭，上囤死守，遣使詐降。化龍檄諸將斬使焚書，而八路兵大集海龍囤下，更築長圍，更番迭攻，賊大困。會化龍聞父喪，詔以墨縗視師。化龍念賊囤前險，不能越，令馬孔英勒兵攻其後，天久雨，將士馳泥淖中苦戰。綎先士卒，克土城。應龍益迫，散金募死士拒戰，諸苗皆駭散無應者。起提刀巡壘，見四面火光燭天，大兵已登囤入，應龍倉皇，同愛妾二闔室自縊。生擒朝棟、兆龍等百餘人，計出師至滅賊百十有四日，化龍露布以聞，詔磔應龍尸，戮朝棟、兆龍等於市。黄《志》。

李化龍《討播誓師文》

蓋聞春秋之義，人臣無將。漢法所誅，大逆不道。逆賊楊應龍者，本以夷種，世厠漢官，被我冠裳，守彼爵土，輒敢忘天朝豢養之恩，恣鬼國凶殘之性。初但殃及骨肉，繼乃禍遍蒸黎。嬰兒孕婦，概被誅夷。殺將屠城，以爲常事。虐焰燔乎五司七姓，淫毒漸於九溪三巴。天地不容，神人共憤。皇上痛兆人之失所，杜列辟之效尤。遂伐暴以安民，乃興師而問罪。化龍等共以職守，咸在戎行，義當戡亂。成平勢須，分猷共濟。蓋必三省之内，文武將吏，以及四海之中，漢土官兵，堅除凶雪耻之圖，奮戮力同心之誼。庶幾共奬王室，乃可必得罪人。兹將鞠義旅以徂征，敢用對明神而作誓。且夫惟忠可以報主，惟公可以服人。惟至死不貳，可以徇國家之急；惟精白元欺，可以樹掀揭之勛。凡在行間，請事斯語。如其無貳乃心克勤王事，神亦陰爲庇相俾享成功。若督撫、鎮道及副參、游守、府縣衛所大小文武等官，有懷奸飾詐，罔上行私，乾没軍資，枉殘民命。妒人則以功爲罪，逃刑則以罪爲功。或假公事以報私仇，或因小嫌而妨大事。或以是爲非，以非爲是，任一己之見，而失三軍之心。或當進不進，當援不援，偷一時之生，而戕萬民之命。或懷忠不盡，退有後言；或臨事避難，轉生枝節。或賞罰功罪之不明，或南北漢土之异視。或持兩端而窺利，或枉三尺以徇情。或造疑似影響之説以傾人，或挾機械變詐之術以利已。有一於斯，即爲負國。負國之人，其名爲賊。明神殛之，死不旋踵。遠及闔門，永絶其嗣。夫神聰明正直，不偏而平一者也。有人負國而不知，聰明謂何？有人負國而不誅，正直謂何？有人負國而不知誅之，不偏與平之謂何？夫神護國佑民，以食其報者也。神不明則士不奮，士不奮則賊不滅，賊不滅則民不安，民不安則凶年殺，禮於神亦有不利焉。敢盡布之明神，惟明神其圖利之。川、貴《通志》。

——(民國)《桐梓縣志》卷七《軍務志・軍事上》，載《中國地方志集成・貴州府縣志輯》，第37册，172～176頁

八路進兵戰紀

二月癸未，播賊襲執宣慰宋承恩去。承恩，應龍婿也。時總督李化龍已移駐重慶，征兵大集，遂以十二月丙戌誓師，分八路，路約三萬人，官兵三之，土司七之。川師四路：總兵劉綎從綦江入，以參將麻鎮等隸，參政張文耀監之；總兵馬孔英從南川入，以參將周國柱、宣撫冉馭龍等隸，僉事徐仲佳監之；總兵吴廣從合江入，以參將徐世威等隸，參議劉一相監之；副將曹希彬受廣節制，從永寧入，以參將吴文杰、永寧女土官奢世續等隸，參議史旌賢監之。黔師分三路：總兵。童元鎮統鎮，雄土知府隴澄、泗城土知府岑紹勛等由烏江；參將朱鶴齡受元鎮節制，統宣慰安疆臣等由沙溪；總兵李應祥、統宣慰彭元瑶等由興

隆,參議張存意、按察司楊寅秋監之。湖廣一路,由偏橋分兩翼:總兵陳璘、統宣慰彭養正等由白泥,副總兵陳良玭受璘節制;統宣撫覃宜等由龍泉,副使胡桂芳、參議魏養蒙監之。巡撫郭子章駐貴陽,湖廣巡撫支可大移沅州,總督李化龍自將中軍策應。諭諸將以抵婁山等關爲期,且曰:"關外且戰且招,降多不可勝誅也;關内疾戰勿受降,師不可久老,賊詐不可信也。"綦江道最要,綎當之。應龍熟綎才,頗懼,益兵守要害。十五日,諸將克丁山銅鼓崖村,遂直搗楠木山、羊簡臺、三峒。峒絶險,賊將穆照等衆數萬連營,諸將憚之。綎分兵攻其三面,大戰於李漢壩,生擒其魁,餘賊奔入峒,乘勢直搗峒前,焚之,賊多死,盡克三峒,擒穆照及賊魁吴尚華。是日,綎督戰,左持金、右挺劍,大呼曰:"用命者賞,不用命者齒劍。"鬥死者四十人,遂大捷。三月,應龍乃遣子朝棟、惟棟及其黨楊珠統鋭卒數萬,由松坎、漁渡、羅古池三道并進。綎伏萬人羅古待松坎賊,以萬人伏營外待漁渡賊,而别以一軍策應。賊果至,伏盡起,綎率部下轉戰,斬首數百,追奔五十里,朝棟潰圍走,幾爲我師獲。應龍憚綎威名,意首挫其鋒,屬朝棟悉勁兵間道相角,曰:"爾破綦江,馳南川盡焚積聚,餘無能爲也。"及朝棟敗,益膽落,聚守石虎關。綎亦掘塹守。初,綎聞征播命,逗遛多設難要朝廷。言官交劾綎,議調南京右府僉書。綎至是聞之,即辭任。李化龍以平播非綎不可,固留之,力薦於朝,綎乃復受事。遂克石虎關,拔賊滴淚、三坡、瓦窑坪諸隘,直抵婁山關。婁山萬峰插天箐,中一徑纔數尺,賊設木關十三座,排栅置深坑,百險俱備。綎分奇兵爲左右路,間道趨關後,而自督大軍,仰攻奪其關,追至永安莊,兩路軍亦會,時三月二十九日也。綎老將持重,慮賊衝突,聯諸營:一據婁山關爲老營,一據白石口爲腰營,一據永安莊爲前營。都指揮王芬者,勇而寡謀,每戰輒請爲前鋒,連勝有輕敵心,獨營松門埡之衝,距大營數里。賊方有烏江之勝,謀再奪婁山。適穆照遣人洩芬孤軍狀。四月朔,賊乃襲,殺芬,守備陳天網、天全招討楊愈亦死,失亡士卒二千人。綎聞,急往救,部將周以德、周敦吉夾攻,賊始大奔,追至養馬城而還。是日,應龍幾被獲,乃不敢窺婁山。綎懲前失劄,近關堅壁,且請濟師。逾十餘日,克後水,囤營於冠子山,尋會馬孔英,壁海龍囤下。

孔英道南川,獨險遠,去應龍海龍囤六七百里。未至重慶時,推官高折枝監紀軍事,請獨當一面。乃與參將周國柱,先以石柱宣撫馬千乘兵破賊金筑,復督酉陽宣撫冉馭龍敗賊於官壩。時賊既破龍泉,方移師攻婺川,聞敗乃遁。及孔英至軍,平茶、邑梅兵亦集,軍容甚壯。先師期一日入真州,用土官鄭葵、駱麟爲鄉導,别遣邊兵千扼明月關,諸軍鼓行前進,破四寨,攻赤崖,抵清水坪、封寧關,悉破賊營十數。逼桑木,關内民降者日千計,折枝結三大寨處之,禁殺掠,降者日衆,賊益孤。關爲賊要害,山險箐深,賊憑高據守。三月初八日,乃令千乘、馭龍出關左、右,國柱搗其中。賊用標槍、藥矢,鋭甚。官軍殊死戰,奪其關,逐北至風坎關,賊復大敗,連破九杵、黑水諸關,苦竹、羊崖、銅鼓諸寨。國柱攻金子壩,無一人,疑有伏,焚空寨十九,嚴兵以待,賊果突出,擊敗之。孔英乃留王之翰兵守白玉臺衛餉道,平茶、邑梅兵守桑木關,而親提大軍,進營金子垻。應龍聞桑木關破,大懼,遣弟世龍及楊珠以鋭卒劫之翰營,之翰走,殺餉兵無算。平茶兵來援,賊始退。孔英還擊,世龍復不勝,步卒發火箭,裨將劉勝復奮擊,賊乃奔。官軍進朗山口,由朗山進發蒙子橋,深箐蓊翳,賊處處設伏,悉剿平之。應龍遣其黨詐降,謀爲内應,折枝盡斬之,伏以待。賊果夜劫營,伏發,賊驚潰,追奔至高坪。已,奪賊養馬城,直抵海龍第二關下,賊守兵益多,孔英軍已深入,而諸道未有至者。酉陽、延綏兵皆退,賊躡殺官兵六十人。居數日,劉綎兵至,乃合兵連克龍爪、海雲諸囤,壓海龍囤而壘。初,總督李化龍刻師期,諸將莫利先入,孔英所將邊卒及諸土兵皆獷悍,監紀折枝勇而有謀,故師獨先入道至囤前。

吴廣出合江,屯二郎垻,大行招徠。賊驍將郭通緒者迎戰,將士襲走之。陶洪、安村、羅村三寨土官各出降,他部來歸者數萬,廣擇其壯者從軍。通緒扼穿崖囤,廣督土漢軍擊破之。劉綖、馬孔英已入播,廣猶頓二郎,總督李化龍趣之。乃議分四哨進攻崖門,别遣奢世續等,督夷兵二千,扼桑木埡諸要害,以防餉道。諸將連破數囤,進營母猪塘。應龍令通緒盡發關外兵拒敵,廣伏炮手五百於磨槍埡外南岡下,而遣裨將趙應科挑戰。埡兩山相夾,中甚隘,通緒横槊衝應科,科佯北,通緒追出埡,遇伏,急旋馬,中炮墮,方躍上他馬,伏兵攢刺之,殪。餘賊大奔,官軍逐北,賊盡降。遂薄崖門,徑小止容一騎,賊衆萬餘,出關拒戰。曹希彬懸賞千金,士攀崖競進,追至第四關,關上男女盡哭,於是賊黨自殺,其魁羅進恩率萬餘人出降。其第一關猶拒不下,廣乘夜疾進奪其關,關内民争獻牛酒。時李應祥、陳璘猶在關外,廣合希彬軍,連戰一碗水、土崖、分水關,皆捷,遂進營水牛塘。應龍知廣軍孤深入,謀欲襲之。乃遣人詐降,廣測其詐,堅壁以待。應龍擁衆三萬,直衝大營,諸將殊死戰,會他將來援,賊乃退,廣遂進壁海龍囤。

童元鎮督永順、泗城、鎮雄諸土軍由烏江。初,元鎮先駐銅仁,憚應龍,久不進,屢趣乃行。時劉綎、吴廣諸軍已進,群賊議分兵守,其參謀孫時泰曰:“分兵則力薄,乘官軍未集,先破其弱者,餘自退矣。”應龍善之。聞元鎮將抵烏江,應龍曰:“此易與耳,縱之渡江,密以計取。”監軍楊寅秋言:“烏江去播不遠,宜俟諸道深入,協力齊驅。”元鎮不從,於是永順兵先奪烏江。賊遣千餘人沿江叫駡以誘之,諸軍既濟,復奪老君關,前哨參將謝崇爵乘勢督灑城及水西兵,再拔河渡關。三月望,賊以步騎數千先衝水西軍,軍中驅象出戰,賊多傷。俄駕象者斃,象反走,擲火器者又誤擊己營,陣亂,泗城兵先走,崇爵亦走,争浮橋,橋斷,殺溺死者數千人。河渡既敗,烏江軍相去六十里,猶未知。明日,參將楊顯發永順兵三百出哨道,遇賊數萬,咸爲水西裝。永順兵不疑,與盟誓。賊掩殺三百人,亦襲其裝,直趨烏江。烏江軍信爲水西永順兵,不設備,遂爲賊所破,争先渡江。賊先斷浮橋,數千人皆溺死,顯及二子與焉。元鎮所部三萬人不存什一,將校止崇爵等三人,江水爲不流。貴陽聞警,居民盡避入城,遠近震動。化龍用上方劍斬崇爵,益徵兵,檄鎮雄土官隴澄邀賊歸路。

隴澄者，即安堯臣，水西安疆臣弟也。軍不與元鎮合，獨全當事，頗疑其通賊。寅秋以鎮雄去播止二日，令搗巢立效，澄許之。河渡未敗時，澄已遣步將劉岳、王嘉猷攻拔苦竹關及半壩嶺。既敗，二將移新站，賊伏兵大水田，别以五千人來襲，敗還。嘉猷乃揚聲搗大水田，而潛以一軍拔大夫關，直抵馬坎，斷賊歸路，與疆臣合，賊遂遁。會都指揮徐成將兵至，合岑紹勛兵，再克河渡關。賊將張守欽、袁五受據長箐萬丈林，永順兵擊破之，生擒守欽。攻清潭洞，復擒五受。會朝議責元鎮敗狀，逮下獄，令李應祥并將其軍。

應祥由興隆入，受事於二月下旬。副將陳寅等已連克數囤，拒賊四牌高囤下，别遣兵從間道直搗龍水囤。他將蔡兆吉又自乾坪抵箐岡，過四牌。賊首謝朝俸營其地，四面峭壁深箐，賊從高鼓譟，官軍殊死戰，俘朝俸妻子，乘勢抵河畔。會烏江敗書聞，斂兵不進者旬日。應祥已受任，趣諸將急渡，寅等乃取他道渡河，而潛爲浮橋以濟師。諸軍既渡，賊失險，乞降者相繼，應祥悉受之。賊所恃黄灘一關，壁立，衆死守。會賊徒石勝俸等率萬餘人降告，曰："去黄灘三十里有三關，入播門户也，先襲破之，則黄灘孤難守。"應祥然其計，令偕陳寅率精卒四千，夜抵關下，勝俸以數十騎誘開前門，盡殲其戍卒。黄灘賊懼，益增兵固守。寅督諸將渡河，攻關前，勝俸由墳林暗渡，襲關後，賊乃大敗，應祥遂直抵海龍囤。

陳璘由偏橋進軍，次白泥，應龍子朝棟率賊二萬渡烏江迎戰。璘前禦之而分兩翼躡其後，賊少挫，追奔至龍溪山，賊合四牌賊，共拒璘。四牌在江外，與江内七牌皆五司遺種、九股惡苗，素助賊。璘廣招撫，乃進軍龍溪，諜報有伏，令游擊陳策以火器擊之。賊據險，矢石雨下，璘先登，斬小校退者以徇，把總吴應龍等陷陣，賊大潰，退拒四牌保兒囤。璘遣二裨將逼之，中伏，璘募死士，從應龍等奮擊，賊復潰奔，據囤巔，夜由後遁，黎明追及於袁家渡，賊復敗，悉渡江遁，四牌之賊遂盡。三月望，諸軍爲浮橋渡江，知賊將張佑、謝朝俸等營七牌野猪山。璘即夜發，抵苦練坪。前鋒與戰，後軍至，夾擊之，賊敗逃深箐，官軍遂入苦菜關。會童元鎮烏江師敗，璘大懼，請退師，李化龍不可。璘乃進營楠木橋，次湄潭。賊悉聚青蛇、長坎、馬腦、保子四囤，地皆險絶，而青蛇尤甚。璘議："同日攻則兵力弱，止攻一囤則三囤相助。"乃先攻三囤，次及青蛇。良玼師亦來，會令伏囤後，别以一軍守板角關，防賊逸。璘督諸將力攻三日，賊死傷無算，三關遂下。青蛇四面陡絶，璘圍其三面，購死士從馬腦附葛至山背舉炮，賊惶駭。諸軍進攻，焚其茅屋，賊退入囤内，木石交下。將士冒死上，毁大栅二重，前後擊之，賊大敗。七牌之賊亦盡，時四月十三日也。乃分兵六道，攻克大小三渡關，乘勝抵海龍囤。

海龍囤者，賊所倚天險，飛鳥騰猿不能逾者。及諸路兵俱集囤下，賊見勢急，父子相抱哭，上囤死守，每路投降文緩我師。化龍檄："賊詭降，即斬使焚書，無爲所紿虞。"綎與應龍舊，檄無通賊，綎械其人自明。賊詭令婦人於囤上拜表痛哭，云："田氏且降。"詐爲應龍仰藥死，報吴廣。廣輕信，按兵不動。已覘知田氏詐降緩攻，而所云應龍死，乃川兵攻囤以火炮，擊死所謂楊珠也。珠驍勇善戰，既死，賊痛如失左右手。廣覺詐，益列兵協攻，燒二關，奪三山，絶賊樵汲。五月十八日，始築長圍，化龍令諸將分日迭攻。安疆臣攻囤後，受賊重賄，多與通，且潛以火藥貽賊，故賊不備其後。陳璘知之，與監軍者謀，令安疆臣退一舍，璘移其處，置鐵牌百餘，距囤丈許，賊强弩無所施，又爲笟板於栅前。賊每夜出劫爲釘傷，不敢復出。會化龍聞父喪，詔以墨縗視事。化龍跣而草檄，益治軍。時天苦雨，將士馳泥淖中苦戰。六月四日，天忽開朗。五日，劉綎身先士卒，進克土、月二城。應龍益迫，夜散數千金募死士拒戰，諸苗皆駭散無應者。起提刀自巡壘，見四面火光燭天，徬徨長嘆，泣與妻子曰："吾不能復顧若矣。"六日，陳璘與吴廣當進兵。璘夜四鼓銜枚上，賊鼾睡，斬其守關者，樹白幟，鳴炮，賊大驚潰散，廣兵亦至。應龍倉皇，同愛妾二閤室縊且自焚，廣獲其子朝棟及妾田雌鳳，急覓尸出焰中。廣中火毒失聲，幾絶頃而蘇。自出師至滅賊，百十有四日，總督李化龍露布以聞。十二月庚辰，李化龍、郭子章、江鐸俘楊朝棟等獻於闕下。丙寅，上御樓受之，群臣稱賀，命磔楊朝棟等於西市，釋宋承恩。黄《志》引《貴州通志》。

播賊躪綦後，神宗震怒，命兵部侍郎李化龍恭行天討。化龍視綦境内，萬竈無烟，百里盡赤，急需守令，因疏推萬縣知縣周作樂升本府同知，來攝縣事。有"本官吏治最優，擬地最善，但綦江重任，非此人不足當之，事竣另行優异"之語。周奉命單車於庚子正月七日馳受事。比至破城，穢骨暴露，猶填巷道，蓬蒿滿目，瓦礫縱横。因張榜招集遺黎補葺綢繆，稍成人境。倏傳賊目張漢清統苗入境，傷弓之鳥聞風欲散。周繫印危坐，謂："天戈不日西指，反賊子危於纍卵，何敢復來?"申諭再三，離心始定，乃請兵以備防守，請銀以便應用；議速進兵以收武功，議寬投降以昭文德；急發軍令，以安小民。悉從其請。間架既定，復籌五策，曰謹詐降、曰慎防守、曰約會期、曰速餉運、曰嚴紀律。當事優語褒答，稱爲經略鴻猷。是年即成，戡定殊勛，一切善後事宜，妥帖周詳，尤有力焉。《府志》引《綦江舊志》。

——（民國）《桐梓縣志》卷七《軍務志·軍事上》，載《中國地方志集成·貴州府縣志輯》，第37册，176～180頁

（萬曆）二十九年正月壬子，頒平播詔於天下。《通志》、黄《志》。

三十二年，播州餘逆吴洪、盧文秀等叛，總兵李應祥等討平之。黄《志》、《明史稿》。洪本應龍用事長官，見應龍敗，遂避。平定後復業，與其黨盧文政、劉堯等見改土設流，法度嚴密，借新民占産，糾沙溪苗夷，議立楊三老爲宣慰，遍諭夷漢頭目，將以十一月初九舉事。兵備副使傅光宅、知府蔡鳳梧會同總兵李應祥，先期擒斬之。《四川舊志》。

——（民國）《桐梓縣志》卷七《軍務志·軍事上》，載《中國地方志集成·貴州府縣志輯》，第37册，180～181頁

……唐開元列播州播川郡、珍州夜郎郡、溱州溱溪郡，户口雖微，始可專稽。旋以播淪楊酋歷年八百，羈縻遥領，又無可徵。明平播設縣，舊民新户不過一萬。……

——(民國)《桐梓縣志》卷九《食貨志·户口》，載《中國地方志集成·貴州府縣志輯》，第37册，第225頁

(唐)播州土貢斑竹。《唐書·地理志》

——(民國)《桐梓縣志》卷九《食貨志·賦税一》，載《中國地方志集成·貴州府縣志輯》，第37册，第228頁

南平軍土貢絹一十匹。《元豐九域志》。

黄《志》云："《元豐志》，播、高、溱諸州皆不載貢。惟《宋史·渝州蠻傳》：'熙寧三年，復賓化寨，以其地畢民。凡得租三萬五千石、絲緜一萬六千兩。以賓化寨爲隆化縣，建榮懿、扶歡兩寨。'此其賦與南平土貢亦有出之，遵義東北邊者，録以備考。又《楊氏家傳》有'歸賦珍州'語，當是諸酋長自收其地賦，其數未聞。"

……

世祖十八年閏八月，命播州每歲親貢方物。其後播州安撫使楊漢英進雨氈，播州蠻官洛麽、謝烏窮、宋王保等皆獻方物。至其賦税，《食貨志》無明文。又成宗大德七年十二月，以轉輸軍餉勞，免播州税一年。泰定帝即位，詔減免播州差税一年。是播州有田賦之證，特未詳其數耳！

……

洪武七年，中書省奏："播州地土既入版圖，當收其貢賦，歲納糧二千五百石爲軍儲。"帝以其率先未〈來〉歸，田賦從所入，不必以額。《明史·土官傳》。洪武末，置成都、重慶、保寧、播州茶倉四所，令商人納米中茶。《明史·食貨志》。

萬曆二十九年，平播後設縣，清丈田五百五十三頃四十四畝九分、地二千三百一十六頃一畝，共税糧二千七百四十一石四斗二升二合。按：設縣後，田租册缺，黄《志》照孫《志》合府推算，歲徵糧差銀三千八百一十二兩九錢七分零、丁差銀一千一百一十六兩六錢，共四千九百二十九兩五錢七分零。

——(民國)《桐梓縣志》卷九《食貨志·賦税》，載《中國地方志集成·貴州府縣志輯》，第37册，第228頁

氈，《元史·世祖紀》："元至(至元)十八年，楊漢英進雨氈。"黄《志》。

井鹽，相傳楊應龍拒命，慮蜀阻其鹽，於北門先農壇附近東里鹽音□爲羊。井、坡水垻塘鹽井河、仁懷、湄潭各處覓泉引，未久即滅。今考各鄉鹹泉，實不止此，如礦廠溝鹽井，

在□里□磺廠近山上，石縫出鹹泉，如筆管大，四時不竭，煎即成鹽。土人偶煎之，即爲鹽麺，尚未用豆漿等點合也。地不愛寶，豈猶有所待耶？

茶，洪武二十年，置成都、重慶、保寧、播州茶倉四所，令商人納米中茶，自二月至九月每月差行人一員於陝西、四川，諭把隘頭目，不許私茶出境。成化七年，罷播州茶倉。《續文獻通考》。……

——（民國）《桐梓縣志》卷九《食貨志·物産》，載《中國地方志集成·貴州府縣志輯》，第 37 册，242～243 頁

明平播設縣，建預備倉於縣治側。

——（民國）《桐梓縣志》卷十《食貨志·倉儲》，載《中國地方志集成·貴州府縣志輯》，第 37 册，第 267 頁

溱溪河工

明萬曆前未遷縣治，溱、溪漲落，方策無聞。二十七年平播後，縣令何珩始建城垣，周圍三里。未幾，水漲入城。假令文郁縮城避之。三十年，繼任王桂拓增舊基，更展四百三十丈，周圍植柳，以固外堤。參黄《志》。是爲桐梓水患之始。

——（民國）《桐梓縣志》卷十二《交通志·河工》，載《中國地方志集成·貴州府縣志輯》，第 37 册，第 312 頁

……洪武二年，詔天下府州縣皆立學，繼詔天下皆立社學。桐梓時隸播州文教，蓋蔑如也。平播設縣，朝官始莅斯土，立先歸廟，置縣學生員，桐梓文教不後他邑。一時人文蔚起，效用盛明。方伯分巡，聊翩接踵。教化大行，民風丕變。已非復山洞甫，開榛狉獉狉之氣象矣。

——（民國）《桐梓縣志》卷十二《文教志》，載《中國地方志集成·貴州府縣志輯》，第 37 册，第 332 頁

明平播後十年，萬曆三十六年。遵義知府孫敏政始檄五州縣，各於城鄉村里擇寺建社學。

——（民國）《桐梓縣志》卷十二《文教志·學校》，載《中國地方志集成·貴州府縣志輯》，第 37 册，第 333 頁

學額。明平播之次年，萬曆十二年。議設遵義府，屬各州縣學。未果，生員附於府學。

——（民國）《桐梓縣志》卷十二《文教志·學校》，載《中國地方志集成·貴州府縣志輯》，第 37 册，第 334 頁

名宦祠

歲於丁祭畢，以羊一、豕一，籩豆、香帛、爵、尊，派員致祀。唐領播州安撫使楊端，左護衛將軍成展，右護衛將軍令狐湋，揚威將軍安增，鎮武總戎羅瑩，唐授光禄大夫鄭畋；宋播州安撫使楊粲、楊价，播州宣慰同知羅琛；元宣撫使楊邦憲；明四川總督李化龍，總兵官劉綎，左都督總兵官侯良柱，遵義知府孫敏政，參將周萬全，知縣何珩、萬建侯、洪維翰、唐文煃，典史黄啓鳴；清遵義知府陳玉璧，知縣凌彝銘、魏學恒、何宗輸。

祝文：卓哉諸公，懋修厥職。澤被生靈，功垂社稷。兹值仲春秋，謹以牲帛。粢盛用伸，常祀尚饗。

——(民國)《桐梓縣志》卷十三《文教志·典禮一》，載《中國地方志集成·貴州府縣志輯》，第37册，第376頁

……《正安舊志》：太原楊端，居播有善政，播人立祠祀之，稱爲"三撫老穆相公"，附以嚴唐羅冉爲四官財神，至今遍祀。

按：財神者，商賈首祀，所稱"西溪官將三撫相公"，各方俗祀矣。又按：綏陽趙里趙練士，唐時人，有仙稟，殁後屢著靈异。明初贈"播南顯化三撫相公"，土人祠祀之。則"三撫相公"之稱，不僅楊端也。黄《志》。

——(民國)《桐梓縣志》卷十四《文教志·風俗》，載《中國地方志集成·貴州府縣志輯》，第37册，第401頁

婁先坤

按：孝廉曾沂元撰《傳》：先坤字璞齋，婁里八坮村人。先世殿邦，唐末以副總戎征播，遂家焉。

——(民國)《桐梓縣志》卷十六《人物志·文苑》，載《中國地方志集成·貴州府縣志輯》，第37册，第434頁

李紹霄，博學多通，心好奇計，習三廉六遁之術。劉綎討播，至婁關間，其能請爲參謀，三月奏凱，紹霄與有功焉。後征遼東，固請同行，卒於軍。綎以平播功上聞，敕賜金，歸櫬葬南溪口側柏林中。黄《志》。

按：軍營病故，次陣亡一等。黄《志》列諸藝術，未免弃重就輕，特正之。張燭，授松坎安撫司。萬曆二十八年，楊應龍叛，燭奉川督李化龍調，赴重慶從總兵劉綎，由懷陽�木山、羊簡臺攻穆昭等賊，又克九盤隘，破七陣溪，至賊前門婁山關。適應龍子朝棟擁苗兵悉鋭至，燭陷陣，戰没，全家殲焉。遺一子承化，僅十歲，由黔撫張鶴鳴撫養成立，迄今

猶子孫繁盛。舊采。燭墓在松坎沙灣官安撫司,征楊酋死難,謚“忠烈”。

——(民國)《桐梓縣志》卷十六《人物志·忠孝》,載《中國地方志集成·貴州府縣志輯》,第37册,第438頁

平播疏 李化龍

楊酋匪茹,與國爲仇,萬姓荼毒,三省震驚。孰不以爲不可以歲月克者,乃自出師以來,甫三月有奇而元凶授首,黨羽悉擒。千年狼虎盤踞之窟,一旦掃蕩無遺,上足以伸中國之威,下足以洩生靈之憤。其他狡黠土司、獷悍惡苗,無不落魄亡魂,西南半壁天下可永無虞矣。皇上德威遠被,指授方略所致,斷非文武將吏,敢貪天功为己力者。惟是各官兵暴露行間,勞苦萬狀,不可不查叙也。

先是臣奉命入川,賊知罪在不赦,已統兵深入,有擒王剿叛之説,遂破綦江,且逼重慶,地方汹汹,皆謂有長驅之志。於時,目前兵力略無可恃,臣乃以計緩之,一面調兵,一面移文詰責,若未嘗絶之者。賊果信之,即具文求撫,且不西向。臣因得以徵調漢、土諸兵急爲之備。其時,賊氣甚張,川人畏之如虎,臣發成都兵,甫出門,欲投錦江,不復肯東。及聞綦江守城兵見賊來,競譟而走,多投水者,止餘二將與其家丁,遂及於難。臣念漢兵心膽已碎,土兵狐兔有情,自非招客兵不可,因請調陝、浙諸省之兵。又念外兵之費甚侈,往來途次且生擾害,不可過多。乃於每省鎮止調一二千,多者三千,共數省實僅僅二萬,其餘仍三省及滇、粤土兵也。然西南人見外兵來,莫測多少,以爲天下之兵皆至矣。自是漢兵之氣壯,而土兵之心亦折,無不樂爲我用者。時賊雖知調兵,然以爲虚聲嚇之如往日,非實事也。臣亦止在成都積糧治器,若無事者,然不復東,賊亦不疑。北兵俱集,臣移駐重慶,賊始知必剿,頗肆衝突,然我兵漸益,未易得志也。

臣又念兵以一路進,既道狹不能容,一有前却不可復振,因分爲八路。又念路分而兵少,賊厚其陣以衝之,敗矣!因命每路皆三萬以上,每一路皆可以當其全師。又念關外賊黨多不可勝誅,會兵部頒賞格至,首重招降,臣亦推廣之,但投戈者皆赦不誅。臣又念無賞士不勇往,會兵部賞格首言得賊者即以其家資與之,臣亦推廣之,克關破囤各懸賞,賞各以千萬計。既川兵入關,臣又恐其人自爲心,若九節度之師然,因復委按察使張悌入總監之,殺牲莅盟,務必得賊。臣又恐賊事急詐降,得以遷延,至暑雨漸深,我兵不能久困,令但急攻之,有稱降者,斬使焚書,無爲所紿。時湖廣之兵亦至囤下,臣欲入營親監之,會聞先臣之訃,臣恐營中遂懈惰不可用,因不待成服跣而草檄,亦以例應候代,照常督兵,有慢令者,尚方具在,令代中軍余德榮等再往監之。臣又念賊囤後易攻,囤前難攻,時諸將壁囤下者各有分地,因令以勁兵一枝壁其前,其餘并力於後。臣又恐諸軍士争趨賊財物,或至亂行至有他虞,移文再四申禁。臣又聞營中流言“水西目把尚不絶賊”,恐漏軍情,因移文令其退劄。水西土官懼,勸其兵退而引嫌曰:“吾不欲爲亡播之續也。”時久雨,軍

士日在泥淖中，至六月之初四而天忽晴，初五日遂破其二城，初六日遂登其囤，賊以滅亡。總計八路兵，生擒賊首、賊從一千一百二十四名，斬級二萬二千六百八十七顆，俘獲賊屬五千五百三十九名口，招降播民一十二萬六千二百一十一名口，全活被擄男婦一千六十四名口，奪獲馬、牛七百六十七匹隻，器械四千四百四十四件。

是役也，自賊破綦江至剿滅可一年，自進兵至滅賊，百十有四日。當八路對壘時，土、漢兵既參差不齊，諸將領亦彼此觀望，播人劫於賊之積威，人自爲戰，未易即克。我各路又運糧艱難，時有脱巾之呼。臣日夜催督，走使持檄至數百千，即兩省撫臣、各路鎮道，亦靡不忘寢忘食，或至頭鬚爲白。總之，諸文武知廟堂之意必欲滅賊，故鼓之即應，勞之不怨，誅罰之亦無敢囁嚅者。倘更一月而賊不滅，暑雨久，瘴疫深，我將自潰，無問賊矣。該臣會同巡撫貴州郭子章、巡撫湖廣支可大、巡撫偏沅江鐸議得。國家方制萬里，日所出入之邦，悉爲郡縣，獨西南諸省不廢土司，蓋亦曰“因俗而治，與之相安”云耳。二百年來，此輩犬羊之性不堪馴，擾亦時有之，然未有如播酋楊應龍之公然叛逆者，則何也？蓋其地險，其兵强，其才力足以使鬼通神，其聲勢足以呼群嘯黨，加以年來方隅多事，九伐之旌未遑南指，彼遂時時狂逞，亦遂時時得志，井蛙之見，謂縣官真無奈我何。諸群不逞，如楊珠、楊明、何漢良、孫時泰輩，瞷其雄心。或時有以公孫躍馬、尉佗自王之説進者，賊亦自念騎虎勢不能下，將曰：“等死耳！無且舉大名乎！”於是恣其狂圖，淫怒以逞，而破城殺將、鵲起西南之勢成矣。夫天下非小弱也，九州四海兵非脆，糧非乏也。向賊逆未著，皇上不忍遽觀之兵，曰：“吾且舞干，吾且解網，姑俟其悔過而與之相安無事。”乃不謂凶人之性不移也。始天怒赫然，斷在必剿。夫斷而敢行，鬼神避之，况此么麼者乎？蓋自進剿之旨下，上方之劍頒，然後海内熊虎之師如雲而集，陳紅之粟蔽江而上，智士陳謀，勇夫效力，火燎毛，山壓卵，賊即欲不灰飛烟滅，亦曷可得已？臣等嘗即諸路之功而評叙之。在四川則楠木、三峒，賊黨以爲三窟，謂天險不可升者也。婁山關，賊前門，我所必由、賊所必争者也。海龍囤，賊以爲天造地設，人迹所不能到、兵力所不能加者也。三戰而克之，賊力竭矣，不亡何待？夫賊黨自戰，其地猶易與也。惟賊父子親在行間，諸賊人人致死，難與争鋒。該路到處與賊父子對壘，最快者，九盤子之戰。賊悉其精鋭以付朝棟，令之從綦江進，從南川回，此其目中尚復有官兵乎？劉綎一戰而走之，自是播人爲之破膽。尤快者，諸軍壁海龍囤下，連月不拔。綎至，一日而克其二城，賊遂滅亡。至今群口囂囂然，竟無敢没其先登之烈者。兵法無選鋒曰北，綎於諸路其選鋒乎？則綦江路之功也。

臣嘗言，破賊關外宜招降，謂多不可勝誅也；關内宜疾戰，謂師不可老也。安村、羅村、陶洪三寨生口以數萬計，勝兵以數千計。令貪功者以大兵初入，必且多殺以報捷。勝之則傷仁，不勝則損威矣。而該路坐受其降，兵不血刃，自是一戰而斬郭通緒，再戰而入崖門關，三戰而屢捷於水牛塘，賊計無復之，遂父子相哭而上囤矣。當其入水牛塘，時川兵入關去囤尚遠，湖貴兵在關外，絶不相聞，吴廣以孤軍去囤教十里而結營，犯兵法之所忌，而卒以得志，自非其令嚴而戰力當不及。此後雖有講降誤事，然有激而奮，竟以成功，逆賊父子盡獲其首，終不失爲全捷，則永合路之功也。

南川路最險、最遠，去囤可六七百里，賊以爲官兵必不能從此進，當馬孔英之未至也。高折枝以一書生請自將漢、土兵以往，此固已雄偉不常矣。乃師期一月，之前先搗官壩營以寒賊膽，而撤回龍泉之兵且以解思石之危。其事甚奇，其功甚大。比進兵從真州入，真人則簞食壺漿以迎，播人則弃甲曳兵而走，居然有三代之氣象。時諸將欲候各路消息方入關，折枝毅然曰："若是，則誰爲當先入者？"策馬而前，衆隨其後，竟以三月初八日奪桑木關而據之。臣用是以催各路，尚有四月入者，令諸將皆折枝，諸路皆南川，滅賊當更速。抵關而馬孔英至，則文武相得，如樂之和。自是日日約各路攻圍，有應，有不應，甚或以相誹詈，而折枝不顧也。分攻令下，諸將争走後門，該路獨壁前門。夫後門我易攻賊，前門賊易衝我，亦曰："誰爲當賊衝者，蓋亦先入關之意乎？"破囤之役，後門以二路更攻，前門以一路搏戰，日夜揮戈，人百其勇，坐使賊自盡，而逆黨無一逸者。總之，倡諸路之先，作三軍之氣，令黔師不得以賊强我弱借口而竟以奏功，臣於該路文武蓋心折焉，則南川路之功也。

在湖廣則偏橋一路，江外爲四牌，江内爲七牌，皆五司遺種、九股惡苗，盤據糾結乎其間。四牌不掃，即武騎千群未易窺三渡也。陳璘獨以一旅之師先掃四牌，開我進兵之路，用是烏江内賊黨寒心。長坎、瑪瑙、青蛇三囤，自昔以爲險絶，官兵所從未易得志者，臣亦慮其難，下令降之。璘以爲除惡務盡，竟以一鼓而升其巔，殺戮數千，臭聞十里。時龍泉哨施南兵亦已先克板角關，至今湄潭、白泥之間，四牌、七牌之苗遂無遺種，非璘之力不及此。該路漢兵少，土兵多，糧運少遲便成噪呼。璘令嚴而法肅，卒能使之用命而不爲害。迨至克關逼囤，議設木栅、製鐵牌以防賊逸，其機智有足多者。卒以入虎穴，得虎子，閹人、繡女纍纍在俘，則偏橋路之功也。

貴州各路與川湖不同，其地近，其兵少，其餉乏，其夷性反覆而靡常，其民心摇惑而不定。兹之用兵，又非以一淬厲、一鼓舞之爲競者，烏江失律，已見法矣。然能借是以激勵水西，俾之絶狐兔之情，踐虎狼之窟。母氏囤一戰，大足褫逆酋之魄而奪之氣，此則失之武人，得之文吏，蓋運籌者之苦心乎！李應祥以孤危之兵，當觥甈之時，能自審於緩急進止之間，以守爲戰，以招撫爲進攻，卒之轉弱爲强，揚旌直指，斬首數百，招降數萬，因破諸囤，斬三渡，抵白田，何其壯也。竟以連合用兵，同心戮力，破重城，俘群醜，振積弱之邦，舒華夏之氣，始如處女，繼如脱兔，兹其審於機而神於用，豈易得哉！則平越、烏江、沙溪諸路之功也。

夫我國家從來用兵，未有大得志於西南夷者。國初，傅友德統二十四將軍，止言防守，未聞戡定。正統間，麓川之役，用兵五十萬，轉餉半天下，升叙萬人，三返而罪人竟逸。嘉靖初，思田之役，以剿始，以撫終，至今爲諸夷借口。兹其大致可睹已！諸帥固庸，衆人臣等三五書生耳,其智略、才力不及古人遠甚。乃兵纔逾二十萬、進兵纔逾百日、費纔二百萬而幸成功,此非臣等之力,皆由我皇上神武獨斷,委任不疑用,使文武同心,將士效死,爰有成績。臣每誦詔旨,即十行之札、萬里之外,往往瞭於指掌而析於毫毛,輒沾沾自得以爲賊平矣,已戰勝於堂上矣! 夫淮、蔡之平,直須一斷,何况聖朝廟謨洋洋若此哉!

——(民國)《桐梓縣志》卷四十三《文徵志·奏議》,載《中國地方志集成·貴州府縣志輯》,第37册,479~482頁

播地善后事宜疏 李化龍

查該州地隣三省,然楚止偏橋路通一線,蜀與黔蓋無所不接壤。夫蜀無藉於播、黔瘠壤也,若乘此時而割播地以附黔,則於蜀無損,於黔有裨。且臣等别疏,又請以楚之四衛并割附之,從此黔省幅員得與十二省比長絜大,甚爲長便。但盡屬之黔,則地方千里,諸凡締造,勞費尚多,亦黔所不能堪。因議設爲二府,分隸黔、蜀,庶建邦啓土,各自經營,成聚成都,指顧可就。皇上廓清之績既已盡被於三藩,而帡幪之仁又復再造於黔土矣! 除寬脅從、撤兵馬、招流移、厚賑恤、抑兼并、靖横恣等項,凡明旨所叮嚀,而兵部所條議者,俱已陸續舉行。尚有後開款目,謹集衆思,列爲十二事呈覽。

一復郡縣。播州南極牂牁,西連僰道,漢唐收爲郡縣,在川貴之間,亦一都會也。至唐乾符間陷於南詔,楊端取而據之。今逆酋既平,相應改土復流,以變夷俗。及照播州白田垻沃壤數百里,即播州遵義縣故地,當復府治,設縣附焉。桐梓當綦南之衝,走川貴道也,舊爲夜郎縣故地,當復一縣。望草南接婺、思,北達真、涪,爲綏陽縣故地,當復一縣。仁懷濱播枕永、襟合帶瀘,爲懷陽縣故地,當復一縣。真州即古珍州,川原平衍,商販周游,應復一州。以上俱隸川省統轄。黄平爲川、貴要區,舊設撫苗通判一員,列銜重慶,駐鎮彼中,其與播勢相控馭,并爲重地,應設一府。湄潭、龍泉地里廣邈,各應建設一縣。甕水、重安合設一縣。餘慶、白泥合設一縣。并草堂、容山二司,應割隸各縣。以上地方去黔甚邇,相應改隸貴州統轄。總計增府二、州一、縣八。蓋亂流初殄,地闊人稀,姑建數城以爲繫属,以後地闢民聚,無妨增設。其二府治與附郭縣,分正、佐首領,各應照例全設,外州縣正、佐首領俱應量减。

一設屯衛。播州地方仟里,山川險惡,夷漢雜居,又逼鄰二大土司,時有啓疆之志,必須設官軍、建屯衛,以明居重馭輕之勢。因設一衛於白田壩,與府同城,指揮使一員、僉事二員、鎮撫一員、經歷一員、知事一員,所屬前、後、中、左、右五所,每所正千户一員、副千户一員、百户四員,所軍各一千,共五千。衛所官於從征有功者酌量升授,不足者於鄰近願入者調取移實之。其邊隅逼鄰土司地方各設屯田,每軍照祖制二十四畝,再加六畝爲冬衣、布花之費,共三十畝。自種自食,不必納糧於官,又復領出,紛紛滋弊。各開屯處除養屯軍之外,餘田仍照民地起科,上納本折於各州、縣,爲衛官俸廪及不時軍興之用。每

年孟冬、仲冬、孟春、仲春農隙，各屯官時加操練，又以十月、二月望日齊赴兵備道，大操三日，驗其武藝，較其强弱而明賞罰焉，老弱者汰之。一屯老弱多者，并革其官、軍田，即另募壯丁補伍，庶軍得實用，异時即募兵散盡，此五千軍與主兵三千，自有八千可用之兵矣。

一設兵備。播地三面環夷，干戈甫戢。當此經綸草昧之始，設立有司，可以招撫流亡，或未能長駕遠馭而圖久安；布置將領，可以備禦倉卒，或易於生事徼功而開邊釁。欲以内修戎備、外攝夷心、整肅群僚、畏服衆志爲地方長久之計，必設分巡兼兵備官一員，於播州白田垻，新建府城駐劄，專一整飭新復郡縣，并重慶衛、忠黔二所、永寧、酉陽、石砫、平邑等土司兵務，兼理有司錢糧、獄訟。其重慶府巴縣、綦江、南川、涪州、武隆、彭水切隣地方，悉聽管轄，以便行事。黄平新設一府四縣，雖割属貴州，但人心初附，田土界連，與貴州水西宣慰司并聽兼制。

一設將領。播淪於夷閱八百餘年，風俗獷悍、法令扞格已久。今地雖蕩平，而逋孽潛藏，漢、夷錯雜，招苗樹黨，越界侵田，時所必有。今議播州留兵一萬，黄平留兵三千，粗足防守，然必得一大將鎮之，始可無事。查得先年克平九絲，議留總兵一員鎮守其地。今建武視播稍緩，即一參游足領之。合無將軍門標下添設練兵游擊一員，改駐建武防守，原設總兵移鎮播地。應留各兵挑揀家丁三千、買馬二百，内標、下標兵家丁二千七百、馬二百七十，以坐營千把總領之。兵道員下家丁三百、馬三十，以中軍領之。有事俱聽總兵提調，名爲正兵。此外兵七千，酌量分布於白田垻、真安、桐梓等縣，播川等邑防守。内以一游擊領三仟，以二守備各領二仟，各用仟把總分領之，有事争戰，無事即爲築城鑿池、建郡縣、修郵驛之用，糧銀照依舊例支發。除〈徐〉俟建置竣工日，除家丁三仟、馬三百外，餘軍以次議撤，有願附籍當軍及民當差者聽仟把總，俱於附近衛所官内選用。其黄平留兵三仟，仍設一參將領之，總聽防播總兵節制。

一丈田糧。環播幅員仟里，田地無慮，數仟萬畝。舊時額糧止歲以五千八百石輸貴州，蓋蠻方賦税原輕。至應龍巧立新法，名曰“等賨”，每田一畝徵銀數錢，初猶歛其財以招苗，後并奪其地以養苗，而賦法蕩然盡矣。今既改流，自當責成道府親率州、縣官定疆界，沿坵履畝，逐一丈量，分爲等則，造册呈報以定賦法。額糧輕重，蜀無定規，查克平九絲丈量田地，分别上、中、下三等，每畝上田四升、中田三升、下田二升。播地山水間雜，不止三等，尚有上上、下下者，宜逐項分析，最上者一畝可當上田幾畝，最下者幾畝可當下田一畝，則待臨時酌定，難以預計。丈完總計田地若干、糧若干、徵本色若干、折色若干，俟二年之外起科，除足一年夏秋二税、銀力二差、一切雜費外，餘解布政司充邊餉支用。

一限田制。播土舊民自逆酋倡亂、大兵征討之餘，僅存十之一二。遺弃田地多無主人，册籍不存，疆界莫考。復業之民往往冒認影占，原少報多，原瘠報肥，甚至一人占田一二千畝，尚有异省流徒假播籍而希冒占者。今應將播之舊民號楊保子者查果，真的無論原業肥瘠，俱人給田三十畝，上、中、下攙配均給。若一處皆上田、皆下田者，臨時酌給。

大率純下田多不得過一百畝，純上田不得少過二十畝。其原非播民，凡不能爲楊保識者，無問曾否寄住，皆不得妄認。遺下無主民田，另行招人承種、納糧、當差。應龍官庄，并楊兆龍、田一鵬、何漢良等諸擒斬過有名頭人庄田，盡數没官，聽三省之民願占籍播州者承種。其領田之人，查照時值，量行上納，以充目下建立城池、衙門、驛傳諸費。亦定爲限制，平人不得過五十畝，指揮、千百户不得過百畝，俱於丈量時定糧、定價，令不得挪移。州縣官收過絶産，價值給付，印契登入循環，聽兵備道稽查，轉報撫按查考，官吏乾没，從重治罪。

一設學校。播故有學，宋元之世，俊茂朋興，如冉從周、猶道明、白鎮之流，俱登進士，蜚聲上國。自逆龍禁錮文字，寇仇儒生，坑儒燔書，禍同秦始。今干戈既戢，文教宜先。白田、黄平舊有學宫，補葺亦易，應當於二府原學各補教授一員、訓導二員至博士、弟子員，無論附郭、外縣，但入學使之選者。蜀新四縣，隸白田學；黔新四縣，隸黄平學。待各縣人文漸盛，物力稍紓，嗣各立學未晚。真安既改爲流，其地方殷富，人物頗華，亦須建一學宫、設一學正以示維新之化。

一復驛站。播州各驛自逆酋閉關負固，驛官不敢赴任，過客不敢經行，站户逃徙，舘舍丘墟，十數年矣。兹者地方底定，道路大通，驛站之設勢不容已。查播州舊轄松坎、桐梓、播川、永安、湘川、烏江、昌田、砂溪、仁水、湄潭、鰲溪、岑黄、白泥一十三驛，俱當川貴孔道。所有各該驛舘，應趁時興工，合用匠役，亦於兵夫内查有慣造者、徑撥不足者於附近州縣取用，工食銀米計算於該邊支剩軍餉内動支。仍責成新設府佐一員往來稽督，不許虚冒錢糧，曠廢時日，事完册報。又查各驛夫馬支應及官吏俸薪舊額，土司供辦。今既改土設流，似應與腹裏驛站一體僉派。但流民授田方始，難便買馬行差。目前一切站銀暫令官爲出辦，俟里甲稍定，即行編派。至夫馬額數，應照衝僻爲準。湘川驛附郭爲四路最衝，應設馬四十匹、夫八十名。松坎、桐梓、播川、永安四驛地衝路險，應各設馬三十匹、夫五十名。烏江、仁水、湄潭、岑黄、鰲溪、白泥各驛俱次衝，應設馬各二十匹、夫各三十名。昌田、沙溪、止通、水西次僻，應設馬各十匹、夫各二十名。各驛官見在者行令赴驛任事，驛吏因屬土司舊未撥發，今應行川、貴西省布政司照缺查撥。

一建城垣。播州一府、一州、四縣，與黄平一府、四縣并改築石城，石少者以磚代之。其兵備道總兵府并府衛州縣衙門、公署、倉厫、庫獄、城隍廟、演武場與二府一州儒學、文廟、殿廡、齋舍等項，俱當以次修舉。而各官一抵地方，棲身爲急，衙舍之建，尤宜首圖。各府、州、縣正官選委勤敏佐貳，於堪動銀内行支，克期興工，多方稽督，大約城垣以歲辛丑二月内起工，限年終落成。餘各以次備舉，就中員役有怠惰冒破、工力草率者，俱聽該道詳參拿究。事竣之日，造册報撫按衙門奏繳。庶險要可資，防禦有賴。

一順夷情。播州皆夷也，大兵之後爲賊用力者芟夷藴祟，已無遺種。今見在者曰各土司官、曰七姓秦氏、曰投降夷目，皆宜安插得所。顧就中情事不同，亦宜分别。如八司曰播州、真州、白泥、餘慶、草堂、黄平、重安、容山内安撫二、長官六，又一司甕水原無印信，亦稱長官，又有宣慰司同知羅氏，此皆世有官號，與播并建者。播州長官王積仁以附播被擒獻俘，與楊氏俱滅。真州附播多年，綦江之破，助兵三百，著在耳目。同知羅氏與江外五司具疏改流，挑怨速禍，至有今日之事，海内震動，流血仟里，則諸司者罪之魁也。故説者謂真州宜正其附播之罪，江外諸司宜以起釁絶之第。王道如天，罰宜從輕，賞宜從重。真州當進兵之初率先歸附，正、副長官各以千人從軍；江外諸司各招兵聚義，充黔楚鄉導。合將真州長官即爲該州土同知，副長官即爲土判官；江外諸司安撫與正長官即爲該縣土縣丞，副長官即爲土主簿；同知羅氏爲新府土知事。此外尚有投降夷目，原非長官，本無冠帶，但賞格曾坐名開，諭輒爾先事歸誠，亦宜少示眷酬以明恩信。如上赤水里頭目袁年父遭酷禍，投降最早，宜授以所鎮撫職銜；下赤水里頭目袁鏊，仁懷里頭目王繼先，安羅二村頭目羅國明、羅國顯、安鑾，以上五名，念其返誠歸正，量授冠帶總旗。諸人田産，止將本身者照册撥給；應納税糧，通附州縣官處上納。其餘里人俱令附籍納糧當差，不許仍以家人爲名恣行霸占，違者治其前罪。至於七姓秦氏，始助楊氏之惡，繼傾楊氏之族，尤爲禍首。今蒙皇仁寬宥外，如仍蹈故習，豪横害民，該道徑行拏問發落。地方人民指稱前事告害者亦如之。

一正疆域。播地東北接連三省，縣衛各有疆界，無容溷淆。西南左接水西，右逼永寧。雖犬牙相攙，未能齊一，然晝野分疆，亦自有相沿界址。惟是夷性互爲雄長，强則侵凌，弱則减削，甚至有一地而甲、乙互臨，一人而齊楚兼事。如儒溪、沙溪、水烟、天旺皆播州五十四里之數，見有黄册可考。緝麻山、李博埡、仁懷、石寶、甕平等處亦皆播州世業，祇緣先年楊氏中衰時曾爲永寧、水西侵占，後應龍當事，治兵相攻，恢復故業。各邊目又已任其糧馬，兩下支持，此在土司可略。今既改土設流，自宜各復其故。乃水西止求清查，永寧輒行瀆擾，且動以瓜分爲言，罔上行私，垂涎占業，應行該道會同隣近道府及早清查一切。相隣地方原係播者歸播，原係永寧、水西者歸奢、安，刻石立碑，永爲遵守。其隣邊目把如不安分，義妄肆争侵，重行究治，干礙土官一并參處。

此疏從《四川志》中采入，叙播中善後事最爲詳悉，但前書十二條後止列十一條，且文勢尚未收束，疑有脱簡，别無書可查，姑仍之。《貴州通志》。

——(民國)《桐梓縣志》卷十八《文徵志·奏議》，載《中國地方志集成·貴州府縣志輯》，第37册，482~485頁

題設府州縣疏略 郭子章

播州之地，東西相距二千餘里，南北相距二百餘里，雖云慼國，亦係樂土。今議改流，東西可設二府，每府各設二三縣。播境原屬四川，與貴州隣，二省界限原自分明。至論建置大概，臣意自沙溪以至白泥當以烏江爲界，設一府於白泥壩；而真州、蔞山、松坎等處可

播，因後黄巢叛國，南詔乘我有勤王之役，故播州復被陷耳！然楊氏軍由西來，亦借我力以當東面。甕水舊譜叙之甚詳，特以當日修志未先持往證明耳！且考之古迹，洗脚塘前省城六廣門外。曾鑄銅碑以記勛勞，年代、事實確鑿不磨，况《楊氏宗譜》所載，各軍職銜及其姓字均可考見。由前觀之，其隨楊氏入黔者，前軍則安增也，後軍則羅瑩也，左軍則令狐滈也，右軍則成展也。具見蹇遂《平播碑記》。全軍將領未聞有猶氏者也。由後觀之，五司七姓各有名稱。五司者，黄平、重安、餘慶、容山、草塘也；七姓者，羅、王、何、宋、鄭、駱、冉也。并詳《播州傳》及《貴州通志》。播州屬地亦未聞有甕水一司、有猶氏一姓也。况考《正安縣志》衹有七姓，而《府志》則有八姓，編《甕志》者遂髣髴依稀，弗加深考，則亦附和隨聲已耳！嗚呼！鄭莫皆名士，朱氏亦通儒，胡亦臆斷如此？將來傳及□祼，則更無真象之可求也。掩没前人，孰大於是？然其所以如此者，太原地方古多名將，或因彼此同籍，作志者遂爲之誤會云爾，是不可以不辯。

——（民國）《桐梓縣志》卷十九《文徵志·辨》，載《中國地方志集成·貴州府縣志輯》，第37册，507～508頁

婁山關賦　趙旭

北登榮德，南望婁山。横欄地軸，高接天顔。朝雲菴白，夕照塗殷。明月出其裹，長風生其間。氿泉噴溥，瀑布淙潺。鬱鬱葱葱，斒斒斕斕。千彙萬狀，玉玦金環。内藴土而愈厚，外帶石而非頑。吴生執筆而愁畫，謝客著屐而慵攀。四時异景，一夫當關。無怪乎控制三巴，即可以鎮撫百蠻。溯夫五尺通道，夜郎設縣。先羅榮之安邊，後楊端之募練。據地二千里而遥，閲世八百年而羡。迨萬曆之中，平播州之患。左絡雞籠，右遮石炭。萬峰插天，中通一線。仁水爲鼈水之源，南溪與溱溪合岸。各方有警，此關先占。蓋形勝在所必争，故屢朝得之血戰。爾其原委，亦可推詳。遠延滇境，近接黔疆。扶萬尋而直上，迂千里而彌長。永寧之雪山置險，黔西之杓箐設防。龍囤并驅於遵義，朗山旁出於綏陽。至桐梓則龍跳虎躍，進綦江則鳳翥鸞翔。遞江津之融結，更巴縣之擴張。乍起乍伏，或顯或藏。不知孕幾許之人物，綴無數之□莊。乃憑陵乎涪水，而劃斷乎岷江。滋生既廣，貨殖難覼。……雖太白之題句存疑，夢得之易柳弗終。桃溪集失遺已久，平播書殘闕皆同。前聞莫考，後績多空。猶幸劉尚書瑞，播南有吟楊殿撰慎。……

——（民國）《桐梓縣志》卷十九《文徵志·賦》，載《中國地方志集成·貴州府縣志輯》，第37册，513～514頁

播南吟七首

荒草猶傳李白城，夜郎憔悴苦爲情。半生豪氣隨烟水，千古詩名焕日星。

不交菁裹有猿啼，聽罷令人思欲迷。聞説近來多虎迹，行人莫到日頭西。

百折羊腸一徑危，林深長見日光遲。三坡險處君須記，正是行人滴泪時。

小箐南頭大箐鄰，箐中林木不知春。從來鬼魅多依石，自是豺狼怕近人。

何人喚此老青岡，亂石磨牙險更長。百杵杵來行不到，直教行客爲心忙。

石虎關高似劍門，戈矛森立勢雄吞。行人過此應須恐，虎嘯猿啼白日昏。

又向南溪入箐來，一聲長嘯虎群猜。凌空石笋柴關上，却使行人望眼開。同上。

平播凱施述懷二首　劉綎同下

韜略無能繼父風，西川前後領元戎。重慚推轂操兵柄，敢倚平夷數戰功。

奕世君恩延賞久，纍朝官誥賜封隆。何當兩地無寧日，兵火年年一樣紅。

逆豎頻煩西顧憂，簡書重命運前籌。斬關聊施黔驢技，破囤應消汗馬愁。

一念孤忠懸日月，千年公論付春秋。太平自是無征戰，且脱戎衣歸馬牛。

上督府李公平播歌　張文耀

攙槍晝見參井滅，豺虎凌人恣吞齧。城頭白骨高於山，城下青江半流血。

明王慎德來諸夷，何物妖氛黯未披。雷庭乍赫九五怒，風雨旋驅百萬師。

師中文人古方叔，薄伐壯猷儲滿腹。遼海雄威舊渡鞭，中朝特簡新推轂。

推轂西來入不毛，綸巾羽扇白方袍。夜聞刁斗軍聲肅，晝擁牙旗殺氣高。

十道貔貅目無虜，赳赳人持巨靈斧。險絶重關破竹開，天驕殘息魚游釜。

電掣飈馳信所如，犁庭掃穴奔成墟。旄頭夜落蠻山外，匕首秋懸鏖戰餘。

歸來滿路喧笳鼓，士女載歌農父舞。玉壘烟嵐净遠空，銅標勛業酬明主。

玉壘銅標億萬年，嶙峋半壁撑南天。請看燕頷封侯相，定向圖麟閣上傳。《續全蜀藝文志》。

平播凱歌獻大中丞李公四首

六月軍聲動海濤，轅門令下鬼神號。錦江浪净眠鷗穩，上壘雲飛舞鶴高。

三尺龍泉自尚方，斗牛寒色照蠻鄉。千年荒服歸王化，文物初開古夜郎。

海龍囤迥插青天，飛虎關高入紫烟。霹靂一聲重險失，流星忙去捷書傳。

千山萬壑遶渝州，吟嘯時登庾亮樓。尊俎閑看戎馬散，夕陽秋色滿漁舟。

平播古風有引　端園

予聞日昇暘谷盇，旦鼓翼而飛。風動商飈，蟋蟀吟秋而□。況乎苗民嚮化，干羽贊於虞階；江漢興歌，經營歸之召穆。豈無言以紀其盛哉？蠢兹播賊，世食土毛，甘悖天恩，妄恣跋扈。在聖心雖若天覆地載，而王法寧無推亡固存。是以宸斷孔彰，重臣委毗。簡書下魚鳧之里，鐵鉞授司馬之官。總制三藩，坐籌勝算。已乃遄飛羽檄，交輓糧芻。騎士如雲，材官如雨。八路椓張天之綱，千峰障飛鳥之塵。前無堅城，我有勝地。維時司馬李公，手持太阿，布昭聖武。嚴號令，必賞罰，激義勇，誅逗留。文武將吏，咸共戮力。未幾而猿□夜血，狐鼠霜啼，梟獍晝迷，豺狼宵遁。自此犁庭掃穴，覆社傾巢，元惡伏誅，群凶就僇。俘獻靖邦之績，勞書定國之勛。皇心載寧，垂裳臨御。天寵有赫，紀績旂常。豈讓虞周全盛時耶。始予蒿目境土，腐心兵革。念帑藏物力之詘，憫黎元轉運之艱。乃捐湯沐之金，少佐國家之急。祗抒丹悃，匪獵虚稱。幸徼寵靈，大爲奏凱。斯已身享太平世運矣。爰效風人之志，載揚抃舞之懷。庶幾賡歌，以傳盛美云爾。

天王御歷清寰寓，鞮譯氈裘知共主。何來井絡見欃槍，十載西南紛鼙鼓。
鴟張猿嘯萬重山，渠孽乘危虎豹關。赤子半攖鋒鏑苦，巴渝喋血漲潺湲。
列校倉皇布江上，江郊鬼哭愁相望。六縣冤銷鴻雁寃，山川脂竭蝸蜓餉。
潢池誰與奠春臺，烽火征塵撼地來。西顧每厪宵旰慮，親分節鉞下天垓。
喜傳制閫推司馬，一劍霜飛夜即野。何异當年李藥師，居然長城萬間厦。
李君自是星之精，曾爲霖雨蘇蒼生。東海妖鯨方汛掃，西山黠鼠敢驕鳴。
危巢燐蜮方噓熾，諸路熊羆俄集蝟。六花夜秘鬼神機，八陣雄飛天子氣。
忽聞凱歌諠郡國，一雨洗兵凶焰息。岩岩京輔晝飛音，勃勃瘡痍人起色。
君不見周宣問夜兆庥功，太原之伐何英雄。吾皇燕喜仍六月，後先接武將無同。
又不見唐君善任征淮蔡，鵝鳴聲中擒巨害。成謀在斷古今然，此日廟謨永開泰。
北門鎖鑰倚元臣，頓令溥天沐好春。遥挹二台齊曳履，忻覘八座善調鈞。
岷山青青沱江緑，文治從今洽西蜀。水遠山長無盡時。萬古乾坤照玉燭。并補《全蜀藝文志》。

平播州夷人歌　李鳳

朔風起，胡笳奏，蛇虺敢共蛟龍鬥。夜郎何物逞妖氛，濁霧蠻烟迷白晝。蠹魚宵駭出殘編，慅慅不敢縹緗眠。百里無烟雞犬寂，羽書飛報神堯前。帝維司寇相東魯，飛牘曾藉農商賈。世揚秋烈豈乏人，枚卜專制統熊虎。尚方劍戟耀龍光，急繕招摇日月章。經文緯武由帷幄，救焚熄焰决吕梁。誓告六師誅負國，剿馘無容稽頃刻。龍韜秘運神莫窺，登壇忽變旌旗色。材官猛將紛承風，席捲長驅轉飛蓬。率土竊疑囚得地，誰知克不待秋冬。共驚此役如破竹，汾陽制黔揆制蜀。出將入相雙美人，山甫吉甫今又復。凱聲雷動徹穹蒼，陽春盎盎繼嚴霜。遍山白骨復生肉，滿目枯枝垂遠楊。山獐野狐己掃穴，累朝負嵎一朝裂。郡縣新闢不毛鄉，車騎猶濺妖魔血。習戰不必昆明池，邊夷安静民扶犁。上公偉績光麟閣，策勛殊錫建龍旂。野人受賜終今載，風月無邊不用買。還我當年舊花村，滄海桑田一任改。憶昔綦城慘罹灾，死人冤墳生人哀。誰知地雷來復處，雪中霜裏又梅開。深山猿鶴雲霞友，宵談共酌醍醐酒。無懷渾沌葛天民，惟解鼎成數用九，心史千秋傳不朽。《綦江志》。

——（民國）《桐梓縣志》卷十九《文徵下集・詩一》，載《中國地方志集成・貴州府縣志輯》，第 37 册，516～518 頁

播道吟十首

自大君休笑夜郎，雄關止用一夫當。絶憐豎子痴愚甚，不守先人舊版章。婁山關。

蜀道難於上太清，此鄉何處不知名。便騎逐電追風過，一見巑岏也自驚。夜郎坡。

前蹊突兀後嶙峋，漫向腰間解葛巾。果有壺天堪託憩，吾將坐看往來人。石壺□。

莫言回首白雲低，毒霧遮天咫尺迷。下去直如蛇赴壑，歸來愁與狖争梯。三坡。

硋岩轉石下林垌，萬壑雷聲已倦□。不有高臺名歇馬，教人進出一難憑。松坎。

康莊大道與谽谺，不徑而行但有蛇。此物近前猶倒退，問君何苦不屈家。蛇□□。

雨中怪石滑於油，野店干霄未易投。只有行人魂欲斷，如何鬼見也知愁。鬼見愁。

嚴霜犯曉陟層崖，强忍飢腸曳敝鞋。説到吾門堪扣處，今朝不比太常齋。清□坡。

一盤西向一盤東，九折將無此地同。再益一盤於九上，飛廉那敢復稱雄。九□子。

石脊難當野水奔，成橋端在鑿山根。行人不葬江魚腹，賴有痴僧斷臂恩。魚梁河有僧斷臂，化緑乃成此橋。《白雲集》。

——（民國）《桐梓縣志》卷十九《文徵下集・詩一》，載《中國地方志集成・貴州府縣志輯》，第 37 册，521～522 頁

播州感興六首　李先立

楊家世業已蒿萊，雌鳳妖驪稔禍胎。躍馬真成蛙坐井，鞭山未信海如杯。從來負固無完局，豈待殘燒辨劫灰。指顧重關天險失，夜郎自大古今哀。

遥從萬曆指乾符，八代滄桑遞菀枯。河右竇融曾附漢，淮西元濟自坑吴。花莊粉閣巢新燕，鹿堡魚墩叫夜烏。小小山川輕浪擲，動人憑吊亦踟躕。

候尉承流歷再周，中間風浪幾沉浮。金門棘老銅駝卧，錦水燐飛鐵馬秋。雞犬獨超秦劫火，提封不入漢邊愁。流移八郡良家子，長得兒孫又白頭。流寇殘蜀，獨遵郡獲免，八府流移，多避亂於此，因家焉。

朱服飛魚敕賜年，天家本意在安邊。鄢陵未入吴終擯，□葛交綏鄭忒專。絶磴海龍平伏莽，元戎汗馬紀凌烟。如何一座桃花塢，空向蒼茫吊謫仙。桃源上舊有銅□，并祠總督李公化龍，今爲懷白亭。

炎精中斷落吴山，大有人才出草間。冉氏一門鍾國器，天心終古厭時艱。未逢余玠龍方卧，小試江城豹已班。其奈宋轅慳北向，功如韓岳亦投閑。

奥府靈區井絡間，孤懸形勝地圖間。錦官西上雲隨馬，銅鼓南封月抱間。劍樹秋風難駐足，天留鴻藻欲舒顔。金牛鑿破蠶叢後，楊馬當年盛故山。筆集。

——（民國）《桐梓縣志》卷十九《文徵下集・詩一》，載《中國地方志集成・貴州府縣志輯》，第 37 册，第 522 頁

播川廢縣

使節翩翩次播川，逢人休問漢唐前。楊端西至無通塞，宋室南來有變遷。山畔亭臺封茂草，溪旁瓦礫漲寒烟。廢興何事關飛鳥，偏向頹垣響杜鵑。

——(民國)《桐梓縣志》卷二十《文徵下集·詩二》，載《中國地方志集成·貴州府縣志輯》，第 37 册，第 523 頁

三坡

傳道當年征播地，馳驅百戰鬭叢岑。連天峻嶺重重險，帀地長雲日日陰。高樹時聞黄鳥唤，懸橋俯視碧流沉。荒村沽酒逢遺老，猶倚閑笻話古今。

按：三坡又名滴泪三坡，其險峻處名“上天梯”。楊應龍拒劉省吾、吴三桂拒李固山，皆於此設隘。

——(民國)《桐梓縣志》卷二十《文徵下集·詩二》，載《中國地方志集成·貴州府縣志輯》，第 37 册，第 525 頁

游土城九龍

極天關塞入雲中，不數秦關百二雄。野樹多臨溪水緑，山花猶是戟枝紅。仰采石壁烟霄近，俯看人家繡陌通。回首當年平播事，可憐今日止蒿蓬。

按：土城在仁懷廳，俗稱甕城。宋大觀三年，於此建滋州，領承流、仁懷兩縣。宣和三年，廢州爲武都城，以仁懷縣爲堡，承流縣并入之。理宗時，豫章袁世明奉詔來平唐朝垻諸蠻，留鎮其地，遂居土城。李化龍《平播疏》所稱“上赤水里頭目袁年、下赤水里頭目袁鍪”皆其裔也。

——(民國)《桐梓縣志》卷二十《文徵下集·詩二》，載《中國地方志集成·貴州府縣志輯》，第 37 册，第 526 頁

九盤子

山北路如槽，山南路如磨。郵亭塞其□，古佛苔蝕座。雄風生半空，雲曳山光破。仰攻犯矢石，一守應萬挫。隘官久已裁，行旅坦然過。緬懷劉大刀，奪險偉征播。後來王節愍，藉此集將佐。王祥初爲九盤隘官。形勝人必争，豈宜防衛惰。一盤一躊躇，忘却早行餓。

——(民國)《桐梓縣志》卷二十《文徵下集·詩二》，載《中國地方志集成·貴州府縣志輯》，第 37 册，第 531 頁

游娘娘廟相傳爲侯忠烈良柱故宅　温奎光

委鬼亂皇居，羅鬼擾天府。《三國志》："益州，天府之國。"萬骨堆北邙，一將遺老圃。夷考有明季，播川盛豺虎。天生忠烈公，恃爲靖疆土。三載至元戎，一身百戰苦。何時家屬遷，故宅僧所取。書院是范留，佛寺爲王與。地本因人重，迹漸泯乎古。豈同俗諺云，千年换百主。

——(民國)《桐梓縣志》卷二十《文徵下集·詩二》，載《中國地方志集成·貴州府縣志輯》，第37册，531～532頁

楚米舖，原作坡。舊志載得名於平播之役。按：李化龍平播，分兵八路，各有餉運隨之。即劉綎師出綦江路，進松坎，戰七陣溪，入石虎關，即石□關。亦未聞轉運楚米以爲軍食者。嘗考《元史》：成宗大德五年，右丞劉深征八百媳婦國，全師敗潰，失地千里，深僅以身免。朝命劉二霸都總督各軍，恢復失地，由湖廣大起丁夫，運糧至播州界交納。當日運糧湖廣，取道四川，經過溱、珍二州，始達播境。屯積糧台，於石虎關下。楚米坡之名蓋由於此，謂由平播得名，殊失考究。

——(民國)《桐梓縣志》卷二十《雜記》，載《中國地方志集成·貴州府縣志輯》，第37册，第542頁

宋建南平軍於銅佛垻，其著作有《南平圖經》及《南平志》，《綦江縣志》。其文人亦有猶道明、趙炎卯等先後崛起。《遵義府志》。而溱、珍、播三州置自唐時，徵文考獻，未之前聞。蓋以其時山洞初開，猶襲木刊棘，剪之舊史，故謂之曰羈縻州，以爲能修職貢，即無他求，教化未興，亦仍蠻俗而已。

……桐梓自楊逆倡亂，後號匪披猖以縣幕而殉難者，有二人。

黄《志》謂：征播之役，賊欲乘官兵飲宴夜襲之，秦良玉以所佩劍屢鳴速報大營。馬千乘自宴席馳歸，同良玉邀賊鄧坎，擒僞將軍吴尚華，由是破九股生苗，奪金筑七寨，逼桑木關。彼時若劍不鳴，失利大矣。時有夜里興文山，爲應龍之子朝棟屯兵處，其上有池一，泓深不可測。天若陰晦，仿髴有鑼鼓大炮浮於水面，頃刻不見。相傳應龍敗時，曾委鑼鼓大炮於池内。同治三年甲子，居民入寨以避號匪，一日池水泛漲，忽有黄衣小兒立於水上，人人争看，片刻没入水中。是夜，號匪搭梯偷寨，寨中忽然驚覺，炮石齊下，賊始遁去。興文寨池神之顯靈，亦若秦良玉鳴劍之先兆矣。軍中警戒可勿嚴乎！

——(民國)《桐梓縣志》卷二十《雜記》，載《中國地方志集成·貴州府縣志輯》，第37册，543～544頁

（民國）開陽縣志稿*

茶山義渡

茶山渡，在縣城東北八十五里，距第三區馬場僅十五里，爲本縣通達遵義、四川要道。在昔播州，隸蜀，且爲邊陲重地、河防要區，後爲本縣川鹽入口處。

——（民國）《開陽縣志稿》第四十八節《義渡》，載《中國地方志集成·貴州府縣志輯》，第38册，第466頁

若苗族中之陳家子、□□、□凶、仲家子、□柯，皆非三苗之裔也。自虞舜後歷千八百年，有國名牂柯者，其轄境北至播州二百二十里。播州今遵義。以烏江爲其南界，蓋盡今開陽縣地皆牂柯也。……

播州楊氏，世爲土官。其族屬散居貴州者曰楊黄，舊作□狼，亦作□獚。開邑治所原名楊黄寨，或曰楊氏、黄氏居之。楊與黄實同姓而不婚，故曰楊黄焉。今縣屬之□□場之楊氏、文氏，□水之□氏、挂氏，□子新場之羅氏、張氏，昔自謂同□不同□□，各有一二百年之史，可謂楊黄同□之一證。今縣城無楊黄矣。或曰縣之北，楊氏凡四五百户，皆土著，是其裔。此就歷史而爲區分者，又有就裝束、語言、習慣而分者，多至數十種，即苗民亦不能詳。

——（民國）《開陽縣志稿》第五十二節《民族》，載《中國地方志集成·貴州府縣志輯》，第38册，第475頁

許成名，字賓室，一作瀓賓，第二區許氏之祖也。……洪武三年，除德全子祐皇陵衛百户。四年，改授寶慶百户，守禦益陽。十四年，調征管勾等處苗蠻。十七年復征普安、廣西等處。十九年，就征播州苗蠻、大小麻哈等處，歷授鷹揚衛，及烏蒙衛前所流官副千户等職。於十九年四月十五日，升除明威將軍、烏撒衛世襲指揮僉事，是爲許氏入黔之

* 解幼瑩修，鍾景賢撰：（民國）《開陽縣志稿》，載《中國地方志集成》編委會編：《中國地方志集成·貴州府縣志輯》，巴蜀書社，2006年。

祖。……

——(民國)《開陽縣志稿》第六十一節《鄉賢》,載《中國地方志集成·貴州府縣志輯》,第38册,第502頁

至思順里,濱江阻山,萬峰峭削,人烟晨星。以其東距湄甕、西連播藺,里于開尤僻也。

——(民國)《開陽縣志稿》第六十五節《藝文》,載《中國地方志集成·貴州府縣志輯》,第38册,第517頁

（民國）修文縣志稿*

《貴陽府志》亦謂："（修文縣）北連播境，西接水西。"

——（民國）《修文縣志稿》卷一《建置志》，載《中國地方志集成·貴州府縣志輯》，第38冊，第564頁

九驛以通蜀，前人驚爲奇迹然。自今日視之，則亦僅僅。蓋水西、播州兩宣慰使其爲梗黔、蜀，勢同狼狽，據地閉關，襲蔭千載，若非李化龍、朱燮元先後奏功，則今日貴陽、重慶間未必如是之。

——（民國）《修文縣志稿》卷一《建置志》，載《中國地方志集成·貴州府縣志輯》，第38冊，第565頁

（元世祖至元）二十九年中書言："亦溪不薛等處地狹官多，宜合二司帥府爲一。"詔從之，且命亦溪不薛與思、播同隸湖廣省，羅甸還隸雲南，八番番羅甸宣慰使烏魯斯等并爲八番順元等處宣慰使都元帥。

——（民國）《修文縣志稿》卷三《前事志》，載《中國地方志集成·貴州府縣志輯》，第38冊，第586頁

（萬曆）二十八年平播，從此烏江南北無烽火之驚，官吏士兵之大江南北來者多於縣屬落葉卜居焉。縣中所謂老户者，考其族譜，十之八皆來自此時者也。

……先是，洪武二十四年，景川侯曹震、播州宣慰使楊□除治貴播驛路。中間因楊氏之叛、安氏之反側，驛道梗阻。至是由扎佐息烽火以入川道，乃暢行焉。

——（民國）《修文縣志稿》卷三《前事志》，載《中國地方志集成·貴州府縣志輯》，第38冊，第587頁

---

* 陳嘉言修，陳矩、孫鸞纂：（民國）《修文縣志稿》，載《中國地方志集成》編委會編：《中國地方志集成·貴州府縣志輯》，巴蜀書社，2006年。

今播州有楊愛,愷黎有楊友,酉陽保靖有彭世麒等。諸人斯言,苟聞於朝廷下片紙於楊愛諸人,使各自爲戰,共分安氏之所有。

——(民國)《修文縣志稿》卷六《獻徵志》,載《中國地方志集成・貴州府縣志輯》,第38册,第608頁

王國禎

王國楨,貴州總兵官也。……萬曆二十七年,播州宣慰使楊應龍反,貴州巡撫郭子章命諸將扼烏江拒守,總督節制川、湖、貴州諸軍事。李化龍駐鎮重慶,決八路平播之策,請調征遼名將轉而征播。總兵劉綎、陳璘、馬孔英、吴廣、童元鎮、李應祥,副總兵陳良玭、副將曹希彬,分由四川、貴州大舉進剿。卒於翌年之夏合圍海龍囤,迫應龍自縊,俘其子朝棟,而八百餘年據地自雄之宣慰使竟斬其祀,總兵劉珽名冠諸將,功尤倍之。綎,江西人,父顯早著功烈,前曾爲貴州總兵官,綎後更以松山之役殉國。國禎,浙江人。浙與江西連壤,其必從珽征播,從蕩海龍囤,以功擢偏裨,轉官貴州,漸至方鎮。

牟文綬

牟文綬,本湖北利川縣人,其從軍貴州也。當亦由八路平播之役,以功超擢將備。……

袁桂芳

袁桂芳,四川播州上赤水長官司。袁□之孫,游擊從討藺奢殉難,贈都督僉事。

——(民國)《修文縣志稿》卷八《人物志》,載《中國地方志集成・貴州府縣志輯》,第38册,635~636頁

(民國)婺川縣備志*

九杵關,城南七十里,爲通播要害處。山徑逼窄,陡絶高峻,前明楊應龍據播於此征戰。

——(民國)《婺川縣備志》卷二《關隘》,載《中國地方志集成·貴州府縣志輯》,第39册,第625頁

* 婺川縣修志局、圖書館彙集:(民國)《婺川縣備志》,載《中國地方志集成》編委會編:《中國地方志集成·貴州府縣志輯》,巴蜀書社,2006年

(民國)息烽縣志*

李化龍,長垣人,進士。(萬曆)二十七年三月,以兵部右侍郎總督四川、貴州、湖廣軍務兼右僉都御史,巡撫四川。二十九年,以憂去。

——(民國)《息烽縣志》卷七《官師志上·職官》,載《中國地方志集成·貴州府縣志輯》,第43册,第67頁

郭子章,泰和人,進士。(萬曆)二十七年,以右副都御史任,三十二年,進右都御史兼兵部右侍郎。

——(民國)《息烽縣志》卷七《官師志上·職官》,載《中國地方志集成·貴州府縣志輯》,第43册,第70頁

* 王佐、樊昌緒修,顧樅纂:(民國)《息烽縣志》,載《中國地方志集成》編委會編:《中國地方志集成·貴州府縣志輯》,巴蜀書社,2006年。

(民國)威寧縣志*

李德輝傳

李德輝,字仲寔,通州潞縣人。至元十七年,西南蠻變羅施鬼國復叛,詔雲南、湖廣合兵三萬討之。兵且壓境,德輝以左丞被命至播乃止,三道勿進,遣張秉思諭鬼國趣降。其長阿察熟德輝名,曰:"是活合州李公邪! 其言可信。"即自播州泣且告曰:"吾屬百萬人徵公來死且不降,今得所歸,蔑有二矣!"……

——(民國)《威寧縣志》卷五《宦迹志》,載《中國地方志集成·貴州府縣志輯》,第50冊,530~531頁

李化龍傳

李化龍,直隸長垣人,進士,經緯雄才,久歷邊鎮。総督、川湖貴州,主征播事。其馭將機權,取酋方略,出人意表。雖羽檄交馳,而尺牘文告皆珠璣錯落。開城布公,得人死力,賜劍未嘗輕用。賊平,功遷尚書少保,播人詞祀之。出《貴州通志》。

王象乾傳

王象乾,字霽宇,山東新城人。嘉靖時參議,重光孫,隆慶辛未進士。萬曆辛丑以總督代李化龍經理善後事,繕城郭,立學校,撫流離,置牧守,簡將儲糧,則壤定賦,皆盡心爲之。播餘孽吴洪聚沙溪,結連水西爲亂,設計討平之。……出《貴州通志》。

——(民國)《威寧縣志》卷五《宦迹志》,載《中國地方志集成·貴州府縣志輯》,第50冊,第532頁

何喬新傳

何喬新,字廷秀。廣昌人。進士,歷官刑部侍郎。成化間,播州宣慰楊輝寵庶子友,

* 苗勃然、王祖奕纂:(民國)《威寧縣志》,載《中國地方志集成》編委會編:《中國地方志集成·貴州府縣志輯》,巴蜀書社,2006年。

欲奪嫡子愛，乃立友爲凱里、安寧宣撫司，誣愛以交通唐王。朝廷遣官即訊，友賄諸權貴皆爲游説。喬新至，盡條上其罪狀，白愛無反謀而革友宣撫，戢播事遂定。出《貴州通志》。

——（民國）《威寧縣志》卷五《宦迹志》，載《中國地方志集成·貴州府縣志輯》，第50册，第534頁

郭子章傳

郭子章，字相奎，號青螺，太和人，隆慶辛未進士。萬曆廿七年，巡撫貴州，歷十年，習知民阸，凡所設施，永垂利澤，尤善獎拔士類，經其品題，率成名宿。著《黔記》六十卷，經濟卓然。先是播州酋楊應龍作亂，王師屢征不克，天子拊髀，廷臣交薦。子章匹馬入黔，增兵餉，扼要害，立賞格，士氣百倍與師。纔百餘日擒應就誅之，播州平，始經理播州爲平越等郡縣。未幾，復有皮林之役，功與播等。黔人戴恩，建生祠七所，更有建懷德祠，以子章與諸葛忠武關壯繆鼎足者。卅五年，陳情終養疏九上，始得請，晉兵部尚書。出《貴州通志》。

——（民國）《威寧縣志》卷五《宦迹志》，載《中國地方志集成·貴州府縣志輯》，第50册，第536頁

張悌傳

張悌，河南人，進士。倜儻有才，慷慨自許，夙以边才著，以四川參政分守東川。時討楊應龍，值總督李化龍丁艱，兵心稍懈，獨冒暑單騎走監諸營，激勵將士，竟以平賊。遷大同巡撫，卒。同上。

——（民國）《威寧縣志》卷五《宦迹志》，載《中國地方志集成·貴州府縣志輯》，第50册，第542頁

詹貞吉傳

詹貞吉，巴縣人，隆慶戊辰進士。萬曆二十年，以右參議分守新鎮道，值播逆楊應龍將叛，人情汹汹。貞吉特携家至平越以鎮人心，衆方有固志。貞吉居官，澹泊簡易，與民休息。是時初設府，凡徑制籌昼，殫厥心力。莅黔十餘年，臨行，宦橐蕭然，惟圖書數簏。同上。

——（民國）《威寧縣志》卷五《宦迹志》，載《中國地方志集成·貴州府縣志輯》，第50册，第544頁

（民國）鎮寧縣志[*]

按:弘治《圖經》:自元設安莊,即有白水堡之名,可見由來甚久。白水蠻,寇邊之説疑爲今縣,屬白水河流域。按:《舊唐書》:"貞觀七年,改南寧州爲郎州,置總管府,十三年復置郎州,改名播州。"見《遵義府志》。則白水寇邊尤爲近是。按:土人納土授官,以高宗總章爲始。

——(民國)《鎮寧縣志》卷一《前事志》,載《中國地方志集成·貴州府縣志輯》,第44册,第399頁

(宋)理宗寶祐四年五月,羅氏鬼國遣報思播,謂:元兵留大理國,取道西南,將大入寇邊。《宋史》。

按:《通鑑》董槐曰:"羅鬼國報思播,謂北兵留大理,招養蠻人爲嚮導,此甚可憂。"帝曰:"彼不能支,駸駸及我矣。"董槐又言:"瀘敘之上鹽井設險以待敵兵,此時不可吝費。"程元鳳曰:"宜令播州以兵助羅鬼,制司以兵助播州,詔以銀萬兩使司〈思〉、播約結羅鬼爲援。"據《大定府志》:"當宋之末,造其時復侵有貴州,乃分其地爲水東、水西二部,鬼主仍居水西,號羅氏鬼國。理宗寶祐四年,羅氏鬼國遣使報思播言:元兵屯大理,取道西南,將大入寇。"按:《大定志》謂羅鬼仍居水西,即今鎮寧治東之水西莊,在明屬阿岔枝地,亦作阿榨,又作阿察,詳後。

——(民國)《鎮寧縣志》卷一《前事志》,載《中國地方志集成·貴州府縣志輯》,第44册,第400頁

[*] 胡翯修,饒燮乾等纂:(民國)《鎮寧縣志》,載《中國地方志集成》編委會編:《中國地方志集成·貴州府縣志輯》,巴蜀書社,2006年。

（民國）德江縣志*

（唐）元宗先天二年，罷播州都督府，復以黔中爲都督府，思、費等州屬之。《元和志》。

（唐）憲宗元和二年，詔思、費、夷、播、溱、錦、獎、叙八州皆隸黔中采訪使。《唐地志》。

先是開元二十一年，置黔中采訪使，治黔州。故元和中，以八州屬之。而黔中之名，則自隋以來已有之，如“開皇二年，田宗顯爲黔中太守”是也。然隋唐之黔中與秦之黔中同名而异地。《禹貢錐指》曰：“秦黔中郡在辰州西面二十里。漢改黔中爲武陵郡，移理義陵，今辰州叙浦縣。是而辰、錦、溆、獎、溪、禮、朗、施等州，實秦、漢黔中之地。今之黔中，則西有延江，自牂牁北歷播、費、思、黔等州北注岷江，與黔州故地炳然分矣。”杜氏《通典》以爲一地誤甚。《通考》曰：“隋置州爲郡。唐武德初，改郡爲州、太守爲刺史。天下初定，多係權置州縣。太宗元年，始命并省，又因山川形勢分天下爲十道，其邊鎮及襟帶之地置總管府以鎮軍戎。七年，改總管府爲都督府，又或邊境置節度、經略、觀察、采訪等使，殊無常例。天寶初，改州爲郡、刺史爲太守。”

晉天福五年，牂柯張萬濬率夷、思、播、費等七州皆附於楚王馬希範。《五代史·楚世家》。

按：《宋史·蠻夷傳》曰：“唐末之亂，蠻酋分據其地，自署爲刺史。”遵義鄭氏曰：“想自僖、昭而後，舊時黔中采訪使、管内諸州所在大抵如是。宋朝，但據夷人所指以置縣名，雖唐之州縣，而地則半非其舊矣。”

宋初，以思、費等州爲羈縻州，隸黔州，《績通考》。夷、思、播、費、牂、充、莊、琰爲化外州。《元豐九域志》。

鄭氏曰：“《元豐志》於‘化外州’中‘夔州路’亦列夷、思、播、費等州，其郡名、領縣與唐代同。知此諸州自入宋以後仍載版圖，歸黔州管轄。然蠻酋自爲雄長，部曲亦各分居、自相統領。朝廷僅知爲唐舊地，虛存隸黔之籍，時時存問之耳，不可與各路州縣論也。”

太平興國五年，獎、叙、錦、費等州來貢。《宋史》。仁宗嘉祐五年，獎、叙、播、錦、費州来。《綱目》。八年，改黔州爲紹慶府，所領羈縻之州凡五十六，思州領縣四，費州領縣四，并遣牙校治事，播州領以酋長，屬四川夔州路。《通考》。

按：思州、費州地界毗連，同係羈縻之域。自神宗後，不聞有費州事。想其時思州田氏權勢日盛，當以費州之地并入思州耳。《宋史》言：“五代以來，諸洞驕恣，獨思州田氏奉法醇謹，保定蕃部。”觀後之思州統屬安

---

* 張禮綱修，黎民怡等纂：（民國）《德江縣志》，載《中國地方志集成》編委會編：《中國地方志集成·貴州府縣志輯》，巴蜀書社，2006年。

化、印江、婺川等地可知已。

徽宗宣和四年，廢思州，并入彭水縣，隸黔州，以務川縣爲務川城，邛水、安夷二縣皆爲堡。《續通考》。政和七年，番部長田祐恭内附，復建思州，仍領務川、邛水、安夷三縣。《通考》。

高宗紹興二年，復思州。

按：建炎二年，調思州田氏討劇賊王闢，是未復思州，以前仍名思州，不過朝廷無命官任，田氏自爲政治而已。

元世祖十四年，思州長官田謹賢、播州長楊邦憲相繼送款，俱授安撫司。尋改安撫司田氏爲宣撫司，治龍泉坪，置水特姜、思邛江二長官司及務川縣隸之。《貴州通志》。十八年，改思州宣撫司爲宣慰司兼管内安撫司。《府志》。

至元二十一年，以思、播二州隸順元路。《貴州通志》。

按：《續通考》云："夔州路之施、黔、思、播等州，元以其地分隸四川、湖廣等處，惟溪洞諸蠻别立二安撫司以統之。二十年，討平九溪十八洞，以其酋長之可官者，大者爲州，小者爲縣，立總管府。"總管即安撫也，據此可以知其强大之由也。順元路者，羅施鬼國之易名也，今大定、威寧、黔西、平還、畢節皆其故地。

至正二十二年，田謹賢仲子之孫茂安爲鎮達州知州，始分據其地以降僞夏明玉珍，置思南都元帥府。即前府治。

按：此爲思南、思州分治之始，德江縣地屬之。

明太祖洪武十年，以沿邊溪洞軍民萬户總管安輝内附分水特姜司地，置蠻夷長官司，以安氏世其職，《貴州通志》。改偏刀水長官司陸公閬爲土巡檢，世職。

按：蠻夷司與土巡檢皆德江所屬。巡檢署在今縣西一百三十里，地名巡檢司西有花水，爲沃饒地。

二十八年，改水特姜司爲水德江司，以黔南道鎮。將軍張應隆爲正長官。

成祖永樂十一年，革思南、思州二宣慰司，析置府，改思南宣慰司辦事長官楊朝海爲水德江司副長官，世職。

按：思南宣慰司田仁智死，子大雄襲。傳至其後宗鼎，與思州宣慰田琛争砂阬有隙，爲琛侵虐不已，訴之朝。上遣鎮遠侯顧成發兵，執琛至京錮之。尋以宗鼎懷怨，并訟其祖母下於理。遂廢兩宣慰，而以三十九長官地置府縣，設貴州布政使以理之，使爲蔣廷瓚。貴州之爲内地自此始。

十二年，分其地爲八府，曰思南，曰思州，曰石阡，曰鎮遠，曰銅仁，曰黎平，曰烏羅，曰新化。十八年省烏羅入銅仁，省新化入黎平。

萬曆二十三年，除水德江司爲安化縣，隸思南府，治所附府南郭。

——（民國）《德江縣志》卷一《地理志》，載《中國地方志集成·貴州府縣志輯》，第47册，326～327頁

(民國)石阡縣志[*]

萬曆二十八年,貴州巡撫郭子章討楊應龍後,巡行至石阡,捐資銀二百一十四兩。增修南、北二月城并敵樓。歷久城傾圮。……

——(民國)《石阡縣志》卷二《建置志》,載《中國地方志集成·貴州府縣志輯》,第47冊,第409頁

元世祖至元十七年,思、播等州軍侵鎮遠、黃平界,命李德輝等往視之。石阡錯鎮遠界。

至元三十年,遣使督思、播二州及鎮遠、黃平,發宋舊軍八千人從征雲南。

元成宗貞元年,始於黔中等郡置屯戍。石阡屯、鎮遠屯。

元仁宗延祐五年,播州南寧長官司洛磨作亂,思州守臣換住哥招諭之,洛磨遣人以方物采獻。

元泰定帝泰定元年,思州平茶司楊大車、酉陽司冉世昌寇小石郎、凱江等塞,調兵捕之。

元文宗天曆二年,播州楊萬户引四川賊至烏江岸,官兵敗之。既而諸軍齊集,賊遂降。烏江,石阡西界。

元文宗至順二十二年,鎮遠州知州田茂安降於四川明玉珍,玉珍置思南道都元帥府。

明成祖永樂十一年,叛苗田琛、田宗鼎伏誅,罷羅甸宣慰司,置石阡等府。石阡之名始此。

明英宗正統十四年,草塘今甕安。苗龍惟保、王占田等叛,陷石阡城,知府胡信死之。

正統十五年,播凱、黃平、白泥、草塘苗劫石阡,土官楊再珍、汪譽、安瓊等力拒之,方竄。

明武宗正德六年,江津賊方四等寇石思,大兵攻走之。

明世宗嘉靖二十一年,銅鎮苗叛,陷石阡城,執推官鄧本中。

---

* 周國華等修,馮翰先等纂:(民國)《石阡縣志》,載《中國地方志集成》編委會編:《中國地方志集成·貴州府縣志輯》,巴蜀書社,2006年。

嘉靖二十七年，羅番龍受祖叛，苗賊龍許保陷印江縣。

嘉靖二十九年，銅仁苗陷思州府。先是播賊李保等糾草塘、卭水、重安、都勻、平浪等司黠酋據湄潭縣，殺劫一空。總兵石邦憲從石阡間道攻之，乃平。

明神宗萬曆二十三年，播州宣慰司楊應龍率群苗叛，犯龍泉司等處。按：楊應龍之亂蔓延至萬曆二十八年，總督李化龍率師討平。事詳《省志》。

——（民國）《石阡縣志》卷九《武備志》，載《中國地方志集成·貴州府縣志輯》，第47册，496～497頁

明　安民志

龍泉司長官。初龍泉無城，與播州接壤。及播酋楊應龍叛，民志以好言結應龍之將朱擎善，遂不入境。已而賊勢日熾，民志請防兵五百築堡牆以自衛。應龍惡之，率朱擎善群賊寇龍泉。衆寡不敵，民志死之，時萬曆二十七年八月十四日也。二十八年，播州平。二十九年，改龍泉司爲縣，巡撫郭子章請以民志子襲土縣丞，以旌其忠。其祖職仍世爲土主簿，今裁。

——（民國）《石阡縣志》卷十三《人物志》，載《中國地方志集成·貴州府縣志輯》，第47册，第546頁

張春妻毛氏

萬曆二十七年，播賊殺春，欲執毛氏。去〈毛〉氏抱夫尸，厲聲罵賊，賊怒，斷其手。及死，面猶向夫。御史應朝卿題旌。

——（民國）《石阡縣志》卷十四《烈女志》，載《中國地方志集成·貴州府縣志輯》，第47册，第555頁

黔阡紀要舊《志》

……唐貞觀十六年，拓其地，置牂、夷、播、珍等州，屬黔中、劍南二道采訪使。其時所謂黔中者，思南、思州、黎平、鎮遠、都勻與石阡及附近楚、蜀也，惟貴陽不與焉。五代時，楚王馬殷遣八姓帥率邕管柳州兵討兩江溪洞，留兵戍之，遂各分據，號八番，是爲定番州。宋至道三年，以之分隸荆湖、劍南二路。宣和元年，以田祐恭加貴州防禦使。嘉定元年，以宋永高擢貴州經略安撫使，黔稱貴州始於此。

——（民國）《石阡縣志》卷二十《舊志論序》，載《中國地方志集成·貴州府縣志輯》，第47册，第636頁

……（萬曆）二十七年，皮林蠻叛，播賊寇平越，刺都司等官，復寇東坡、烏江及龍泉，

參將以下多死之。賜總督李化龍劍，令便宜從事。二十八年，貴撫郭子章會總督李化龍、湖撫支可大，誓師討播。楊應龍自縊死，餘黨悉平。以其地設平越、遵義兩府，湄潭、甕安等十縣。平越府轄平越、湄潭、甕安、餘慶四邑，以龍泉一邑屬石阡府，俱隸於黔。遵義府轄遵義、綏陽、桐梓、仁懷、正安，隸於蜀。

——（民國）《石阡縣志》卷二十《舊志論序》，載《中國地方志集成·貴州府縣志輯》，第47册，第638頁

四　川

（乾隆）高縣志*

李猗，桐梓縣人，其先江西豐城縣葫毛李氏，明吏部尚書李璣之後，祖元杰，宦播州，家於桐梓縣，而生其隹，隹生猗。

——（乾隆）《高縣志》卷三《職官志》，載《故宫博物院藏稀見方志叢刊》，第 147 册，第 166 頁

張恭，總旗張貴之子也。先是仲父富既，襲舊職，因陣亡乏嗣，恭乃復承襲，雄武軼於前人。正統三年，調征麓川，又調征交趾、山水、龍隴等寨。厥後，又調征播州蠻賊，并西烟等處，以功叙晉一階，遂升叙南衛所千户，實授百户，仍予世襲。子玉，成化四年，襲其職。

——（乾隆）《高縣志》卷三《職官志》，載《故宫博物院藏稀見方志叢刊》，第 147 册，203 ~ 204 頁

* （清）李鴻楷纂修：（乾隆）《高縣志》，載故宫博物院編：《故宫博物院藏稀見方志叢刊》，故宫出版社，2013 年。

（乾隆）合江縣志*

劉綎，即劉顯之子。明萬曆時，重慶鎮總兵官。播州楊應龍叛逆，李公長垣領兵征之，八路進兵。綎由綦江進兵攻賊，破之。破賊經數十陣，綎之功較諸將爲多。凱還叙功，綎居第一。合江南鄉板橙漕即其故里，增生劉上玉，即綎七世玄孫也。播州人懷劉綎平播之德，立劉公祠，置祀田以祀之。今祠在遵義縣，綎之曾、玄世守之，衿士不絶。綎平播之功見《平播碑》及綎自題佛陀關《詩》。

——（乾隆）《合江縣志》卷四《選舉·武科》，載《故宫博物院藏稀見方志叢刊》，第146册，第124頁

* （清）葉體仁、朱維辟纂修：（乾隆）《合江縣志》，載故宫博物院編：《故宫博物院藏稀見方志叢刊》，故宫出版社，2013年。

（乾隆）富順縣志*

蘇綬，字榮貴，雲南太和人。景泰初任，性恭肅，治尚寬平，嘗督餉於貴播州，民甚愛之，無逋負者，時以爲仇覽再見云。

——（乾隆）《富順縣志》卷三《官績》，載《四川歷代方志集成》（第三輯），第 29 册，第 125 頁

陳起相，字述谷，號放菴。貢生，官河南道御史。明末，弃官爲僧，寓貴陽，居於播之平水里，人稱爲"大友和尚"，方外者多宗之，著有《平水集》百餘卷。諸達官欲致一見，卒不可得。見《貴州通志》。

——（乾隆）《富順縣志》卷五《鄉賢下》，載《四川歷代方志集成》（第三輯），第 29 册，第 175 頁

* （清）段玉裁、李芝等纂修：（乾隆）《富順縣志》，載四川省地方志編纂委員會輯：《四川歷代方志集成》（第三輯），國家圖書館出版社，2016 年。

（乾隆）江安縣志*

雷應宏，萬曆時，以隨征播逆楊應龍有功，世襲瀘衛正千户。

——（乾隆）《江安縣志》卷二《選舉·武宦》，載《四川歷代方志集成》（第三輯），第22册，第36頁

* （清）雷伊纂修：（乾隆）《江安縣志》，載四川省地方志編委會輯：《四川歷代方志集成》（第三輯），國家圖書館出版社，2016年。

(嘉慶)江安縣志[*]

雷時聲，應泓子。以應泓隨征播逆楊應龍有功，蔭千户，歷副總兵，詳《忠義》。

——(嘉慶)《江安縣志》卷四《選舉·封蔭》，載《四川歷代方志集成》(第三輯)，第22册，第153頁

* (清)趙模修，鄭存仁纂:(嘉慶)《江安縣志》，載四川省地方志編委會輯:《四川歷代方志集成》(第三輯)，國家圖書館出版社，2016年。

(嘉慶)内江縣志*

楊應登,雲南阿迷人,由進士任,性和易,御士民有愷悌風,征播之役,運餉獨先。歲饑,捐俸賑恤,全活甚衆。

——(嘉慶)《内江縣志》卷三十七《政績志》,載《復旦大學圖書館藏稀見方志叢刊》,第50册,第376頁

龔懋賢,字晉甫……尋調河南憲副,既出,堅意求歸,杜門著書。會播首發難,起貴州監軍,復爲柄相私人論劾。

——(嘉慶)《内江縣志》卷三十八《人物志》,載《復旦大學圖書館藏稀見方志叢刊》,第50册,第523頁

蕭如松,字鶴侶。八歲失母,博學有大志。領萬曆癸酉鄉薦,任貴陽司,李爰、書明允奉委勘播事,酋以千金爲賂,正色却之,竟按其法。擢南京陝西道御史,巡視江防,激揚振肅。封數上,如册立東宫,諫止礦税,請兵播州,救釋被逮,俱稱旨,載在《留臺奏議》。

——(嘉慶)《内江縣志》卷三十八《人物志》,載《復旦大學圖書館藏稀見方志叢刊》,第50册,540～541頁

* (清)顧文曜修,羅文黻纂:(嘉慶)《内江縣志》,載復旦大學圖書館編:《復旦大學圖書館藏稀見方志叢刊》,國家圖書館出版社,2010年。

(嘉慶)興文縣志*

總兵官劉綎傳載《明史》

播酋楊應龍作亂,擢綎四川總兵官。……遂移師征楊應龍,會四川總兵官萬鏊罷,即以綎代之。時,兵分八道,川居其四,川東又分爲二,以綦江道最要,令綎當之。應龍熟綎才,頗懼,益兵守要害。二十八年正月,諸將克丁山、銅鼓、嚴村,遂直搗楠木、山羊、簡臺、三峒,峒絕險,賊將穆照等衆數萬連營,諸將憚之。綎分兵攻其三面,大戰於李漢壩,生禽其魁,餘賊奔入峒,乘勢克三關,直搗峒前,焚之,賊多死,盡克三峒,禽穆照及賊魁吴尚華。是日,綎督戰,左持金,右挺劍,大呼曰:"用命者賞,不用命者齒劍。"鬥死者四十八人,遂大捷。應龍乃遣子朝棟、惟棟及其黨楊珠,統鋭卒數萬,由松坎、魚渡、羅古池三道并進,綎伏萬人羅古,待松坡賊;以萬人伏營外,待魚渡賊;而别以一軍策應。賊果至,伏盡起,綎率部下轉戰,斬首數百,追奔五十里。賊聚守石虎關,綎亦掘塹守。

初,綎聞征播命,逗遛多設難以要朝廷,言官交劾,議調南京右府僉書,綎至是聞之,即辭任。總督李化龍以平播非綎不可,固留之,力薦於朝,綎乃復受事。逾夜郎舊城,攻克賊滴淚、三坡、瓦窑坪、石虎諸隘,直抵婁山關。婁山萬峰插天,叢箐中一徑纔數尺,賊設木關十三座,排栅置深坑,百險具備。綎分奇兵爲左右路,間道趨關後,而自督大軍仰攻,奪其關,追至永安莊,兩路軍亦會。綎老將持重,慮賊衝突,聯諸營,一據婁山關爲老營,一據白石口爲腰營,一據永安莊爲前營。都指揮王芬者,勇而寡謀,每戰輒請爲前鋒,連勝有輕敵心,獨營松門埡之衝,距大營數里,賊方有烏江之勝,謀再奪婁山,適穆照遣使洩芬孤軍狀,賊乃襲殺芬,守備陳大剛、天全招討楊愈亦死,失亡士卒二千人。綎聞,親率騎卒往救,部將周以德、周敦吉分兩翼夾攻,賊始大奔,追至養馬城而還。是日,應龍幾被獲,乃不敢窺婁山,綎懲前失剳,近關堅壁,且請濟師。逾十餘日克後水囤,營於冠子山,

* (清)楊迦懌、張淳、余炳虎修纂:(嘉慶)《興文縣志》,載南京大學圖書館編:《南京大學圖書館藏稀見方志叢刊》,國家圖書館出版社,2014年。

尋會馬孔英、吴廣諸軍，逼海龍囤下，與諸軍共平賊，綎功爲多。

初李化龍薦綎，言官謂綎嘗納應龍賄，宜奪官，從軍部議，謫爲事官，戴罪辦賊。綎德化龍，使使齎玉帶一，黄金百，白金千投化龍家，爲化龍父所叱，投巡撫御史崔景榮家亦如之。化龍、景榮并奏其事，詔革綎任，永不收録，没其物於官。已録平播功，進左都督，世蔭指揮使。

——(嘉慶)《興文縣志》卷六《藝文志・傳》，載《南京大學圖書館藏稀見方志叢刊》，第 64 册，492～499 頁

建武營游擊龔萬禄、守備李世勛合傳 載《明史》

龔萬禄，貴州人。目不知書，有膽志，膂力過人。從劉綎征楊應龍，先登海龍囤。署守備，守建武所。

——(嘉慶)《興文縣志》卷六《藝文志・傳》，載《南京大學圖書館藏稀見方志叢刊》，第 64 册，508～509 頁

（嘉慶）彭縣志*

鄭彦文，彭縣人。元貴州宣慰使。洪武間投誠，安撫播、貴、水西、畢節有功，擢户部侍郎，守貴州。

——（嘉慶）《彭縣志》卷三十《宦業》，載《四川歷代方志集成》（第二輯），第 18 册，第 430 頁

* （清）王鍾鈁纂修：（嘉慶）《彭縣志》，載四川省地方志編委會輯：《四川歷代方志集成》（第二輯），國家圖書館出版社，2015 年。

(道光)江安縣志*

雷時聲,以父應泓征播逆功,蔭千户。崇禎時,歷副將,討賊陣亡,贈榮禄大夫,賜祭。

——(道光)《江安縣志》卷二《人物志·封蔭》,載《四川歷代方志集成》(第三輯),第22册,第323頁

* (清)高學濂纂修:(道光)《江安縣志》,載四川省地方志編委會輯:《四川歷代方志集成》(第三輯),國家圖書館出版社,2016年。

（同治）内江縣志*

楊應登，雲南阿迷人。由進士任，性和易，御士民有愷悌風。征播之役，運餉獨先。歲饑，捐俸賑恤，全活甚衆。邑南椑木鎮苦渡，捐俸置橋，仍市田畝以備修緝。時有僞冒都司，馳傳各邑，詐取庫金，多中其奸者，至邑盤詰，立擒，當路异之，擢主事，歷升廣西按察司副使。

——（同治）《内江縣志》卷二《名宦》，載《四川歷代方志集成》（第三輯），第 12 册，第 85 頁

龔懋賢，字晉甫。隆慶丁卯與兄懋賞同舉於鄉，戊辰成進士，授廬陵令。四年，報最憂去。起，擢貴州道御史，巡視十庫，一璫持百金爲壽，正色拒之。巡按廣東越瓊厓，懲貪勸廉，海忠介深服之。再按陝西，激揚如按粤時。轉南京畿道，時京師大旱，詔求直言，乃上《五少三多疏》，大略謂：天下任事之臣少，朝廷心膂之臣少，兵少，財少，公論少，爲五少。天下刑獄多，冗費多，議論多，爲三多。疏入，報聞當路，忌之。尋調河南憲副，既出，堅意求歸，杜門著書。會播首發難，起貴州監軍，復爲柄相私人論劾。先是，懋賢按粤時，柄相某以詞上書，論江陵奪情事，謫官海南，偶以録序相左。既入，相終阻抑不肯用，士論冤之。所著有《明發堂稿》《學業通古今》《參同註疏》藏於家。舊《志》列《諫論》。

——（同治）《内江縣志》卷六《人文》，載《四川歷代方志集成》（第三輯），第 12 册，第 158 頁

蕭如松，字鶴侶，八歲失母，博學有大志。領萬曆癸酉鄉薦，任貴陽司。李爰書、明允奉委勘播酋事，酋以千金爲賂，正色却之，竟按如法。擢南京陝西道御史，巡視江防，激揚振肅，封數上，如册立東宫，諫止礦税，請兵征播，救釋被逮，俱稱旨，載在《留

* （清）張揩等纂修，張兆蘭等續修，黄覺續纂：（同治）《内江縣志》，載四川省地方志編委會輯：《四川歷代方志集成》（第三輯），國家圖書館出版社，2016 年。

臺奏議》。

——(同治)《内江縣志》卷七《人文》,載《四川歷代方志集成》(第三輯),第12册,第160頁

(同治)合江縣志*

江門鎮,在縣西南路,通遵義。明萬曆中,播州楊應龍叛,合江知縣募兵挽江門以拒之,即此。

——(同治)《合江縣志》卷十一《關隘志》,載《四川歷代方志集成》(第二輯),第2册,第191頁

劉綎,四川都督同知顯子。顯年二十時,嘗挺身與蠻鬥,蠻畏之,綎饒有父風,善用大刀,人稱"劉大刀",又精袖箭。萬曆時,爲重慶鎮總兵官,播酋楊應龍叛逆,制軍李化龍請調秦、汴五省兵及所轄蜀、楚、黔馬步卒,共二十餘萬征之,兵分八路。綎率川兵由綦江路進,一戰而破楠木、山羊、簡臺三洞,復連戰破婁山關,進至海龍囤。海龍囤者,賊以爲天造地設,人迹所必不能到,兵力所必不能加者也。賊以鐵鑄關爲固守計,又鬼方多淫雨,白日晦冥,諸軍壁囤下,未敢先發。賊日夜以梟鷙、藏礌、伏弩俯瞰,官兵紛擊之如雨,以是,諸將兵盡鋭,仰攻連月不拔。綎乃奮勇先登,克其三城,諸軍亦以雲梯攀援而上,賊計無復之,始雉經而死。餘黨田氏、朝棟、兆龍、何漢良、田一鵬、孫時太、馬千駟等相繼就擒,賊遂無噍類矣。賊嘗云:"不怕各處兵,只怕是劉綎。"制軍化龍亦疏稱綎爲選鋒,云:"平九絲顯功第一,平播綎功第一。"勛名并著。綎復善詩,合江南鄉板凳槽即其故里,明經劉士玉,即綎七世裔孫也。播州人懷綎平賊之功,立劉公祠,置祀田以祀之,今祠在遵義縣,綎之曾元世守之。事見李化龍《平播疏》及蹇達《平播碑》。

——(同治)《合江縣志》卷二十五《武功志》,載《四川歷代方志集成》(第二輯),第2册,237~238頁

楊致道平播考

蜀之受播患也,千數百年。而合江緊接永寧、古藺,與水西安氏之目奢氏爲近,受害

---

* (清)秦湘修,楊致道、鄭國楹纂,翟樹蔭等增修,羅增垣等增纂:(同治)《合江縣志》,載四川省地方志編委會輯:《四川歷代方志集成》(第二輯),國家圖書館出版社,2015年。

尤多。考蜀漢時，火濟從征孟獲，得封羅甸國王，歷世俱未安靖。唐、宋、元間，因有致助功，不失爵土。至明洪武初，靄翠、宋欽歸附。靄翠即水西之羅甸國王，宋欽乃靄翠之目，守永寧、古藺者。靄翠死，其妻奢氏立。宋钦死，其妻劉氏代立，兩婦俱有智略。奢氏即藺苗目之女，與宋欽原爲同姓。初，馬都督鎮守水西，欲以計滅諸蠻，乃以事裸撻奢香，激怒諸蠻，使之反叛，以爲兵端而除之。諸苗果怒，欲反，劉氏急止之，走愬京師，得覲太祖，召而問之。復檄馬都督，送奢香至京，謂之曰："汝輩既苦馬都督，吾爲汝除之，然何以報我？"曰："願世世不敢爲亂。"太祖曰："此爾常職，何云報也？"奢香曰："貴州東北有間道，可通四川，願刋山通道，以給驛使往來。"帝許之，遂召馬都督，斬之。帝亦知馬無罪，特借此一人以安之耳。於是以永寧、赤水、畢節、烏撒、皮龍場九驛歸納，而置衛屯，復治站所，又再設府佐分治，由是瀘屬始得相安，無向日侵掠之患矣。

安、奢之外，又有楊氏三姓，互爲唇齒。楊氏之興，以其先太原人楊端在唐初時應召恢播有功，遂得受封其地。至萬曆時，其嗣楊應龍恃功驕蹇，每從部落出剽州縣，及詔逮下獄，乃上書自明。後因羈其次子楊可棟於重慶，尋死，應龍懷恨，遂糾誘諸苗反，大掠貴州十數州縣，兵出綦江，陷綦江城，盡殺城中人，投尸蔽江。至是江津、合江居民望風奔散，多流離失所。朝廷聞之，乃起巡撫李化龍於家，兼總督四川、湖廣、貴州軍務，星夜馳至成都。時賊再屠綦江城，參將房嘉寵、游擊張良賢皆以出禦，死節。化龍至，以計緩賊，迄所徵漢、土兵雲集，乃分三省進，兵爲八路。由綦江路入者，屬總兵官劉綎；由合江路入者，屬總兵官吴廣；由永寧路入者，屬總兵官曹希彬；由南川路入者，屬總兵官馬孔英；又以貴州、烏江、沙溪、平越爲三路，屬總兵官李應祥；以湖廣、偏橋爲一路，屬總兵官陳璘。至庚子三月十二日，八路同進兵，斬獲甚衆。劉綎督兵攻楠木、山羊、簡臺等洞，破之。應龍子及朝棟率諸苗衝營，綎復督兵，大破之。繼綎又破婁山關，而周國柱、吴廣等俱各敗賊，乘勝進攻，賊衆奔潰。應龍計無復之，始雉經而死。其黨一一面縛伏誅，遂無噍類。此一役也，劉綎之功爲最，而調度得宜，則皆化龍之力也。楊氏滅，奢氏猶强。……仰聞破楊應龍時，吴廣兵由合江至赤水，楊氏部下三姓自知其主之必亡，先爲嚮導，紀功得襲千户。明末附於諸師，又多横擾，至康熙元年地入版圖，革去衛職，承襲無由，而播患乃息矣。

——（同治）《合江縣志》卷五十二《雜職志》，載《四川歷代方志集成》（第二輯），第2册，第462頁

（同治）富順縣志*

蘇綬，字榮貴，雲南太和人。景泰初任，性恭肅，治尚寬平，嘗督餉於貴播州，民甚愛之，無逋負者，時以爲仇覽再見云。

——（同治）《富順縣志》卷八《職官·明主簿》，載《四川歷代方志集成》（第三輯），第 29 册，第 318 頁

陳起相，字述谷，號放菴。貢生，官河南道御史。明末，弃官爲僧，寓貴陽，居於播之平水里，人稱爲“大友和尚”，方外者多宗之，著有《平水集》百餘卷。諸達官欲致一見，卒不可得。見《貴州通志》。

——（同治）《富順縣志》卷三十三《隱逸》，載《四川歷代方志集成》（第三輯），第 29 册，第 595 頁

* （清）羅延權等修，吕上珍等纂：（同治）《富順縣志》，載四川省地方志編委會輯：《四川歷代方志集成》（第三輯），國家圖書館出版社，2016 年。

(同治)高縣志*

周茂洪,襲父官保職。天順成化間,征松潘、戎縣、播州有功。

——(同治)《高縣志》卷二十五《武功》,載《中國地方志集成・四川府縣志輯》,第3冊,第395頁

* (清)敖立榜等修,曾毓佐等纂:(同治)《高縣志》,載《中國地方志集成》編委會編:《中國地方志集成・四川府縣志輯》,巴蜀書社,1992年。

(光緒)内江縣志*

楊應登

雲南阿迷人。由進士任,性和易,御士民有愷悌風。征播之役,運餉獨先。歲饑,捐俸賑恤,全活甚衆。邑南榫木鎮苦渡,捐俸置橋,仍市田畝以備修葺。時有僞冒都司,馳傳各邑,詐取庫金,多中其奸者,至邑盤詰,立擒,當路异之,擢主事,歷升廣西按察司副使。

——(光緒)《内江縣志》卷二《名宦·明》,載《四川歷代方志集成》(第三輯),第 12 册,第 480 頁

龔懋賢

字晉甫,隆慶丁卯與兄懋賞同舉於鄉,戊辰成進士,授廬陵令。四年,報最憂去。起,擢貴州道御史,巡視十庫,一璫持百金爲壽,正色拒之。巡按廣東越瓊厓,懲貪勸廉,海忠介深服之。再按陝西,激揚如按粤時。轉南京畿道,時京師大旱,詔求直言,乃上《五少三多疏》,大略謂:天下任事之臣少,朝廷心膂之臣少,兵少,財少,公論少,爲五少。天下刑獄多,冗費多,議論多,爲三多。疏入,報聞當路,忌之。尋調河南憲副,既出,堅意求歸,杜門著書。會播首發難,起貴州監軍,復爲柄相私人論劾。先是,懋賢按粤時,柄相某以詞上書,論江陵奪情事,謫官海南,偶以録序相左。既入,相終阻抑不肯用,士論冤之。所著有《明發堂稿》《學業通古今》《參同註疏》藏於家。舊《志》列《諫論》。

——(光緒)《内江縣志》卷六《人文志》,載《四川歷代方志集成》(第三輯),第 12 册,第 563 頁

---

* (清)陸爲棻修,熊玉華等纂:(光緒)《内江縣志》,載四川省地方志編委會輯:《四川歷代方志集成》(第三輯),國家圖書館出版社,2016 年。

蕭如松

字鶴侶，八歲失母，博學有大志。領萬曆癸酉鄉薦，任貴陽司。李爰書、明允奉委勘播酋事，酋以千金爲賂，正色却之，竟按如法。擢南京陝西道御史，巡視江防，激揚振肅，封數上，如册立東宫，諫止礦税，請兵征播，救釋被逮，俱稱旨，載在《留臺奏議》。

——（光緒）《内江縣志》卷七《人文》，載《四川歷代方志集成》（第三輯），第12册，第565頁

(光緒)珙縣志*

何維漢,世襲土指揮同知。萬曆年間,奉調征播,陣斬巨寇楊應虎等,尋戰没。

——(光緒)《珙縣志》卷十《人物志》,載《中國地方志集成·四川府縣志輯》,第35册,第158頁

明郭成,宜賓籍珙縣人。……楊應龍叛,成進討,尋卒於軍。

——(光緒)《珙縣志》卷十《人物志》,載《中國地方志集成·四川府縣志輯》,第35册,158~159頁

* (清)郭肇林、冉瑞桐等纂修:(光緒)《珙縣志》,載《中國地方志集成》編委會編:《中國地方志集成·四川府縣志輯》,巴蜀書社,1992年。

(光緒)井研縣志*

(萬曆二十七年)十月丙申,以播州用兵,加四川田賦。《本紀》。

(萬曆)二十九年春正月壬子,以播州平,蠲加派田租逋賦。《明史·神宗本紀》。

——(光緒)《井研縣志》卷一《紀年上·紀一》,載《中國地方志集成·四川府縣志輯》,第40册,第676頁

* (清)叶桂年等修,吴嘉謨、龚煦春纂:(光緒)《井研縣志》,載《中國地方志集成》編委會編:《中國地方志集成·四川府縣志輯》,巴蜀書社,1992年。

（光緒）青神縣志*

余子俊，傳《明史》。

余子俊，字士英，青神人。父祥，户部郎中，子俊舉景泰三年進士……貴州巡撫陳儼等言播州苗竊發，請調湖廣、廣西、四川兵五萬，合貴州兵會剿。子俊言，賊在四川而貴州請討，是邀功也，奏寢其事。

——（光緒）《青神縣志》卷四十八《藝文·傳》，載《四川歷代方志集成》（第一輯），第5册，280～281頁

* （清）郭世棻修，文筆超等纂：（光緒）《青神縣志》，載四川省地方志編委會輯：《四川歷代方志集成》（第一輯），國家圖書館出版社，2015年。

（民國）滎縣志*

永寧，古藺州地，奢氏倮儸種也。洪武時，歸附，世爲宣撫使。傳至崇周無子，崇明以疏屬襲。外恭内陰，驁子寅尤驍桀好亂。時，給事中明時舉、御史李達徵川兵援遼。崇明父子請行，先遣土目樊龍、樊虎以兵詣重慶。巡撫孫可求汰其老弱，餉復不繼。龍虎等遂反殺可求及參政孫好古、總兵官黄守魁等，時舉負傷遁，時九月十有七日也。賊遂據重慶，播州遺孽及諸亡命奸人蠭起應之。崇明僭僞號，設丞相、五府等，統所部及徼外𥜥蠻夷數萬，分道趨成都。《朱燮元傳》。

——（民國）《滎縣志》之《事紀第十五》，載《中國地方志集成·四川府縣志輯》，第8册，第320頁

* 廖世英等修、趙熙纂：（民國）《滎縣志》，載《中國地方志集成》編委會編：《中國地方志集成·四川府縣志輯》，巴蜀書社，1992年。

(民國)雙流縣志*

感懷 劉綎

當年先業樹蠶叢,弈葉何堪振父風。自信成家慚長子,敢云報國紹元戎。兒童舊頌平蠻績,父老新傳剿播功。武烈謬叨綿世澤,孤忠一脉貫長虹。

東逐西馳歲又深,凱旋駐馬漫開襟。三巴兵革龍泉迴,六月烽烟雁子沈。關塞自推憐白髮,廟廊誰爲報丹心。良弓鳥盡應無用,緩整魚竿釣海潯。

——(民國)《雙流縣志》卷四《藝文 · 詩》,載《中國地方志集成 · 四川府縣志輯》,第 3 册,774 ~ 775 頁

* 劉佶等修,劉咸滎等纂:(民國)《雙流縣志》,載《中國地方志集成》編委會編:《中國地方志集成 · 四川府縣志輯》,巴蜀書社,1992 年。

(民國)江安縣志*

《瀘州志》載:朱宗望,字遇甫,號渭瞻,湖北潛江人,性至孝。萬曆庚辰選貢,授江安縣知縣,有惠政,民懷其德。尤加意學校,遷學延儒,文風駸振。奉命采木,干霄之材,蔽江充棟,民忘其勞。會播酋楊應龍叛,破綦江城,距江安僅數舍。是時,承平日久,人不習戰,且大兵未集,聞應龍先聲,無不潰散,賊視江安城猶孤雛腐鼠耳。宗望諜知應龍兵驕無制,乃密調鄉勇,設伏城南谷口,俟酋薄城,伏起夾擊,酋大北,追奔三十里,堅守江安以待大兵之集。會劉綎、吴廣兩總戎,督十八路兵至,宗望輿金輦餉,按期給軍。元逆成擒,督撫郭子章上幕府功,擬公關中轉粟,晉四品服俸,錫以銀觥,鐫《太平晏》鼎銘,銘曰:"播酋攖險,吠堯助桀。三宥罔悛,一路受鉞。計蹙投繯,是絶是忽。讌燕受祉,載歌六月。"後以疾乞休歸,民爲立祠祀之。今按:綦江距江安不僅數舍,疑是合江。附載於此以備參考。

——(民國)《江安縣志》卷四《外紀第二十五》,民國十二年鉛印本。

* 嚴希慎修,陳天錫纂:(民國)《江安縣志》,民國十二年鉛印本。

（民國）合江縣志*

江門鎮，《讀史方輿紀要》作"岡門鎮"。在縣西南，路通遵義。明萬曆時，播州楊應龍叛，合江令募兵扼此以拒之。按：以上三關均見舊《志》，今江門已屬敘永縣矣。

——（民國）《合江縣志》卷一《輿地篇第一·關隘》，載《中國地方志集成·四川府縣志輯》，第 33 册，第 355 頁

劉綎，四川都督同知顯子。顯年二十時，嘗挺身與蠻鬥，蠻畏之。綎饒有父風，善用大刀，人稱"劉大刀"，又精袖箭。萬曆時，爲重慶鎮總兵官，播酋楊應龍叛逆，制軍李化龍請調，泰、汴五省兵及所轄蜀、楚、黔馬步卒共二十餘萬征之。兵分八路，綎率川兵由綦江路進。一戰而破楠木、山羊、簡臺三洞，復連戰，破婁山關，進至海龍囤。海龍囤者，賊以爲天造地設，人迹所必不能到，兵力所必不能加者也。賊以鐵柱關爲固守計，又鬼方多淫雨，白日晦暝，諸軍壁囤下，未敢先發。賊日夜以梟鶩、藏礌、伏弩俯瞰，官兵紛擊之如雨。以是諸將兵盡鋭，仰攻連月不拔，綎乃奮勇先登，克其三城。諸軍亦以雲梯攀援而上，賊計無復之始，雉經而死。餘黨田氏、朝棟、兆龍、何漢良、田一鵬、孫時太、馬千駟等相繼就擒，賊逆雖無噍類矣。賊嘗云："不怕各處兵，只怕是劉綎。"制軍化龍亦疏稱綎爲選鋒，云："平九絲顯功第一，平播綎功第一。"勛名并著。綎復善詩，合江南鄉板凳槽即其故里，明經劉士玉即綎七世裔孫也。播州人懷綎平賊之功，立劉公祠，置祀田以祀之，今祠在遵義縣，綎之曾元世守之，事見李化龍《平播疏》及蹇達《平播碑》。舊《志》。

——（民國）《合江縣志》卷六《雜記篇第十二·紀實》，載《中國地方志集成·四川府縣志輯》，第 33 册，第 576 頁

---

* 王玉璋修，劉天錫、張開文纂：（民國）《合江縣志》，載《中國地方志集成》編委會編：《中國地方志集成·四川府縣志輯》，巴蜀書社，1992 年。

平播考 見舊《縣志》

蜀之受播患也，千數百年。而合江緊接永寧、古藺，與水西安氏之目奢氏爲近，受害尤多。考蜀漢時，火濟從征孟獲，得封羅甸國王，歷世俱未安靖。唐、宋、元間，因有致助功不失爵土。至明洪武初，靄翠、宋欽歸附。靄翠即水西之羅甸國王，宋欽乃靄翠之目，守永寧、古藺者。靄翠死，其妻奢氏立。宋欽死，其妻劉氏代立，兩氏俱有智略。奢氏即藺苗目之女，與宋欽原爲同姓。初，馬都督鎮守水西，欲以計滅諸蠻，乃以事裸撻奢香，激怒諸蠻，使之反叛，以爲兵端而除之。諸苗果怒，欲反，劉氏急止之，走愬京師，得覲太祖，召而問之。復檄馬都督送奢香至京，謂之曰："汝輩既苦馬都督，吾爲汝除之，然何以報我?"曰："願世世不敢爲亂。"太祖曰："此爾常職，何云報也?"奢香曰："貴州東北有間道，可通四川，願刊山通道，以給驛使往來。"帝許之，遂召馬都督，斬之。帝亦知馬無罪，特借此一人以安之耳。於是以永寧、赤水、畢節、烏撒、皮龍場九驛歸納，而置衛屯，復治站所，又再設府佐分治，由是瀘屬始得相安，無向日侵掠之患矣。

安、奢之外，又有楊氏三姓，互爲唇齒。楊氏之興，以其先太原人楊端在唐初時應招恢播有功，遂得受封其地。至萬曆時，其嗣楊應龍恃功驕蹇，每從部落出剽州縣，及詔逮下獄，乃上書自明。復因羈其次子楊可棟於重慶，尋死，應龍懷恨，遂糾誘諸苗反，大掠貴州十數州縣，兵出綦江，陷綦江城，盡殺城中人，投尸蔽江。至是江津、合江居民望風奔散，多流離失所。朝廷聞之，乃起巡撫李化龍於家，兼總督四川、湖廣、貴州軍務，星夜馳至成都。時賊再屠綦江城，參將房嘉寵、游擊張良賢皆以出禦，死節。化龍至，以計緩賊，迄所徵漢、土兵雲集，乃分三省進，兵爲八路。由綦江路入者，屬總兵官劉綎；由合江路入者，屬總兵官吴廣；由永寧路入者，屬總兵官曹希彬；由南川路入者，屬總兵官馬孔英；又以貴州烏江、沙溪、平越爲三路，屬總兵官李應祥；以湖廣、偏橋爲一路，屬總兵官陳璘。至庚子三月十二日，八路同進兵，斬獲甚衆。劉綎督兵攻楠木、山羊、簡臺等洞，破之。應龍子及朝棟率諸苗衝營，綎復督兵，大破之。繼綎又破婁山關，而周國柱、吴廣等俱各敗賊，乘勝進攻，賊衆奔潰。應龍計無復之，始雉經而死。其黨一一而縛，伏誅，遂無噍類。此一役也，劉綎之功爲最，而調度得宜則皆化龍之力也。

楊氏滅，奢氏猶强。奢係倮儸種，明初爲宣撫司，世守其土。蜀征都苗時，奢效忠有戰功，禮遇優隆，遂雄長於都司。效忠死，子奢從周襲，無嗣，效忠妾奢世續代理。世續本水西安氏，欲傳印與安，廷議不允，遂舉傍支奢崇明承襲焉。崇明既得志，謬爲恭敬，人皆狎之，然其逆性實本天成，子寅更有勇力，索所結納皆不逞之徒，父子奸謀久蓄，异心一聞，遼警即上疏，願提兵三萬赴援。……抑聞破楊應龍時，吴廣兵由合江至赤水，楊氏部下三姓自知其主之必亡，先爲嚮導，紀功得襲千户。明末附於諸師，又多横擾，至康熙元年地入版圖，革去衛職，承襲無由，而播患乃息矣。

——(民國)《合江縣志》之《合江文徵》卷三，載《中國地方志集成·四川府縣志輯》，第33册，第650頁

軫念封疆疏天啓元年十一月二十六日，見舊《縣志》

乃鄖撫節鉞，原爲四省，而建蜀之瞿唐、忠州衛所并，隸鄖撫，祖宗立法，豈無深意。宜敕令移駐荆南，督發入夔兵馬，如播州之役，撫臣江鐸提督偏沅事，例庶楚蜀聲援不至隔絶，而蜀之東、南、西、北首尾可以應擊，呼吸可以通氣也。

——(民國)《合江縣志》之《合江文徵》卷一，載《中國地方志集成·四川府縣志輯》，第33册，第598頁

(民國)古宋縣志初稿*

雷應泓,江安縣人。萬曆中,以隨征播逆楊應龍有功,世襲瀘衛,正千户。

——(民國)《民國古宋縣志初稿》卷三《職官》,載《中國地方志集成·四川府縣志輯》,第34册,第25頁

* 佚名纂:(民國)《古宋縣志初稿》,載《中國地方志集成》編委會編:《中國地方志集成·四川府縣志輯》,巴蜀書社,1992年。

（民國）興文縣志*

《明史·劉綎傳》：劉綎，字省吾，都督顯子，勇敢有父風，蔭指揮使。……遂移師征楊應龍，會四川總兵官萬鏊罷，即以綎代之。時兵分八道，川居其四，川東又分爲二，以綦江道最要，令綎當之。應龍熟綎才，頗懼。益兵安要害。二十八年正月，諸將克丁山、銅鼓、嚴村，遂直搗楠木、山羊、簡臺三峒。峒絶險，賊將穆照等衆數萬連營，諸將憚之，綎分兵攻其三面，大戰於李漢壩，生擒其魁。餘賊奔入峒，乘勢克三關，直搗峒前，焚之，賊多死，盡克三峒，擒穆照及賊魁吴尚華。是日，綎督戰，左持金，右挺劍，大呼曰："用命者賞，不用命者齒劍。"鬥死者四十人，遂大捷。應龍乃遣子朝棟、惟棟及其黨楊珠，統鋭族數萬，由松坎、魚渡、羅古池三道并進，綎伏萬人羅古，待松坡賊，以萬人伏營外，待魚渡賊，而别以一軍策應。賊果至，伏盡起，綎率部下轉戰，斬首數百，追奔五十里。賊聚首石虎關，綎亦掘塹受。初，綎聞征播命，逗遛多設難以要朝廷，言官交劾，議調南京右府僉書，綎至是聞之，即辭任。總督李化龍以平播非綎不可，固留之，力薦於朝，綎乃復受事。逾夜郎舊城，攻克賊滴淚、三坡、瓦窑坪、石虎諸隘，直抵婁山關。婁山關萬峰插天，叢菁中一徑纔數尺，賊設木關十三座，排栅置深坑，白險俱備。綎分奇兵爲左右路，間道趨關後，而自督大軍仰攻，奪其關，追至永安莊，兩路軍亦會。綎老將持重，慮賊衝突，聯諸營，一據婁山關爲老營，一據白石口爲腰營，一據永安莊爲前營。都指揮王芬者，勇而寡謀，每戰輒請爲前鋒，連勝有輕敵心，獨營松門埡之衝，距大營數里，賊方有烏江之勝，謀再奪婁山，適穆照遣使洩芬孤軍狀，賊乃襲殺芬，守備陳大剛、天全招討楊愈亦死，失亡士卒二千人。綎聞，親率騎卒往救，部將周以德、周敦吉分兩翼夾攻，賊始大奔，追至養馬城而還。是日，應龍幾被獲，乃不敢窺婁山。綎懲前失劄，近關堅壁，且請濟師。逾十餘日，克後水囤，營於冠子山，尋會馬孔英、吴廣諸軍，逼海龍囤下，與諸軍共平賊，綎功爲多。

初李化龍薦綎，言官謂綎嘗納應龍賄，宜奪官，從軍部議，謫爲事官，戴罪辦賊。綎德

* 李仲陽等修，何鴻亮纂：（民國）《興文縣志》，載《中國地方志集成》編委會編：《中國地方志集成·四川府縣志輯》，巴蜀書社，1992年。

化龍,使使齎玉帶一,黄金百,白金千,投化龍家,爲化龍父所叱,投巡撫御史崔景榮家亦如之。化龍、景榮并奏其事,詔革綎任,永不收録,没其物於官。已録平播功,進左都督,世蔭指揮使。

——(民國)《興文縣志》卷二十八《宦迹》,載《中國地方志集成·四川府縣志輯》,第34册,第427頁

《明史·龔萬森李世勛合傳》:龔萬森,貴州人,目不知書,有膽志,膂力過人。從劉綎征楊應龍,先登海龍囤,署守備,守建武所。

——(民國)《興文縣志》卷二十八《宦迹》,載《中國地方志集成·四川府縣志輯》,第34册,第430頁

(民國)續修筠連縣志*

宋大觀中,夷酋駱永順、楊光榮、李世茶等,各以地屬。

——(民國)《續修筠連縣志》卷二《建置沿革》,載《中國地方志集成·四川府縣志輯》,第36册,216~217頁

* 祝世德纂修:(民國)《續修筠連縣志》,載《中國地方志集成》編委會編:《中國地方志集成·四川府縣志輯》,巴蜀書社,1992年。

（民國）盧山縣志*

盧山南鄰高司，在唐虞爲和夷，在商周爲羌。原無姓，自高朗閣藏始以高爲姓……逮有明世襲天全六番正招討使，雄長諸酋。及盧山令屠鸞，清鰲疆界後，漸純王化，征奢酋及平遵義楊應龍，屢有功。

——（民國）《盧山縣志》卷七《政略》，載《中國地方志集成·四川府縣志輯》，第64冊，第200頁

* 宋琅、張宗翊修，劉天倪等纂：（民國）《盧山縣志》，載《中國地方志集成》編委會編：《中國地方志集成·四川府縣志輯》，巴蜀書社，1992年。

（民國）簡陽縣志*

四官財神

鄉人于祖宗牌位側書福、禄、四官財神或書西漢得道求財有感四員官將，此即俗人所謂財神也。考正安舊《志》稱：太原楊端居播，有善政，播人立祠祀之，稱爲"三撫老穆相公"，附以嚴唐羅冉爲四官財神，至今偏祀，頗覺近理。鄭珍《遵義府志》："但舉俗稱西漢洞中求財打寶四員官將，似未得其根據。"

——（民國）《簡陽縣志》卷二十二《禮俗篇·習尚》，載《中國地方志集成·四川府縣志輯》，第 27 册，第 634 頁

* 林志茂等修，汪金相、胡忠閥等纂：（民國）《簡陽縣志》，載《中國地方志集成》編委會編：《中國地方志集成·四川府縣志輯》，巴蜀書社，1992 年。

（民國）簡陽縣續志*

宋

許奕知瀘州時，瀘爲夷境。酋長楊粲請開白錦堡爲錦州，奕持之未得寢而去。後知遂寧府邑，瀕涪江爲城，時有衝突。奕在城外築堤數百丈，以捍水勢。参《宋元學案》《遂寧縣志》增節。按：奕事前《志》有闕今補。

——（民國）《簡陽縣續志》卷三《士女篇・宦績》，載《四川歷代方志集成》（第三輯），第 25 册，第 895 頁

* 李青廷等修，汪金相、胡忠閥等纂：（民國）《簡陽縣續志》，載四川省地方志編委會輯：《四川歷代方志集成》（第三輯），國家圖書館出版社，2016 年。

重慶

(乾隆)巴縣志[*]

元南平宣慰司

楊漢英。大德九年,以行播州軍民使爲紹慶南平宣慰司,統軍萬户,佩虎符。

——(乾隆)《巴縣志》卷六《武員》,載《中國地方志集成·重慶府縣志輯》,第2册,第483頁

張文耀,字芝陽,湖廣沅陵人。萬曆丁丑進士,初任銅梁,調巴縣。精神敏捷,滌垢恤隱,賢聲懋著。癸未擢御史,尋兵備川東,平播之役制撫軍駐節渝城,調遣轉輸多賴之。播平,晉秩憲長,丈量田賦、公私之額、盈縮之制皆其更定,善後之功居多。

蒲林,號小山。陝西咸寧舉人,授綦江令。精明仁恕,善政多端。萬曆丙申,遷重慶安邊同知,廉介縝密,信孚夷漢。以讒被逮,士民白其事,立碑志棠思之。

傅光宅,山東聊城進士。萬曆中,以御史左遷,歷工部郎知重慶府。時播賊猖獗,總制李化龍駐渝城,宅督理戎馬、軍糧有方略。播平,吊忠義,瘞遺骼,輯流亡,撫瘡痍,修學宫,捐俸率作一本誠懇。遷遵義兵巡道,祀名宦。

——(乾隆)《巴縣志》卷八《治績》,載《中國地方志集成·重慶府縣志輯》,第2册,第522頁

王士琦,浙江臨海進士。萬曆中知重慶府,豁達有大度,果於任事。播賊楊應龍負固

* (清)王爾鑑、熊峰纂修:(乾隆)《巴縣志》,載《中國地方志集成》編委會編:《中國地方志集成·重慶府縣志輯》,巴蜀書社,2016年。

久，時制軍奉命勘剿，琦受檄，單騎直驅賊境，諭之出，應龍果至松坎聽勘。引罪去，隨擢川東兵巡副使，賊不敢犯。

李化龍，字霖寰，直隸長垣進士，歷官遼東巡撫。忠清謹恪，持重有謀。萬曆己亥，播賊楊應龍再屠綦江城，參將房嘉寵、游擊張良賢死之。朝議即家拜少司馬，總督川、湖、貴州軍務。六月初十日，自京兼程赴成都。十二月，移鎮重慶，會將士於演武場，撰文祭死事者，悽切動人。又爲誓師文大誥軍士，忠憤激烈，將士鼓勵，以□□□□□師，六月播平。

劉綎，字省吾，江西南昌人，四川總督顯子。顯□□十時嘗挺身與蠻鬥，蠻畏之。綎饒有父風，善□大刀，人稱劉大刀，又精袖箭。播賊變，以綎爲總兵鎮重慶制軍。李化龍征播，兵分八路，川兵以綦江路爲首，綎統之，一戰而破三峒，賊嘗云：不怕各處兵，只怕是劉綎。平九絲，顯功第一；平播，綎功第一。父子勛名并著。綎復善詩，入藝文。

高折枝，河南固始進士。萬曆中任重慶府推官，懲奸除猾，不避權勢。播賊楊應龍將反，憤然以剿除爲己任。綦江破，時枝在成都，日夜馳千里至郡，捍衛城池，兵復變不移，時談笑定之。已復監軍，攻南川路，諸軍未入，先斬關擊賊，隨與諸將抵囤下，遂克大憝。播平，夷漢畏服，祀名宦。

——（乾隆）《巴縣志》卷八《軍功》，載《中國地方志集成·重慶府縣志輯》，第2册，531～532頁

滇行日記 將樂令**劉慈**康成邑人

……萬曆二十七年征播酋楊應龍，蜀撫王繼光命副總兵曹希彬一軍北由永寧緝入，俱此地也。

——（乾隆）《巴縣志》卷十三《記》，載《中國地方志集成·重慶府縣志輯》，第3册，第84頁

……明有阿資、莽應裏、楊應龍、安邦彦之變。

——（乾隆）《巴縣志》卷十三《記》，載《中國地方志集成·重慶府縣志輯》，第3册，第95頁

祭張、房二將文萬曆元年 少司馬**李化龍**霖寰長垣

嗚呼！二將軍之死也，經歲於今矣。人亦有言：死有重於泰山，有輕于鴻毛。如二將軍之死，輕耶？重耶？夫逆賊應龍，淫怒以逞，荼毒生靈，原野厭人之肉，川谷流人之血，既有年于今矣。人臣無將，將則必誅，封疆之臣滅此朝食豈俟問哉！乃數年來未有顯言誅之者，何也？懦者以私，婪者以賄，苟就一切之利而不顧國家久遠之害，晚近庸臣大抵

然耳。蓋顯詞誅之自房將軍始。將軍提一旅捍孤城,豈足以當播州之全師。顧義氣所激,直欲捽逆賊而平吞之。恩重身輕,威尊命賤,所從來矣。迨逆賊卷土而來,相與從事於顔行,將軍不沮不慴,擁孤軍以抗强敵。又得謀勇俱足如張將軍,其人者左右其間。一戰東溪,再戰四埡,奮臂一呼,萬夫辟易,斬將搴旂,潰圍陷陣,何其壯也。終以力盡援絶、鼓衰士散竟至以身殉城。然其英風義烈,猶足吐懦夫之氣,激壯士之肝,亦已奇矣。且自二將軍死而後,賊負不可赦之罪,人堅必誅賊之心,九伐方張、四征伊始,此非賊能死二將軍,乃二將軍能滅賊也。假令守綦江者非有磊磊落落如二將軍,必且與賊通,必且與賊諱,養其鱗甲,長其羽翼,突而鵲起,席卷川巴。李特、王建前事不遠,即不然殺人者可以不死,無君者可以自全,將使人懷問鼎之心、户比齒馬之迹,僭擬成風,綱常掃地,不及十年,人其戎乎,瓦解陸沉,豈足爲喻。蓋將軍之死非獨以存蜀,是天下理亂得失之關也。即謂之重於泰山,是耶?非耶?嗟乎!人誰無死?以法死、以賄死、以寒疾不可汗五日死、以飲酒御婦人死等死耳,要以生無荣名、死無令聞,縱使百千萬劫只如未生甚且遺之臭矣,則其死輕也。二將軍死,既聞天子,嘉其義烈,贈以極品,賞以延世千秋,廟貌比於睢陽。嗟嗟可不謂重耶。龍既入渝城,誓師剿逆,高二將軍之義乃爲文以祭之,二將軍有靈當且率綦城之厲鬼以殺賊,始信二將軍果能滅賊死乃益重也。

祭張監軍文張公諱悌,按察使　李化龍

嗚呼!鄙諺有之:人死留名,誠得死所,雖死猶生。惟公誕河山之粹氣,毓燕趙之精英,負奇每悲歌慷慨,臨事輒憤惋不平。當其守山海、備蘭州,蓋嘗丸泥封關,稱北門之鎖鑰,亦嘗鳴劍抵掌,絶大漠以横行。既逆叛之發難,遂杖策而西征,扣門數語,肝膽立傾。語時事腐心動色,恨叩九閽之無路。談叛逆嚼齦立髮,願捐七尺以相從。遂戍服而蹈重關之險,乃匹馬而監却月之營。信明天日,威肅雷霆,望之者鶴唳風聲而避,歸之者簞食壺漿以迎。既抵賊壘,獨主齊盟,時投袂而作三軍之氣,時揮戈而倡九地之攻。義形於色即衆忌旁猜其奚恤,威加於敵遂灰飛電掃以成功。蓋聞初五之戰,公獨摇旂助喊,與賊相持者終日。初六之人,公則勺水不下,卒致勞形而敝精。蓋夫功以此立,病以此成者與。嗟夫!公之死非一端矣。當其機可乘而輒失盟,屢要而無功,甘養虎而遺患,誰築室而返耕縮朒者爲賊所愚。至不以一矢相加,遺庸憒者縱恣剽掠,等三尺若一髮之輕,即走卒爲之氣塞,何况受命而監國之兵,又况乎三月之間、山嵐水瘴之與、居困苦飢渴之相?仍公之死勞耶?憤耶?憂耶?鬱耶?不然胡爲乎?以飄飄凌雲之氣,不數日而失藏山之壑、咽鄰笛之聲。嗟乎!公則死矣,赤膽忠心之士竟與山原之道殣同命。世之容容碌碌者何限,往往飽富貴而享功名。顧廉頗、藺相如,其人死矣,千載之下猶有生氣;曹蜍、李志,奄奄如泉下,人何足爲生。憶!當五月望後,義師漸老,余且脂車秣馬欲馳入柳營而親取衡命者之首,乃以家計而不果於行,獨灑泣而草檄,誓一死以激群情,即大衆不無感動。公獨搏膺頓足,矢諸天日,遂以一日而克萬仞之城。然則公之死,半爲國半爲我也,余亦何

心而不掩泣，返袂涕汍瀾而泪縱横，臨風一奠茹哀數語，蓋半以紀公殉國之迹，而半以洩吾不平之鳴！嗚呼哀哉！

附　《誓師文》節録　李化龍

萬曆二十八年正月十五日，李公化龍率八省官兵大會於重慶較場，告天誓師，其文有曰：逆賊楊應龍，梟鏡爲心，蛇蝎成性，藐國法如兒戲，刈民命若草菅，以疑似殺妻而並害其家，以殘害殃民而盡絶其世。同知本係寅僚，斬殺俾無遺種；五司原同手足，剿滅盡作荒坵。初但肆惡於一州，繼乃流毒於三省。白石口民户三千，積骸遍野；飛練堡官軍二萬，流血成淵。綦江一路，百里無烟，東坡再焚，三春如赭。最可恨者，對夫以淫其妻，對父而奸其女；尤可駭者，吮乳斷嬰兒之首，燒蛇入孕婦之陰。迹其數載，殺人已盈十萬。擬以五刑，議辟統備三千。大逆無道，天地不容，亂臣賊子，神人共憤！

——（乾隆）《巴縣志》卷十四《祭文》，載《中國地方志集成·重慶府縣志輯》，第3册，164～166頁

平播疏　李化龍

看得楊酋匪茹，與國爲仇，萬姓荼毒，三省震驚。孰不以爲不可以歲月克者，乃自出師以來，甫三月有奇，而元凶授首，黨與悉擒。千年狼虎盤據之窟，一旦掃蕩無遺，上足以伸中國之威，下足以洩生靈之憤。其他狡黠土司、獷悍惡苗，無不落魄亡魂，西南半壁可永無虞矣。此朝廷威福與指授方略所致，斷非文武將吏敢貪天功爲己力者。惟是各官兵暴露行間，勞苦萬狀，不可不查叙也。

先是臣奉命入川，賊知罪在不赦，已統兵深入，有擒王剿叛之説，遂破綦江，且逼重慶，地方汹汹，皆謂有長驅之志。於時，目前兵力略無可恃，臣乃以計緩之，一面調兵，一面移文詰責，若未嘗絶之者。賊果信之，即具文求撫，且不西向，臣因得以徵調漢、土諸兵急爲之備。其時，賊氣張甚，川人畏之如虎。臣發成都兵，甫出門，欲投錦江，不復肯東。及聞綦江城守兵見賊來，競譟而走，多投水者，止餘二將與其家丁，遂及於難。臣念漢兵心膽已碎，土兵狐兔有情，自非招客兵不可，因請調陜、浙諸省之兵。又念外兵之費甚侈，往來途次且生擾累，於是每省鎮止調一二千，多者三千，共數省實僅僅二萬，其餘仍三省及滇、粤土兵也。然西南人見外兵來，莫測多少，以爲天下之兵皆至矣。自是漢兵之氣壯而土兵之心亦折，無不樂爲我用者。時賊雖知調兵，然以爲虚聲嚇之如往日，非實事也。臣亦止在成都積糧治器，若無事然不復東，賊亦不疑。北兵且集，臣移駐重慶，賊始知必剿，頗肆衝突，然我兵漸益，未易得志也。

臣又念兵以一路進，既道狹不能容，一有前却不可復振，因分爲八路。又念路分而兵少，賊厚其陣以衝之，敗矣！因令每路皆三萬以上，每一路皆可以當其全師。又念關外賊黨多不可勝誅，會兵部頒賞格至，首重招降，臣益推廣之，但投戈者皆赦不誅。臣又念兵

無賞士不往，會兵部賞格首言得賊者即以其家資與之，臣益推廣之，克關破囤各懸賞，賞各以千萬計。既川兵入關，臣又恐其人自爲心，若九節度之師然，因復委按察司張悌入總監之，殺牲莅盟，務必得賊。臣又恐賊事急詐降，得以遷延，至暑雨漸深，我兵不能久困。但急攻之，有稱降者，斬使焚書，無爲所紿。時湖廣貴之兵亦至囤下，臣欲入營親監之，會聞先臣之訃，臣恐營中遂懈惰不可用，因不待成服跣而草檄，示以例應候代，照常督兵，有慢令者，尚方具在，令代中軍余德榮等再往監之。臣又念賊囤後易攻，囤前難攻，時諸將壁屯下者各有分地，因令以勁兵一枝壁其前，其餘并力於後。臣又恐諸軍士争趨賊財，或至亂行至有他虞，因移文再四申禁。臣又聞營中流言"水西目把尚不絶賊"，恐漏軍情，因移文令其退劄。水西土官懼，撤其兵退而引嫌曰："吾不欲爲亡播之續也。"時久雨，兵士日在泥淖中，至六月之初四而天忽晴，初五日遂破其二城，初六日遂登其屯，賊以滅亡。總計八路，生擒賊首、賊從一千一百二十四名，斬級二萬二千六百八十七顆，俘獲賊屬五千五百三十九名，招降播民一十二萬六千二百一十一名口，全活被擄男婦一千六十四名，奪獲馬牛七百六十七匹，獲器械四千四百四十四件，是役也，自賊破綦江至剿滅可一年，自進兵至滅賊百十有四日。當八路對壘時，土、漢兵即參差不齊，諸將領亦彼此觀望，播人劫於賊之積威，人自爲戰，未易即克。我各路又糧運艱難，時有脱巾之呼，臣日夜催督，走使馳檄至數百千，即兩省撫臣、各路鎮道，亦靡不忘寢忘食，或至頭鬚爲白。總之，諸文武知廟堂之意必欲滅賊，故鼓之即應，勞之不怨，誅罰之亦無敢囁嚅者。倘更一月而賊不滅，暑雨久，瘴疫深，我兵自潰，無問賊矣。該臣會同巡撫貴州郭子章、巡撫湖廣支可大、巡撫偏沅江鐸議照，國家方制萬里，日所出入之邦悉爲郡縣，獨西南諸省不廢土司，蓋亦曰"因俗而治，與之相安"云爾。二百年來，此輩犬羊之性不堪馴，擾亦時有之，然未有如播酋楊應龍之公然叛逆者，何也？蓋其地險，其兵强，其財力足以使鬼通神，其聲勢足以呼群嘯黨。加以年來方宇多事，九伐之旌未遑南指，彼遂時時狂逞，亦遂時時得志，井蛙之見，謂縣官真無奈我何。諸群不逞，如楊珠、楊明、何漢良、孫時泰輩，瞯其雄心。或時有以公孫躍、馬尉陀自王之説進者，賊亦自念騎虎勢不得下，將曰："等死，無且舉大名乎？"於是乎恣其狂圖，淫怒以逞，而破城殺將、鵲起西南之勢成矣。夫天下非小弱也，九州四海兵非脆，糧非乏也。何賊逆形未著，皇上不忍據觀之兵，曰："吾且舞干，吾且解網，姑俟其悔過而與之相安於無事。"乃不謂凶人之性不移也。始天怒赫，然斷在必剿。夫斷而敢行，鬼神避之，况此幺麽者乎？蓋自進剿之旨下，尚方之劍頒，然後海内熊虎之師如雲而集，陳紅之粟蔽江而上，智士陳謀，勇夫效力，火燎毛，山壓卵，賊即欲不灰飛烟滅，亦曷可得已？臣等嘗即諸路之功而評叙之。在四川則楠木、三峒，賊黨以爲三窟，謂天險不可升者也；婁山關，賊前門，我所必由、賊所必争者也；海龍屯，賊以爲天造地設，人迹所必不能到、兵力所不能加者也。三戰而三克之，賊力竭矣，不亡何待。夫賊黨自戰，其地猶易與也，惟賊父子親在行間，則諸賊人人致死，難與争鋒。該路到處與賊父子對壘：最快者，九盤子之戰，賊悉其精鋭以付朝棟，令之從綦江進，從南川回，此其目中尚復有官兵乎？劉綎一戰而走之，自是播人爲之破膽。尤快者，諸軍壁海龍屯下，連月不拔。綎至，一日而克其二城，賊遂滅亡。至今群口囂囂然，無敢没其先登之烈者。兵法無選鋒曰北，綎於諸路其選鋒乎？則綦江路之功也。

臣嘗言，破賊關外宜招降，謂多不可勝誅也。關内宜疾戰，謂師不可老也。安、羅、陶洪三寨，生口以數萬計，勝兵以數千計，令貪功者以大兵初入，必且多殺以報捷。勝之則傷仁，不勝則損威矣。而該路坐受其降，兵不血刃，自是一戰而斬郭通緒，再戰而入崖門關，三戰而屢捷於木牛塘，賊計無復之，遂父子相哭而上囤矣。當其入水牛塘時，川兵入關去囤尚遠，湖貴兵在關外，絶不相聞，吴廣以孤軍去囤數十里而結營，犯兵法之所忌，而卒以得志，自非其令嚴而戰力當不及。此後雖以請降誤事，然有激而奮，竟以成功，逆賊父子盡獲其首，終不失爲全捷，則永合路之功也。

南川路最險、最遠，去囤可六七百里，賊以爲官兵必不能從此進，當馬孔英之未至也。高折枝以一書生請自將土、漢兵以往，此固已雄偉不常矣。乃師期一月，之前先搗官垻營以寒賊膽，而撤回龍泉之兵且以解思石之危，其事甚奇，其功甚大。比進兵從真州入，真人則簞食壺漿以迎，播人則弃甲曳兵而走，居然有三代氣象。時諸將方欲候各路消息方入關，折枝夷〈毅〉然曰："若是，則誰爲當先入者？"策馬而前，衆隨其後，竟以三月初八日奪桑木關而據之。臣用是以催各路，尚有以四月入者，令諸將皆折枝，諸路皆南川，滅賊當更速。抵關而馬孔英至，則文武相得如樂之和。自是日日約各路攻圍，有應，有不應，甚或以相誹詈，而折枝不顧也。分攻令下，諸將争走後門，該路獨壁前門。夫後門我易攻賊，前門賊易衝我，彼亦曰："誰爲宜當賊衝者，蓋亦先入關之意乎？"破屯之役，後門以二路更攻，前門以一路搏戰，日夜揮戈，人百其勇，坐使賊自盡而逆黨無一逸者。總之，倡諸路之先，作三軍之氣，令黔師不得以賊强我弱借口而竟以奏功，臣於該路文武皆心折焉，則南川路之功也。

在湖廣則偏橋一路，江外爲四牌，江内爲七牌，皆五司遺種、九股惡苗盤據糾結乎其間。四牌不掃，即武騎千群未易窺三渡也。陳璘獨以一旅之師先掃四牌，開我進兵之路，用是烏江内賊黨寒心。長坎、瑪瑙、青蛇三屯，自昔以爲險絶，官兵所從未易得志者，臣亦慮其難下，令降之。璘以爲除惡務盡，竟一鼓而升其巔，殺戮數千，臭聞十里。時龍泉哨施南兵亦已先克板角關，至今白泥、湄潭之間，四牌、七牌之苗遂無遺種，非璘之力不及此。該路漢兵少，土兵多，糧運少遲便成噪呼。璘令嚴而法肅，卒能使之用命而不爲害。迨至克關逼屯，議設木栅、製鐵牌以防賊逸，其機智有足多者。卒以入虎穴得虎子，閹人、綉女纍纍在浮〈俘〉，良快人意，則偏橋路之功也。

貴州各路與川湖不同，其地近，其兵少，其餉乏，其夷情反覆而靡常，其民心摇惑而不定。兹之用兵，又非以一淬厲一鼓舞之爲競者，烏江失律已見法矣。然能借是以激厲水西，俾之絶狐兔之情，踐虎狼之窟。母氏囤一戰，大足褫逆酋之魄而奪之氣，此則失之武人，得之文吏，蓋運籌者之苦心乎！李應祥以孤危之兵，當鵕麀之時，能自審於緩急進止之間，以守爲戰，以招撫爲進攻，卒之轉弱爲强，揚旌直指，斬首數百，招降數萬，因破諸囤，斬三渡，抵白田，何其壯也。竟以連合川兵，同心戮力，破重城，俘群醜，振積弱之邦，舒華夏之氣，始如處女，繼如脱兔，兹其審於機而神於用，豈易得哉！則平越、烏江、沙溪諸路之功也。

夫我國家從來用兵未有大得志於西南夷者也。國初，傅友德統二十四將軍，止言防守，未聞戡定。正統間，麓川之役，用兵五十萬，轉餉半天下，升叙萬人，三返而罪人竟逸。嘉靖初，思田之役，以剿始，以撫終，至今爲諸夷借口，兹其大致可睹已。諸帥固中庸人，臣等三五書生耳，其智略、才力不及古人遠甚。乃兵纔逾二十萬，進兵纔逾百日，費纔二百萬，而倖以成功，此非臣等之力，皆由我皇上神武獨斷，委任不疑，用使文武同心，將士效死，爰有成績。臣每誦詔旨，即十行之札，萬里之外，往往曙於指掌而晰於毫毛，輒沾沾自得以爲賊平矣，已戰勝於堂上矣！夫淮、蔡之平，直須一斷，何況今廟謨詳一若此哉！

——（乾隆）《巴縣志》卷十七《疏》，載《中國地方志集成・重慶府縣志輯》，第3册，286～290頁

（乾隆）永川縣志*

周師旦，湖廣麻城人。辛丑進士，萬曆間任。時值播兵蹂躪後公私凋敝，民鮮蓋藏，師旦勵精綏撫，自奉儉約。官尉某一日取酒一瓶入衙，師旦見之即詰其使，使以平買酬神對乃釋。其清嚴類如此，去後，邑人思之，進士凌伯曾作文以紀其實，見碑碣中。入祀名宦祠。

——（乾隆）《永川縣志》卷五《名宦》，載《中國地方志集成·重慶府縣志輯》，第 6 册，第 473 頁

* （清）許曾蔭等修，馬慎修等纂：（乾隆）《永川縣志》，載《中國地方志集成》編委會編：《中國地方志集成·重慶府縣志輯》，巴蜀書社，2016 年。

（乾隆）江津縣志*

舊《志》云：洪武初，民死干戈，背鄉井關，内地爲無人境。抛糧三百七十石皆笋溪里賠納。正統中，里民龔秉和以事訴，聞行查不果，自是糧入里甲分賠，地雖有界，民無適主。天順以來，播酋引其民入關三十里，地與民皆播主之。弘治中，里民呈詞，高都御史委主部簿高厚往踏，上下納播州之賄，所謂荒田册地里圖俱不一目，以地并民俱属播，可爲浩嘆，此關属播州總路。正德庚午辛未，盜之往還皆由此，播州之夷因而摽掠亦自此出，邑人以事達于林都憲、何副使，將命官勘理，以軍務繁劇中止。夫地爲朝廷之土，人爲朝廷之民，糧則朝廷之税，以關内之民而服役于播津，民代其税可乎？

夏振玉曰："播州之强横，其由來者漸矣。所謂軍務煩劇中止者，得毋又假其兵力，故不敢問之。歟觀曹甫、方四等以此入婺川，復出笋溪，勢必經播，而彼地曾不一加堵禦，及入内地，又云出兵防剿反肆殘害，要功挾賞無所不至。甲申之變、辛酉之變、萬曆庚子之進剿，數次大役，笋溪盡爲魚肉，其占地奪關，抑又不足言也。"

——（乾隆）《江津縣志》卷二《疆域》，載《中國地方志集成·重慶府縣志輯》，第13册，382～383頁

萬曆二十七年，播酋楊應龍屠劫邊境，再陷綦江，殺房、張二將，攻江津縣，大肆荼毒，總督李化龍剿平。

——（乾隆）《江津縣志》卷五《寇逆》，載《中國地方志集成·重慶府縣志輯》，第13册，第426頁

……楊氏之有播，以大〈太〉原人楊端于唐初應召恢播，遂有其地。其封域亦廣，而近津者、今之仁懷等地，其目頗多；而分據赤水，世爲楊氏把目者，則袁、何、穆三姓。初播

* （清）曾受一修，王家駒等纂：（乾隆）《江津縣志》，載《中國地方志集成》編委會編：《中國地方志集成·重慶府縣志輯》，巴蜀書社，2016年。

爲南詔所據，而夜郎王各屬分投于田、安，至是始爲楊氏所有。其擾津土者無如仁懷，切近笋溪上游西南數百里，俱爲極邊，惟綦市長官司建，始二于播，杜市以上以有綦爲蔽也。綦江置縣而津境竟北渡，去綦止二十里。其後楊應龍反兵由綦出，敗房參將于四埡脑，不出渝而攻江津、綦江兩岸，大肆荼毒，至于近袁、何、穆界者又不勝言矣。而大師進剿，七路并入，總兵吴廣由合江入，袁、何、穆知楊氏之必亡也，先爲嚮導，不惟釋其叛逆之罪，且有紀録之功。播平而三姓猶得襲千百户，隸赤水衛焉。故今袁氏故居亦稱赤水，蒙官爵之在衛者而系其號于所居之土也，地與津接界。中國有一役，必有一徵調，有一徵調，必有一番劫掠。至明末甲申，附于諸帥，儘爲横擾。康熙元年，地入版圖，衛革而承襲無由，其後漸微而播患息矣。

夏浣溪曰："水西、播州，其爲津土之患數千百年矣。然必乘中國之有事而後得以肆其貪殘。渡瀘之役，安氏稱王；唐征荆南，楊氏襲爵。是故唐李興而安播剖符。元并滇而田楊皆大，明征蜀而安楊尤甚。至于有征陝之役，則黔圍矣；有援遼之舉，則渝據矣。進滇之役，雖亦假道于水西，旋以叛滅，盡其地而疆理之。而後瀘永、津合、南綦之地得無患焉。播平以來，歷明至今八十餘載而國家提封之廣重譯而來，極梯航之盛自古無有，所謂蠶叢遠道皆成城邑，牂牁且同腹裹復何憂？治化之不洽歟。……"

——（乾隆）《江津縣志》卷五《寇逆》，載《中國地方志集成·重慶府縣志輯》，第13册，429～430頁

卞孔時。萬曆舉人。武昌府同知，興利除害。楊應龍叛，以孔時監陳璘軍。播平旋，武昌税璫陳寧聚斂横暴，孔時投揭兩院，璫利吴良球資財陷以事，孔時直之，璫遂以阻撓税法誣奏，逮下詔獄凡十九年。同時忤璫獲罪者馮應京，邸宅何棟如、王之翰，或先釋或死，獨孔時擊獄如故。廷臣孫丕揚、何士晋等救章數上，有"江漢難忘德，征播未酬功"之語，皆不省。最後以宰相申時行請，得釋出獄，兩鬢俱霜。天啓辛酉，補南京刑部郎，昭雪留都冤獄，擬升雲南參政銓部。阿魏璫旨，左遷漢陽府知府。事詳《明紀·祀鄉賢》。

——（乾隆）《江津縣志》卷十一《忠義》，載《中國地方志集成·重慶府縣志輯》，第13册，第508頁

明中憲大夫卞汝行公傳　程源邑人

外王父卞公諱孔時，字汝行。……萬曆己亥，播州首楊應龍叛，廷議川、黔、楚分路進師，以大中丞李化龍總之，駐重慶，大將軍劉挺等由蜀，大將軍陳璘等由楚。楚撫江鐸請于朝，以公監璘軍從白泥入。庚子四月，破青蛇囤、三渡關，大戰壁大水田，焚桃溪庄，八路俱集海龍囤，賊勢急。水西酋安疆臣與應龍世姻戚近隣，悲狐兔，亦由落濛，壁海龍囤，後數與賊通。賊因專力備囤前，公知之，計當事夜易陳璘、吴廣兵急攻之，遂破。賊應龍

自焚死，俘酋子楊國〈朝〉棟等，時庚子六月二十四也。……

外史氏曰：公官未一載而勛著西南，庚子六月捷上，十二月獻俘。甲辰春敘播功，文武各進級蔭子，而公即以庚子冬是禍矣。當其忠介不回，忘身□國，豈復有性命功名之念，足以動其中與光宗恭已南面。天啓閹監奸鼎，公得卒官，倖也。然浩氣一往，震蕩天下，才雖不竟，夫何傷乎。

賛曰：井絡元精，扶輿正氣。至大至剛，直養無愧。遇有泰否，學匪用晦。坎壈一時，充塞天地。

——（乾隆）《江津縣志》卷十四《藝文》，載《中國地方志集成·重慶府縣志輯》，第13册，558～560頁

(乾隆)榮昌縣志*

嚴教,桐鄉人。督餉平播受賞。

——(乾隆)《榮昌縣志》卷二《職官》,載《中國地方志集成·重慶府縣志輯》,第15冊,第373頁

閔宗聖,鶴慶人。萬曆中知榮昌,矢心愛民,誅鋤强梗。楊應龍之叛,督餉播州,以勞瘁卒於官。

——(乾隆)《榮昌縣志》卷三《名宦》,載《中國地方志集成·重慶府縣志輯》,第15冊,第382頁

* (清)許元基纂修:(乾隆)《榮昌縣志》,載《中國地方志集成》編委會編:《中國地方志集成·重慶府縣志輯》,巴蜀書社,2016年。

（嘉慶）江津縣志*

巴蜀肇自人皇，居九囿之一。五帝以來，黄帝高陽之支庶，世爲侯伯。……自隋開皇改邑治属渝，而江津之建縣始名。地居渝郡上游，界連黔、播，山脉皆從播來，崇岡復嶺，由南趨北岷江西繞縣治一灣而成几形，東下三折再成巴字，山水襟紐。前代土田人物争衡上國，迄於明季兵燹□歷遂至凋殘。

——（嘉慶）《江津縣志》卷二《地理志》，載《中國地方志集成·重慶府縣志輯》，第14册，第26頁

舊《志》云："洪武初，民死干戈，背鄉井關，内地爲無人境，抛糧三百七十石，皆笋溪里賠納。正统中，里民龔秉和以事，訴聞行查，不果。自是糧入里甲，分賠地，雖有界民無適主。天順以來，播酋引其民入關，三十里地與民皆播主之。弘治中，里民呈詞高都，御史委主部簿高厚往踏。上下納播州之賄，所謂荒田册地，里圖俱不一目，以地并民俱属播，可爲浩嘆。此關属播州總路，正德庚午辛未，盗之往還皆由此，播州之夷因而摽掠亦自此出。邑人以事達于林都憲，何副使將命官勘理，以軍務繁劇中止。夫地爲朝廷之土，人爲朝廷之民，糧則朝廷之税。以關内之民而服役于播，津民代其税可乎？"

夏振玉曰："播州之强横，其由來者漸矣。所謂軍務煩劇中止者，得毋又假其兵力，故不敢問之歟。觀曹甫、方四等以此入婺川，復出笋溪，勢必經播，而彼地曾不一加堵禦及入内地。"又云："出兵防剿，反肆殘害，要功挾賞，無所不至。甲申之變、辛酉之變、萬曆庚子之進剿，數次大役笋溪盡爲魚肉其占地，奪關抑又不足言也。"

——（嘉慶）《江津縣志》卷二《地理志·疆域》，載《中國地方志集成·重慶府縣志輯》，第14册，第27頁

---

*（清）曾受一修，王家駒纂；徐鼎續修，楊彦青續纂：（嘉慶）《江津縣志》，載《中國地方志集成·重慶府縣志輯》，巴蜀書社，2016年。

江津鼎岫爲屏，岷江爲座。華蓋列天表之障，馬驍壯北固之籬，鶴山太公左右其翼，龍門珞峽開閤其流，際水陸之衢紐，黔、播之會，洵川東之雄治也。舊云："奇峰秀嶺，挺華蓋之山地，軸天關，鎖錦江之水界，瀘渝之間，會水陸之衝，全蜀要地也。"

——（嘉慶）《江津縣志》卷二《地理志·形勝》，載《中國地方志集成·重慶府縣志輯》，第14册，第28頁

津邑與渝郡相爲唇齒郡，駐重兵而津之防守可獨輕乎？宋太祖設義軍，令州縣籍税户充壯丁。明代衛所而外詔簡武勇立爲民兵，文職領之，津民兵八百五十四名，即今之民壯。嘉靖間裁省，尚存五百，以地本岩疆萑苻。時聞且夜郎自大，水西、播、藺諸酋逼處嚴兵以衛，固其所也。楊几川有云邑，壤連播犵丁山、鼓箐之間。烏合爲暴，旦夕警作，衆志摇摇。鑒庚午覆轍，舊額曷可省乎？

——（嘉慶）《江津縣志》卷五《兵防志》，載《中國地方志集成·重慶府縣志輯》，第14册，第80頁

萬曆二十七年，播酋楊應龍屠劫邊境，再陷綦江，殺房、張二將，攻江津縣，大肆荼毒，總督李化龍剿平。

——（嘉慶）《江津縣志》卷五《兵防志·寇逆》，載《中國地方志集成·重慶府縣志輯》，第14册，第83頁

……藺州與仁懷接壤，安、楊兩姓時合時離，其爲津患一也。楊氏之有播，以大〈太〉原人楊端于唐初應召恢播，遂有其地，其封域亦廣。而近津者，今之仁懷等地。其目頗多，而分據赤水。世爲楊氏把目者，則袁、何、穆三姓。初，播爲南詔所據，而夜郎王各屬分投于田、安，至是始爲楊氏所有。其擾津土者，無如仁懷切近，笋溪上游西南數百里俱爲極邊，惟綦市長官司建，始二于播。市以上以有綦爲蔽也，綦江置縣而津境竟北渡去綦止二十里。其後，楊應龍反，兵由綦出，敗房參將于四埡腦，不出渝而攻江津綦江兩岸，大肆荼毒，至于近袁、何、穆界者，又不勝言矣！而大師進剿，七路并入，總兵吴廣由合江入。袁、何、穆知楊氏之必亡也，先爲嚮導，不惟釋其叛逆之罪，且有紀録之功，播平而三姓猶得襲千百户，隸赤水衛焉故。今袁氏故居亦稱赤水，蒙官爵之在衛者，而系其號于所居之土也，地與津接界。中國有一役，必有一徵調，有一徵調，必有一番劫掠。至明末甲申附于諸帥，儘爲横擾。康熙元年地入版圖，衛革而承襲無由，其後漸微而播患息矣。

夏浣溪曰："水西、播州其爲津土之患，數千百年矣。然必乘中國之有事，而後得以肆其貪殘。渡瀘之役，安氏稱王。唐征荆南，楊氏襲爵。是故，唐李興而安播剖，符元并滇，而田、楊皆大明征蜀而安。楊尤甚，至于有征陝之役，則黔圍矣；有援遼之舉，則渝據

矣;進滇之役,雖亦假道于水西,旋以叛滅,盡其地而疆理之;而後瀘永津合南綦之地,得無患焉。播平以來,歷明至今八十餘載,而國家提封之廣,重譯而來。極梯航之盛,自古無有。所謂蠶叢遠道皆成城邑,牂牁且同腹裹復,何憂治化之不洽歟?”

——(嘉慶)《江津縣志》卷五《寇逆》,載《中國地方志集成·重慶府縣志輯》,第14冊,第86頁

卞孔時,萬曆舉人。武昌府同知,興利除害。楊應龍叛,以孔時監陳璘軍,播平旋。武昌稅璫陳寧聚斂横暴,孔時投揭兩院。璫利吴良球資財,陷以事,孔時直之,璫遂以阻撓稅法誣奏,逮下詔獄凡十九年。同時忤璫獲罪者,馮應京、邸宅何棟如、王之翰,或先釋或死,獨孔時繫獄如故。廷臣孫丕揚、何士晉等救章數上,有“江漢難忘德,征播未酬功”之語,皆不省。最後,以宰相申時行請,得釋出獄,兩鬢俱霜。天啓辛酉,補南京刑部郎,昭雪留都冤獄,擬升雲南參政。銓部阿魏璫旨左遷漢陽府知府,事詳《明紀·祀鄉賢》。

——(嘉慶)《江津縣志》卷十一《士女志·忠義》,載《中國地方志集成·重慶府縣志輯》,第14冊,177~178頁

明中憲大夫卞汝行公傳 程源邑人

外王父卞公,諱孔時,字汝行。卞壷之後,世家江東。至正末江東壯兵起,移楚。楚亂入蜀,居江津。……萬曆己亥,播州酋楊應龍叛。廷議川、黔、楚分路進師,以大中丞李化龍總之,駐重慶;大將軍劉挺等由蜀;大將軍陳璘等由楚。楚撫江鐸請于朝,以公監璘軍,從白泥入。庚子四月。破青蛇,囤三渡關,大戰,壁大水田,焚桃溪庄。八路俱集海龍囤,賊勢急。水西酋安疆臣與應龍世姻戚近,隣悲狐兔,亦由落濛。壁海龍囤後,數與賊通,賊因專力備囤前。公知之,計當事夜易陳璘、吴廣兵,急攻之,遂破賊。應龍自焚死,俘酋子楊國〈朝〉棟等。時庚子六月二十四也,捷奏奉旨。……吏部尚書孫丕揚、都給事中許宏綱、給事中孫繼善等交章數十,上有“江漢之間,難忘者德。播酋之役,未酧者功”之語,閣臣葉向高屢疏請釋公,及滿朝薦等,俱不省。是時,上静攝幾二十載,厭聽政,故璫惡雖未得肆,而公之羈禁猶經十三年之久也。……

外史氏曰:“公官未一載而勛著西南。庚子六月捷上,十二月献俘,甲辰春叙播功,文武各進級蔭子,而公即以庚子冬是禍矣。”

——(嘉慶)《江津縣志》卷十四《藝文》,載《中國地方志集成·重慶府縣志輯》,第14冊,253~254頁

石門寺記 夏珙

綦地接播,世有浸凌之患。北以上綦獨當之,西南一帶與津共之。前代因地設防,立

有清溪鎮。鎮有守禦，属津，而大小風門埡爲邊防要害，属綦。盖又爲安氏出没之地、兩邑交界之區，疆埸相望，彼此同患，故烽堠獨密。余嘗游其地，見石門寺連接故壘，寺左側爲高寨，属歷代屯兵之所，正德初劇賊曹甫哨聚於斯，爲官兵所敗，即此地也。明興，安氏漸服，赤水置衛。楊氏亦平，仁懷置縣。而此地遂爲腹裏，諸屯戍皆罷。烽火化爲爨烟，營壘變爲耕桑。三百年間，父老不復知有兵革之事。豺狼既盡，則陷阱自平。機網不設，亦其勢然也。寺與兩埡之間，左接津之笋溪，右接綦之沙坪。稠密不改者，以内外蕃庶日用得給也。亂後在在皆以次興復，獨此地荒塞如故，或暫闢而復蕪已，來而復去，問之土人，則曰"差役繁重，故人不樂居是殆"。不然，夫差役重則俱重，輕則俱輕，豈獨重於兹土耶。大抵綦地之山皆自播來，至綦已盡，顛倒重叠無復首尾，故擁擠重複，不能另闢蹊徑。

——（嘉慶）《江津縣志》卷十六《藝文》，載《中國地方志集成·重慶府縣志輯》，第14册，273～274頁

蓼齋袁先生傳 河南林縣令廖鳳徵華亭

後值甲申之變，兵戈搶攘，携家走播州。偕避難者率弄弓矢劍戟，談兵事。先生惟與侄州鐸子，今光山君兄州鏞，講書課藝，攻苦刻劃不停。

——（嘉慶）《江津縣志》卷十七《藝文》，載《中國地方志集成·重慶府縣志輯》，第14册，第284頁

赴懷陽經洪洞道中 光山縣令袁州鎏

山川多我蜀，峻險無比肩。豈知此洪洞，綿亘矗到天。少時聞兹勝。惆悵無因前。今甫公車返，赴播道經便。放目凴絶頂，鬱嵂狀難傳。千峰插雲表，萬壑湍飛泉。俯窺邃莫測，惴惴驚臨淵。一巒復一箐，峰斷石棧聯。陰森叢古木，参天十圍圓。烟空懸鳥道，梯木陟其巔。猿禽避屹崒，龍蛇多洞眠。攀蘿經百里，竟日窮人烟。間有幾山麓，懸溜灌石田。偕行相與語，有明闢陌阡。洗油復險極，鷄翅更悚然。怪彼土人黠，裹糧入采蓮。荷重行且歌，翩翩疑即仙。余兹冐險去，抵莫履爲穿。念我先君子，避寇向此遷。跋涉雖艱苦，家室賴之全。奇勝桃源擬，山陰道遜旃。洗油，谷名；鷄翅，山名。

——（嘉慶）《江津縣志》卷十九《詩》，載《中國地方志集成·重慶府縣志輯》，第14册，第405頁

勸學百韻示几江書院諸生 邑令曾受一

鼎山硉兀位南郭，遠來播域雄東蜀。岷江迢迢此際會，灣環似几流津澳。山水清奇鍾偉人，歷數前賢難更僕。明季兵燹邑凋殘，學舍陵遲茂草鞠。藏修無地士零星，家自爲

師人自學。前令楊君創書院,齋居頻修猶嫌從。邇來生徒漸莫容,爲建前廳規式廓。從此精舍益恢宏,歲延名師以課讀。英才濟濟聚此間,希風武夷與岳麓。

——(嘉慶)《江津縣志》卷十九《詩》,載《中國地方志集成·重慶府縣志輯》,第14册,第407頁

(道光)綦江縣志*

《明史》節録《播賊殘綦事略》:播州即遵義府,秦爲夜郎且蘭地,漢屬牂牁。唐貞觀中改播州,乾符初南詔陷播,太原楊端應募復其城,爲播人所懷服,歷五代,子孫世有其地。

宋開禧初,曰楊璨。璨之子曰介。大觀中,曰文貴。元世祖時,曰邦憲,爲宣慰使。其子曰漢英,封播國公。明洪武五年,曰鏗,襲宣諭使。鏗弟曰錡。鏗子曰昇,永樂時襲職。正統時,曰楊綱。其子曰輝,承襲。輝子曰愛。愛兄曰友,訐奏不協。正德二年,曰杨斌,愛之子,升四川按察使,仍理宣諭事。斌之子曰相。相之嫡子曰烈,庶子曰煦。隆慶五年,烈子楊應龍襲職,漸驕恣。

萬曆十八年,貴州巡撫葉夢熊疏應龍凶惡諸事,巡按陳效歷數其二十四大罪。時方防禦松潘,調播州土兵協守,四川巡按李化龍疏請暫免勘問,俾應龍戴罪立功。由是川貴巡按疏辨在蜀者謂應龍無可勘之罪,在黔者謂蜀有私暱應龍之心。

十九年,夢熊主議播州所轄五司改土爲流,悉屬重慶,與化龍亦不合。應龍本雄猜,阻兵嗜殺,所轄五司七姓悉叛離。其嬖妾田居妻張氏,妻叔張時照等上變告應龍反。夢熊請發兵剿之,蜀中士大夫以蜀三面鄰播,甚驍勇,翦除未爲長策。以故,蜀撫按并主撫。朝議命勘,應龍願赴蜀不赴黔。

二十年,應龍赴重慶對簿,坐法當斬,請以二萬金贖。御史張鶴鳴方駁問,會倭寇,徵天下兵。應龍願以五千兵征倭自贖,詔釋之。兵已啓行,復報罷。巡撫王繼光至,嚴提勘問,應龍抗不出,用兵之議遂决。

二十一年,繼光至重慶,與總兵劉承嗣等分兵三道進婁山關,兵敗於白石口。繼光罷。應龍上書自白,遣人携金行間,執原奏何恩詣綦江縣。

二十二年,總撫邢玠檄重慶知府王士琦詣綦江縣,趣應龍安穩聽勘。應龍使弟兆龍

* (清)宋灝修,羅星等纂:(道光)《綦江縣志》,載《中國地方志集成》編委會編:《中國地方志集成·重慶府縣志輯》,巴蜀書社,2016年。

至安稳，治郵舍，儲糒糧，叩頭郊迎，言："應龍縛渠魁，待罪松坎。所以不至安稳者，恐墮安稳仇民不測禍也，幸請至松坎受事。"士琦即單騎往。應龍果面縛道旁，泣請死罪，願執罪人，獻罰金。士琦爲請於玠，許之。應龍乃縛獻黄元等十二人。應龍論贖，輸四萬金助采木，仍革職，以子朝棟代，次子可棟羈府追贖，黄元等斬重慶市。時朝廷有事東方，亦以應龍有積勞，可玠奏，於松坎設同知治焉。尋可棟死於重慶，應龍益恨。分遣土目，置關據險。厚撫諸苗，名其健者爲"硬手"，咸願爲出死力。

二十四年，應龍殘大阡等處勢，復熾。二十五年，流劫江津、南川，臨合江，索其仇袁子昇，縋城下，磔之。又擾及黔境，侵湖廣。川撫譚希忠請於合江、綦江各置游擊一員，合江募兵千二百人扼岡門，綦江募兵二千人扼安稳。二十七年，貴撫江東之令都司楊國柱剿應龍，兵又覆。東之罷，乃起兵部侍郎李化龍節制川、湖、貴州事，調東征諸將劉綎等南征。六月，應龍乘大兵未集，勒兵犯綦江，分屯趕水，以偏師一犯南川，一犯綦江。十七日，游擊張良賢遇賊舊東溪，頗有斬獲。二十一日，應龍督苗兵圍綦城數匝。游擊房嘉寵誤爇火礴，反傷城上兵。賊乘勢登城，嘉寵帥師巷戰。蜀兵争躁走水上，嘉寵乃殺其妻，與良賢赴敵死。應龍因劫令縱囚焚掠，出綦庫犒師，依倉就食，盡取資財子女去。老弱者殺之，投尸蔽江而下，水爲赤。退屯三溪，以綦江之三溪、母渡，南川之東鄉壩，立石爲播界，號"宣諭官莊"，聲言："江津、合江皆播故土。"初，賊本無反意，既覆白石之師，益結九股生苗及紅、黑脚等苗，負嵎弄兵，然猶冀如往事曲宥。而川、黔督撫亦以調兵未集，爲好語縻之。會上聞綦江破，追褫兩省撫臣，嚴旨進剿。十月，起李化龍節制四省官兵，駐重慶，而總兵官劉綎亦至。

二十八年春正月，大會文武於重慶，登壇誓師，八路進發，諭諸將以抵婁山關爲期。劉綎從綦江入，以參將麻鎮等隸，參政張文耀監之；馬孔英從南川入；吴廣從合江入；曹希彬從永寧入。黔兵亦分三路進。二月十二啓行。十五日，劉綎進兵綦江，連破三峒。綦自東溪入播，并險阻，楠木山、羊蘭臺、三峒素奇險，賊首穆炤等盤踞。綎力戰，克之。三月，楊朝棟統苗兵分道迎敵，鋒甚鋭。官兵夾擊，綎身自陷陣，苗大驚曰："劉大刀至矣！"棟潰圍走，幾爲綎獲。初，陷綦江諸苗自分屠城慘戮，罪不赦，又應龍憚綎威名，冀棟首挫其鋒，屬朝棟曰："爾破綦江，馳南川，盡焚積聚，餘無能爲也。"及朝棟僅以身免，賊遂膽落。二十九日，劉綎戰九盤，先入婁山關。四月朔，追奔至養馬城，諸軍漸合，連砍龍爪、海雲等隘，壓海龍囤而壘。賊見勢急，父子相抱哭。時八路兵大集海龍囤下。五月十八日，始築長圍，更番迭攻。時天苦雨，將士馳淖中苦戰。六月四日，天忽開朗，綎身先士卒，進克土城，諸苗駭散。賊提刀自巡壘，見四面火光燭天，泣語妻子曰："不復能相顧矣。"初十日早，官兵相率遂登囤，破大城入。應龍同愛妾二闔室自縊，且自焚。吴廣獲其子朝棟及妾田雌鳳，急覓賊尸出焰中。廣中火毒，幾絶，復蘇。計出師至滅賊，百十有四日，費逾一百萬，八路兵共斬二萬餘級，生獲朝棟、兆龍等百餘人。播賊平，總督露布以聞，劉綎爲軍功冠。十二月，獻俘闕下，剉應龍尸，磔朝棟等於市。分播地爲二：遵義屬蜀，平越屬黔。播自唐入楊氏，傳二十九世，八百餘年，至應龍而亡。節録《明史紀事本末》。

舊《志》載：萬曆二十二年甲午春，參將郭成、總兵劉承嗣統兵征楊應龍萬竈雲屯，偏師失律，至白石口敗績，殞於兵刃者數千，郭成僅以身免。事聞，皇上命制府剿撫，屢遣官諭以禍福，酋負固不出。制府再命綦江知縣蒲林往，龍素讋服見。林單騎至，倒戈以迎，隨面宣德意，約其降，待以不死，賊俛首聽命。制府尋委監司同林往松坎就勘，皆款服，竟從寬典。議於安穩設立安邊同知，即以林升任，請旨班師。犬羊性不常，旋又擾扶歡壩、羅汪村等處，報日急。林奮身往追賊，即捲甲引去。又明年，秦民袁子昇爲賊大仇，適繫合江縣獄，賊發兵圍之，指索子昇。當事着林往，林説："合江縣出子昇，弃一秦因，保全衆億。"讒忌者即騰謗，詔下本省逮勘，卒以此去任。林去，而賊益無忌矣。

舊《志》載：播賊躪綦後，神宗震怒，命兵部侍郎李化龍總督川、湖、貴州兵恭行天討。化龍視境内萬竈無烟，百里盡赤，亟需守令，因疏推萬縣知縣周作樂升本府同知，來攝縣事，有"本官吏治最優，擬地最善，但綦江重任，非此人不足以當之，事竣，另行優异之云"。周奉命，單車於庚子年正月初七日馳受事。比至，破城穢骨暴露，猶填巷道，蓬蒿滿目，瓦礫縱横。因張榜招集遺黎，補葺綢繆，稍成人境。倏傳賊目張漢清統苗入境，傷弓之鳥，聞風欲散。周繫印危坐，謂天戈不日西指，反賊子危於累卵，何敢復來。申諭再三，離心始定。乃請兵以備防守，請銀以便應用。議速進兵，以收武功；議寬投降，以昭文德；急發軍令，以安小民。悉從其請。間架既定，復籌五策：曰謹詐降，曰慎防守，曰約會期，曰速餉運，曰嚴紀律。當事優語褒答，稱爲"經略鴻猷"。是年，即成戡定殊勛，一切善後事宜，妥貼周詳，尤有力焉。

——（道光）《綦江縣志》卷五《武備》，載《中國地方志集成·四川府縣志輯》，第7册，480～483頁

蒲林，字小山，陝西咸陽舉人。萬曆十八年庚寅知綦江，會戊巳連旱之後，濟貧困、抑權豪、置學田、表節孝，諸□政殷殷，如恐不及。是時，播賊楊應龍日漸驕肆，大吏議剿，總兵郭成等覆師於白石。推林措置，林單騎往諭以禍福，賊俯首聽處分，隨與知府王士琦就松坎斷斯獄。酋悔罪，甘罰。因奏請班師，廷議松坎添設安邊廳，即以林升授。賊猶不悛，間擾邑境，林再却之。酋索仇袁子昇，繫合江獄，率苗兵圍合大府。又推林，林往出其人解之，遽爲讒人所搆，逮問，竟以此去官。林去而綦人之禍烈矣，在任凡七載，在安邊同知甫一載，民痛定思之不能忘焉。

——（道光）《綦江縣志》卷六《政績》，載《中國地方志集成·四川府縣志輯》，第7册，第550頁

南平宣慰司

楊漢英。(元)大德九年,以行播州軍民使爲南平宣慰司統軍萬户,佩虎符。

——(道光)《綦江縣志》卷六《職官》,載《中國地方志集成·四川府縣志輯》,第7册,第532頁

周作樂,字和宇,雲南昆明縣舉人。初知萬縣,報最特補郡丞。萬曆二十七年,播賊躪綦,神宗震怒,命八路會剿。戎事孔急,下邑非才幹人不堪任,乃以周攝縣事。次年庚子,視篆邑殘破,無復人境。周惻然爲招集流亡,疏請賑濟,繕修城垣。王師臨渝,更畫平酋諸策,當事再三稱善。是年秋,犁庭掃穴,大難以夷旋,即開拓新疆,添設郡縣,百務蝟集,應斯繁劇,恢恢有餘,凡諸善後事宜罔不貼妥。天子下璽書加勞,賜黄金彩幣以酬勛伐。周益爲民請命,停徵以蘇瘡痍,協濟以贍夫馬。又於北關外建文明書院,躬親課士,獎勵諄諄。兵燹之餘,得此賢宰,漸有起色。任事凡七載,至萬曆三十四年纂縣志。未竟,升遵義太守。去邑,人爲立生祠於北門社稷壇外,尸而祝之,如臨父母事。見《平播膚功序》《頌遵義郡守序》,言之綦詳,二序載《藝文》。

——(道光)《綦江縣志》卷六《政績》,載《中國地方志集成·四川府縣志輯》,第7册,第552頁

邑民張啓忠妻羅氏,生員羅益宗長女,孀居撫子。播賊至,被執不屈,過高灘河,背負幼子、手携長子同溺於水,祀節孝祠。

飛龍洞四節婦,邑人失其姓氏,播賊入寇,同婦女逃至飛龍洞。被執,義不受辱,結裾投岩死,祀節孝祠。

庠生劉熠勛妻羅氏,播賊破城,夫婦被擄。羅義不受辱,自縊死,祀節孝祠。

遵里陶鳴鎬妻牟氏,邑舉人牟衡女。播賊之變,夫婦同在圍城中,賊破城戕其夫,氏伏尸格救,遂同遇害,祀節孝祠。

——(道光)《綦江縣志》卷八《列女》,載《中國地方志集成·四川府縣志輯》,第7册,第601頁

魯一冲,修養於白雲觀之仙源洞。相傳播賊躪綦後就海龍囤酬願,應龍以寶劍示諸道士,謂:"吾鋒可犯否。"諸道士駭然,一冲聞而往願,倡觀利器,掄五指一拂,鋒芒立捲。賊詫异,延爲法師,尋遁去。又渝州河有棕纜爲妖,一冲收入長安寺井中。又在岷江道士觀顯法力,至今尚有塑像。

——(道光)《綦江縣志》卷九《仙釋》,載《中國地方志集成·四川府縣志輯》,第7册,第664頁

（萬曆）二十二年甲午

春，四川参將郭成、總兵劉承嗣統兵征楊應龍，敗績，於白石口全軍俱覆，成僅以身免。綦民驚恐，知縣蒲林往諭禍福，約降待以不死，酋俯首聽命。因於安穩設立安邊同知，即以蒲林升任。

（萬曆）二十七年已亥

正月内，日下復有一小日，空中相蕩，數日方止。四月，彗尾見於西方，其芒如帚，又有一星，四圍皆若芒刺。民間謡云“有飯無人吃，有路無人行。老者死大半，幼者死七分”。六月，應龍率苗兵犯順，二十日抵至登舖。張良賢戰不利，退回，與房嘉寵約空城以免民難，房不然之。次日城陷，殺男女萬計，浮尸滿江，城内外焚毁幾盡。此建設以來非常之慘也，神宗震怒，命總督李化龍督帥會剿。

（萬曆）二十八年庚子

正月初七日，重慶府同知周作樂來攝縣事，破城荒署，穢骨繼横，殆非人境。李化龍於重慶誓師八路進發。二月十五，劉綎由綦江過兵。三月晦，入婁山關，連戰大捷。四月中，八路兵齊集海龍囤。六月初七，直掃賊巢，遂平巨寇。入秋，奏凱計，賊肆虐一載亦覆宗絶嗣矣。

（萬曆）二十九年辛丑

始設遵義，府、縣歸版圖。安穩一帶，近播地方，群虎爲害。攝綦江縣事同知周作樂設醮爲文以祝之，稍息，冬復大擾。兵巡張文耀取各邑獵户，捕殺殆盡。

——（道光）《綦江縣志》卷九《祥异》，載《中國地方志集成·四川府縣志輯》，第7册，676～677頁

張、房二將軍死事記

游擊房嘉寵之守綦也，爲萬曆己亥歲。所部士卒搔擾，市民側目，近縣竹木估伐爲之一空。二月間，聞逆黨張讓、婁國來侵綦界，率兵追至華墩，賊已遁去，房乃於楊崗溪斬獲首級十二顆，中有誤殺者。四月中，播人周撫六來綦販鹽，至東溪，被仇家捏報駝載硝磺，房即追挐，梟首於市，聞者冤之。六月初九日，商人水三領播民十二前來投順，房以爲細作，亦斬於市。楊應龍緣此藉口，大發苗兵，聲言報仇，遂出巢穴前來犯順，所至居民殺掠慘毒。邊報日急，房重禁市民搬移，違者縱兵搶奪，仍令城外人盡移城内，謂賊莫敢襲城也。二十日，賊抵至登舖，張游擊挺身前鬥，約房爲援，房佯應之，乃於鷄公嘴下揚兵作威助聲勢。張被苗兵圍繞數重，振臂一呼，苗皆辟易，衝出重圍，欲再前鬥，顧無援兵，居殿而退。即語房曰：“今日之策，空城爲上，毋重以綦民罹鋒鏑也。”房不然其計。明日，賊縱兵圍城，二將率兵至望城坡，憑城約戰。房放火箭，藥發，自焚。賊乘勢殺入，衆寡不

敵，城遂陷。男女被難殺死萬計，被擄千餘，童稚亦不得免。僞目把總何漢良坐踞縣堂，劫略庫藏，焚毁倉儲，將卒身首支分，士女血肉糜爛，尸浮水東下。隔江元元聞風逃竄，如驚鴻駭鹿，四野凋殘。應龍雖還，尚留三寨蟠踞，遠近劫掠。民間望王師如時雨，中間猶有庇護者，不有魚頭，誰發其逆？民命固不足惜也，如國體何！

此二十四年舊《志》原文，蓋當時李梧菴眼見而手書者。其舉動浮躁，又復庸愚，是生邊釁者房，誤綦民者亦房。喪師辱國，罪無可辭。而當事者稱其死難，請優恤列名在張將軍之上，乃其時尤有冤抑之守備胡汝寧、百户蔣懋賞。

胡汝寧者，漢中人，以守備升湖廣都司，道經渝州，謁知府張與行。張曰："現綦江有兵警，足下何不替朝廷出力而他往耶？"汝寧激於義，遂輕騎來綦，將與房、張協守，主生員張鉢家。到之日，賊兵已壓境矣。"謁房，出，語張生曰："吾死矣！"生問故，汝寧曰："主帥自用，計畫不行，苗兵衆且悍，不以計迎戰，而欲延敵入境，以孤城抗之，必無幸矣。"及臨戰對敵，手殺數十人，援兵不至，死於亂軍之中，骸骨無收。無有上其事者，名遂湮没，聞者冤之。嘉慶十七年始載入通、省《志》。

百户蔣懋賞練兵守城，與賊大戰，自望城坡轉戰至後街，又至北門，力盡而死，亦無人收骨，終泯泯無聞焉。當時説者謂房嘉寵率組練三千以防守綦江，乃敢於自用，不共謀畫，竟至挑釁，自危且以危人然哉！

——（道光）《綦江縣志》卷十《禨識》，載《中國地方志集成·四川府縣志輯》，第7册，692～694頁

薦死難兵民疏 邑令周作樂

伏以天道遠而人道邇，機捷感孚；神罔怨而鬼罔恫，禮崇禋祀。無文不載，有赫斯靈。言念綦江遭罹播惡，無辜横死刀兵。寒烟空二將之魂，長江流萬人之血。剌嬰兒於槊，脅幼女以兵。拆婦離夫，含生悲於异域；剖棺伐塚，抱幽憤於穹泉。覆宗絶嗣之家，蒸嘗無主；傷生殞命之衆，掩瘞憑誰。白骨交横，空城寂寞。致令無依之鬼，幾爲厲於故墟；惟兹新集之民，時相驚以怪事。但遇黄昏之際，仿彿若睹支離；每於陰雨之中，遠近微聞哭泣。匪憑薦拔，何以生方，願仗慈光，指登彼岸。伏願三身上聖，爲朝廷嚴夷夏之防；萬德高真，憐黎庶遭塗炭之苦。陰助貔貅，殛誅豺虎。相大將逞諸葛之能，俾小醜服孟獲之罪。傳首域中，舒神人之憤；碎尸刀下，伸貴賤之冤。夷落倒戈，受反爾之報；王師奏凱，張無敵之威。杜四夷窺伺之心，堅萬國庭享之志。

——（道光）《綦江縣志》卷十一《藝文》，載《中國地方志集成·四川府縣志輯》，第7册，第714頁

周公平播盧功序 邑道士楊爲棟

竊聞之邱文莊公曰："得一良令如得勝兵三千人，得一良守如得勝兵三萬人。"蓋謂

保障難耳！簡子使治晉陽，亦曰保障，不止歌袴懸魚留犢已也。夫守令兼保障之難，則孰如綦江。綦江距夜郎不兩郵，永樂初始分屬重慶。頃者醜逆鴟張，肉我赤子；提諸芟夷蘊崇，幾無噍類。非有衆人母懷抱而乳哺之，必無以善其後。乃御史大夫、繡衣使者疏入，周公治古萬州最，蜀第一，屬晉守爲渝州貳，得便以攝綦。且謂少府晝熊，不當以鳧舄枉也。第外障夷而内保黎庶，非公不可。公星車導入，傚裝汗下，日擊䨥虺繁難之狀，重以崖箐斥鹵，戎馬荊棘之區，元元無所堪命。一時若甲者、羽者、餉者、牒者、檄者、瘡痍流離而無告者，皆待給於公之一身。公以一身緯錯其間，治絲不棼，隨方泛應，挽芻飛粟，大難以夷。遂首勒間架諸疏，請上方行補助，蠲三年田租芻藁，制曰可。已乃請賑至億萬石，俾遺黎獲有沾潤。是所安輯愛養而頗起其創病呻吟之苦者，胸臆間煦煦不少置也。越明年，歲大旱，傚春秔繁露，呼雩衣皂作祈禱。瞬而澍雨盈缶，不但隨車之潤嘻神已。又邑俗稱多訟，公俯心諄誡，斷不鈞致而律意已得，不必如鬼薪旦舂，胥靡諸罰。因之廛市田野，有忿不爭即爭不訟矣。且綦當黔播孔道，羽馳轂擊，旦昏相屬，公所爲供張除道，往往至如歸去如流，當塗者莫不稱公措注之善。乃暇日則又以親所製藝進諸生，而課業大都直抉名理中窾，會摭芳潤而發詞條。兵燹之餘，睹斯盛事。他如飭膠庠，崇節孝，弭盜賊，酌徭力，禁奸宄，瘞胔骼，通津梁，諸凡展厝，莫不井井。故合邑縉紳安而冠冕，士安而縫掖，男安而農賈，女安而紡織，相生相聚而安於何有之天者，皆公之賜也。公之大有造於綦如此。今年春，紀録成，公列功最上，天子下璽書嘉勞，錫采幣、黄金，下詞頒敕太史，撰綸綍登紫泥之封，并有黻珽、帶裳、象揥、襢褕之飾，爲北堂璠璵增寵光焉。維時邑中長老相携懽忭加額，因云老人屈指兒時邑父母衣被我者，無如公賢。則又屈指今海内故舊，世家貴人，達官宦來蜀游，又無如我公阿母壽且貴者。公其忠孝完人哉！蓋公之德，淪人心髓；公之功，勒諸彝鼎；公之修潔，又金波玉衡、懸光寒霄之上。少頃陟台垣，管樞秉軸，爲廟廊柱石。扇寰海清風，正色立朝，不動聲色。緊所云子翼少卿次公諸君子，安可喋喋今古後先歟？余深知公之不自有其功也，乃因邑人之請，略書其概，而介之以賀。

祭張、房二將文 川湖總督李化龍霖寰長垣

嗚呼！二將軍之死也，經歲於今矣。人亦有言："死有重於泰山，有輕於鴻毛。"如二將軍之死，輕耶？重耶？夫逆賊應龍，淫怒以逞，荼毒生靈。原野厭人之肉，川谷流人之血，既有年於今矣。人臣無將，將則必誅。封疆之臣，滅此朝食。豈俟問哉！乃數年來，未有顯言誅之者，何也？懦者以私，婪者以賄，苟就一切之利而不顧國家久遠之害。晚近庸臣，大抵然耳。蓋顯詞誅之，自房將軍始。將軍提一旅，捍孤城，豈足以當播州之全師。顧義氣所激，直欲捽逆賊而平吞之。恩重身輕，威尊命賤，所從來矣。迨逆賊卷土而來，相與從事於顔行，將軍不沮不慴，擁孤城以抗强敵。又得謀勇俱足如張將軍其人者，左右其間，一戰東溪，再戰四埡，奮臂一呼，萬夫辟易，斬將搴旗，潰圍陷陣，何其壯也。終以力盡援絶、鼓衰士散竟至以身殉城。然其英風義烈，猶足吐懦夫之氣，激壯士之肝，亦已奇

矣！且自二將軍死而後，賊負不可赦之罪，人堅必誅賊之心。九伐方張，四征伊始，此非賊能死二將軍，乃二將軍能滅賊也。假令守綦江者非有磊磊落落如二將軍，必且與賊通，必且與賊諱。養其鱗甲，長其羽翼，突而鵲起，席卷川巴，李特、王建前事不遠。即不然，殺人者可以不死，無君者可以白全，將使人懷問鼎之心，户比齒馬之迹，僭擬成風，綱常掃地。不及十年，人其戎乎，瓦解陸沉，豈足爲喻。蓋將軍之死，非獨以存蜀，是天下理亂得失之關也。即謂之重於泰山，是耶？非耶？嗟乎！人誰無死？以法死，以賄死，以寒疾不汗五日死，以飲酒御婦人死，等死耳。要以生無榮名，死無令聞。縱使百千萬劫，只如未生，甚且遺之臭矣，則其死輕也。二將軍死既聞，天子嘉其義烈，贈以極品，賞以延世，千秋廟貌，比於睢陽。嗟嗟可不謂重耶！龍既入渝城，誓師剿逆，高二將軍之義，乃爲文以祭之。二將軍有靈，當且率綦城之厲鬼以殺賊，始信二將軍果能滅賊，死乃益重也。

《誓師文》節録　李化龍

萬曆二十八年正月十五日，李公化龍率八省官兵大會於重慶較場，告天誓師。其文有曰："逆賊楊應龍，梟獍爲心，蛇蝎成性，藐國法如兒戲，刈民命若草菅。以疑似殺妻而并害其家，以殘害殃民而盡絶其世。同知本係寅僚，斬殺俾無遺種；五司原同手足，剿滅盡作荒坵。初但肆惡於一州，繼乃流毒於三省。白石口民户三千，積骸遍野；飛練堡官軍二萬，流血成淵。綦江一路，百里無烟；東溪再焚，三春如赭。最可恨者，對夫以淫其妻，對父而奸其女。尤可駭者，吮乳斷嬰兒之首，燒蛇入孕婦之陰。迹其數載，殺人已盈十萬，擬以五刑議辟，統備三千，大逆無道，天地不容，亂臣賊子，神人共憤。"

——（道光）《綦江縣志》卷十一《藝文》，載《中國地方志集成·四川府縣志輯》，第7册，716～718頁

平播州夷人歌　邑庠生 李鳳 梧菴

朔風起，胡笳奏，蛇虬敢共蛟龍鬥。夜郎何物逞妖氛，濁霧蠻烟迷白晝。蠹魚宵駭出殘編，慅慅不敢縹緗眠。百里無烟雞犬寂，羽書飛報神堯前。帝惟司寇相東魯，飛牘曾蘇農商賈。世揚秋烈豈乏人，枚卜專制統熊虎。尚方劍戟耀龍光，急繕招摇目月章。經文緯武由帷幄，救焚息焰决吕梁。誓誥六師誅負國，剿馘無容稽頃刻。龍韜秘運神莫窺，登壇忽變旌旗色。材官猛將紛承風，席捲長驅轉飛蓬。率土竊疑囚得地，誰知克不待秋冬。共驚此役如破竹，汾陽制黔揆制蜀。出將入相雙美人，山甫吉甫今又復。凱聲雷動徹穹蒼，陽春盎盎繼嚴霜。遍山白骨復生肉，滿目枯枝垂遠楊。山獐野狐已掃穴，累朝負嵎一朝裂。郡縣新闢不毛鄉，車騎猶濺妖魔血。習戰不必昆明池，邊夷安静民扶犁。上公偉績光麟閣，策勛殊錫建龍旂。野人受賜終今載，風月無邊不用買。還我當年舊花村，滄海桑田一任改。憶昔綦城慘罹灾，死人寃憤生人哀。誰知地雷來復處，雪中霜裏又梅開。深山猿鶴雲霞友，宵談共酌醍醐酒。無懷渾沌葛天民，惟解鼎成數用九，心史千秋傳

不朽。

——(道光)《綦江縣志》卷十一《古體》,載《中國地方志集成·四川府縣志輯》,第7冊,第726頁

平播凱旋述懷 劉綎

韜略無能繼父風,西川前後領元戎。重幰推轂操兵柄,敢倚平夷數戰功。奕世君恩延賞久,纍朝官誥賜封隆。何當兩地無寧日,兵火年年一樣紅。

逆豎頻煩西顧憂,簡書重命運前籌。斬關聯施贏驢技,破囤應消汗馬愁。一念孤忠懸日月,千年公論付春秋。太平自是無征戰,且脱戎衣歸馬牛。

——(道光)《綦江縣志》卷十二《七律》,載《中國地方志集成·四川府縣志輯》,第7冊,第753頁

（道光）南川縣志*

東鄉壩。治西南七十里，去綦八十里。明萬歷〈曆〉中，楊應龍據播州，以此爲界。將軍劉綎往征，里中父老猶傳其凱旋詩云："韜略無能繼父風，西川前後領元戎。重慚推轂握兵柄，敢倚平夷剿播功。奕世君恩延賞久，屢朝官誥錫封隆。何當兩地無寧日，兵火年年一樣紅。逆豎頻煩西顧憂，簡書重命運前籌。斬關聯展贏驢技，破囤應消汗馬愁。一念孤忠懸日月，千年公論附春秋，太平自是無征戰，且脱戎衣歸馬牛。"

——（道光）《南川縣志》卷一《古迹》，載《中國地方志集成·重慶府縣志輯》，第23册，第306頁

秦良玉，石柱女官，具忠義，有智略。山陰金步瀛《良玉傳》：石柱宣撫使馬千乘妻。萬歷〈曆〉二十七年，播州宣慰使楊應龍叛，千乘以三千人從征，良玉別統精兵五百裹糧自隨。明年正月，賊夜襲官營，良玉夫婦進擊之，扼賊鄧坎，深入賊境，連破金筑等七寨，直取桑木關，大破之，爲南川路戰功第一。

——（道光）《南川縣志》卷六《武功》，載《中國地方志集成·重慶府縣志輯》，第23册，第467頁

馬孔英。按《明史》本傳："萬歷〈曆〉二十七年，大征播州楊應龍，詔發陝西四鎮兵，令孔英將以往，兵分八道，南川道屬孔英。英至，自關中敗賊於金子壩，南川路視諸將先登。四月初四，吴廣破岩門關，英以南川兵三千助廣。據山俯視囤中，樵汲俱絶。南川路衝其前鋒，綦江路爲左右翼擊賊，賊不復敢格鬥，灑泪率妻子夜遁。"

高折枝，河南固始進士，萬歷〈曆〉中任重慶府推官。播賊楊應龍將叛，憤然以剿除爲己任。綦江破時，枝在成都，日夜馳千里至郡，捍衛城池。已，復監軍攻、南川路，諸軍

---

* （清）魏崧等修，康作霖等纂：（道光）《南川縣志》，載《中國地方志集成》編委會編：《中國地方志集成·重慶府縣志輯》，巴蜀書社，2016年。

未入,先斬關擊賊,隨與諸將抵囤下,遂克大憝。

按:《明史·馬孔英傳》:"孔英道南川,獨險遠,去海龍囤六七百里。未至,重慶推官高折枝監紀軍事,請獨當一面,乃與參將周國柱先以馬千乘兵破賊金筑等寨。"

李化龍,按《明史·本傳》:字于田,長垣人。萬歷〈曆〉二年進士,二十七年總督湖廣、川、貴軍務兼巡撫四川。播州叛臣楊應龍結生苗破綦江,殺參將房嘉龍、游擊張賢良,投尸蔽江下。帝聞綦江破,大怒,賜化龍劍。化龍大誓文武,分八道進兵。川師四路,馬孔英由南川。應龍以勁兵二萬屬其子朝棟曰:"破綦江,馳南川,盡焚積聚。"比八路兵皆會囤下,築屯圍困。應龍窘,與二妾俱自縊。明晨,官軍入城,七子皆被執。詔磔應龍尸并子朝棟於市。

舊《通志》:"二十八年二月十二日,大舉南川路兵攻破虎跳關。四月,諸路總兵繼至。六月,攻破海龍囤。"

——(道光)《南川縣志》卷六《武功》,載《中國地方志集成·重慶府縣志輯》,第23冊,467~468頁

曹雲鵬。明季播州寇時,以鄉勇從劉將軍綎,歷功授貴州銅仁府總兵。

——(道光)《南川縣志》卷七《武秩》,載《中國地方志集成·重慶府縣志輯》,第23冊,第499頁

(同治)榮昌縣志*

嚴教,桐鄉人,督餉平播受賞。

——(同治)《榮昌縣志》卷九《職官》,載《南京圖書館藏稀見方志叢刊》,第 164 册,第 408 頁

閔宗聖,字心遇,鶴慶府人。萬曆壬午舉人,知榮昌縣,多惠政。大工掄材,采運如數,民不稱擾。邑有大憝,人莫敢攖,聖置之法,榮人稱快。會征楊應龍,竭力王事,卒於官。聖家本裕,反以官貧,祀名宦。《本府志》。

——(同治)《榮昌縣志》卷九《名宦》,載《南京圖書館藏稀見方志叢刊》,第 164 册,第 433 頁

讀劉綎佛圖關石刻有感 劉時俊

後事宜從前事求,奢酋未必勝楊酋。朝中命甫三推寄,閫外功旋一陣收。錦字石間空萬古,鴻名紙上重千秋。邇來舊業堪追否,自笑將軍也姓劉。

——(同治)《榮昌縣志》卷二十二《明詩》,載《南京圖書館藏稀見方志叢刊》,第 166 册,第 91 頁

* (清)文康修,廖朝翼纂:(同治)《榮昌縣志》,載南京圖書館編:《南京圖書館藏稀見方志叢刊》,國家圖書館出版社,2012 年。

（同治）璧山縣志*

神宗萬曆二十九年，以播州平詔天下，蠲四川加派田租逋賦。

——（同治）《璧山縣志》卷二《食貨志·蠲賑》，載《中國地方志集成·重慶府縣志輯》，第13册，第133頁

*（清）寇用平修，陳錦堂、盧有徽纂：（同治）《璧山縣志》，載《中國地方志集成》編委會編：《中國地方志集成·重慶府縣志輯》，巴蜀書社，2016年。

（光緒）四川綦江續志*

宋南平軍屬廢縣考有序

地無中外，率視時爲緩急。綦之南境，在漢、唐、宋、明皆要地。漢爲巴郡邊徼，與夜郎鄰。王象之《南平軍碑目》所列漢末諸碑有云"溱溪、吹角壩者皆在綦南，唐初没於南蠻，開拓後亦於其地建溱州、榮懿、扶歡等縣，非繁難地歟"。前明楊應龍之亂，綦害爲甚。李化龍行軍，而後改置，郡縣不聞，更議邊防，惟宋南平軍之設，閱時最久。軍治在今趕水對岸，距綦治百有十里，當時頗多石刻，賓佐之盛，號"劇治"焉。

……

按：《元和志》："帶水縣，東至播州七十里。"《方輿紀要》："在遵義府西北四十里。"又按：《遵義府志》："帶水即今洪江，播州即今綏陽。帶水在其西七十里，則縣治當今長灘左右，廢縣爲城。"《紀要》沿《明統志》之説，史無明文。又降琅川縣爲城，隸南平軍。（并《方輿紀要》）

按：《紀要》："琅川即琊川，在仁川縣東西。"

又廢播州爲城，隸南平軍。時城在桐梓縣地。

六年，以播州城爲播州縣，仍隸南平軍。

按：《遵義府志》引《通志》："播州廢縣在桐梓縣南三里。"

理宗端平三年，復以白錦堡爲播州縣，仍隸南平軍。惟治所非宣和所置之地。

按：《遵義府志》謂："白錦堡在今府治南二十里，以《輿地紀勝》南平軍在白錦堡爲誤。"據是則南平軍屬境遠矣。

嘉熙三年，復設播州，充安撫使，即播川縣爲州治。

按：是時播州已屬楊氏。又《重慶府志》"南川縣下"及《南川縣志》皆云："嘉熙三年移軍來治，元至正二十一年軍廢。"而《通志》亦云"是年以隆化爲軍治"，不知何據。

---

* （清）戴綸喆纂修：（光緒）《四川綦江續志》，載《中國地方志集成》編委會編：《中國地方志集成·重慶府縣志輯》，巴蜀書社，2016年。

寶佑六年,復以播川縣地爲鼎山縣,隸南平軍。

按:《遵義府志》:“宣和所改之播州復改爲鼎山者是也。”又引桐梓縣賈《志》“廢鼎山縣在城南十里”,據是則與前引《通志》謂“播川在桐梓縣南三里”不合,然此第云“縣地”,不云“縣志”,或者名改而縣治亦更歟。

度宗咸淳末,惟今桐梓地屬南平軍。

按:此專爲遵義而言。

元世祖至元十五年,鼎山縣改隸播州。并《遵義府志》。

——(光緒)《四川綦江續志》卷一《沿革諸考》,載《中國地方志集成·重慶府縣志輯》,第6册,12~14頁

三溪縣内有僰溪、東溪、葛溪三溪,僰溪在三溪縣西。《元和郡縣志》。

按:東溪一名“孝婦泉”,今之鎮子場也。若今之東溪則距鎮子十里,在前明不過茅屋數間而已,後因冶鑄者多萃於此,蔚爲重鎮,遂以東溪名之。而以鎮子名舊東溪,是東溪一水,當指牛心山之水而言。然其水小於今東溪條台崗之水,不知當時何措。葛溪則指蒲渡,而僰溪爲松坎正流也,乃前《志》以坡頭爲東溪,坡頭流合捍水,去三溪百里,不應遠隔若是。蓋唐時僅就三溪縣言之,語意明顯,何嘗溯及上流耶?又明萬曆中,播酋楊應龍作亂,陷綦江,以三溪爲播界,退屯於此。

——(光緒)《四川綦江續志》卷一《水道考》,載《中國地方志集成·重慶府縣志輯》,第6册,第21頁

楊漢英。至元十九年,以漢英爲紹慶、珍州、南平等處沿邊宣慰使、佩虎符。《遵義府志》。

——(光緒)《四川綦江續志》卷三《政績》,載《中國地方志集成·重慶府縣志輯》,第6册,60~61頁

慶曆、皇祐間,儂智高亂邕,貴遷曰:“通夜郎,浮牂柯,出不意擊之,漢制南粤之奇策也,吾當報國以自效。”即如瀘次於南川,得暴疾,將還,其季父使南川鉅族趙隆要殺之。《遵義府志·土官·播州楊氏》。

……

紹聖四年三月丁卯,詔瀘南安撫司南平軍,毋擅誘楊光榮獻納播州疆土。《宋史》。

大觀初,詔播州夷界巡檢楊榮,許歲市馬五千匹於南平軍,其給賜視戎州之數。

——(光緒)《四川綦江續志》卷四《雜記》,載《中國地方志集成·重慶府縣志輯》,第6册,98~99頁

(光緒)重修長壽縣志*

葉聯芳,普安州舉人。厚風俗,置學田。播酋破綦江,聲言東下,公以老母幼子維繫人心,得不徙,時有青天譽竹枝謡,崇祀名宦。

——(光緒)《重修長壽縣志》卷六《職官·知縣》,載《中國地方志集成·重慶府縣志輯》,第1册,第482頁

* (清)張永熙修,周澤溥等纂:(光緒)《重修長壽縣志》,載《中國地方志集成》編委會編:《中國地方志集成·重慶府縣志輯》,巴蜀書社,2016年。

(光緒)永川縣志[*]

周師旦,湖廣麻城人。辛丑進士,萬曆間任。時值播兵蹂躪後公私凋敝,民鮮蓋藏。師旦勵精撫綏,自奉節約。縣尉某一日取酒一瓶入衙,師旦見即詰,使以平買酬神對,乃釋。其清嚴類如此。去後,邑人思之,進士凌伯曾作文以紀其實,見碑碣中,入祀名宦祠。

——(光緒)《永川縣志》卷七《職官》,載《中國地方志集成·重慶府縣志輯》,第7冊,第42頁

* (清)許曾蔭等修,馬慎修等纂:(光緒)《永川縣志》,載《中國地方志集成》編委會編:《中國地方志集成·重慶府縣志輯》,巴蜀書社,2016年。

(光緒)銅梁縣志[*]

楊思謙,字生白,新化人。萬曆間進士,知縣事。才識英敏,有平播州功。

張文耀,字芝陽,湖廣沅陵人。萬曆丁丑進士,任縣事。滌垢恤隱,賢聲懋著,調巴縣。癸未擢御史,尋備兵川東。平播之役,制撫軍駐節渝城,調遣轉輸多賴之。播平,晉秩憲長,量田賦,公私之額、盈縮之制,皆其更定。

——(光緒)《銅梁縣志》卷五《政績》,載《中國地方志集成·重慶府縣志輯》,第8冊,第334頁

* (清)韓清桂等修,陳昌等纂:(光緒)《銅梁縣志》,載《中國地方志集成》編委會編:《中國地方志集成·重慶府縣志輯》,巴蜀書社,2016年。

(光緒)合州志*

秦良玉傳本馬氏家傳　金步瀛隨州山陰

秦良玉,蜀合州秦氏女,石砫宣撫使馬千乘之妻,嫻兵法,工詞翰。萬曆二十七年,播州宣慰使楊應龍叛。千乘以三千人從征,良玉別統精兵五百,裹糧自隨,扼賊鄧坎。明年正月,賊夜襲官營,良玉夫婦追擊之,深入賊境,連破金筑等七寨,已,偕酉陽諸軍直取桑木關,大破賊,爲南川路戰功第一。會中官邱乘雲抵蜀,以開礦等事索千乘,賄不得,密令奸宄冒充石砫部民蜚語誣陷,千乘瘐死雲陽獄。良玉上疏訟冤,奉命襲職。良玉爲人忠勇,多大略,馭下嚴峻,所部號曰白桿兵。每行軍發令,戎伍肅然,爲遠近所憚。泰昌時徵其兵援遼,良玉遣兄邦屏、弟民屏先以數千人往,朝命賜良玉三品服,授邦屏都司僉事、民屏守備。天啓元年三月,邦屏渡渾河戰死,民屏被創突圍出,當是時赴援兵首稱石砫。良玉復遣使入都,製冬衣一千五百分給殘卒,率子祥麟統精兵三千赴之。詔加二品服予封,誥祥麟授指揮使。良玉陳邦屏死狀,因言臣自征播以來所建之功不滿讒妒之口。貝錦高、張忠誠孰表乃贈邦屏都督僉事,錫世蔭與陳策等合祠,進民屏都督僉書,從兵部尚書張鶴鳴之請也。

——(光緒)《合州志》卷十四《藝文》,載《中國地方志集成·重慶府縣志輯》,第 10 册,第 170 頁

……(秦)良玉自征播援遼,破崇明、邦彦及援永平,諸戰功卓卓可紀。

——(光緒)《合州志》卷十四《藝文》,載《中國地方志集成·重慶府縣志輯》,第 10 册,第 172 頁

* (清)費兆鉞修,程業修纂:(光緒)《合州志》,載《中國地方志集成》編委會編:《中國地方志集成·重慶府縣志輯》,巴蜀書社,2016 年。

(光緒)江津縣志*

萬曆二十七年,播酋楊應龍屠劫邊境,再陷綦江,殺房、張二將,攻江津縣,大肆荼毒,總督李化龍剿平之。

——(光緒)《江津縣志》卷五《兵防志·寇逆》,載《中國地方志集成·重慶府縣志輯》,第14册,第506頁

卞孔時,萬曆舉人。武昌府同知,興利除害。楊應龍叛,以孔時監陳璘軍,播平旋。

——(光緒)《江津縣志》卷十一《士女志·忠義》,載《中國地方志集成·重慶府縣志輯》,第14册,第565頁

* (清)王煌修,袁方城纂:(光緒)《江津縣志》,載《中國地方志集成》編委會編:《中國地方志集成·重慶府縣志輯》,巴蜀書社,2016年。

(光緒)榮昌縣志[*]

閔宗聖,字心遇,鶴慶府人。萬曆壬午舉人,知榮昌縣,多惠政。大工掄材,采運如數,民不稱擾。邑有大憝,人莫敢攖,聖置之法,榮人稱快。會征楊應龍,竭力主事,卒於官。聖家本裕,反以官貧,祀名宦。本府《志》。

——(光緒)《榮昌縣志》卷九《名宦》,載《中國地方志集成·重慶府縣志輯》,第15冊,第526頁

* (清)文康修,施學煌續修,敖册賢續纂:(光緒)《榮昌縣志》,載《中國地方志集成》編委會編:《中國地方志集成·重慶府縣志輯》,巴蜀書社,2016年。

(光緒)秀山縣志*

(萬曆)二十五年,播州宣慰使楊應龍叛,詔以李化龍總督諸軍入討。(楊)光斗與石駐〈柱〉宣撫使馬千乘、酉陽宣撫使冉御龍、平茶長官楊光祖并隸總兵官馬孔英。化龍議分八路入播州,孔英由南川進,連有斬獲。時官土兵數萬,軍容甚盛,諸土官尤鋭厲,故南川軍最先諸路入關。二十八年六月,播州平,光斗以功進散官一階,賞穿二品服,敕書獎勞。

——(光緒)《秀山縣志》卷十三《土官志》,載《中國地方志集成·重慶府縣志輯》,第21册,第246頁

……(萬曆)十四年,楊柳、疊溪羌亂。將軍李應祥請調土官楊應龍、冉維屏、楊光祖將播州、酉陽、平茶諸兵進討。未幾,諸羌悉平。楊應龍反播州,二十七年光祖從總督李化龍進討。明年,播州平,光祖以功授明威將軍、忠順大夫。

——(光緒)《秀山縣志》卷十三《土官志》,載《中國地方志集成·重慶府縣志輯》,第21册,第247頁

……萬曆廿十八年,總督李化龍率官土兵征播州。(楊)光郁自備糗糧,鼓行争先。

——(光緒)《秀山縣志》卷十三《土官志》,載《中國地方志集成·重慶府縣志輯》,第21册,第248頁

* (清)王壽松修,李稽勳等纂:(光緒)《秀山縣志》,載《中國地方志集成》編委會編:《中國地方志集成·重慶府縣志輯》,巴蜀書社,2016年。

（光緒）彭水縣志*

楊漢英。大德七年，以行播州軍民使楊漢英爲紹慶、南平等沿邊宣慰司管軍萬户，佩虎符。

——（光緒）《彭水縣志》卷三《職官志·古職》，載《中國地方志集成·重慶府縣志輯》，第 23 册，第 164 頁

* （清）莊定域修，支承祜等纂：（光緒）《彭水縣志》，載《中國地方志集成》編委會編：《中國地方志集成·重慶府縣志輯》，巴蜀書社，2016 年。

（光緒）南川縣志[*]

秦良玉，石柱女官，具忠義，有智略。山陰金步瀛《良玉傳》：石柱宣撫使馬千乘妻。萬曆二十七年，播州宣慰使楊應龍叛，千乘以三千人從征，良玉別統精兵五百裹糧自隨。明年正月，賊夜襲官營，良玉夫婦追擊之，扼賊鄧坎，深入賊境，連破金筑等七寨，直取桑木關，大破之，爲南川路戰功第一。

馬孔英，按《明史》本傳：萬曆二十七年，大征播州楊應龍，詔發陝西四鎮兵，令孔英將以往。兵分八道，南川道屬孔英。英至自關中敗賊於金子壩，南川路視諸將先登。四月初四，吴廣破嚴門關，英以南川兵三千助廣，據山俯視囤中，樵汲俱絶，南川路衝其前鋒，綦江路爲左右翼擊賊，賊不復敢格鬥，灑泪率妻子夜遁。

高折枝，河南固始進士。萬曆中任重慶府推官，播賊楊應龍將叛，憤然以剿除爲己任，綦江破時枝在成都，日夜馳千里至郡，捍衛城池。已，復監軍攻南川路，諸軍未入，先斬關擊賊，隨與諸將抵囤下，遂克大憝。按《明史·馬孔英傳》：孔英道南川，獨險遠，去海龍囤六七百里。未至，重慶推官高折枝監紀軍事，請獨當一面，乃與參將周國柱先以馬千乘兵破賊金筑等寨。

李化龍，按《明史》本傳：字于田，長垣人。萬曆二年進士，二十七年總督湖廣、川、貴軍務兼巡撫四川。播州叛臣楊應龍結生苗破綦江，殺參將房嘉龍、游擊張賢良，投尸蔽江下。帝聞綦江破，大怒，賜化龍劍。化龍大誓文武，分八道進兵，川師四路，馬孔英由南川。應龍以勁兵二萬屬子朝棟，破綦江、馳南川，盡焚積聚。比八路兵皆會囤下，築屯圍困，應龍窘，與二妾俱自縊。明晨官軍入城，七子皆被執，詔磔應龍尸并子朝棟於市。舊《通志》：二十八年二月十二日大舉南川路兵攻破虎跳關，四月諸路總兵繼至，六月攻破海龍囤。

——（光緒）《南川縣志》卷六《武功》，載《中國地方志集成·重慶府縣志輯》，第24冊，219～220頁

---

* （清）黄際飛等修，周厚光等纂：（光緒）《南川縣志》，載《中國地方志集成》編委會編：《中國地方志集成·重慶府縣志輯》，巴蜀書社，2016年。

《明史》:萬曆十八年,播州楊應龍妻[叔]張時照等上變告應龍反,巡撫葉夢熊請發兵剿捕。

萬曆二十五年,應龍流劫江津、南川,臨合江索其仇袁子昇,磔之。

萬曆二十七年六月,應龍乘大兵未集,勒兵犯綦江分屯趕水,以偏師犯南川。二十七日,應龍督苗兵破綦江,出庫銀犒師,依倉就食,恣掠民間財貨、子女,退屯三溪,以綦江之三溪五渡、南川之東鄉壩立石爲播州界,號宣慰官莊。雲貴總督郭子章日夜徵調漢、土各兵守渝城,分戍南川、合江、瀘州。

萬曆二十八年,兵部侍郎李化龍分八路兵討應龍。春正月,馬孔英從南川入,以參將周國柱、宣撫冉御龍等隸,僉事徐仲佳監之。三月,酉陽、石柱二司由南川路先登,初八日克桑木關。四月,劉綎追至養馬城,與南川、永寧路合,連破龍爪、海雲險囤,壓海龍囤而壘。

——(光緒)《南川縣志》卷六《兵燹》,載《中國地方志集成·重慶府縣志輯》,第24册,第223頁

曹雲鵬。明季播州寇時,以鄉勇從劉將軍綎,歷功授貴州銅仁府總兵。

——(光緒)《南川縣志》卷七《武秩》,載《中國地方志集成·重慶府縣志輯》,第24册,第251頁

新建東岳廟記 重慶人、萬曆壬辰進士倪斯蕙禹同

萬曆二十四年,僧會香揀邑西清齋坪欲創東岳廟,未果。越明年丁酉,乃遷於迴龍山岑,神像巍峨,殿宇不稱。值己亥播亂,欲更未決。甫平,有倡義者督衆捐資换正殿,於二十九年三月壬子而增大之,三元閣、三官神像、十二殿,并拜廳海墁以次舉焉。盡力齊心,雖未完備,然數百年缺典,一旦創造,蓋已崇祀,事愜輿論也,且屬余而記之。余觀南中士懋純修,民循善習,卓有古風,不憚修祀者何?蓋播賊逆命,戮綦陽邑,人驚懼賊,竟不窺境,夫誰禦之意者,泰山褫賊膽而福南人未可知也。故今勝狀環游,層搆瀟灑,誠爲泰山而獨尊者。則鎮南邑而令士庶惕然有省者,其在斯乎?夫廟之成,不成於人而成於神;神之享,不享以文而享以心。倘纖瑕點瑜,神隨譴謫,即有鳌舉,終墮塵緣。誠檢閲洶潯,畏天修行,則廟宇借以不替,世有精禋,合邑賴以乂安,亦世有永茂也。太史公云:天道無親,常佑善人。又云:明德而薦馨者,迨是之謂歟君子。睹斯廟而求諸心焉,則亦庶乎知,所以祀神而復修其所未修也。是爲序。

——(光緒)《南川縣志》卷十一《文》,載《中國地方志集成·重慶府縣志輯》,第24册,第369頁

……古播州源屬蜀國,國朝屬黔。建自唐僖宗乾符二年乙未。時南詔陷播,楊端領兵復之,封子孫世襲其職,見明萬曆四十六年知縣劉□表碑記。

——(光緒)《南川縣志》卷十二《辨僞》,載《中國地方志集成·重慶府縣志輯》,第24册,第446頁

（光緒）南川縣鄉土志*

萬曆間，播州楊應龍反，流劫江津、合江及本境等處。

——（光緒）《南川縣鄉土志》第一章《歷史》，載《上海圖書館藏稀見方志叢刊》，第213冊，第670頁

* （清）佚名編：（光緒）《南川縣鄉土志》，載上海圖書館編：《上海圖書館藏稀見方志叢刊》，國家圖書館出版社，2011年。

(光緒)大寧縣志*

蕭芬,《涇縣志》:萬曆間以掾吏仕蘄州吏目,量移大寧主簿。播寇楊應龍叛,督師邢玠知芬材,徵至軍前。芬單騎入賊營,諭以利害,遂降之。播平,題巴縣丞。未幾,楊酋復叛,欲取重慶。芬署巴令,轉運催遣,卓有程憲。寇滅,升南川令,未到任卒。

——(光緒)《大寧縣志》卷六《秩官》,載《中國地方志集成·重慶府縣志輯》,第 30 冊,第 143 頁

* (清)高維岳修,魏遠猷等纂:(光緒)《大寧縣志》,載《中國地方志集成》編委會編:《中國地方志集成·重慶府縣志輯》,巴蜀書社,2016 年。

（民國）四川綦江續志*

宋南平軍屬廢縣考有序

地無中外，率視時爲緩急。綦之南境，在漢、唐、宋、明皆要地。漢爲巴郡邊徼，與夜郎鄰。王象之《南平軍碑目》所列漢末諸碑有云“溱溪、吹角壩者皆在綦南，唐初没於南蠻，開拓後亦於其地建溱州、榮懿、扶歡等縣，非繁難地歟”。前明楊應龍之亂，綦害爲甚。李化龍行軍，而後改置，郡縣不職，更議邊防。惟宋南平軍之設，閲時最久。軍治在今趕水對岸，距綦治百有十里，當時頗多石刻，賓佐之盛，號“劇治”焉。自神宗時，孫固蕩平三族，熊本討平木斗。徽宗時，龐恭孫撫南平夷，後雖事迹不詳於史，而即其轄境之因革損益有爲《遵義府志》及《方輿紀要》所考及者，獠務緩急可按而知，未始非讀八索九邱者之一助也，爰取列之。

……

按：《元和志》：“帶水縣，東至播州七十里。”《方輿紀要》：“在遵義府西北四十里。”又按《遵義府志》：“帶水即今洪江，播州即今綏陽。帶水在其西七十里，則縣治當今長灘左右廢縣爲城。”《紀要》沿《明統志》之説，史無明文。又降琅川縣爲城，隸南平軍。并《方輿紀要》。

按：《紀要》：“琅川即瑯川，在仁懷縣東西。”

又廢播州爲城，隸南平軍。時城在桐梓縣地。

六年，以播州城爲播州縣，仍隸南平軍。

按：《遵義府志》引《通志》：“播州廢縣在桐梓縣南三里。”

理宗端平三年，復以白錦堡爲播州縣，仍隸南平軍。惟治所非宣和所置之地。

按：《遵義府志》謂“白錦堡在今府治南二十里，以《輿地紀勝》南平軍在白錦堡爲誤”，據是則南平軍屬境遠矣。

---

* 戴綸喆纂修：（民國）《四川綦江續志》，載《中國地方志集成》編委會編：《中國地方志集成·重慶府縣志輯》，巴蜀書社，2016年。

嘉熙三年，復設播州充安撫使，即播川縣爲州治。

按：是時播州已屬楊氏。又《重慶府志》“南川縣下”及《南川縣志》皆云：“嘉熙三年移軍來治，元至正二十一年軍廢。”而《通志》亦云“是年以隆化爲軍治”，不知何據。

寶佑六年，復以播川縣地爲鼎山縣，隸南平軍。

按：《遵義府志》：“宣和所改之播州復改爲鼎山者是也。”又引桐梓縣《賈志》“廢鼎山縣在城南十里”，據是則與前引《通志》謂“播川在桐梓縣南三里”不合，然此第云“縣地”不云“縣志”，或者名改而縣治亦更歟。

度宗咸淳末，惟今桐梓地屬南平軍。

按：此專爲遵義而言。

元世祖至元十五年，鼎山縣改隸播州。并《遵義府志》。

二十三年，廢南平軍，入南川縣，屬重慶路。《方輿紀要》。

——（民國）《四川綦江續志》卷一《沿革諸考》，載《中國地方志集成·四川府縣志輯》，第7册，791~793頁

三溪縣内有僰溪、東溪、葛溪三溪，僰溪在三溪縣西。《元和郡縣志》。

按：東溪一名“孝婦泉”，今之鎮子場也。若今之東溪則距鎮子十里，在前明不過茅屋數間而已，後因冶鑄者多萃於此，蔚爲重鎮，遂以東溪名之。而以鎮子名舊東溪，是東溪一水，當指牛心山之水而言；然其水小於今東溪條台崗之水，不知當時何措。葛溪則指蒲渡，而僰溪爲松坎正流也，乃前《志》以坡頭爲東溪，坡頭流合捍水，去三溪百里，不應遠隔若是。蓋唐時僅就三溪縣言之，語意明顯，何嘗溯及上流耶？又明萬曆中，播酋楊應龍作亂，陷綦江，以三溪爲播界退屯於此。

——（民國）《四川綦江續志》卷一《水道考》，載《中國地方志集成·四川府縣志輯》，第7册，第800頁

楊漢英。至元十九年，以漢英爲紹慶、珍州、南平等處沿邊宣慰使，佩虎符。《遵義府志》。

——（民國）《四川綦江續志》卷三《政績》，載《中國地方志集成·四川府縣志輯》，第7册，839~840頁

慶曆、皇祐間，儂智高亂邕，貴遷曰：“通夜郎，浮牂柯，出不意擊之，漢制南粤之奇榮也，吾當報國以自效。”即如瀘次於南川，得暴疾，將還。其季父使南川鉅族趙隆要殺之。《遵義府志·土官·播州楊氏》。

……

紹聖四年三月丁卯，詔瀘南安撫司南平軍，毋擅誘楊光榮獻納播州疆土。《宋史》。

大觀初，詔播州夷界巡檢楊榮，許歲市馬五千匹於南平軍，其給賜視戎州之數。

——(民國)《四川綦江續志》卷四《雜記》，載《中國地方志集成·四川府縣志輯》，第7册，877～878頁

（民國）新修合川縣志*

冉璡，播州人，與其弟璞并有文武才用，隱居蠻中，前後閫帥辟召，堅不肯。

——（民國）《新修合川縣志》卷三十七《名宦》，載《中國地方志集成·重慶府縣志輯》，第 11 册，第 532 頁

李德輝，字仲實，通州潞縣人。……（至元）十四年詔以德輝爲西川行樞密院副使，仍兼王相諸軍，既發德輝留成都給軍食。是年，復瀘州。十五年再圍重慶，逾月拔之，紹興、南平、夔、施、思、播諸山壁水栅皆下，而東川樞府猶故將也。……（至元）十七年置行中書省，以德輝爲安西行省左丞。是年，西南夷羅施鬼國既降復叛，詔雲南、湖廣、四川合兵三萬人討之。兵且壓境，德輝適被命在播，乃遣安珪、馳馹止三道兵勿進。復遣張孝思諭鬼國趣降，其酋阿察熟德輝名，曰："是活合州李公耶！其言明信可恃。"即身至播州，泣且告曰："吾屬百萬微公來，死且不降，今得所歸，蔑有二矣！"德輝以其言上聞，乃改鬼國爲順元路，以其酋爲宣撫使。其後有以受鬼國馬千數譖德輝于朝者，帝曰："是人，朕所素知。雖一羊不肯妄受，寧有是耶！"德輝卒，年六十三，蠻夷聞訃哭之，哀如私親，爲位祭者動輒千百人，合州安撫使王立衰絰率吏民拜，哭聲震山谷，爲發百人護喪，與元播州安撫使何彦清率其民立廟祀之。

——（民國）《新修合川縣志》卷三十七《名宦》，載《中國地方志集成·重慶府縣志輯》，第 11 册，533～534 頁

秦良玉，字貞素，忠州人。金步瀛《秦良玉傳》作"蜀合州秦氏女"，旁注云"本《馬氏家傳》森楷同年，石砫馬袞昭，良玉裔也"。問其《家傳》有此語否，答云"《家傳》是忠州人，不言爲合州女"，金説無據，今不取。嫁石砫宣撫使馬千乘。萬曆二十七年，播州宣慰使楊應龍叛，《明史》本傳無此語，金《傳》有之，叙事較有來歷，今依增入。千乘以三千人從征，良玉别統精卒裹糧自隨，與副將周國

* 鄭賢書等修，張森楷纂：（民國）《新修合川縣志》，載《中國地方志集成·重慶府縣志輯》，巴蜀書社，2016 年。

柱金《傳》無此六字,依《明史》增。扼賊鄧坎。明年正月二日,賊乘官軍宴夜襲,良玉夫婦首擊敗之,追入賊境,連破金筑等七寨。已偕酉陽諸軍直取桑木關,大敗賊衆,爲南川路戰功第一。賊平,良玉不言功。金《傳》無此七字,今從《明史》。

——(民國)《新修合川縣志》卷四十《名宦》,載《中國地方志集成·重慶府縣志輯》,第12册,第21頁

（民國）江津縣志*

播酋攻津

萬曆二十七年，播酋楊應龍屠劫邊境，再陷綦江，殺房、張二將，攻江津縣，大肆荼毒，總督李化龍剿平之。

——（民國）《江津縣志》卷三《前事志》，載《中國地方志集成·重慶府縣志輯》，第15冊，第53頁

卞孔時，字汝行，任武昌同知，剿播酋有功。以剛直忤璫，繫獄十三年，僅得釋。後起用，未幾卒，祀鄉賢祠。外孫程源爲之傳。

《傳》云："外王父卞公諱孔時，字汝行，卞壺之後，世家江東。至正末，江東壯兵起移楚，楚亂入蜀，居江津。……萬曆己亥，播州酋楊應龍叛，廷議川、黔、楚分路進師，以大中丞李化龍總之，駐重慶。大將軍劉綎等由蜀，大將軍陳璘等由楚。楚撫江鐸請于朝，以公監璘軍，從白泥入。庚子四月，破青蛇囤、三渡關，大戰壁大水田，焚桃溪庄，八路俱集海龍囤，賊勢急。水西酋安疆臣與應龍世姻戚近隣，悲狐兔，亦由落濛壁海龍囤，後數與賊通，賊因專力備囤前。公知之計，當事夜易陳璘、吴廣兵急攻之，遂破。賊應龍自焚死，俘酋子楊國〈朝〉棟等。時庚子六月二十四也，捷奏，奉旨值大璫。……"

——（民國）《江津縣志》卷七《鄉宦》，載《中國地方志集成·重慶府縣志輯》，第15冊，140～141頁

* 聶述文等修，劉澤嘉等纂：（民國）《江津縣志》，載《中國地方志集成》編委會編：《中國地方志集成·重慶府縣志輯》，巴蜀書社，2016年。

（民國）重修南川縣志*

曹雲鵬以鄉勇從劉綎征播有功，授銅仁府總兵。

——（民國）《重修南川縣志》卷八《職官》，載《中國地方志集成·重慶府縣志輯》，第25册，第201頁

北路鳴玉鄉曹氏著於明季貴州銅仁府總兵官雲鵬，從劉將軍綎征播，其功不可詳，遺佩刀一口，裔孫世寶之。

——（民國）《重修南川縣志》卷十一《列傳》，載《中國地方志集成·重慶府縣志輯》，第25册，第231頁

神宗萬曆十八年，播州賊楊應龍將作亂，其妻叔張時照詣京師上變。貴州巡撫葉夢熊請發兵勦之，不果。

應龍初襲播州宣慰使，久蓄异志，尚未敢動。後知四川承平日久，沿黔界一帶邊備空虚，其謀益急招兵買馬、積草屯糧作寇川計，以爲舉手可得。其妻叔張時照與所部宗世臣等上變，葉夢熊聞耗，上疏請勦。四川巡按及蜀中士大夫皆主撫，朝廷從之，詔應龍赴重慶聽勘。

二十五年，楊應龍叛，劫江津及南川，旋往合江。

應龍既叛，由播分兵出川，連劫江津、綦江及吾邑，旋往合江，逼縣執其仇人袁子昇於獄中，寸磔之乃返。

二十七年六月，貴州巡撫江東之遣兵三千勦應龍不克，應龍勒兵圍綦江，陷之，掠地至南川東鄉壖。

是年六月，應龍乘大兵未集作先發制人計，勒兵先犯綦江，分屯趕水，以偏師犯吾邑。

* 柳琅聲等修，韋麟書等纂：（民國）《重修南川縣志》，載《中國地方志集成》編委會編：《中國地方志集成·重慶府縣志輯》，巴蜀書社，2016年。

二十七日，又用苗兵破綦城，大掠於綦之三溪及吾邑東鄉壩，立石爲播州界，號宣慰官莊界，石至今尚存。黔撫郭子章調漢土兵嚴守重慶，分戍合江、南川、瀘州以備應龍。

命兵部侍郎李化龍總督川、湖、貴三省軍務，巡撫四川，調八路兵討播賊楊應龍，總兵官馬孔英由南川進。會諸師二十八年三月圍海龍囤，夏六月，擒應龍磔之，播亂平。

化龍以前年三月受朝命總督四川、湖廣、貴州軍務兼四川巡撫，時應龍作亂已及十年，復結生苗破綦江，殺參將房嘉寵、張賢良，投尸蔽江下，聲勢洶洶。帝賜化龍尚方劍，十月化龍自成都移鎮重慶，大誓文武，分八道進兵，一鼓蕩平。川兵四路，馬孔英率陝西四鎮兵由南川路進，應龍以勁兵三萬屬其子朝棟據綦江，馳攻吾邑，盡毀積聚。時八道兵南川路險遠，去應龍巢穴海龍囤七百里。孔英自秦赴軍未至，重慶推官、監紀軍事高折枝慷慨有謀，請獨當一面，與參將周國柱先以石砫宣撫馬千乘秦良玉之夫，時良玉從夫在軍中主兵。兵破賊金筑，又督酉陽宣撫冉馭龍兵破賊官壩。及孔英至軍，平茶及邑梅兵亦集，鼓行而前，所過克捷，奪桑木關，進營金子壩，又分兵三千助合江路總兵吴廣之師克岩門關。二十八年三月，孔英軍已深入海龍第二關下，諸道未有至者，居數日與劉綎合兵，進擊海龍囤而壘，八道兵悉會。六月，囤破，應龍先自縊。事聞，詔并其子磔於市，餘黨悉平。見《明史·化龍傳》。

——(民國)《重修南川縣志》卷十三《歷代》，載《中國地方志集成·重慶府縣志輯》，第25册，第325頁

(民國)巴縣志*

綦江。元置綦江長官司,屬播州。明玉珍改爲縣,洪武中來屬。

——(民國)《巴縣志》卷一《疆域》,載《中國地方志集成·四川府縣志輯》,第6册,第22頁

《明一統志·重慶府》:東至夔州府萬縣界六百四十五里,西至成都府内江縣界三百八十里,南至播州宣慰司界三百四十里,北至順慶府岳池縣界一百三十里,自府治至南京六千五百里,至京師八千七百里。

——(民國)《巴縣志》卷一《疆域》,載《中國地方志集成·四川府縣志輯》,第6册,第23頁

城隍廟。府廟在川東道署右,縣廟在舊同知署左。府廟明萬曆三十年知府傅光宅平播後重修。

——(民國)《巴縣志》卷二《建置》,載《中國地方志集成·四川府縣志輯》,第6册,第71頁

佛圖關

……明劉將軍綎平播後駐此,曾刻詩壁上。清王爾鑑詩云:春風促馬出城來,縱目佛圖上九垓。江勢曲隨山勢轉,禪林高傍竹林開。雄關扼要吞吴楚,繡陌梯雲闢草萊。詎爲耽幽戀靈境,踞崖覽勝一徘徊。關之形勝於兹可見。詳《建置》。

——(民國)《巴縣志》卷三《古迹》,載《中國地方志集成·四川府縣志輯》,第6册,第95頁

---

* 朱之洪等修,向楚等纂:(民國)《巴縣志》,載《中國地方志集成·重慶府縣志輯》,巴蜀書社,2016年。

傅良諫，字忠所，江西臨川進士。萬曆初知重慶府，廉能有聲，遷副使，平播之役與有勞焉。王《志》。

——（民國）《巴縣志》卷九《官師上》，載《中國地方志集成·四川府縣志輯》，第6册，第304頁

張文耀，字芝陽，湖廣沅陵人。萬曆丁丑進士，初任銅梁，調巴縣。才識敏捷。滌垢恤隱，賢聲懋著。癸未擢御史，尋兵備川東。平播之役，總督李化龍駐節重慶，調遣轉輸多賴之。播平，丈量田賦，公私之額、盈縮之制，皆其更定，善後之功居多。王《志》。

——（民國）《巴縣志》卷九《官師上》，載《中國地方志集成·四川府縣志輯》，第6册，第305頁

蕭芬，涇縣人，萬曆間以吏目任大寧主簿。播酋楊應龍叛，督師邢玠知芬材，徵至軍前。芬單騎如賊營，諭以利害，遂降之。播平，題巴縣縣丞。未幾，楊酋復叛，欲取重慶。芬署巴令，任轉運催遣，卓有程憲。寇滅，升南川令，未任卒。王《志》無據，《涇縣志》補。

傅光宅，山東聊城進士。萬曆中以御史左遷，歷工部郎，知重慶府。時當播亂，督理戎馬、軍糧有方略。播平，表忠義、瘞遺骼、輯流亡、撫瘡痍、修學宫，捐俸率作，一本誠懇，遷遵義兵巡道，祀府名宦。王《志》。

周作樂，浙江永嘉人。由舉人出宰萬縣，升重慶府同知。萬曆二十七年六月，播酋楊應龍陷綦江。次年正月，作樂攝縣事，上書，當事用其言，賊遂平，擢遵義府知府。王《志》無據，《綦江縣志》補。

——（民國）《巴縣志》卷九《官師上》，載《中國地方志集成·四川府縣志輯》，第6册，第305頁

王士琦，浙江臨海進士。萬曆中，知重慶府，豁達有大度，果於任事。播賊楊應龍負固久，時制軍奉命勘剿。琦受檄，單騎直驅賊境，諭之出。應龍果至松坎聽勘，引罪去，隨擢川東兵巡副使，賊不敢犯，祀府名宦。王《志》。

李化龍，字霖寰，直隸長垣進士。歷官遼東巡撫，忠清謹恪，持重有謀。萬曆己亥，播賊楊應龍再屠綦江，參將房嘉寵、游擊張良賢死之。朝議即家拜少司馬、總督川湖貴州軍務。六月初十日，自京兼程赴成都。十二月，移鎮重慶，會將士於演武場，撰文祭死事者，悽切動人。又爲誓師文，大誥軍士，忠憤激烈，將士鼓勵。以明年正月出師，六月播平。王《志》，互見《事紀》。

——（民國）《巴縣志》卷九《官師上》，載《中國地方志集成·四川府縣志輯》，第6册，306～307頁

劉綎，字省吾，江西南昌人，四川都督顯子。顯年二十時嘗挺身與蠻鬥，蠻畏之。綎饒有父風，善用大刀，人倆"劉大刀"，又精袖箭。播賊變，以綎爲四川總兵，鎮重慶。總督李化龍督師征播，兵分八路，川兵以綦江路爲首，綎統之，一戰而破三峒。賊嘗云：不怕各處兵，只怕是劉綎。平九絲，顯功第一；平播，綎功第一。父子勛名并著。王《志》。

高折枝，河南固始進士。萬曆中任重慶府推官，懲奸除猾，不避權勢。播賊楊應龍將反，憤然以剿除爲己任。綦江破時，枝在成都，日夜馳千里至郡，捍衛城池。兵復變，不移，時談笑定之。已復，監軍攻南川路，諸軍未入，先斬關擊賊，隨與諸將抵囤下，遂克大憝。播平，漢夷畏服，祀府名宦。王《志》。

——(民國)《巴縣志》卷九《官師上》，載《中國地方志集成·四川府縣志輯》，第6册，第307頁

詹貞吉，字德宇，隆慶戊辰進士。萬曆二十年，以右參議分守新鎮道，值播酋楊應龍將叛，人情汹懼。貞吉特携家至平越以鎮人心，衆於是有固志。貞吉澹泊簡易，與民休息。時初設府，經制籌畫，心力交殫。莅黔十餘年，比去，行橐蕭然，惟圖書數篋。歷貴州、雲南、浙江、湖廣四省監司，所至肅静。王《志》略，據嘉慶《一統志》《貴州通志》補。

——(民國)《巴縣志》卷十《人物志上》，載《中國地方志集成·四川府縣志輯》，第6册，第350頁

魯一冲，修真於綦江之仙源洞。播酋楊應龍修教於海龍囤，以利劍鍔逼，令道士手緊握而不斷者爲有道行，乃不殺。一冲聞而往握之，鋒悉捲，遂延爲法師，尋遁去。後至重慶，江中有棕纜成妖，翻浪掀波爲舟人患，一冲以法收置長安寺井中云。王《志》無據，《通志》補。

——(民國)《巴縣志》卷十《人物下》，載《中國地方志集成·四川府縣志輯》，第6册，第411頁

成宗大德九年，以行播州軍民使楊漢英爲紹慶、南平等處沿邊宣慰司，管軍萬户，佩虎符。蓋邊防之制與重慶五路聯繫。兹從府縣舊志録之。

——(民國)《巴縣志》卷十五《軍警》，載《中國地方志集成·四川府縣志輯》，第6册，第485頁

重慶在明世居兵要，平播、平奢及流寇之亂，或從進攻，或受徵調，其典兵之官更歷必多。

——(民國)《巴縣志》卷十五《軍警》，載《中國地方志集成·四川府縣志輯》，第6册，第486頁

王乾章　**兵巡道題名記**

川東有按察分司，司巡察重夔舊矣，未有兼兵備者兼之。自乾章奉璽書從事，始且重夔分上下川東，上川東所轄一府、三州、十七縣、一衛、二所。彝司之大者宣慰，曰播州宣撫，曰酉陽，次則黄坪、草塘二安撫司。又自平茶邑梅而下九長官司咸隸焉。

——（民國）《巴縣志》卷二十《金石上》，載《中國地方志集成·四川府縣志輯》，第6册，613～614頁

（順帝至正五年）二十五年正月，明玉珍定官制。乙酉，明玉珍更定官制，并六卿爲中書省樞密院，以戴壽、萬勝爲左右丞相；向大亨、張文炳知樞密院事；鄒興鎮成都，吴友仁鎮保寧，莫仁壽鎮夔關，皆平章事；竇英鎮播州，姜玨鎮彝陵，皆參知政事；荆玉鎮永寧，商希孟鎮黔南，皆宣慰使。《元史·本傳》。

——（民國）《巴縣志》卷二十一《事紀上》，載《中國地方志集成·四川府縣志輯》，第6册，第663頁

（洪武）三十一年夏四月，令四川成都、重慶、保寧三府及播州宣慰司置茶倉，貯茶以待客商，納米中買及與西番易馬，各設官掌之。《續通考》，征榷。

——（民國）《巴縣志》卷二十一《事紀下》，載《中國地方志集成·四川府縣志輯》，第6册，第668頁

武宗正德五年，重慶人曹弼亡命播州，糾衆爲寇，陷江津。

重慶人曹弼亡命播州，糾衆寇川南諸縣，與大盗藍廷瑞合。時藍廷瑞、鄢本恕、廖惠等據保寧，擁衆數萬。官軍討之，不能克。

——（民國）《巴縣志》卷二十一《事紀下》，載《中國地方志集成·四川府縣志輯》，第6册，第669頁

（武宗正德五年）冬十二月，瀘州賊曹甫移營江津，窺重慶。四川巡撫林俊遣指揮李蔭討平之。初，俊遣人招諭曹甫，甫佯聽令，使弟瑄劫掠如故。指揮李蔭斬瑄首，賊遂移江津，分七營，將攻重慶。俊發酉陽、播州土兵助蔭，遂以六年元旦掩破其四營。賊遁入民家，焚之盡斃。乘勝搗老營，甫以數十騎突出，遇蔭兵敗走，官軍乘勝進圍之，俘斬及焚死者二千有奇。《明史·林俊傳》。

——（民國）《巴縣志》卷二十一《事紀下》，載《中國地方志集成·四川府縣志輯》，第6册，第670頁

（神宗萬曆）二十年，播州宣慰使楊應龍以罪詣重慶聽勘，繫獄當斬，龍請征倭自贖，詔釋之。

萬曆元年，應龍受敕書襲職。十八年，貴州巡撫葉夢熊、巡按陳效歷數應龍凶惡諸大罪。時方防禦松潘，調播州土兵協守，四川巡按李化龍疏請暫緩勘問，俾應龍戴罪圖功。由是川貴撫按疏辨，在蜀者謂應龍無可勘之罪，在黔者謂蜀有私暱應龍之心。給事中張希皋等以事屬重大，兩川利害豈漫不相關者，乞從公會勘，無執成心。十九年，夢熊主議播州所轄五司改土爲流，悉屬重慶，與化龍意復相左，化龍遂引嫌求去。蓋應龍本雄猜，阻兵嗜殺，所轄五司七姓悉叛離，嬖妾田雌鳳，屠妻張氏并及其母。妻叔張時照與所部何恩、宋世臣等上變告應龍反，夢熊請發兵剿之。蜀中士大夫悉謂蜀三面鄰播，屬裔以什佰數，皆其彈壓，且兵驍勇，數征調有功，翦除未爲長策，以故蜀撫按并主撫。按：《明史·艾穆傳》："穆以十九年巡撫四川，亦不欲加兵應龍，與夢熊异。"

朝議命勘應龍，願赴蜀不赴黔。二十年，應龍詣重慶對簿，坐法當斬，請以二萬金贖。御史張鶴鳴方駁問，會倭犯朝鮮，徵天下兵，應龍因奏辨，願將五千兵征倭自贖，詔釋之。兵已啓行，尋報罷。《明史·土司傳》。按：《明史稿》《明史紀事本末》《明通鑑》《明紀》諸書記應龍變亂始末，事實皆同，媘繁不具録。

二十一年春，川撫王繼光至重慶，遣總兵劉承嗣、參將郭成等分道討應龍，兵至白石口，《通鑑輯覽》注：白石口在遵義婁山關南。敗績。

繼光至川，嚴提勘結，應龍抗不出，張時照等復詣奏闕下，繼光乃决議用兵。二十一年春，繼光馳至重慶，與總兵劉承嗣、參將郭成等分兵三道進婁山關，屯白石口。應龍佯令其黨穆炤等約降，而統苗兵據關衝，殺都司王之翰，軍覆，傷亡大半。會繼光論罷，即撤兵委弃，輜重略盡，黔師協剿亦無功。御史薛繼茂主撫，應龍上書自白，遣其黨携金入京行間，執原奏何恩詣綦江縣。據《明史·土司傳》《明史紀事本末》。

二十三年春三月，總督貴州軍務邢玠乘傳至蜀，檄重慶府知府王士琦往勘之，應龍至松坎請罪。

玠檄士琦詣綦江，趣應龍至安穩聽勘。應龍使弟兆龍至安穩，治郵舍儲糒，叩頭郊迎，致餼牽如禮，言："應龍縛渠魁，待罪松坎，所不敢至安穩者，恐墮仇民不測禍也，幸請至松坎受事。"士琦曰："松坎亦曩奏勘地。"即單騎往，應龍果面縛道旁，泣請死罪，願執罪人、獻罰金。士琦爲請於玠，許之。應龍乃縛獻黄元、阿羔等十二人，案驗抵應龍斬，論贖四萬金，助采木，仍革職，以子朝棟代，次子可棟羈重慶府追贖，斬元羔等於重慶市。總督以聞。時倭氛未靖，兵部欲緩應龍，事東方，朝廷亦以應龍有積勞可其奏，以士琦爲川東兵備副使彈治之。應龍獲寬，益怙惡終不悛。尋可棟死於重慶，益痛憾，遂結諸苗反。二十四年，焚劫草塘、餘慶二司及興隆、都勻各衛，進圍黄平、重安，殺官吏。二十五年，劫江津、南川、合江，大掠貴州洪頭、高坪、新村諸屯，已又侵湖廣四十八屯，勢遂大熾。據

《明史·土司傳》。

二十七年春三月，起李化龍總督川湖貴三省軍務。

先是，貴州巡撫江東之令都司楊國柱、指揮李廷棟等率卒三千剿應龍，應龍遣子朝棟、弟兆龍、何漢良等迎敵於飛練堡，賊佯走，誘官軍，盡殲之。國柱等皆死，東之罷，以郭子章代之，起任化龍總督軍事。是時東征事竣，亟調總兵官劉綎、麻貴、陳璘、董一元南征。《明通鑑》。

夏五月，貴撫郭子章馳至蜀，檄四川松潘鎮總兵萬鏊移重慶。

子章至蜀，即請投標兵，益調浙閩滇蜀將士，先檄總兵萬鏊自松潘移重慶，并調集鎮雄、永寧各土漢兵設防。據《明通鑑》。

六月，應龍陷綦江，僞軍師孫時泰請直取重慶，應龍遷延不進。時應龍以大兵未集，亟引兵攻綦江。城陷，參將房嘉寵、游擊張良賢帥師巷戰，俱死之。應龍因劫縣，令縱囚焚掠、出庫犒師，盡殺城中人，投尸蔽江，水爲之赤。僞軍師孫時泰説應龍直取重慶，搗成都，劫蜀王爲質。應龍止以争界給葬爲辭，尚冀曲赦，遷延不進。總督李化龍初至，以援師未集，亦謬爲好語縻之。據《明通鑑》。

冬十月丙戌，以播州用兵故加四川田賦。《明通鑑》。

是月，總督李化龍移駐重慶。總兵官劉綎兵亦至，會四川總兵萬鏊罷，即以綎代之。《明史·劉綎傳》。

二十八年春正月十五日，化龍以諸軍大集，大會文武於重慶較場，登壇誓師。據王《志》。

王《志》節録誓師文曰："逆賊楊應龍，梟獍爲心，蛇蝎成性，藐國法如兒戲，刈人民若草菅，以疑似殺妻而并害其家，以殘害殃民而盡絶其世。同知本係寅寮，斬殺俾無遺種；五司原同手足，剿滅盡作荒邱。初但肆惡於一州，繼乃流毒於三省。白石口民户三千，積骸遍野；飛練堡官軍二萬，流血成淵。綦江一路，百里無烟；東坡再焚，三春如赭。最可憾者，對夫以淫其妻，對父而淫其女；尤可駭者，吮乳斷兒之首，曉蛇入婦之陰。迹其數載，殺人已盈十萬。擬以五刑議辟，統備三千，大逆無道，天地不容，亂臣賊子，神人共憤"云云。

二月十二日，化龍分八路進兵。六月，大破海龍屯，應龍縊死，播州平。

化龍分兵八路，每路約三萬人，官兵三之，土司七之。劉綎由綦江進，破其前鋒，楊朝棟僅以身免，連克桑木、烏仁、河渡三關，奪天都、三百落諸屯，乘勝破九盤，入婁山關，屯白石。應龍率諸苗决死戰，綎親勒騎，衝中堅，分兩翼夾擊，敗之，追犇至養馬城，連破海雲、龍爪諸屯。壓海龍屯時，陳璘已破青蛇屯，安疆臣亦奪落濛關。吴廣從崖門關入，營野牛塘，與賊力戰三日却之，遂攻燒二關，奪賊樵汲路。賊勢急，遣使詐降，化龍檄諸將，斬使焚書。八路兵大集海龍屯，遂築長圍，更番迭攻，賊大困。會化龍聞父喪，詔以墨縗視師。天苦雨，將士馳泥淖中苦戰。六月四日，天忽霽，綎先士卒，克土城。應龍益迫，散金募死士拒戰，無應者，起提刀巡壘，見四面火光燭天，大兵已登屯入，應龍倉皇同愛妾二闔室縊。生禽朝棟、光龍等百餘人，計出師至滅賊百有十四日。化龍露布以聞，獻俘闕下。詔剉應龍尸，磔朝棟、兆龍等於市。據《明史·土司傳》。按:《明通鑑》《明紀》等書叙戰事尤詳，文繁不具録。

秋七月甲寅，詔停征播，加派四川田賦。《明通鑑》。

播亂既平，總督李化龍以憂去四川巡按。崔景榮爲請蠲蜀一歲租，卹上東五路，罷廿〈礦〉使。《明史·崔景榮傳》。

八月，令内監邱乘雲至重慶采木。

把總韓應龍奏四川、重慶馬湖産名木，命内監邱乘雲往兩地采木。《明史紀事本末》。

二十九年春正月壬子，以播州平詔天下，復蠲四川加派田租逋賦，除官民詿誤罪。《明紀》。

——(民國)《巴縣志》卷二十一《事紀下》，載《中國地方志集成·四川府縣志輯》，第6册，670～673頁

劉慈《滇行日記》

……萬曆二十七年，征播酋楊應龍，蜀撫王繼光命副總兵曹希彬一軍北由永寧緝麻入，俱此地也。……

——(民國)《巴縣志》卷二十三《巴縣文徵上篇》，載《中國地方志集成·四川府縣志輯》，第6册，第729頁

李化龍《平播疏》化龍有《傳》

勘得楊酋匪茹，與國爲仇，萬姓荼毒，三省震驚。孰不以爲不可以歲月克者，乃自出師以來，甫三月有奇而元凶授首，黨羽悉擒。千年狼虎盤據之窟，一旦掃蕩無遺，上足以伸中國之威，下足以洩生靈之憤。其他狡黠土司、獷悍惡苗，無不亾精喪魄，西南半壁可永無虞矣。此朝廷威福與指授方略所致，斷非文武將吏敢貪天功爲己力者。惟是各官兵暴露行，勞告萬狀，不可不查叙也。

先是臣奉命出川，賊知罪在不赦，已統兵深入，陷落綦江，且逼重慶，地方洶洶，皆謂有長驅之志。於時，目前兵力略無可恃，臣乃以計緩之，一面調兵，一面移文詰責，若未嘗絶之者。賊果信之，即具文求撫，且不西向，臣因得以徵調漢、土諸兵急爲之備。其時，賊氣張甚，川人畏之如虎，臣發成都兵，甫出門，欲投錦江，不復肯東。及聞綦江守城兵見賊來，競譟而走，多投水者，止餘二將與其家丁，遂及於難。臣念漢兵心膽已碎，土兵狐兔有情，自非招客兵不可，因請調陝、浙諸省之兵。又念外兵之費甚侈，往來途次且生擾累，於是每省鎮止調一二千，多者三千，共數省實僅僅二萬，其餘仍三省及滇、粵土兵也。然西南人見外兵來，莫測多少，以爲天下之兵皆至矣。自是漢兵之氣壯而土兵之心亦折，無不樂爲我用者。時賊雖知調兵，然以爲虚聲嚇之如往日，非實事也。臣亦止在成都積糧治

器，若無事者，然不復東，賊亦不疑。北兵俱集，臣移駐重慶，賊始知必剿，頗肆衝突，然我兵漸益，未易得志也。

臣又念兵以一路進，既道狹不能容，一有前却不可復振，因分爲八路。又念路分而兵少，賊厚其陣以衝之，敗矣！因令每路皆三萬以上，每一路皆可以當其全師。又念關外賊黨多不可勝誅，會兵部頒賞格至，首重招降，臣亦推廣之，但投戈者皆赦不誅。臣又念兵無賞士不往，會兵部賞格首言得賊者即以其家資與之，臣亦推廣之，克關破囤各懸賞，賞各以千萬計。既川兵入關，臣又恐其人自爲心，若九節度之師然，因復委按察使張悌入總監之，殺牲莅盟，務必得賊。臣又恐賊事急詐降，得以遷延，至暑雨漸深，我兵不能久困，但急攻之，有稱降者，斬使焚書，無爲所紿。時湖廣之兵亦至囤下，臣欲入營親監之，會聞先臣之訃，臣恐營中遂懈惰不可用，因不待成服跣而草檄，示以例應候代，照常督兵，有慢令者，尚方具在，令代中軍余德榮等再往監之。臣又念賊囤後易攻，囤前難攻，時諸將壁囤下者各有分地，因令以勁兵一枝壁其前，其餘并力於後。臣又恐諸軍士爭趨賊財物，或至亂行，至有他虞，因移文再四申禁。臣又聞營中流言"水西目把尚不絶賊"，恐漏軍情，因移文令其退劄。水西土官懼，撤其兵退而引嫌曰："吾不欲爲亡播之續也。"時久雨，軍士日在泥淖中，至六月之初四而天忽晴，初五日遂破其二城，初六日遂登其囤，賊以滅亡。總計八路，生擒賊首、賊從一千一百二十四名，斬級二萬二千六百八十七顆，俘獲賊屬五千五百三十九名，招降播民一十二萬六千二百一十一名口，全活被擄男婦一千六十四名口，奪獲馬牛七百六十七匹，獲器械四千四百四十四件。是役也，自賊破綦江至剿滅可一年；自進兵至滅賊，百十有四日。當八路對壘時，土、漢兵既參差不齊，諸將領亦彼此觀望，播人劫於賊之積威，人自爲戰，未易即克。我各路又糧運艱難，時有脱巾之呼。臣日夜催督，走使馳檄至數百千，即兩省撫臣、各路鎮道，亦靡不忘寢忘食，或至頭鬚爲白。總之，諸文武知廟堂之意必欲滅賊，故鼓之即應，勞之不怨，誅罰之亦無敢囁嚅者。倘更一月而賊不滅，暑雨久，瘴疫深，我兵自潰，無問賊矣。該臣會同巡撫貴州郭子章、巡撫湖廣支可大、巡撫偏沅江鐸議照，國家方制萬里，日所出入之邦，悉爲郡縣，獨西南諸省不廢土司，蓋亦曰"因俗而治，與之相安"云爾。二百年來，此輩犬羊之性不堪馴，擾亦時有之，然未有如播酋楊應龍之公然叛逆者，則何也？蓋其地險，其兵强，其財力足以使鬼通神，其聲勢足以呼群嘯黨，加以年來方隅多事，九伐之旌未遑南指，彼遂時時狂逞，亦遂時時得志，井蛙之見，謂縣官真無奈我何。諸群不逞，如楊珠、楊明、何漢良、孫時秦輩，瞯其雄心。或時有以公孫躍、馬尉佗自王之説進者，賊亦自念騎虎勢不得下，將曰："等死，無且舉大名乎！"於是恣其狂圖，淫怒以逞，而破城殺將、鵲起西南之勢成矣。夫天下非小弱也，九州四海兵非脆，糧非乏也。特以賊逆形未著，皇上不忍遽觀之兵，曰："吾且舞干，吾且解網，姑俟其悔過而與之相安於無事。"乃不謂凶人之性不移也。始天怒赫然，斷在必剿。夫斷而敢行，鬼神避之，況此么麼者乎？蓋自進剿之旨下，尚方之劍頒，然後海内熊虎之師如雲而集，陳紅之粟蔽江而上，智士陳謀，勇夫效力，火燎毛，山壓卵，賊即欲不灰飛烟滅，亦曷可得已？臣等嘗即諸路之功而評叙之。在四川則楠木、三峒，賊黨以爲三窟，謂天險不可升者也。婁山關，賊前門，我所必由、賊所必争者也。海龍囤，賊以爲天造地設，人迹所必不能到、兵力所不能加者也。三戰而克之，賊力竭矣，不亡何待？夫賊黨自戰，其地猶易與也。惟賊父子親在行間，則諸賊人人致死，難與争鋒。該路到處與賊父子對壘，最快者，九盤子之戰，悉其精鋭以付朝棟，令之從綦江進，從南川回，此其目中尚復有官兵乎？劉綎一戰而走之，自是播人爲之破膽。尤快者，諸軍壁海龍囤下，連月不拔。綎至，一日而克其二城，賊遂滅亡。至今群口囂囂然，無敢没其先登之烈者。兵法無選鋒曰北，綎於諸路其選鋒乎？則綦江路之功也。

臣嘗言，破賊關外宜招降，謂多不可勝誅也；關内宜疾戰，謂師不可老也。安、羅、陶洪三寨，生口以數萬計，勝兵以數千計，令貪功者以大兵初入，必且多殺以報捷。勝之則傷仁，不勝則損威矣。而該路坐受其降，兵不血刃，自是一戰而斬郭通緒，再戰而入崖門關，三戰而屢捷於木牛塘，賊計無復之，遂父子相哭而上囤矣。當其入木牛塘，時川兵入關去囤尚遠，湖、貴兵在關外，絶不相聞，吴廣以孤軍去囤數十里而結營，犯兵法之所忌，而卒以得志，自非其令嚴而戰力當不及。此後雖有講降誤事，然有激而奮，竟以成功，逆賊父子盡獲其首，終不失爲全捷，則永合路之功也。

南川路最險、最遠，去囤可六七百里，賊以爲官兵必不能從此進。當馬孔英之未至也，高折枝以一書生請自將漢、土兵以往，此固已雄偉不常矣。乃師期一月，之前先搗官壩營以寒賊膽，而撤回龍泉之兵且以解思、石之危。其事甚奇，其功甚大。比進兵從真州入，真人則簞食壺漿以迎，播人則弃甲曳兵而走，居然有三代之氣象。時諸將欲候各路消息方入關，折枝夷〈毅〉然曰："若是，則誰爲當先入者？"策馬而前，衆隨其後，竟以三月初八日奪桑木關而據之。臣用是以催各路，尚有以四月入者，令諸將皆折枝，諸路皆南川，滅賊當更速。抵關而馬孔英至，則文武相得，如樂之和。自是日日約各路攻圍，有應，有不應，甚或以相誹詈，而折枝不顧也。分攻令下，諸將争走後門，該路獨壁前門。夫後門我易攻賊，前門賊易衝我，彼亦曰："誰爲宜當賊衝者，蓋亦先入關之意乎？"破囤之役，後門以二路更攻，前門以一路搏戰，日夜揮戈，人百其勇，坐使賊自盡而逆黨無一逸者。總之，倡諸路之先，作三軍之氣，令黔師不得以賊强我弱借口而竟以奏功，臣於該路文武皆心折焉，則南川路之功也。

在湖廣則偏橋一路，江外爲四牌，江内爲七牌，皆五司遺種、九股惡苗盤據糾結乎其間。四牌不掃，即武騎千群未易窺三渡也。陳璘獨以一旅之師先掃四牌，開我進兵之路，用是鳥江内賊黨寒心。長坎、瑪瑙、青蛇三囤，自昔以爲險絶，官兵所從未易得志者，臣亦慮其難下，令降之。璘以爲除惡務盡，竟以一鼓而升其巔，殺戮數千，臭聞十里。時龍泉哨施南兵亦已先克板角關，至今白泥、湄潭之間，四牌、七牌之苗遂無遺種，非璘之力不及此。該路漢兵少，土兵多，糧運少遲便成噪呼。璘令嚴而法肅，卒能使之用命而不爲害。迨至克關逼囤，議設木栅、製鐵牌以防賊逸，其機智有足多者。卒以入虎穴得虎子，閹人、綉女纍纍在浮〈俘〉，良快人意，則偏橋路之功也。

貴州各路與川、廣不同，其地近，其兵少，其餉乏，其夷性反覆而靡常，其民心摇惑而不定。玆之用兵，又非以一淬厲、一鼓舞之爲競者，烏江失律已見法矣。然能借是以激厲水西，俾之絶狐兔之情，踐虎狼之窟。母氏囤一戰，大足褫逆酋之魄而奪之氣，此則失之武人，得之文吏，蓋運籌者之苦心乎！李應祥以孤危之兵，當鵴瓟之時，能自審於緩急進止之間，以守爲戰，以招撫爲進攻，卒之轉弱爲强，揚旌直指，斬首數百，招降數萬，因破諸囤，斬三渡，抵白田，何其壯也。竟以連合川兵，同心戮力，破重城，俘群醜，振積弱之邦，舒華夏之氣，始如處女，繼如脱兔，玆其審於機而神於用，豈易得哉！則平越、烏江、沙溪諸路之功也。

夫我國家從來用兵，未有大得志於西南夷者。國初，傅友德統二十四將軍，止言防守，未聞戡定。正統間，麓川之役，用兵五十萬，轉餉半天下，升叙萬人，三返而罪人竟逸。嘉靖初，思、田之役，以剿始，以撫終，至今爲諸夷借口。玆其大致可睹已。諸帥惟臣等三五書生耳，其智略、才力不及古人遠甚。乃兵纔逾二十萬，進兵纔逾百日，費纔二百萬，而倖以成功，此非臣等之力，皆由我皇上神武獨斷，委任不疑用，使文武同心，將士效死，爰有成績。臣每誦詔旨，即十行之札、萬里之外，往往曙於指掌而晰於毫毛，輒沾沾自得以爲賊平矣，已戰勝於堂上矣！夫淮、蔡之平，直須一斷，何况今廟謨詳一若此哉！

——（民國）《巴縣志》卷二十三《巴縣文徵下篇》，載《中國地方志集成·四川府縣志輯》，第 6 册，744～747 頁

雲　南

（道光）昆明縣志*

郭維屏，萬曆乙酉舉人，以從軍平播有功留知播州。時方改土設流，一切制度咸所經始。後擢知府事，州民畏威懷德，久而不衰。

——（道光）《昆明縣志》卷六《宦紀》，載《中國地方志集成·云南府縣志輯》，第2册，第93頁

* （清）戴絅孫纂修：（道光）《昆明縣志》，載《中國地方志集成》編委會編：《中國地方志集成·云南府縣志輯》，鳳凰出版社，2009年。

（民國）宣威縣志稿*

（萬曆）二十八年，命雲南撫鎮協討播州楊應龍。陳用賓駐曲靖，黔國公沐叡駐霑益。

——（民國）《宣威縣志稿》卷一《大事記》，載《中國地方志集成·云南府縣志輯》，第12册，第239頁

* 王鈞圖、陳其棟修，繆果章纂：（民國）《宣威縣志稿》，載《中國地方志集成》編委會編：《中國地方志集成·云南府縣志輯》，鳳凰出版社，2009年。

（民國）大理縣志稿*

……自莊蹻略地，留衆王滇，楚人始入西南。洎唐之播州没於南詔，太原楊端奉朝命征之，既收復，後唐室已亡不能歸，因留其衆據而世守之，黄漢苗裔傳播南詔自此而始。

——（民國）《大理縣志稿》卷三《建設部·户籍》，載《中國地方志集成·云南府縣志輯》，第73册，66～67頁

* 張培爵修，周宗麟纂：（民國）《大理縣志稿》，載《中國地方志集成》編委會編：《中國地方志集成·云南府縣志輯》，鳳凰出版社，2009年。

廣　西

（民國）凌雲縣志*

嘉靖二年，泗城土官岑接爲田州岑猛所攻，殺督府，始遣官按問，州印核顔，宗枝無可据者，即貯賓州庫中，而以地方兵民歸并，泗城州舊有編户二里，秋米一百石，貢馬。按：嘉靖中，各土司治兵相攻，所調遣動以千計。其後禦倭浙東，及平播州楊應龍之亂，泗城知州皆應召出兵有功，是可略識邊力之充竭，户口之登耗矣。故《明史紀事本末》稱"誅岑猛用兵八萬平播，分兵八路，每路約三萬人，官兵三之，土司七之。"

——（民國）《凌雲縣志》第一篇《地理》，載《中國地方志集成·廣西府縣志輯》，第77册，第430頁

岑紹勛，字伯堯。明嘉靖時襲泗城知州，性疏宕，嗜詞章。應調平龍門苗，破廣西八寨，歷著軍聲。三十一年倭寇浙東，率兵授禦。萬曆二十八年，復會師平播州楊應龍之亂，以功晋朝列大夫，加四品服色，旋乞休致。以子雲漢繼理州事，獨營汾洲別業，事游釣，徜徉山水，吟詠自適。

——（民國）《凌雲縣志》第七篇《前事》，載《中國地方志集成·廣西府縣志輯》，第78册，291～292頁

王常爲石囤守備，勤職忠勇。萬曆二十八年，應湖廣、川、貴總督李化龍調，征播州楊應龍，隸劉將軍綎部，力戰陣亡，敕蔭子容襲職。

——（民國）《凌雲縣志》第七篇《前事》，載《中國地方志集成·廣西府縣志輯》，第78册，第337頁

* 蒙啓光修，林其椿纂：（民國）《凌雲縣志》，載《中國地方志集成》編委會編：《中國地方志集成·廣西府縣志輯》，鳳凰出版社，2014年。

湖　南

（康熙）沅陵縣志*

張文耀，字芝陽。萬曆丁丑進士，筮仕銅梁，調巴縣，召爲御史，直聲震朝右。後歷閩、貴、滇南憲副，調川東大參監軍。轉餉平播，升四川左布政使，加正二品服俸。

——（康熙）《沅陵縣志》卷六《人物志·事功》，清康熙四十四年刻本

* （清）郎廷棟修，張佳晟纂：（康熙）《沅陵縣志》，清康熙四十四年刻本。

（康熙）龍陽縣志*

（萬曆）二十七年饑，霪雨五月至八月，禾稼俱漂。復。以征播之役運糧，里民疲困難蘇。

——（康熙）《龍陽縣志》卷一《祥异》，清康熙二十四年刻本

* （清）蔡蔭修，陳一揆纂：（康熙）《龍陽縣志》，清康熙二十四年刻本。

(乾隆)寧鄉縣志*

(萬曆)壬寅,播酋變,徵丁夫入黔,民苦之。

——(乾隆)《寧鄉縣志》卷八《灾祥》,清乾隆十三年刻本

* (清)李杰超修,王文清纂:(乾隆)《寧鄉縣志》,清乾隆十三年刻本。

（乾隆）永順縣志*

彭元錦，號衷白。萬曆十五年，播州叛，蒙督部檄元錦征勦乾溪、苦茶園等關，攻進海龍等囤，斬獲賊級解驗，奏題優叙。先因采獻大木助修清寧宫，工部題準加級，奉敕加飛魚服色，升授湖廣都司都指揮使，進階驃騎將軍。

——（乾隆）《永順縣志》卷四《人物志》，載《中國地方志集成·湖南府縣志輯》，第69册，第159頁

* （清）黄德基修，關天申纂：（乾隆）《永順縣志》，載《中國地方志集成》編委會編：《中國地方志集成·湖南府縣志輯》，鳳凰出版社，2002年。

（乾隆）芷江縣志*

督學試院在城北隅。先是，明嘉靖二十七年，以苗患設總督駐沅，建牙於此，四十二年罷。迨萬歷〈曆〉二十七年，以征播復設偏沅巡撫，亦駐節兹署。

——（乾隆）《芷江縣志》卷二《志營建·公署》，清乾隆二十五年刻本

耀文書院在城東古臺山雁塔後，明萬歷〈曆〉間副使江東之建，未卒，事去。至二十八年，長沙府推官金繼震以籌播餉駐沅，遂成厥功。今圮。金繼震有詩。

——（乾隆）《芷江縣志》卷三《志學校·義學》，清乾隆二十五年刻本

《明史·職官志》："萬歷〈曆〉二十七年，以征播暫設巡撫偏沅，贊理軍務。"《明史》注："初名巡撫，或名鎮守，復以鎮守侍郎與巡按御史不相統屬，定爲都御史巡撫，兼軍務者加提督，有總兵地方加贊理。"尋罷。天啓二年後，或置，或罷。崇禎二年定設。《明史·李化龍傳》：萬歷〈曆〉二十八年討播州楊應龍，命湖廣巡撫支可大移沅州。帝以楚地遼闊，又擢江鐸爲僉都御史，巡撫偏沅。湖廣偏沅巡撫自鐸始也。按：舊《志》載，駐沅督撫未見分晰，又失載偏撫始莅之人。今據《明史》補入江鐸，而偏撫未設之前，湖撫支可大實先移於此，亦未可略，故均列諸首，以備一朝掌故。

——（乾隆）《芷江縣志》卷七《志秩官·巡撫》，清乾隆二十五年刻本

郭繼曾，字仰白，福建晉江人。萬歷〈曆〉中知沅州，時值播、征皮兩役，繼興大吏，先後駐沅，籌軍事。芻糧日告急，繼曾擘畫綽然。

支可大，字有功，號鑑亭。南直昆山人。登萬歷〈曆〉甲戌進士，授禮部主事，歷員外郎中。時曹務填委，戚璫尤多請乞，可大屹然不爲動。出爲廣東提學副使，苦瘴，移疾歸家。居十年，起爲浙江提學，歷江西參政、應天府丞，升湖廣巡撫。征播之役，可大移鎮沅州，降九股、白泥諸寨，又破黄岑、高嚴、乾溪、寶兒囤，遂入播；七戰塘保，破板角關；三戰煉坪，克苦菜關。播平，蔭一子，告歸。可大生而岸异，持重識大體。歸後小築城隅，與賓

* （清）閔從隆纂修：（乾隆）《芷江縣志》，清乾隆二十五年刻本。

朋觴咏者十餘年，卒年七十四。

江鐸，字士振，仁和人。……萬歷〈曆〉二十八年，討播州楊應龍，命湖廣巡撫支可大移沅州。帝以楚地遼闊，又擢鐸爲僉都御史，巡撫偏、沅。湖廣偏沅巡撫自鐸始也。以攻楊應龍有功，蔭一子，世錦衣指揮。丁母艱，去，奪情，命留討皮林諸洞蠻，平之，以勞疾歸，卒贈兵部右侍郎。

——（乾隆）《芷江縣志》卷七《志秩官·名宦》，清乾隆二十五年刻本

孟良驥，以征播功升指揮使。檢萬歷〈曆〉《州志》補。

——（乾隆）《芷江縣志》卷八《志武備·武職》，清乾隆二十五年刻本

萬歷〈曆〉二十七年，起李化龍總督湖廣、川、貴軍務，兼巡撫四川，討播州楊應龍。明《資治通鑑綱目》："萬歷〈曆〉二十五年，播州宣慰使楊應龍叛。初應龍數從征調，恃功驕蹇，知川兵脆弱，間出剽州縣。詔逮，繫匿不出。所部何恩等詣有司告變，四川巡撫王繼光發兵討之，覆於白石。應龍上書自明，乃命南京兵部侍郎邢玠爲總督往勘。東西用兵，不能窮治，因招撫之。應龍請執罪人，獻金贖罪，遂縛獻黃元等，輸四萬金，羈其次子可棟於重慶。追贖，可棟尋死。應龍益恨，遂糾諸苗反，殘餘慶，掠大阡、都壩及興隆、都匀諸衛，進圍黃平，殺官吏。後復掠洪頭、高坪諸屯，寖及湖廣。命李化龍總督軍務討之，賊乘官軍未至，率衆陷綦江，盡殺城中人，投尸蔽江，楚黔道梗。"明年二月，分八道進兵。川師四路：總兵官劉綎由綦江，馬孔英由南川，吴廣由合江，副將曹希彬由永從〈寧〉。黔師三路：總兵官童元鎮由烏江，參將朱鶴齡統宣慰使安疆臣由沙溪，總兵官李應祥由興隆。楚師一路，分兩翼：總兵官陳璘由偏橋，副總兵陳良玭由龍泉。每路兵三萬，官兵三之，土司七之。貴州巡撫郭子章駐貴陽，湖廣巡撫支可大移沅州，化龍自將中軍策應。帝以楚地遼闊，又擢江鐸爲僉都御史，巡撫偏、沅。湖廣設偏沅巡撫，自鐸始也。八路兵皆會海龍囤下，築長圍困之，更番迭攻。《明史·土司傳》："萬歷〈曆〉二十八年，應龍五道并出，破龍泉司。時總督李化龍已移駐重慶，徵兵大集，遂以二月十二日誓師，分八路進。每路約三萬人，官兵三之，土司七之，旗鼓甲仗森列，苗大驚。總兵劉綎破其前鋒，楊朝棟僅以身免，賊膽落。遂連克桑木、烏江，渡三關，奪天都、三百落諸囤。賊連敗，乃乘隙突犯烏江，詐稱水西、隴澄會哨，誘永順兵，斷橋，淹死將卒無算。尋綎破九盤，入婁山關。關爲賊前門，萬峰插天，中通一線。綎從間道攀藤毀柵入，陷焉。四月朔，師屯白石，應龍率諸苗決死戰。綎親勒騎，衝中堅，分兩翼夾擊，敗之。追奔至養馬，騰猿不能逾者。時偏沅師已破青蛇囤，安疆臣亦奪落濛關，至大水田，焚桃溪莊。賊見勢急，父子相抱哭，上囤死守。"六月，城破，應龍窘，與二妾俱縊。自出師至滅賊，凡百有十四日。以其地置遵義、平越二府，分屬川、貴。舊《州志》："萬歷〈曆〉二十八年，征剿播酋，四省官兵百萬，屯札沅州，并總督、鎮道各衙門俱駐沅州。民間運糧千里，累死者多。"

按：三省兵，凡八道，楚只一道，兵三萬，安得有四省官兵百萬屯沅之事。是時黔楚道梗，總督李化龍自駐重慶調度，惟湖廣巡撫支可大、偏沅巡撫江鐸駐此，而總兵官陳璘與副總兵陳良玭由此道始分兩翼，其他監軍理餉，自監司、太守司、李牧令以下集此者甚衆，蓋一時之倥偬可想已。

——（乾隆）《芷江縣志》卷八《志武備·記兵》，清乾隆二十五年刻本

楊顯，衛人。官本衛指揮同知，擢廣東瓊崖参將。萬歷〈曆〉二十八年，調征播州楊應龍，進破老君關，奮勇血戰，力竭死之。事聞，贈都督僉事。子應芝、續芝同被難，號“一門三烈”。

應芝，顯長子。以征播同父力戰而死。事聞，贈都指揮僉事。

續芝，顯季子。從父剿播州，赴烏江老君關，不避矢石，奮勇破關入。播酋拒戰，應援不至，續芝連斬數賊，力竭，身被數十創，遂歿於陳。事聞，贈昭勇校尉。

——(乾隆)《芷江縣志》卷九《志人物·忠義》，清乾隆二十五年刻本

（嘉慶）長沙縣志*

羅緄，嘉定人。萬歷〈曆〉中長沙知府，時火旱頻仍，甘霖隨禱而至，合郡有羅公雨之頌。措餉征播，民免加派。出手書以勸賢良，勤文會以振士風。虚懷友善，清苦自甘。升憲副，民立特祠祀之。

——（嘉慶）《長沙縣志》卷十六《名宦》，清嘉慶十五年刊，二十二年增補本

* （清）趙文在原本，陳光詔續修：（嘉慶）《長沙縣志》，清嘉慶十五年刊，二十二年增補本。

（嘉慶）龍山縣志*

《彭氏家乘》載，……（彭）一正，萬歷〈曆〉二十八年，調征播州楊應龍。是年十月，又調征皮林苗，均捕剿獲賞。

——（嘉慶）《龍山縣志》卷十六《雜記》，清嘉慶二十三年刻本

* （清）繳繼祖修，洪際清纂：（嘉慶）《龍山縣志》，清嘉慶二十三年刻本。

（嘉慶）龍陽縣志*

（萬歷〈曆〉）二十七年饑，霪雨自五月至于八月，禾稼俱漂，復以運征播軍餉，民困難蘇。舊《志》。

——（嘉慶）《龍陽縣志》卷三《事紀》，清嘉慶十九年刻本

* （清）張在田修，游鳳藻纂：（嘉慶）《龍陽縣志》，清嘉慶十九年刻本。

（嘉慶）重修慈利縣志*

李應祥，以武生從軍，纍官至四川總兵。征剿播州楊應龍，有《平播傳》。贈左都督，世蔭千户。詳《武功》。

——（嘉慶）《重修慈利縣志》卷五《選舉·歷代薦辟》，清嘉慶二十二年刻本

李應祥，九溪衛人，以武生從軍，積功至廣西思恩參將。……（萬歷〈曆〉）二十八年大征播州，以總督李化龍薦，代貴州總兵。與吴廣等分兵八道，滅楊應龍。改鎮四川，卒於官。贈左都督，世蔭千户。史臣曰：應祥爲將，謀勇兼資，所至奏績，平蜀三大寇，功最多。

——（嘉慶）《重修慈利縣志》卷六《人物·武功》，清嘉慶二十二年刻本

* （清）李約修，皇甫如森纂：（嘉慶）《重修慈利縣志》，清嘉慶二十二年刻本。

（嘉慶）沅江縣志*

（萬歷〈曆〉）二十八年，播州宣尉楊應龍反，軍餉、運夫、戰馬、弓矢額外加征，民不堪命。

——（嘉慶）《沅江縣志》卷二十二《祥异志》，載《中國地方志集成·湖南府縣志輯》，第 82 册，第 128 頁

* （清）唐古特修，駱孔僎纂：（嘉慶）《沅江縣志》，載《中國地方志集成》編委會編：《中國地方志集成·湖南府縣志輯》，鳳凰出版社，2002 年。

(嘉慶)永定縣志*

縣西茅岡司,自明洪武四年,永定設衛,城茅岡司,有覃堯芝即爲指揮洞長,世居茅岡。明時調征寇蠻,屢著勛績。至覃宗伊調征播州寇楊應龍,功封昭勇將軍。

——(嘉慶)《永定縣志》卷五《封蔭志》,載《中國地方志集成·湖南府縣志輯》,第71册,第97頁

* (清)趙亨鈐修,熊國夏纂:(嘉慶)《永定縣志》,載《中國地方志集成》編委會編:《中國地方志集成·湖南府縣志輯》,鳳凰出版社,2002年。

(道光)芷江縣志*

督學試院在城北隅。先是,明嘉靖二十七年,以苗患設總督駐沅,建牙於此,四十二年罷。迨萬歷〈曆〉二十七年,以征播復設偏沅巡撫,亦駐節玆署。

——(道光)《芷江縣志》卷六《公署》,清道光十九年刻本

* (清)胡禮箴修,黄凱纂:(道光)《芷江縣志》,清道光十九年刻本。

（道光）新化縣志*

陽思謙，字生白。萬歷〈曆〉乙未，以弱冠成進士。初任四川銅梁知縣，莅事敏練，勵節清操，以平播功行取户部主事，歷員外郎。……《通志》《府志》、舊《縣志》同。

——（道光）《新化縣志》卷二十四《人物》，載《中國地方志集成·湖南府縣志輯》，第57册，第214頁

* （清）林聯桂纂修：（道光）《新化縣志》，載《中國地方志集成》編委會編：《中國地方志集成·湖南府縣志輯》，鳳凰出版社，2002年。

(道光)辰溪縣志*

張守緒,浙江仁和舉人。萬歷〈曆〉二十六年辰溪知縣,政尚嚴明,才堪理劇。時大軍征播,所需夫役,均平無擾,在任四載,卒於官。

——(道光)《辰溪縣志》卷二十六《政绩》,載《中國地方志集成·湖南府縣志輯》,第 60 册,第 419 頁

* (清)徐會雲修,劉家傳纂:(道光)《辰溪縣志》,載《中國地方志集成》編委會編:《中國地方志集成·湖南府縣志輯》,鳳凰出版社,2002 年。

(同治)新化縣志*

陽思謙,字生白。祖壽元,萬歷〈曆〉初,以歲貢爲吴縣丞。父律,封户部主事,世有清望。思謙幼負才名,年十九,登萬歷〈曆〉二十三年進士,授四川銅梁縣知縣。莅事敏練,清操矯然,以與平播功,行取户部。先是,楊應龍之變,上書自白,遣其黨携金入京行間,而執所部原告何恩詣綦江。綦江舊屬播州,洪武中,固與銅梁同隸重慶者也。嗣總督邢玠檄重慶知府王世琦詣綦江,趣應龍聽勘。應龍面縛道旁,泣請願執罪人,獻罰金。世琦爲請於玠,許之,以聞於朝,可其奏。應龍獲寬益怙,終不悛,分遣土目,置關據險,厚撫諸苗,苗人咸願出死力,遂遍残諸司、各衛。又侵湖廣四十八屯,阻塞驛站,索其仇磔之,備極慘酷。時萬歷〈曆〉二十五年也。至二十七年,起李化龍節制川、湖、貴州諸軍事,調東征諸將劉綎、麻貴等南征。應龍乘大兵未集,勒兵犯綦江,陷之,盡殺城中人,投尸於江,水爲之赤。時化龍已駐重慶,徵兵大集,遂以二十八年二月十二日誓師,分八路進,每路約三萬人,官兵三之,土兵七之,旗鼓甲仗森列,苗大驚。總兵劉綎破其前鋒,賊膽落,遂連克諸關。賊所倚天險,謂飛鳥騰,猿不能逾者,兵至立破。應龍益迫,倉皇自焚。計出師至滅賊百十有四日而播平。當是時,兵興旁午,全蜀響動,銅梁密爾,綦江尤爲緊要。思謙有應變才,檄赴大營,凡軍興以來徵調驛騷皆立辦。事平,叙功,行取户部主事,歷本部員外郎中。

——(同治)《新化縣志》卷二十一《人物志四·宦迹》,載《中國地方志集成·湖南府縣志輯》,第58册,386~387頁

* (清)關培鈞修,劉洪澤纂:(同治)《新化縣志》,載《中國地方志集成》編委會編:《中國地方志集成·湖南府縣志輯》,鳳凰出版社,2002年。

（同治）續修慈利縣志*

李應祥，以武生從軍，纍官至四川總兵。征勦播州楊應龍，有《平播傳》，贈左都督。詳《武功》。

陳乙，係指揮，授灞陽守備，征播州陣亡。

——（同治）《續修慈利縣志》卷七《選舉·歷代薦辟》，清同治八年刊本

李應祥，九溪衛人，以武生從軍，積功至廣西恩思參將。……（萬歷〈曆〉）二十八年大征播州，貴州總兵官童元鎮逗留，總督李化龍劾之，薦應祥代。時分兵八道，貴州分烏江、興隆二道。詔元鎮充爲事官，由烏江入；應祥由興隆入。諸道克二月望進兵。應祥未受事，副將陳寅等已連克數囤，拒賊四牌、高囤下，別遣兵從間道直搗龍水囤。他將蔡兆吉又自乾坪抵箐岡，過四牌賊首謝朝俸營。其地四面峭壁深箐。前二關，賊從高鼓譟，官軍殊死戰，俘朝俸妻子，乘勢抵河畔。會烏江敗，書聞，斂兵不進者旬日。及應祥受任，益趣諸將急渡。寅等乃取他道渡河，而潛爲浮橋以濟師。諸軍渡，賊失險，乞降者相繼，應祥悉受之。賊所恃止黃灘一關，壁立，衆死守。會賊徒石勝俸等率萬餘人降，告曰："去黃灘三十里，有三關，入播門户也。先襲破之，則黃灘孤難守。"應祥然其計，令偕陳寅率精卒四千夜抵關下，勝奉以數十騎誘開門，殲其戍卒。黃灘賊懼，寅督諸將渡河，攻關前；勝俸由墳林暗渡，襲關後，賊乃大敗。應祥直抵海龍囤，合諸道兵共滅楊應龍。播既平，還鎮銅仁。明年改鎮四入〈川〉，播遺賊吴洪、盧文秀等惡有司法嚴，而遵義知縣蕭明世失衆心，洪等遂稱應龍有子，聚衆爲亂。應祥偕副使傅光宅捕之，盡獲。應祥尋卒於官，以平播功贈左都督，世襲千户。應祥爲將，謀勇兼資，所至奏績，平蜀三大冠，功最多。

——（同治）《續修慈利縣志》卷八《人物·武功》，清同治八年刊本

* （清）稽有慶修，魏湘纂：（同治）《續修慈利縣志》，清同治八年刊本。

（同治）醴陵縣志*

王演疇，江西彭澤進士。（萬歷〈曆〉）二十七年任，崇文造士，約己便民。培學宫地脉，革傾銷積弊，調停丁餉。籌備征播軍需，民不知擾。見《通志》。

——（同治）《醴陵縣志》卷七《秩官志·文秩》，清同治九年刊本

* （清）徐淦修，江普光纂：（同治）《醴陵縣志》，清同治九年刊本。

（同治）桑植縣志*

向秉忠，世奇子。萬歷〈曆〉三十年，調征播州楊應龍，進九龍寨之板角關，擒賊酋楊朝棟、楊維棟等，敕賜匾額曰“欽獎元勛”，升授宣撫司，回任。

……

向德隆，懷忠子，襲任。萬歷〈曆〉三十年，調征播州楊應龍，破九龍岩有功，賜“欽獎元勛”匾額。

——（同治）《桑植縣志》卷八《附録》，載《中國地方志集成·湖南府縣志輯》，第70冊，第126頁

* （清）周來賀修，盧元勛纂：（同治）《桑植縣志》，載《中國地方志集成》編委會編：《中國地方志集成·湖南府縣志輯》，鳳凰出版社，2002年。

（同治）沅陵縣志*

嘉靖〈萬歷〈曆〉〉二十七年，以征播暫設偏沅巡撫，贊理軍務，駐沅州府，尋罷。

——（同治）《沅陵縣志》卷十六《兵制》，載《中國地方志集成·湖南府縣志輯》，第62册，第278頁

* （清）守忠修，許光曙纂：（同治）《沅陵縣志》，載《中國地方志集成》編委會編：《中國地方志集成·湖南府縣志輯》，鳳凰出版社，2002年。

(同治)芷江縣志*

督學試院在城北隅,先是明嘉靖二十七年,以苗患設總督,駐沅,建牙於此,四十二年罷。迨萬歷〈曆〉二十七年,以征播復設偏沅巡撫,亦駐節兹署。

——(同治)《芷江縣志》卷六《公署》,載《中國地方志集成·湖南府縣志輯》,第67冊,第85頁

《明史·百官志》:"萬歷〈曆〉二十七年,以征播暫設巡撫偏沅,贊理軍務。"《明史》注:"初名巡撫,或名鎮守,復以鎮守侍郎與巡按御史不相統屬,定爲都御史巡撫。兼軍務者,加提督,有總兵地方,加贊理。"尋罷。天啓二年後,或置,或罷。崇禎二年定設。《明史·李化龍傳》:"萬歷〈曆〉二十八年,討播州楊應龍。命湖廣巡撫支可大移沅州,又以楚地遼闊,擢江鐸爲僉都御史巡撫偏沅。"按:湖廣偏沅巡撫自鐸始。

——(同治)《芷江縣志》卷十四《職官》,載《中國地方志集成·湖南府縣志輯》,第67冊,第216頁

汪如淵,以征播功升貴州游擊將軍,轉雲南都指揮使司都指揮使。

……

孟良驥,以征播功升指揮使。檢《萬歷〈曆〉州志》補。

——(同治)《芷江縣志》卷十六《武秩》,載《中國地方志集成·湖南府縣志輯》,第67冊,第236頁

中所百户

陳應乾,以征播有功升授。

——(同治)《芷江縣志》卷十六《武秩》,載《中國地方志集成·湖南府縣志輯》,第67冊,第237頁

---

* (清)盛慶紱修,盛一棵纂:(同治)《芷江縣志》,載《中國地方志集成》編委會編:《中國地方志集成·湖南府縣志輯》,鳳凰出版社,2002年。

萬歷〈曆〉二十七年，李化龍總督湖廣、川、貴軍務兼巡撫四川，討播州楊應龍。《明資治通鑑綱目》："萬歷〈曆〉二十五年，播州宣慰使楊應龍叛。初應龍數從征調，恃功驕蹇，知川兵脆弱，間出剽州縣。詔逮，縶匿不出。所部何恩等詣有司告變，四川巡撫王繼先發兵討之，覆於白石。應龍上書自明，乃命南京兵部侍郎邢玠爲總督，往勘。東西用兵，不能窮治，因招撫之。應龍請執罪人，獻金贖罪，遂縛獻黄元等，輸四萬金，羈其次子可棟於重慶。追贖，可棟尋死。應龍益恨，遂糾諸苗反，殘餘慶，掠大阡、都壩及興隆、都匀諸衛，進圍黄平，殺官吏。後復掠洪頭、高坪諸屯，寖及湖廣。命李化龍總督軍務討之，賊乘官軍未至，率衆陷綦江，盡殺城中人，投尸蔽江，楚黔道梗。"明年二月，分八道進兵。川師四路：總兵官劉綎由綦江，馬孔英由南川，吴廣由合江，副將曹希彬由永從〈寧〉。黔師三路：總兵官童元鎮由烏江，參將朱鶴齡統宣慰使安疆臣由沙溪，總兵官李應祥由興隆。楚師一路分四〈兩〉翼：總兵官陳璘由偏橋，副總兵陳良玭由龍泉。每路兵三萬，官兵三之，土司七之。貴州巡撫郭子章駐貴陽，湖廣巡撫支可大移沅州，化龍自將中軍策應。帝以楚地遼闊，又擢江鐸爲僉都御史，巡撫偏、沅。湖廣設偏沅巡撫，自鐸始也。八路兵皆會海龍囤下，築長圍，困之，更番迭攻。《明史·土司傳》："萬歷〈曆〉二十八年，應龍五道并出，破龍泉司。時，總督李化龍已移駐重慶，徵兵大集，遂以二月十二日誓師，分八路進。每路約三萬人，官兵三之，土司七之，旗鼓甲仗森列，苗大驚。總兵劉綎破其前鋒，楊朝棟僅以身免，賊膽落。遂連克桑本〈木〉、烏江、[河]渡三關，奪天都、三百落諸囤。賊連敗，乃乘隙突犯烏江，詐稱水西隴澄會哨，誘永順兵，斷橋，淹死將卒無算。尋綎破九盤，入婁山關。關爲賊前門，萬峰插天，中通一綫。綎從間道，攀藤毁栅入，陷焉。四月朔，師屯白石，應龍率諸苗决死戰。綎親勒騎衝中堅，分兩翼夾擊，敗之。追奔至養馬，騰猿不能逾者。時，偏沅師已破青蛇囤，安疆臣亦奪落濛關，至大水田，焚桃溪莊。賊見勢急，父子相抱哭，上囤死守。"六月，城破，應龍窘，與二妾俱縊。自出師至滅賊，凡百有十四日。以其地置遵義、平越二府，分屬川、貴。《舊州志》："萬歷〈曆〉二十八年征剿播酋，四省官兵百萬，屯札沅州，并總督鎮道、各衙門俱駐沅州。民間運糧千里，累死者多。按：三省兵，凡八道，楚只一道，兵三萬，安得有四省官兵，百萬屯沅之事。是時，黔楚道梗，總督李化龍自駐重慶調度，惟湖廣巡撫支可大、偏沅巡撫江鐸駐此，而總兵官陳璘與副總兵陳良玭由此始分兩翼，其他監軍理餉，自監司、太守司、李牧令以下集此者，甚衆，蓋一時之倥偬可想已。"

——(同治)《芷江縣志》卷十八《記兵》，載《中國地方志集成·湖南府縣志輯》，第67册，261～262頁

郭繼曾，字仰白，福建晋江人。萬歷〈曆〉中，知沅州，時值征播、征皮兩役，繼與大吏先後駐沅籌軍事，芻糧日告急，繼曾擘書綽然。

支可大，字有功，號鑒亭，南直昆山人。登萬歷〈曆〉甲戌進士，授禮部主事，歷員外郎。中出爲廣東提學副使，苦瘴，移疾歸家。居十年，起爲浙江提學，歷江西參政、應天府丞，升湖廣巡撫。征播之役，可大移鎮沅州，降九股、白泥諸寨，又破黄岑、高岩、乾溪、寶兒囤，遂入播。七戰塘保，破板角關。三戰煉坪，克苦菜關。播平，蔭一子，告歸。可大生而岸异，持重識大體。歸後，小築城隅，與賓朋觴咏者十餘年，卒年七十四。

江鐸，字士振，仁和人。由高祖玭至鐸，五世皆進士。萬歷〈曆〉二十八年，討播州楊應龍，命湖廣巡撫支可大移沅州。又以楚地遼闊，擢鐸爲僉都御史，巡撫偏沅。湖廣偏沅巡撫自鐸始也。以攻楊應龍有功，蔭一子，世錦衣指揮。丁母艱，去，奪情，命留討皮林諸洞蠻，平之。以勞疾歸，卒贈兵部右侍郎。

——（同治）《芷江縣志》卷二十八《名宦》，載《中國地方志集成·湖南府縣志輯》，第67册，第314頁

楊顯，官本衛指揮同知，擢廣東瓊崖參將。萬歷〈曆〉二十八年，調征播州楊應龍，進破老君關，奮勇血戰，力竭死之。事聞，贈都督僉事。子應芝、續芝同被難，號“一門三烈”。

楊應芝，顯長子，以征播力戰而死。事聞，贈都指揮僉事。

楊續芝，顯次子，從父剿播州，赴烏江老君關，不避矢石，奮勇破關入，播酋拒戰，應援不至，續芝連斬數賊，力竭，身被數十鎗，遂歿於陣。事聞，贈昭勇校尉。

——（同治）《芷江縣志》卷三十三《忠義》，載《中國地方志集成·湖南府縣志輯》，第67册，332～33頁

(同治)平江縣志*

《明史·本傳》:"艾穆,字和父,平江人。以鄉舉,……十九年秋,擢右僉都御史,巡撫四川。故崇陽知縣周應中、賓州知州葉春及行義過人,穆舉以自代,不報。既之,官有告播州宣慰使楊應龍叛者,貴州巡撫葉夢熊請征之。蜀人多言應龍强,未易輕舉,穆亦不欲加兵,與夢熊异朝命。兩撫臣會勘,應龍不願赴貴州,乃逮至重慶對簿,論斬,輸贖放之還。穆病歸,未幾卒。後應龍復叛,議者追咎穆,奪其職。"

——(同治)《平江縣志》卷四十三《人物志·宦迹》,載《中國地方志集成·湖南府縣志輯》,第9册,156~157頁

* (清)張培仁修,李元度纂:(同治)《平江縣志》,載《中國地方志集成》編委會編:《中國地方志集成·湖南府縣志輯》,鳳凰出版社,2002年。

（同治）武陵縣志*

（萬歷〈曆〉）二十八年十月，以播州用兵，加湖廣田賦。二十九年正月，播州平，蠲湖廣加派田租逋賦。《神宗·本紀》。

——（同治）《武陵縣志》卷十六《食貨志·田賦》，載《中國地方志集成·湖南府縣志輯》，第75册，第276頁

（萬歷〈曆〉）二十八年，播州宣慰土司楊應龍反，加派常德軍餉、夫、馬。《府志》。

神宗萬歷〈曆〉二十七年，起李化龍總督湖廣、川、貴軍務，調兵討楊應龍。《府志》。

——（同治）《武陵縣志》卷二十五《武備志·紀兵》，載《中國地方志集成·湖南府縣志輯》，第75册，第346頁

* （清）惲世臨修，陳啓邁纂：（同治）《武陵縣志》，載《中國地方志集成》編委會編：《中國地方志集成·湖南府縣志輯》，鳳凰出版社，2002年。

(同治)安福縣志*

陳乙。衛指揮灞陽守備,征播州陣亡。

張澍。中三科武舉,以先世佐命功攝守衛千户。隆慶〈萬曆〉中,播州宣慰使楊應龍亂,序功超升都指揮使。舊入州志,今以其子孫久籍安福補之,詳見《人物》。

——(同治)《安福縣志》卷二十一《封蔭》,載《中國地方志集成·湖南府縣志輯》,第79册,第302頁

陳乙,九溪衛指揮,授灞陽守備。萬歷〈曆〉時,征楊應龍,戰死。舊《志》

——(同治)《安福縣志》卷二十二《人物》,載《中國地方志集成·湖南府縣志輯》,第79册,第316頁

李應祥,九溪衛人,以武生從軍,纍功至廣西參將。……(萬歷〈曆〉)二十八年大征播州,以總督李化龍薦,代貴州總兵官童元鎮任,與劉綎、吴廣等分兵入道,滅楊應龍,改鎮四川。卒於官,贈左都督,世陰千户。史臣曰:"應祥爲將,謀勇兼資,所至奏績,平蜀三大冦,功最多。"長子師靖貴州總兵,次子師沅征水西,授經略。舊《志》。

……

張澍,字雨亭,以先世佐命功,攝守禦千户。少習韜略,技勇絶倫,中三科武舉。萬歷〈曆〉時,楊應龍作亂,督師直搗賊巢,斬首千餘級,戰血沾衣。監紀首,序其功,超升都指揮使。舊入州志,今以其子孫分歷邑籍,補之。

——(同治)《安福縣志》卷二十二《人物》,載《中國地方志集成·湖南府縣志輯》,第79册,第322頁

李應祥,湖廣九溪衛人,以武生從軍,積功至廣西思恩參將。……二十八年大征播

---

* (清)姜大定修,尹襲澍纂:(同治)《安福縣志》,載《中國地方志集成》編委會編:《中國地方志集成·湖南府縣志輯》,鳳凰出版社,2002年。

州，貴州總兵官童元鎮逗遛，總督李化龍劾之，薦應祥代。時分兵八道，應祥由興隆入。應祥未授事，副將陳寅等已連克數囤，俘賊首謝朝俸妻子，及應祥授任，益趨諸將急渡。賊失險，降者相繼，應祥悉受之。賊所恃止黄灘一關，壁立，衆死守。會賊徒石勝俸等率萬餘人降，告曰："去黄灘三十里有三關，入播門户也，先襲破之，則黄灘孤難守。"應祥然其計，令偕陳寅率精卒抵關下，誘開門，殲其戍卒。寅攻關前，勝俸暗渡攻關後，賊乃大敗。應祥直抵海龍囤，合諸道兵共滅楊應龍。播既平，還鎮銅仁，明年改鎮四川，卒於官，以平播功贈左都督，世蔭千户。應祥爲將，謀勇兼資，所至奏績，平蜀三大寇，功最多。《摭史事》。

——（同治）《安福縣志》卷三十四《外紀》，載《中國地方志集成·湖南府縣志輯》，第79册，485～487頁

（同治）黔陽縣志*

萬歷〈曆〉二十七年，己亥。總督李化龍討播州楊應龍。湖廣巡撫支可大移沅州，又擢江鐸爲僉都御史，巡撫偏沅地方，贊理軍務。偏沅巡撫，自鐸始。按：半年駐沅州，半年駐便橋。時自兩巡撫以下各官俱屯紮沅州，民間千里運糧，累死者衆。《芷江志》。

——（同治）《黔陽縣志》卷三《古政紀》，載《中國地方志集成·湖南府縣志輯》，第61册，第230頁

* （清）陳鴻作修，楊大誦纂：（同治）《黔陽縣志》，載《中國地方志集成》編委會編：《中國地方志集成·湖南府縣志輯》，鳳凰出版社，2002年。

（同治）湘鄉縣志*

黄文焕，字象斗。萬歷〈曆〉甲午武舉，騎射精熟，猱捷如飛。己亥，以郡邑舉薦，從將軍劉綎等征播，緣崖貫進，奮勇争先，陣没，奉敕旌其門。

——（同治）《湘鄉縣志》卷十七《人物》，載《中國地方志集成·湖南府縣志輯》，第20冊，第252頁

* （清）齊德五修，黄楷盛纂：（同治）《湘鄉縣志》，載《中國地方志集成》編委會編：《中國地方志集成·湖南府縣志輯》，鳳凰出版社，2002年。

（光緒）桃源縣志*

萬歷〈曆〉二十八年，縣令張純儒奉上，調邑兵征滇黔。時播州楊應龍及皮林苗吴國佐叛逆。

——（光緒）《桃源縣志》卷六《兵刑志》，載《中國地方志集成·湖南府縣志輯》，第80册，第221頁

鄉信　江盈科

傳聞故鄉事，遠宦倍傷情。巴峽連烽火，黔中梗路程。父兄胥輓粟，郡縣晝屯兵。搶攘今如此，何緣見太平。

到處聞催餉，沿江哭奪船。灘高虞石磕，水急苦繩牽。寡婦日投卯，丁男春誤田。何須解兵革，只冀一條鞭。

寄言鄉父老，努力事趨將。但遣播酋破，莫虞荆楚傷。百年蒙案堵，小醜敢跳梁。衹恐揭竿起，田園入戰場。《仙人邑里集注》按：明萬歷〈曆〉二十五年，播州宣慰使楊應龍叛，楚黔道梗。以李化龍總督川、湖、貴州軍務討之，二十八年六月平。此詩當屬先生官長洲時丁酉戊戌作也，憫窮傷亂，據實直書，可與《明史》參看。

——（光緒）《桃源縣志》卷十六《藝文志·詩中》，載《中國地方志集成·湖南府縣志輯》，第80册，571～572頁

朱華峰將軍奉使北上　江盈科

戰血淋漓洗劍流，海龍頭上斬楊酋。九重若問征蠻事，一見應封定遠侯。

《仙人邑里集注》：播州楊應龍叛，李化龍集三省兵進剿。楊奔海龍囤，窘甚，與二妾縊，七子就擒。朱當，平播之有功者。

——（光緒）《桃源縣志》卷十七《藝文志·詩下》，載《中國地方志集成·湖南府縣志輯》，第80册，第645頁

---

* （清）余良棟修，劉鳳苞纂：（光緒）《桃源縣志》，載《中國地方志集成》編委會編：《中國地方志集成·湖南府縣志輯》，鳳凰出版社，2002年。

（光緒）龍山縣志[*]

（彭）一正，襲前職。萬歷〈曆〉二十八年，調征播州楊應龍。是年十月，隨調征皮林逆苗，兩次捕剿，功績最著。

——（光緒）《龍山縣志》卷六《兵防上》，載《中國地方志集成·湖南府縣志輯》，第75册，第59頁

* （清）符爲霖修，劉沛纂：（光緒）《龍山縣志》，載《中國地方志集成》編委會編：《中國地方志集成·湖南府縣志輯》，鳳凰出版社，2002年。

（光緒）永明縣志*

何喬新，字廷秀，文淵子也。景泰五年進士，官南京禮部主事。……會安寧宣撫使楊友，欲奪嫡弟播州宣慰使愛爵，誣愛有异謀。喬新往勘，與巡撫劉璋共白愛誣友奪官，安置他府，播人遂安。

——（光緒）《永明縣志》卷三十七《人物志·宦迹》，載《中國地方志集成·湖南府縣志輯》，第49册，506～507頁

* （清）萬發元修，周詵詒纂：（光緒）《永明縣志》，載《中國地方志集成》編委會編：《中國地方志集成·湖南府縣志輯》，鳳凰出版社，2002年。

（光緒）湘陰縣圖志*

楊師程，雲南進士。萬歷〈曆〉中任知縣，時用師於播，徵調騷然。師程蠲俸充餉，厚值雇役，民不擾而事集。箸〈著〉《治標略大旨》謂："本治未然，標治已然，長吏無拔本塞源之力，姑治其標而已。"

案：《明史》：萬歷〈曆〉二十二年，遣邢玠總督川、貴、湖廣軍務，討播州宣慰使楊應龍。旋命邢玠總督薊遼，遣李化龍代之。以播州用兵加四川、湖廣田賦。二十九年，播州平，始有蠲免湖廣等處加租逋賦之詔。是師程蠲俸充餉，即所加之田賦也。播州爲今遵義府，明置播州宣慰司，討平楊應龍後，改置遵義府，國朝改隸貴州。其時邢玠、李化龍并兼總督川、貴，以湖廣、貴州與四川爲鄰，軍餉徵調之所從出也。

——（光緒）《湘陰縣圖志》卷三十一《名宦傳》，清光緒六年縣志局刻本

* （清）郭嵩燾纂：（光緒）《湘陰縣圖志》，清光緒六年縣志局刻本。

（光緒）東安縣志*

《雷起四列傳》第八附唐馨蘭

雷起四，字九華……起四以萬歷〈曆〉中先知播州楊應龍之亂，熊心開奏，從征四川，寇平，召見。

——（光緒）《東安縣志》卷七《列傳》，載《中國地方志集成·湖南府縣志輯》，第 50 册，第 85 頁

＊（清）黄心菊修，席寶田纂：（光緒）《東安縣志》，載《中國地方志集成》編委會編：《中國地方志集成·湖南府縣志輯》，鳳凰出版社，2002 年。

（光緒）華容縣志*

張存意，字覺自，萬歷〈曆〉壬辰進士，由户部郎遷山東僉事。播酋楊應龍叛，廷議推存意監軍往討。身親行陣，左臂中流矢。總兵劉綎親爲拔之，弗顧。凡五閱月而事定，口不言功，蔭贈弗及，貴州人建忠勛祠祀之。官至山西參議，致仕。存意生平遇事敢爲，所至有宦績，居常亦與人分憂患，入《通志》。

——（光緒）《華容縣志》卷十《宦業》，載《中國地方志集成·湖南府縣志輯》，第11册，第367頁

* （清）孫炳煜修，張釗纂：（光緒）《華容縣志》，載《中國地方志集成》編委會編：《中國地方志集成·湖南府縣志輯》，鳳凰出版社，2002年。

（光緒）龍陽縣志*

（萬歷〈曆〉）二十七年，饑，霪雨自五月至於八月，禾稼俱漂，復以征播之役，民苦輓運。舊《志》。

——（光緒）《龍陽縣志》卷十一《災异》，載《中國地方志集成·湖南府縣志輯》，第77冊，第146頁

* （清）黄教鎔修，陳保真纂：（光緒）《龍陽縣志》，載《中國地方志集成》編委會編：《中國地方志集成·湖南府縣志輯》，鳳凰出版社，2002年。

（民國）慈利縣志*

李應祥，明九溪衛武生，由軍功洊階思恩參將。……其後，播州亂起，總兵貴州，時分兵八道。詔應祥由興隆入，至則襲三關，破之，濟師海龍囤，與諸道兵會，遂殄楊應龍，播既平。還鎮銅仁，尋又移四川。播遺孽吴洪等詐應龍子，稱亂，列縣蠕動，應祥還捕之，盡獲。未幾，卒官，贈左都督，世廕千户。應祥爲將謀勇兼資，所至奏績，平蜀三大寇，功最多。子師沅、師靖皆仕，有績譽。……從應祥軍者，有灞陽守備陳乙，安福所人，梟勇冠軍，以討楊應龍陷陣戰死。《明史》有《傳》。

——（民國）《慈利縣志》卷十五《人物志上》，載《中國地方志集成·湖南府縣志輯》，第81册，450~451頁

* 田興奎修，吴恭亨纂：（民國）《慈利縣志》，載《中國地方志集成》編委會編：《中國地方志集成·湖南府縣志輯》，鳳凰出版社，2002年。

（民國）寧鄉縣志*

（萬歷〈曆〉二十八年）是年，民苦征黔丁役。先是二十五年秋，播州宣慰使楊應龍糾諸苗反亂，寖及於湖廣。二十七年冬，以播州用兵，加四川、湖廣田賦。至二十八年春，川湖總督李化龍帥師平播，徵各府縣丁夫供軍，六月平之。"二月分八路進討，楚師一路分兩翼，湖廣巡撫支可大移沅州。以楚地遼闊，又擢江鐸巡撫偏沅，設偏沅巡撫自此始"，以上據《明史·神宗本紀》及舊《志》《續通鑑》。

——（民國）《寧鄉縣志》之《故事編·第一縣年記》，載《中國地方志集成·湖南府縣志輯》，第84册，第139頁

《續通考》："萬歷〈曆〉二十九年正月，蠲四川、貴州、湖廣、雲南加派田租逋賦，以播州之平故。"

——（民國）《寧鄉縣志》之《故事編·第三財用録》，載《中國地方志集成·湖南府縣志輯》，第84册，第262頁

* 周震麟修，劉宗向纂：（民國）《寧鄉縣志》，載《中國地方志集成》編委會編：《中國地方志集成·湖南府縣志輯》，鳳凰出版社，2002年。

（民國）永順縣志*

（萬歷〈曆〉）十五年，播州叛，總督檄宣慰彭元錦征乾溪、苦茶園等關，海龍等囤，斬獲賊級解驗，奏題優叙。李《志》。

……

二十八年，播州楊應龍叛，李化龍征之，令童元鎮督永順、鎮雄、泗城諸土軍由烏江進。元鎮至烏江，按察使楊寅秋言烏江去播不遠，宜俟諸道深入，與俱進，元鎮不從，於是永順兵先奪烏江。賊遣千餘人沿江叫駡，以誘之，諸軍既濟，復奪老君關，既而敗烏江，去河渡六十里，猶未知。明日，参將楊顯發永順兵三百出哨，道遇賊數萬，咸爲水西裝，永順兵不之疑，賊掩殺三百人，亦襲其裝，直趨烏江。烏江軍信爲水西、永順軍，不設備，遂爲賊所破，争先渡江，死者甚衆，江水爲之不流。《明史·李應祥傳》《四川土司傳》云："萬歷〈曆〉中，大兵征播州楊應龍，應龍突犯烏江，稱水西隴澄會哨，誘永順兵，斷橋淹死將卒無算。"

——（民國）《永順縣志》卷二十四《武備志·徵調》，載《中國地方志集成·湖南府縣志輯》，第69冊，第376頁

* 胡履新修，魯隆盎纂：（民國）《永順縣志》，載《中國地方志集成》編委會編：《中國地方志集成·湖南府縣志輯》，鳳凰出版社，2002年。

湖　北

（康熙）潛江縣志*

朱宗望，任四川江安知縣，以征播功加四品服俸，封刑部員外郎，祀鄉賢。

——（康熙）《潛江縣志》卷十三《選舉志上·貢士》，清康熙三十三年刻本

朱宗望，字遇甫，號渭瞻，……越二年，授四川江安知縣，江安祠事，而紀其德政略曰：邑士夙安於鄙，公至，首遷學延儒，文風駸振。奉命采木，干霄之材，蔽江充棟，而民忘其勞。會播酋楊應龍反，破綦江城，距江安僅數舍。是時，承平日久，人不習鬥，且大兵未集，聞應龍先聲，無不潰散，視江安孤城，猶腐鼠耳。公知應龍兵驕無制，乃密調鄉勇，設伏城南谷，俟酋薄城，伏起夾擊，酋大北，追奔三十里。堅守江安以待劉綎、吴廣兩總戎督十八路兵至，公輿金輦餉，按期給軍。元逆成擒，督撫郭公子章上幕府功，擬公關中轉粟，晉四品服俸，錫以銀觥，鐫《太平宴》鼎銘以著其績，旋以疾乞休。

——（康熙）《潛江縣志》卷十五《人物志·列傳》，清康熙三十三年刻本

* （清）劉煥修，朱載震纂：（康熙）《潛江縣志》，清康熙三十三年刻本。

(康熙)孝感縣志[*]

張瓚,字宗器。明正統戊辰進士,授工部虞衡主事,歷員外郎郎中,常從石尚書璞督山西邊餉……成化十三年巡按御史毛鵝奏諸蠻挾吐蕃以叛,命瓚往視師,瓚率萬人,分爲五哨,先襲白草壩,剪其羽翼,遂渡北羊峪而岷山、雪山、靈山皆在其境,乾海、玻璨二泉分流南北,自北去爲洮河,南爲江漢之源,即古維州舊地。瓚討平之,播州土官楊輝奏稱大壩干苗作亂,瓚請立安寧宣慰司,皆允之。褒賞其功,召拜户部左侍郎,懇辭弗就,乞終養。

——(康熙)《孝感縣志》卷十八《人物》,載《北京大學圖書館藏稀見方志叢刊》,第257 册,501 ~503 頁

* (清)梁鳳翔修,李湘、程維社纂:(康熙)《孝感縣志》,載北京大學圖書館編:《北京大學圖書館藏稀見方志叢刊》,國家圖書館出版社,2014 年。

（乾隆）廣濟縣志*

梅朗中，字雪侯，以拔貢授貴州甕安令。甕故播地，明萬歷〈曆〉間，平楊應龍亂，以其地隸蜀，曰遵義；隸黔，曰平越。甕，平所隸也，仡僚蠻落悍甚，稍稍噢咻之。升黄平州知州，黄平雖黔屬，與吾楚毗壤，稱易治，調建水州。

——（乾隆）《廣濟縣志》卷十二《人物志·宦績》，清乾隆五十四年重修本

* （清）虞學灝纂修：（乾隆）《廣濟縣志》，清乾隆五十四年重修本。

(乾隆)枝江縣志*

周仲士,字毓所,四川成都府仁壽縣人。萬歷〈曆〉壬辰進士,廿四年任。舊《志》稱:"當枝士榛蕪之日,文教聿新。及播酋戎馬之時,民生不擾,公之力也。"訂正《枝江縣志》。

——(乾隆)《枝江縣志》卷五《秩官志·知縣》,清乾隆五年刻本

* (清)王世爵修,鍾彝纂:(乾隆)《枝江縣志》,清乾隆五年刻本。

（乾隆）東湖縣志*

龍萬化，字德溥，號龍城，彝陵守禦所千户龍勝四世孫也。歷任至黎靖衛總鎮。生而岸偉，美髭髯，兼工詩文，有古名將風。安民下士，所在謳思。從征大方，討播酋，守障臘，屢立奇勛。子孫蕃盛，年六十九，卒於家。

——（乾隆）《東湖縣志》卷十七《人物》，清乾隆二十八年刻本

* （清）林有席修，嚴思濬纂：（乾隆）《東湖縣志》，清乾隆二十八年刻本。

（乾隆）重修蒲圻縣志*

劉應命，字長俞。以詩經中萬歷〈曆〉乙酉鄉試。初授眉州學正，多方造士，貧窘者，遍周之。署篆青神，有民以積逋朘骨，公力爲釋免，轉授夾江知縣。會平播之役，徵取棖械，公奉檄隨供，軍與以濟。或有負枉至大辟者，賴湔雪得蘇。擢知德慶州，值欽州有警，征繕一如播事，無少闕。

——（乾隆）《重修蒲圻縣志》卷十一《人物志·才猷》，清乾隆四年刻本

周于蕃，字价人。中萬歷〈曆〉乙酉鄉試。初授竹山諭，以文學造士有聲，擢遵義推官。遵義舊隸播，播平，建郡藩，招集教養，備著勤勞，悉反土司侵地。

——（乾隆）《重修蒲圻縣志》卷十一《人物志·才猷》，清乾隆四年刻本

* （清）王雲翔修，李曰瑚纂：（乾隆）《重修蒲圻縣志》，清乾隆四年刻本。

（嘉慶）恩施縣志*

唐一麟，指揮同知，以平播功升守備。

——（嘉慶）《恩施縣志》卷三《人物十三》，載《故宫博物院藏稀見方志叢刊》，第 82 册，第 477 頁

* （清）張家檙修，羅凌漢纂：（嘉慶）《恩施縣志》，載故宫博物院編：《故宫博物院藏稀見方志叢刊》，故宫出版社，2013 年。

（嘉慶）鄖陽志*

類編

白河柴儒官松潘道時，得王、康二力士，從征播有功，授錦衣衛指揮，俱不受。隨儒歸白河，會江中流巨鐘屹如山立，二力士舁之，置於岸。嘉靖間，隨儒寓於鄖。又王力士妻，每梳妝，不令人見，有隙窺者，見其將首卸下，妝畢復戴於項。

——（嘉慶）《鄖陽志》卷十《叢紀》，清嘉慶二年刻本

* （清）王正常修，謝攀雲纂：（嘉慶）《鄖陽志》，清嘉慶二年刻本。

（道光）蒲圻縣志*

周于蕃，字价人，萬歷〈曆〉乙酉舉人。初授竹山諭，造士有聲，秩遵義府司理。遵義舊隸播，播平始建郡。子蕃多方勞來，悉反土司侵地，攝知江津事，民勒碑頌德。轉留都司，理決疑獄，禁私錢，威惠并著，屢經薦剡，卒於官。《府志》。所著譔見《藝文志》。子成臣，順治七年貢。

——（道光）《蒲圻縣志》卷九《人物五·卓行》，清道光十六年刊本

* （清）勞光泰纂修：（道光）《蒲圻縣志》，清道光十六年刊本。

（道光）安陸縣志*

張瓚，字宗器。正統十三年進士，授工部主事，遷郎中，歷知太原、寧波二府，有善政。成化初，市舶中官福住貪恣，瓚禁戢其下，住誣瓚於朝，瓚遂列住罪，住被責，其黨多抵法，大臣會薦，遷廣東參政，轉浙江左布政使。十年冬，以右副都御史巡撫四川，播州致仕宣慰楊輝言所屬夭壩干、灣溪諸寨及重安長官司爲生苗竊據，請王師進討。詔瓚諭還侵地，不服則征之。瓚率兵討定，請設安寧宣撫司，即授輝子友爲宣撫以鎮，詔可，賜敕獎勞，以母老乞歸。《明史》本傳。

按：瓚本安陸人，居邑之小鶴山。《乞恩終養疏》自云安陸人，楊守址撰瓚行狀亦云安陸人，史誤作孝感人。

——（道光）《安陸縣志》卷二十八《人物》，清道光二十三年刊本

汪淵，字淵泉，事繼母，以孝聞。隆慶庚午舉人，除蜀西充令，以廉能聞，遷嘉守，治聲益著。是時，播酋弗靖，淵任轉餉，以時給，無阻，敘功爲第一。遷柳郡丞，柳，濱部落。淵守檕節制，無敢伏莽焉，十二邑疑訟不决者，經其手判悉成鐵案。未幾，卒於官。《府志》。

——（道光）《安陸縣志》卷二十八《人物》，清道光二十三年刊本

張瓚，功名著西蜀，其後撫蜀者，如謝士元輩，雖有名，不及瓚。惟夭壩干之役，或言楊輝溺愛庶長子友，欲官之，詐言生苗爲亂。瓚信而興師，其功不無矯飾云。《明史》。

張瓚，正統戊辰進士，歷工部郎中，端敏有才。出知太原府，父憂歸，起復，知寧波，除苛政，均役法，興學勸士。值市舶中貴縱恣，乃條上其不法事，聲稱赫然。遷廣東參政，浙江布政使。成化初，以右副都御史巡撫四川，母憂歸。時，松、茂、壘三城與董卜、韓胡接壤，易爲騷動，諸國挾土蕃以叛。詔瓚奪情，起視師。瓚率兵萬人，分五哨，先襲白草壩，翦其羽翼；遂渡北羊峪，而岷山、雪山、靈山皆在其境，即古惟州地，悉討平之。播州土官

* （清）王履謙修，李廷錫纂：（道光）《安陸縣志》，清道光二十三年刊本。

奏夭壩苗亂，瓚請立安寧宣撫司，苗遂定。晉户部右侍郎，辭弗就，乞終喪。復起右副都御史，總督漕運兼撫鳳陽，居三年，卒於官，賜祭葬。瓚仁厚明毅，動有禮度，臨政任法不撓，居家整齊，與鄉人處謹抑。所著《土苴集》諸書傳於世。陳士元《記》。

——（道光）《安陸縣志》卷四十《雜識·三》，清道光二十三年刊本

(同治)咸豐縣志*

考《明史》:"萬歷〈曆〉二十五年,播州宣尉使楊應龍叛,遂糾諸苗反,寖及湖廣。命李化龍總督川、湖、貴州軍務討之。賊乘官軍未至,率衆陷綦江,盡殺城中人,投尸蔽江,楚黔道梗。二十八年六月,化龍集三省兵大破之,應龍自縊死,七子皆就擒。詔磔應龍尸,以其地置遵義、平越二府,分屬川、貴,遂賜鼎銘云云。"大田始稍平靖數十年。

——(同治)《咸豐縣志》卷十九《藝文志·文》,清同治四年刊本

* (清)張梓修,張光杰纂:(同治)《咸豐縣志》,清同治四年刊本。

（同治）恩施縣志*

唐一麒，指揮同知，以平播功升守備。

——（同治）《恩施縣志》卷八《選舉志·武勛》，民國二十年鉛字重印本

鄧宏烈，字東升，施州衛官籍，由歲薦任雙流縣知縣，督施兵。征播連破三關及青山、川寨諸屯，楊應龍自焚死，募士冒火取得其尸，事見《平播全書》。歷遵義、大理、嚴州三府同知，家貧如故，卒年逾九十。《湖廣通志》。

——（同治）《恩施縣志》卷九《人物·鄉賢》，民國二十年鉛字重印本

葛楚元，字覲雲，歲貢。婺川令，以調停播餉，安集流民功，當升，竟挂冠歸。舊《衛志》。

——（同治）《恩施縣志》卷九《人物·行誼》，民國二十年鉛字重印本

* （清）羅凌漢纂修：（同治）《恩施縣志》，民國二十年鉛字重印本。

（同治）巴東縣志*

巴東居萬山之中，深林箐洞，頑民易倚爲奸，又當楚蜀諸土司接壤，大江艘艦，建瓴而下，爲荆楚扼吭拊背之計，何可去兵。……萬歷〈曆〉二十七年，播彝倡亂，楚蜀戒嚴，當道建議於邑西二十里西瀼委指揮一員，千户、百户官軍各有差，操練屯聚，播平旋撤。

——（同治）《巴東縣志》卷九《兵防》，清同治修、光緒重刊本

建僰征旅經巴略 明李光前

先是播彝發難，震驚西南半壁之天下。少司馬佩上方劍，控制蜀、楚、黔三藩，移檄各總戎，調集健卒，八路會征。而嚴巴適入蜀孔道，維時貔貅虎賁，入蜀出楚者，旌旗蔽野，戈戟成林。雖軍旅各有纪律，而以三家之市，走八足之蹄，困敝十室九空矣。厥後夜郎平，而巴江殘民，數年未起，相語猶涕泣也。邇來建昌倮彝弗靖，乃當事者失馭，養癬以成癰疽耳。竟弗能殲，仍借劉元戎之師以征。劉師不滿數千，而傳檄十萬，無非欲褫番彝魄也。巴民悉驚惶逃竄，余曰："劉師水路直需夫數百，陸路直需馬百匹耳，預爲募備，豈能殘虐。"而愚民之驚惶未釋也。會守巡道暨本府移文安民，且申嚴禁諭，以爲建僰么魔，與播州大寇不同，而劉師一路，與昔八路迴异。且昔有制臺控楚，而今則事屬隔省，劉兵止溯流入蜀，足不得走險累楚。浹旬之外，劉師舟舸數十號，果由水未陸，供應挽舟夫數百，而民恬然衽席焉。邑令李光前曰："巴民乃傷弓之鳥，值水火迭灾之後，畏兵如虎。而劉師之秋毫無犯，緣檄諭森嚴，一見心折耳。"古有一言而退百萬師，一行而勝十部從事，道府九鼎之力也。仁人之言，其利溥哉！

——（同治）《巴東縣志》卷十五《藝文·略》，清同治修、光緒重刊本

---

* （清）廖恩樹修，蕭佩聲纂：（同治）《巴東縣志》，清同治修、光緒重刊本。

(同治)續修東湖縣志*

龍萬化,字德溥,號龍城,彝陵守禦所千户龍勝四世孫也。歷任至黎靖衛總鎮。生而岸偉,美髭髯,兼工詩文,有古名將風。安民下士,所在謳思。從征大方,討播酋,守幛臘,屢立奇勛。子孫蕃盛,年六十九,卒於家。

——(同治)《續修東湖縣志》卷十七《人物》,清同治三年刻本

* (清)金大鏞修,王柏心纂:(同治)《續修東湖縣志》,清同治三年刻本。

(同治)通山縣志*

欽賜殊勛匾

……爲東鄉知縣朱之柱,往播州有功,神宗特賜金字匾額,升夔州府同知。

——(同治)《通山縣志》卷二《建設志·綽楔》,清同治七年活字本

朱之柱,號石齋,侍郎廷立第五子。由歲貢授四川東鄉知縣,居官清勤,方正不阿,削鋤强暴,東鄉士民戴之。時,播州寇亂,督糧征剿有功,當道交薦。神宗特賜"欽賜殊勛"金字匾,額升夔州府同知,告歸養母。

——(同治)《通山縣志》卷五《人物志·鄉賢傳》,清同治七年活字本

* (清)羅登瀛修,樂純青纂:(同治)《通山縣志》,清同治七年活字本。

(同治)來鳳縣志*

覃玉鑑，桒子。萬歷〈曆〉二十八年，隨總督李化龍平播有功，封鎮遠將軍，世襲賜印。

——(同治)《來鳳縣志》卷二十七《土司志·散毛》，清同治五年刻本

田養民，清子。襲。萬歷〈曆〉二十七年，總督七省軍務，李命參將王一貴、本衙掌印唐一麟、調養民征靖播酋，養民親破板角關。三十四年，卒。

——(同治)《來鳳縣志》卷二十七《土司志·大旺》，清同治五年刻本

向明良，明輔胞弟也。賢達公忠，司人敬服。向嵩之亂，年僅弱冠，白馬素衣，泣訴於湖廣巡撫郭公轅門，郭公感動，爲之出兵。明輔子，位，年甫九齡。巡撫湖廣，金公以明良地處親賢牌，委護理司事，明良招集流亡，省刑薄歛，行之一年，政令肅然。萬歷〈曆〉二十八年正月，調征播賊楊應龍，明良應調爲前鋒，至龍泉，攻破板角關。三月，遂復官崖，克七牌，大將軍李記明良頭功。十二月，八路兵進攻龍囤，隨副將軍劉綎直入婁山關，關極險，萬峰插天，中通一線，我兵從間道攀藤，魚貫而入，屯白石，八路兵亦集，火光燭天，應龍驚慌無措，同妾縊死，獲其子朝棟等七人，梟示，遂平其地。明良以功授參將。

——(同治)《來鳳縣志》卷二十七《土司志·卯峒》，清同治五年刻本

向貢，漢子。襲。萬歷〈曆〉二十八年，播州楊應龍兄弟不靖，奉命征剿有功。

——(同治)《來鳳縣志》卷二十七《土司志·漫水百户》，清同治五年刻本

* (清)李勗修，何遠鑒纂：(同治)《來鳳縣志》，清同治五年刻本。

（光緒）孝感縣志*

張瓚，字宗器。明正統戊辰進士，授工部虞衡主事，歷員外郎郎中。……成化十三年……播州土官楊輝奏稱大壩夭苗作亂，瓚請立安寧宣撫司，皆允之。褒賞其功，召拜户部左侍郎，懇辭弗就，乞終養。復爲郡邑請命，蠲無藝，悉奉俞旨，復起總督漕運，巡撫鳳陽。在任三年，糧餉不絶，軍民安焉。卒賜祭葬。自號"八窶"，所著有《土苴内外集》《東征紀行録》諸集。詳《德安府志》《胡志》。

——（光緒）《孝感縣志》卷十四《人物志·臣林》，清光緒八年刊本

* （清）朱希白修，沈用增纂：（光緒）《孝感縣志》，清光緒八年刊本。

（光緒）潛江縣志稿*

默石子，明永嘉侯朱亮祖八世孫，名孔昭，字晦之，其先自鍾陵徙。潛少孤，嗜學，弃制舉，業湛思、經史、天官、輿地及服食導引之書，罔不搜討論列，而於孫吴尤精，馬事母孝，力田供甘旨。既終養，遨游四方。與顧吏部涇陽高總憲景逸爲道學友，著《聖學正脉》二卷。播酋反，大司馬魏養蒙出師，禮聘至幕府，出奇制勝。功上欽賜參謀。昭笑曰："吾讀書，識將略，行天下，諳形勝，貯胸中，無盖用助廓清耳，豈爲是區區者哉。"嘗三出山海關，著《太平略》十卷。間語同里黄鳳文曰："吾嘗登山海關望東方，有真人氣，三十年後當出。吾去遠矣。"

——（光緒）《潛江縣志稿》，鈔本

朱宗望，貢士，江安知縣，以播功晋四品，封刑部員外郎。

——（光緒）《潛江縣志稿》，鈔本

朱宗望，字遇甫，號渭瞻。弱冠食廩，應選貢，肄業南雍還里。歲大祲，父侃没，甫殮，巨濤撼屋，棺幾欹，望奮踴水中，抱棺號泣。波臣退舍，得牽挽就葬，廬墓側，手植白楊與身等，草没其頂，不忍去。授四川江安知縣，會播首楊應龍反，距江安僅數舍，公知應龍兵驕無制，乃密調鄉勇，設伏城南谷，俟酋薄城，伏起夾擊，酋大北。堅守江安，以待劉綎、吴廣兩總戎兵至，公輦餉給軍，元逆成擒。督撫上幕府功，擬公晋四品服，錫以銀觥，鐫《太平宴》鼎銘。以疾乞休，卒祀江安名宦，祀鄉賢。

——（光緒）《潛江縣志稿》，鈔本

* （清）佚名纂修：（光緒）《潛江縣志稿》，鈔本。

（光绪）長樂縣志*

張應龍，張彬子，襲父職。萬歷〈曆〉二十七年，從征播州土司楊應龍，獲其弟兆龍、侄朝棟、妾田鶯鳳，有功，加封武略將軍，復安撫使司官。有子八人：之綱、之紀、之翰、之藩、之宜、之彩、之儒等，皆教以詩書，子侄入長陽縣，庠者十餘人，傳子之綱。

——（光緒）《長樂縣志》卷四《沿革志》，清光緒元年增刻本

張之綱，字中孚，五峰司張應龍子。應龍常隨胡宗憲，於萬歷〈曆〉間，征播州土官楊應龍有功，加封武略將軍，復安撫使司職，而雅好詩書，手不釋卷，工四六詞賦。五峰張氏，世以文雅相尚，皆其所開也。有子八人：之綱、之紀、之儒、之翰、之彩，昆季輩均延名師教讀。

——（光緒）《長樂縣志》卷十三《人物志·文學》，清光緒元年增刻本

土司多尚武，容美司田世爵，頗事詩書，其子孫田圭、楚産諸人皆崇尚風雅，至田舜年尤善文藝，嘗徵江漢德黄名流修《廿一史補遺》。計日自課，某日讀某書、閲某史、至某處，用小印章以志之，故其著作皆典贍。五峰司張廷玉，字吉士，曉暢軍機。嘉靖間，曾隨胡宗憲征倭寇，其後張應龍，字雲泉，亦精武略。萬歷〈曆〉間，有從支可大征播州土司楊應龍功，然皆博通典籍，兼工詞翰，以詩書爲世業，故其後裔至今有習武者，亦有好文之彦。

——（光緒）《長樂縣志》卷十六《雜祀志·紀》，清光緒元年增刻本

* （清）郭敦祐續纂：（光緒）《長樂縣志》，清光緒元年增刻本。

（光緒）潛江縣志續*

鄉賢祠

朱宗望，貢士。江安知縣，以播功晉四品，封刑部員外郎。

——（光緒）《潛江縣志續》卷五《學校志·廟制》，清光緒五年刻本

萬歷〈曆〉年間

朱宗望，任四川江安知縣，以征播功加四品服俸，封刑部員外郎，祀鄉賢。

——（光緒）《潛江縣志續》卷十三《選舉志上·選貢》，清光緒五年刻本

朱宗望

朱宗望，字遇甫，號渭瞻，弱冠試高等食廩，學使霽岩。陳公子魯金公，連拔置諸生第一。萬歷〈曆〉己卯乙楚榜，庚辰應選貢，肄業南雍。受知于留臺剛峰海公，司成霖寰李公，與陶石簣、郭明龍、汪冀夔、李本盜唱和，著有《鈎珩集》行世，已而還里。歲大祲，父侃没，甫殮，巨濤撼屋，棺幾欹蕩，望奮躍水中，抱棺號泣，波臣爲之退舍，遂得牽挽就葬。廬墓側，手植白楊與身等，草没其頂，不忍去。越二年，授四川江安知縣，江安祠祀而紀其德政，略曰：邑士夙安於鄙，公至，首遷學延儒，文風駸振。奉命采木，干霄之材，蔽江充棟，而民忘其勞。

會播酋楊應龍反，破綦江城，距江安僅數舍。是時，承平日久，人不習鬥，且大兵未集，聞應龍先聲，無不潰散，視江安孤城，猶腐鼠耳。公知應龍兵驕無制，乃密調鄉勇，設伏城南谷，俟酋薄城，伏起夾擊，酋大北，追奔三十里。堅守江安以待劉綎、吴廣兩總戎督十八路兵至，公輿金輦餉，按期給軍。元逆成擒，督撫郭公子章上幕府功，擬公關中轉粟，晉四吕服俸，錫以銀觥，鐫《太平宴》鼎銘，銘曰：播酋攖險吠堯，助桀三宥，罔悛一怒，授

* （清）史致謨修，劉恭冕纂：（光緒）《潛江縣志續》，清光緒五年刻本。

鉞計蹙,投繯是絶,是忽譙喜受祉,載歌六月。旋以疾乞休。厥後膺子之玉,封晉階奉政大夫,年八十二卒。江安祀名宦。崇禎四年,祀鄉賢。

——(光緒)《潛江縣志續》卷十五《人物志·列傳》,清光緒五年刻本

（光緒）應城志*

陳蕖，字應虹，隆慶丁卯舉人，戊辰進士，官至户部尚書，贈少保、參知政府，以平播寇功賜金幣。性嚴正，明治體，莅官廉能，嘗捐俸建應城會館於京師。卒於官，賜祭葬。子肯學，以蔭任後軍都督府都司，次肯及、肯念，孫逢述俱蔭生。李《志》。

——（光緒）《應城志》卷十《人物·仕迹》，清光緒八年蒲陽書院刻本

＊（清）羅湘修，王承禧纂：（光緒）《應城志》，清光緒八年蒲陽書院刻本。